说过就过

司法考试通关大全

王朝勇 孙 铭
刘志民 刘绪光 ◎ 主编

中国经济出版社

·北京·

图书在版编目（CIP）数据

说过就过：司法考试通关大全／王朝勇，孙铭，刘志民，刘绪光主编．
北京：中国经济出版社，2017.6
ISBN 978-7-5136-4729-8

Ⅰ.①说… Ⅱ.①王…②孙…③刘…④刘… Ⅲ.①法律工作者—资格考试—中国—自学参考资料
Ⅳ.①D92

中国版本图书馆 CIP 数据核字（2017）第 121963 号

责任编辑　杨　莹
责任印制　巢新强
封面设计　任燕飞

出版发行　中国经济出版社
印　刷　者　北京科信印刷有限公司
经　销　者　各地新华书店
开　　　本　787mm×1092mm　1/16
印　　　张　40
字　　　数　757 千字
版　　　次　2017 年 6 月第 1 版
印　　　次　2017 年 6 月第 1 次
定　　　价　128.00 元

广告经营许可证　京西工商广字第 8179 号

中国经济出版社　网址 http://www.economyph.com　社址 北京市西城区百万庄北街 3 号　邮编 100037
本版图书如存在印装质量问题，请与本社发行中心联系调换（联系电话:010-68330607）

版权所有　盗版必究（举报电话：010-68355416　010-68319282）
国家版权局反盗版举报中心（举报电话：12390）　　服务热线:010-88386794

编委会名单

顾　问：岳西宽　王宝林　杨建军　陆云英

主　编：王朝勇　孙　铭　刘志民　刘绪光

编　委：冯现顺　吴修合　蔡绪清　刘清清　李美勇
　　　　曹　伟　高增涛　侯庆泽　张海洋　邱　跃
　　　　应凌宇　陈奎良　单子峰　齐淑慧　许崇辉
　　　　杨　瑾　杨振忠　王浩德　杨泽坤　孙经纬
　　　　马　腾　巨　硕　曲少萌　任小利　王彬懿
　　　　纪鹏飞　顾　乾　胡裕岭　李宗徽　蔡煜坤
　　　　王海龙　刘思驭　张　军　齐建卿　付庆刚
　　　　李宝团　张益先　陆一凡　李嘉桐　陈　瑞
　　　　孙亚威　田　毅　郝传明　赵松松　严玉莹
　　　　武让芳　罗龙平　杨　舒　范本腾　王铁章

编　务：白首宏　吴绍北　沈志杰　王朝刚　冯　鹏

作者简介

王朝勇

王朝勇律师

王朝勇,山东人,现为北京市京师律师事务所战略规划与案件指导部(战略部)主任、虚假诉讼法律事务部主任;京师律师学院执行院长;京师青少年法治教育研究中心主任;京师中国企业重大法律事务解决中心副主任;京师疑难案件中心秘书长。

社会任职

现为:北京市律师协会刑民交叉法律事务专业委员会委员、北京大学法学院法律硕士研究生兼职导师、清华大学法学院法律硕士专业学位研究生联合导师、国际关系学院硕士研究生实践导师、中国人民大学法学院最高人民法院国家责任研究基地研究员、北京航空航天大学法学院基地实践导师、北师大中国企业家刑事风险防控(北京)中心核心成员、中国东盟法律合作(北京)中心第一届理事会理事、中国东盟法律合作(北京)中心企业投资与经济犯罪研究院副院长、中国青年政治学院"一带一路"战略研究院高级顾问、专家委员会委员、成都理工大学"一带一路与青年发展研究院"专家委员会委员、点睛网络律师学院高级培训师、海南仲裁委员会仲裁员。

业务范围

主要执业领域为民商事法律诉讼、仲裁法律服务、公司法律服务、刑民交叉案件、学校法律顾问、政府法律顾问。在多年的办案过程中积累了丰富的法律实务经验,运用扎实的理论功底,幽默机智的法庭辩论,为客户争取合法利益的最大化。其诚实、稳重、高效的工作作风深得客户好评。

主要著作

《说过就过》《说上就上》《说赢就赢》《保工资本》《说董就懂》《说成就成》《国有资产交易操作与法律实务》《司考宝典》《2007年国家司法考试重点考题历年真题演绎》《2002—2007年国家司法考试历年试题解析》《2008年国家司法考试重点考题命题预测》《2009年国家司法考试历年试题汇编及答案解析》《2010年国家司法考试应试指南——社会主义法治理念考前29题、论述题考前40题》《2007年国家司法考试应试指南论述题高分应试手册》《2009年国家司法考试卷四高分突破》、司考通系列之《卷一高分突破》《2009年国家司法考试重点考题命题预测——社会主义法治理念考前20题》《2009年国家司法考试重点考题特AB卷》《2011年国家司法考试重点考题特AB卷》《2012年国家司法考试卷四高分绝密内参》《中学生法治教育读本》《中华人民共和国新〈预算法〉解读》。

发表文章

《深度解读中小企业法律风险控制》发表于祖国半月刊法制专刊2014年5月版;

《法治中国下的政府法律顾问制度》发表于两岸经贸发展与司法互助第一届学术论文集;

《证据视角下的虚假诉讼》发表于"中国律师网";

《非法证据排除程序研究》发表于祖国半月刊法制专刊2015年6月版。

社会活动

2002年以来,每年受邀讲授国家司法考试辅导课程。2016年在中国政法大学司法考试学院、华旭司考、京师律师学院、点睛网等辅导机构讲授卷四考前预测,得到考生一致好评。

法律咨询电话:13720063789、13911652166

法律咨询邮箱:cnlaw365@163.com

作者简介

孙 铭

孙铭律师

孙铭,山东人,现为北京市浩东律师事务所高级合伙人,中华全国律师协会会员和北京市律师协会会员,京师战略部高级顾问,京师虚假诉讼法律事务部高级顾问、京师律师学院高级顾问、北京市浩东律师事务所优秀青年资深律师。中国人民大学法学院最高人民法院国家责任研究基地研究员,中国东盟法律合作(北京)中心第一届理事会理事,中国东盟法律合作(北京)中心企业投资与经济犯罪研究院研究员,中国青年政治学院"一带一路"战略研究院高级顾问,专家委员会委员。在执业过程中,孙铭律师以维护当事人合法权益最大化为宗旨,细心严谨,勤勉尽责,忠于事实、忠于法律,热心公益,维护公平,促进社会和谐;以扎实的法学理论功底和敏锐的拼搏精神和实战经验,帮助当事人防范法律风险,解决法律实际问题,获得了较好的社会效益;同时,积极为社会弱势群体无偿提供法律帮助,树立了良好的年轻律师形象。"予人玫瑰,手有余香"。

孙铭律师与王朝勇律师合著的主要著作有:

《说上就上》《说赢就赢》《说过就过》由中国经济出版社出版;

《说董就懂》《说成就成》中国经济出版社即将出版;

《2008年国家司法考试重点考题命题预测》由中国工商出版社出版;

《2009年国家司法考试历年试题汇编及答案解析》由中国工商出版社出版;

《2010年国家司法考试应试指南——社会主义法治理念考前29题、论述题考前40题》由中国工商出版社出版;

《2011年国家司法考试重点考题特AB卷》由朝华出版社出版;

司考通系列之《卷一高分突破》由中国政法大学出版社出版;

《2012年国家司法考试卷四高分绝密内参》由朝华出版社出版;

《中学生法治教育读本》由中国民主法制出版社出版。

发表文章:

《深度解读中小企业法律风险控制》发表于祖国半月刊法制专刊2014年5月版;

《法治中国下的政府法律顾问制度》发表于两岸经贸发展与司法互助第一届学术论文集;

《证据视角下的虚假诉讼》发表于"中国律师网";

《非法证据排除程序研究》发表于祖国半月刊法制专刊2015年6月版。

法律咨询电话: 13720063789、13911652166

法律咨询邮箱: cnlaw365@163.com

作者简介

刘志民

刘志民律师

刘志民，内蒙古人，现任北京市京师律师事务所民商事权益法律事务部主任；中国东盟法律合作（北京）中心主任；中国东盟法律合作（北京）中心企业投资与经济犯罪研究院执行院长；中国青年政治学院"一带一路"战略研究院研究员；中国人民大学法学院最高人民法院国家责任研究基地研究员；中国企业重大法律事务解决中心副主任；海南仲裁委员会仲裁员；哈尔滨工业大学环境与社会研究中心学术委员、法律专家、客座教授，赤峰学院兼职教授，北京师范大学公共选修课校外导师，中央电视台特邀嘉宾，法制晚报法律大讲堂特约嘉宾，科技部京师咖啡众创空间法律顾问，公安部公共安全行业标准起草工作组法律专家，人民日报海外版中国画强元课题法律顾问等。2016年被北师大校友会企业家联谊会评为第一届优秀京师企业家称号；2015—2016年被中共京师律师党总支评为优秀共产党员；2016年评选获得法制晚报法律大讲堂魅力律师奖。

专业领域

长期专注于重大复杂疑难民商事案件处理、刑事案件有效辩护、法律顾问以及独立董事的实践与研究。其中"代理辽宁周胜喜19年讨债案""内蒙古张嘉伟5000里广东行凶错抓案律师辩护""聂树斌案法律分析"等接受过中央电视台、中央人民广播电台、新华社、法制晚报、中国青年报、北京时间、澎湃新闻、南方都市报等知名媒体采访。参与办理了"辽宁营口大石桥抢劫运钞车犯罪嫌疑人李绪义维权案""涉境内外百川币组织传销案""内蒙古赤峰五甲万京公司非法吸收公众存款案""河北某犯罪团伙寻衅滋事案"以及"辽宁袁成家提起国家赔偿37.3亿元大案"等有社会影响且关注度高的案件。

著作及论文

《企业家法律风险防范概要》《律师有效辩护的重要性分析》等数十篇，其论文曾获中国博士后科学基金会优秀论文奖等，与王殿学主持编辑了《大要案例研讨会报道选编》，法律经济类合作著作中国经济出版社2016年6月出版的《保卫资本》；法律诉讼类合作著作中国经济出版社2017年4月出版的《说赢就赢》，其他合作法律类著作还有《说过就过》《说成就成》《说董就懂》。2016年9月文学专著《心灵漫步》由中国九州出版社出版，该书被誉为"中国律师界首部心灵哲学散文集"，新华社、法制网、中国律师、法制晚报、民主与法制、新浪网、凤凰网、人民日报海外网等数十家媒体给予关注报道。

法律咨询电话：13701191418
邮箱咨询邮箱：liuzhimin1818@163.com

作者简介

刘绪光

法律咨询电话：13911821797
法律咨询邮箱：liuxuguang365@163.com

刘绪光律师

刘绪光，毕业于中国人民大学，现为北京市京师律师事务所虚假诉讼法律事务部律师。在校期间深入了解研究国家司法考试，为多家司法考试培训机构提供考试辅导服务，拥有丰富的司法考试辅导经验。通过多年的法律知识学习及多年的办案实践，具有深厚的法学理论功底和较强的实战能力，在工作中始终秉承"专业、诚信、高效、优质"服务理念，尽力、尽心、尽责地处理接受委托的每一个案件。专注于公司法、合同法领域纠纷，擅长初创公司股权架构设计、股权激励、股权转让及增资方案处理，担任多家企业法律顾问。执业期间处理多件民商事法律案件、刑民交叉案件，对虚假诉讼领域研究较深。

序 言

《说过就过》的特点：根据2017年国家司法考试最新命题动态，破译历年命题规律，透析2017年考题方向，体现命题人、拼题人的知识习惯和命题思路，传授答题技巧，传递选择题、案例分析题、论述题的独家预测信息，使您实现司法考试高分的梦想！梦想成真，金榜题名！（本书其他教授因尊重本人意愿，在此不予列明）

作为国家统一组织的从事特定法律职业的资格考试，国家司法考试的大纲和教材每年都根据现行法律以及社会热点的变动而有所变化，考试难度日益增加。那么，司法考试的命题思路究竟何在？我们认为，基本有三个标准，即"**实用的**""**常考的**"和"**新出的**"，尤其后两者，是重中之重。司法考试是"一门放弃的艺术"，抓住重点复习，才能事半功倍。

根据2017年国家司法考试大纲要求，围绕司法考试命题思路，希望在点明司法考试大纲、教材最新变化的同时，帮助考生破解司法考试的奥秘。2017年司法考试大纲及辅导用书（教材），总体考点规模与云年相当，各个学科主要依据法律法规最新变化作了修订，补充完善相关内容。总体上来看，2017年司法考试大纲主要有以下几个变化：

变化一：考点及数量主要变化。

按照中华人民共和国司法部对于《国家司法考试大纲》的修订要求，2017年大纲主要依据法律法规立改废释情况，对枢关考点内容加以调整完善，考点总量减少2个。

变化二：附录法律法规主要变化。

2017年附录法律法规总量累计增加7件（新增16件，修订10件，删除9件）。

变化三：2017年司法考试大纲部门法主要变化。

（1）变化较大的学科如下：

[刑事诉讼法] 修改主要集中在第二十章"未成年人刑事案件诉讼程序"，教材全部重新撰写，大纲考点也作了全面更新，由原来的13个考点调整为7个考点。

[民法] 根据《民法总则》，第一章至第六章相应内容全部重新撰写。大纲删除考点19个，新增考点35个。

[商法] 对大纲和教材相应内容做了完善，删除考点18个，新增考点7个。

（2）大纲和教材内容不断完善，总计考点新增51个（含新增子考点），删除49个；法律法规新增16件，修订10件，删除9件。新增与修订内容往往与新法以及法学理论发展密切相关。

希望本书的读者能细心琢磨，勤于思考，惟其如此方能有所收获。古人云：学而不思则罔，思而不学则殆。诚哉斯言！

古人云：种瓜得瓜，种豆得豆。拥有和阅读本书，领悟司法考试的精髓，播下成功的种子，必能结出胜利的果实！选择此书，选择成功！

在本书即将付梓之际，我们相信，本书能够为您提供准确且权威的信息，帮助您解密司法考试命题思路，为您复习司法考试"画龙点睛"！本人祝愿各位考生在2017年能心想事成，鸿运当头，一考中的。

王朝勇
2017年6月16日于京师律师学院

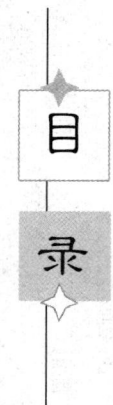

2017年中华人民共和国司法部公告 / 1

末代司考之后的法律职业前景法律人将何去何从？/ 19

专题一　中国特色社会主义法治理论部分 / 24

专题二　宪法部分 / 64

专题三　经济法部分 / 75

专题四　国际私法部分 / 80

专题五　国际经济法部分 / 83

专题六　司法制度和法律职业道德部分 / 86

专题七　刑法部分 / 111

专题八　刑事诉讼法部分 / 170

专题九　行政法与行政诉讼法部分 / 221

专题十　民法部分 / 251

专题十一　民事诉讼法与仲裁制度部分 / 306

专题十二　商法部分 / 354

专题十三　论述题部分 / 365

专题十四　最高法发布环境公益诉讼典型案例 / 572

专题十五　张明楷：虚假诉讼罪的基本问题 / 594

专题十六　最高人民法院关于人民法院进一步深化多元化纠纷解决机制改革的意见 / 620

2017年中华人民共和国司法部公告

中华人民共和国司法部（第 172 号）公告

依据《中华人民共和国法官法》《中华人民共和国检察官法》《中华人民共和国律师法》《中华人民共和国公证法》及《国家司法考试实施办法》的有关规定，现就2017年国家司法考试公告如下。

一、报名

（一）报名条件

1. 符合以下条件人员，可以报名参加国家司法考试：

（1）具有中华人民共和国国籍；

（2）拥护《中华人民共和国宪法》，享有选举权和被选举权；

（3）具有完全民事行为能力；

（4）高等学校法律专业本科毕业或者高等学校非法律专业本科毕业并具有法律专业知识；

（5）品行良好。

各省、自治区、直辖市所辖自治县（旗），各自治区所辖县（旗），各自治州所辖县；国务院审批确定的十四个集中连片等特殊困难地区所辖县（县级市、区）和国家扶贫开发工作重点县（县级市、区）；山西、安徽、江西、河南、湖北、湖南等中部六省比照实施西部大开发有关政策的县（包括国家或者省级扶贫开发工作重点的县级市、区）；内蒙古、广西、四川、贵州、云南、甘肃、青海、宁夏、新疆等西部九省、自治区所辖县（县级市、区）；重庆、陕西省（市）所辖县（包括省级扶贫开发工作重点县级市、区和享受民族自治地方政策的县级市、区）；西藏自治区所辖市、地区、县、县级市、市辖区，可以将报名学历条件放宽为高等学校法律专业专科学历。放宽报名学历条件的适用以报名人员报名时户籍为准，报名时户籍在放宽报名学历条件地方的，可以申请享受放宽政策。

普通高等学校2018年应届本科毕业生可以报名参加国家司法考试。

持香港、澳门、台湾地区或者国外高等学校学历学位证书报名的，其学历学位证书须经教育部留学服务中心认证，符合报考学历学位条件的，可以报名参加国家司法考试。

2. 有下列情形之一的人员，不得报名参加国家司法考试，已经办理报名手续的，报名无效：

（1）因故意犯罪受过刑事处罚的；

（2）曾被国家机关开除公职或者曾被吊销律师执业证、公证员执业证的；

（3）被处以二年内不得报名参加国家司法考试期限未满或者被处以终身不得报名参加国家司法考试的；

（4）提供虚假证明材料或者以其他形式骗取报名的。

3. 已经领取A类法律职业资格证书人员、已经领取B类法律职业资格证书但尚未取得高等学校本科以上毕业证书人员，不得再次报名参加国家司法考试。

（二）报名方式与时间

2017年国家司法考试实行网上报名方式。报名人员通过网上填报个人信息、上传照片、交纳考试费、下载打印准考证。

2017年国家司法考试报名时间为6月15日至7月4日。报名人员应当在规定期限登录司法部网站（http：//www.moj.gov.cn），按照网上报名要求、流程及步骤进行网上报名。逾期不予补报。

符合条件的报名人员，因不具备网络通讯条件或无法自行操作等原因不能完成网上报名的，可在报名期限内到报名地司法行政机关办理。

各地具体报名事项，特别是需要现场办理的报名事项由当地司法行政机关向社会发布公告。

报名人员可选择使用蒙古文、藏文、维吾尔文、哈萨克文、朝鲜文五种少数民族语言文字试卷参加考试。内蒙古自治区设蒙古文试卷考点、考场，西藏自治区、青海省设藏文试卷考点、考场，新疆维吾尔自治区设蒙古文、维吾尔文、哈萨克文试卷考点、考场，吉林省设朝鲜文试卷考点、考场。

符合规定报名条件的现役军人，应当在规定期限通过全军政工网报名，相关工作由军队负责司法行政工作的部门具体组织。

（三）报名材料

报名人员报名时应当具有以下材料。

1. 有效居民身份证。

2. 毕业证书。

毕业证书应当能够在全国高等学校学生信息咨询与就业指导中心网站查询或认证。

持香港、澳门、台湾地区或者国外高等学校学历学位证书报名的，须具有教育部留学服务中心的学历学位认证书。

3. 申请享受放宽政策人员，须具有放宽报名学历条件地方户籍。网上报名时，应上传户口簿首页及本人页电子照片。

4. 电子证件照片。

报名人员应当提供符合规定格式（宽413像素×高626像素）要求的本人近三个月内彩色（红、蓝、白底色均可）正面免冠电子证件照片。此照片将作为本人准考证、考试成绩通知单、法律职业资格授予申请表、法律职业资格证书唯一使用照片。

5. 司法行政机关要求的其他材料。

报名人员应当如实、准确填报个人信息，对上述报名信息作出真实有效承诺。普通高等学校2018年应届本科毕业生网上报名时，应当签署《应届毕业生承诺书》。

（四）考试费

报名人员应当按照司法行政机关要求缴纳考试费。网上交费截止时间为7月9日。考试费交纳成功后，报名人员不得更改报名地。

（五）准考证

报名人员可于9月1日至9月15日登录司法部网站自行下载、打印准考证。

报名人员因不具备网络通讯条件或无法自行操作等原因，不能完成网上自行打印准考证的，可在准考证打印期限内到报名地司法行政机关办理。

二、考试

（一）考试时间

2017年国家司法考试时间为9月16日、17日。

试卷一：9月16日上午08：30—11：30，考试时间180分钟。

试卷二：9月16日下午14：00—17：00，考试时间180分钟。

试卷三：9月17日上午08：30—11：30，考试时间180分钟。

试卷四：9月17日下午14：00—17：30，考试时间210分钟。

（二）考试内容、科目与方式

国家司法考试实行全国统一命题。司法部制定并公布的《2017年国家司法考试大纲》作为命题依据。

国家司法考试内容包括：理论法学、应用法学、现行法律规定、法律实务和法律职业道德。

考试分为四张试卷，每张试卷分值为150分，四卷总分为600分。试卷一、试卷二、试卷三为机读式选择试题，试卷四为笔答式案例分析、法律文书、论述试题。各卷科目为：

试卷一：综合知识。包括：中国特色社会主义法治理论、法理学、法制史、宪法、经济法、国际法、国际私法、国际经济法、司法制度和法律职业道德；

试卷二：刑事与行政法律制度。包括：刑法、刑事诉讼法、行政法与行政诉讼法；

试卷三：民商事法律制度。包括：民法、商法、民事诉讼法（含仲裁制度）；

试卷四：案例分析、法律文书、论述。包括：中国特色社会主义法治理论、法理学、宪法、司法制度和法律职业道德、行政法与行政诉讼法、刑法、刑事诉讼法、民法、商法、民事诉讼法。

2017年国家司法考试采用闭卷、笔试方式。

2017年在数个试点考区采取部分试卷计算机答题方式。黑龙江省大庆市、江苏省苏州市、广西壮族自治区北海市、重庆市北碚区和宁夏回族自治区石嘴山市5个考区实行计算机化考试试点，试卷一、试卷二、试卷三采取计算机化考试，试题、答题要求和答题界面均在计算机显示屏上显示，考生应当使用计算机鼠标或者键盘在计算机答题界面上进行作答；试卷四采取笔试方式，考生应当在答题纸上进行作答。

（三）考试要求和纪律

应试人员须同时携带准考证和有效居民身份证参加考试。应试人员应当诚信参考，认真阅读《国家司法考试应试规则》和《国家司法考试违纪行为处理办法》，自觉遵守考试纪律，自觉维护考场秩序。

在实施考务安全管理系统的地方，考生应当按照当地司法行政机关发布的公告要求提前到达考场。

在实行计算机化考试试点的地方，考生应当按照当地司法行政机关发布的公告要求参加考试。

（四）试题参考答案异议

司法部于9月18日上午8时向社会公布考试试题，9月21日晚20时公布考试试题参考答案。凡对试题参考答案有异议的，可于9月21日晚20时至9月25日24时登录司法部网站，在"2017年国家司法考试试题参考答案异议专区"提出意见并说明理由。司法部组织专人汇总情况，整理意见，提交"试题参考答案审查专家组"研究论证。经"试题参考答案审查专家组"论证的参考答案为试卷评阅依据。

三、考试成绩与资格授予

国家司法考试实行全国统一评卷。

根据《国家司法考试实施办法》，2017年国家司法考试合格分数线由司法部商最高人民法院、最高人民检察院确定。11月下旬，司法部国家司法考试办公室公布考试成绩。

参加国家司法考试成绩合格，经审核符合资格授予条件的人员，由司法部授予法律职业资格，颁发《法律职业资格证书》。具体事宜由司法部国家司法考试办公室另行公告。

法律职业资格证书的适用范围及管理，按司法部和最高人民法院、最高人民检察院的有关规定执行。

四、其他

香港、澳门、台湾地区居民报名参加国家司法考试有关事宜，由司法部国家司法考试办公室另行公告。报名人员可登录司法部网站查询。

现役军人报名参加国家司法考试的有关事宜，按照司法部和中央军委政法委员会有关通知要求办理。

司法部制定并公布的《2017年国家司法考试大纲》可以作为应试人员备考依据。司法部和各地司法行政机关不举办考前培训班，也不委托任何单位进行2017年国家司法考试考前培训辅导。

司 法 部

2017年6月5日

"2017年国家司法考试组织实施工作情况"
新闻发布会

司法部网站：6月5日（星期一）上午10：00，司法部将举行主题为"2017年国家司法考试组织实施工作情况"的新闻发布会。届时本网将进行全程图文直播，敬请关注。

司法部办公厅主任、司法部新闻发言人刘福臣：各位媒体朋友们，各位女士，各位先生，大家上午好！今天在这里举行司法部新闻发布会，欢迎大家的到来！

刘福臣：这次新闻发布会的主题是关于2017年国家司法考试的组织实施的有关情况。我们很高兴地请到了司法部国家司法考试司司长贾丽群女士、国家司法考试中心主任谢愚妮女士，向大家介绍2017年国家司法考试组织实施的基本情况，愿意回答各位媒体朋友的提问。

刘福臣：发布会的第一个环节是介绍情况，第二个环节是回答大家的提问。下面进行第一个环节，由贾丽群司长介绍2017年国家司法考试组织实施的有关情况。

国家司法考试司司长贾丽群：各位记者朋友，大家上午好！非常高兴在这里与大家见面。这次新闻发布会，主要介绍2017年国家司法考试组织实施工作的有关情况。国家司法考试是为党和国家选拔符合法律职业要求的合格法律专门人才，由国家统一组织的从事特定法律职业的资格考试。根据《法官法》《检察官法》《律师法》和《公证法》的规定，初任法官、初任检察官、申请律师执业和担任公证员必须通过国家司法考试。

贾丽群：党中央、国务院高度重视司法考试工作。党的十八大以来，以习近平同志为核心的党中央对全面依法治国作出一系列新的重大部署，围绕提高法治工作队伍正规化专业化职业化水平，建设一支忠于党、忠于国家、忠于人民、忠于法律的高素质社会主义法治工作队伍，对改革完善司法考试制度提出明确要求。

贾丽群：党的十八届四中全会《决定》提出，要"完善法律职业准入制度，健全国家统一法律职业资格考试制度，建立法律职业人员统一职前培训制度"。2015年9月，中共中央办公厅、国务院办公厅印发《关于完善国家统一法律职业资格制度的意见》，提出将司法考试制度调整为国家统一法律职业资格考试制度，把好法律职业的"入口关""考试关"和"培训关"。

贾丽群：今年5月3日，习近平总书记在中国政法大学座谈会上的讲话强调，建设法治国家、法治政府、法治社会，实现科学立法、严格执法、公正司法、全民守法，都离不开一支高素质的法治工作队伍。这些都为改革完善司法考试制度指明了方向、提供了基本遵循。目前，司法部在做好今年司法考试组织实施工作的同时，抓紧做好将司法考试制度调整为国家统一法律职业资格考试制度的各项实施准备工作。

贾丽群： 关于今年司法考试组织实施工作，司法部制定的《2017年国家司法考试大纲》已经于5月19日与考生见面了，这是司法考试命题和广大考生备考的重要依据。今天，我们将印发《司法部关于做好2017年国家司法考试工作的通知》，新闻发布会之后将向社会发布2017年国家司法考试的《公告》，标志着一年一度的司法考试工作正式启动了。

贾丽群： 与去年相比，今年司法考试组织实施工作及相关政策有如下特点，可以概括为"三不变、两调整、一试点"。下面，我先介绍一下"三不变"。

贾丽群： 一是报名的学历条件、报名时间和报名方式不变。根据《国家司法考试实施办法》，今年司法考试的报名学历条件仍为高等院校法律专业本科毕业或者高等院校非法律专业本科毕业并具有法律专业知识；报名时间为6月15日至7月4日，共20天；报名方式为网上报名，考生可在规定期间登陆司法部网站（www.moj.gov.cn）进行网上报名，对于不具备网络通讯条件或无法自行操作等原因不能完成网上报名的，可在规定期间内到报名地司法行政机关办理。

贾丽群： 二是考试科目和考试时间不变。根据《2017年国家司法考试大纲》，今年司法考试的内容包括理论法学、应用法学、现行法律规定、法律实务和法律职业道德，具体包括15门学科。另外，继续允许考生使用蒙古文、藏文、维吾尔文、哈萨克文、朝鲜文5种少数民族语言文字试卷进行考试。

贾丽群： 考试时间仍是9月的第三个周末，即9月16、17日两天，每天上、下午各考一场，共四场。考试试卷乃为四卷，前三卷为客观选择试题、机读卡式答题，每场考试时长3小时；卷四是笔答式试卷，主要由实例（案例）分析、法律文书、论述试题等题型组成，考试时长为3个半小时。

贾丽群： 三是实施放宽条件政策不变。为解决好中西部基层以及欠发达地区法律人才不足问题，司法部经商最高人民法院和最高人民检察院，并报请全国人大常委会法工委和中央司法体制改革领导小组同意，今年继续实施放宽条件政策，在放宽条件地区报考学历条件放宽至法律专业专科毕业。

贾丽群： "两调整"指的是：一是放宽条件地区范围有所扩大。为贯彻落实中央关于在艰苦边远地区和民族地区适当降低司法考试门槛有关精神，根据地方法律实务部门申请，经商最高人民法院和最高人民检察院，并报中央司法体制改革领导小组同意，

说过就过

今年将黑龙江省大小兴安岭林区的37个县级行政区划单位纳入放宽条件地方。

贾丽群：这37个县级区划内的考生，报考学历条件放宽至法律专业专科毕业。

贾丽群：二是简化了部分考生的报名手续。对全日制普通高等学校2018年应届本科毕业生报名的（我们通常称为大四在校学生），不再要求其提供所在院校出具的格式证明信息，改由考生本人对信息的真实性作出承诺；对参加高等教育自学考试，单科成绩已全部合格人员，不再要求其报名时出具格式证明，也改为由考生作出相应承诺。

贾丽群：此外，为便利港澳台考生报名参加考试，取消了要求台湾考生使用户籍誊本或者户口名簿复印件报名时提供公证的规定，对香港、澳门考生报名时不再要求提供身份证或身份证明复印件的公证信息，改为由考生对本人提交的身份信息真实性作出承诺。

贾丽群："一试点"，就是今年在部分考区实行计算机化考试试点。为提高司法考试工作的信息化水平，适应考试方式发展的趋势，降低考试安全风险，今年司法部决定在黑龙江大庆、江苏苏州、广西北海、重庆北碚和宁夏石嘴山5个考区实行计算机化考试试点。

贾丽群：选择在这5个考区报名考试的考生，前三卷要采取"机考"的方式来参加考试，我们目前正在制定完善"机考"试点工作组织实施方案，并通过司法部政府网站和司法考试报名管理系统发布"机考"模拟考试操作模块，让考生尽快熟练操作使用"机考"系统，确保"机考"和纸笔考试的效果是一样的。关于"机考"具体要求和注意事项，请考生关注这5个考区所在地司法行政机关发布的公告。

贾丽群：关于今年司法考试工作的有关情况，我就介绍到这里。感谢各新闻媒体和记者朋友们一直以来对司法考试工作给予的关注和支持。也预祝广大考生取得好成绩。

谢谢！

刘福臣：谢谢贾司长。下面进入第二个环节，回答各位媒体朋友的提问。请大家提问前通报一下自己所在的新闻机构。

中央电视台记者：我的问题是刚刚您提到了健全国家统一法律职业资格考试的制度。这个制度的实施方案什么时候可以出台，跟现行的国家司法考试有什么不同？

贾丽群：今天的主题发布是发布今年考试组织实施工作的有关情况。但是，我们也知道社会上对法律职业资格考试制度非常关注。我介绍一下这个制度和现在的进展情况。

贾丽群：中办、国办印发了《关于完善国家统一法律职业资格制度的意见》，将司法考试制度调整为国家法律职业资格的考试制度。这个《意见》是贯彻党的十八届四中全会《决定》，提出完善国家法律职业资格考试制度的目标、任务和举措，也是根据我国法治队伍建设的需要，适应我国经济社会发展现状，以及目前法学教育供给的情况，在总结提炼司法考试成功的做法基础之上做出的，是对司法考试制度的改革和完善，对于培养忠于党、忠于国家、忠于人民、忠于法律的高素质法治人才，建设社会主义法治国家具有重要意义。

贾丽群：这项制度是在司法考试基础之上，进一步改革和完善的。它和现在的考试制度有哪些不同呢？

贾丽群：首先是法律职业的内涵有所不同了。司法考试制度确定法官、检察官、律师、公证员必须参加司法考试，《意见》进一步明确涉及到公民、法人权利义务的保护和克减、具有准司法性质的法律从业人员纳入到法律职业资格的考试范围内，就是范围有所扩大了。这也有利于法律工作队伍整体素质的提高，也会促进立法、司法、执法工作队伍，以及相关法律职业人员的交流机制的形成。

贾丽群：二是明确了准入条件。围绕将政治素质好、业务能力强、职业操守正的优秀法治人才选拔到法律职业岗位，《意见》从思想政治、专业条件等方面，明确了法律职业的准入条件。这也是大家关心的一点。这个《意见》当中提出要求具有良好的政治业务素质和道德品行，具有一定法律教育背景和法律工作实践经验的人员，才可以报名参加国家统一法律职业资格考试，从而促进提高法治工作队伍专业化、职业化、正规化的水平。

贾丽群：三是提高了准入标准。按照打造过硬法治队伍的要求，着眼于提高法律职业人才选拔的科学性和公信力，《意见》强调要加强对宪法法律知识、法治思维和法治能力的考查，加大中国特色社会主义法治理论、法律职业技能和职业伦理的考查力度，增大案例测试分值，以案例分析、法律方法检验考生在法律适用和事实认定等方面的能力水平，提高考试的科学性、专业性和权威性。

贾丽群：当然，《意见》当中还赋予法律职业资格管理的新的职责。《意见》明确规定，将司法考试制度调整为法律职业资格考试制度，建立法律职业人员统一职前培训制度，完善统一法律职业资格的管理制度，进一步完善法律职业资格管理工作的职能，加强对法律职业人员的管理，把好法律职业的入口关、考试关和培训关。

贾丽群：大家关心的政策衔接问题，意见规定实行老人老办法、新人新办法，做好新旧制度的妥善衔接，我们都会坚持这样的原则，在下一步制定相应措施的时候统筹考虑。

贾丽群：以上是对于这个问题的解答，希望大家多多关注改革任务的落实情况，给予更多的意见和建议。

说过就过

谢谢!

《南方都市报》记者：请教一下关于职业资格考试的情况。学生还是比较关心是不是可能在学校里念书，得到本科学历，但不是法律专业的，从明年开始就不能再通过自学的方式去参加资格考试。

贾丽群：改革《意见》的新闻稿向社会发布之后，各界非常重视，特别是对相应的变化。我们每天几乎都会收到社会上的意见，包括考生和学生，以及今年正在报考的学生都在想以后的职业规划，是选择法学，还是选择非法学。

贾丽群：《意见》当中是有几条原则的，其中有一条是遵循规律，是遵循法律职业人员形成的规律。这个规律是要求我们培养的法律工作者应该具有的政治素养、业务能力、道德水准。从这个方面来讲，才能够实现法治工作队伍专业化、职业化、正规化的要求。

贾丽群：《意见》落实到具体方面，大家可能会说非法学的到底能不能报考。我们现在正在制定实施办法。我们会考虑到法律职业队伍应有的特性和需求。我们也会考虑到目前法学教育供给的能力是不是能够满足这样的需求。我们也会考虑到目前和过去各种各样的学习经历，他想从事这样的职业。在《意见》之前，他并不清楚，他又要选择这样的职业，我们也在考虑怎么样兼顾。目前我们正在做这样的工作。

贾丽群：我们是想既要坚持原则，不折不扣的执行《意见》。同时，我们会对公众和社会的预期有一个充分的考虑。如果想要知道确切的结果，等到《国家统一法律职业资格考试实施办法》出台的时候，大家一定会更清晰、更清楚，我们将会在《实施办法》出台后，考试之前向社会发布。

中央人民广播电台记者：司法考试制度实行以来，对偏远地区、民族地区的考生是有放宽政策的，对于香港、澳门、台湾的考生也有一些特殊的政策。这些政策实施以来，特别是对偏远地区和民族地区的法律人才的培养，有没有作用？

贾丽群：这是一个非常好的问题，我们正在总结十五年来司法考试工作的做法、经验、取得的成绩。我们在梳理的过程中有这样几点体会：

贾丽群：第一，这15年来，在司法考试工作中，一直是坚持正确的方向，就是坚持党的领导。因为党的领导是我们法治工作队伍建设和全面依法治国的根本保证。所以，在考试组织实施的过程中，在各个环节中，我们要把握住这个根本。

贾丽群：第二，坚持这样一种方向，怎么样体现出来呢？我们想的是在考试大纲当中、考试内容当中、考试政策方面，在多个方面有所体现。你刚刚问到对偏远地区、港澳地区实行一系列政策，到底有哪些作用。我也和大家一起回顾一下这样一个历程。

贾丽群：2002年，司法考试制度制定以来，根据偏远地区、贫困地区，特别是少数民族欠发达地区法律职业人才短缺的情况，经中央批准，司法部与最高法、最高检会商，对这些地区实行了放宽条件政策。2002—2016年，放宽条件的地区不断调整和扩大，今年的调整其中就包括放宽地区范围的扩大。截止到今年，全国有1444个县适用放宽条件政策，降低了报考人员的学历条件，降低合格分数线的标准。

贾丽群：我们统计了一下，15次考试以来，已经有15万人因为这样的政策获得了法律职业资格的证书，充实到了偏远贫困地区、少数民族地区基层的法律实务部门，或者在那里担任律师和公证员。这对缓解这些地区的法律人才短缺问题发挥了作用。

贾丽群：我还记得2009年，部里组织到西藏、新疆等少数民族地区调研那里法律职业人员到底是什么样的情况。我去西藏的时候，有些地方的基层检察院的人员非常少，20多个编制，但真正有检察官任职资格的人员只有几个，法院想要组成合议庭都很难。实际上这个放宽政策，关键的还是要解决有人可选、有人可挑、有人可用的问题。

贾丽群：这些年来，我们觉得这个作用发挥得还是不错的。当然，这和我们国家经济的发展、法律人才的培养、用人制度的改革都是相互结合的。

贾丽群：从2004年开始，根据内地与香港、澳门经贸关系安排的决定，符合条件的香港澳门居民可以参加司法考试。2008年，符合条件的台湾居民可以报考司法考试。这项政策实施以来，截止到目前，有600多人获得了法律职业资格。

贾丽群：这对于加强两岸四地的法律服务，以及法律人才的交流都起到了很好的作用。这些政策的实施也是司法考试立足于党和国家的大局，来对司法考试制度进行改革完善的。

贾丽群：当然，在司法考试的管理工作中，我们也是立足工作实际，不断地改革完善司法考试制度。例如，按照党组的要求，我们要确保考场安全、考试安全、考卷安全和人员安全；我们要坚持依法治考、从严治考、热情服务这样一个总原则。

贾丽群：各地司法行政机关在考试组织实施工作中，落实"一把手"责任制，所在司法行政机关的"一把手"一定要亲自抓这项工作；我们建立了很好的协作机制，跟公安、保密、工信、教育等部门，形成良好的协作机制。在这些部门的配合下，确保司法考试的安全、平稳、顺利和有效。

贾丽群：这些年，应对司法考试，我们要提升自身的管理能力，也加强了信息化的建设。从2013年开始，全部都是在网上进行管理，考生足不出门，报名、提交照片、交费、打印准考证，都可以在网上实现。

贾丽群：2015年开始，又正式运行了法律职业资格申请、管理、档案调转等网上操作，信息化的水平也不断提升，这也是对我们自身工作能力、工作效率的提升，也

说过就过

是为了满足广大社会考生的需求。当然，在我们工作中还有很多不足，还有很多考生对我们的工作不尽满意，这也是我们前进的动力。

贾丽群：所以，我想成效很大，我们一直还在路上，需要走的路还很长。希望在国家法律职业资格制度下，我们能走得更远、走得更稳、走得更好。

法律出版社中国法律评论记者：请谈一谈关于"机考"组织方案的进展、细节。

贾丽群："机考"是今年开始试点的一项工作，也是为了完成下一步法律职业资格考试的考试方式变化做出的一项准备。这个问题，请考试中心谢愚妮主任给大家介绍。

国家司法考试中心主任：谢愚妮：谢谢媒体对司法考试"机考"计划试点工作的关注。我现在就今年国家司法考试的计算机"机考"试点工作的细节问题给大家做介绍。

谢愚妮：为适应我国的司法考试制度改革工作的需要，司法部决定在2017年国家司法考试工作中进行"机考"试点工作，确定了黑龙江大庆、江苏苏州、广西北海、重庆北碚、宁夏石嘴山5个考区作为今年司法考试"机考"试点地区。

谢愚妮：今年司法考试的试点工作要和国家司法考试工作统一考试、同时进行，使用的是同一套试卷，考试的时间不变、时长不变。"机考"的试点地区采取的具体模式是"3+1"的模式。我们是四场考试，也是四个卷，卷一、卷二、卷三由考生在计算机上作答，卷四是主观试题，采取的还是传统的纸笔考试的方式。

谢愚妮：试点地区的考生，在试点地区报名，只能采取"机考"的方式，也就是"3+1"模式。如果试点地区的考生不想参加"机考"，可以选择去非试点地区报名参加统一的纸笔考试。非试点地区的考生对"机考"感兴趣，可以到试点地区去报名参加"机考"。

谢愚妮：在报名时，在司法部的官网和国家司法考试报名管理系统平台上，开设"机考"考试的模拟操作系统。这样便于"机考"地区的考生和非试点地区的考生很快熟悉"机考"的要求，在考试之前就能进行必要的演练，尽快熟悉"机考"的要求，能够熟练使用"机考"的方式来作应答，来保证"机考"的顺利进行。

谢愚妮：同时，在试点考区报名的考生，司法行政机关也会告知考生仔细阅读司法部的公告和当地的公告，以了解注意事项和操作方法，以免造成误解。

谢愚妮：为此，我们司法部和省、市各级司法行政机关，将加强试点工作的组织实施力度。我们确保考试必备的场所设施的电力供应、交通通畅，有效打击作弊、替考等违法违纪行为，做到更好地服务考生，保证考试的公平公正，确保"机考"试点工作做到万无一失，圆满完成"机考"工作任务。

人民日报社记者：我注意到有一个小变化，考生个人信息的真实性由考生自己做出承诺,港澳台的考生也是由个人对自己的信息做出真实性的承诺。关于这一点变化是如何考虑的?会不会有风险性?

贾丽群:这个问题也是今年做出调整的。比如,在校大四学生报考的时候,按照原来的规定,每个考生都要到所在学校的教务部门,或者是学生处去开一个证明,证明你在2018年能够毕业,是属于2018年应届毕业生,再把证明上传到网上,才能通过报名。

贾丽群:还有就是高等学校自考的考生,单科成绩全部合格以后,也要到自考的主办院校,或者是到当地的教育部门去开具合格证明。这对考生来讲,工作量是很大的。原来这样设计是要确保报名信息是真实的、有效的。现在各项的行政审批事项和中介服务管理要开证明的事项,国家要求能简化的就简化。

贾丽群:另外,我们也是出于建立诚信档案的考虑。你报考的是司法考试,将要选择的是法律职业,你对自己所有信息的真实有效都应该负责。这个承诺的效力一点都不低于证明。既然承诺能够做到的,就不必再增加这么多考生的负担和学校的负担,就以承诺的形式来认可他的信息。

贾丽群:这样做是不是会产生其他的风险呢?因为如果通过了国家司法考试,就是你的考试成绩合格了。还有一道关,就是申请授予法律职业资格。在那个时候,所有需要提交的材料都要原件,而且需要本人去到现场。那个时候要逐一的核对和审核,确保真实有效,确保安全性。

贾丽群:台湾居民和港澳考生,有一些是按照国家的有关规定,我们现在是取消的。还有一部分,像港澳考生,我们要求的是报名的时候可以不再提交身份或者是身份证明复印件一定要做公证的信息,你要对这样的信息进行承诺。但是,在申请法律职业资格的时候依然要按照相关规定来执行。

贾丽群:以上就是我们今年做出调整的想法。谢谢!

刘福臣:时间关系,再回答一个问题。

《法制日报》记者:我比较关注的是"机考"如何保证考试安全,防止作弊。是采取AB卷的形式,还是试题被随机打乱?

谢愚妮:这个问题非常好。我们之所以进行"机考"的试点,第一是因为"机考"节省考试资源。同时,在考试的环节上,保密是司法考试的重中之重,是我们高度重视的问题。

谢愚妮:首先,我们委托国内顶尖的公司来设计"机考"的安全系统。实践中,其他一些职业资格考试也采用了这样的系统,系统运行良好,都没有出现任何问题。能够确保机考的绝对安全。

说过就过

谢愚妮：它主要是将试题数据和考生作答数据进行多重加密，确保数据安全。同时通过试题的乱序、选项的乱序，保证临座之间不能相互抄袭。

谢愚妮：比如，9点开始考试，在考试之前的15分钟-30分钟之内进行试卷的传输，传输的时候也是分次、分批、分时的碎片化传输，以避免试题的泄露。

谢愚妮：还有一些考试中出现的特殊情况，像断电，我们也制定了专门的应急处置预案。通过安全保密系统的研发，我们还要跟机考公司签订合同，要求他们严格遵守保密工作规定。同时，我们也将加强管理，严格监管，做到万无一失。

贾丽群：我再补充一句。媒体记者朋友不仅对司法考试工作给予了高度关注，也比较了解，问题非常专业。我想借此机会，也想各新闻媒体的朋友，各门户网站，包括转达到各司法考试的教育培训机构和培训老师，要慎重地发布司法考试的有关信息。

贾丽群：我们每年在司法考试信息的舆情应对方面有很多工作要做，主要是担心不正确的信息误导了考生，给考生带来损失，特别是有一些诈骗信息。我们希望各大媒体、各门户网站跟我们一起共同维护风清气正的舆论环境。同时，再次恳请大家对司法考试工作给予更多的支持、关注和监督，希望通过你们转达我们对考生的美好祝愿。谢谢！

刘福臣：由于时间关系，今天的发布会到此结束，谢谢贾司长，谢谢谢主任。

关于"2017年国家司法考试组织实施工作情况"

2017年6月5日上午，司法部举行新闻发布会，邀请国家司法考试司司长贾丽群，国家司法考试中心主任谢愚妮就"2017年国家司法考试组织实施工作情况"的相关问题回答记者的提问。

贾丽群：各位记者朋友，大家上午好！非常高兴在这里与大家见面。这次新闻发布会，主要介绍2017年国家司法考试组织实施工作的有关情况。国家司法考试是为党和国家选拔符合法律职业要求的合格法律专门人才，由国家统一组织的从事特定法律职业的资格考试。根据《法官法》《检察官法》《律师法》和《公证法》的规定，初任法官、初任检察官、申请律师执业和担任公证员必须通过国家司法考试。

党中央、国务院高度重视司法考试工作。党的十八大以来，以习近平同志为核心的党中央对全面依法治国作出一系列新的重大部署，围绕提高法治工作队伍正规化专业化职业化水平，建设一支忠于党、忠于国家、忠于人民、忠于法律的高素质社会主义法治工作队伍，对改革完善司法考试制度提出明确要求。

党的十八届四中全会《决定》提出，要"完善法律职业准入制度，健全国家统一法律职业资格考试制度，建立法律职业人员统一职前培训制度"。2015年9月，中共中央办公厅、国务院办公厅印发《关于完善国家统一法律职业资格制度的意见》，提出将司法考试制度调整为国家统一法律职业资格考试制度，把好法律职业的"入口关""考试关"和"培训关"。

2017年5月3日，习近平总书记在中国政法大学座谈会上的讲话强调，建设法治国家、法治政府、法治社会，实现科学立法、严格执法、公正司法、全民守法，都离不开一支高素质的法治工作队伍。这些都为改革完善司法考试制度指明了方向、提供了基本遵循。目前，司法部在做好今年司法考试组织实施工作的同时，抓紧做好将司法考试制度调整为国家统一法律职业资格考试制度的各项实施准备工作。

关于今年司法考试组织实施工作，司法部制定的《2017年国家司法考试大纲》已经于5月19日与考生见面了，这是司法考试命题和广大考生备考的重要依据。今天，我们将印发《司法部关于做好2017年国家司法考试工作的通知》，新闻发布会之后将向社会发布2017年国家司法考试的《公告》，标志着一年一度的司法考试工作正式启动了。

与去年相比，今年司法考试组织实施工作及相关政策有如下特点，可以概括为

"三不变、两调整、一试点"。下面，我先介绍一下"三不变"。

一是报名的学历条件、报名时间和报名方式不变。根据《国家司法考试实施办法》，今年司法考试的报名学历条件仍为高等院校法律专业本科毕业或者高等院校非法律专业本科毕业并具有法律专业知识；报名时间为6月15日至7月4日，共20天；报名方式为网上报名，考生可在规定期间登陆司法部网站（www.moj.gov.cn）进行网上报名，对于不具备网络通讯条件或无法自行操作等原因不能完成网上报名的，可在规定期间内到报名地司法行政机关办理。

二是考试科目和考试时间不变。根据《2017年国家司法考试大纲》，2017年司法考试的内容包括理论法学、应用法学、现行法律规定、法律实务和法律职业道德，具体包括15门学科。另外，继续允许考生使用蒙古文、藏文、维吾尔文、哈萨克文、朝鲜文5种少数民族语言文字试卷进行考试。考试时间仍是9月的第三个周末，即9月16、17日两天，每天上、下午各考一场，共四场。考试试卷仍为四卷，前三卷为客观选择试题、机读卡式答题，每场考试时长3小时；卷四是笔答式试卷，主要由实例（案例）分析、法律文书、论述试题等题型组成，考试时长为3个半小时。

三是实施放宽条件政策不变。为解决好中西部基层以及欠发达地区法律人才不足问题，司法部经商最高人民法院和最高人民检察院，并报请全国人大常委会法工委和中央司法体制改革领导小组同意，今年继续实施放宽条件政策，在放宽条件地区报考学历条件放宽至法律专业专科毕业。

"两调整"指的是：一是放宽条件地区范围有所扩大。为贯彻落实中央关于在艰苦边远地区和民族地区适当降低司法考试门槛有关精神，根据地方法律实务部门申请，经商最高人民法院和最高人民检察院，并报中央司法体制改革领导小组同意，2017年将黑龙江省大小兴安岭林区的37个县级行政区划单位纳入放宽条件地方。这37个县级区划内的考生，报考学历条件放宽至法律专业专科毕业。

二是简化了部分考生的报名手续。对全日制普通高等学校2018年应届本科毕业生报名的（我们通常称为大四在校学生），不再要求其提供所在院校出具的格式证明信息，改由考生本人对信息的真实性作出承诺；对参加高等教育自学考试，单科成绩已全部合格人员，不再要求其报名时出具格式证明，也改为由考生作出相应承诺。

此外，为便利港澳台考生报名参加考试，取消了要求台湾考生使用户籍誊本或者户口名簿复印件报名时提供公证的规定，对香港、澳门考生报名时不再要求提供身份证或身份证明复印件的公证信息，改为由考生对本人提交的身份信息真实性作出承诺。

"一试点"，就是今年在部分考区实行计算机化考试试点。为提高司法考试工作的信息化水平，适应考试方式发展的趋势，降低考试安全风险，今年司法部决定在黑龙江大庆、江苏苏州、广西北海、重庆北碚和宁夏石嘴山 5 个考区实行计算机化考试试点。选择在这 5 个考区报名考试的考生，前三卷要采取"机考"的方式来参加考试，我们目前正在制定完善"机考"试点工作组织实施方案，并通过司法部政府网站和司法考试报名管理系统发布"机考"模拟考试操作模块，让考生尽快熟练操作使用"机考"系统，确保"机考"和纸笔考试的效果是一样的。关于"机考"具体要求和注意事项，请考生关注这 5 个考区所在地司法行政机关发布的公告。

关于今年司法考试工作的有关情况，我就介绍到这里。感谢各新闻媒体和记者朋友们一直以来对司法考试工作给予的关注和支持。也预祝广大考生取得好成绩。

谢谢！

确定5考区为今年司法考试"机考"试点地区

6月5日上午，司法部举行新闻发布会，邀请国家司法考试司司长贾丽群，国家司法考试中心主任谢愚妮就"2017年国家司法考试组织实施工作情况"的相关问题回答记者的提问。

法律出版社中国法律评论记者：请谈一谈关于"机考"组织方案的进展、细节。

贾丽群："机考"是今年开始试点的一项工作，也是为了完成下一步法律职业资格考试的考试方式变化做出的一项准备。这个问题，请考试中心谢愚妮主任给大家介绍。

谢愚妮：谢谢媒体对司法考试"机考"计划试点工作的关注。我现在就今年国家司法考试的计算机"机考"试点工作的细节问题给大家做介绍。

为适应我国的司法考试制度改革工作的需要，司法部决定在2017年国家司法考试工作中进行"机考"试点工作，确定了黑龙江大庆、江苏苏州、广西北海、重庆北碚、宁夏石嘴山5个考区作为今年司法考试"机考"试点地区。

今年司法考试的试点工作要和国家司法考试工作统一考试、同时进行，使用的是同一套试卷，考试的时间不变、时长不变。"机考"的试点地区采取的具体模式是"3+1"的模式。我们是四场考试，也是四个卷，卷一、卷二、卷三由考生在计算机上作答，卷四是主观试题，采取的还是传统的纸笔考试的方式。

试点地区的考生，在试点地区报名，只能采取"机考"的方式，也就是"3+1"模式。如果试点地区的考生不想参加"机考"，可以选择去非试点地区报名参加统一的纸笔考试。非试点地区的考生对"机考"感兴趣，可以到试点地区去报名参加"机考"。

在报名时，在司法部的官网和国家司法考试报名管理系统平台上，开设"机考"考试的模拟操作系统。这样便于"机考"地区的考生和非试点地区的考生很快熟悉"机考"的要求，在考试之前就能进行必要的演练，尽快熟悉"机考"的要求，能够熟练使用"机考"的方式来做应答，来保证"机考"的顺利进行。

同时，在试点考区报名的考生，司法行政机关也会告知考生仔细阅读司法部的公告和当地的公告，以了解注意事项和操作方法，以免造成误解。

为此，我们司法部和省、市各级司法行政机关，将加强试点工作的组织实施力度。我们确保考试必备的场所设施的电力供应、交通通畅，有效打击作弊、替考等违法违纪行为，做到更好地服务考生，保证考试的公平公正，确保"机考"试点工作做到万无一失，圆满完成"机考"工作任务。

末代司考之后的法律职业前景
法律人将何去何从？

《财经》记者 王丽娜 实习生 杨翔宇/文

李恩树/编辑

2017年伊始，司法考试被"宣判"为末代司考

在1月14日的全国司法厅（局）长会议上，司法部部长吴爱英表示，2017年是国家司法考试最后一年，要做好将司法考试制度调整为国家统一法律职业资格制度，制定国家统一法律职业资格考试实施办法。

司法考试在运行17年后，终将被国家统一法律职业资格考试取代。

司考为中国法治建设选拔了大量法律人才，但对其质疑和批评也不断。司考在考察法律思维、法律技能方面面临不足，离司法实务部门对法律人才的需求有差距。另一方面，司法考试成为法律教育的"指挥棒"，在影响和牵引中国的法律教育。

此次改革，能否解决现行司考存在的问题，并提升法律职业的水平？

提高的门槛

2017年是司法考试最后一年的"宣言"，令不少备考考生倍感压力。

张立伸是中国传媒大学2016年在读法律硕士，本科中文专业。他说，自己多了些紧迫感，今年必须通过司考是最好的选择，不然明年怎么考还不清楚。"司法考试对找工作影响较大，今年过不了，实习和找工作都会受到影响，找工作的选择面会少很多。"

另一名在读法硕学生张颖（本科非法学），也希望赶上这趟末班车，"为以后就业考虑，通过司考是法律工作者的标配"。她周围大多数同学都在准备司考，学长们也大多通过了司考。

2016年，国家司法考试报名人数达到58.8万余人，报名总数比2015年增长21%。

司考制度改革在国家统一法律职业资格制度后，对非法本考生报考资格进行了限制。2015年12月出台的《关于完善国家统一法律职业资格制度的意见》（下称《意

见》）对报名者的学历明确规定为：具备全日制普通高等学校法学类本科学历并获得学士及以上学位；或者全日制普通高等非法学类本科及以上学历并获得法律硕士、法学硕士及以上学位，或获得其他相应学位且从事法律工作三年以上。

虽然，两人并不认同非法本的考生欠缺法律思维和法律逻辑的说法，但规定已出。

对非法本考生的限制，有评价认为破坏了考试的平等性。

但也有不同看法。北京市京师律师事务所律师王朝勇认为，制度的调整，不仅考虑到司法考试的平等性，更考虑到法律职业的专业性及考试的科学性和权威性，"为什么同一个案件，法官、检察官、律师看法不一？就是因为背景不一，有的法律科班出身，有的半路出家"。

中国应用法学研究所所长蒋惠岭认为，为了真正体现法律职业的本质属性，在考生条件方面给予一些限制是必要的，"但并没有完全堵上非法本考生的法律职业之门"。

从事法律职业需要专业人才，法律素养、法治思维、法治能力，需通过长期的法学院学习和训练养成。司法部研究室原主任王公义说，中国法律教育的规模较之以前改善很大，全国开设法学本科专业的院校达600多所。而在司法考试制度建立的2001年，全国设有法学本科专业的高等院校仅为292所。因此，对非法本考生的限制更符合当前依法治国和选拔法律人才的需要。

此次改革与当前法治建设密不可分。

蒋惠岭称，中共十八届三中全会后，中国实行法治国家、法治政府、法治社会建设一体推进，现有的法律职业结构和人才选拔机制难以适应新的要求。"当前法律职业面临着新的形势：一是法治工作遍及各个领域，二是法治队伍分布在各个角落，三是法治标准要求比以往更高，四是十几年的法律职业改革实践中发现的一些缺陷亟待改进。因此，中央决定将原来的统一司法考试制度调整为统一法律职业资格考试制度。"

今后参考国家统一法律职业资格考试的人员将大幅增加。

《意见》要求，担任法官、检察官、律师、公证员、法律顾问、仲裁员（法律类）及政府部门中从事行政处罚决定审核、行政复议、行政裁决的人员，应当取得国家统一法律职业资格。鼓励从事法律法规起草的立法工作者、其他行政执法人员、法学教育研究工作者，参加国家统一法律职业资格考试，取得职业资格。

"目前，在政府部门从事行政处罚、行政执法等工作人员，及从事立法、法律宣传等人员，很多并不是学法律的，他们的法律知识和法律水平是不够的。所以，出现一些外行立法、不懂法的人执法、不懂法的人讲法、不懂法的人做法制部门的领导。"王公义认为，对此调整后，将整体提升法律工作者的水平和法治建设。

司考弊端：死记硬背

因难度大、通过率低，司法考试被称为"天下第一考"。

中国的国家统一司法考试制度正式开始于 2002 年，当年 3 月举行首次统一司法考试，报考者达 36 万人。此前一年，九届全国人大常委会通过关于修改《法官法》《检察官法》《律师法》的决定，对初任法官、检察官和取得律师资格实行统一的司法考试制度。

蒋惠岭告诉《财经》记者，"在统一司法考试之前，中国在 20 世纪 90 年代实行'三考分立'，即对初任法官、检察官和律师分别考试，那是中国法律职业化的最初尝试，也是法官、检察官从普通公务员中分开管理的第一步。"

20 世纪 80 年代以前和改革开放初期，中国司法队伍并不健全，对法官、律师的任职资格没有具体规范。1984 年，江西等省司法厅率先组织律师专业考试的试点。1986 年，司法部在全国一些省市试点，组织律师资格考试。两年后，司法部首次组织统一、面向社会的全国律师资格考试。

对法官的任职资格也是在探索中逐渐规范。

1983 年《法院组织法》和《检察院组织法》的修正案，首次提出司法官应具有法律专业知识。1995 年《法官法》和《检察官法》，均规定法官和检察官任职须具有高等学校专科以上学历。因此，20 世纪 90 年代共分别举行四次初任法官、检察官考试。即便如此，当时法官的素质仍参差不齐，一些法官是部队转业干部或从其他部门调任，甚至出现"三盲"院长。

法律职业建立准入制度是一个渐进过程。王公义称，此前从事法律职业没有规范的资格要求，分别组织了四种考试（三考分立及对公证员的考试），"但随之发现标准不统一，各方面问题很多，直接从事与法律有关的职业，应该同出一门，具有同等水平，因此统一为司法考试"。

至目前，中国已组织司法考试 16 次。

根据惯例，司法考试分四张卷，前三卷均是选择题，卷四是简答和案例分析题。多年来，司考被质疑的一个方面是，一些非法本考生靠死记硬背就能高分通过。

"确实有一些非法本考生通过一段时间学习和死记硬背能通过司考，而一些法学院的学生更侧重培养法律思维反而考起来比较难。"王公义说，司法部也知晓存在这种现象，近年来为避免这种情况，出题越来越灵活，但司考在设计考核内容上比较复杂，很难进行大的改革。

王公义对《财经》记者表示，司考前三张卷都是客观题，卷四是主观题主要考察法律思维如推理、分析和判断能力。法律思维难以标准化进行衡量，通过试题考察法律思维很难。客观题方便阅卷，但不能更好地考察考生的法律思维、逻辑思维等能力。如果增加主观题，又给判卷造成挑战，不同判卷人的差异也难以保证判卷公平。

中国司考模式借鉴了其他一些大陆法系国家的经验，但中国实行的是一次考试制度。

在大陆法系的德国，司法考试分两次进行，第一次一般是笔试和面试，通过这次考试并经过法律职业研修后方可参加第二次考试，第二次考试更侧重考察法律实务能力。韩国的司法考试分三次进行。中国是否有可能借鉴这种模式？

对此，王公义称，"中国司考形式相对简单，有关部门也曾考虑分两次进行，增加面试环节，但考生太多，需要花费大量的人力和物力，效果还不一定好。"

法律职业将"先选后训"

司考运行16年后，为法治建设选拔了大量法律人才，此次最终得以改革，也缘于近年来对司考制度的批评。

"对现行司法考试制度的批评主要还是来自'用人'的实务部门。一个通过了司法考试的专业人才，进入实务部门之后基本上要从零学起，一些人因缺乏实务操作能力而影响正常工作。考试时所检测的能力主要是法律基础，而进入实务部门则要求高得多。"蒋惠岭说。

他认为调整后将增加考试难度，侧重考察能力，加之以职前培训，有利于解决现行司考存在的问题。

多年来受邀讲授司考辅导课程的王朝勇律师称，今后将加大这几方面的内容考核：考试内容增加中国特色社会主义法治理论，着重考查宪法法律知识，法治思维和法治能力，以案例分析、法律方法检验考生在法律适用和事实认定等方面的法治实践水平。加大法律职业伦理的考查力度，使法律职业道德成为法律职业人员入职的重要条件。考试以案例题为主，每年更新相当比例的案例，大幅提高案例题的分值。

"会更侧重考查参考人员的法律修养、法律思维的能力及实际应用的能力。比如2015年出现的考题，即女友和妈妈同时落水应该先救谁，这类型的题目会越来越多。"

改革之后，还将建立法律职业人员统一职前培训制度。《意见》称，国家法律职业资格主管部门会同法治实务部门制定法律职业入职前培训的统一标准和规范。

考试只是一种检验方式，通过考试并不能代表能够从事法律职业工作。法律职业工作是经长期训练形成的一种工作模式，必须通过一定的专门训练养成。

在英美法系国家，由于法官是从有经验的优秀职业律师中选拔的，所以对新任法官的培训并不显得那么重要。而对于大陆法系国家来说，职前训练已经成为通例。"中国对于法律职业实行'先选后训'培训模式，虽然目前还没有出台职前培训方案，但借鉴域外做法，这一机制将以职业伦理和职业素养为引导，以培养法律技能和法律方法为主要内容，以实务经历（实习）和实务指导为落实方式，而且最好要经历一到两年的培训时间。"蒋惠岭称。

司考的弊端之一是成为法律教育的"指挥棒"，影响了法律教育。王朝勇说，法学院的一些学生不去上课，却去听司考的课。"想吃司法这碗饭，要工作必须持证上岗，这关系到考生就业的问题。目前的司法考试在引领法律教育的走向。"

"考试就是指挥棒，这是考试的客观现实。社会需要什么样的法律职业人才，就通过考试指挥教育。"王公义说。

改革为国家统一法律职业资格制度后，与法律教育的牵引关系仍在所难免。蒋惠岭认为，问题的关键，是改革之后的这个"指挥棒"一定要反映法治中国建设对法律职业的要求。"如果通过这次改革能逐步将中国的法律教育引到这个方向，使法学院将这些课程和训练作为教学重点，将会提升我国法律职业的水平。"

（本文首刊于 2017 年 2 月 20 日出版的《财经》杂志）

专题一 中国特色社会主义法治理论部分

2014年10月23日中国共产党第十八届中央委员会第四次全体会议通过了《中共中央关于全面推进依法治国若干重大问题的决定》，对全面推进依法治国、建设社会主义法治国家作出了整体部署，本部分改为中国特色社会主义法治理论，大纲和教材内容全部重新撰写，大纲考点从27个变为55个，近两年考查分值高达40分以上。

与2016年相比，2017年大纲教材中，本部分没有新增考点，仅大纲做了完善调整。

1. 推进全面依法治国的重大意义

【命题方式提示】 可能会以单项选择（论述题）的形式考查。

【命题要点提示】 依法治国，是坚持和发展中国特色社会主义的本质要求和重要保障，是实现国家治理体系和治理能力现代化的必然要求，事关我们党执政兴国，事关人民幸福安康，事关党和国家长治久安。

全面建成小康社会、实现中华民族伟大复兴的中国梦，全面深化改革、完善和发展中国特色社会主义制度，提高党的执政能力和执政水平，必须推进全面依法治国。

我国正处于社会主义初级阶段，全面建成小康社会进入决定性阶段，改革进入攻坚期和深水区，国际形势复杂多变，我们党面对的改革发展稳定任务之重前所未有、矛盾风险挑战之多前所未有，依法治国在党和国家工作全局中的地位更加突出、作用更加重大。面对新形势新任务，我们党要更好地统筹国内国际两个大局，更好地维护和运用我国发展的重要战略机遇期，更好统筹社会力量、平衡社会利益、调节社会关系、规范社会行为，使我国社会在深刻变革中既生机勃勃又井然有序，实现经济发展、政治清明、文化昌盛、社会公正、生态良好，实现我国和平发展的战略目标，必须更好地发挥法治的引领和规范作用。

2. 推进全面依法治国的指导思想和总目标

【命题方式提示】 考查推进全面依法治国的指导思想、全面推进依法治国的总目标，以选择题和论述题的方式考查的可能性比较大。

【命题要点提示】 全面依法治国，必须贯彻落实党的十八大和十八届四中全会精神，高举中国特色社会主义伟大旗帜，以马克思列宁主义、毛泽东思想、邓小平理论、"三个代表"重要思想、科学发展观为指导，深入贯彻习近平总书记系列重要讲话精神，坚持党的领导、人民当家做主、依法治国有机统一，坚定不移走中国特色社会主义法治道路，坚决维护宪法法律权威，依法维护人民权益、维护社会公平正义、维护国家安全稳定，为实现"两个一百年"奋斗目标、实现中华民族伟大复兴的中国梦提供有力法治保障。

全面依法治国，总目标是建设中国特色社会主义法治体系，建设社会主义法治国家。这就是，在中国共产党领导下，坚持中国特色社会主义制度，贯彻中国特色社会主义法治理论，形成完备的法律规范体系、高效的法治实施体系、严密的法治监督体系、有力的法治保障体系，形成完善的党内法规体系，坚持依法治国、依法执政、依法行政共同推进，坚持法治国家、法治政府、法治社会一体建设，实现科学立法、严格执法、公正司法、全民守法，促进国家治理体系和治理能力现代化。

3. 推进全面依法治国的基本原则

【命题方式提示】 选择题（论述题）可能性较大。

【命题要点提示】 （1）坚持中国共产党的领导。党的领导是中国特色社会主义最本质的特征，是社会主义法治最根本的保证。

（2）坚持人民主体地位。人民是依法治国的主体和力量源泉，人民代表大会制度是保证人民当家做主的根本政治制度。

（3）坚持法律面前人人平等。平等是社会主义法律的基本属性。

（4）坚持依法治国和以德治国相结合，国家和社会治理需要法律和道德共同发挥作用。**(重要考点)**

（5）坚持从中国实际出发。中国特色社会主义道路、理论体系、制度是推进全面依法治国的根本遵循。

习近平考察中国政法大学时强调：
法治领域不能人才辈出，全面依法治国就不可能做好

来源 | 新华社、央视《新闻联播》

习近平在中国政法大学考察时强调：

"立德树人德法兼修抓好法治人才培养，励志勤学刻苦磨炼促进青年成长进步"

说过就过

在五四青年节来临之际，在中国政法大学建校65周年前夕，中共中央总书记、国家主席、中央军委主席习近平3日上午来到中国政法大学考察。习近平代表党中央，向全国各族青年致以节日的问候，向全国广大教育工作者、青年工作者、法治工作者致以诚挚的问候。他强调，全面推进依法治国是一项长期而重大的历史任务，要坚持中国特色社会主义法治道路，坚持以马克思主义法学思想和中国特色社会主义法治理论为指导，立德树人，德法兼修，培养大批高素质法治人才。

习近平强调，中国的未来属于青年，中华民族的未来也属于青年。青年一代的理想信念、精神状态、综合素质，是一个国家发展活力的重要体现，也是一个国家核心竞争力的重要因素。当今中国最鲜明的时代主题，就是实现"两个一百年"奋斗目标、实现中华民族伟大复兴的中国梦。当代青年要树立与这个时代主题同心同向的理想信念，勇于担当这个时代赋予的历史责任，励志勤学、刻苦磨炼，在激情奋斗中绽放青春光芒、健康成长进步。

暮春时节，位于北京市昌平区的中国政法大学校园内满目青葱、一派生机。上午9时20分，习近平在校党委书记石亚军、校长黄进陪同下，首先来到逸夫楼一层大厅，参观校史及成果展。一张张图片，一件件实物，见证了几代党和国家领导人对中国政法大学和中国法治建设的关心和支持，展示了中国政法大学的发展历程，习近平不时驻足观看，询问有关情况。他对中国政法大学在人才培养、学术研究、社会服务、文化传承、国际交流合作、特色课程教育等方面取得的成就表示肯定，希望学校总结经验、改革创新，更好整合资源，更好找准着力点，把教学、科研、育人各项工作做得更好。

在展厅内，总书记亲切会见了张晋藩、廉希圣、李德顺、王卫国、卞建林等几位资深教授，同他们一一握手，亲切交谈。参与新中国法治进程的教授们讲述了他们对法治精神和治学方法的思考，习近平感谢他们为法治理论研究和法治人才培养作出的贡献，希望他们继续贡献才智，祝他们生活愉快、身体健康。参观结束时，习近平同中国政法大学领导班子成员和几位教授合影留念。

在学生活动中心一层大厅，民商经济法学院本科二年级2班团支部正在开展"不忘初心跟党走"主题团日活动。习近平来到他们中间，同学们报以热烈掌声。几位同学从不同角度畅谈观看电影《焦裕禄》的体会，习近平认真倾听，并参与讨论。习近平语重心长地对同学们说，新中国成立以来，我们党和人民一路筚路蓝缕、艰苦奋斗走来，使国家越来越富强、民族越来越兴盛、人民越来越幸福，其中很重要的一条就是有无数焦裕禄这样的优秀党员、干部为党和人民无私奉献。焦裕禄同志的事迹归结到一点，就是坚定跟党走，他一生都在为党分忧、为党添彩。焦裕禄精神跨越时空，永远不会过时，我们要结合时代特点不断发扬光大。希望大家矢志不渝，用一生来践行跟党走的理想追求。共青团是党的助手和后备军，要始终保持先进性，广大团员青年坚定跟党走，就是初心。不忘这个初心，是我国广大青年的政治选择，也是我国广大青年的人生航向。习近平勉励同学们珍惜韶华，潜心读书，敏于求知，做到德智体美全面发展，毕业后为祖国和人民施展自己的才华，实现自己的人生价值。

之后，习近平来到学生活动中心三层会议室，同中国政法大学师生和首都法学专家、法治工作者代表、高校负责同志座谈。中国政法大学党委书记石亚军、终身教授张晋藩、民商经济法学院学生潘辉和北京市朝阳区人民法院奥运村法庭庭长刘黎先后发言。他们结合实际，谈教育管理、教书育人、学习生活、法治实践。

在听取大家发言后，习近平发表重要讲话。他指出，全面依法治国是坚持和发展中国特色社会主义的本质要求和重要保障，事关我们党执政兴国，事关人民幸福安康，事关党和国家事业发展。随着中国特色社会主义事业不断发展，法治建设将承载更多使命、发挥更为重要的作用。推进全面依法治国既要着眼长远、打好基础、建好制度，又要立足当前、突出重点、扎实工作。建设法治国家、法治政府、法治社会，实现科学立法、严格执法、公正司法、全民守法，都离不开一支高素质的法治工作队伍。法治人才培养上不去，法治领域不能人才辈出，全面依法治国就不可能做好。

习近平强调，没有正确的法治理论引领，就不可能有正确的法治实践。高校作为法治人才培养的第一阵地，要充分利用学科齐全、人才密集的优势，加强法治及其相关领域基础性问题的研究，对复杂现实进行深入分析、作出科学总结，提炼规律性认识，为完善中国特色社会主义法治体系、建设社会主义法治国家提供理论支撑。

习近平指出，法学学科体系建设对于法治人才培养至关重要。我们有我们的历史文化，有我们的体制机制，有我们的国情，我们的国家治理有其他国家不可比拟的特殊性和复杂性，也有我们自己长期积累的经验和优势，在法学学科体系建设上要有底气、有自信。要以我为主、兼收并蓄、突出特色，深入研究和解决好为谁教、教什么、教给谁、怎样教的问题，努力以中国智慧、中国实践为世界法治文明建设作出贡献。对世界上的优秀法治文明成果，要积极吸收借鉴，也要加以甄别，有选择地吸收和转化，不能囫囵吞枣、照搬照抄。

习近平强调，法学学科是实践性很强的学科，法学教育要处理好知识教学和实践教学的关系。要打破高校和社会之间的体制壁垒，将实际工作部门的优质实践教学资源引进高校，加强法学教育、法学研究工作者和法治实际工作者之间的交流。法学专业教师要坚定理想信念，带头践行社会主义核心价值观，在做好理论研究和教学的同时，深入了解法律实际工作，促进理论和实践相结合，多用正能量鼓舞激励学生。

说过就过

习近平指出，中国特色社会主义法治道路的一个鲜明特点，就是坚持依法治国和以德治国相结合，强调法治和德治两手抓、两手都要硬。法学教育要坚持立德树人，不仅要提高学生的法学知识水平，而且要培养学生的思想道德素养。各级领导干部要做尊法学法守法用法的模范，以实际行动带动全社会崇德向善、尊法守法。

习近平强调，青年处于人生积累阶段，需要像海绵汲水一样汲取知识。广大青年抓学习，既要惜时如金、孜孜不倦，下一番心无旁骛、静谧自怡的功夫，又要突出主干、择其精要，努力做到又博又专、愈博愈专。特别是要克服浮躁之气，静下来多读经典，多知其所以然。

习近平指出，青年时期是培养和训练科学思维方法和思维能力的关键时期，无论在学校还是在社会，都要把学习同思考、观察同思考、实践同思考紧密结合起来，保持对新事物的敏锐，学会用正确的立场观点方法分析问题，善于把握历史和时代的发展方向，善于把握社会生活的主流和支流、现象和本质。要充分发挥青年的创造精神，勇于开拓实践，勇于探索真理。养成了历史思维、辩证思维、系统思维、创新思维的习惯，终身受用。

习近平强调，青年在成长和奋斗中，会收获成功和喜悦，也会面临困难和压力。要正确对待一时的成败得失，处优而不养尊，受挫而不短志，使顺境逆境都成为人生的财富而不是人生的包袱。广大青年人人都是一块玉，要时常用真善美来雕琢自己，不断培养高洁的操行和纯朴的情感，努力使自己成为高尚的人。

习近平指出，全国高校思想政治工作会议以来，各级党委、教育系统和各高校抓紧会议精神贯彻落实，工作成效明显。要强化基础、抓住重点、建立规范、落实责任，真正做到"虚"功"实"做，把"软指标"变为"硬约束"。高校党委要履行好管党治党、办学治校的主体责任，把思想政治工作和党的建设工作结合起来，把立德树人、规范管理的严格要求和春风化雨、润物无声的灵活方式结合起来，把解决师生的思想问题和教学科研、学习就业等实际问题结合起来，使高校始终充满积极向上的正能量、洋溢蓬勃向上的青春活力、展现改革创新的时代风采。

考察结束时正值下课时间，闻讯而来的师生们站满校园道路两旁，习近平沿路同师生们热情握手，向远处的师生们挥手致意。热烈的掌声和欢呼声经久不息，荡漾整个校园。

王沪宁、刘延东、孟建柱、栗战书、郭金龙及中央和国家机关有关部门负责同志陪同考察。

习近平五四前夕考察中国政法大学 话青春谈初心讲法治

来源 | 央视新闻

在五四青年节来临之际，在中国政法大学建校65周年前夕，中共中央总书记、国家主席、中央军委主席习近平3日上午来到中国政法大学考察。习近平代表党中央，向全国各族青年致以节日的问候，向全国广大教育工作者、青年工作者、法治工作者致以诚挚的问候。他强调，全面推进依法治国是一项长期而重大的历史任务，要坚持中国特色社会主义法治道路，坚持以马克思主义法学思想和中国特色社会主义法治理论为指导，立德树人，德法兼修，培养大批高素质法治人才。

习近平强调，中国的未来属于青年，中华民族的未来也属于青年。青年一代的理想信念、精神状态、综合素质，是一个国家发展活力的重要体现，也是一个国家核心竞争力的重要因素。当今中国最鲜明的时代主题，就是实现"两个一百年"奋斗目标、实现中华民族伟大复兴的中国梦。当代青年要树立与这个时代主题同心同向的理想信念，勇于担当这个时代赋予的历史责任。励志勤学、刻苦磨炼，在激情奋斗中绽放青春光芒、健康成长进步。

习近平考察中国政法大学

中国政法大学是我国一所著名高等学府，成立于1952年，以"厚德、明法、格物、致公"为校训，长期以来为国家培养了大批法治人才。

暮春时节，位于北京市昌平区的中国政法大学校园内满目青葱、一派生机。上午9时20分，习近平在校党委书记石亚军、校长黄进陪同下，首先来到逸夫楼一层大厅，参观校史及成果展。一张张图片，一件件实物，见证了几代党和国家领导人对中国政法大学和中国法治建设的关心和支持，展示了中国政法大学的发展历程，习近平不时驻足观看，询问有关情况。他对中国政法大学在人才培养、学术研究、社会服务、文化传承、国际交流合作、特色课程教育等方面取得的成就表示肯定，希望学校总结经验、改革创新，更好整合资源，更好找准着力点，把教学、科研、育人各项工作做得更好。

在展厅内，总书记亲切会见了张晋藩、廉希圣、李德顺、王卫国、卞建林等几位资深教授，同他们一一握手，亲切交谈。参与新中国法治进程的教授们讲述了他们对法治精神和治学方法的思考，习近平感射他们为法治理论研究和法治人才培养作出的贡献，希望他们继续贡献才智，祝他们生活愉快、身体健康。参观结束时，习近平同中国政法大学领导班子成员和几位教授合影留念。

说过就过

焦裕禄精神是一盏明灯

在学生活动中心一层大厅，民商经济法学院本科二年级2班团支部正在开展"不忘初心跟党走"主题团日活动。习近平来到他们中间，同学们报以热烈掌声。几位同学从不同角度畅谈观看电影《焦裕禄》的体会，习近平认真倾听，并参与讨论。习近平语重心长地对同学们说，新中国成立以来，我们党和人民一路筚路蓝缕、艰苦奋斗走来，使国家越来越富强、民族越来越兴盛、人民越来越幸福，其中很重要的一条就是有无数焦裕禄这样的优秀党员、干部为党和人民无私奉献。焦裕禄同志的事迹归结到一点，就是坚定跟党走，他一生都在为党分忧、为党添彩。焦裕禄精神跨越时空，永远不会过时，我们要结合时代特点不断发扬光大。希望大家矢志渝，用一生来践行跟党走的理想追求。

共青团是党的助手和后备军，要始终保持先进性，广大团员青年坚定跟党走，就是初心。不忘这个初心，是我国广大青年的政治选择，也是我国广大青年的人生航向。习近平勉励同学们珍惜韶华，潜心读书，敏于求知，做到德智体美全面发展，毕业后为祖国和人民施展自己的才华，实现自己的人生价值。

法治人才培养上不去 全面依法治国不可能做好

之后，习近平来到学生活动中心三层会议室，同中国政法大学师生和首都法学专家、法治工作者代表、高校负责同志座谈。中国政法大学党委书记石亚军、终身教授张晋藩、民商经济法学院学生潘辉和北京市朝阳区人民法院奥运村法庭庭长刘黎先后发言。他们结合实际，谈教育管理、教书育人、学习生活、法治实践。

在听取大家发言后，习近平发表重要讲话。他指出，全面依法治国是坚持和发展中国特色社会主义的本质要求和重要保障，事关我们党执政兴国，事关人民幸福安康，事关党和国家事业发展。随着中国特色社会主义事业不断发展，法治建设将承载更多使命、发挥更为重要的作用。推进全面依法治国既要着眼长远、打好基础、建好制度，又要立足当前、突出重点、扎实工作。建设法治国家、法治政府、法治社会，实现科学立法、严格执法、公正司法、全民守法，都离不开一支高素质的法治工作队伍。法治人才培养上不去，法治领域不能人才辈出，全面依法治国就不可能做好。

习近平强调，没有正确的法治理论引领，就不可能有正确的法治实践。高校作为法治人才培养的第一阵地，要充分利用学科齐全、人才密集的优势，加强法治及其相关领域基础性问题的研究，对复杂现实进行深入分析、作出科学总结，提炼规律性认识，为完善中国特色社会主义法治体系、建设社会主义法治国家提供理论支撑。

习近平指出，法学学科体系建设对于法治人才培养至关重要。我们有我们的历史文化，有我们的体制机制，有我们的国情，我们的国家治理有其他国家不可比拟的特殊性和复杂性，也有我们自己长期积累的经验和优势，在法学学科体系建设上要有底气、有自信。要以我为主、兼收并蓄、突出特色，深入研究和解决好为谁教、教什么、教给谁、怎样教的问题，努力以中国智慧、中国实践为世界法治文明建设作出贡献。对世界上的优秀法治文明成果，要积极吸收借鉴，也要加以甄别，有选择地吸收和转化，不能囫囵吞枣、照搬照抄。

习近平强调，法学学科是实践性很强的学科，法学教育要处理好知识教学和实践教学的关系。要打破高校和社会之间的体制壁垒，将实际工作部门的优质实践教学资源引进高校，加强法学教育、法学研究工作者和法治实际工作者之间的交流。法学专业教师要坚定理想信念，带头践行社会主义核心价值观，在做好理论研究和教学的同时，深入了解法律实际工作，促进理论和实践相结合，多用正能量鼓舞激励学生。

习近平指出，中国特色社会主义法治道路的一个鲜明特点，就是坚持依法治国和以德治国相结合，强调法治和德治两手抓、两手都要硬。法学教育要坚持立德树人，不仅要提高学生的法学知识水平，而且要培养学生的思想道德素养。各级领导干部要做尊法学法守法用法的模范，以实际行动带动全社会崇德向善、尊法守法。

广大青年人人都是一块玉 要时常用真善美来雕琢自己

习近平强调，青年处于人生积累阶段，需要像海绵汲水一样汲取知识。广大青年抓学习，既要惜时如金、孜孜不倦，下一番心无旁骛、静谧自怡的功夫，又要突出主干、择其精要，努力做到又博又专、愈博愈专。特别是要克服浮躁之气，静下来多读经典，多知其所以然。

习近平指出，青年时期是培养和训练科学思维方法和思维能力的关键时期，无论在学校还是在社会，都要把学习同思考、观察同思考、实践同思考紧密结合起来，保持对新事物的敏锐，学会用正确的立场观点方法分析问题，善于把握历史和时代的发展方向，善于把握社会生活的主流和支流、现象和本质。要充分发挥青年的创造精神，勇于开拓实践，勇于探索真理。养成了历史思维、辩证思维、系统思维、创新思维的习惯，终身受用。

习近平强调，青年在成长和奋斗中，会收获成功和喜悦，也会面临困难和压力。要正确对待一时的成败得失，处优而不养尊，受挫而不短志，使顺境逆境都成为人生的财富而不是人生的包袱。广大青年人人都是一块玉，要时常用真善美来雕琢自己，不断培养高洁的操行和纯朴的情感，努力使自己成为高尚的人。

高校党委要履行好管党治党、办学治校的主体责任

习近平指出，全国高校思想政治工作会议以来，各级党委、教育系统和各高校抓紧会议精神贯彻落实，工作成效明显。要强化基础、抓住重点、建立规范、落实责任，真正做到"虚"功"实"做，把"软指标"变为"硬约束"。高校党委要履行好管党治党、办学治校的主体责任，把思想政治工作和党的建设工作结合起来，把立德树人、规范管理的严格要求和春风化雨、润物无声的灵活方式结合起来，把解决师生的思想问题和教学科研、学习就业等实际问题结合起来，使高校始终充满积极向上的正能量、洋溢蓬勃向上的青春活力、展现改革创新的时代风采。

考察结束时正值下课时间，闻讯而来的师生们站满校园道路两旁，习近平沿路同师生们热烈握手，向远处的师生们挥手致意。热烈的掌声和欢呼声经久不息，荡漾整个校园。

习近平：坚持依法治国和以德治国相结合

习近平在中共中央政治局第三十七次集体学习时强调，坚持依法治国和以德治国相结合，推进国家治理体系和治理能力现代化。

中共中央政治局12月9日下午就我国历史上的法治和德治进行第三十七次集体学习。中共中央总书记习近平在主持学习时强调，法律是准绳，任何时候都必须遵循；道德是基石，任何时候都不可忽视。在新的历史条件下，我们要把依法治国基本方略、依法执政基本方式落实好，把法治中国建设好，必须坚持依法治国和以德治国相结合，使法治和德治在国家治理中相互补充、相互促进、相得益彰，推进国家治理体系和治理能力现代化。

中国政法大学法律史学研究院院长朱勇教授就这个问题进行讲解，并谈了意见和建议。

中共中央政治局各位同志认真听取了讲解，并就有关问题进行了讨论。

习近平在主持学习时发表了讲话。

1. 法律是成文的道德，道德是内心的法律

他指出，法律是成文的道德，道德是内心的法律。法律和道德都具有规范社会行为、调节社会关系、维护社会秩序的作用，在国家治理中都有其地位和功能。法安天下，德润人心。法律有效实施有赖于道德支持，道德践行也离不开法律约束。法治和德治不可分离、不可偏废，国家治理需要法律和道德协同发力。

2. 坚持依法治国和以德治国相结合

习近平强调，改革开放以来，我们深刻总结我国社会主义法治建设的成功经验和深刻教训，把依法治国确定为党领导人民治理国家的基本方略，把依法执政确定为党治国理政的基本方式，走出了一条中国特色社会主义法治道路。这条道路的一个鲜明特点，就是坚持依法治国和以德治国相结合，强调法治和德治两手抓、两手都要硬。这既是历史经验的总结，也是对治国理政规律的深刻把握。

3. 要强化道德对法治的支撑作用

习近平指出，要强化道德对法治的支撑作用。坚持依法治国和以德治国相结合，就要重视发挥道德的教化作用，提高全社会文明程度，为全面依法治国创造良好人文环境。要在道德体系中体现法治要求，发挥道德对法治的滋养作用，努力使道德体系同社会主义法律规范相衔接、相协调、相促进。要在道德教育中突出法治内涵，注重培育人们的法律信仰、法治观念、规则意识，引导人们自觉履行法定义务、社会责任、家庭责任，营造全社会都讲法治、守法治的文化环境。

4. 要把道德要求贯彻到法治建设中

习近平强调，要把道德要求贯彻到法治建设中。以法治承载道德理念，道德才有可靠制度支撑。法律法规要树立鲜明道德导向，弘扬美德义行，立法、执法、司法都要体现社会主义道德要求，都要把社会主义核心价值观贯穿其中，使社会主义法治成为良法善治。要把实践中广泛认同、较为成熟、操作性强的道德要求及时上升为法律规范，引导全社会崇德向善。要坚持严格执法，弘扬真善美、打击假恶丑。要坚持公正司法，发挥司法断案惩恶扬善功能。

5. 要运用法治手段解决道德领域突出问题

习近平指出，要运用法治手段解决道德领域突出问题。法律是底线的道德，也是道德的保障。要加强相关立法工作，明确对失德行为的惩戒措施。要依法加强对群众反映强烈的失德行为的整治。对突出的诚信缺失问题，既要抓紧建立覆盖全社会的征信系统，又要完善守法诚信褒奖机制和违法失信惩戒机制，使人不敢失信、不能失信。对见利忘义、制假售假的违法行为，要加大执法力度，让败德违法者受到惩治、付出代价。

6. 要提高全民法治意识和道德自觉

习近平强调，要提高全民法治意识和道德自觉。法律要发挥作用，首先全社会要信仰法律；道德要得到遵守，必须提高全体人民道德素质。要加强法治宣传教育，引导全社会树立法治意识，使人们发自内心信仰和崇敬宪法法律；同时要加强道德建设，弘扬中华民族传统美德，提升全社会思想道德素质。要坚持把全民普法和全民守法作为依法治国的基础性工作，使全体人民成为社会主义法治的忠实崇尚者、自觉遵守者、坚定捍卫者。要深入实施公民道德建设工程，深化群众性精神文明创建活动，引导广大人民群众自觉践行社会主义核心价值观，树立良好道德风尚，争做社会主义道德的示范者、良好风尚的维护者。

7. 要发挥领导干部在依法治国和以德治国中的关键作用

习近平指出，要发挥领导干部在依法治国和以德治国中的关键作用。领导干部既应该做全面依法治国的重要组织者、推动者，也应该做道德建设的积极倡导者、示范者。要坚持把领导干部带头学法、模范守法作为全面依法治国的关键，推动领导干部学法经常化、制度化。以德修身、以德立威、以德服众，是干部成长成才的重要因素。领导干部要努力成为全社会的道德楷模，带头践行社会主义核心价值观，讲党性、重品行、作表率，带头注重家庭、家教、家风，保持共产党人的高尚品格和廉洁操守，以实际行动带动全社会崇德向善、尊法守法。

在听取大家发言后，习近平发表重要讲话。他指出，全面依法治国是坚持和发展中国特色社会主义的本质要求和重要保障，事关我们党执政兴国，事关人民幸福安康，事关党和国家事业发展。随着中国特色社会主义事业不断发展，法治建设将承载更多使命、发挥更为重要的作用。推进全面依法治国既要着眼长远、打好基础、建好制度，又要立足当前、突出重点、扎实工作。建设法治国家、法治政府、法治社会，实现科学立法、严格执法、公正司法、全民守法，都离不开一支高素质的法治工作队伍。法治人才培养上不去，法治领域不能人才辈出，全面依法治国就不可能做好。

习近平强调，没有正确的法治理论引领，就不可能有正确的法治实践。高校作为法治人才培养的第一阵地，要充分利用学科齐全、人才密集的优势，加强法治及其相关领域基础性问题的研究，对复杂现实进行深入分析、作出科学总结，提炼规律性认识，为完善中国特色社会主义法治体系、建设社会主义法治国家提供理论支撑。

习近平指出，法学学科体系建设对于法治人才培养至关重要。我们有我们的历史文化，有我们的体制机制，有我们的国情，我们的国家治理有其他国家不可比拟的特殊性和复杂性，也有我们自己长期积累的经验和优势，在法学学科体系建设上要有底气、有自信。要以我为主、兼收并蓄、突出特色，深入研究和解决好为谁教、教什么、教给谁、怎样教的问题，努力以中国智慧、中国实践为世界法治文明建设作出贡献。

对世界上的优秀法治文明成果，要积极吸收借鉴，也要加以甄别，有选择地吸收和转化，不能囫囵吞枣、照搬照抄。

习近平强调，法学学科是实践性很强的学科，法学教育要处理好知识教学和实践教学的关系。要打破高校和社会之间的体制壁垒，将实际工作部门的优质实践教学资源引进高校，加强法学教育、法学研究工作者和法治实际工作者之间的交流。法学专业教师要坚定理想信念，带头践行社会主义核心价值观，在做好理论研究和教学的同时，深入了解法律实际工作，促进理论和实践相结合，多用正能量鼓舞激励学生。

习近平指出，中国特色社会主义法治道路的一个鲜明特点，就是坚持依法治国和以德治国相结合，强调法治和德治两手抓、两手都要硬。法学教育要坚持立德树人，不仅要提高学生的法学知识水平，而且要培养学生的思想道德素养。各级领导干部要做尊法学法守法用法的模范，以实际行动带动全社会崇德向善、尊法守法。

习近平强调，青年处于人生积累阶段，需要像海绵汲水一样汲取知识。广大青年抓学习，既要惜时如金、孜孜不倦，下一番心无旁骛、静谧自怡的功夫，又要突出主干、择其精要，努力做到又博又专、愈博愈专。特别是要克服浮躁之气，静下来多读经典，多知其所以然。

习近平指出，青年时期是培养和训练科学思维方法和思维能力的关键时期，无论在学校还是在社会，都要把学习同思考、观察同思考、实践同思考紧密结合起来，保持对新事物的敏锐，学会用正确的立场观点方法分析问题，善于把握历史和时代的发展方向，善于把握社会生活的主流和支流、现象和本质。要充分发挥青年的创造精神，勇于开拓实践，勇于探索真理。养成了历史思维、辩证思维、系统思维、创新思维的习惯，终身受用。

习近平强调，青年在成长和奋斗中，会收获成功和喜悦，也会面临困难和压力。要正确对待一时的成败得失，处优而不养尊，受挫而不短志，使顺境逆境都成为人生的财富而不是人生的包袱。广大青年人人都是一块玉，要时常用真善美来雕琢自己，不断培养高洁的操行和纯朴的情感，努力使自己成为高尚的人。

习近平指出，全国高校思想政治工作会议以来，各级党委、教育系统和各高校抓紧会议精神贯彻落实，工作成效明显。要强化基础、抓住重点、建立规范、落实责任，真正做到"虚"功"实"做，把"软指标"变为"硬约束"。高校党委要履行好管党治党、办学治校的主体责任，把思想政治工作和党的建设工作结合起来，把立德树人、规范管理的严格要求和春风化雨、润物无声的灵活方式结合起来，把解决师生的思想问题和教学科研、学习就业等实际问题结合起来，使高校始终充满积极向上的正能量、洋溢蓬勃向上的青春活力、展现改革创新的时代风采。

4. 完善中国特色社会主义法律体系，加强宪法实施

【命题方式提示】 本考点的考查方式有三：单项选择题、多项选择题或论述题。

【命题要点提示】 （1）健全宪法实施和监督制度。一是要完善全国人大及其常委会宪法监督制度。二是要健全宪法解释程序机制。三是要建立规范性文件备案审查机制。每年12月4日确立为国家宪法日。建立宪法宣誓制度。

（2）完善立法体制。加强党对立法工作的领导，完善党对立法工作中重大问题决策的程序。将健全有立法权的人大主导立法工作的体制机制，发挥人大及其常委会在立法工作中的主导作用。加强和改进政府立法制度建设，完善行政法规、规章制定程序，完善公众参与政府立法机制。明确立法权力边界，从体制机制和工作程序上有效防止部门利益和地方保护主义法律化。

（3）深入推进科学立法、民主立法。加强人大对立法工作的组织协调，健全立法起草、论证、协调、审议机制，健全向下级人大征询立法意见机制，建立基层立法联系点制度，推进立法精细化。健全立法机关和社会公众沟通机制，开展立法协商，充分发挥政协委员、民主党派、工商联、无党派人士、人民团体、社会组织在立法协商中的作用，探索建立有关国家机关、社会团体、专家学者等对立法中涉及的重大利益调整论证咨询机制。完善法律草案表决程序，对重要条款可以单独表决。

（4）加强重点领域立法。依法保障公民权利，加快完善体现权利公平、机会公平、规则公平的法律制度，保障公民人身权、财产权、基本政治权利等各项权利不受侵犯，保障公民经济、文化、社会等各方面权利得到落实，实现公民权利保障法治化。社会主义市场经济本质上是法治经济。制度化、规范化、程序化是社会主义民主政治的根本保障。加快保障和改善民生、推进社会治理体制创新法律制度建设。贯彻落实总体国家安全观，加快国家安全法治建设，抓紧出台反恐怖等一批急需法律，推进公共安全法治化，构建国家安全法律制度体系。用严格的法律制度保护生态环境，加快建立有效约束开发行为和促进绿色发展、循环发展、低碳发展的生态文明法律制度，强化生产者环境保护的法律责任，大幅度提高违法成本。实现立法和改革决策相衔接，做到重大改革于法有据、立法主动适应改革和经济社会发展需要。

5. 深入推进依法行政，加快建设法治政府

【命题方式提示】 这是个重要考点。每一个小点都有可能设题。

【命题要点提示】 （1）依法全面履行政府职能。这是建设法治政府的前提和基础。一是完善行政组织和行政程序法律制度，推进机构、职能、权限、程序、责任法定化。二是推行政府权力清单制度，按照职权法定原则，明确各级政府及其工作部门依法能够行使的职权事项和范围，坚决消除权力设租寻租空间。三是推进各级政府事权规范化、法律化，合理、清晰界定各级政府间事权，促进政府间各司其职、各负其责。

（2）健全依法决策机制。决策是行政权力运行的起点。一是把公众参与、专家论证、风险评估、合法性审查、集体讨论决定确定为重大行政决策法定程序，确保决策制度科学、程序正当、过程公开、责任明确。二是积极推行政府法律顾问制度和公职律师制度，参与法律论证，规范行政行为，防范法律风险。三是建立重大决策终身责任追究制度及责任倒查机制，强化和落实各类决策主体的行政和法律责任。

（3）深化行政执法体制改革。改革行政执法体制是提高行政执法水平的制度动力。一是根据不同层级政府的事权和职能，按照减少层次、整合队伍、提高效率的原则，合理配置执法力量。二是推进综合执法，大幅减少市县两级政府执法队伍种类，在与社会公共安全和人民群众生活密切相关领域内推行综合执法。有条件的领域可以推行跨部门综合执法。三是完善市县两级政府行政执法管理，规范执法行为，提高执法效率。四是严格实行行政执法人员持证上岗和资格管理制度，未经执法资格考试合格，不得授予执法资格、从事执法活动。五是严格执行罚缴分离和收支两条线，筑牢行政执法行为与执法部门、执法人员利益之间的隔离带。六是健全行政执法和刑事司法衔接机制，实现行政处罚和刑事处罚无缝衔接。

（4）坚持严格规范公正文明执法。严格规范公正文明执法是加快建设法治政府的重点任务。一是依法惩处各类违法行为，加大关系群众切身利益的重点领域执法力度，切实维护群众合法权益。二是完善执法程序，明确执法具体操作流程，有效规范执法行为。三是建立健全行政裁量权基准制度，细化、量化行政裁量标准，规范裁量范围、种类、幅度，有效防止和克服行政恣意和专横。四是全面落实行政执法责任制，加强执法监督，坚决排除对执法活动的干扰，防止和克服地方和部门保护主义，惩治执法腐败现象。

（5）强化对行政权力的制约和监督。监督制约是防止腐败、确保行政廉洁的必要手段。一是加强党内监督、人大监督、民主监督、行政监督、司法监督、审计监督、社会监督、舆论监督、制度建设，努力形成科学有效的权力运行制约和监督体系，增强监督合力和实效。二是加强对政府内部权力的制约，对权力集中的部门和岗位实行分事行权、分岗设权、分级授权，定期轮岗，强化内部流程控制，防止权力滥用。三是完善纠错问责机制，健全问责方式和程序，实现责任追究制度化、常态化。四是完善审计监督制度，充分发挥审计监督作用。

（6）推进全面政务公开。法治政府必然是阳光政府。一是完善政务公开和各领域公开制度，以公开为常态、不公开为例外，全面公开政府职能、法律依据、实施主体、职责权限、管理流程、监督方式等事项，重点推进公众关心的重大事项政府信息公开，切实做到决策公开、执行公开、管理公开、服务公开、结果公开。二是依法定程序和方式公布涉及公民、法人或其他组织权利和义务的规范性文件，未经公布的不得作为行政管理的依据。三是推行行政执法公示制度，依法公开执法依据、执法程序、执法结果，强化对执法活动的监督。

6. 保证公正司法，提高司法公信力

【命题方式提示】　重要考点，考生要予以重视。

【命题要点提示】　（1）完善确保依法独立公正行使审判权和检察权的制度。人民法院、人民检察院依法独立行使审判权、检察权，是宪法的明确规定，是国家法律统一正确实施的法制保障。一是建立领导干部干预司法活动、插手具体案件处理的记录、通报和责任追究制度，确保各级党政机关和领导干部支持法院、检察院依法独立公正行使职权，防止党政领导干部违法干预司法。二是健全维护司法权威的法律制度。健全行政机关依法出庭应诉、支持法院受理行政案件、尊重并执行法院生效裁判的制度，完善惩戒妨碍司法机关依法行使职权、拒不执行生效裁判和决定、藐视法庭权威等违法犯罪行为的法律规定，在全社会形成维护司法权威的法律环境和社会氛围。三是建立健全司法人员履行法定职责保护机制。非因法定事由、非经法定程序，不得将法官、检察官调离、辞退或者免职、降级等处分，为司法人员秉公司法撑起制度"保护伞"。

（2）优化司法职权配置。健全公安机关、检察机关、审判机关、司法行政机关各司其职，侦查权、检察权、审判权、执行权相互配合、相互制约的体制机制。推动实行审判权和执行权相分离的改革试点。完善刑罚执行制度，统一刑罚执行体制。探索实行法院、检察院司法行政事务管理权和审判权、检察权相分离。最高法院设立巡回法庭，审理跨行政区域重大行政和民商事案件。探索设立跨行政区划的法院和检察院。完善行政诉讼体制机制。改革法院案件受理制度，变立案审查制为立案登记制。完善审级制度。明确司法机关内部各层级权限，健全内部监督制约机制。加强职务犯罪线索管理，健全受理、分流、查办、信息反馈制度，明确纪检监察和刑事司法办案标准和程序衔接，依法严格查办职务犯罪案件。

（3）推进严格司法。加强和规范司法解释和案例指导，统一法律适用标准。推进以审判为中心的诉讼制度改革，确保侦查、审查起诉的案件事实证据经得起法律的检验。明确各类司法人员工作职责、工作流程、工作标准，实行办案质量终身负责制和错案责任倒查问责制，确保案件处理经得起法律和历史检验。

（4）保障人民群众参与司法。坚持人民司法为人民，依靠人民推进公正司法，通过公正司法维护人民权益。构建开放、动态、透明、便民的阳光司法机制。

(5) 加强人权司法保障。强化诉讼过程中当事人和其他诉讼参与人的知情权、陈述权、辩护辩论权、申请权、申诉权的制度保障。切实解决执行难。落实终审和诉讼终结制度，实行诉访分离，保障当事人依法行使申诉权利。

(6) 加强对司法活动的监督。完善检察机关行使监督权的法律制度，加强对刑事诉讼、民事诉讼、行政诉讼的法律监督。依法规范司法人员与当事人、律师、特殊关系人、中介组织的接触、交往行为。对因违法违纪被开除公职的司法人员、吊销执业证书的律师和公证员，终身禁止从事法律职业，构成犯罪的要依法追究刑事责任。坚决破除各种潜规则，绝不允许法外开恩，绝不允许办关系案、人情案、金钱案。

7. 增强全民法治观念，推进法治社会建设

【命题方式提示】 重要考点，选择题、论述题都有可能涉及。

【命题要点提示】 （1）推动全社会树立法治意识。坚持把全民普法和守法作为依法治国的长期基础性工作。

（2）推进多层次多领域依法治理。坚持系统治理、依法治理、综合治理、源头治理，提高社会治理法治化水平。发挥人民团体和社会组织在法治社会建设中的积极作用。高举民族大团结旗帜，依法妥善处置涉及民族、宗教等因素的社会问题，促进民族关系、宗教关系和谐。

（3）建设完备的法律服务体系。推进覆盖城乡居民的公共法律服务体系建设，加强民生领域法律服务。完善法律援助制度，扩大援助范围，健全司法救助体系，保证人民群众在遇到法律问题或者权利受到侵害时获得及时有效法律帮助。发展律师、公证等法律服务业，统筹城乡、区域法律服务资源，发展涉外法律服务业。健全统一司法鉴定管理体制。

（4）健全依法维权和化解纠纷机制。①强化法律在维护群众权益、化解矛盾纠纷中的权威地位。②构建对维护群众利益有重大作用的制度体系。③建立健全群众利益表达维护机制。④深入推进社会治安综合治理，健全落实领导责任制。

8. 加强法治工作队伍建设的基本要求

【命题方式提示】 运用法治思维指导法治工作队伍建设，分析和评价有关案例，单选或多选的可能性大。

【命题要点提示】 （1）建设高素质法治专门队伍。把思想政治建设摆在首位，加强理想信念教育，深入开展社会主义核心价值观和社会主义法治理念教育，坚持党的事业、人民利益、宪法法律至上，加强立法队伍、行政执法队伍、司法队伍建设。推进法治专门队伍正规化、专业化、职业化，提高职业素养和专业水平。建立法官、检察官逐级遴选制度。

(2) 加强法律服务队伍建设。加强律师队伍思想政治建设，把拥护中国共产党领导、拥护社会主义法治作为律师从业的基本要求，增强广大律师走中国特色社会主义法治道路的自觉性和坚定性。各级党政机关和人民团体普遍设立公职律师，企业可设立公司律师。发展公证员、基层法律服务工作者、人民调解员队伍。

(3) 创新法治人才培养机制。坚持用马克思主义法学思想和中国特色社会主义法治理论全方位占领高校、科研机构法学教育和法学研究阵地，加强法学基础理论研究，形成完善的中国特色社会主义法学理论体系、学科体系、课程体系，组织编写和全面采用国家统一的法律类专业核心教材，纳入司法考试必考范围。健全政法部门和法学院校、法学研究机构人员双向交流机制，实施高校和法治工作部门人员互聘计划，重点打造一支政治立场坚定、理论功底深厚、熟悉中国国情的高水平法学家和专家团队，建设高素质学术带头人、骨干教师、专兼职教师队伍。

9. 加强和改进党对法治工作领导

【命题方式提示】 重要考点，选择题、论述题都有可能涉及。

【命题要点提示】 党的领导是推进全面依法治国、加快建设社会主义法治国家最根本的保证。必须加强和改进党对法治工作的领导，把党的领导贯彻到推进全面依法治国全过程。

(1) 坚持依法执政。依法执政是依法治国的关键。健全党领导依法治国的制度和工作机制，完善保证党确定依法治国方针政策和决策部署的工作机制和程序。加强对推进全面依法治国统一领导、统一部署、统筹协调。人大、政府、政协、审判机关、检察机关的党组织和党员干部要坚决贯彻党的理论和路线方针政策，贯彻党委决策部署。政法委员会是党委领导政法工作的组织形式，必须长期坚持。

(2) 加强党内法规制度建设。①完善党内法规制度体系。②注重党内法规与国家法律的衔接和协调。③依据党内法规从严管党治党。

(3) 提高党员干部法治思维和依法办事能力。党员干部是推进全面依法治国的重要组织者、推动者、实践者，要自觉提高运用法治思维和法治方式深化改革、推动发展、化解矛盾、维护稳定能力。

(4) 推进基层治理法治化。推进全面依法治国，基础在基层，工作重点在基层。

(5) 深入推进依法治军从严治军。党对军队绝对领导是依法治军的核心和根本要求。

(6) 依法保障"一国两制"实践和推进祖国统一。

(7) 加强涉外法律工作。适应对外开放不断深化，完善涉外法律法规体系，促进构建开放型经济新体制。

10. 2015 年 3 月 15 日，十二届全国人大三次会议表决通过了《关于修改〈中华人民共和国立法法〉的决定》，国家主席习近平签署第 20 号主席令予以公布，决定自公布之日起施行。这次修改立法法，是全国人大及其常委会贯彻党的十八大和十八届三中、四中全会精神的一个重要举措，具有重要意义。

一、立法法修改的重要意义

1. 修改立法法是推进"四个全面"战略布局的客观要求

以习近平同志为总书记的党中央提出了全面建成小康社会、全面深化改革、全面依法治国、全面从严治党的战略布局。

立法是国家的重要政治活动，立法工作关系党和国家事业发展全局。立法法的修改，对于完善和发展中国特色社会主义制度，推进国家治理体系和治理能力现代化，为"四个全面"战略布局顺利推进提供有力法律保障，具有重要的现实意义和长远意义。

2. 修改立法法是实现推进全面依法治国的总目标，不断完善中国特色社会主义法治体系的客观要求

推进全面依法治国的总目标是：建设中国特色社会主义法治体系，建设社会主义法治国家。为保障这一总目标的实现，必须坚持立法先行，发挥立法的引领和推动作用，抓住提高立法质量这个关键。必须改进和完善我国现行立法体系，以满足依法治国对"良法"不断增长的需求。

3. 修改立法法是全面深化改革、确保重大改革于法有据的现实要求

修改立法法，通过完善立法体制和立法程序，能够更好地发挥立法的引领和推动作用，实现在法治下推进改革、在改革中完善法治，改革和法治同步推进，正是顺应了全面深化改革的现实要求。

4. 修改立法法是提高立法质量，解决我国立法领域突出问题的客观需要

我国形成了中国特色社会主义法律体系，但在立法领域仍然存在一些突出问题。有的法律法规未能全面反映客观规律和人民意愿，针对性、可操作性不强；立法效率需要进一步提高；立法工作中部门化倾向、争权诿责现象较为突出，一些地方利用法规实现地方保护主义等。

二、正确理解立法法修改的指导原则

提高立法质量，要依靠法治立法、民主立法和科学立法。法治立法要求立法必须合乎宪法与法律。民主立法，要坚持为了人民、依靠人民、体现人民意志。科学立法，

说过就过

要坚持尊重和体现客观规律,把公平、公正、公开的原则贯彻到立法全过程,实现立法与改革决策相衔接,做到重大改革于法有据。

1. **法治的原则**

立法法修改突出立法的引领和规范功能,更加强调法治作为治国理政的基本方略,在调整立法权限,注重立法质量、落实法律保留、实现税收法定,加强立法监督、严格立法边界、约束行政立法、规范司法解释诸方面无不基于法治思维,努力保佑良法产出、调控立法供给。

2. **科学的原则**

立法明确将提高立法质量作为立法的一项基本要求,在总则中作出规定,并以"具有针对性和可执行性"作为立法质量和成效的基本指标。立法法修改还增加了法律通过前评估、法律清理、制定配套规定、立法后评估等一系列推进科学立法的措施。

3. **民主的原则**

这体现在通过立法规划和计划、先期介入立法起草、协调乃至主持起草等来确保人大主导立法,更加重视和发挥人大代表在立法中的作用,拓宽公民有序参与立法的途径,开展立法协商,完善立法论证、听证、法律草案公开征求意见等制度上。

三、立法法修改的七大方面

此次立法法修改,核心是完善立法体制。围绕完善立法体制,从实现改革与立法决策相衔接、赋予设区的市地方立法权、落实税收法定原则、规范规章权限等方面进行了补充修改完善。

(1) 确立人大,特别是全国人大和全国人大常委会在立法中的主导作用。

(2) 保障人民群众和人大代表对立法的广泛和深度参与。

(3) 加强对立法的可行性评价、立法前评估和立法后评估。

(4) 扩大地方立法主体的范围。

(5) 加大对部门规章和地方政府规章调整事项的限制。

(6) 完善和强化立法审查监督机制。

(7) 加强对"两高"司法解释的规范。

案例(论述题)

1.【材料】 党的十八届四中全会提出,推进全面依法治国,总目标是建设中国特色社会主义法治体系,建设社会主义法治国家。这就是,在中国共产党领导下,坚持中国社会主义制度,贯彻中国特色社会主义法治理论,形成完备的法律规范体系,高效法治实施体系,严密的法治监督体系,有力的法治保障体系,形成完善的党内法规体系,坚持依法治国、依法执政、依法行政共同推进,坚持法治国家、法治政府、法治社会一体建设,实现科学立法、严格执法、公正司法、全民守法,促进国家法治体系和治理能力现代化。实现这个总目标,必须坚持中国共产党的领导、坚持人民主体地位、坚持法律面前人人平等、坚持依法治国和以德治国相结合、坚持从中国实际出发。

问题:结合上述材料,从依法治国的角度谈谈你对建设中国特色社会主义法治体系的理解与认识。

答案要求:(1)观点正确,表述完整、准确;(2)不少于400字。

【解题思路】 本题是一道"认识式"论述题,要求回答有关中国特色社会主义法治体系建设的理论问题。首先寻找材料中的关键词,然后组织答案,即可明确答题的方向。

【参考答案】 所谓法治,就是法律之治,也即是通过法律治理国家;同时,法治又指通过法律使权利和权力得到合理配置的社会状态。推进全面依法治国,并不是单纯提高法律在法治国家中的地位,或者把法律作为纯粹的治理工具,而是要真正树立权威,总目标是建设中国特色社会主义法治体系,建设社会主义法治国家。

所谓社会主义法治体系,是一个综合治理工程,包括法的制定、实施和遵守,贯穿了立法、执法、司法、守法、法制监督和保障等法的运行全过程。在我国现阶段,具体是指在中国共产党领导下,坚持中国特色社会主义制度,贯彻中国特色社会主义法治理论,从法的运行全过程进行把关,并形成完善的党内法规体系,从立法、执法、司法、守法等各方面,促进国家治理体系和治理能力现代化。

社会主义法治体系应当坚持党的领导、人民当家做主、依法治国与以德治国的有机统一。其中,坚持党的领导,才能保证社会主义的法治的正确方向;坚持人民的主体地位,党的领导和依法治国才会有坚实的群众基础;坚持依法治国,党的领导和人民的主体地位才有可靠的法律保障。以德治国要求道德规范和法律规范相互结合,共同发挥治理作用。有了良好的道德素质,人们就能自觉地扶正祛邪,扬善惩恶,有利于形成追求高尚、激励先进的良好社会风气,从而保证社会主义市场经济的健康发展,促进整个民族素质的提高。以德治国与依法治国相辅相成、辩证统一。

另外,推进全面依法治国,建设中国特色社会主义法治体系,建设社会主义法治国家,还需要从当前的实际出发,不得离开中国国情。任何脱离中国实际,盲目教条的做法都会阻碍中国特色社会主义法治体系建设的历史进程。

案例（论述题）

2.【材料一】 2月23日下午。中共中央政治局就推进全面依法治国进行第四次集体学习。中共中央总书记习近平在主持学习时指出，要坚持司法为民，改进司法工作作风，通过热情服务，切实解决好老百姓打官司难问题，特别是要加大对困难群众维护合法权益的法律援助。司法工作者要密切联系群众，规范司法行为，加大司法公开力度，回应人民对司法公正公开的关注和期待。要确保审判机关、检察机关依法独立公正行使审判权、检察权。

【材料二】 坚持公正司法，维护社会公平正义，是社会主义法制建设的一项必不可少的内容。建立并实践高效权威的司法，对于依法治国方略的实施具有举足轻重的意义。

在司法工作中应当坚持司法公正，以事实为根据，以法律为准绳，并理性权衡案件中所涉及的各种社会利益。与此同时，树立司法权威也具有极其重要的意义。要塑造司法公信力，提高司法权威，就要求司法机关和司法人员切实做到公正、高效与廉洁司法。另外，司法权威也离不开社会的尊重和维护。只有全社会尊重和维护司法机关依法独立行使审判权和检察权，尊重和维护司法机关作出的生效裁判，司法权威才有可能得到很好的实现。

问题：综合上述材料，从依法治国的角度谈谈你对司法公正权威的价值追求的理解。

答案要求：（1）观点正确，表述完整、准确；（2）不少于400字。

【解题思路】 本题同样是一道"认识式"论述题，要求回答中国特色社会主义法治理论中司法公正高效权威的理解。仔细阅读材料，找出材料中的关键词。题目中的材料一和材料二均是与司法紧密相关的论述。因此，我们可以分析材料中的关键词。"司法为民""司法公开""审判独立""检察独立""司法公正权威"等，基本的答题方向即可得到明确。

【参考答案】 （1）坚持司法为民，使得司法能够及时回应社会需求，是搞好社会主义司法工作的一项基本要求。这就要求司法机关与司法人员应当积极改进司法工作作风，健全司法途径，为社会提供更加完善的司法服务。

无论是切实解决好人民群众"告状难"问题，还是加大对困难群众维护合法权益的法律援助，都是司法为民要求的具体体现。只有司法能够及时回应社会需求，司法为民才算是真正落到了实处。

（2）公正是司法的生命，在司法工作中应当坚持司法公正，规范司法行为，司法机关与司法人员则应当积极接受监督。因此应当努力实现司法公开。另外司法公开也有利于法制宣传教育，对于坚持全民守法，形成守法光荣的良好氛围也具有积极的建设作用。

（3）司法权威离不开审判机关、检察机关依法独立公正行使审判权、检察权。审判机关、检察机关以事实为根据、以法律为准绳，依法独立行使审判权、检察权，有利于保证法律的严格实施。而司法机关依法独立行使职权离不开全社会的尊重和配合，只有全社会养成了尊重司法、尊重生效司法裁判的良好氛围，司法权威才可能得到更好地建立与维护。

（4）无论是司法为民、司法公开还是法院、检察院依法独立行使职权，都是建立公正权威的司法所不可缺少的组成部分。此外，公正权威的司法可以为公民的权利救济提供有力保障，为解决纠纷提供重要途径，也有助于实现对公权力监督与制约的积极功效。作为法治建设的重要一环，公正权威的司法，对于社会主义法治建设而言，意义重大。

案例（论述题）

3.【材料】 党的十八届四中全会指出，法律是治国之重器，良法是善治之前提。建设中国特色社会主义法治体系，必须坚持立法先行，发挥立法的引领和推动作用，抓住提高立法质量这个关键。要恪守以民为本、立法为民理念，贯彻社会主义核心价值观，使每一项立法都符合宪法精神、反映人民意志、得到人民拥护。要把公正、公平、公开原则贯穿立法全过程，完善立法体制机制，坚持立改废释并举，增强法律法规的及时性、系统性、针对性、有效性。

问题：结合上述材料，从依法治国的角度谈谈你对建设中国特色社会主义法治体系与立法关系的理解与认识。

答案要求：（1）观点正确，表述完整、准确；（2）不少于400字。

【解题思路】 第一步：提炼关键词并确定解答角度，确定相应的基本概念和理论。

第二步：依据既定基本概念和理论分析所列材料。

总结全文，上升到中国特色社会主义法治理论的高度去评价科学立法与宪法立法的重要性与合理性。

【参考答案】 立法是指一定的国家机关依照法定职权和程序，制定、修改和废止法律和其他规范性法律文件以及认可法律的活动。立法是法治的重要内容，只有制定完备良好的法律，才有可能进行切实有效的法治建设，是实现善治的重要制度前提。

社会主义法治体系首先需要良好的法律规范，这就要求立法先行。而要保证立法发挥积极作用，应当确保立法本身质量过硬。

在具体的立法过程中，立法首先应体现人民意志和要求，确认和保障人民的利益，做到以民为本、立法为民。立法应当贯彻社会主义核心价值观，应当能够准确反映人民意愿、得到人民拥护。

另外，宪法是我国的根本大法，每一项立法都应当符合宪法精神，体现宪法要求，保证公民的各项宪法权利，从而宪法规定的各项基本权利和自由能够真正落到实处。

在立法过程中，还应当注重立法技术的优化和提高，并根据实际情况及时予以修改和完善。将公平、公正、公开原则贯彻到立法的全过程，并使得立法更具系统性、针对性和有效性。

综上所述，建设中国特色社会主义法治体系与立法具有密不可分的紧密联系。良好的法治离不开完善的立法程序与科学的立法成果，离不开体现宪法精神的法律规范。这就要求我们必须注重立法建设。

【法理详解】 立法是法治的前提和基础，立法先行是实现法治的必要前提。而如何依宪立法和科学立法，则直接关系到立法的合理性与质量问题。立法不仅要体现人民意志，而且要符合宪法的有关规定，体现宪法精神。

另外，提升立法技术，也是实现立法的针对性和有效性的重要保证。立法不仅要从技术上加以提升，而且要贯彻公平、公正、公开原则，并及时予以立、改、废，以适应社会发展的客观需求。

案例（论述题）

4.【材料】 党的十八届四中全会指出，坚持依法治国首先要坚持依宪治国，坚持依法执政首先要坚持依宪执政。健全宪法实施和监督制度，完善全国人大及其常委会宪法监督制度，健全宪法解释程序机制。完善立法体制，加强党对立法工作的领导，完善党对立法工作中重大问题的决策程序，健全有立法权的人大主导立法工作的体制机制，依法赋予设区的市地方立法权。深入推进科学立法、民主立法，完善立法项目征集和论证制度，健全立法机关主导、社会各方有序参与立法的途径和方式，拓宽公民有序参与立法途径。加强重点领域立法，加快完善体现权利平等、机会平等、规则平等的法律制度，保障公民人身权、财产权、基本政治权利等各项权利不受侵犯，保障公民经济、文化、社会等各方面权利得到落实。实现立法和改革决策相衔接，做到重大改革于法有据、立法主动适应改革和经济社会发展需要。

问题：结合上述材料，从依法治国的角度谈谈你对建设中国特色社会主义法治体系与立法关系的理解与认识。

答题要求：(1) 观点正确，表述完整、准确；(2) 不少于400字。

【解题思路】 本体题目中包含了多个概念，要求对这几个概念之间的相互关系进行阐述。通过阅读材料，我们可以看出，"党的领导""依宪执法""科学立法""民主立法"等均为关键词，不仅要注意到这些概念本身的重要性，而且要发现这些概念的联系和相互之间的关系。

【参考答案】 宪法是我国的根本大法，一切立法活动应以宪法为依据，符合宪法的精神，并在立法上真正实现对公民宪法权利的切实保障。党的十八届四中全会指出，坚持依法治国首先要依宪治国，坚持依法执政首先要坚持依宪执政，这充分说明了宪法在治理国家中的重要地位。依宪治国与依宪执政，要求巩固宪法的根本法地位，依据宪法的要求与精神治理国家。

此外，应当加强和完善党对立法工作的领导机制，并健全有立法权的人大主导立法工作的体制机制。与此同时，还应当适当扩大地方的管理权限，赋予地方一定的立法权，从而有利于各地因地制宜，最终实现有效治理。

在立法程序上，要实现科学立法与民主立法，就要求应当完善立法项目征集和论证制度，健全立法机关主导、社会各方面有序参与立法的途径和方式，拓宽公民有序参与立法途径。倾听民众呼声和诉求，反映人民意志。

要实现立法符合社会发展的客观需求，就要做到实现立法和改革决策相衔接，做到重大改革于法有据、立法主动适应改革和经济社会发展需要，回应并符合社会发展的迫切需求。

综上所述，依宪治国与依宪执政，要求立法应当依据宪法的要求和精神，坚持党的领导，健全人大主导的立法机制体制，有序推动地方立法发展，扩大公众参与，体现立法为民，并回应社会发展的迫切需求，适应社会发展的现实需要。

案例（论述题）

5.【材料一】 2014年10月，中共十八届四中全会提出从律师队伍中选任法官，"建立从符合条件的律师、法学专家中招录立法工作者、法官和检察官制度。"

2015年2月，最高人民法院发布《关于全面深化人民法院改革的意见》，提出为推动法官的正规化、专业化、职业化，设置法官遴选委员会，四级法院从律师、法学专家或其他符合条件的法律工作者中公开遴选法官。

2016年6月2日，中共中央办公厅正式印发《从律师和法学专家中公开选拔立法工作者、法官、检察官办法》。《办法》要求法院、检察院为选拔律师预留岗位，并将律师选任工作制度化、常态化。还要求参选的律师实际执业不少于5年，其专业能力要经遴选委员会的评审。

【材料二】 2016年4月，中共中央总书记、国家主席、中央军委主席习近平就政法队伍建设作出重要指示，对党的十八大以来政法队伍建设取得的成绩给予了充分肯定，对新形势下政法队伍建设提出明确要求。

习近平指出，做好党的政法工作，必须加强队伍建设。党的十八大以来，政法战线坚决贯彻全面从严治党要求，一手抓突出问题整改、一手抓长效机制建设，政法队伍政治素质、业务能力、纪律作风等方面发生可喜变化。

习近平强调，新形势下，政法队伍肩负的任务更重，人民群众要求更高。要坚持把思想政治建设摆在第一位，按照政治过硬、业务过硬、责任过硬、纪律过硬、作风过硬的要求，锐意改革创新，加强正规化、专业化、职业化建设，努力建设一支信念坚定、执法为民、敢于担当、清正廉洁的政法队伍。要把能力建设作为一项重要任务，全面提高政法干警职业素养和专业水平。要坚持从严治警不动摇，努力营造风清气正、干事创业的良好生态。

问题：

结合上述材料，联系推进全面依法治国的基本原则，谈一谈建设高素质法治专门队伍的意义和要求。

答题要求：

无观点或论述照搬材料原文的不得分；观点正确，表述完整、准确；总字数不得少于400字。

【参考答案】 推进全面依法治国的基本原则：（1）坚持中国共产党的领导。这是中国特色社会主义法治的最本质特征和最根本保证。（2）坚持人民主体地位。人民是依法治国的主体和力量源泉，要以保障人民根本权益为法治的出发点和落脚点。（3）坚持法律面前人人平等。这是社会主义法律的基本属性，要反对特权、反对歧视。（4）坚持依法治国和以德治国相结合。必须坚持一手抓法治、一手抓德治，发挥道德的基础作用和法律的保障作用。（5）坚持从中国实际出发。中国特色社会主义道路、理论体系、制度是推进全面依法治国的根本遵循。

建设高素质法治工作队伍的要求：（1）思想政治。把思想政治建设摆在首位，坚持党的事业至上、人民利益至上、宪法法律至上。（2）业务能力。推进法治专门队伍正规化、专业化、职业化，提高职业素养和专业水平。材料中提到的加强法律职业人员的业务流动即是一项重要措施。（3）道德能力。坚持党的领导不动摇，同时强化法律职业道德建设。

意义：(1) 这是法治建设的组织和人才保障。(2) 实现法治的可持续发展。(3) 保障公民权利。(4) 为世界法治建设贡献中国经验。

 相关阅读材料

党中央治国理政的重大战略布局

党的十八大以来，以习近平同志为总书记的党中央从坚持和发展中国特色社会主义全局出发，提出并形成了全面建成小康社会、全面深化改革、全面依法治国、全面从严治党的战略布局。"四个全面"战略布局，集中体现了我们党对共产党执政规律、社会主义建设规律和人类社会发展规律的新认识，体现了以习近平同志为总书记的党中央治国理政的新思路、新举措和新要求。

时代背景

"四个全面"战略布局，适应了时代发展和当今中国社会进步的内在需要，体现了加快发展中国特色社会主义的新要求。正像习近平总书记所指出的那样："四个全面"的战略布局是从我国发展现实需要中得出来的，是从人民群众的热切期待中得出来的，也是为推动解决我们面临的突出矛盾和问题提出来的。

从国际背景来看，当今世界正在发生深刻而复杂的变化，和平与发展仍然是时代主题。求和平、谋发展、促合作已经成为不可阻挡的时代潮流。当今世界发生的广泛而深刻的变化，对当代中国的发展既提供了难得的机遇，同时也提出了严峻的挑战。

从国内情况看，经过新中国成立以来60多年尤其是改革开放30多年的快速发展，我国生产力水平和综合国力显著提高，人民生活水平和社会保障水平显著提高，国际地位和国际影响力显著提高。但是，我国仍处于并将长期处于社会主义初级阶段这个基本国情并没有变，人民日益增长的物质文化需要同落后的社会生产之间的矛盾这一社会主要矛盾没有变，我国是世界最大发展中国家的国际地位没有变。

从党内情况来看，我们党是一个经历了90多年奋斗历程、拥有8600多万党员、在一个13亿多人口的大国长期执政的党。在新的历史条件下，党面临着复杂而严峻的执政考验、改革开放考验、市场经济考验和外部环境考验，精神懈怠、能力不足、脱离群众、消极腐败"四大危险"更加尖锐地摆在全党面前。

正是在这样的时代背景和社会发展要求下，习近平总书记紧密结合时代特征和我国基本国情，适应广大人民群众的新期盼，站在发展中国特色社会主义和实现中华民

族伟大复兴的中国梦的高度，提出了"四个全面"重大战略布局，规划了党中央在新的历史条件下治国理政新的战略目标、战略重点和战略举措。

逻辑脉络

"四个全面"战略布局的提出和形成经历了一个过程，这个过程体现了我们党在治国理政中对战略目标、战略重点和战略举措认识的不断深化。

2002年召开的党的十六大第一次提出"全面建设惠及十几亿人口的更高水平的小康社会"，即"一个全面"。2007年召开的党的十七大重申了"一个全面"战略目标，"进一步提出实现全面建设小康社会目标的新要求"。2012年召开的党的十八大提出了全面建成小康社会和全面深化改革开放的目标。2013年召开的党的十八届三中全会提出"全面深化改革"，至此"一个全面"发展成了"两个全面"。2014年召开的党的十八届四中全会提出了"推进全面依法治国"，这样，"两个全面"扩展为"三个全面"。2014年12月14日，习近平总书记在江苏调研时提出，要协调推进全面建成小康社会、全面深化改革、推进全面依法治国、全面从严治党，第一次把"三个全面"扩展为"四个全面"。2015年2月2日，习近平总书记在省部级主要领导干部学习贯彻十八届四中全会精神推进全面依法治国专题研讨班开班式上明确指出："党的十八大以来，党中央从坚持和发展中国特色社会主义全局出发，提出并形成了全面建成小康社会、全面深化改革、全面依法治国、全面从严治党的战略布局。这个战略布局，既有战略目标，也有战略举措，每一个'全面'都具有重大战略意义。"

具体内涵

全面建成小康社会、全面深化改革、全面依法治国、全面从严治党是一个有机联系的整体，每一个"全面"都有其特定的科学内涵和重大战略意义。

"全面建成小康社会"是党中央提出的我国"三步走"发展战略的重要步骤。党的十八大适应国内外形势的新变化，在十六大、十七大确立的全面建设小康社会目标的基础上提出了新要求，强调要"确保到2020年实现全面建成小康社会宏伟目标"，即经济持续健康发展，人民民主不断扩大，文化软实力显著增强，人民生活水平全面提高，资源节约型、环境友好型社会建设取得重大进展，同时强调要确保全面建成的小康社会，使发展改革成果真正惠及十几亿人口的小康社会，是经济、政治、文化、社会、生态文明全面发展的小康社会，是为实现社会主义现代化建设宏伟目标和中华民族伟大复兴奠定坚实基础的小康社会。

"全面深化改革"是党的十八届三中全会作出的重要部署。2013年11月召开的党的十八届三中全会审议通过了《中共中央关于全面深化改革若干重大问题的决定》，对全面深化改革作出了全面部署。十八届三中全会强调指出，改革开放是决定当代中国命运的关键抉择，是党和人民事业大踏步赶上时代的重要法宝。全面深化改革的总目标是完善和发展中国特色社会主义制度，推进国家治理体系和治理能力现代化。

"全面依法治国"是党的十八届四中全会作出的重要部署。2014年10月召开的党的十八届四中全会审议通过了《中共中央关于推进全面依法治国若干重大问题的决定》，对推进全面依法治国、建设社会主义法治国家作出了整体规划和全面部署。十八届四中全会强调指出，依法治国是坚持和发展中国特色社会主义的本质要求和重要保障，是实现国家治理体系和治理能力现代化的必然要求。

"全面从严治党"是习近平总书记在党的群众路线教育实践活动总结大会上的讲话中提出的战略部署，习近平总书记在讲话的开篇就明确提出了"推进全面从严治党"的重大命题。结合党的建设的实际，习近平总书记还提出了"新形势下坚持从严治党"八个方面的任务要求，即落实从严治党责任、坚持思想建党和制度治党紧密结合、严肃党内政治生活、坚持从严管理干部、持续深入改进作风、严明党的纪律、发挥人民监督作用、深入把握从严治党规律。

内在关系

"四个全面"战略布局是一个具有内在逻辑联系的整体。在这个整体中，全面建成小康社会是战略目标，全面深化改革、全面依法治国、全面从严治党是战略举措。"四个全面"统一于中国特色社会主义现代化建设全过程，统一于实现中华民族伟大复兴的中国梦的全过程。

首先，全面建成小康社会是战略目标。无论是全面深化改革、全面依法治国，还是全面从严治党，都要有一个统一的奋斗目标来统领，这个奋斗目标就是全面建成小康社会，并在此基础上继续建设富强民主文明和谐的社会主义现代化国家，实现中华民族伟大复兴的中国梦。全面深化改革、全面依法治国、全面从严治党，其目的都是为了全面建成小康社会，继而实现中华民族伟大复兴的中国梦。

其次，全面深化改革和全面依法治国是并驾齐驱的"鸟之两翼"。习近平总书记指出："我们要让全面深化改革、推进全面依法治国如鸟之两翼、车之双轮，推动全面建成小康社会的目标如期实现。"这个形象的比喻清楚地说明了全面深化改革和全面依法治国在"四个全面"战略布局中的重要地位和作用。改革开放是决定当代中国命运的关键抉择，也是推进全面建成小康社会、全面依法治国和全面从严治党的强大动力；

说过就过

全面依法治国作为党中央治国理政的基本方略,是解决党和国家事业发展面临的一系列重大问题,确保全面深化改革和全面从严治党顺利进行,确保党和国家长治久安的根本要求。

最后,全面从严治党是重要保障。中国共产党是中国特色社会主义事业的领导核心,没有党的坚强领导就根本不可能实现全面建成小康社会目标;只有加强党的领导、全面从严治党,才能确保改革开放事业的正确方向;推进全面依法治国同样需要推进全面从严治党,因为"党的领导和社会主义法治是一致的,社会主义法治必须坚持党的领导,党的领导必须依靠社会主义法治"。

论述题

1.【材料一】 全国人大常委会委员长张德江2015年4月24日下午出席十二届全国人大常委会第十四次会议闭幕会。在会议完成各项表决事项后,张德江发表讲话指出,同前两年相比,今年全国人大常委会的立法数量有较大幅度增加,难度和要求也在增大。这是党和国家事业发展对立法工作提出的新要求,我们必须更加积极、更加主动做好立法工作。一要着力抓好中央确定的重点立法项目,保证顺利出台;二要及时调整常委会立法规划,使常委会立法工作更好适应改革和经济社会发展需要;三要发挥人大及常委会在立法工作中的主导作用,健全人大主导立法工作的体制机制;四要深入推进科学立法、民主立法,切实增强法律的及时性、系统性、针对性、有效性,注意防止产生法律"好看不管用"的现象。(据新华网北京2015年4月24日电)

【材料二】 2015年3月15日上午,全国人大表决通过了关于修改立法法的决定,这是立法法实施15年以来进行的首次修改。针对本次立法法修改,全国人大常委会副委员长李建国在《求是》杂志2015年第8期撰文指出,修改立法法是全面深化改革、确保重大改革于法有据的现实要求。新时期我国的法治建设与改革开放相辅相成。当前,改革进入攻坚期和深水区,全面深化改革力度之大、范围之广、影响之深,是前所未有的。各方面的改革举措,许多都涉及制度体制层面的问题,都涉及法律法规的制定、修改、废止、解释以及相关授权、批准、备案等活动。这就迫切要求我们正确处理立法与改革的关系、法律稳定性与改革变动性的关系,坚持立法决策和改革决策相统一、相衔接,做到重大改革于法有据,立法主动适应改革和经济社会发展需要。适时修改立法法,通过完善立法体制和立法程序,更好发挥立法的引领和推动作用,实现在法治下推进改革、在改革中完善法治,改革和法治同步推进,正是顺应了全面深化改革的现实要求。

结合上述材料,谈谈你对完善中国特色社会主义的立法体制的理解。

【参考答案】 完善中国特色社会主义立法体制，需要从以下四个方面来进行：（1）完善立法体制，应加强党对立法工作的领导，完善党对立法工作中重大问题决策的程序，健全有立法权的人大主导立法工作的体制机制，依法赋予设区的市地方立法权。（2）深入推进科学立法、民主立法，完善立法项目征集和论证制度，健全立法机关主导、社会各方有序参与立法的途径和方式，拓宽公民有序参与立法途径。（3）加强重点领域立法，加快完善体现权利公平、机会公平、规则公平的法律制度，保障公民人身权、财产权、基本政治权利等各项权利不受侵犯，保障公民经济、文化、社会等方面全力得到落实。（4）实现立法和改革决策相衔接，做到重大改革于法有据、立法主动适应改革和经济社会发展需要。

2.【材料一】 李克强总理在2015年国务院的政府工作报告中强调指出，我们要推进全面依法治国，加快建设法治政府、创新政府、廉洁政府和服务型政府，增强政府执行力和公信力，促进国家治理体系和治理能力现代化。坚持依宪施政，依法行政，把政府工作全面纳入法治轨道。宪法是我们根本的活动准则，各级政府及工作人员都必须严格遵守。要尊法学法守法用法，依法全面履行职责，所有行政行为都要于法有据，任何政府部门都不得法外设权。深化行政执法体制改革，严格规范公正文明执法，加快推进综合执法，全面落实行政执法责任制。一切违法违规的行为都要追究，一切执法不严不公的现象都必须纠正。（节选自2015年国务院政府工作报告）

【材料二】 修订后的行政诉讼法将于2015年5月1日起施行，其中规定被诉行政机关负责人应当出庭应诉。为促进官民换位思考，让为官的体会到百姓为什么对政府工作不满意，让法院从第三方的角度监督政府执法，督促政府部门在未来执法的过程中依法行政，北京市西城区组织区房管局、区城管执法局、区文化委等25个行政执法数量较多、行政诉讼案件相对集中的部门主要负责人，近日走进法院，进行行政首长出庭应诉专题培训。自实现行政首长出庭应诉常态化之后，今年，北京市西城区提高了行政首长出庭应诉情况在依法行政考核中的分值比例，对有行政诉讼案件而机关负责人未出庭的行政机关，将取消年度考核评优资格。（据中新网北京2015年4月26日电）

根据上述材料，谈谈你对依法治国背景下推进依法行政的理解。

【参考答案】 各级政府必须坚持在党的领导下、在法治轨道上开展工作，加快建设职能科学、权责法定、执法严明、公开公正、廉洁高效、守法诚信的法治政府。

（1）依法全面履行政府职能，推进机构、职能、权限、程序、责任法定化，推行政府权力清单制度。

（2）健全依法决策机制，把公众参与、专家论证、风险评估、合法性审查、集体讨论决定确定为重大行政决策法定程序，建立行政机关内部重大决策合法性审查机制，建立重大决策终身责任追究制度及责任倒查机制。

（3）深化行政执法体制改革，健全行政执法和刑事司法衔接机制。

（4）坚持严格规范公正文明执法，依法惩处各类违法行为，加大关系群众切身利益的重点领域执法力度，建立健全行政裁量权基准制度，全面落实行政执法责任制。

（5）强化对行政权力的制约和监督，完善纠错问责机制。

（6）推进全面政务公开，坚持以公开为常态、不公开为例外原则，推进决策公开、执行公开、管理公开、服务公开、结果公开。

3.【材料一】 2015年3月24日下午，中共中央政治局就深化司法体制改革、保证司法公正进行第二十一次集体会议，习近平在主持学习时强调，深化司法体制改革，建设公正高效权威的社会主义司法制度，是推进国家治理体系和治理能力现代化的重要举措。公正司法事关人民切身利益，事关社会公平正义，事关推进全面依法治国。要坚持司法体制改革的正确政治方向，坚持以提高司法公信力为根本尺度，坚持符合国情和遵循司法规律相结合，坚持问题导向、勇于攻坚克难、坚定信心、凝聚共识、锐意进取、破解难题，坚定不移深化司法体制改革，不断促进社会公平正义。（据新华社北京2015年3月25日电）

【材料二】 中共中央政治局委员、中央政法委书记孟建柱2015年4月17日在京主持召开座谈会，专题研究司法体制改革试点工作。孟建柱指出，当前，司法体制改革已进入深水区，各种矛盾、难题不断涌现。各地各部门要切实把思想和行动统一到中央精神上来，以坚忍不拔的勇气、积极进取的精神、扎实细致的作风，直面问题、敢于担当，知难而进、攻坚克难，坚定不移推进司法体制改革，确保各项改革措施落地生根，让人民群众看到实实在在的改革成效。（据中国长安网北京2015年4月17日电）

结合上述材料，谈谈你对推进司法体制改革，实现司法公正的理解。

【参考答案】 为推动我国司法公正的实现，应当从以下六个方面来进行司法体制改革：

（1）必须完善司法管理体制和司法权力运行机制，规范司法行为，加强对司法活动的监督，努力让人民群众在每一个司法案件中感受到公平正义。

（2）完善确保依法独立公正行使审判权和检察权的制度，建立领导干部干预司法活动、插手具体案件处理的记录、通报和责任追究制度，建立健全司法人员履行法定职责保护机制。

（3）优化司法职权配置，推动实行审判权和执行权相分离的体制改革试点，最高人民法院设立巡回法庭，探索设立跨行政区划的人民法院和人民检察院，探索建立检察机关提起公益诉讼制度。

（4）推进严格司法，坚持以事实为根据、以法律为准绳，推进以审判为中心的诉讼制度改革，实行办案质量终身制和错案责任倒查问责制。

（5）保障人民群众参与司法，在司法解释、司法听证、涉诉信访等司法活动中保障人民群众参与，完善人民陪审员制度，构建开放、动态、透明、便民的阳光司法机制。加强人权司法保障。

（6）加强对司法活动的监督，完善检察机关行使监督权的法律制度，加强对刑事诉讼、民事诉讼、行政诉讼的法律监督，完善人民监督员制度，绝不允许法外开恩，绝不允许办关系案、人情案、金钱案。

4.【材料】 习近平在中共中央政治局第四次集体学习时强调："任何组织或者个人都必须在宪法和法律范围内活动，任何公民、社会组织和国家机关都要以宪法和法律为行为准则，依照宪法和法律行使权利或权力、履行义务或职责。要加强宪法和法律实施，维护社会主义法制的统一、尊严、权威，形成人们不愿违法、不能违法、不敢违法的法制环境，做到有法必依、执法必严、违法必究。"中共十八届四中全会决议又提出："坚持法治国家、法治政府、法治社会一体建设"的法治战略。

结合上述材料，简述法治社会建设的主要内容。

【参考答案】 人民权益要靠法律保障，法律权威要靠人民维护，法治社会的建立，需要从以下几个方面着手：

（1）必须弘扬社会主义法治精神，建设社会主义法治文化，增强全社会厉行法治的积极性和主动性，形成守法光荣、违法可耻的社会氛围，使全体人民都成为社会主义法治的忠实崇尚者、自觉遵守者、坚定捍卫者。推动全社会树立法治意识，深入开展法治宣传教育，把法治教育纳入国民教育体系和精神文明创建内容。

（2）推进多层次多领域依法治理。坚持系统治理、依法治理、综合治理、源头治理，深化基层组织和部门、行业依法治理，支持各类社会主体自我约束、自我管理，发挥市民公约、乡规民约、行业规章、团体章程等社会规范在社会治理中的积极作用。

（3）建设完备的法律服务体系，推进覆盖城乡居民的公共法律服务体系建设，完善法律援助制度，健全司法救助体系。

（4）健全依法维权和化解纠纷机制，建立健全社会矛盾预警机制、利益表达机制、协商沟通机制、救济救助机制，畅通群众利益协调、权益保障法律渠道。完善立法化社会治安防控体系，保障人民生命财产安全。

全力推进法治中国建设——关于全面依法治国

全面依法治国是关系我们党执政兴国、关系人民幸福安康、关系党和国家长治久安的重大战略问题，是"四个全面"战略布局的重要组成部分。党的十八大以来，以习近平同志为总书记的党中央从坚持和发展中国特色社会主义全局出发，从实现国家治理体系和治理能力现代化的高度提出了全面依法治国这一重大战略部署。党的十八届四中全会专题研究依法治国问题，并作出我们党历史上第一个关于加强法治建设的专门决定，开启了中国法治新时代。

1. 党领导人民治理国家的基本方略

法律是治国之重器，法治是国家治理体系和治理能力的重要依托。要推动我国经济社会持续健康发展，不断开拓中国特色社会主义事业更加广阔的发展前景，必须推进全面社会主义法治国家建设。

全面依法治国，是深刻总结我国社会主义法治建设成功经验和深刻教训作出的重大抉择。新中国成立初期，我们党在废除旧法统的同时，积极运用新民主主义革命时期根据地法制建设的成功经验，抓紧建设社会主义法治，初步奠定了社会主义法治的基础。后来，社会主义法治建设走过一段弯路，付出了沉重代价。党的十一届三中全会以来，我们党把依法治国确定为党领导人民治理国家的基本方略，把依法执政确定为党治国理政的基本方式，始终把法治放在党和国家工作大局中来考虑、来谋划、来推进，依法治国取得重大成就。经验和教训使我们党深刻认识到，法治是治国理政不可或缺的重要手段。在我们这样一个大国，要实现经济发展、政治清明、文化昌盛、社会公正、生态良好，必须秉持法律这个准绳、用好法治这个方式。

全面依法治国，是全面建成小康社会、加快推进社会主义现代化的重要保证。当前，我国改革发展稳定形势总体是好的，但发展中不平衡、不协调、不可持续问题依然突出，人民内部矛盾和其他社会矛盾凸显，党风政风也存在一些不容忽视的问题，其中大量矛盾和问题与有法不依、执法不严、违法不究相关。人民群众对法治的要求越来越高，依法治国在党和国家工作全局中的地位更加突出、作用更加重大。要妥善解决经济社会发展中一系列突出矛盾和问题，必须密织法律之网、强化法治之力。要把依法治国摆在突出位置，把党和国家工作纳入法制化轨道，坚持在法治轨道上统筹社会力量、平衡社会利益、调节社会关系、规范社会行为，依靠法治解决各种社会矛盾和问题，确保我国社会在深刻变革中既生机勃勃又井然有序。

全面依法治国，是着眼于实现中华民族伟大复兴的中国梦、实现党和国家长治久安的长远考虑。从现在的情况看，只要国际国内不发生大的波折，经过努力，全面建成小康社会的目标可以如期实现。但"不谋万世者，不足谋一时"，如何确保实现全面建成小康社会目标？全面建成小康社会之后路该怎么走？如何跳出"历史周期率"、实现长期执政？如何实现党和国家长治久安？这些都是需要深入思考的重大问题。世界上一些国家虽然一度实现快速发展，但并没有顺利迈进现代化门槛，而是落入这样或那样的"陷阱"，很大程度上与法治不彰密切相关。小智治事，中智治人，大智立法。必须坚持依法治国、依法执政、依法行政共同推进，坚持法治国家、法治政府、法治社会一体建设，实现科学立法、严格执法、公正司法、全民守法，为党和国家事业发展提供根本性、全局性、长期性的制度保障。习近平总书记指出："我们提出推进全面依法治国，坚定不移厉行法治，一个重要意图就是为子孙万代计、为长远发展谋。"

2. 坚定不移走中国特色社会主义法治道路

全面依法治国，必须走对路。如果路走错了，南辕北辙了，那再提什么要求和举措也都没有意义了。在坚持和拓展中国特色社会主义法治道路这个根本问题上，我们要树立自信、保持定力。

必须坚持中国共产党的领导。党的领导是中国特色社会主义最本质的特征，是社会主义法治最根本的保证。全面依法治国，要有利于加强和改善党的领导，有利于巩固党的执政地位、完成党的执政使命，绝不是要削弱党的领导。必须坚持党领导立法、保证执法、支持司法、带头守法，把依法治国基本方略同依法执政基本方式统一起来，把党总揽全局、协调各方同人大、政府、政协、审判机关、检察机关依法依章程履行职能、开展工作统一起来，把党领导人民制定和实施宪法法律同党坚持在宪法法律范围内活动统一起来，善于使党的主张通过法定程序成为国家意志，善于使党组织推荐的人选通过法定程序成为国家政权机关的领导人员，善于通过国家政权机关实施党对国家和社会的领导，善于运用民主集中制原则维护中央权威、维护全党全国团结统一。

必须坚持人民主体地位。我国社会主义制度保证了人民当家做主的主体地位，也保证了人民在全面依法治国中的主体地位。坚持人民主体地位，必须坚持法治为了人民、依靠人民、造福人民、保护人民。要保证人民在党的领导下，依照法律规定，通过各种途径和形式管理国家事务，管理经济和文化事业，管理社会事务。要把体现人民利益、反映人民愿望、维护人民权益、增进人民福祉落实到依法治国全过程，使法律及其实施充分体现人民意志。要充分调动人民群众投身依法治国实践的积极性和主动性，使全体人民都成为社会主义法治的忠实崇尚者、自觉遵守者、坚定捍卫者。

必须坚持法律面前人人平等。平等是社会主义法律的基本属性，是社会主义法治的基本要求。坚持法律面前人人平等，必须体现在立法、执法、司法、守法各个方面。任何组织和个人都必须尊重宪法法律权威，都必须在宪法法律范围内活动，都必须依照宪法法律行使权力或权利、履行职责或义务，都不得有超越宪法法律的特权。任何人违反宪法法律都要受到追究，绝不允许任何人以任何借口任何形式以言代法、以权压法、徇私枉法。

必须坚持依法治国和以德治国相结合。法律是成文的道德，道德是内心的法律，法律和道德都具有规范社会行为、维护社会秩序的作用。治理国家、治理社会必须一手抓法治、一手抓德治，实现法律和道德相辅相成、法治和德治相得益彰。要发挥好法律的规范作用，以法治体现道德理念、强化法律对道德建设的促进作用。要发挥好道德的教化作用，以道德滋养法治精神、强化道德对法治文化的支撑作用。

必须坚持从中国实际出发。走什么样的法治道路、建设什么样的法治体系，是由一个国家的基本国情决定的。全面依法治国，必须从我国实际出发，同推进国家治理体系和治理能力现代化相适应，突出中国特色、实践特色、时代特色，既不能罔顾国情、超越阶段，也不能因循守旧、墨守成规。坚持从我国实际出发，不等于关起门来搞法治。要学习借鉴世界上优秀的法治文明成果，但必须坚持以我为主、为我所用，认真鉴别、合理吸收，不能搞"全盘西化"，不能搞"全面移植"，不能照搬照抄。

3. 建设中国特色社会主义法治体系

全面依法治国，总目标是建设中国特色社会主义法治体系，建设社会主义法治国家。习近平总书记强调，这个总目标"既明确了推进全面依法治国的性质和方向，又突出了推进全面依法治国的工作重点和总抓手，对推进全面依法治国具有纲举目张的意义"。法治体系作为法治建设的"纲"，是国家治理体系的骨干工程。全面依法治国，就要加快形成完备的法律规范体系、高效的法治实施体系、严密的法治监督体系、有力的法治保障体系，形成完善的党内法规体系。

建设中国特色社会主义法治体系，首要的是完善以宪法为核心的中国特色社会主义法律体系。要维护宪法尊严、权威，健全宪法实施和监督制度。坚持立法先行，坚持立改废释并举，加快完善法律、行政法规、地方性法规体系，完善包括市民公约、乡规民约、行业规章、团体章程在内的社会规范体系，为全面依法治国提供基本遵循。要完善立法体制，深入推进科学立法、民主立法，抓住提高立法质量这个关键。要优化立法职权配置，健全有立法权的人大主导立法工作的体制机制，发挥人大及其常委会在立法工作中的主导作用，健全立法起草、论证、协调、审议机制，完善法律草案表决程序，增强法律法规的及时性、系统性、针对性、有效性，提高法律法规的可执行性、可操作性。要明确立法权力边界，从体制机制和工作程序上有效防止部门利益和地方保护主义法律化。要加强重点领域立法，及时反映党和国家事业发展要求、人民群众关切期待，对涉及全面深化改革、推动经济发展、完善社会治理、保障人民生活、维护国家安全的法律抓紧制定、及时修改。

法律的生命力在于实施，法律的权威也在于实施。法律的有效实施，是全面依法治国的重点和难点。宪法是国家的根本大法。坚持依法治国首先要坚持依宪治国，坚持依法执政首先要坚持依宪执政。坚持依宪治国、依宪执政，就是要坚持宪法确定的中国共产党领导地位不动摇，坚持宪法确定的人民民主专政的国体和人民代表大会制度的政体不动摇。必须明确，我们坚持的依宪治国、依宪执政，与西方所谓的"宪政"本质上是不同的，不能用所谓"宪政"架空中国共产党的领导。要依据宪法治国理政，坚决纠正一切违反宪法的行为。要按照有法必依、执法必严、违法必究的要求，加快建设执法、司法、守法等方面的体制机制，坚持依法行政和公正司法，增强全民法治观念，确保法律的全面有效实施。

全面依法治国，要建立严密的法治监督体系。权力不论大小，只要不受制约和监督，都可能被滥用。习近平总书记指出："没有监督的权力必然导致腐败，这是一条铁律。"要以规范和约束公权力为重点，加大监督力度，加强党内监督、人大监督、民主监督、行政监督、司法监督、审计监督、社会监督、舆论监督，努力形成科学有效的权力运行制约和监督体系，增强监督合力和实效，做到有权必有责、用权受监督、违法必追究。

建设中国特色社会主义法治体系，必须进一步健全法制保障体系。要切实加强和改进党对全面依法治国的领导，提高依法执政能力和水平，为全面依法治国提供有力的政治和组织保障。加强法治专门队伍和法律服务队伍建设，加强机构建设和经费保障，为全面依法治国提供坚实人才保障和物质条件。改革和完善不符合法治规律、不利于依法治国的体制机制，为全面依法治国提供完备的制度保障。弘扬社会主义法治精神，增强全民法治观念，完善守法诚信褒奖机制和违法失信行为惩戒机制，使尊法守法成为全体人民的共同追求和自觉行动。

建设中国特色社会主义法治体系，必须加强党内法规制度建设。党内法规既是管党治党的重要依据，也是建设社会主义法治国家的有力保障。要完善党内法规制定体制机制，注重党内法规同国家法律的衔接和协调，构建以党章为根本、若干配套党内法规为支撑的党内法规制度体系，提高党内法规执行力。

4. 维护社会公平正义、司法公正

依法治国，必须紧紧围绕保障和促进社会公平正义来进行。公平正义是中国特色社会主义的内在要求，是我们党追求的一个十分崇高的价值目标。全心全意为人民服务的宗旨决定了我们必须追求公平正义,保护人民权益、伸张正义。

公正是法治的生命线。司法公正对社会公正具有重要引领作用,司法不公对社会公正具有致命破坏作用。这就要求我们在实践中推进公正司法。所谓公正司法,就是受到侵害的权利一定会得到保护和救济,违法犯罪活动一定要受到制裁和惩罚。如果人民群众通过司法程序不能保证自己的合法权利,那司法就没有公信力,人民群众也不会相信司法。人民群众每一次经历求告无门、每一次经历冤假错案,损害的都不仅仅是他们的合法权益,更是法律的尊严和权威,是他们对社会公平正义的信心。法律本来应该具有定纷止争的功能,司法审判本来应该具有终局性的作用,如果司法不公、人心不服,这些功能就难以实现。习近平总书记强调,要"努力让人民群众在每一个司法案件中都能感受到公平正义,决不能让不公正的审判伤害人民群众感情、损害人民群众权益"。

推进公正司法,要重点解决影响司法公正和制约司法能力的深层次问题。我国执法司法中存在的突出问题,很多与司法体制和工作机制不合理有关,必须进一步深化司法体制改革。要从确保依法独立公正行使审判权检察权、健全司法权力运行机制、完善人权司法保障制度三个方面,着力破解体制性、机制性、保障性障碍,不断提高司法公信力,发挥公正司法对维护社会公平正义最后一道防线的作用。

推进公正司法,要坚持司法为民,改进司法工作作风。法律不应该是冷冰冰的,司法工作也是做群众工作。一纸判决,或许能够给当事人正义,却不一定能解开当事人的"心结"。"心结"没有解开,案件也就没有真正了结。要通过热情服务,切实解决好老百姓打官司难问题。特别是要加大对困难群众维护合法权益的法律援助,加快解决有些地方没有律师和欠发达地区律师资源不足问题。司法工作者要密切联系群众,如果不懂群众语言、不了解群众疾苦、不熟知群众诉求,就难以掌握正确的工作方法,难以发挥应有的作用。

推进公正司法,要坚持以公开促公正、树公信。阳光是最好的防腐剂。权力运行不见阳光,或有选择地见阳光,公信力就无法树立。执法司法越公开,就越有权威和公信力。涉及老百姓利益的案件,除法律规定的情形外,一般都要公开。要增强主动公开、主动接受监督的意识,完善机制、创新方式、畅通渠道,依法及时公开执法司法依据、程序、流程、结果和裁判文书。对公众关注的案件,要提高透明度,让暗箱操作没有空间,让司法腐败无法藏身。

"举直错诸枉,则民服;举枉错诸直,则民不服。"推进公正司法,各级党组织和领导干部都要旗帜鲜明支持司法机关依法独立公正行使职权,绝不容许利用职权干预司法。司法人员要刚正不阿、勇于担当,敢于依法排除来自司法机关内部和外部的干扰,坚守公正司法的底线。

5. 在党的领导下依法治国、厉行法治

全面依法治国这件大事能不能办好,最关键的是方向是不是正确、政治保证是不是坚强有力。这其中最重要的,就是要正确认识把握党和法的关系。习近平总书记指出:"党和法的关系是一个根本问题,处理得好,则法治兴、党兴、国家兴;处理得不好,则法治衰、党衰、国家衰。"

社会主义法治必须坚持党的领导。离开了党的领导,中国特色社会主义法治体系、社会主义法治国家就建不起来。同时也要看到,党的领导必须依靠社会主义法治。在我国,法是党的主张和人民意愿的统一体现,党领导人民制定宪法法律,党领导人民实施宪法法律,党自身必须在宪法法律范围内活动,这就是党的领导力量的体现。党和法、党的领导和依法治国是高度统一的。把党的领导贯彻到依法治国全过程和各方面,是我国社会主义法治建设的一条基本经验。现在,有一些人提出诸如"党大还是法大"这样似是而非甚至极端错误的观点,这是一个伪命题。少数人之所以热衷于炒作这个命题,是醉翁之意不在酒,是想把党的领导和法治割裂开来、对立起来,最终达到否定、取消党的领导的目的。

对各级党政组织、各级领导干部来说,真正要解决的,是"权大还是法大"的问题,这是一个真命题。各级党政组织、各级领导干部手中的权力是党和人民赋予的,是上下左右有界受控的,不是可以为所欲为、随心所欲的。要把厉行法治作为治本之策,把权力运行的规矩立起来、讲起来、守起来,真正做到谁把法律当儿戏,谁就必然要受到法律的惩罚。

全面依法治国是一个系统工程,是国家治理领域一场广泛而深刻的革命。要始终坚持党的领导、人民当家做主、依法治国有机统一,加强党对全面依法治国的统一领导、统一部署、统筹协调,不断提高党领导依法治国的能力和水平,努力实现国家各项工作法治化,向着建设法治中国不断前进。

6. 领导干部要做尊法学法守法用法的模范

我们党领导立法、保证执法、支持司法、带头守法,主要是通过各级领导干部的具体行动和工作来体现、来实现的,他们的信念、决心、行动,对全面依法治国具有十分重要的意义。因此,领导干部做尊法学法守法用法的模范,是实现全面依法治国目标和任务的关键所在。

带头尊崇法治、敬畏法律。每个领导干部都要深刻认识到,维护宪法法律权威就是维护党和人民共同意志的权威,捍卫宪法法律尊严就是捍卫党和人民共同意志的尊严,保证宪法法律实施就是保证党和人民共同意志的实现。每个领导干部都要牢固树立宪法法律至上、法律面前人人平等、权由法定、权依法使等基本法治观念，对各种危害法治、破坏法治、践踏法治的行为要挺身而出、坚决斗争。对领导干部的法治素养，从其踏入干部队伍的那一天起就要开始抓，加强教育、培养自觉，加强管理、强化监督。

带头了解法律、掌握法律。学法懂法是守法用法的前提。领导干部要系统学习中国特色社会主义法治理论，准确把握我们党处理法治问题的基本立场。首要的是学习宪法，还要学习同自己所担负的领导工作密切相关的法律法规。各级领导干部尤其要弄明白法律规定怎么用权，什么事能干、什么事不能干，心中高悬法律的明镜，手中紧握法律的戒尺，知晓为官做事的尺度。

带头遵纪守法、捍卫法治。领导干部要牢记法律红线不可逾越、法律底线不可触碰，带头遵守法律、执行法律，带头营造办事依法、遇事找法、解决问题用法、化解矛盾靠法的法治环境。谋划工作要运用法治思维，处理问题要运用法治方式，说话做事要先考虑一下是不是合法。党纪国法不能成为"橡皮泥""稻草人"，违纪违法都要受到追究。

带头厉行法治、依法办事。领导干部要把对法治的尊崇、对法律的敬畏转化成思维方式和行为方式，做到在法治之下、而不是法治之外、更不是法治之上想问题、作决策、办事情。党政主要负责人要履行推进法治建设第一责任人职责，统筹推进科学立法、严格执法、公正司法、全民守法。要把能不能遵守法律、依法办事作为考察干部的重要内容，相同条件下优先提拔使用法治素养好、依法办事能力强的干部。

领导干部不但要做尊法学法守法用法的模范，更要自觉将推动全社会树立法治意识、增强全民法治观念扛在肩上、记在心上、落在行动上。要通过带头推进全民普法、带头尊法学法、模范守法用法的行动和努力，不断增强人民群众对法律的内心拥护和真诚信仰，切实增强全社会厉行法治的积极性和主动性，形成守法光荣、违法可耻的社会氛围，使尊法、信法、守法、用法、护法成为全体人民的共同追求。

学习计划

专题二 宪法部分

2017年新增考点部分：

3-5 特别行政区公职人员就职宣誓

特别行政区公职人员就职宣誓是公职人员就职的法定条件和必经程序，未进行合法有效宣誓或者拒绝宣誓，不得就任相应公职，不得行使相应职权和享受相应待遇。

《香港特别行政区基本法》第104条规定："香港特别行政区行政长官、主要官员、行政会议成员、立法会议员、各级法院法官和其他司法人员在就职时必须依法宣誓拥护中华人民共和国香港特别行政区基本法，效忠中华人民共和国香港特别行政区。"宣誓必须符合法定的形式和内容要求，宣誓人必须真诚、庄重地进行宣誓，必须准确、完整、庄重地宣读包括"拥护中华人民共和国香港特别行政区基本法，效忠中华人民共和国香港特别行政区"内容的法定誓言。宣誓人拒绝宣誓，即丧失就任相应公职的资格；宣誓人故意宣读与法定誓言不一致的誓言或者以任何不真诚、不庄重的方式宣誓，也属于拒绝宣誓，所作宣誓无效，宣誓人即丧失就任相应公职的资格。宣誓必须在法律规定的监誓人面前进行，监誓人负有确保宣誓合法进行的责任，对符合法律规定的宣誓，应确定为有效宣誓；对不符合法律规定的宣誓，应确定为无效宣誓，并不得重新安排宣誓。

《澳门特别行政区基本法》也有公职人员就职宣誓的明确要求，第101条规定："澳门特别行政区行政长官、主要官员、行政会委员、立法会议员、法官和检察官，必须拥护中华人民共和国澳门特别行政区基本法，尽忠职守，廉洁奉公，效忠中华人民共和国澳门特别行政区，并依法宣誓。"第102条规定："澳门特别行政区行政长官、主要官员、立法会主席、终审法院院长、检察长在就职时，除按本法第101条的规定宣誓外，还必须宣誓效忠中华人民共和国。"

考点提示

2016年11月7日第十二届全国人民代表大会常务委员会第二十四次会议通过了《关于〈中华人民共和国香港特别行政区基本法〉第一百零四条的解释》，根据《宪法》第67条第（4）项和《香港特别行政区基本法》第158条第1款的规定，对《香港特别行政区基本法》第104条规定的相关公职人员"就职时必须依法宣誓"作了具体解释，明确宣誓是该条所列公职人员就职的法定条件和必经程序。未进行合法有效宣誓或者拒绝宣誓，不得就任相应公职，不得行使相应职权和享受相应待遇。

5-6 对地方人大代表的监督

人大代表应当采取多种方式经常听取人民群众对代表履职的意见，回答原选区选民或者原选举单位对代表工作和代表活动的询问，接受监督。选民或者选举单位有权依法罢免自己选出的代表。代表法规定，代表应当正确处理从事个人职业活动与执行代表职务的关系，不得利用执行代表职务干涉具体司法案件或者招标投标等经济活动牟取个人利益。代表有下列情形之一的，其代表资格终止：

（1）地方各级人民代表大会代表迁出或者调离本行政区域的；
（2）辞职被接受的；
（3）未经批准两次不出席本级人民代表大会会议的；
（4）被罢免的；
（5）丧失中华人民共和国国籍的；
（6）依照法律被剥夺政治权利的；
（7）丧失行为能力的。

考点提示

2010年《全国人民代表大会和地方各级人民代表大会代表法》修订时，修改了对人大代表监督的相关法条，以强化对人大代表的监督，包括：（1）直选代表应当报告履职情况；（2）不得利用执行代表职务牟利；（3）代表丧失行为能力的，代表资格终止。2017年大纲中新增本子考点，考生应当特别注意以上内容。

1. 宪法在执法中的作用

宪法不仅是立法的基础，同时也是执法的基础与原则。一切执法活动不得违反宪法的原则与具体规定，特别是法官、检察官、行政机关工作人员以及其他国家公职人员更应该在执法活动中遵守宪法和法律。

宪法在执法过程中的功能首先表现在对特定法律人宪法意识的培养，即以宪法的理念与知识为基础培养法官、检察官、律师等法律职业者的宪法思维。在法律人的培养过程中，宪法起着重要的作用。法官、检察官与律师是法律职业共同体，培育宪法思维是掌握法律知识的基本前提，应学会在复杂的社会现象中寻找宪法问题的焦点，并以宪法思维解释和解决法律问题。

国家工作人员必须树立宪法意识，恪守宪法原则，弘扬宪法精神，履行宪法使命。建立宪法宣誓制度有助于实现这一目标。2014年《中共中央关于全面推进依法治国若干重大问题的决定》提出，凡经人大及其常委会选举或者决定任命的国家工作人员正式就职时均应公开向宪法宣誓。2015年7月1日，第十二届全国人大常委会第十五次会议通过了《全国人民代表大会常务委员会关于实行宪法宣誓制度的决定》，对我国宪法宣誓制度的内容进行了全面规定，于2016年1月1日起实施。

宪法宣誓制度是指经过合法、正当的选举程序后，被选举为国家元首或其他国家公职人员在正式就职时，以公开向宪法宣誓的方式，誓言遵守并效忠宪法，恪尽职守，为选民服务的一项制度。宪法是国家根本法，具有最高的法律地位、法律权威、法律效力。国家工作人员必须树立宪法意识，恪守宪法原则，弘扬宪法精神，履行宪法使命。在宪法教育、宪法实施中，宪法宣誓制度有其独特功能：

第一，有利于树立宪法权威，推进全面依法治国。宪法是国家的根本法，是我国社会主义法律体系的基础，具有最高法律效力。宪法是社会共同体的基本规则，凝聚着基本共识和价值观，是人民意志的最高体现。任何组织和个人都必须尊重宪法权威，在宪法和法律范围内活动，因自觉接受权威而主动服从，真正将宪法作为其行为准则。

第二，有利于增强公职人员的宪法观念，激励其忠于和维护宪法。经人民代表大会及其常委会选举或决定任命的国家工作人员，在庄严的就职仪式上向选民或者代表机关宣誓，对国家法律和权力赋予者郑重承诺，能够使国家工作人员明确权力来源于宪法，按照宪法法律的规定行使权力，产生神圣的使命感和强烈的责任感，时刻受到誓言的约束。

第三，有利于提高公民的宪法意识，培养宪法情感。庄严的就职宣誓仪式，可以使宣誓者本人和广大公民同时经历神圣的体验。宪法在人们内心深处是否具有神圣的地位同宪法权威具有密切联系，这种情感是宪法权威的渊源之一。宣誓仪式本身就是很好的宪法教育，有助于公民从内心产生对宪法的情感寄托，使尊重和维护宪法权威成为公民的心理基础。

第四，有利于在全社会传播宪法理念，树立法治信仰。开展普遍的宪法教育，对于全社会树立法治信仰和宪法精神具有重要意义。建立宪法宣誓制度，有助于普及宪法知识，是以宪法凝聚社会共识的有效手段。每一个人对宪法产生认同感、归属感和依赖感，有助于培育和塑造宪法文化，使全社会尊重宪法、热爱宪法和信仰宪法。

2016年1月1日起实施的《全国人民代表大会常务委员会关于实行宪法宣誓制度的决定》对我国宪法宣誓制度的内容进行了全面规定，主要内容包括：

第一，宣誓主体。各级人民代表大会及县级以上各级人民代表大会常务委员会选举或者决定任命的国家工作人员，以及各级人民政府、人民法院、人民检察院任命的国家工作人员，在就职时应当公开进行宪法宣誓。

第二，誓词内容。宣誓誓词如下："我宣誓：忠于中华人民共和国宪法，维护宪法权威，履行法定职责，忠于祖国、忠于人民，恪尽职守、廉洁奉公，接受人民监督，为建设富强、民主、文明、和谐的社会主义国家努力奋斗！"

第三，组织机构。宣誓仪式的组织机构包括：

（1）全国人民代表大会会议主席团。全国人民代表大会选举或者决定任命的中华人民共和国主席、副主席，全国人民代表大会常务委员会委员长、副委员长、秘书长、委员，国务院总理、副总理、国务委员、各部部长、各委员会主任、中国人民银行行长、审计长、秘书长，中华人民共和国中央军事委员会主席、副主席、委员，最高人民法院院长，最高人民检察院检察长，以及全国人民代表大会专门委员会主任委员、副主任委员、委员等，进行宪法宣誓的仪式由全国人民代表大会会议主席团组织。

（2）全国人民代表大会常务委员会委员长会议。在全国人民代表大会闭会期间，全国人民代表大会常务委员会任命或者决定任命的全国人民代表大会专门委员会个别副主任委员、委员，国务院部长、委员会主任、中国人民银行行长、审计长、秘书长，中华人民共和国中央军事委员会副主席、委员，进行宪法宣誓的仪式由全国人民代表大会常务委员会委员长会议组织；全国人民代表大会常务委员会任命的全国人民代表大会常务委员会副秘书长，全国人民代表大会常务委员会工作委员会主任、副主任、委员，全国人民代表大会常务委员会代表资格审查委员会主任委员、副主任委员、委员等，进行宪法宣誓的仪式由全国人民代表大会常务委员会委员长会议组织。

（3）其他机关。全国人民代表大会常务委员会任命或者决定任命的最高人民法院副院长、审判委员会委员、庭长、副庭长、审判员和军事法院院长，最高人民检察院副检察长、检察委员会委员、检察员和军事检察院检察长，中华人民共和国驻外全权代表，进行宪法宣誓的仪式由最高人民法院、最高人民检察院、外交部分别组织。国务院及其各部门、最高人民法院、最高人民检察院任命的国家工作人员，在就职时进行宪法宣誓。宪法宣誓的仪式由任命机关组织。

第四，宣誓方式。根据情况，可以采取单独宣誓或者集体宣誓的形式。单独宣誓时，宣誓人应当左手抚按《中华人民共和国宪法》，右手举拳，诵读誓词。集体宣誓时，由一人领誓，领誓人左手抚按《中华人民共和国宪法》，右手举拳，领诵誓词；其他宣誓人整齐排列，右手举拳，跟诵誓词。

宣誓场所应当庄重、严肃，悬挂中华人民共和国国旗或者国徽。

负责组织宣誓仪式的机关，可以根据本决定并结合实际情况，对宣誓的具体事项作出规定。

第五，地方各级人民代表大会及县级以上地方各级人民代表大会常务委员会选举或者决定任命的国家工作人员，以及地方各级人民政府、人民法院、人民检察院任命的国家工作人员，在依照法定程序产生后，进行宪法宣誓。宣誓的具体组织办法由省、自治区、直辖市人民代表大会常务委员会参照本决定制定，报全国人民代表大会常务委员会备案。

2. 紧急状态下公民基本权利的限制

所谓紧急状态，是指在一定范围和时间内由于突发重大事件而严重威胁和破坏公共秩序、公共安全、公共卫生、国家统一等公共利益和国家利益，需要紧急予以专门应对的社会生活状态。在紧急状态下，为了保障公民的基本权利和社会公共利益、迅速恢复经济与社会的正常状态，有必要赋予国家机关一定的紧急权力。如何既要保障基本权利价值，又要保证国家权力能够有效运作，如何在基本权利的保障与限制之间寻求合理平衡，是现代宪法发展所面临的重要课题。根据《宪法》第51条的规定，限制基本权利只能基于维护公共利益和他人的基本权利的目的才具有正当性。同时，限制公民基本权利应当体现合理原则，不超过必要的限度。在这方面，第十二届全国人大常委会第十五次会议通过，并于2015年7月1日起施行的新《国家安全法》第83条规定："在国家安全工作中，需要采取限制公民权利和自由的特别措施时，应当依法进行，并以维护国家安全的实际需要为限度。"

实践中，发生突发事件和恐怖主义活动是导致紧急状态的重要原因。第十届全国人大常委会第二十九次会议通过，并于2007年11月1日起施行的《突发事件应对法》对突发事件作出界定："本法所称突发事件，是指突然发生，造成或者可能造成严重社会危害，需要采取应急处置措施予以应对的自然灾害、事故灾难、公共卫生事件和社会安全事件。"该法第49条规定，自然灾害、事故灾难或者公共卫生事件发生后，履行统一领导职责的人民政府可以采取一项或多项应急处置措施，如实行交通管制以及其他控制措施，禁止或者限制使用有关设备、设施，关闭或者限制使用有关场所，中止人员密集的活动或者可能导致危害扩大的生产经营活动等。第50条规定，社会安全事件发生后，组织处置工作的人民政府应当立即组织有关部门并由公安机关采取下列一项或多项应急处置措施，如强制隔离使用器械相互对抗或者以暴力行为参与冲突的当事人，对特定区域内的建筑物、交通工具、设备、设施以及燃料、燃气、电力、水的供应进行控制，封锁有关场所、道路，查验现场人员的身份证件，限制有关公共场所内的活动等。

第十二届全国人大常委会第十八次会议通过、2016年1月1日起施行的《反恐怖主义法》对恐怖主义作出界定："本法所称恐怖主义，是指通过暴力、破坏、恐吓等手段，制造社会恐慌、危害公共安全、侵犯人身财产，或者胁迫国家机关、国际组织，以实现其政治、意识形态等目的的主张和行为。"为防范恐怖主义，该法第20条第1款要求，铁路、公路、水上、航空的货运和邮政、快递等物流运营单位应当实行安全查验制度，对客户身份进行查验，依照规定对运输、寄递物品进行安全检查或者开封验视。对禁止运输、寄递，存在重大安全隐患，或者客户拒绝安全查验的物品，不得运输、寄递。第21条要求，电信、互联网、金融、住宿、长途客运、机动车租赁等业务经营者、服务提供者，应当对客户身份进行查验。对身份不明或者拒绝身份查验的，不得提供服务。第61条规定，恐怖事件发生后，相关职权部门可以采取在特定区域内实施互联网、无线电、通讯管制，以及在特定区域内或者针对特定人员实施出境入境管制等处置措施。该法还规定，国家不向任何恐怖活动组织和人员作出妥协，不向任何恐怖活动人员提供庇护或者给予难民地位。

3. 全国人大常委会的职权

现行宪法对全国人大常委会职权的规定，较之以往有所扩大，使常委会的地位进一步加强。根据现行宪法的规定，全国人大常委会的职权主要有以下几个方面：

解释宪法，监督宪法的实施。宪法和其他普通法律一样，为了正确理解、准确执行，必要时需要作出具有法律效力的解释，即对宪法条文的含义、内容和界限进行说明。但宪法是根本法，对它的解释权只能由特定的有权威的国家机关来行使。而解释宪法与监督宪法的实施又有着密切的联系。根据宪法规定，全国人大及其常委会都有权监督宪法的实施。

根据宪法规定的范围行使立法权。全国人大常委会有权制定除由全国人大制定的基本法律以外的其他法律，并且在全国人大闭会期间，对全国人大制定的基本法律有权进行部分修改和补充，但是不得同该法律的基本原则相抵触。

解释法律。全国人大常委会所解释的法律，并不限于它自己所制定的法律，也包括由全国人大制定的法律。因为全国人大常委会是全国人大的常设机关，它了解全国人大的立法意图，能作出准确的解释。全国人大常委会解释法律，指的是对于那些法律条文本身需要进一步明确界限或做补充规定的解释。

审查和监督规范性文件。为维护社会主义法制统一，全国人大常委会有权撤销同宪法、法律相抵触的行政法规、决定和命令；有权撤销同宪法、法律和行政法规相抵触的地方性法规和决议；有权撤销省、自治区、直辖市人大常委会批准的违背宪法和立法法关于立法权限规定的自治条例和单行条例。为加强对司法解释活动的监督，全国人大常委会还可对最高人民法院、最高人民检察院作出的属于审判、检察工作中具体应用法律的解释进行监督。《各级人民代表大会常务委员会监督法》第31条和《立法法》第104条第2款都规定，最高人民法院、最高人民检察院作出的属于审判、检察工作中具体应用法律的解释，应当自公布之日起30日内报全国人大常委会备案。《各级人民代表大会常务委员会监督法》第32条规定，国务院、中央军事委员会和省、自治区、直辖市人大常委会认为最高人民法院、最高人民检察院作出的具体应用法律的解释同法律规定相抵触的，最高人民法院、最高人民检察院之间认为对方作出的具体应用法律的解释同法律规定相抵触的，可以向全国人大常委会书面提出进行审查的要求，由常委会工作机构送有关专门委员会进行审查、提出意见。其他国家机关和社会团体、企业事业组织以及公民认为最高人民法院、最高人民检察院作出的具体应用法律的解释同法律规定相抵触的，可以向全国人大常委会书面提出进行审查的建议，由常委会工作机构进行研究，必要时，送有关专门委员会进行审查、提出意见。

预算管理权，对国民经济和社会发展计划、国家预算部分调整方案和国家决算的审批权，审议审计工作报告。全国人大常委会监督中央和地方预算的执行；在全国人大闭会期间，全国人大常委会有权审查和批准中央决算，有权审查和批准国民经济和社会发展计划以及国家预算在执行过程中所必须作的部分调整方案，国务院需向全国人大常委会报告本年度上一阶段国民经济和社会发展计划、预算的执行情况。全国人大常委会有权审查和批准国家决算草案，在每年审查和批准决算的同时，还有权听取和审议国务院提出的审计机关关于上一年度国家预算执行和其他财政收支的审计工作报告。全国人大常委会有权撤销国务院制定的同宪法、法律相抵触的关于预算、决算的行政法规、决定和命令；有权撤销省、自治区、直辖市人民代表大会及其常务委员会制定的同宪法、法律和行政法规相抵触的关于预算、决算的地方性法规和决议。

监督国家机关的工作。国务院、中央军事委员会、最高人民法院和最高人民检察院都由全国人大产生，根据宪法的规定，分别行使国家的各项权力。因此，它们都必须向全国人大负责并接受它的监督。但是，监督这些机关是一项经常性的日常工作，因此，宪法规定，在全国人大闭会期间，由全国人大常委会行使监督权。全国人大常委会行使监督权的具体形式主要有三种。

一是在全国人大常委会会议期间，常委会组成人员有 10 人以上联名就可以向国务院及其各部委、最高人民法院、最高人民检察院提出书面的质询案，委员长会议可以决定由受质询机关在常委会会议上或者有关专门委员会会议上口头答复，或者由受质询机关书面答复。在专门委员会会议上答复的，提质询案的常委会组成人员有权列席会议，发表意见。委员长会议认为必要时，可以将答复质询案的情况报告印发常委会会议，提质询案的常委会组成人员的过半数对受质询机关的答复不满意的，可以提出要求，经委员长会议决定，由受质询机关再作答复。

二是全国人大常委会每年选择若干关系改革发展稳定大局和群众切身利益、社会普遍关注的重大问题，有计划地安排听取和审议国务院、最高人民法院和最高人民检察院的专项工作报告。全国人大常委会听取和审议专项工作报告前，委员长会议可以组织本级人民代表大会常委会组成人员和全国人大代表，对有关工作进行视察或者专题调查研究；在听取和审议专项工作报告前，常委会办事机构应当将各方面对该项工作的意见汇总，交由国务院、最高人民法院或者最高人民检察院研究并在专项工作报告中作出回应。专项工作报告由国务院、最高人民法院或者最高人民检察院的负责人向全国人大常委会报告，国务院也可以委托有关部门负责人报告。常委会组成人员对专项工作报告的审议意见交由国务院、最高人民法院或者最高人民检察院研究处理。国务院、最高人民法院或者最高人民检察院应当将研究处理情况由其办事机构送交全国人大有关专门委员会或者常委会有关工作机构征求意见后，向常委会提出书面报告。常委会认为必要时，可以对专项工作报告作出决议；国务院、最高人民法院或者最高人民检察院应当在决议规定的期限内，将执行决议的情况向常委会报告。常委会听取的专项工作报告及审议意见，国务院、最高人民法院或者最高人民检察院对审议意见研究处理情况或者执行决议情况的报告，向全国人大代表通报并向社会公布。

三是开展对法律法规实施情况的检查。全国人大常委会每年选择若干关系改革发展稳定大局和群众切身利益、社会普遍关注的重大问题，有计划地对有关法律、法规实施情况组织执法检查。全国人大常委会根据年度执法检查计划，按照精干、效能的原则，组织执法检查组。执法检查组的组成人员，从全国人大常委会组成人员以及全国人大有关专门委员会组成人员中确定，并可以邀请全国人大代表参加。全国人大常委会根据需要，可以委托省级人大常委会对有关法律、法规在本行政区域内的实施情况进行检查。受委托的省级人大常委会应当将检查情况书面报送全国人大常委会。全国人大常委会组成人员对执法检查报告的审议意见连同执法检查报告，一并交由国务院、最高人民法院或者最高人民检察院研究处理。国务院、最高人民法院或者最高人民检察院应当将研究处理情况由其办事机构送交全国人大有关专门委员会或者全国人大常委会有关工作机构征求意见后,向全国人大常委会提出报告。必要时,由委员长会议决定提请常委员审议,或者由常委会组织跟踪检查;常委会也可以委托全国人大有关专门委员会或者全国人大常委会有关工作机构组织跟踪检查。执法检查报告及审议意见,国务院、最高人民法院或者最高人民检察院对其研究处理情况的报告,向全国人大代表通报并向社会公布。

决定、任免国家机关领导人员。在全国人大闭会期间,全国人大常委会有权根据国务院总理的提名,决定部长、委员会主任、审计长、秘书长的人选;根据中央军事委员会主席的提名,决定中央军事委员会其他组成人员的人选;根据最高人民法院院长的提名,任免最高人民法院副院长、审判员、审判委员会委员和军事法院院长;根据最高人民检察院检察长的提名,任免最高人民检察院副检察长、检察员、检察委员会委员、军事检察院检察长,并且批准省、自治区、直辖市的人民检察院检察长的任免。

国家生活中其他重要事项的决定权。在全国人大闭会期间,全国人大常委会有权决定批准或废除同外国缔结的条约和重要协定;决定驻外全权代表的任免;规定军人和外交人员的衔级制度和其他专门衔级制度;规定和决定授予国家的勋章和荣誉称号;决定特赦;如果遇到国家遭受武装侵犯或者必须履行国家间共同防止侵略的条约的情况,有权决定宣布战争状态;决定全国总动员和局部动员;决定全国或者个别省、自治区和直辖市进入紧急状态。

决定法律在一定期限、部分地方的暂停调整、暂停适用也属于重大事项决定权的范围。《立法法》第13条规定,全国人大及其常委会可以根据改革发展的需要,决定就行政管理等领域的特定事项授权在一定期限内在部分地方暂时调整或者暂时停止适用法律的部分规定。

国家的勋章和荣誉称号制度是宪法规定的国家重要制度。第十二届全国人大常委会第十八次会议通过,并于2016年1月1日起施行的《国家勋章和国家荣誉称号法》规定,国家勋章和国家荣誉称号为国家最高荣誉。国家勋章包括"共和国勋章"和"友谊勋章",国家荣誉称号的具体名称由全国人大常委会在决定授予时确定。授予国家勋章、国家荣誉称号的议案由全国人大常委会委员长会议及国务院、中央军事委员会向全国人大常委会提出,由全国人大常委会作出决定,由国家主席授予和签发证书。国家主席进行国事活动,可以直接授予外国政要、国际友人等人士"友谊勋章"。国家设立国家功勋簿,记载国家勋章和国家荣誉称号获得者及其功绩。

决定特赦是全国人大常委会的职权。特赦是赦免的一种形式。一般来说,大赦既赦其刑也赦其罪,特赦只赦其刑不赦其罪。我国1954年宪法曾规定大赦与特赦两种赦免形式，但从未有过大赦的实践。1975年宪法没有规定赦免，1978年宪法和1982年宪法均只规定了特赦。2015年8月29日，第十二届全国人大常委会第十六次会议通过特赦部分服刑罪犯的决定。为纪念中国人民抗日战争暨世界反法西斯战争胜利70周年，体现依法治国理念和人道主义精神，决定对2015年1月1日前正在服刑、释放后不具有现实社会危险性的四类罪犯实行特赦。这四类罪犯是：参加过中国人民抗日战争、中国人民解放战争的；中华人民共和国成立以后，参加过保卫国家主权、安全和领土完整对外作战的；年满75周岁、身体严重残疾且生活不能自理的；犯罪时不满18周岁，被判处三年以下有期徒刑或者剩余刑期在一年以下的。经法院依法裁定，全国共特赦服刑罪犯31527人。其中，第一类罪犯50人，第二类罪犯1428人，第三类罪犯122人，第四类罪犯29927人。这是时隔40年后新中国的第八次特赦。

全国人大授予的其他职权。例如，七届全国人大二次会议审议了国务院提请授权深圳市人大及其常委会和深圳市政府分别制定深圳经济特区法规和深圳经济特区规章的议案，决定授权全国人大常委会在深圳市依法选举产生市人大及其常委会后，对国务院提出的上述议案进行审议，作出相应决定。

说过就过

读后感悟

学习计划

专题三　经济法部分

2017年新增考点部分：

7-2 环境影响评价制度

环境影响评价，是指对规划和建设项目实施后可能造成的环境影响进行分析、预测和评估，提出预防或者减轻不良环境影响的对策和措施，进行跟踪监测的方法与制度。2002年我国颁布了《环境影响评价法》，2016年7月2日第十二届全国人民代表大会常务委员会第二十次会议对其进行了修正。《环境保护法》规定，编制有关开发利用规划，建设对环境有影响的项目，应当依法进行环境影响评价。未依法进行环境影响评价的开发利用规划，不得组织实施；未依法进行环境影响评价的建设项目，不得开工建设。并规定，建设单位未依法提交建设项目环境影响评价文件或者环境影响评价文件未经批准，擅自开工建设的，由负有环境保护监督管理职责的部门责令停止建设，处以罚款，并可以责令恢复原状。

（一）环境影响评价的适用范围

1. 规划的环境影响评价

（1）总体规划。国务院有关部门、设区的市级以上地方人民政府及其有关部门，对其组织编制的土地利用的有关规划，区域、流域、海域的建设、开发利用规划，应当在规划编制过程中组织进行环境影响评价，编写该规划有关环境影响的篇章或者说明。未编写有关环境影响的篇章或者说明的规划草案，审批机关不予审批。

（2）专项规划。国务院有关部门、设区的市级以上地方人民政府及其有关部门，对其组织编制的工业、农业、畜牧业、林业、能源、水利、交通、城市建设、旅游、自然资源开发的有关专项规划，应当在该专项规划草案上报审批前，组织进行环境影响评价，并向审批该专项规划的机关提出环境影响报告书。

2. 建设项目的环境影响评价

国家根据建设项目对环境的影响程度，对建设项目的环境影响评价实行分类管理。建设单位应当按照下列规定组织编制环境影响报告书、环境影响报告表或者填报环境影响登记表（统称环境影响评价文件）：

（1）可能造成重大环境影响的，应当编制环境影响报告书，对产生的环境影响进行全面评价。

（2）可能造成轻度环境影响的，应当编制环境影响报告表，对产生的环境影响进行分析或者专项评价。

（3）对环境影响很小、不需要进行环境影响评价的，应当填报环境影响登记表。

（二）环境影响报告书的内容

专项规划的环境影响报告书应当包括下列内容：实施该规划对环境可能造成影响的分析、预测和评估；预防或者减轻不良环境影响的对策和措施；环境影响评价的结论。

建设项目的环境影响报告书应当包括下列内容：建设项目概况；建设项目周围环境现状；建设项目对环境可能造成影响的分析、预测和评估；建设项目环境保护措施及技术、经济论证；建设项目对环境影响的经济损益分析；对建设项目实施环境监测的建议；环境影响评价结论。

（三）环境影响评价的程序

1. 专项规划的环境影响评价的程序

（1）国务院有关部门、设区的市级以上地方人民政府及其有关部门，应当在该专项规划草案上报审批前，组织进行环境影响评价，并向审批机关提出环境影响报告书。

（2）对可能造成不良环境影响并直接涉及公众环境权益的规划，应当在该规划草案报审批前，举行论证会、听证会，或者采取其他形式，征求有关单位、专家和公众对环境影响报告书草案的意见。

（3）编制机关在报批规划草案时，应当将环境影响评价报告书一并附送审批机关审查。

（4）设区的市级以上人民政府作出审批决策前，应当先由环保部门召集有关部门代表和专家组成审查小组，对环境影响报告书进行审查，提出书面审查意见。

（5）对环境有重大影响的规划实施后，编制机关应当及时组织环境影响的跟踪评价，并将评价结果报告审批机关。

2. 建设项目的环境影响评价的程序

（1）首先由具有相应环境影响评价资质的机构编制环境影响报告书。

（2）对环境可能造成重大影响的建设项目，建设单位应当在报批环境影响报告书前，举行论证会、听证会，或者采取其他形式，征求有关单位、专家和公众的意见。

（3）建设单位按照国务院的规定，将建设项目的环境影响报告书、报告表报有审批权的环境保护行政主管部门审批。

（4）审批部门应当自收到环境影响报告书之日起60日内，收到环境影响报告表之日起30日内，分别作出审批决定并书面通知建设单位。

考点提示

《环境影响评价法》修改了9条规定，对环评未批先建等违法行为加大了处罚力度，简化了部分项目的环评行政审批，强化了规划环评。

某河流拟建的水电站涉及水土保持，并可能造成重大环境影响。根据《环境影响评价法》，下列哪一选项是合法的？（2012/1/31）

A. 建设单位应编制环境影响报告表，对环境影响进行分析或专项评价

B. 其环境影响评价文件还须有经水行政主管部门审查同意的水土保持方案

C. 由于该河流的流域开发利用规划已进行了环境影响评价，水电站属于该规划所包含的具体建设项目，可不再进行环境影响评价

D. 建设单位可委托负责审批部门下属的环境技术研究所为水电站的环境影响评价提供技术服务

【参考答案】　无（原答案为B）

【解析】　环境影响评价包括规划的环境影响评价和建设项目的环境影响评价。根据《环境影响评价法》第16条第2款规定，本题中水电站建设可能造成重大环境影响，应当编制环境影响报告书，进行全面评价，而不是编制环境影响报告表或专项评价，所以A选项不正确。

原《环境影响评价法》第17条第2款规定："涉及水土保持的建设项目，还必须

有经水行政主管部门审查同意的水土保持方案。"考试当年 B 选项正确。但 2016 年修订时删除了该款，故不选 B 项。

根据《环境影响评价法》第 18 条规定，已经进行了规划的环境影响评价的，仍应进行建设项目的环境影响评价，只不过评价内容应当根据规划的环境影响评价审查意见予以简化，所以 C 选项不正确。

根据《环境影响评价法》第 19 条第 3 款规定，审批部门与其下属的环境技术研究所之间存在利益关系，建设单位不能委托该研究所提供技术服务，所以 D 选项不正确。

 读后感悟

学习计划

专题四 国际私法部分

2017年新增考点部分：

7-2 内地与香港特别行政区之间的相互取证

内地人民法院与香港特别行政区法院就民商事案件相互委托提取证据，需通过各自指定的联络机关进行。内地指定各高级人民法院为联络机关；香港特别行政区指定香港特别行政区政府政务司司长办公室辖下行政署为联络机关。最高人民法院可以直接通过香港特别行政区指定的联络机关委托提取证据。

内地人民法院委托香港特别行政区法院提供证据的，请求协助的范围包括：（1）讯问证人。（2）取得文件。（3）检查、拍摄、保存、保管或扣留财产。（4）取得财产样品或对财产进行试验。（5）对人进行身体检验。香港特别行政区法院委托内地人民法院提取证据的，请求协助的范围包括：（1）取得当事人的陈述及证人证言。（2）提供书证、物证、视听资料及电子数据。（3）勘验、鉴定。受委托方应当根据本辖区法律规定安排取证。委托方请求按照特殊方式提取证据的，如果受委托方认为不违反本辖区的法律规定，可以按照委托方请求的方式执行。

内地人民法院委托香港特别行政区法院提取证据，应当提供加盖最高人民法院或者高级人民法院印章的委托书。香港特别行政区法院委托内地人民法院提取证据，应当提供加盖香港特别行政区高等法院印章的委托书。委托书或者所附相关材料应当写明：（1）出具委托书的法院名称和审理相关案件的法院名称。（2）与委托事项有关的当事人或者证人的姓名或者名称、地址及其他一切有助于联络及辨别其身份的信息。（3）要求提供的协助详情，包括但不限于：与委托事项有关的案件基本情况（包括案情摘要、涉及诉讼的性质及正在进行的审理程序等）；需向当事人或者证人取得的指明文件、物品及询（讯）问的事项或问题清单；需要委托提取有关证据的原因等；必要时，需说明有关证据对诉讼的重要性及用来证实的事实及论点等。（4）是否需要采用特殊方式提取证据以及具体要求。（5）委托方的联络人及其联络信息。（6）有助执行委托事项的其他一切信息。

受委托方的联络机关收到对方的委托书后，应当及时将委托书及所附相关材料转送相关法院或者其他机关办理，或者自行办理。如果受委托方认为委托材料不符合本辖区相关法律规定，影响其完成受托事项，应当及时通知委托方修改、补充；如受托事项不属于本安排规定的范围，可以予以退回并说明原因。委托书及所附相关材料应当以中文文本提出。没有中文文本的，应当提供中文译本。委托方获得的证据材料只能用于委托书所述的相关诉讼。受委托方应当尽量自收到委托书之日起6个月内完成受托事项。如果受委托方未能按委托方的请求完成受托事项，或者只能部分完成受托事项，应当向委托方书面说明原因，并按委托方指示及时退回委托书所附全部或者部分材料。如果证人根据受委托方的法律规定，拒绝提供证言，受委托方应当书面通知委托方，一并按委托方指示退回委托书附全部材料。

受委托方因执行受托事项产生的一般性开支，由受委托方承担。受委托方因执行受托事项产生的翻译费用、专家费用、鉴定费用、应委托方要求的特殊方式取证所产生的额外费用等非一般性开支，由委托方承担。这里的非一般性开支，应先与委托方协商，以决定是否继续执行受托事项。

对于本部分内容，应当比照内地与澳门特别行政区之间的相互取证的规定，进行比较记忆。

说过就过

 读后感悟

学习计划

专题五 国际经济法部分

2017年新增考点部分：

7-3 最高人民法院关于审理独立保函纠纷案件若干问题的规定

最高人民法院于2016年11月18日发布了《关于审理独立保函纠纷案件若干问题的规定》（以下简称《规定》），《规定》于2016年12月1日实施。《规定》共26条，主要包括下列内容：

1. 明确了独立保函的定义

独立保函是开立人出具的附单据条件的付款承诺，在受益人提交符合独立保函要求的单据时，开立人即需独立承担付款义务，受益人无需证明债务人在基础交易中的违约事实，开立人不享有传统保证所具有的主债务人抗辩权以及先诉抗辩权。《规定》进一步明确，独立保函虽然具有担保债权实现的功能，但不属于我国《担保法》规定的法定担保方式，故不适用我国《担保法》关于保证的规定。

2. 统一国际国内独立保函交易的效力规则

第23条规定当事人约定在国内交易中适用独立保函的，人民法院不能以独立保函不具有涉外因素为由，否定保函独立性约定的效力。第5条明确国际民间性商事组织制定的《见索即付保函统一规则》等交易规则的性质为合同示范条款，国际或国内独立保函的当事人均可依自身情况，通过在独立保函文本中记载或诉讼程序中一致同意的方式加以适用，自主决定其民事权利和义务。

3. 明确独立保函的独立性和单据性特征，保证付款的快捷性和确定性

第6条规定独立保函独立于基础交易关系和开立申请关系，只要受益人提交的单据与独立保函条款、单据与单据之间在表面上相符，开立人就必须独立承担付款义务，开立人不得利用基础交易或开立申请关系对受益人行使抗辩。只有出现受益人欺诈情形时，才可以作为法定的唯一例外情形对待。第7、8条规定了单证审查的严格相符标准，规定了表面相符的认定标准和开证人审单的权利和义务。

4. 严格界定欺诈情形及证明标准，审慎确定独立性原则的例外

第12条规定了欺诈例外，将欺诈类型化为无真实交易、单据欺诈和明显滥用付款请求权三类情形。第12条第（3）项和第（4）项分别规定必须依据基础交易的司法判决或仲裁裁决、受益人自身确认的证据作出认定，防止在独立保函欺诈纠纷中实体审理违约争议。第（5）项对受益人明显滥用付款请求权的其他情形规定了概括性的兜底条款。第20条规定了判决认定存在欺诈情形必须达到排除合理怀疑的证明标准。

5. 严格规范止付程序，维护程序公正和实体公正

由于以往司法实践中随意止付独立保函的情况较为严重，已给我国金融机构开立的独立保函在各国之间的流通造成了不良影响。《规定》对止付程序增加了一些条件要求，不仅包括止付申请人必须提交证据证明欺诈情形具有高度可能性，不予止付将给止付申请人合法权益造成难以弥补的损害，还包括保护善意第三人利益的"欺诈例外之例外"规定，即转开独立保函的情形下如开立人对独立保函已经善意付款的，即使受益人欺诈，人民法院仍不得裁定止付用于保障开立人追偿权的独立保函即反担保函。此外，《规定》还规定了止付裁定的期限和内容、复议机关、错误申请的赔偿责任等，对止付程序加以严格规范，防止止付程序被滥用。

6. 依法确认开立保证金的金钱质权性质，规范针对开立保证金的强制措施

《规定》第24条规定，开立保证金符合金钱特定化和移交占有两项条件的，具有金钱质权的性质。该条规定解决了长期以来独立保函开立保证金性质不明的难题。

此外，《规定》还对独立保函开立与生效、转让、终止以及涉外独立保函的管辖权和准据法等问题作出了规定。

考点提示

近年来，随着"一带一路"建设及中国企业"走出去"等国家战略的推进，独立保函已经成为中国企业参与境外交易和签署合同的必要条件之一。目前，独立保函业务已成为与国家战略配套的金融工具，独立保函业务的规模和数量已远远超过商业跟单信用证。独立保函替代了过往难以谈判成功的保证金，降低了商业交易成本，促进商业效率提高，同时，近年来诉至法院的独立保函纠纷案件逐年增多。鉴于此，《规定》在起草时始终坚持以下原则，即积极服务党和国家工作大局、尊重市场主体意思自治、与国际规则接轨、民主科学制定解释的原则。

学习计划

专题六　司法制度和法律职业道德部分

2017年新增考点部分：

3-4 检察官职业道德的主要内容

2016年11月4日最高人民检察院第十二届检察委员会第五十七次会议通过《检察官职业道德基本准则》（以下简称《准则》），检察官职业道德的基本要求为"忠诚、为民、担当、公正、廉洁"五方面。

（一）忠诚

《准则》把"坚持忠诚品格，永葆政治本色"放在首位，旨在对检察官"忠诚"道德作出规范。"忠诚"在强调忠于党、坚定维护以习近平同志为核心的党中央权威的基础上，突出忠于法律、信仰法治。忠诚是对检察官政治品性方面的要求，彰显了我国检察官的政治本色。"忠诚"具体包括以下几方面的要求：

（1）忠于党、忠于国家。检察官要做中国特色社会主义事业的建设者、捍卫者和社会公平正义的守护者。《检察官法》规定，检察官不得散布有损国家声誉的言论，不得参加非法组织，不得参加旨在反对国家的集会、游行、示威等活动，也不得参加罢工。检察官应当维护国家安全、荣誉和利益，维护国家统一和民族团结，严守国家秘密和检察工作秘密；保持高度的政治警觉，严守政治纪律，不参加危害国家安全、带有封建迷信、邪教性质等非法组织及其活动。检察官应当加强政治理论学习，提高对政策的理解、把握和运用能力，提高从政治上、全局上观察问题、分析问题、解决问题的能力。

（2）忠于人民。《检察官法》第3条规定，检察官必须忠实执行宪法和法律，全心全意为人民服务。检察官应当坚持立检为公、执法为民的宗旨，维护最广大人民的根本利益，保障民生、服务群众，亲民、为民、利民、便民。

（3）忠于宪法和法律。检察官应当尊崇宪法和法律，严格执行宪法和法律的规定，自觉维护宪法和法律的统一、尊严和权威。在履行职务过程中，检察官应当坚持"以事实为根据，以法律为准绳"原则，实事求是，依法办案。

（4）忠于检察事业。检察官应当热爱人民检察事业，珍惜检察官荣誉，忠实履行法律监督职责，自觉接受监督制约，维护检察机关的形象和检察权的公信力。检察官应当恪尽职守，乐于奉献，勤勉敬业，尽心竭力，不因个人事务及其他非公事由而影响职责的正常履行。

（二）为民

《准则》第2条规定为"坚持为民宗旨，保障人民权益"。"为民"突出让人民群众在每一个司法案件中都感受到检察机关在维护公平正义。"让人民群众在每一个司法案件中都感受到公平正义"是《中共中央关于全面深化改革若干重大问题的决定》中对推进法治中国建设提出的新要求。"为民"具体包括以下几方面的要求：

（1）坚持以人民利益为重的理念。人民是一切权力的来源。检察权来源于人民，检察权的行使必须始终坚持执法为民、维护人民权益。这是检察机关正确行使检察权、保证人民群众在每一个司法案件中都感受到公平正义的思想理论基础。检察官应当从思想深处打牢维护人民权益的根基，始终坚持执法为民的理念，自觉从人民最满意的事情做起，从人民最不满意的问题改起，依法履行宪法和法律赋予的职责，更好地尊重和保障人权，维护人民权益，维护公平正义。

（2）坚持严格、规范、公正、文明执法。检察工作既是整个诉讼活动的一环，又承担着对整个诉讼活动进行法律监督的职责。检察工作对于保证每个司法案件在整个诉讼活动中得到依法公正办理具有重要作用。让人民群众在每一个司法案件中都感受到公平正义，必须确保检察职能依法、客观、公正履行，深入查找并认真解决检察官在执法办案中存在的不严格执法、执法不规范的具体问题。

（3）坚持融入群众、倾听群众呼声、解决群众诉求、接受群众监督。检察机关作为国家法律监督的专门机关，虽然工作的专业性比较强，但是中国特色社会主义检察制度的人民性决定了检察工作必须紧密依靠人民，离开了人民群众的信任、支持、监督，检察工作将成为无源之水、无本之木。因此，检察官必须进一步融入群众、服务群众、依靠群众和接受人民群众监督。

（三）担当

《准则》第3条规定为"坚持担当精神，强化法律监督"。"担当"突出敢于对司法执法活动的监督、坚守防止冤假错案的底线。"担当"具体包括以下几方面的要求：

(1) 敢于担当，就是要坚决打击发生在群众身边损害群众利益的各类犯罪，增强群众安全感和满意度，严肃查处职务犯罪案件，对于重大案件特别是人民群众高度关注的案件，果断决策、坚决查办；对于人民群众反映的执法不严、司法不公的现象，敢于监督、善于监督，提高执法公信力和人民群众满意度。

(2) 敢于担当，就是要坚守良知、公正执法、执法公开，自觉接受人民群众和社会的监督，以公开促公正。敢于担当还体现在善于运用法治思维和法治方式，将不公平、不公正现象纳入法治轨道来解决。

(3) 敢于担当，就是要直面矛盾，正视问题。检察官要善于发现、勇于承认工作中存在的问题，在深入分析问题症结中找到化解矛盾的办法；对工作出现的失误和错误，主动承担，认真汲取教训。要坚持从严治检，对违法违纪人员要以零容忍的态度严肃查处，坚决清除害群之马。

（四）公正

《准则》第4条规定为"坚持公正理念，维护法制统一"。"公正"突出维护法制的统一、权威和尊严。公正是检察工作的核心目标，弘扬了我国检察官的法治精神。公正要求检察官树立忠于职守、秉公办案的观念，坚守惩恶扬善、伸张正义的良知，保持客观公正、维护人权的立场，养成正直善良、谦抑平和的品格，培育刚正不阿、严谨细致的作风。公正要求检察官打击犯罪与保障人权并重、公平与效率兼顾、程序正义和实体正义并重，正确处理好办案质量与办案数量、执行实体法和执行程序法的关系。"公正"具体包括以下几方面的要求：

(1) 独立履职。检察官应当坚持法治理念，坚决维护法律的效力和权威；依法履行检察职责，不受行政机关、社会团体和个人的干涉，敢于监督，善于监督，不为金钱所诱惑，不为人情所动摇，不为权势所屈服。同时，检察官应当恰当处理好内部工作关系，既独立办案，又相互支持。

(2) 理性履职。检察官应当以事实为根据，以法律为准绳，不偏不倚，不滥用职权和漠视法律，正确行使检察裁量权。检察官应当客观、理性地履行职务，不主观意气办事，避免滥用职权的行为发生。

(3) 履职回避。检察官应当自觉遵守法定回避制度。检察官法规定了任职回避制。《检察官法》第19条规定：检察官之间有夫妻关系、直系血亲关系、三代以内旁系血亲关系以及近姻亲关系的，不得同时担任下列职务：①同一人民检察院的检察长、副检察长、检察委员会委员；②同一人民检察院的检察长、副检察长和检察员、助理检察员；③同一业务部门的检察员、助理检察员；④上下相邻两级人民检察院的检察长、副检察长。《检察官法》第 20 条规定：检察官从人民检察院离任后 2 年内，不得以律师身份担任诉讼代理人或者辩护人；检察官从人民检察院离任后，不得担任原任职检察院办理案件的诉讼代理人或者辩护人；检察官的配偶、子女不得担任该检察官所任职检察院办理案件的诉讼代理人或者辩护人。

刑事诉讼法规定了诉讼回避制。《刑事诉讼法》第 28 条规定，审判人员、检察人员、侦查人员有下列情形之一的，应当自行回避，当事人及其法定代理人也有权要求他们回避：①是本案的当事人或者是当事人的近亲属的；②本人或者他的近亲属和本案有利害关系的；③担任过本案的证人、鉴定人、辩护人、诉讼代理人的；④与本案当事人有其他关系，可能影响公正处理案件的。

同时，对法定回避事由以外可能引起公众对办案公正产生合理怀疑的，应当主动请求回避。

（4）重视证据。检察官应当树立证据意识，依法客观全面地收集、审查证据，不伪造、隐瞒、毁损证据，不先入为主、主观臆断，严格把好事实关、证据关。检察官在办理案件过程中，重调查研究，防止主观臆断，依照法定程序收集能够证实犯罪嫌疑人、被告人有罪或者无罪、犯罪情节轻重的各种证据，不得隐瞒证据、伪造证据或妨害作证、帮助当事人毁灭、伪造证据。

（5）遵循程序。检察官应当树立程序意识，坚持程序公正与实体公正并重，严格遵循法定程序，维护程序正义。

（6）保障人权。检察官应当树立人权保护意识，尊重诉讼当事人、参与人及其他有关人员的人格，保障和维护其合法权益。

（7）尊重律师和法官。检察官应当尊重律师的职业尊严，支持律师履行法定职责，依法保障和维护律师参与诉讼活动的权利。检察官应当出席法庭审理活动，应当尊重庭审法官，遵守法庭规则，维护法庭审判的严肃性和权威性。

（8）遵守纪律。检察官应当严格遵守检察纪律，不违反规定过问、干预其他检察官、其他人民检察院或者其他司法机关正在办理的案件，不私自探询其他检察官、其他人民检察院或者其他司法机关正在办理的案件情况和有关信息，不泄露案件的办理情况及案件承办人的有关信息，不违反规定会见案件当事人、诉讼代理人、辩护人及其他与案件有利害关系的人员。

（9）提高效率。检察官应当努力提高案件质量和办案水平，严守法定办案时限，提高办案效率，节约司法资源。检察官应当提高责任心，在确保准确办案的前提下，尽快办结案件，禁止拖延办案，避免贻误工作。严格执行检察人员执法过错责任追究制度，对于执法过错行为，要实事求是，敢于及时纠正，勇于承担责任。

(五) 廉洁

《准则》第5条规定为"坚持廉洁操守，自觉接受监督"。"廉洁"突出监督者更要自觉接受监督。廉洁是检察官职业道德的职业本色，体现了我国检察官的浩然正气。以社会主义核心价值观为根本的职业价值取向，遵纪守法，严格自律，并教育近亲属或者其他关系密切的人员模范执行有关廉政规定，秉持清正廉洁的职业操守。"廉洁"具体包括以下几方面的要求：

（1）坚持廉洁操守。检察官应当怀有朴实的平常心，树立正确的价值观、权力观、金钱观、名利观。检察官应当不以权谋私，以案谋利，借办案插手经济纠纷。

检察官不应利用职务便利或者检察官的身份、声誉及影响，为自己、家人或者他人谋取不正当利益；不从事、参与经商办企业、违法违规营利活动，以及其他可能有损检察官廉洁形象的商业、经营活动；不参加营利性或者可能借检察官影响力营利的社团组织。

检察官应当不收受案件当事人及其亲友、案件利害关系人或者单位及其所委托的人以任何名义馈赠的礼品礼金、有价证券、购物凭证以及干股等；不参加其安排的宴请、娱乐休闲、旅游度假等可能影响公正办案的活动；不接受其提供的各种费用报销、出借的钱款、交通通讯工具、贵重物品及其他利益。

（2）避免不当影响。从职权行使的纯洁性、独立性和公正性出发，检察官应当不兼任律师、法律顾问等职务，不私下为所办案件的当事人介绍辩护人或者诉讼代理人。

退休检察官应当继续保持良好操守，不再延用原检察官身份、职务，不利用原地位、身份形成的影响和便利条件，过问、干预执法办案活动，为承揽律师业务或者其他请托事宜打招呼、行便利，避免因不当言行给检察机关带来不良影响。

（3）妥善处理个人事务。检察官应当慎微慎独，妥善处理个人事务，按照有关规定报告个人有关事项，如实申报收入；保持与合法收入、财产相当的生活水平和健康的生活情趣。

《检察官职业道德基本准则》共5条，紧贴司法体制改革对检察官职业道德提出的新要求，突出检察职业特色，坚持删繁就简，这也是检察机关成立以来第一部坚持正面倡导、面向全体检察官的职业道德规范。

3-5 检察官执行职务中违纪行为的责任

为提高办案质量和执法水平，推动检察机关廉政建设、队伍建设，对检察官执行职务中的违纪行为应当追究责任。检察官执行职务中违纪行为的责任，是指检察官违反法律法规、职业道德规范和检察工作纪律所应当承受的纪律处分。《检察官法》《检察人员纪律处分条例》等对此作了全面的规定。

（一）检察官执行职务中违纪行为责任的形式

《检察官法》第37条规定，处分分为：警告、记过、记大过、降级、撤职、开除。受撤职处分的，同时降低工资和等级。

《检察人员纪律处分条例》规定纪律处分的期间分别为：警告，6个月；记过，12个月；记大过，18个月；降级、撤职，24个月。

按照《检察人员纪律处分条例》，检察人员在处分期间不得晋升职务、级别。受记过、记大过、降级、撤职处分的，在处分期间不得晋升工资档次。受降级处分的，自处分的下个月起降低一个级别；如果受处分人为最低级别的，按降低一个工资档次处理；如果受处分人为最低级别最低档次的，给予记大过处分。受撤职处分的，撤销其所有行政职务，在处分期间不得担任领导职务，自处分的下个月起按降低一个以上的职务层次另行确定非领导职务；办事员应当给予撤职处分的，给予降级处分。受开除处分的，自处分决定生效之日起解除其人事关系，其职务、级别自然撤销，不得再被录用为检察人员。受处分人具有法律职务的，按照有关规定重新确定或者依法罢免、免除法律职务。受开除处分的，依法罢免或者免除法律职务。

对于违纪行为所获得的经济利益，应当收缴或者责令退赔。对于违纪行为所获得的职务、职称、学历、学位、奖励等其他利益，应当建议有关组织、部门、单位按规定予以纠正。

（二）检察官执行职务中违纪行为责任的适用

检察官依法履行职责和其他合法权益受法律保护，非因法定事由、非经法定程序，检察官不受纪律处分。执行检察纪律处分，应坚持实事求是的原则、纪律面前人人平等的原则、宽严相济的原则、惩戒与教育相结合的原则。

对违反检察纪律的检察人员，应当根据其违纪行为的事实、性质和情节，依照《检察人员纪律处分条例》的规定，给予纪律处分；情节轻微，经批评教育确已认识错误的，可以免予处分；情节显著轻微，不认为构成违纪的，不予处分。依照《检察人员纪律处分条例》应当给予警告或者记过处分，又有减轻处分情形的，可以免予处分。

1. 纪律处分的作出

检察人员有贪污贿赂、渎职侵权等《刑法》规定的行为涉嫌犯罪的，应当给予撤职或者开除处分。

检察人员有《刑法》规定的行为，虽不构成犯罪或者不以犯罪论处，但须追究纪律责任的，应当视具体情节给予警告直至开除处分。

检察人员有其他违法行为，须追究纪律责任的，应当视具体情节给予警告直至开除处分。

检察人员受到纪律追究，涉嫌违法犯罪的，应当及时移送有关国家机关依法处理；需要给予党纪处分的，应当向有关党组织提出建议。

因犯罪被判处刑罚的，应当给予开除处分。因犯罪情节轻微，被人民检察院依法作出不起诉决定的，或者被人民法院免予刑事处罚的，给予降级、撤职或者开除处分。属于前述规定情形的，应当根据司法机关的生效裁判、决定及其认定的事实、性质和情节，依照《检察人员纪律处分条例》规定给予纪律处分。

受到党纪处分或者行政处罚，应当追究纪律责任的，可以根据生效的党纪处分决定、行政处罚决定认定的事实、性质和情节，经核实后依照《检察人员纪律处分条例》规定给予纪律处分。

纪律处分决定做出后，党组织、司法机关、行政机关等改变原生效决定、裁判，对原处分决定产生影响的，应当根据改变后的生效决定、裁判重新作出相应处理。

纪律处分决定做出后，应当在1个月内向受处分人所在单位及其本人宣布，并由干部人事管理部门按照干部管理权限将处分决定材料归入受处分人档案；对于受到降级以上处分的，还应当在1个月内办理职务、工资等相应变更手续。

2. 从轻或者减轻处分的情况

有下列情形之一的，依照《检察人员纪律处分条例》可以从轻或者减轻处分：（1）主动交代本人应当受到纪律处分的问题的；（2）检举他人应当受到纪律处分或者法律追究的问题，经查证属实的；（3）主动挽回损失、消除不良影响或者有效阻止危害结果发生的；（4）主动上交违纪所得的；（5）有其他立功表现的。《检察人员纪律处分条例》规定的只有开除处分一个档次的违纪行为，不适用减轻处分的规定。

3. 从重、加重处分的情况

有下列情形之一的，依照《检察人员纪律处分条例》应当从重或者加重处分：（1）在集中整治过程中，不收敛、不收手的；（2）强迫他人违纪的；（3）本条例另有规定的。故意违纪受处分后又因故意违纪应当受到纪律处分的，应当从重处分。

4. 纪律处分的变更和解除

受处分人在处分期间获得三等功以上奖励的，可以缩短处分期间，但缩短后的期间不得少于原处分期间的 1/2。

受处分人在处分期间，发现其另有应当受到纪律处分的违纪行为，应当根据新发现违纪行为的事实、性质、情节和已经作出的处分，重新作出处分决定，处分期间依照《检察人员纪律处分条例》第 14 条的规定重新计算，已经执行的处分期间应当从重新确定的处分期间中扣除。受处分人在处分期间又犯应当受到纪律处分的违纪行为，应当依照前述规定重新作出处分决定，处分期间为原处分期间尚未执行的期间与新处分期间之和。

受处分人在处分期间确有悔改表现，处分期满后，经所在单位或者部门提出意见，由处分决定机关作出解除处分的决定。

解除处分决定应当在 1 个月内书面通知受处分人，并在一定范围内宣布。解除处分决定应当在作出后的 1 个月内，由干部人事管理部门归入受处分人档案。

解除降级、撤职处分，不得恢复原职务、级别和工资档次，但以后晋升职务、级别和工资档次不受原处分的影响。

（三）检察官执行职务中违纪行为责任的内容

根据《检察人员纪律处分条例》，检察人员如有下列行为将被处分：17 种违反政治纪律的行为，16 种违反组织纪律的行为，25 种违反办案纪律的行为，24 种违反廉洁纪律的行为，7 种违反群众纪律的行为，19 种违反工作纪律的行为，6 种违反生活纪律的行为。

2016 年 10 月 20 日最高人民检察院第十二届检察委员会第五十六次会议修订了《检察人员纪律处分条例》，自颁布之日起施行，2007 年 3 月 6 日颁布施行的《检察人员纪律处分条例（试行）》同时废止。教材中对该条例的引用，集中在总则部分，对此，考生应当掌握总则中的相关规定。

王检察官的下列哪一行为符合检察官职业道德的要求？（2011/1/48）

A. 穿着检察正装、佩戴检察标志参加单位组织的慰问孤寡老人的公益活动

B. 承办一起两村械斗引起的伤害案，受害人系密切近邻，但为早日结案未主动申请回避

C. 参加朋友聚会，谈及在办案件犯罪嫌疑人梁某交代包养了4个情人，但嘱咐朋友不要外传

D. 业余时间在某酒吧任萨克斯管主奏，对其检察官身份不予否认，收取适当报酬

【参考答案】 A

【解析】 《检察人员纪律处分条例》第147条对于检察人员佩戴检察标志或者着司法警察制服在公共场所饮酒作了禁止性规定，以免造成不良影响；而慰问孤寡老人的公益活动是宣扬检察人员正面形象的活动，故A项当选。

根据《刑事诉讼法》第28条和《检察人员纪律处分条例》第88条规定，王检察官与受害人系密切近邻，可能引起公众对办案公正产生合理怀疑，应主动申请回避，B选项错误。

根据《检察人员纪律处分条例》第77条规定，检察人员不得泄露案件秘密，C选项显然错误。

根据《检察人员纪律处分条例》第109条规定，D选项错误。

4-2 律师义务

律师的义务是国家通过法律规定对律师行为的一种约束手段，是律师为一定行为的必要性。律师在执业过程中享有权利的同时也应承担相应的义务。根据我国法律的规定，律师的义务包括下列几方面：

1. 只能在一个律师事务所执业

《律师法》第10条规定："律师只能在一个律师事务所执业。律师变更执业机构的，应当申请换发律师执业证书。律师执业不受地域限制。"这是为了有效地对律师进行管理。

为保护委托人合法权益，防止律师因变更执业机构而逃避责任情形的发生，《律师执业管理办法》第20条规定，律师变更执业机构，应当向拟变更的执业机构所在地设区的市级或者直辖市的区（县）司法行政机关提出申请，并提交原执业机构所在地县级司法行政机关出具的申请人无不得变更执业机构情形的证明、解除聘用关系或者合伙关系以及办结业务、档案、财务等交接手续等证明材料。《律师执业管理办法》第21条规定，律师受到停止执业处罚期间，不得申请变更执业机构；律师事务所受到停业整顿处罚期限未满的，该所负责人、合伙人和对律师事务所受到停业整顿处罚负有直接责任的律师不得申请变更执业机构；律师事务所应当终止的，在

完成清算、办理注销前，该所负责人、合伙人和对律师事务所被吊销执业许可证负有直接责任的律师不得申请变更执业机构。《律师执业管理办法》第23条第3款规定，律师正在接受司法机关、司法行政机关、律师协会立案调查期间，不得申请注销执业证书。

2. 加入所在地的地方律师协会，并履行律师协会章程规定的义务

《律师法》第45条规定，律师、律师事务所应当加入所在地的地方律师协会。加入地方律师协会的律师、律师事务所，同时是全国律师协会的会员。律师协会会员享有律师协会章程规定的权利，履行律师协会章程规定的义务。这是为了对律师进行管理，确保律师培训、教育和监督工作的正常开展。

3. 不得私自接受委托、收取费用

《律师法》第25条第1款规定，律师承办业务，由律师事务所统一接受委托，与委托人签订书面委托合同，按照国家规定统一收取费用并如实入账。第40条第（1）项规定，律师不得私自接受委托、收取费用，接受委托人的财物或者其他利益。这是为了避免影响律师事务所的声誉、减少律师事务所的收入、给委托人带来损害。

同时，为防止不正当竞争、危害律师业的发展，《律师法》第26条明确规定，律师事务所和律师不得以诋毁其他律师事务所、律师或者支付介绍费等不正当手段承揽业务。《律师执业管理办法》第41条规定，律师应当按照有关规定接受业务，不得为争揽业务哄骗、唆使当事人提起诉讼，制造、扩大矛盾，影响社会稳定。

4. 不得利用提供法律服务的便利牟取当事人争议的权益，或者接受对方当事人的财物

为了维护律师与委托人之间的正常关系，《律师法》第40条第（1）项规定，律师不得"私自接受委托、收取费用，接受委托人的财物或者其他利益"。为保障委托人利益，《律师法》第40条第（2）项规定，律师不得"利用提供法律服务的便利牟取当事人争议的权益"。《律师法》第40条第（3）项规定，律师不得"接受对方当事人的财物或者其他利益，与对方当事人或者第三人恶意串通，侵害委托人的权益"。

5. 不得在同一案件中，为双方当事人担任代理人

为维护当事人的合法权益，《律师法》第39条规定，律师不得在同一案件中为双方当事人担任代理人，不得代理与本人或者其近亲属有利益冲突的法律事务。

6. 律师接受委托后，无正当理由的，不得拒绝辩护或代理

《律师法》第32条第2款对此规定，律师接受委托后，无正当理由的，不得拒绝辩护或者代理。但是，委托事项违法、委托人利用律师提供的服务从事违法活动或者委托人故意隐瞒与案件有关的重要事实的，律师有权拒绝辩护或者代理。

7. 不得违反规定会见法官、检察官、仲裁员以及其他有关工作人员；不得向法官、检察官、仲裁员以及其他有关工作人员行贿、介绍贿赂或者指使、诱导当事人行贿

《律师法》第40条第（4）项规定，律师不得"违反规定会见法官、检察官、仲裁员以及其他有关工作人员"。《律师法》第40条第（5）项规定，律师不得"向法官、检察官、仲裁员以及其他有关工作人员行贿，介绍贿赂或者指使、诱导当事人行贿，或者以其他不正当方式影响法官、检察官、仲裁员以及其他有关工作人员依法办理案件"。

8. 不得提供虚假证据，隐瞒事实或者威胁、利诱他人提供虚假证据，隐瞒事实以及妨碍对方当事人合法取得证据

《律师法》第40条第（6）项规定，律师不得"故意提供虚假证据或者威胁、利诱他人提供虚假证据，妨碍对方当事人合法取得证据"。

9. 不得以不正当方式影响依法办理案件

《律师执业管理办法》第38条规定，律师应当依照法定程序履行职责，不得以下列不正当方式影响依法办理案件：（1）未经当事人委托或者法律援助机构指派，以律师名义为当事人提供法律服务、介入案件，干扰依法办理案件。（2）对本人或者其他律师正在办理的案件进行歪曲、有误导性的宣传和评论，恶意炒作案件。（3）以串联组团、联署签名、发表公开信、组织网上聚集、声援等方式或者借个案研讨之名，制造舆论压力，攻击、诋毁司法机关和司法制度。（4）违反规定披露、散布不公开审理案件的信息、材料，或者本人、其他律师在办案过程中获悉的有关案件重要信息、证据材料。

10. 不得扰乱法庭、仲裁庭秩序，干扰诉讼、仲裁活动的正常进行

律师应当尊重法院及仲裁机构，遵守法庭、仲裁庭秩序。《律师法》第40条第（8）项规定，律师不得"扰乱法庭、仲裁庭秩序，干扰诉讼、仲裁活动的正常进行"。《律师执业管理办法》第39条规定，律师代理参与诉讼、仲裁或者行政处理活动，应当遵守法庭、仲裁庭纪律和监管场所规定、行政处理规则，不得有下列妨碍、干扰诉讼、仲裁或者行政处理活动正常进行的行为：（1）会见在押犯罪嫌疑人、被告人时，违反有关规定，携带犯罪嫌疑人、被告人的近亲属或者其他利害关系人会见，将通讯工具提供给在押犯罪嫌疑人、被告人使用，或者传递物品、文件。（2）无正当理由，拒不按照人民法院通知出庭参与诉讼，或者违反法庭规则，擅自退庭。（3）聚众哄闹、冲击法庭，侮辱、诽谤、威胁、殴打司法工作人员或者诉讼参与人，否定国家认定的邪教组织的性质，或者有其他严重扰乱法庭秩序的行为。（4）故意向司法机关、仲裁机构或行政机关提供虚假证据或者威胁、利诱他人提供虚假证据，妨碍对方当事人

合法取得证据。(5) 法律规定的妨碍、干扰诉讼、仲裁或者行政处理活动正常进行的其他行为。

11. 不得煽动、教唆当事人采取扰乱公共秩序、危害公共安全等非法手段解决争议

《律师执业管理办法》第 37 条规定，律师承办业务，应当引导当事人通过合法的途径、方式解决争议，不得采取煽动、教唆和组织当事人或者其他人员到司法机关或者其他国家机关静坐、举牌、打横幅、喊口号、声援、围观等扰乱公共秩序、危害公共安全的非法手段，聚众滋事，制造影响，向有关部门施加压力。

12. 不得发表危害国家安全、恶意诽谤他人、严重扰乱法庭秩序的言论

《律师执业管理办法》第 40 条规定，律师对案件公开发表言论，应当依法、客观、公正、审慎，不得发表、散布否定宪法确立的根本政治制度、基本原则和危害国家安全的言论，不得利用网络、媒体挑动对党和政府的不满，发起、参与危害国家安全的组织或者支持、参与、实施危害国家安全的活动，不得以歪曲事实真相、明显违背社会公序良俗等方式，发表恶意诽谤他人的言论，或者发表严重扰乱法庭秩序的言论。

13. 应当保守在执业活动中知悉的国家秘密和当事人的商业秘密，不得泄露当事人的隐私

为增强当事人对律师的信赖，维护律师的信誉，《律师法》第 38 条规定，律师应当保守在执业活动中知悉的国家秘密、商业秘密，不得泄露当事人的隐私。律师对在执业活动中知悉的委托人和其他人不愿泄露的有关情况和信息，应当予以保密。但是，委托人或者其他人准备或者正在实施危害国家安全、公共安全以及严重危害他人人身安全的犯罪事实和信息除外。

14. 曾担任法官、检察官的律师，从人民法院、人民检察院离任后 2 年内，不得担任诉讼代理人或者辩护人

为避免不当影响、实现司法公正，《律师执业管理办法》第 28 条第 2 款规定，曾经担任法官、检察官的律师，从人民法院、人民检察院离任后 2 年内，不得担任诉讼代理人或者辩护人；不得担任原任职人民法院、人民检察院办理案件的诉讼代理人或者辩护人，但法律另有规定的除外。

15. 按照国家规定承担法律援助义务

《律师法》第 42 条规定，律师、律师事务所应当按照国家规定履行法律援助义务，为受援人提供符合标准的法律服务，维护受援人的合法权益。

16. 依法纳税

《宪法》第 56 条规定，中华人民共和国公民有依照法律纳税的义务。《律师法》第 25 条第 2 款规定，律师事务所和律师应当依法纳税。依照《个人所得税法》规定，律师应当就其工资、薪金所得和劳务报酬缴纳个人所得税。

《律师执业管理办法》于2016年9月18日司法部令第134号修订,自2016年11月1日起施行,共6章62条,涵盖律师执业条件、律师执业许可程序、律师执业规范等内容。对于本次修订,考生应当特别注意以下两点:

(1)律师正在接受司法机关、司法行政机关、律师协会立案调查期间,不得申请注销执业证书。

(2)律师明知当事人已经委托两名诉讼代理人、辩护人的,不得再接受委托担任诉讼代理人、辩护人。

4-3 律师事务所的管理制度

《律师法》第23条规定,律师事务所应当建立健全执业管理、利益冲突审查、收费与财务管理、投诉查处、年度考核、档案管理等制度,对律师在执业活动中遵守职业道德、执业纪律的情况进行监督。《律师事务所管理办法》第40条规定,律师事务所应当建立健全执业管理和其他各项内部管理制度,规范本所律师执业行为,履行监管职责,对本所律师遵守法律、法规、规章及行业规范,遵守职业道德和执业纪律的情况进行监督,发现问题及时予以纠正。

1. 保障本所律师和辅助人员享有权利、监督其履行义务的制度

律师事务所应当保障本所律师和辅助人员享有下列权利:(1)获得本所提供的必要工作条件和劳动保障。(2)获得劳动报酬及享受有关福利待遇。(3)向本所提出意见和建议。(4)法律、法规、规章及行业规范规定的其他权利。(《律师事务所管理办法》第41条)

律师事务所应当监督本所律师和辅助人员履行下列义务:(1)遵守宪法和法律,遵守职业道德和执业纪律。(2)依法、诚信、规范执业。(3)接受本所监督管理,遵守本所章程和规章制度,维护本所的形象和声誉。(4)法律、法规、规章及行业规范规定的其他义务。(《律师事务所管理办法》第42条)

2. 建立违规律师辞退和除名制度

律师事务所对违法违规执业、违反本所章程及管理制度或者年度考核不称职的律师,可以将其辞退或者经合伙人会议通过将其除名,有关处理结果报所在地县级司法行政机关和律师协会备案。(《律师事务所管理办法》第44条)

3. 严禁律师事务所投资入股兴办企业

律师事务所应当在法定业务范围内开展业务活动，不得以独资、与他人合资或者委托持股方式兴办企业，并委派律师担任企业法定代表人、总经理职务，不得从事与法律服务无关的其他经营性活动。（《律师事务所管理办法》第44条）

4. 严禁不正当手段承揽业务

律师事务所应当与其他律师事务所公平竞争，不得以诋毁其他律师事务所、律师或者支付介绍费等不正当手段承揽业务。（《律师事务所管理办法》第45条）

5. 统一承办业务制度

律师承办业务，由律师事务所统一接受委托，与委托人签订书面委托合同。律师事务所受理业务，应当进行利益冲突审查，不得违反规定受理与本所承办业务及其委托人有利益冲突的业务。（《律师事务所管理办法》第46条）

6. 收费管理制度和财务管理制度

律师事务所应当按照有关规定统一收取服务费用并如实入账，建立健全收费管理制度，及时查处有关违规收费的举报和投诉，不得在实行政府指导价的业务领域违反规定标准收取费用，或者违反风险代理管理规定收取费用。律师事务所应当按照规定建立健全财务管理制度，建立和实行合理的分配制度及激励机制。律师事务所应当依法纳税。（《律师事务所管理办法》第47条）

7. 依法履行法律援助义务

律师事务所应当依法履行法律援助义务，及时安排本所律师承办法律援助案件，为办理法律援助案件提供条件和便利，无正当理由不得拒绝接受法律援助机构指派的法律援助案件。（《律师事务所管理办法》第48条）

8. 重大疑难案件请示研究检查制度

律师事务所应当建立健全重大疑难案件的请示报告、集体研究和检查督导制度，规范受理程序，指导监督律师依法办理重大疑难案件。（《律师事务所管理办法》第49条）

9. 依法履行管理职责

律师事务所应当依法履行管理职责，教育管理本所律师依法、规范承办业务，加强对本所律师执业活动的监督管理，不得放任、纵容本所律师有下列行为：（1）采取煽动、教唆和组织当事人或者其他人员到司法机关或者其他国家机关静坐、举牌、打横幅、喊口号、声援、围观等扰乱公共秩序、危害公共安全的非法手段，聚众滋事，制造影响，向有关部门施加压力。（2）对本人或者其他律师正在办理的案件进行歪曲、有误导性的宣传和评论，恶意炒作案件。（3）以串联组团、联署签名、发表公开信、组织网上聚集、声援等方式或者借个案研讨之名，制造舆论压力，攻击、诋毁司法机关和司法制度。(4) 无正当理由,拒不按照人民法院通知出庭参与诉讼,或者违反法庭规则,擅自退庭。(5) 聚众哄闹、冲击法庭,侮辱、诽谤、威胁、殴打司法工作人员或者诉讼参与人,否定国家认定的邪教组织的性质,或者有其他严重扰乱法庭秩序的行为。(6) 发表、散布否定宪法确立的根本政治制度、基本原则和危害国家安全的言论,利用网络、媒体挑动对党和政府的不满,发起、参与危害国家安全的组织或者支持、参与、实施危害国家安全的活动;以歪曲事实真相、明显违背社会公序良俗等方式,发表恶意诽谤他人的言论,或者发表严重扰乱法庭秩序的言论。(《律师事务所管理办法》第 50 条)

10. 依法办理社会保险、建立保障基金

合伙律师事务所和国家出资设立的律师事务所应当按照规定为聘用的律师和辅助人员办理失业、养老、医疗等社会保险。个人律师事务所聘用律师和辅助人员的,应当按前款规定为其办理社会保险。律师事务所应当按照规定,建立执业风险、事业发展、社会保障等基金。(《律师事务所管理办法》第 51、52 条)

11. 依法承担赔偿责任

律师违法执业或者因过错给当事人造成损失的,由其所在的律师事务所承担赔偿责任。律师事务所赔偿后,可以向有故意或者重大过失行为的律师追偿。普通合伙律师事务所的合伙人对律师事务所的债务承担无限连带责任。特殊的普通合伙律师事务所一个合伙人或者数个合伙人在执业活动中因故意或者重大过失造成律师事务所债务的,应当承担无限责任或者无限连带责任,其他合伙人以其在律师事务所中的财产份额为限承担责任;合伙人在执业活动中非因故意或者重大过失造成的律师事务所债务,由全体合伙人承担无限连带责任。个人律师事务所的设立人对律师事务所的债务承担无限责任。国家出资设立的律师事务所以其全部资产对其债务承担责任。(《律师事务所管理办法》第 53 条)

12. 负责人承担管理责任

律师事务所的负责人负责对律师事务所的业务活动和内部事务进行管理,对外代表律师事务所,依法承担对律师事务所违法行为的管理责任。合伙人会议或者律师会议为合伙律师事务所或者国家出资设立的律师事务所的决策机构;个人律师事务所的重大决策应当充分听取聘用律师的意见。律师事务所根据本所章程可以设立相关管理机构或者配备专职管理人员,协助本所负责人开展日常管理工作。(《律师事务所管理办法》第 54 条)

13. 职业道德教育、业务学习和表彰制度

律师事务所应当加强对本所律师的职业道德和执业纪律教育,组织开展业务学习

和经验交流活动，为律师参加业务培训和继续教育提供条件。律师事务所应当建立律师表彰奖励制度，对依法、诚信、规范执业表现突出的律师予以表彰奖励。（《律师事务所管理办法》第55、56条）

14. 投诉查处制度

律师事务所应当建立投诉查处制度，及时查处、纠正本所律师在执业活动中的违法违规行为，调处在执业中与委托人之间的纠纷；认为需要对被投诉律师给予行政处罚或者行业惩戒的，应当及时向所在地县级司法行政机关或者律师协会报告。已担任合伙人的律师受到6个月以上停止执业处罚的，自处罚决定生效之日起至处罚期满后3年内，不得担任合伙人。（《律师事务所管理办法》第57条）

15. 律师执业考核制度

律师事务所应当建立律师执业年度考核制度，按照规定对本所律师的执业表现和遵守职业道德、执业纪律的情况进行考核，评定等次，实施奖惩，建立律师执业档案和诚信档案。律师事务所应当于每年的一季度经所在地县级司法行政机关向设区的市级司法行政机关提交上一年度本所执业情况报告和律师执业考核结果，直辖市的律师事务所的执业情况报告和律师执业考核结果直接向所在地区（县）司法行政机关提交，接受司法行政机关的年度检查考核。具体年度检查考核办法，由司法部规定。（《律师事务所管理办法》第58、59条）

16. 档案管理制度

律师事务所应当按照规定建立健全档案管理制度，对所承办业务的案卷和有关资料及时立卷归档，妥善保管。（《律师事务所管理办法》第60条）

17. 基本信息公开制度

律师事务所应当通过本所网站等，公开本所律师和辅助人员的基本信息和奖惩情况。（《律师事务所管理办法》第61条）

2016年9月6日司法部令第133号修订了《律师事务所管理办法》，对此，考生应当特别注意：

（1）此次修订强调律所应依法履行管理职责，教育管理本所律师依法、规范承办业务，加强对本所律师执业活动的监管，不得放任、纵容本所律师有"以串联组团、联署签名、发表公开信、组织网上聚集、声援等方式或者借个案研讨之名，制造舆论压力，攻击、诋毁司法机关和司法制度"等六类行为。

(2) 律师违法执业或因过错给当事人造成损失的,由其所在的律所承担赔偿责任。律所赔偿后,可向有故意或重大过失行为的律师追偿。

1. 司法的概念和特征

【大纲要求解读】 大纲要求是"了解",即只需记忆司法的基本内容,无须要求进一步深刻领会司法的构成,但要求区分司法与其他国家行为如立法、行政等的区别。

【命题方式提示】 此考点的考查方式有:第一,集中于司法的基本特征和内容,特别是区分行政与立法等国家行为的判断。第二,主要考查司法的概念,司法概念有一个发展的过程,在近代的司法从行政等制度中分离出来之前,"司法"远非一种独立的解纷形态和制度。

【命题要点提示】 司法通常是指国家司法机关根据法定职权和法定程序,具体应用法律处理案件的专门活动。司法历来是以解决社会冲突为己任的。在实行三权分立的国家,司法是与立法、行政相对应的一项国家活动,即国家适用法律解决纠纷的活动。在苏联、东欧等社会主义国家,司法不仅包括审判,而且包括检察,司法机关由审判机关和检察机关共同构成。

司法的特征:独立性;被动性;交涉性;终局性;普遍性。

2. 法律职业道德的特征和内容

【大纲要求解读】 大纲要求是"理解",即在记忆的基础上综合掌握法律职业道德的特征。

【命题方式提示】 此考点的考查方式有:第一,结合对法律职业道德的理解,分析法律职业道德的特征。第二,综合考查三机关的关系。第三,综合考查法官职业道德、检察官职业道德和律师职业道德。

【命题要点提示】 (1) 法律职业道德与其他职业道德相比,具有更强的公平正义象征和社会感召作用。

(2) 法律职业道德与一般职业道德相比,具有更强的约束性。

(3) 法律职业道德的内容多以纪律规范形式体现,具有更强的可操作性。

(4) 职业道德一般包括职业道德意识、职业道德行为和职业道德规则三个层次。

3. 司法公正

【大纲要求解读】 大纲要求是"理解",即在记忆司法公正的基本内容的基础上,要求进一步深刻领会司法公正中的程序公正与实体公正的区别。领会司法公正是法治的灵魂和核心。

【命题方式提示】 此考点的考查方式是本部分考查集中于司法公正的不同构成之

间的要求，特别是司法公正中的程序正义的判断。司法公正是根本价值，不能为了追求效率而损害公正的价值。考查对司法公正的理解。

【命题要点提示】 公正是人们所追求的崇高理想、价值和目标，也是法治的灵魂和核心。实体公正，主要是指案件事实真相的发现和对实体法的正确适用。程序公正，主要是指司法程序具有正当性和合理性，当事人在司法过程中受到公平的对待。

（1）司法活动的公开性。
（2）裁判人员的中立性。
（3）当事人地位的平等性。
（4）司法过程的参与性。
（5）司法活动的合法性。
（6）案件处理的正确性。

4. 司法效率

【大纲要求解读】 大纲要求是"理解"，即在记忆效率的基本内容的基础上，要求进一步深刻领会司法效率与司法公正的联系与区别，领会"公正优先，兼顾效率"。

【命题方式提示】 本部分考查集中于司法效率的不同要求之间的联系，特别是司法效率与司法公正相互冲突时的价值选择。但由于效率具有绝对性而公正具有相对性，所以司法效率与司法公正又存在内在的紧张关系：在司法价值取向问题上，当前我们宜选择"公正优先，兼顾效率"的价值目标。

【命题要点提示】 （1）司法效率是指司法资源的投入与办结案件及质量之间的比例关系。司法效率大致包括司法的时间效率、司法的资源利用效率和司法活动的成本效率三个方面。其基本要求：

①司法机构的精简性。
②司法人员的专业性。
③权责的科学性和明确性。
④程序的简明性和终结性。
⑤期间的适度性和严格性。
⑥诉讼费用分担的合理性。

（2）司法公正与司法效率是相伴相随的、两位一体的概念，司法公正是司法永恒的目标追求，提高司法效率是适应我国社会新的形势发展的要求。在司法过程中，宜坚持"公正优先，兼顾效率"的原则。当代社会的法律和司法不仅仅要追求正义，而且还要以效率作为正义的补充。

5. 法官的条件与任免

【大纲要求解读】 大纲要求是"理解",即不仅要求记忆法官法对法官条件与任免的具体规定,还要求确定适用范围,并且与检察官、律师和公证员的条件作区分。

【命题方式提示】 本部分是每年必考的内容,集中于用具体的案例考查法官的任免条件与任职回避,也可以结合《法官法》和《人民法院工作人员处分条例》对法官奖惩的有关规定进行考查。

【命题要点提示】 (1)任命条件:国籍、23周岁以上、良好的政治品行和身体健康。具有一定的专业知识。

(2)例外:曾因犯罪受过刑事处罚或曾被开除公职的人员,不得担任法官。法官不得兼任人民代表大会常务委员会的组成人员,不得兼任行政机关、检察机关以及企业、事业单位的职务,不得兼任律师。

(3)免职:①丧失国籍;②调出本院;③职务变动;④考核不称职;⑤健康原因;⑥退休;⑦辞职、辞退;⑧因违纪、违法犯罪。

(4)辞退:①连续两年考评不称职的;②不胜任现职工作;③机构调整或者减员需要;④旷工或者无正当理由逾假不归连续超过15日,或者1年内累计超过30日的;⑤不履行法官义务。

(5)任职回避:有夫妻关系、直系血亲关系、三代以内旁系血亲以及近姻亲关系的,不得同时担任下列职务:①同一人民法院的院长、副院长、审判委员会委员、庭长、副庭长;②同一人民法院的院长、副院长和审判员、助理审判员;③同一审判庭的庭长、副庭长、审判员、助理审判员;④上下相邻两级人民法院的院长、副院长。

6. 法官职业道德的主要内容

【大纲要求解读】 大纲要求是"理解",即不仅要求记忆《法官法》和《法官职业道德基本准则》对法官职业道德的具体规定,还要求结合具体事例,进行判断。

【命题方式提示】 此考点的考查方式有:第一,本部分是每年必考的内容,集中于用具体的案例考查法官的行为是否违背法官职业道德。要求法官尊重其他法官对审判职权的独立行使,不得对在审案件发表评论。第二,结合文明司法和理性文明执法,考查《法官职业道德基本准则》中对文明司法的要求。第三,针对当前影响司法公正和司法廉洁最为突出的问题,结合最高人民法院的规定,评价法官行为是否违反职业道德。

【命题要点提示】 法官职业道德的核心是公正、廉洁、为民。基本要求:

(1)忠诚司法事业。

(2)保证司法公正。

（3）确保司法廉洁。

（4）坚持司法为民。

（5）维护司法形象。

7. 检察制度的基本原则与主要检察制度

【大纲要求解读】 大纲要求是"了解"，即只要求记忆我国检察制度的基本原则与主要检察制度，该内容与宪法、刑事诉讼法的规定有一定的重合，因此，考查力度不大。

【命题方式提示】 通过对司法制度的理解，考查检察制度。

【命题要点提示】 （1）主要原则：检察权统一行使原则、检察权独立行使原则、对诉讼活动实行法律监督原则。

（2）主要制度：检务公开制度、人民监督员制度、立案监督制度、侦查监督制度、刑事审判监督制度、刑罚执行与监所监督制度、民事行政检察制度。

8. 检察官职业道德的主要内容

【大纲要求解读】 大纲要求是"理解"，即不仅要求记忆《检察官法》《检察官职业道德基本准则》和《检察人员纪律处分条例》对检察官职业道德的具体规定，还要求结合具体事例，进行判断。

【命题方式提示】 本部分集中于用具体的案例考查检察官的行为是否违背职业道德，检察官具有司法改进建议的权利。

【命题要点提示】 检察官职业道德的主要内容可以概括为：忠诚、为民、担当、公正、廉洁。

（1）忠诚。

①忠于党、忠于国家。

②忠于人民。

③忠于宪法和法律。

④忠于检察事业。

（2）为民。

①坚持以人民利益为重的理念。

②坚持严格、规范、公正、文明执法。

③坚持融入群众、倾听群众呼声、解决群众诉求、接受群众监督。

（3）担当。

①坚决打击发生在群众身边损害群众利益的各类犯罪，对于重大案件特别是人民群众高度关注的案件，果断决策、坚决查办。

②敢于担当，坚守良知、公正执法、执法公开，自觉接受人民群众和社会的监督，以公开促公正。

③敢于担当，直面矛盾，正视问题。

（4）公正。

①独立履职。坚决维护法律的效力和权威。

②理性履职。检察官应当以事实为根据，以法律为准绳。

③履职回避。检察官应当自觉遵守法定回避制度。

④重视证据。检察官应当树立证据意识，依法客观全面地收集、审查证据，不伪造、隐瞒、毁损证据，不先入为主、主观臆断，严格把好事实关、证据关。

⑤遵循程序。检察官应当树立程序意识，坚持程序公正与实体公正并重，严格遵循法定程序，维护程序正义。

⑥保障人权。检察官应当树立人权保护意识，尊重诉讼当事人、参与人及其他有关人员的人格，保障和维护其合法权益。

⑦尊重律师和法官。

⑧遵守纪律。

⑨提高效率。

（5）廉洁。

①坚持廉洁操守。

②避免不当影响。

③妥善处理个人事务。

9. 执业律师的权利和义务

【大纲要求解读】 大纲要求是"理解"，即在记忆我国律师的权利与义务的要求上，加大对律师权利的理解。

【命题方式提示】 此考点考查方式有：第一，本部分考查律师的权利和义务，由于部分与职业道德的要求重合，故考查力度较大。第二，结合《刑事诉讼法》，考查其对律师权利义务的影响。第三，比较考查律师职业道德和公证员职业道德的要求。第四，结合案例考查是否违反律师职业道德。

【命题要点提示】 （1）同犯罪嫌疑人、被告人会见权。

（2）查阅案卷权。

（3）调查取证权。

（4）依法执行职务受法律保障的权利。

（5）拒绝辩护或代理权。

(6) 得到人民法院开庭通知权。

(7) 对法庭不当询问的拒绝回答权、发问权、质证权等。

10. 律师职业道德的概念、特征与主要内容

【大纲要求解读】 大纲对概念的要求是"了解",即只需记忆律师职业道德的基本概念和特征,根据其特征区分与检察官职业道德与法官职业道德的不同要求,考查力度很小。

大纲对主要内容的要求是"理解",即不仅要求记忆《律师法》《律师执业管理办法》和《律师执业行为规范》对律师职业道德的具体规定,还要求结合具体事例,进行判断。

【命题方式提示】 本部分是几乎每年必考的内容,集中于用具体的案例考查律师的行为是否违背职业道德。此考点考查方式有:第一,本部分考查律师的权利和义务,由于部分与职业道德的要求重合,故考查力度较大。第二,结合《刑事诉讼法》,考查其对律师权利义务的影响。第三,比较考查律师职业道德和公证员职业道德的要求。第四,结合案例考查是否违反律师职业道德。第五,考查律师与委托人或当事人的关系规范、律师的收费制度、执业前提。

【命题要点提示】

(1) 律师职业道德的基本准则。

①忠于宪法、法律,恪守律师职业道德和执业纪律。

②诚实守信、勤勉尽责,依据事实和法律,维护当事人合法权益。

③维护法律正确实施,维护社会公平和正义。

④注重职业修养,自觉维护律师行业声誉。

⑤保守在执业活动中知悉的国家秘密、商业秘密,不得泄露当事人的隐私。

⑥尊重同行,公平竞争,同业互助。

⑦关注、支持、积极参加社会公益事业。

(2) 律师职业道德的内容。

①不得在两个或两个以上律师事务所执业。

②提供法律服务时,应当进行独立的职业思考与判断,认真、负责。

③不得向委托人就某一案件的判决结果作出承诺。

④提供法律服务时,不仅应当考虑法律,还可以以适当方式考虑道德、经济、社会、政治以及其他与委托人的状况相关的因素。

⑤提供法律服务时,应当庄重、耐心、有礼貌地对待委托人、证人、司法人员和相关人员。

⑥不得私自接受委托承办法律事务，不得私自向委托人收取费用、额外报酬、财物或可能产生的其他利益。

⑦曾任法官、检察官的律师，离任后未满两年，不得担任诉讼代理人或者辩护人。

⑧明知当事人已经委托两名诉讼代理人、辩护人的，不得再接受委托担任诉讼代理人、辩护人。

11. 法律援助制度

【大纲要求解读】 了解法律援助制度的概念和特征。熟悉并能够运用法律援助制度的主要内容。

【命题方式提示】 本考点的考查方式主要为法律援助制度的主要内容和相关法律规定。

【命题要点提示】 （1）法律援助对象。

①有充分理由证明为保障自己合法利益需要帮助，或者确因经济困难，无能力或者无完全能力支付法律服务费用的我国公民，可以通过申请获得法律援助。

②盲、聋、哑和未成年人为刑事被告人或者犯罪嫌疑人；其他残疾人、老年人为刑事被告人或者犯罪嫌疑人；可能被判处死刑的刑事被告人，没有委托辩护人的，应当获得法律援助。

③刑事案件中外国籍被告人没有委托辩护人，人民法院为其指定律师辩护的，可以获得法律援助。

（2）法律援助的申请与提出。

第一，公民申请法律援助，应当按照下列规定提出：

①请求国家赔偿的，向赔偿义务机关所在地的法律援助机构提出申请。

②请求给予社会保险待遇、最低生活保障待遇或者请求发给抚恤金、救济金的，向提供社会保险待遇、最低生活保障待遇或者发给抚恤金、救济金的义务机关所在地的法律援助机构提出申请。

③请求给付赡养费、抚养费、扶养费的，向给付赡养费、抚养费、扶养费的义务人住所地的法律援助机构提出申请。

④请求支付劳动报酬的，向支付劳动报酬的义务人住所地的法律援助机构提出申请。

⑤主张因见义勇为行为产生的民事权益的，向被请求人住所地的法律援助机构提出申请。

第二，公民申请代理、刑事辩护的法律援助应当提交下列证件、证明材料：

①身份证或者其他有效的身份证明，代理申请人还应当提交有代理权的证明。

②经济困难的证明。

③与所申请法律援助事项有关的案件材料。

12. **公证程序**

【大纲要求解读】 大纲要求是"理解",即不仅要求记忆公证程序的流程,更要结合实例进行判断。

【命题方式提示】 此考点着重结合案例考查公证的程序。尤其是遗嘱公证。遗嘱公证具有与其身份密切关联的特殊性,故不得代理,可以现场办理。同时也考查办理公证的情形,即哪些事项可予办理公证、公证员或公证机构是否能代办公证等规定。

【命题要点提示】 (1) 申请:立办遗嘱、遗赠扶养协议、赠与、认领亲子、收养关系、解除收养关系、生存状况、委托、声明、保证及其他与自然人人身有密切关系的公证事项,应当由其本人亲自申办。

(2) 受理:有利害关系;申请人之间对申请公证的事项无争议;属于业务范围;符合管辖条件。

(3) 审查:提供的证明材料是否真实、合法、充分;申请公证的事项是否真实、合法。

(4) 出具公证书:公证书自出具之日起生效。

(5) 特殊规定:①现场监督类:2人共同办理,自宣读公证证词之日起生效。②遗嘱公证:2人共同办理。

说过就过

 读后感悟

学习计划

… 专题七 刑法部分

专题七　刑法部分

2017 年新增考点部分：

5-2 犯罪预备的类型

1. 自己预备罪与他人预备罪

自己预备罪是指为了自己实行犯罪而准备工具、制造条件，但由于行为人意志以外的原因未能着手实行犯罪的情形。他人预备罪是指为了他人实行犯罪而准备工具、制造条件，但由于行为人意志以外的原因未能着手实行犯罪的情形。在他人预备罪的场合，由于预备犯的处罚具有例外性，所以，在甲为了乙实行犯罪而实施预备时，只有当乙至少实施了预备行为时，甲才成立预备罪。

2. 从属预备罪与独立预备罪

从属预备罪是指《刑法》将预备行为作为基本犯罪构成要件行为（实行行为）之前的行为予以规定的情形，在我国是由《刑法》总则规定的。独立预备罪是指《刑法》分则将预备行为规定为独立的犯罪类型的情形，可谓预备行为的实行行为化，或者预备犯的既遂犯化。例如，《刑法》第120条之二将原本是恐怖活动的预备行为，规定为独立的准备实施恐怖活动罪，就是典型的独立预备罪。对于独立预备罪，不再适用《刑法》总则关于预备犯的处罚规定。

相关法条：《刑法》第120条之二【准备实施恐怖活动罪】有下列情形之一的，处五年以下有期徒刑、拘役、管制或者剥夺政治权利，并处罚金；情节严重的，处五年以上有期徒刑，并处罚金或者没收财产：

（1）为实施恐怖活动准备凶器、危险物品或者其他工具的；

（2）组织恐怖活动培训或者积极参加恐怖活动培训的；

（3）为实施恐怖活动与境外恐怖活动组织或者人员联络的；

（4）为实施恐怖活动进行策划或者其他准备的。

有前款行为，同时构成其他犯罪的，依照处罚较重的规定定罪处罚。

6-5 共同犯罪的认识错误

1. 同一共犯形式内的错误

是指认识错误不影响共犯形式的情形，具体包括共同正犯的认识错误、间接正犯的认识错误、教唆犯的认识错误与帮助犯的认识错误。这些认识错误又可分为同一构成要件范围内的错误与不同构成要件间的错误。例如，甲、乙共谋伤害丙，在共同实行时，都认为前方是丙，但实际上杀死的是丁。这是共同正犯的对象错误的情形，属于同一构成要件范围内的错误，甲、乙成立故意杀人既遂的共同正犯。再如，丙与丁并排站立，甲教唆乙"杀死站在右边的丁"，乙误听成"杀死站在左边的丙"，开枪打死了丙。这是教唆犯的认识错误，属于同一构成要件范围内的错误，乙构成故意杀人既遂，甲成立故意杀人罪的教唆犯（至于甲是故意杀人既遂还是未遂，存在争论）。

2. 不同共犯形式的错误

是指认识错误影响共犯形式的情形。对不同共犯形式的错误，应成立其中较轻的共犯形式。例如，行为人以帮助的故意实施心理的帮助行为，事实上起到了教唆的作用的，只能认定为帮助犯。再如，他人已经产生犯罪的决意，行为人以为他人还没有产生犯罪决意而实施教唆行为的，也只成立帮助犯。比较复杂的是教唆犯、帮助犯与间接正犯之间的错误。例如，甲以为乙是没有刑事责任能力的人，以间接正犯的意图唆使乙实施盗窃行为，事实上乙具有刑事责任能力，并实施了盗窃行为。如果刑法将共犯人分为正犯、教唆犯与帮助犯，则必须确定甲是间接正犯还是教唆犯。尽管我国刑法将共犯人分为主犯、从犯与胁从犯，对于教唆犯，应当按照他在犯罪过程中所起的作用处罚，但在是否成立共犯的意义上说，仍然有必要分清甲是间接正犯还是教唆犯。对此，刑法理论上有人主张甲成立间接正犯，有人主张甲成立教唆犯。根据刑法原理，应在主客观相统一的范围内，将甲认定为教唆犯；在相反情况下，即以为对方具有刑事责任能力进行教唆，实际上对方没有刑事责任能力，产生了间接正犯的结果的，也只能在主客观相统一的范围内，认定为教唆犯。

3. 共犯过剩

大体是指正犯的行为与结果超出了其他共犯人的故意内容的情形。例如，甲邀约乙对丙实施暴力，乙以为甲只是希望伤害丙，事实上甲具有杀人的故意，甲、乙共同对丙实施暴力，导致丙死亡。在这种情况下，只能在故意伤害罪的范围内认定甲与乙构成共同犯罪（共同正犯），并都对死亡结果承担责任。但由于甲具有杀人故意与杀人行为，对甲应另认定为故意杀人罪。再如，甲、乙共谋杀害在博物馆工作的丙，并同时举枪向丙射击，甲击中了国家保护的珍贵文物，乙没有击中任何目标。由于甲、乙对丙有共同杀人故意,但没能造成丙的死亡,故成立杀人未遂的共同正犯。甲的行为另触犯了过失损毁珍贵文物罪,是一行为触犯数罪名,属于想象竞合犯,故对甲实际上只能以杀人未遂论处;乙不构成过失损毁珍贵文物罪的共犯,故乙不成立想象竞合犯;再如,甲教唆乙盗窃,但乙抢劫了他人财物的,乙成立抢劫罪,甲只承担盗窃罪既遂的责任。

共同犯罪的认识错误,是相当复杂的问题。如果共犯人具有法律认识错误或事实认识错误,原则上也适用教材第三章第五节处理法律认识错误与事实认识错误的原则。但共同犯罪的认识错误也存在特殊之处,其中主要是共犯的事实认识错误。

12-1 减刑的条件

具备一定条件才能减刑。根据《刑法》第 78 条的规定,减刑必须具备两个基本条件:

(一)对象条件

减刑只适用于被判处管制、拘役、有期徒刑、无期徒刑的犯罪分子。被判处该四种刑罚之一的犯罪分子,无论其犯罪行为是故意还是过失,是重罪还是轻罪,是危害国家安全罪还是其他刑事犯罪,只要具备了法定的减刑条件,都可以减刑。

《刑法》第 50 条第 2 款对减刑的对象条件进行了限制,即对被判处死刑缓期执行的累犯以及故意杀人、强奸、抢劫、绑架、放火、爆炸、投放危险物质或者有组织的暴力性犯罪被判处死刑缓期执行的犯罪分子,人民法院根据犯罪情节等情况可以同时决定对其限制减刑。

(二)实质条件

可以减刑的实质条件是,犯罪人在刑罚执行期间,认真遵守监规,接受教育改造,确有悔改表现,或者有立功表现。具体地说,在下列两种情形下,可以减刑:

(1) 犯罪人在执行期间,认真遵守监管法规,接受教育改造,确有悔改表现的。"确有悔改表现"是指同时具备以下条件:①认罪悔罪;②遵守法律法规及监规,接受教育改造;③积极参加思想、文化、职业技术教育;④积极参加劳动,努力完成劳动任务。对职务犯罪、破坏金融管理秩序和金融诈骗犯罪、组织(领导、参加、包庇、纵容）黑社会性质组织犯罪等罪犯，不积极退赃、协助追缴赃款赃物、赔偿损失，或者服刑期间利用个人影响力和社会关系等不正当手段意图获得减刑的，不认定其"确有悔改表现"。罪犯在刑罚执行期间的申诉权利应当依法保护，对其正当申诉不能不加分析地认为是不认罪悔罪。

（2）有立功表现的。阻止他人实施犯罪活动的；检举、揭发监狱内外犯罪活动，或者提供重要的破案线索，经查证属实的；协助司法机关抓捕其他犯罪嫌疑人的；在生产、科研中进行技术革新，成绩突出的；在抗御自然灾害或者排除重大事故中，表现积极的；对国家和社会有其他较大贡献的。对于罪犯符合"可以减刑"条件的案件，在办理时应当综合考察罪犯犯罪的性质和具体情节、社会危害程度、原判刑罚及生效裁判中财产性判项的履行情况、交付执行后的一贯表现等因素。

应当减刑的实质条件是，犯罪人在刑罚执行期间，有重大立功表现。

根据《刑法》第78条的规定，有下列重大立功表现之一的，应当减刑：（1）阻止他人实施重大犯罪活动的；（2）检举监狱内外重大犯罪活动，经查证属实的；（3）有发明创造或者重大技术革新的；（4）在日常生产、生活中舍己救人的；（5）在抗御自然灾害或者排除重大事故中，有突出表现的；（6）对国家和社会有其他重大贡献的。

针对实践中一些罪犯减刑过快过多，实际执行刑期偏短等问题，2016年9月19日最高人民法院审判委员会第1693次会议通过了《关于办理减刑、假释案件具体应用法律的规定》，对有期徒刑罪犯、无期徒刑罪犯、死刑缓期执行罪犯、死刑缓期执行限制减刑罪犯，在减刑起始时间、间隔时间、减刑幅度上作了相应调整，以便更有效地发挥刑罚的功能，同时新增对决定终身监禁的贪污、受贿罪犯不得再减刑、假释的规定。

旧题新练

关于减刑、假释的适用，下列哪些选项是错误的？（2013/2/57）

A. 对所有未被判处死刑的犯罪分子，如认真遵守监规，接受教育改造，确有悔改表现，或者有立功表现的，均可减刑

B. 无期徒刑减为有期徒刑的刑期，从裁定被执行之日起计算

C. 被宣告缓刑的犯罪分子，不符合"认真遵守监规，接受教育改造"的减刑要件，不能减刑

D. 在假释考验期限内犯新罪，假释考验期满后才发现的，不得撤销假释

【参考答案】 ABCD

【解析】 未被判处死刑的犯罪分子，既包括判处了主刑（无期徒刑、有期徒刑、管制、拘役）的犯罪分子（含同时判处附加刑的情形在内），也包括未被判处主刑，仅被单处罚金或者单处剥夺政治权利的情形。"认真遵守监规，接受教育改造，确有悔改表现的，或者有立功表现"是减刑的必要条件。对于单处罚金的犯罪分子，罚金要么一次性缴纳，要么分期缴纳，谈不上犯罪分子"遵守监规，接受教育改造"的问题。因此，对于单处罚金的犯罪分子，不能减刑。据此，A项错误。

根据《刑法》第80条的规定，无期徒刑减为有期徒刑的刑期，从裁定减刑之日起计算，B项错误。

被宣告缓刑的犯罪分子，具有被减刑的可能。最高人民法院《关于办理减刑、假释案件具体应用法律的规定》第18条规定并未绝对剥夺缓刑犯被减刑的权利。认真遵守监规既包括认真遵守监狱的规定，也包括认真遵守各项监督管理规定。C项认为被宣告缓刑的犯罪分子，根本不符合"认真遵守监规"的要件，据此得出不能减刑的结论，这是错误的。

根据《刑法》第86条的规定，被假释的犯罪分子，在假释考验期限内犯新罪，应当撤销假释。据此，D项错误。

26-1 电信网络诈骗

电信网络诈骗构成诈骗罪。在处理电信网络诈骗犯罪时，需要正确处理罪数问题。使用非法获取的公民个人信息实施电信网络诈骗，构成侵犯公民个人信息罪与诈骗罪的，应当依法予以并罚。冒充国家机关工作人员实施电信网络诈骗，同时构成诈骗罪和招摇撞骗罪的，依照处罚较重的规定定罪处罚。电信网络诈骗行为人实施《刑法》第287条之一、第287条之二规定之行为，构成非法利用信息网络罪、帮助信息网络犯罪活动罪，同时构成诈骗罪的，依照处罚较重的规定定罪处罚。

近年来电信网络诈骗猖獗，教材中对之特别阐释，将之作为特殊类型的诈骗行为之一，值得引起考生的注意，尤其要关注罪数处理问题。

37-1 受贿罪

受贿罪，是指国家工作人员，利用职务上的便利，索取他人财物，或者非法收受他人财物为他人谋取利益的行为。

第一，客体是职务行为的不可收买性，或者说是职务行为与财物的不可交换性。

第二，客观方面表现为利用职务上的便利，索取他人财物，或者非法收受他人财物为他人谋取利益的行为。

（1）受贿行为所索取、收受的是财物，该财物称为"贿赂"。贿赂的本质在于，它是与国家工作人员的职务有关的、作为不正当报酬的利益。职务是国家工作人员基于其地位应当作为公务处理的一切事务，其范围由法律、法令或职务的内容决定。职务行为既可以是作为，也可以是不作为。贿赂与职务行为的关联性，是指因为行为人具有某种职务，才可能向他人索取贿赂，他人才向其提供贿赂。不仅如此，贿赂还是作为职务行为的不正当报酬的利益，它与职务行为之间存在对价关系，即贿赂是对国家工作人员职务行为的不正当报酬。不正当报酬，并不意味着国家工作人员的职务行为本身具有不正当性，而是指国家工作人员实施职务行为时不应当索取或者收受利益却索取、收受了这种利益。贿赂还必须是一种能够满足人的某种需要的利益。

刑法将贿赂的内容限定为财物。这里的财物是指具有价值的可以管理的有体物（如货币、物品）、无体物（如热能）以及财产性利益。财产性利益包括可以折算为货币的物质利益如房屋装修、债务免除等，以及需要支付货币的其他利益如会员服务、旅游等。后者的犯罪数额，以实际支付或者应当支付的数额计算。

（2）受贿行为表现为索取或者收受贿赂。索取贿赂包括要求、索要与勒索贿赂。收受贿赂，是指在行贿人主动提供贿赂时，本应拒绝，却予以接受。事实上，还存在一种约定的方式，即行贿人与受贿人就贿赂一事相互沟通、达成协议。《刑法》第385条第2款规定，国家工作人员在经济往来中，违反国家规定，收受各种名义的回扣、手续费，归个人所有的，以受贿论处。这实质上是一种约定方式。但能够以谁提出为标准，将其归入索取与收受：国家工作人员先提出约定的，属于索取；对方先提出约定的，国家工作人员属于收受。

索取或者收受贿赂，并不限于行为人将贿赂直接据为己有，而是包括使请托人向第三者提供贿赂的情形。例如，丙有求于国家工作人员甲的职务行为，甲便要求或者暗示丙向乙提供财物，乙欣然接受；或者甲利用职务上的便利为丙谋取利益，事后丙欲向甲提供作为职务行为的不正当报酬的财物时，甲要求或者暗示丙将财物提供给乙，乙没有拒绝。在这种情况下，甲依然成立受贿罪。如果乙不明知丙所提供的财物与国家工作人员甲的职务行为具有关联，乙不成立受贿罪的共犯；如果乙明知丙所提供的为贿赂，则成立受贿罪的共犯。

（3）索取贿赂只需要利用职务上的便利就成立受贿罪，不要求为他人谋取利益。

但收受贿赂的只有为他人谋取利益才成立受贿罪。"为他人谋取利益"是受贿罪客观要件的内容，其最低要求是许诺为他人谋取利益。国家工作人员在非法收受他人财物之前或者之后许诺为他人谋取利益，就在客观上形成了以权换利的约定，使职务行为的不可收买性受到了侵犯。根据司法解释，具有下列情形之一的，应当认定为"为他人谋取利益"：①实际或者承诺为他人谋取利益的；②明知他人有具体请托事项的；③履职时未被请托，但事后基于该履职事由收受他人财物的。国家工作人员索取、收受具有上下级关系的下属或者具有行政管理关系的被管理人员的财物价值3万元以上，可能影响职权行使的，视为承诺为他人谋取利益。

为他人谋取利益的许诺本身是一种行为。许诺既可以是明示的，也可以是暗示的。当他人主动行贿并提出为其谋取利益的要求后，国家工作人员虽没明确答复办理，但只要不予拒绝，就应当认为是一种暗示的许诺。许诺既可以表现为直接对行贿人许诺，也可以表现为通过第三者对行贿人许诺。许诺既可以是真实的，也可以是虚假的。虚假许诺，是指国家工作人员具有为他人谋取利益的职权或者职务条件，在他人有求于自己的职务行为时，并不打算为他人谋取利益，却又承诺为他人谋取利益。但虚假承诺构成受贿罪是有条件的：①收受财物后作虚假承诺的，成立受贿罪。②许诺的内容与国家工作人员的职务有关联。如果国家工作人员根本没有为他人谋取利益的职权与职务条件，却谎称为他人谋取利益，原则上构成诈骗罪。③许诺行为导致财物与所许诺的职务行为之间形成了对价关系，使财物成为国家工作人员所许诺的"为他人谋取利益"的不正当报酬。

"为他人谋取利益"中的"他人"不限于自然人，包括单位在内；也不限于行贿人，包括行贿人所指示或暗示的第三人。交付财物的人与获得或可能获得利益的人是否为同一人，不是重要问题。"为他人谋取利益"中的"利益"既可以是正当利益，也可以是不正当利益。

（4）受贿行为在客观上必须利用职务上的便利。"利用职务上的便利"，既包括利用本人职务上主管、负责、承办某项公共事务的职权，也包括利用职务上有隶属、制约关系的其他国家工作人员的职权。担任单位领导职务的国家工作人员通过不属自己主管的下级部门的国家工作人员的职务为他人谋取利益的，应当认定为"利用职务上的便利"为他人谋取利益。事实上，不管是索取贿赂还是收受贿赂，利用职务上的便利都表现为两个密切联系的内容：一是他人有求于国家工作人员的职务行为，或国家工作人员正在或已经通过职务行为为他人谋取利益；二是索取或者收受的财物是国家工作人员（所许诺的）职务行为的不正当报酬。简言之，只要国家工作人员所索取或者收受的财物与其职务行为有关，就可认定为利用了职务上的便利，因为索取或者收受与职务行为有关的财物,就意味着对方必须为国家工作人员的职务行为付出财产上的代价,因而侵犯了职务行为的不可收买性。

根据《刑法》第388条的规定,国家工作人员利用本人职权或者地位形成的便利条件,通过其他国家工作人员职务上的行为,为请托人谋取不正当利益,索取请托人财物或者收受请托人财物的,以受贿论处。这在刑法理论上称为斡旋受贿。斡旋受贿不是国家工作人员就自身的职务索取或者收受贿赂,而是利用国家工作人员的职权或者地位形成的便利条件,就其他国家工作人员的职务行为进行斡旋,使其他国家工作人员利用职务上的便利为请托人谋取不正当利益,从而索取或者收受贿赂。首先,行为人必须利用本人职权或者地位形成的便利条件,并不要求行为人积极地利用其职权或地位,只要基于国家工作人员的立场实施斡旋行为即可。其次,行为人接受他人请托,使其他国家工作人员实施(包括放弃)职务上的行为,为请托人谋取不正当利益。最后,行为人必须向请托人索取财物或者收受请托人的财物,这种财物是行为人使其他国家工作人员为请托人谋取不正当利益的行为的不正当报酬。例如,甲请求国家工作人员乙帮忙,请国家工作人员丙(税务工作人员)为其非法减免税款,乙利用自己的职权与地位形成的便利条件,使丙为甲减免税款。乙以此为条件事先索取、收受甲的财物的,或者以此为根据事后索取、收受甲的财物的,就成立斡旋受贿。

第三,主体必须是国家工作人员。

国家工作人员利用职务上的便利为请托人谋取利益,并与请托人事先约定,在其离退休后收受请托人财物,构成犯罪的,以受贿罪定罪处罚。一般公民与国家工作人员相勾结,伙同受贿的,以受贿罪的共犯论处。

第四,主观方面只能是故意。

首先,行为人主观上具有接受(包括索取)贿赂的意图。如果没有接受贿赂的意图,事实上也没有接受的,不可能成立受贿罪;行贿人将财物送给行为人,但行为人根本不知道的,或者只是不得已暂时收下,准备交给组织处理或者退还给行贿人的,也不成立受贿罪。其次,行为人对受贿行为的结果持希望或者放任态度。特定关系人索取、收受他人财物,国家工作人员知道后未退还或者上交的,应当认定国家工作人员具有受贿故意。国家工作人员出于受贿的故意,收受他人财物之后,将财物用于单位公务支出或者社会捐赠的,不影响受贿罪的认定,但量刑时可以酌情考虑。

注意受贿罪的认定问题:

第一,正确划清受贿罪与取得合理报酬、接受正当馈赠的界限。

国家工作人员在法律允许的范围内,利用业余时间,以自己的劳动为他人提供某种服务,从而获得报酬的,不成立受贿罪。但国家工作人员在业余时间,利用职务上的便利为他人谋取利益，进而获得报酬的，仍然成立受贿罪。国家工作人员在经济往来中，违反国家规定，收受各种名义的回扣、手续费，归个人所有（包括使第三者所有）的，应以受贿罪论处，不能作为取得合理报酬对待。行为人接受亲友的正当馈赠的行为，不成立受贿罪。在区分接受馈赠与受贿罪时，应注意从以下几个方面进行综合判断：（1）接受方与提供方是否存在亲友关系；（2）提供方是否有求于接受方的职务行为；（3）接受方是否许诺为他人谋取利益，或者是否正在或者已经为提供方谋取利益；（4）所接受财物的数量与价值；（5）接受方是否利用了职务之便；（6）有无正当馈赠的适当理由；（7）接受与提供方式是否具有隐蔽性；等等。

第二，正确区分特殊方式的受贿与一般交易、娱乐、借用等行为的界限。

对此，最高人民法院、最高人民检察院《关于办理受贿刑事案件适用法律若干问题的意见》作了如下规定：

（1）国家工作人员利用职务上的便利为请托人谋取利益，以明显低于市场的价格向请托人购买房屋、汽车等物品的，或者以明显高于市场的价格向请托人出售房屋、汽车等物品的，或者以其他交易形式非法收受请托人财物的，以受贿论处；受贿数额按照交易时当地市场价格与实际支付价格的差额计算。上述市场价格包括商品经营者事先设定的不针对特定人的最低优惠价格。根据商品经营者事先设定的各种优惠交易条件，以优惠价格购买商品的，不属于受贿。

（2）国家工作人员利用职务上的便利为请托人谋取利益，收受请托人提供的干股（未出资而获得的股份）的，以受贿论处。进行了股权转让登记，或者相关证据证明股份发生了实际转让的，受贿数额按转让行为时股份价值计算，所分红利按受贿孳息处理。股份未实际转让，以股份分红名义获取利益的，实际获利数额应当认定为受贿数额。

（3）国家工作人员利用职务上的便利为请托人谋取利益，由请托人出资，"合作"开办公司或者进行其他"合作"投资的，以受贿论处。受贿数额为请托人给国家工作人员的出资额。国家工作人员利用职务上的便利为请托人谋取利益，以合作开办公司或者其他合作投资的名义获取"利润"，没有实际出资和参与管理、经营的，以受贿论处。

（4）国家工作人员利用职务上的便利为请托人谋取利益，以委托请托人投资证券、期货或者其他委托理财的名义，未实际出资而获取"收益"，或者虽然实际出资，但获取"收益"明显高于出资应得收益的，以受贿论处。受贿数额，前一情形，以"收益"额计算；后一情形，以"收益"额与出资应得收益额的差额计算。

（5）国家工作人员利用职务上的便利为请托人谋取利益，通过赌博方式收受请托人财物的，构成受贿。实践中应注意区分贿赂与赌博活动、娱乐活动的界限。具体认定时，主要应当结合以下因素进行判断：赌博的背景、场合、时间、次数；赌资来源；其他赌博参与者有无事先通谋；输赢钱物的具体情况和金额大小。

（6）国家工作人员利用职务上的便利为请托人谋取利益，要求或者接受请托人以给特定关系人（即与国家工作人员有近亲属、情妇、情夫以及其他共同利益关系的人）安排工作为名，使特定关系人不实际工作却获取所谓薪酬的，以受贿论处。

（7）国家工作人员利用职务上的便利为请托人谋取利益，授意请托人以上述形式，将有关财物给予特定关系人的，以受贿论处。特定关系人与国家工作人员通谋，共同实施前款行为的，对特定关系人以受贿罪的共犯论处。

（8）国家工作人员利用职务上的便利为请托人谋取利益，收受请托人房屋、汽车等物品，未变更权属登记或者借用他人名义办理权属变更登记的，不影响受贿的认定。认定以房屋、汽车等物品为对象的受贿，应注意与借用的区分。具体认定时，除双方交代或者书面协议之外，主要应当结合以下因素进行判断：有无借用的合理事由、是否实际使用、借用时间的长短、有无归还的条件、有无归还的意思表示及行为。

（9）国家工作人员收受请托人财物后及时退还或者上交的，不是受贿。国家工作人员受贿后，因自身或者与其受贿有关联的人、事被查处，为掩饰犯罪而退还或者上交的，不影响认定受贿罪。

（10）国家工作人员利用职务上的便利为请托人谋取利益之前或者之后（但应限定为在职时），约定在其离职后收受请托人财物，并在离职后收受的，以受贿论处。国家工作人员利用职务上的便利为请托人谋取利益，离职前后连续收受请托人财物的，离职前后收受部分均应计入受贿数额。

第三，正确区分受贿罪与诈骗罪的界限。

国家工作人员的家属，以通过国家工作人员的职务行为为他人谋取利益之名，欺诈对方，骗取财物的，是诈骗的一种方式，应以诈骗罪论处。国家工作人员发现他人有求于国家工作人员的职务行为时，声称为他人谋取利益并主动要求对方提供财物，应认定为索取贿赂。在他人有求于国家工作人员的职务行为时，国家工作人员接受财物后，作出虚假承诺的，应认定为受贿罪。

第四，正确区分受贿罪与敲诈勒索罪的界限。

索贿与敲诈勒索有相似之处，但索贿的主体必须是国家工作人员，而敲诈勒索罪不要求行为人具有特殊身份；索贿必须是利用职务上的便利，敲诈勒索罪没有利用职务上的便利，这是区分二者的关键。行为人虽然是国家工作人员，但对方有求于他的事项与其职务没有关系，行为人利用对方的困境，以此相要挟，索取财物的，成立敲诈勒索罪；国家工作人员主动以打击报复相要挟，要求对方提供财物的，也成立敲诈勒索罪。反之，如果对方有求于国家工作人员的事项必须利用职务之便（包括放弃职务行为）才能实现，行为人利用他人的困境，索取财物的，成立受贿罪。

第五，正确区分受贿罪与非国家工作人员受贿罪的界限。

区分二者的关键在于行为人是否属于国家工作人员。

第六，罪数认定。

国家工作人员利用职务上的便利，收受他人财物，为他人谋取利益，同时构成受贿罪和《刑法》分则第三章第三节、第九章规定的渎职犯罪的，除《刑法》另有规定外，以受贿罪和渎职犯罪数罪并罚。

第七，处罚。

犯受贿罪的，根据《刑法》第386条与第383条的规定处罚。量刑时，既要考虑受贿数额，也要考虑其他情节。关于受贿数额与情节的具体认定，最高人民法院、最高人民检察院《关于办理贪污贿赂刑事案件适用法律若干问题的解释》作了详细规定。对多次受贿未经处理的，累计受贿数额处罚。索贿的从重处罚。犯受贿罪，受贿数额特别巨大或者有其他特别严重情节，被判处死刑缓期执行的，人民法院根据犯罪情节等情况可以同时决定在其死刑缓期执行2年期满依法减为无期徒刑后，终身监禁，不得减刑、假释。

2016年4月18日公布的最高人民法院、最高人民检察院《关于办理贪污贿赂刑事案件适用法律若干问题的解释》对贪污贿赂犯罪的数额与情节作了具体的规定，但这些不是司法考试的重点，考生应当注意该解释中关于贿赂犯罪中的"财物""为他人谋取利益"、罪与非罪、此罪与彼罪等的认定。

【考点】 集资诈骗罪；非法吸收公众存款罪；洗钱罪；高利转贷罪；贷款诈骗罪；票据诈骗罪；非法出租、出借枪支罪；非法持有、私藏枪支、弹药罪；丢失枪支不报罪；危险驾驶罪；交通肇事罪；生产、销售有毒、有害食品罪；生产、销售不符合安全标准的产品罪；强奸罪猥亵儿童罪；组织卖淫罪；强迫卖淫罪；引诱、容留、介绍卖淫罪；引诱幼女卖淫罪；诽谤罪；寻衅滋事罪；敲诈勒索罪；非法经营罪；抢夺罪；抢劫罪；污染环境罪；单位犯罪；减刑；假释。

【导读】 《刑法修正案（九）》与罪名补充规定（六）对《刑法》作了很大调整，本次修改：

(1) 删减了1个罪名：嫖宿幼女罪（第360条第2款）。

(2) 新增了20个罪名：准备实施恐怖活动罪（第120条之二）；宣扬恐怖主义、极端主义、煽动实施恐怖活动罪（第120条之三）；利用极端主义破坏法律实施罪（第120条之四）；强制穿戴宣扬恐怖主义、极端主义服饰、标志罪（第120条之五）；非法持有宣扬恐怖主义、极端主义物品罪（第120条之六）；虐待被监护、看护人罪（第260条之一）；使用虚假身份证件、盗用身份证件罪（第280条之一）；组织考试作弊罪，非法出售、提供试题、答案罪，代替考试罪（第284条之一）；拒不履行信息网络安全管理义务罪（第286条之一）；非法利用信息网络罪（第287条之一）；帮助信息网络犯罪活动罪（第287条之二）；扰乱国家机关工作秩序罪，组织、资助非法聚集罪（第290条第3、4款）；编造、故意传播虚假信息罪（第291条之一第2款）；虚假诉讼罪（第307条之一）；泄露不应公开的案件信息罪，披露、报道不应公开的案件信息罪（第308条之一）；对有影响力的人行贿罪（第390条之一）。

(3) 修改了10个罪名：帮助恐怖活动罪（第120条之一）；强制猥亵、侮辱罪（第237条）；侵犯公民个人信息罪（第253条之一）；伪造、变造、买卖身份证件罪（第280条第3款）；非法生产、销售专用间谍器材、窃听、窃照专用器材罪（第283条）；组织、利用会道门、邪教组织、利用迷信致人重伤、死亡罪（第300条第2款）；盗窃、侮辱、故意毁坏尸体、尸骨、骨灰罪（第302条）；拒绝提供间谍犯罪、恐怖主义犯罪、极端主义犯罪证据罪（第311条）；非法生产、买卖、运输制毒物品、走私制毒物品罪（第350条）；非法批准征收、征用、占用土地罪（第410条）。

(4) 取消了9个罪名的死刑：走私武器、弹药罪，走私核材料罪，走私假币罪（第151条）；伪造货币罪（第170条）；集资诈骗罪（第199条）；组织卖淫罪，强迫卖淫罪（第358条）；阻碍执行军事职务罪（第426条）；战时造谣惑众罪（第433条）。

(5) 增加13个罪名的单位犯罪：虐待被监护、看护人罪（第260条之一）；非法生产、销售专用间谍器材、窃听、窃照专用器材罪（第283条）；非法侵入计算机信息系统罪（第285条第1款）；非法获取计算机信息系统数据、非法控制计算机信息系统罪（第285条第2款）；提供侵入、非法控制计算机信息系统程序、工具罪（第285条第3款）；破坏计算机信息系统罪（第286条）；拒不履行信息网络安全管理义务罪（第286条之一）；非法利用信息网络罪（第287条之一）；帮助信息网络犯罪活动罪（第287条之二）；虚假诉讼罪（第307条之一）；披露、报道不应公开的案件信息罪（第308条之一第2款）；拒不执行判决、裁定罪（第313条）；对有影响力的人行贿罪（第390条之一）。

（6）新增了非刑罚处罚措施：职业禁止（第37条之一）。

（7）对贪污罪、受贿罪的处罚，新增了"终身监禁"的无期徒刑执行方式。

这些都可能成为未来考试的重点，请考生注意掌握新法规定。

死刑

（一）死刑的概念

死刑是剥夺犯罪分子生命的刑罚方法。死刑是刑罚体系中最严厉的惩罚手段。

（二）死刑的适用

《刑法》第48条规定，死刑只适用于罪行极其严重的犯罪分子。这里的罪行极其严重，是指从客观上看，犯罪性质和后果极其严重，给社会造成的损失特别巨大。如果犯罪的客观危害没有达到罪行极其严重的程度，即便犯罪分子的主观恶性和人身危险性特别大，属于蓄意实施特定罪行，不思悔改，极端蔑视法制，也不能对罪犯适用死刑。

根据《刑法》第49条、《刑法修正案（八）》第3条的规定，犯罪的时候不满18周岁的人和审判的时候怀孕的妇女，不适用死刑。审判的时候已满75周岁的人，不适用死刑，但以特别残忍手段致人死亡的除外。这里的不适用死刑，既包括不适用死刑立即执行，也包括不适用死刑缓期二年执行，因为后者也属于死刑。这一规定充分体现了对"一老一小"、妇女的保护态度和人道主义精神。

需要指出的是，这里的"审判的时候"不是仅指法院审判阶段，而是指从羁押到判决宣告前的整个诉讼期间；"怀孕"是指在羁押期间妇女曾处于怀孕状态。对被告人在羁押期间流产的（无论是人工流产还是自然流产），应视为审判的时候怀孕的妇女，不能判处死刑；更不能为了判处死刑而强制怀孕的被告人做人工流产。此外，怀孕妇女因涉嫌犯罪在羁押期间自然流产后，又因同一事实被起诉、交付审判的，应当视为"审判的时候怀孕的妇女"，依法不适用死刑。对审判的时候已满75周岁的人，以特别残忍手段致人死亡的，可以适用死刑。这里的"以特别残忍手段致人死亡"通常是指以暴力方式实施的故意杀人、故意伤害致人死亡。过失致人死亡的，不属于以特别残忍手段致人死亡。

我国刑事法律对死刑的判决和核准程序作了特别规定。根据刑法和刑事诉讼法的有关规定，判处死刑立即执行的案件，除依法由最高人民法院判决的以外，都应当报请最高人民法院核准；判处死刑缓期执行的案件，可以由高级人民法院判决或者核准。

(三) 死刑缓期执行

1. 死刑缓期执行的含义

《刑法》第48条第1款规定，对于应当判处死刑的犯罪分子，如果不是必须立即执行的，可以判处死刑同时宣告缓期二年执行。这就是我国刑法中的死刑缓期执行制度，简称死缓，是死刑制度的重要组成部分。

死缓不是一个刑种，而是一个运用死刑的刑罚制度。死缓没有适用的独立性，所以刑罚体系中没有规定死缓。死缓只有在对罪犯判处死刑的前提下，才有适用的可能性，可见死刑是死缓的前提条件。凡是可以判处死刑的罪犯一般都可以适用死缓；没有规定死刑的犯罪，都不能适用死缓。死缓作为一种刑罚制度没有确定的结果，只有导致两种结果出现的可能性，即经过2年以后，或者改判为无期徒刑、有期徒刑；或者执行死刑。

死缓是我国刑罚在死刑适用方面的一个独创，具有保留死刑和限制死刑的双重功能。它既可以对罪行极其严重的犯罪分子保持最严厉的制裁，又给那些罪该判处死刑但又不是必须立即执行的犯罪分子留了一条生路，从而大大地减少了死刑的实际适用。

2. 适用条件

根据《刑法》第48条规定，适用死缓必须同时具备两个条件：

（1）罪该处死。这是适用死缓的前提条件，它表明适用死缓的对象和适用死刑的对象均是罪行极其严重的犯罪分子。如果罪行不应当判处死刑，就不存在适用死缓的问题。

（2）不是必须立即执行。这是区分死刑缓期执行与死刑立即执行的原则界限，是适用死缓的本质条件。法律对这一条件没有明确、具体的规定，主要靠审判机关判断。

3. 死缓的执行场所

死缓可以由高级人民法院判决或者核准。被判处死刑缓期二年执行的罪犯，根据《监狱法》第2条的规定，在监狱内执行刑罚。

4. 死缓期满后的处理

根据《刑法》第50条、《刑法修正案（八）》第4条、《刑法修正案（九）》第2条的相关规定，判处死刑缓期执行的，在死刑缓期执行期间，如果没有故意犯罪，2年期满以后，减为无期徒刑；如果确有重大立功表现，2年期满以后，减为25年有期徒刑；如果故意犯罪，情节恶劣的，报请最高人民法院核准后执行死刑；对于故意犯罪未执行死刑的，死刑缓期执行的期间重新计算，并报最高人民法院备案。

5. 死缓期间的计算

根据《刑法》第 51 条规定,死刑缓期执行期间,从判决确定之日起计算。死刑缓期执行减为有期徒刑的刑期,从死刑缓期执行期满之日起计算。

《刑法》重点法条新旧对照

修改前	修改后
第五十条 判处死刑缓期执行的,在死刑缓期执行期间,如果没有故意犯罪,二年期满以后,减为无期徒刑;如果确有重大立功表现,二年期满以后,减为二十五年有期徒刑;如果故意犯罪,查证属实的,由最高人民法院核准,执行死刑。 对被判处死刑缓期执行的累犯以及因故意杀人、强奸、抢劫、绑架、放火、爆炸、投放危险物质或者有组织的暴力性犯罪被判处死刑缓期执行的犯罪分子,人民法院根据犯罪情节等情况可以同时决定对其限制减刑。(《刑法修正案(八)》第四条修正)	第五十条 判处死刑缓期执行的,在死刑缓期执行期间,如果没有故意犯罪,二年期满以后,减为无期徒刑;如果确有重大立功表现,二年期满以后,减为二十五年有期徒刑;如果故意犯罪,情节恶劣的,报请最高人民法院核准后执行死刑;对于故意犯罪未执行死刑的,死刑缓期执行的期间重新计算,并报最高人民法院备案。 对被判处死刑缓期执行的累犯以及因故意杀人、强奸、抢劫、绑架、放火、爆炸、投放危险物质或者有组织的暴力性犯罪被判处死刑缓期执行的犯罪分子,人民法院根据犯罪情节等情况可以同时决定对其限制减刑。 【关联法条】最高人民法院《关于〈中华人民共和国刑法修正案(九)〉时间效力问题的解释》(以下简称《刑九时间效力解释》) 第二条 对于被判处死刑缓期执行的犯罪分子,在死刑缓期执行期间,且在 2015 年 10 月 31 日以前故意犯罪的,适用修正后刑法第五十条第一款的规定。

罚金

罚金是人民法院判处犯罪人向国家缴纳一定数额金钱的刑罚方法。

罚金具有广泛的适用性。它既可适用于处刑较轻的犯罪;也可适用于处刑较重的犯罪。

从犯罪性质上看,我国刑法中的罚金主要适用于三种犯罪:(1)经济犯罪。在我国刑法中,经济犯罪主要是刑法分则第三章规定的破坏社会主义市场经济秩序罪,共有 90 多个条文,基本上都规定了罚金的独立或附加适用。(2)财产犯罪。刑法分则第五章规定的侵犯财产罪,共有 14 个条文,其中 9 个法条规定了罚金,占条文总数的 50%以上。(3)其他故意犯罪。主要是指刑法分则第六章规定的妨害社会管理秩序罪,共有 90 余个法条,其中约 50%的法条规定了罚金。此外,刑法分则第四章侵犯公民人身权利、民主权利罪中的第 240 条、第 244 条也规定了并处或者单处罚金。

根据《刑法》第 53 条的规定,罚金的缴纳分为五种情况:

一是限期一次缴纳。主要适用于罚金数额不多或者数额虽然较多,但缴纳并不困难的情况,罪犯应在指定的期限内将罚金一次缴纳完毕。

二是限期分期缴纳。主要适用于罚金数额较多,罪犯无力一次缴纳的情况。这样在时间上有一定伸缩余地,在金额支付上可化整为零,有利于罚金刑的执行。

三是强制缴纳。判决缴纳罚金,指定的期限届满,罪犯有缴纳能力而拒不缴纳,人民法院强制其缴纳,强制措施包括查封、扣压、冻结等。

四是随时追缴。对于不能全部缴纳罚金的,人民法院在任何时候,发现被执行人有可以执行的财产的,应当随时追缴。

五是延期缴纳、减少缴纳或者免除。《刑法修正案(九)》第3条规定,如果罪犯遭受不能抗拒的灾祸,如地震、水灾、火灾、车祸、家庭成员死亡等,缴纳罚金确实有困难的,经人民法院裁定,可以延期缴纳、酌情减少或者免除。

《刑法》重点法条新旧对照

修改前	修改后
第五十三条 罚金在判决指定的期限内一次或者分期缴纳。期满不缴纳的,强制缴纳。对于不能全部缴纳罚金的,人民法院在任何时候发现被执行人有可以执行的财产,应当随时追缴。如果由于遭遇不能抗拒的灾祸缴纳确实有困难的,可以酌情减少或者免除。	第五十三条 罚金在判决指定的期限内一次或者分期缴纳。期满不缴纳的,强制缴纳。对于不能全部缴纳罚金的,人民法院在任何时候发现被执行人有可以执行的财产,应当随时追缴。 由于遭遇不能抗拒的灾祸等原因缴纳确实有困难的,经人民法院裁定,可以延期缴纳、酌情减少或者免除。

非刑罚处罚措施

(一) 非刑罚处罚措施的概念

非刑罚处罚措施,是指人民法院根据案件的不同情况,对犯罪分子直接适用或建议有关部门适用的刑罚以外的其他处理方法的总称。非刑罚处置虽然由《刑法》第37条所明文规定,但就其性质而言不是刑种,不具有刑罚的性质、作用和后果,而是刑罚的必要补充,是强制犯罪分子实际承担其责任的具体表现方式。

非刑罚处罚措施的适用前提是对罪犯免予刑事处罚。所谓免予刑事处罚,是指对犯罪情节轻微不需要判处刑罚的行为作有罪宣告,但对行为人不给予刑罚处罚。

(二) 非刑罚处罚措施的种类

根据我国《刑法》第37条的规定,非刑罚处罚措施主要包括以下类型。

1. 教育措施

(1)训诫。人民法院以口头的方式对犯罪人当庭公开批评、谴责和训教,责令其改正,不再犯罪的教育方法。训诫多以口头方式进行。对于训诫,记录在案即可,可不载于判决书中。

（2）具结悔过。人民法院责令犯罪人用书面方式保证悔过，以后不再重新犯罪的教育方法。悔罪书应当庭宣读。

（3）赔礼道歉。人民法院责令犯罪人公开向被害人当面承认罪行，表示歉意，请求谅解的教育方法。这种非刑罚处罚措施，具有教育罪犯和安抚被害人的双重功能。

2. **民事处罚措施**

责令赔偿损失，是民事性质的非刑罚处罚措施，是指人民法院对免予刑事处罚的犯罪人，责令其向被害人支付一定数额的金钱的处理方法。作为犯罪的法律后果，责令赔偿并不以被害人提起民事诉讼为前提，被害人没有提起民事诉讼的，法院也可以根据案件的具体情况，责令犯罪人赔偿损失。

3. **行政处罚措施**

（1）行政处罚。人民法院根据案件的情况，向特定的主管部门提出司法建议，由主管部门给予犯罪人行政制裁的方法。

（2）行政处分。人民法院根据案件的情况，向特定的主管部门提出司法建议，由主管部门给予犯罪人内部纪律处分的行政惩戒措施。

4. **职业禁止**

《刑法修正案（九）》第1条规定，因利用职业便利实施犯罪，或者实施违背职业要求的特定义务的犯罪被判处刑罚的，人民法院可以根据犯罪情况和预防再犯罪的需要，禁止其自刑罚执行完毕之日或者假释之日起从事相关职业，期限为3年至5年。被禁止从事相关职业的人违反人民法院依照前款规定作出的决定的，由公安机关依法给予处罚；情节严重的，依照《刑法》第313条的规定定罪处罚。其他法律、行政法规对其从事相关职业另有禁止或者限制性规定的，从其规定。

《刑法》重点法条新旧对照

修改前	修改后
无	第三十七条之一　因利用职业便利实施犯罪，或者实施违背职业要求的特定义务的犯罪被判处刑罚的，人民法院可以根据犯罪情况和预防再犯罪的需要，禁止其自刑罚执行完毕之日或者假释之日起从事相关职业，期限为三年至五年。 被禁止从事相关职业的人违反人民法院依照前款规定作出的决定的，由公安机关依法给予处罚；情节严重的，依照本法第三百一十三条的规定定罪处罚。 其他法律、行政法规对其从事相关职业另有禁止或者限制性规定的，从其规定。 【关联法条】《刑九时间效力解释》 对于2015年10月31日以前因利用职业便利实施犯罪，或者实施违背职业要求的特定义务的犯罪的，不适用修正后刑法第三十七条之一第一款的规定。其他法律、行政法规另有规定的，从其规定。

数罪并罚的原则

所谓数罪并罚的原则，是指对一人所犯数罪合并处罚所依据的原则。简单地说，就是对数罪如何实行并罚。各国刑法基于不同的刑事政策规定了不同的数罪并罚原则，大致可归纳为以下几种：

（1）并科原则。并科原则，是指将一人所犯数罪分别宣告的各罪刑罚绝对相加、合并执行的合并处罚原则。

并科原则在某种程度上是报应论刑罚思想的产物，形似公允且持之有故，但该原则实际弊端很多，既难以执行，又使刑罚显得过于严酷，有悖于现代法治国家刑罚制度的基本精神。因此，世界上单纯采纳并科原则的国家并不多见。

（2）吸收原则。吸收原则，是指在对数罪分别宣告的刑罚中，选择其中最重的刑罚为执行的刑罚，其余较轻的刑罚被最重的刑罚所吸收，不予执行的合并处罚原则。

吸收原则虽然对于死刑、无期徒刑等刑种的并罚较为适宜，且适用颇为便利，但若普遍采用，即适用于其他刑种（如有期徒刑、财产刑等），则弊端较为明显。

（3）限制加重原则。限制加重原则，是指以一人所犯数罪中法定（应当判处）或已被判处的最重刑罚为基础，再在一定的限度之内对其予以加重作为执行并罚的合并处罚原则。

限制加重原则的特点是：克服了并科原则和吸收原则或措施过于严酷且不便于具体适用，或措施过于宽泛而不足以惩罚犯罪的弊端；既使得数罪并罚制度贯彻了有罪必罚和罪刑相适应的原则，又采取了较为灵活、合乎理性的合并处理方式。

我国《刑法》在第69条从总体上确立了限制加重原则，同时兼顾考虑了并科原则和吸收原则，具体来说：

第一，对判决宣告的数个主刑为有期自由刑、拘役或管制的，采取限制加重原则。有期徒刑、拘役和管制本身都有一定的期限，因此，在数刑的综合刑期以下、数刑中最高刑期以上酌情决定执行的刑期是比较恰当的。但是，如果总和刑期过高，决定执行的刑罚就可能过长，因而我国刑法对最高刑期加以限制，即管制最高不能超过3年；拘役最高不能超过1年；有期徒刑总和刑期不满35年的，最高不超过20年；有期徒刑总和刑期在35年以上的，最高不能超过25年。例如，某甲先后犯有抢劫、故意伤害、集资诈骗等罪行，分别被判处15年、12年、13年有期徒刑，三个罪的总和刑期为40年，数刑中最高刑为15年，本来可以在15年以上40年以下的范围内决定执行的刑期，但因有期徒刑总和刑期在35年以上的，最高不能超过25年。所以，只能在15年以上25年以下的幅度内酌情决定执行的刑期。

第二，对判处死刑或无期徒刑的，采取吸收原则。数罪中宣告几个死刑或最重刑为死刑的，仅应决定执行一个死刑，而不得决定执行二个以上的死刑或其他主刑；数罪中宣告几个无期徒刑或最重为无期徒刑的，执行一个无期徒刑，不执行其他刑罚。此外，《刑法修正案（九）》第4条规定，数罪中有判处有期徒刑和拘役的，仅执行有期徒刑，立法上采用的也是吸收原则。

第三，对判有附加刑的，一般采取并科原则，附加刑仍须执行。数罪中主刑不论执行死刑、无期徒刑、有期徒刑、拘役或者管制，如有判处附加刑的，附加刑仍须执行，因为附加刑与主刑的性质不同，不妨碍并科。此外，《刑法修正案（九）》第4条规定，数罪中有判处有期徒刑和管制，或者拘役和管制的，有期徒刑、拘役执行完毕后，管制仍须执行。这也是对并科原则的运用。

《刑法》重点法条新旧对照

修改前	修改后
第六十九条 判决宣告以前一人犯数罪的，除判处死刑和无期徒刑的以外，应当在总和刑期以下、数刑中最高刑期以上，酌情决定执行的刑期，但是管制最高不能超过三年，拘役最高不能超过一年，有期徒刑总和刑期不满三十五年的，最高不能超过二十年，总和刑期在三十五年以上的，最高不能超过二十五年。 数罪中有判处附加刑的，附加刑仍须执行，其中附加刑种类相同的，合并执行，种类不同的，分别执行。 （《刑法修正案（八）》第十条修正）	第六十九条 判决宣告以前一人犯数罪的，除判处死刑和无期徒刑的以外，应当在总和刑期以下、数刑中最高刑期以上，酌情决定执行的刑期，但是管制最高不能超过三年，拘役最高不能超过一年，有期徒刑总和刑期不满三十五年的，最高不能超过二十年，总和刑期在三十五年以上的，最高不能超过二十五年。 数罪中有判处有期徒刑和拘役的，执行有期徒刑。数罪中有判处有期徒刑和管制，或者拘役和管制的，有期徒刑、拘役执行完毕后，管制仍须执行。 数罪中有判处附加刑的，附加刑仍须执行，其中附加刑种类相同的，合并执行，种类不同的，分别执行。 【关联法条】《刑九时间效力解释》 第三条对于2015年10月31日以前一人犯数罪，数罪中有判处有期徒刑和拘役，有期徒刑和管制，或者拘役和管制，予以数罪并罚的，适用修正后刑法第六十九条第二款的规定。

恐怖活动相关犯罪

（一）帮助恐怖活动罪

本罪是指故意资助恐怖活动组织、实施恐怖活动的个人，或者资助恐怖活动培训，以及为恐怖活动组织、实施恐怖活动或者恐怖活动培训招募、运送人员的行为。

本罪行为包括以下类型：

（1）资助恐怖活动组织。

(2) 资助实施恐怖活动的个人。
(3) 资助恐怖活动培训。
(4) 为恐怖活动组织招募、运送人员。
(5) 为实施恐怖活动招募、运送人员。
(6) 为恐怖活动培训招募、运送人员。

所谓"资助",是指为恐怖活动组织、实施恐怖活动的个人或者恐怖活动培训筹集、提供经费、物资(如通讯设备、设施)或者提供活动场所、训练基地以及其他物质便利的行为。资助的具体方式没有限制,资助的时间也没有限定。但是,精神上的帮助不属于本罪的资助。

"实施恐怖活动的个人",包括预谋实施、准备实施和实际实施恐怖活动的个人,不问其国籍。"恐怖活动培训",既包括为实施恐怖活动而组织培训的行为,也包括参加或者接受恐怖活动培训的行为,不问培训是在境内还是境外。

"招募"是指通过各种途径与方法,面向特定或者不特定的群体招收、募集、征集人员。

"运送",是指利用各种交通工具运送自己或者他人招募的人员。

本罪的主要内容是帮助犯的正犯化,故本罪的成立不以恐怖活动组织或者人员实施具体的恐怖活动犯罪为前提。例如,只要行为人提供的资助被恐怖活动组织或者人员接收,就成立本罪的既遂。基于同样的理由,教唆或者帮助他人实施本罪的资助行为或者招募、运送人员的,成立本罪的教唆犯与帮助犯。如果行为超出了资助的范围,与恐怖活动组织或者个人共同故意组织、领导恐怖活动组织,策划、实施恐怖犯罪活动,则同时触犯本罪与相关恐怖活动犯罪,根据具体情况认定为想象竞合或者数罪。即使没有超出资助的范围,但同时触犯其他犯罪的,应认定为想象竞合,从一重罪处罚。

本罪只能由故意构成。犯本罪的,根据《刑法》第120条之一的规定处罚。

(二) 准备实施恐怖活动罪

本罪是指为实施恐怖活动准备凶器、危险物品或者其他工具,或者组织恐怖活动培训或者积极参加恐怖活动培训,或者为实施恐怖活动与境外恐怖活动组织或者人员联络,以及为实施恐怖活动进行策划或者其他准备的行为。

本罪行为包括以下类型:

(1) 为实施恐怖活动准备凶器、危险物品或者其他工具。"准备"的方法没有限定,包括购买、制造、租用等。准备凶器、危险物品或者其他工具的目的必须是为实施恐怖活动，才成立本罪。

（2）组织恐怖活动培训或者积极参加恐怖活动培训。"恐怖活动培训"，既包括传授、灌输恐怖主义思想、主张的培训，也包括实施具体恐怖活动的方法、技能的培训。培训的方法没有限定，如当面讲授、开办培训班、举办论坛、组织收听相关音视频资料等。组织与积极参加恐怖活动培训的，成立本罪。讲授恐怖活动内容的行为，至少属于本罪的"积极参加"行为。

（3）为实施恐怖活动与境外恐怖活动组织或者人员联络。"与境外恐怖活动组织或者人员联络"，既包括利用各种通讯方式联络（如电话、电子邮件、短信等），也包括直接见面联络；联络的目的是"为实施恐怖活动"，其内容既可以是参加境外恐怖活动组织或者具体恐怖活动，也可以向对方提供相关情报，还可以是寻求支持、支援与帮助等。

（4）为实施恐怖活动进行策划或者其他准备。"为实施恐怖活动进行策划"，是指就实施恐怖活动的时间、地点、目标、方法等进行筹划、谋划。"其他准备"实际上是第120条之二第1款的兜底规定，故其他准备行为都能够包括在其中。

由于本罪属于预备行为的实行行为化，故对于教唆、帮助他人实施本罪行为的，就当以教唆犯、帮助犯论处。行为人已经着手实行本罪的准备行为，由于意志以外的原因而没有完成准备行为的，成立本罪的未遂犯。

本罪只能由故意构成。犯本罪的，根据《刑法》第120条之二的规定处罚。

《刑法》重点法条新旧对照

修改前	修改后
第一百二十条【组织、领导、参加恐怖组织罪】组织、领导恐怖活动组织的，处十年以上有期徒刑或者无期徒刑；积极参加的，处三年以上十年以下有期徒刑；其他参加的，处三年以下有期徒刑、拘役、管制或者剥夺政治权利。 犯前款罪并实施杀人、爆炸、绑架等犯罪的，依照数罪并罚的规定处罚。 （《刑法修正案（三）》第三条修正）	第一百二十条【组织、领导、参加恐怖组织罪】组织、领导恐怖活动组织的，处十年以上有期徒刑或者无期徒刑，并处没收财产；积极参加的，处三年以上十年以下有期徒刑，并处罚金；其他参加的，处三年以下有期徒刑、拘役、管制或者剥夺政治权利，可以并处罚金。 犯前款罪并实施杀人、爆炸、绑架等犯罪的，依照数罪并罚的规定处罚。
第一百二十条之一【资助恐怖活动罪】资助恐怖活动组织或者实施恐怖活动的个人的，处五年以下有期徒刑、拘役、管制或者剥夺政治权利，并处罚金；情节严重的，处五年以上有期徒刑，并处罚金或者没收财产。 单位犯前款罪的，对单位判处罚金，并对其直接负责的主管人员和其他直接责任人员，依照前款的规定处罚。 （《刑法修正案（三）》第四条修正）	第一百二十条之一【帮助恐怖活动罪】资助恐怖活动组织、实施恐怖活动的个人的，或者资助恐怖活动培训的，处五年以下有期徒刑、拘役、管制或者剥夺政治权利，并处罚金；情节严重的，处五年以上有期徒刑，并处罚金或者没收财产。 为恐怖活动组织、实施恐怖活动或者恐怖活动培训招募、运送人员的，依照前款的规定处罚。 单位犯前两款罪的，对单位判处罚金，并对其直接负责的主管人员和其他直接责任人员，依照第一款的规定处罚。

修改前	修改后
	第一百二十条之二 【准备实施恐怖活动罪】有下列情形之一的,处五年以下有期徒刑、拘役、管制或者剥夺政治权利,并处罚金;情节严重的,处五年以上有期徒刑,并处罚金或者没收财产: (一)为实施恐怖活动准备凶器、危险物品或者其他工具的; (二)组织恐怖活动培训或者积极参加恐怖活动培训的; (三)为实施恐怖活动与境外恐怖活动组织或者人员联络的; (四)为实施恐怖活动进行策划或者其他准备的。 有前款行为,同时构成其他犯罪的,依照处罚较重的规定定罪处罚。 第一百二十条之三 【宣扬恐怖主义、极端主义、煽动实施恐怖活动罪】以制作、散发宣扬恐怖主义、极端主义的图书、音频视频资料或者其他物品,或者通过讲授、发布信息等方式宣扬恐怖主义、极端主义的,或者煽动实施恐怖活动的,处五年以下有期徒刑、拘役、管制或者剥夺政治权利,并处罚金;情节严重的,处五年以上有期徒刑,并处罚金或者没收财产。 第一百二十条之四 【利用极端主义破坏法律实施罪】利用极端主义煽动、胁迫群众破坏国家法律确立的婚姻、司法、教育、社会管理等制度实施的,处三年以下有期徒刑、拘役或者管制,并处罚金;情节严重的,处三年以上七年以下有期徒刑,并处罚金;情节特别严重的,处七年以上有期徒刑,并处罚金或者没收财产。 第一百二十条之五 【强制穿戴宣扬恐怖主义、极端主义服饰、标志罪】以暴力、胁迫等方式强制他人在公共场所穿着、佩戴宣扬恐怖主义、极端主义服饰、标志的,处三年以下有期徒刑、拘役或者管制,并处罚金。 第一百二十条之六 【非法持有宣扬恐怖主义、极端主义物品罪】明知是宣扬恐怖主义、极端主义的图书、音频视频资料或者其他物品而非法持有,情节严重的,处三年以下有期徒刑、拘役或者管制,并处或者单处罚金。

危险驾驶罪

本罪是指在道路上驾驶机动车,实施《刑法》所禁止的危险驾驶的行为。"道路""机动车",适用道路交通安全法的有关规定来确定。

本罪行为表现为:

(1)追逐竞驶,情节恶劣。追逐竞驶,是指在道路上高速、超速行驶,随意追逐、超越其他车辆，频繁或突然并线，近距离驶入其他车辆之前的危险驾驶行为。

（2）醉酒驾驶机动车。在道路上驾驶机动车，血液酒精含量达到80毫克/100毫升以上的，属于醉酒驾驶机动车。

（3）从事校车业务或者旅客运输，严重超过额定乘员载客，或者严重超过规定时速行驶。

（4）违反危险化学品安全管理规定运输危险化学品，危及公共安全。

根据《刑法》第133条之一第2款的规定，机动车所有人、管理人对（3）、（4）中的行为负有直接责任的，同样构成本罪。

危险驾驶行为同时构成交通肇事罪或者以危险方法危害公共安全罪等犯罪的，依照处罚较重的规定定罪处罚，不实行数罪并罚。醉酒驾驶机动车，以暴力、威胁方法阻碍公安机关依法检查，又构成妨害公务罪等其他犯罪的，应实行数罪并罚。

犯本罪的，根据《刑法》第133条之一的规定处罚。

《刑法》重点法条新旧对照

修改前	修改后
第一百三十三条之一 【危险驾驶罪】在道路上驾驶机动车追逐竞驶，情节恶劣的，或者在道路上醉酒驾驶机动车的，处拘役，并处罚金。 有前款行为，同时构成其他犯罪的，依照处罚较重的规定定罪处罚。 （《刑法修正案（八）》第二十二条修正）	第一百三十三条之一 【危险驾驶罪】在道路上驾驶机动车，有下列情形之一的，处拘役，并处罚金： （一）追逐竞驶，情节恶劣的； （二）醉酒驾驶机动车的； （三）从事校车业务或者旅客运输，严重超过额定乘员载客，或者严重超过规定时速行驶的； （四）违反危险化学品安全管理规定运输危险化学品，危及公共安全的。 机动车所有人、管理人对前款第三项、第四项行为负有直接责任的，依照前款的规定处罚。 有前两款行为，同时构成其他犯罪的，依照处罚较重的规定定罪处罚。 【关联法条】最高人民法院、最高人民检察院、公安部《关于办理醉酒驾驶机动车刑事案件适用法律若干问题的意见》 三、醉酒驾驶机动车，以暴力、威胁方法阻碍公安机关依法检查，又构成妨害公务罪等其他犯罪的，依照数罪并罚的规定处罚。

走私武器、弹药罪的处罚

根据《刑法》第151条第1款、第4款的规定，犯本罪的，处7年以上有期徒刑，并处罚金或者没收财产；情节特别严重的，处无期徒刑，并处没收财产；情节较轻的，处3年以上7年以下有期徒刑，并处罚金。

说过就过

单位犯本罪的，对单位判处罚金，并对其直接负责的主管人员和其他直接责任人员，依照上述规定处罚。走私武器、弹药的行为，可能同时触犯非法买卖、运输、邮寄、储存枪支、弹药罪，由于刑法将走私行为作了规定，所以，凡是符合走私武器、弹药罪的构成要件的，不再认定为非法运输、邮寄、储存枪支、弹药罪；但是，行为人走私武器、弹药进境后，又非法出售的，应另成立非法买卖枪支、弹药罪。根据《刑法》第157条的规定，武装掩护走私的，从重处罚；对以暴力、胁迫方法抗拒缉私的，应认定为走私武器、弹药罪和妨害公务罪，实行数罪并罚。

《刑法》重点法条新旧对照

修改前	修改后
第一百五十一条 【走私武器、弹药罪；走私核材料罪；走私假币罪】走私武器、弹药、核材料或者伪造的货币的，处七年以上有期徒刑，并处罚金或者没收财产；情节特别严重的，处无期徒刑或者死刑，并处没收财产；情节较轻的，处三年以上七年以下有期徒刑，并处罚金。 【走私文物罪；走私贵重金属罪；走私珍贵动物、珍贵动物制品罪】走私国家禁止出口的文物、黄金、白银和其他贵重金属或者国家禁止进出口的珍贵动物及其制品的，处五年以上十年以下有期徒刑，并处罚金；情节特别严重的，处十年以上有期徒刑或者无期徒刑，并处没收财产；情节较轻的，处五年以下有期徒刑，并处罚金。 【走私国家禁止进出口的货物、物品罪】走私珍稀植物及其制品等国家禁止进出口的其他货物、物品的，处五年以下有期徒刑或者拘役，并处或者单处罚金；情节严重的，处五年以上有期徒刑，并处罚金。 单位犯本条规定之罪的，对单位判处罚金，并对其直接负责的主管人员和其他直接责任人员，依照本条各款的规定处罚。 （《刑法修正案（七）》第一条、《刑法修正案（八）》第二十六条修正）	第一百五十一条 【走私武器、弹药罪；走私核材料罪；走私假币罪】走私武器、弹药、核材料或者伪造的货币的，处七年以上有期徒刑，并处罚金或者没收财产；情节特别严重的，处无期徒刑或者死刑，并处没收财产；情节较轻的，处三年以上七年以下有期徒刑，并处罚金。 【走私文物罪；走私贵重金属罪；走私珍贵动物、珍贵动物制品罪】走私国家禁止出口的文物、黄金、白银和其他贵重金属或者国家禁止进出口的珍贵动物及其制品的，处五年以上十年以下有期徒刑，并处罚金；情节特别严重的，处十年以上有期徒刑或者无期徒刑，并处没收财产；情节较轻的，处五年以下有期徒刑，并处罚金。 【走私国家禁止进出口的货物、物品罪】走私珍稀植物及其制品等国家禁止进出口的其他货物、物品的，处五年以下有期徒刑或者拘役，并处或者单处罚金；情节严重的，处五年以上有期徒刑，并处罚金。 单位犯本条规定之罪的，对单位判处罚金，并对其直接负责的主管人员和其他直接责任人员，依照本条各款的规定处罚。

对非国家工作人员行贿罪的处罚

根据《刑法》第164条的规定，犯本罪的，处3年以下有期徒刑或者拘役，并处罚金；数额巨大的，处3年以上10年以下有期徒刑，并处罚金；单位犯本罪的，对单位判处罚金，并对其直接负责的主管人员和其他直接责任人员，依照个人犯罪的规定处罚。行贿人在被追诉前主动交代行贿行为的，可以减轻处罚或者免除处罚。

《刑法》重点法条新旧对照

修改前	修改后
第一百六十四条 【对非国家工作人员行贿罪】为谋取不正当利益，给予公司、企业或者其他单位的工作人员以财物，数额较大的，处三年以下有期徒刑或者拘役；数额巨大的，处三年以上十年以下有期徒刑，并处罚金。 【对外国公职人员、国际公共组织官员行贿罪】为谋取不正当商业利益，给予外国公职人员或者国际公共组织官员以财物的，依照前款的规定处罚。 单位犯前两款罪的，对单位判处罚金，并对其直接负责的主管人员和其他直接责任人员，依照第一款的规定处罚。 行贿人在被追诉前主动交代行贿行为的，可以减轻处罚或者免除处罚。 （《刑法修正案（六）》第八条、《刑法修正案（八）》第二十九条修正）	第一百六十四条 【对非国家工作人员行贿罪】为谋取不正当利益，给予公司、企业或者其他单位的工作人员以财物，数额较大的，处三年以下有期徒刑或者拘役，并处罚金；数额巨大的，处三年以上十年以下有期徒刑，并处罚金。 【对外国公职人员、国际公共组织官员行贿罪】为谋取不正当商业利益，给予外国公职人员或者国际公共组织官员以财物的，依照前款的规定处罚。 单位犯前两款罪的，对单位判处罚金，并对其直接负责的主管人员和其他直接责任人员，依照第一款的规定处罚。 行贿人在被追诉前主动交代行贿行为的，可以减轻处罚或者免除处罚。

伪造货币罪的处罚

根据《刑法》第170条的规定，犯本罪的，处3年以上10年以下有期徒刑，并处罚金；有下列情形之一的，处10年以上有期徒刑或者无期徒刑，并处罚金或者没收财产：（1）伪造货币集团的首要分子；（2）伪造货币数额特别巨大的；（3）有其他特别严重情节的。

《刑法》重点法条新旧对照

修改前	修改后
第一百七十条 【伪造货币罪】伪造货币的，处三年以上十年以下有期徒刑，并处五万元以上五十万元以下罚金；有下列情形之一的，处十年以上有期徒刑、无期徒刑或者死刑，并处五万元以上五十万元以下罚金或者没收财产： （一）伪造货币集团的首要分子； （二）伪造货币数额特别巨大的； （三）有其他特别严重情节的。	第一百七十条 【伪造货币罪】伪造货币的，处三年以上十年以下有期徒刑，并处罚金；有下列情形之一的，处十年以上有期徒刑或者无期徒刑，并处罚金或者没收财产： （一）伪造货币集团的首要分子； （二）伪造货币数额特别巨大的； （三）有其他特别严重情节的。

集资诈骗罪的处罚

犯本罪的，根据《刑法》第192条、第200条的规定处罚（《刑法修正案（九）》删除本罪死刑规定）。量刑时，既要考虑诈骗数额，也要考虑其他情节。

《刑法》重点法条新旧对照

修改前	修改后
第一百九十九条犯本节第一百九十二条规定之罪，数额特别巨大并且给国家和人民利益造成特别重大损失的，处无期徒刑或者死刑，并处没收财产。	无

旧题新练

甲资金链断裂无法归还借款，但仍继续扩大宣传，又吸纳社会资金2000万元，以后期借款归还前期借款。后因亏空巨大，甲将余款500万元交给其子，跳楼自杀。下列选项正确的是：(2012/2/91)

A. 甲以非法占有为目的，非法吸纳资金，构成集资诈骗罪

B. 甲集资诈骗的数额为2000万元

C. 根据《刑法》规定，集资诈骗数额特别巨大的，可判处死刑

D. 甲已死亡，导致刑罚消灭，法院对余款500万元不能进行追缴

【参考答案及解析】 AB（原答案为ABC）。集资诈骗罪在客观方面表现为使用诈骗方法非法集资。使用诈骗方法，是指以非法占有为目的，采用编造谎言、捏造或者隐瞒事实真相等欺骗方法，骗取他人资金的行为，如采取虚构资金用途、以共同投资等名义非法集资；以参加投资的人可以获取数倍于同期银行存款利率的收益等诈骗手段为诱饵吸收公众投资，将筹集的资金据为己有。非法集资，是指公司、企业或其他组织、个人未经批准，违反法律、法规，通过不正当的渠道向社会公众或者集体募集资金的行为。甲在明知资金链断裂无法归还借款的情况下，仍继续扩大宣传，吸纳社会资金2000万元，构成集资诈骗罪，犯罪数额是2000万元。根据《刑法》第64条的规定，犯罪分子违法所得的一切财物，应当予以追缴或者责令退赔。因此，即便甲已死亡，刑罚消灭，司法机关对余款500万元也可以进行追缴。D项错误。在《刑法修正案（九）》之前，根据1997年《刑法》第199条的规定，集资诈骗数额特别巨大并且给国家和人民利益造成特别重大损失的，可以判处死刑，因此考试当年答案为ABC。但《刑法修正案（九）》第12条废除了集资诈骗罪的死刑，因此，AB为本题正确答案。

强制猥亵、侮辱罪

（一）概念与特征

本罪是指以暴力、胁迫或者其他方法强制猥亵他人或者侮辱妇女的行为。

第一，本罪的客体是他人的性自主权和人格尊严。

第二，客观方面具有以下特征：

（1）行为对象。在猥亵的场合，《刑法修正案（九）》将本罪的行为对象由"妇女"修改为"他人"，从而无论猥亵的是妇女还是成年男子，都构成本罪。在侮辱的场合，行为对象只能是妇女。行为人故意杀害他人后，再针对尸体实施猥亵、侮辱行为的，不构成本罪，而应认定为故意杀人罪与侮辱尸体罪，实行数罪并罚。

（2）必须实施了猥亵他人或者侮辱妇女的行为。首先，猥亵行为具有质的规定性。在本罪中，猥亵是指针对成年男女实施的，伤害他人的性羞耻心，侵害他人的性自主权的行为。主要包括以下情况：一是直接对被害人实施猥亵行为，或者迫使被害人容忍行为人或第三人对之实施猥亵行为；二是迫使被害人对行为人或者第三人实施猥亵行为；三是强迫被害人自行实施猥亵行为；四是强迫被害人观看他人的猥亵行为。"伤害他人的性羞耻心"实际上是指导致被害人产生了性的羞耻心。"侵害他人的性自主权"是指猥亵行为违反了被害人的意志，使被害人的性的自主权受到侵害。强制猥亵、侮辱行为不以公然实施为前提，即使在非公开的场所，只有行为人与被害人在场，没有也不可能有第三人在场，行为人强制猥亵他人或者侮辱妇女的，也成立本罪。

其次，猥亵行为与侮辱行为具有同一性。换言之，侮辱行为并不是独立于猥亵行为之外的一种行为。因为猥亵行为包括了伤害被害人的性羞耻心，侵害被害人的性自主权的一切行为，而侮辱行为也不可能超出这一范围。任何针对被害人实施的与猥亵行为性质相同的侮辱行为，都必然伤害被害人的性羞耻心，侵害被害人的性自主权。《刑法》第237条第1款仅规定了"侮辱妇女"而没有规定侮辱"成年男性"，《刑法》第237条第3款仅规定了"猥亵儿童"而没有规定"侮辱儿童"，如果机械地区分猥亵行为与侮辱行为，必然造成以下两种结局之一：其一，猥亵成年男子、儿童的是犯罪行为，但侮辱成年男子、儿童的不是犯罪行为。这不合理。其二，猥亵成年男子、儿童的构成猥亵犯罪，侮辱成年男子、儿童的行为在具有公然性的场合成立第246条的侮辱罪，而在没有公然性的场合则无罪。这不妥当。

再次，猥亵行为具有相对性。在不同的情形中，猥亵行为的范围并不相同。例如，强制猥亵成年男子时，猥亵行为包括与成年男子性交行为在内，而强制猥亵妇女与猥亵幼女的行为，只能是性交以外的行为。

最后，猥亵行为还具有变易性。随着人们的性观念、社会的性风尚与性行为秩序的变化，猥亵行为的外延会发生变化。

（3）必须以暴力、胁迫或者其他使被害人不能反抗、不敢反抗、不知反抗的方法强制猥亵他人或者侮辱妇女。换言之，对于本罪中"暴力、胁迫或者其他方法"，应当与强奸罪客观方面的"暴力、胁迫或者其他手段"作出相同的解释。值得注意的是，在不少案件中，暴力本身也可能是猥亵行为；反之某些猥亵行为本身也是暴力行为。

第三，主体是已满16周岁，具有辨认控制能力的自然人。年满16周岁的妇女也可以成为本罪的主体。

第四，主观上具有故意，行为人明知自己的猥亵、侮辱行为违背被害人意志，侵犯了被害人的性自主权，但仍然强行实施该行为。本罪的成立并不需要行为人主观上出于刺激或者满足性欲的内心倾向，行为人出于报复等动机强制猥亵他人或者侮辱妇女的，也成立本罪。

（二）认定

在被害人为妇女的场合，强制猥亵、侮辱罪与（普通）强奸罪都是侵犯妇女身心健康的犯罪，在客观上都使用了暴力、胁迫或其他方法，但二者的犯罪构成不同：（1）客观方面不完全相同：前者只要求对妇女实施性交以外的猥亵、侮辱行为；后者要求与妇女发生性交。（2）主体不完全相同：前者的直接正犯既可以是男子，也可以是妇女；后者的直接正犯只能是男子。（3）主观故意内容不同：前者不要求有强行奸淫的目的；后者以强行奸淫为目的。此外应注意的是，在强奸过程中实施的强制猥亵、侮辱行为，一般不另认定为强制猥亵、侮辱罪。

（三）处罚

根据《刑法》第237条规定，犯本罪的，处5年以下有期徒刑或者拘役；聚众或者在公共场所当众犯本罪的，或者有其他恶劣情节的，处5年以上有期徒刑。在校园、游泳馆、儿童游乐场等公共场所实施强奸、强制猥亵、侮辱犯罪，只要有其他多人在场，不论在场人员是否实际看到，均可认定为在公共场所"当众"犯强奸罪、强制猥亵、侮辱罪。

《刑法》重点法条新旧对照

修改前	修改后
第二百三十七条 【强制猥亵、侮辱妇女罪；猥亵儿童罪】以暴力、胁迫或者其他方法强制猥亵妇女或者侮辱妇女的，处五年以下有期徒刑或者拘役。 聚众或者在公共场所当众犯前款罪的，处五年以上有期徒刑。 猥亵儿童的，依照前两款的规定从重处罚。	第二百三十七条 【强制猥亵、侮辱罪；猥亵儿童罪】以暴力、胁迫或者其他方法强制猥亵他人或者侮辱妇女的，处五年以下有期徒刑或者拘役。 聚众或者在公共场所当众犯前款罪的，或者有其他恶劣情节的，处五年以上有期徒刑。 猥亵儿童的，依照前两款的规定从重处罚。

绑架罪

（一）概念与特征

本罪是指利用被绑架人的近亲属或者其他人对被绑架人安危的忧虑，以勒索财物或满足其他不法要求为目的，使用暴力、胁迫或者麻醉方法劫持或以实力控制他人的行为。

第一，本罪的客体是被绑架人的人身自由与安全。

第二，客观方面表现为利用被绑架人的近亲属或其他人对被绑架人安危的忧虑，使用暴力、胁迫或者麻醉方法劫持或以实力控制他人。绑架的对象是任何他人，包括妇女、儿童和婴幼儿乃至行为人的子女或者父母。绑架的实质是使被害人处于行为人或第三者的实力支配下，事实上存在着使未成年人的父母离开生活场所而将未成年人控制在行为人实力范围内的情况，也存在使被害人滞留在本来的生活场所但使其丧失行动自由的绑架案件，所以，绑架不要求使被害人离开原来的生活场所。绑架行为应具有强制性，即使用暴力、胁迫或者麻醉方法控制他人。对于缺乏或者丧失行动能力的被害人，行为人采取偷盗、引诱等方法使其处于行为人或第三者实力支配下的，也可能成立绑架罪。例如，以勒赎为目的，偷盗婴幼儿的，成立绑架罪。

第三，主体必须是已满16周岁，具有辨认控制能力的自然人。已满14周岁不满16周岁的人实施绑架行为，故意杀害被绑架人的，应认定为故意杀人罪。

第四，主观上只能出于故意。行为人一方面利用被绑架人的近亲属或者其他人对被绑架人安危的忧虑，这里的"其他人"包括单位乃至国家。另一方面以勒索财物或满足其他不法要求为目的。如果不具有这种心理状态，则不构成绑架罪。以勒赎为目的，偷盗婴幼儿的，应以本罪论处。同样，为了将婴儿作为人质以实现其他不法要求，而偷盗婴幼儿的，也成立本罪。勒索财物或满足其他不法要求的目的，不需要现实化。换言之，只要行为人具有这种目的，即使客观上没有对被绑架人的近亲属或其他人勒索财物或提出其他不法要求，也成立绑架罪；如果行为人客观上向被绑架人的近亲属或其他人勒索财物或提出了其他不法要求，也不另成立其他犯罪。但是，如果行为人"绑架"他人是为了直接向被绑架人索取财物，则应认定为抢劫罪。

（二）认定

根据《刑法》第239条第2款的规定，行为人绑架他人后，杀害被绑架人的，或者故意伤害被绑架人，致人重伤、死亡的，应以绑架罪一罪论处。绑架他人后，故意实施强奸等行为的,则应实行数罪并罚。

根据《刑法》第 238 条第 3 款的规定,行为人为索取债务非法扣押、拘禁他人的,只构成非法拘禁罪,不成立绑架罪。2000 年 7 月 13 日最高人民法院《关于对为索取法律不予保护的债务非法拘禁他人行为如何定罪问题的解释》指出:"行为人为索取高利贷、赌债等法律不予保护的债务,非法扣押、拘禁他人的,依照刑法第二百三十八条的规定定罪处罚。"但是,如果行为人为了索取法律不予保护的债务或者单方面主张的债务,以实力支配、控制被害人后,以杀害、伤害被害人相威胁的,宜认定为绑架罪。行为人为了索取债务,而将与债务人没有共同财产关系、扶养、抚养关系的第三者作为人质的,也应认定为绑架罪。

(三)处罚

根据《刑法》第 239 条的规定,犯绑架罪的,处 10 年以上有期徒刑或者无期徒刑,并处罚金或者没收财产;情节较轻的,处 5 年以上 10 年以下有期徒刑,并处罚金;杀害被绑架人的,或者故意伤害被绑架人,致人重伤、死亡的,处无期徒刑或者死刑,并处没收财产。杀害被绑架人(俗称"撕票"),属于结合犯,即将绑架行为与故意杀人行为结合为一个罪。杀害被绑架人但未能成功杀死的,属于杀害未遂,也适用第 239 条第 2 款的规定(同时应适用第 23 条未遂犯的规定)。故意伤害被绑架人,仅在致人重伤、死亡时,才能适用第 239 条第 2 款的规定。

《刑法》重点法条新旧对照

修改前	修改后
第二百三十九条 【绑架罪】以勒索财物为目的绑架他人的,或者绑架他人作为人质的,处十年以上有期徒刑或者无期徒刑,并处罚金或者没收财产;情节较轻的,处五年以上十年以下有期徒刑,并处罚金。 犯前款罪,致使被绑架人死亡或者杀害被绑架人的,处死刑,并处没收财产。 以勒索财物为目的偷盗婴幼儿的,依照前两款的规定处罚。 (《刑法修正案(七)》第六条修正)	第二百三十九条 【绑架罪】以勒索财物为目的绑架他人的,或者绑架他人作为人质的,处十年以上有期徒刑或者无期徒刑,并处罚金或者没收财产;情节较轻的,处五年以上十年以下有期徒刑,并处罚金。 犯前款罪,杀害被绑架人的,或者故意伤害被绑架人,致人重伤、死亡的,处无期徒刑或者死刑,并处没收财产。 以勒索财物为目的偷盗婴幼儿的,依照前两款的规定处罚。

为谋财绑架他人的,在下列哪一种情形下不应当判处死刑?(2009/2/8)

A. 甲绑架并伤害被绑架人致其残疾的

B. 乙杀死人质后隐瞒事实真相向人质亲友勒索赎金 10 万元的
C. 丙绑架人质后害怕罪行败露杀人灭口的
D. 丁控制人质时因捆绑太紧过失致被害人死亡的

【参考答案及解析】 无（原答案为 A）。BC 项属于故意杀害被绑架人的情形；D 项属于过失导致被绑架人死亡的情形。在《刑法修正案（九）》之前，1997 年《刑法》第 239 条规定，故意杀害被绑架人，或者过失致使被绑架人死亡的，都应绝对适用死刑，没有其他刑种可以选择。A 项只是导致被绑架人伤害的，不能适用死刑，考试当年 A 为本题正确选项。根据《刑法修正案（九）》的最新规定，对 BCD 项均仅是根据犯罪具体情形有可能判处绑架犯死刑，而不是"应当"判处死刑。换言之，《刑法修正案（九）》的最新规定使本题已无正确答案。

收买被拐卖的妇女、儿童罪

（一）概念与特征

本罪是指故意用金钱或财物收买被拐卖的妇女、儿童的行为。

客观上表现为收买被拐卖的妇女、儿童的行为。首先，犯罪对象必须是被拐卖的妇女、儿童。其次，必须有收买行为。所谓收买，是指行为人用金钱或者其他财物，作为被拐卖的妇女、儿童的代价，将妇女、儿童买归自己占有或支配。收买的基本特征是将妇女、儿童当做商品买回，因此不同于收养。

主观上只能是故意，即明知是被拐卖的妇女、儿童而收买。成立本罪不要求以出卖为目的；换言之，如果行为人具有出卖的目的，则成立拐卖妇女、儿童罪。此外，收买被拐卖的妇女、儿童后，产生出卖的意图并出卖妇女、儿童的，也以拐卖妇女、儿童罪论处。

（二）处罚

根据《刑法》第 241 条第 1 款的规定，犯本罪的，处 3 年以下有期徒刑、拘役或者管制。《刑法》第 241 条第 6 款还规定："收买被拐卖的妇女、儿童，对被买儿童没有虐待行为，不阻碍对其进行解救的，可以从轻处罚；按照被买妇女的意愿，不阻碍其返回原居住地的，可以从轻或者减轻处罚。"

说过就过

《刑法》重点法条新旧对照

修改前	修改后
第二百四十一条 【收买被拐卖的妇女、儿童罪；强奸罪；非法拘禁罪；故意伤害罪；侮辱罪；拐卖妇女、儿童罪】收买被拐卖的妇女、儿童的，处三年以下有期徒刑、拘役或者管制。 收买被拐卖的妇女，强行与其发生性关系的，依照本法第二百三十六条的规定定罪处罚。 收买被拐卖的妇女、儿童，非法剥夺、限制其人身自由或者有伤害、侮辱等犯罪行为的，依照本法的有关规定定罪处罚。 收买被拐卖的妇女、儿童，并有第二款、第三款规定的犯罪行为的，依照数罪并罚的规定处罚。 收买被拐卖的妇女、儿童又出卖的，依照本法第二百四十条的规定定罪处罚。 收买被拐卖的妇女、儿童，按照被买妇女的意愿，不阻碍其返回原居住地的，对被买儿童没有虐待行为，不阻碍对其进行解救的，可以不追究刑事责任。	第二百四十一条 【收买被拐卖的妇女、儿童罪；强奸罪；非法拘禁罪；故意伤害罪；侮辱罪；拐卖妇女、儿童罪】收买被拐卖的妇女、儿童的，处三年以下有期徒刑、拘役或者管制。 收买被拐卖的妇女，强行与其发生性关系的，依照本法第二百三十六条的规定定罪处罚。 收买被拐卖的妇女、儿童，非法剥夺、限制其人身自由或者有伤害、侮辱等犯罪行为的，依照本法的有关规定定罪处罚。 收买被拐卖的妇女、儿童，并有第二款、第三款规定的犯罪行为的，依照数罪并罚的规定处罚。 收买被拐卖的妇女、儿童又出卖的，依照本法第二百四十条的规定定罪处罚。 收买被拐卖的妇女、儿童，对被买儿童没有虐待行为，不阻碍对其进行解救的，可以从轻处罚；按照被买妇女的意愿，不阻碍其返回原居住地的，可以从轻或者减轻处罚。

旧题新练

下列哪种说法是错误的？（2006/2/16）

1. 甲取得患有绝症的病人乙的同意而将其杀死，甲仍然构成故意杀人罪

B. 甲以出卖为目的收买生活贫困的妇女乙后，经乙同意将其卖给一个富裕人家为妻，甲仍然构成拐卖妇女罪

C. 甲征得不满14周岁的幼女乙同意而与之发生性行为，甲仍然构成强奸罪

D. 甲在收买被拐卖的妇女乙后，按照乙的意愿没有阻碍其返回原居住地，对甲仍然应当追究收买被拐卖的妇女罪的刑事责任

【参考答案及解析】 无（原答案为D）。不是所有的放弃合法权益的行为都不构成犯罪。首先，被害人应对被侵害的权益具有处分权限。被害人承诺允许行为人损害国家利益、公共利益、他人利益，是无效的。只有对自己权益的处分，被害人的承诺才可能排除犯罪性。但即使在承诺侵害自己的权益的情况下，也不能违反法律的强制性规定。例如，经被害人承诺将其杀害的，仍然构成故意杀人罪。帮助他人安乐死目前在我国仍然是非法的，按故意杀人罪处理，所以选项A仍然构成故意杀人罪。其次，被害人对自己所承诺的事项的意义、范围应具有理解能力。选项C中，幼女的智力程度不足以真正理解性行为的意义，因此我国刑法规定，对于和幼女发生性行为的，即使幼女同意，也构成强奸罪。最后，经承诺所实施的行为本身必须不得违反法律规

定，否则还是会构成犯罪。例如，选项 B 中，甲将乙卖给富裕人家为妻，虽然征得了乙的同意，但由于拐卖妇女是我国法律所禁止的，因此甲仍然构成拐卖妇女罪。

选项 D 不是被害人的承诺问题，出题当年考查的是法律的一个特殊规定。为了鼓励收买被拐卖妇女的人将妇女放回原籍，《刑法》第 241 条规定对于按照被收买妇女的意愿，没有阻碍其返回原居住地的收买人，可以不追究其收买被拐卖妇女的刑事责任，故当年答案为 D。《刑法修正案（九）》对本条作了修改，仍要追究刑责，只是可以从轻或者减轻处罚，故 D 正确。

侮辱罪、诽谤罪的处罚

（一）侮辱罪的处罚

根据《刑法》第 246 条的规定，犯侮辱罪的，处 3 年以下有期徒刑、拘役、管制或者剥夺政治权利。犯本罪的，告诉的才处理，但是严重危害社会秩序和国家利益的除外。通过信息网络实施侮辱行为，被害人向人民法院告诉，但提供证据确有困难的，人民法院可以要求公安机关提供协助。

（二）诽谤罪的处罚

根据《刑法》第 246 条第 1 款规定，犯诽谤罪的，处 3 年以下有期徒刑、拘役、管制或者剥夺政治权利。《刑法》第 246 条第 2 款规定，犯侮辱、诽谤罪，"告诉的才处理，但是严重危害社会秩序和国家利益的除外"。第 3 款规定，"通过信息网络实施侮辱行为，被害人向人民法院告诉，但提供证据确有困难的，人民法院可以要求公安机关提供协助"。所谓"告诉的才处理"，是指被害人告诉才处理，如因受强制、威吓无法告诉的，人民检察院和被害人的近亲属也可以告诉。刑法之所以将侮辱、诽谤罪规定为告诉才处理的犯罪，主要是因为侮辱、诽谤行为大都发生在邻居、同事之间，在多数场合可以通过调解方式解决。此外，被害人可能不愿意让更多的人知道自己受侮辱、诽谤的事实，如果违反被害人的意志提起诉讼，会产生相反的效果。所谓"严重危害社会秩序和国家利益的除外"，一般是指在下列两种情况下，应由人民检察院提起诉讼：一是侮辱、诽谤情节特别严重，引起了被害人自杀身亡或者精神失常等后果，被害人失去自诉能力的；二是侮辱、诽谤党和国家领导人、外国元首、外交代表等特定对象，既损害他人名誉，又危害国家利益的。第 3 款的规定并不意味着通过信息网络侮辱、诽谤的案件转化为公诉案件，仅是意味着在法院的要求下，被害人在收集证据方面可以获得公安机关的协助。

《刑法》重点法条新旧对照

修改前	修改后
第二百四十六条 【侮辱罪、诽谤罪】以暴力或者其他方法公然侮辱他人或者捏造事实诽谤他人，情节严重的，处三年以下有期徒刑、拘役、管制或者剥夺政治权利。 前款罪，告诉的才处理，但是严重危害社会秩序和国家利益的除外。	第二百四十六条 【侮辱罪、诽谤罪】以暴力或者其他方法公然侮辱他人或者捏造事实诽谤他人，情节严重的，处三年以下有期徒刑、拘役、管制或者剥夺政治权利。 前款罪，告诉的才处理，但是严重危害社会秩序和国家利益的除外。 通过信息网络实施第一款规定的行为，被害人向人民法院告诉，但提供证据确有困难的，人民法院可以要求公安机关提供协助。 【关联法条】《刑九时间效力解释》 第四条对于2015年10月31日以前通过信息网络实施的刑法第二百四十六条第一款规定的侮辱、诽谤行为，被害人向人民法院告诉，但提供证据确有困难的，适用修正后刑法第二百四十六条第三款的规定。

侵犯公民个人信息罪

本罪是指违反国家有关规定，向他人出售或者提供公民个人信息，或者将在履行职责或者提供服务过程中获得的公民个人信息，出售或者提供给他人，以及窃取或者以其他方法非法获取公民个人信息，情节严重的行为。

本罪行为包括以下类型：

（1）违反国家有关规定，向他人出售或者提供公民个人信息。"出售"也属于"提供"，因为出售是一种常见类型，故法条将其独立规定。提供的方式没有限定，凡是使他人可以知悉公民个人信息的行为，均属于提供。

（2）违反国家有关规定，将在履行职责或者提供服务过程中获得的公民个人信息，出售或者提供给他人。"在履行职责或者提供服务过程中获得的公民个人信息"，包括作为主体的单位以及自然人在履行职责或者提供服务过程中正当、正常获得的公民个人信息。例如，银行工作人员在工作中获得的储户个人信息，网络、电信服务商在提供网络、电信服务过程中获得的公民个人信息等。

（3）窃取或者以其他方法非法获取公民个人信息。"窃取"也是"非法获取"的一种方式，只是由于窃取的方式较为常见，故法条将其独立规定。凡是非法获得公民个人信息的行为，均属于"以其他方法非法获取"，如购得、骗取、夺取等。上述三种类型的行为，均要求情节严重。作为本罪行为对象的"公民个人信息"包括公民的姓名、年龄、有效证件号码、婚姻状况、工作单位、学历、履历、家庭住址、电话号码等能够识别公民个人身份或者涉及公民个人隐私的信息、数据资料。因此，公民生理状态、遗传特征、经济状况、电话通话清单、个人具体行踪等也包括在内。

本罪主观方面为故意，特定目的与动机不影响本罪的成立。犯本罪的，根据《刑法》第253条之一的规定处罚。

【相关法条】

最高人民法院　最高人民检察院
关于办理侵犯公民个人信息刑事案件适用法律若干问题的解释

《最高人民法院、最高人民检察院关于办理侵犯公民个人信息刑事案件适用法律若干问题的解释》已于2017年3月20日由最高人民法院审判委员会第1712次会议、2017年4月26日由最高人民检察院第十二届检察委员会第63次会议通过，现予公布，自2017年6月1日起施行。

最高人民法院 最高人民检察院
2017年5月8日

（2017年3月20日最高人民法院审判委员会第1712次会议、2017年4月26日最高人民检察院第十二届检察委员会第63次会议通过，自2017年6月1日起施行）

为依法惩治侵犯公民个人信息犯罪活动，保护公民个人信息安全和合法权益，根据《中华人民共和国刑法》《中华人民共和国刑事诉讼法》的有关规定，现就办理此类刑事案件适用法律的若干问题解释如下：

第一条　刑法第二百五十三条之一规定的"公民个人信息"，是指以电子或者其他方式记录的能够单独或者与其他信息结合识别特定自然人身份或者反映特定自然人活动情况的各种信息，包括姓名、身份证件号码、通信通讯联系方式、住址、账号密码、财产状况、行踪轨迹等。

第二条　违反法律、行政法规、部门规章有关公民个人信息保护的规定的，应当认定为刑法第二百五十三条之一规定的"违反国家有关规定"。

第三条　向特定人提供公民个人信息，以及通过信息网络或者其他途径发布公民个人信息的，应当认定为刑法第二百五十三条之一规定的"提供公民个人信息"。

未经被收集者同意，将合法收集的公民个人信息向他人提供的，属于刑法第二百五十三条之一规定的"提供公民个人信息"，但是经过处理无法识别特定个人且不能复原的除外。

第四条 违反国家有关规定，通过购买、收受、交换等方式获取公民个人信息，或者在履行职责、提供服务过程中收集公民个人信息的，属于刑法第二百五十三条之一第三款规定的"以其他方法非法获取公民个人信息"。

第五条 非法获取、出售或者提供公民个人信息，具有下列情形之一的，应当认定为刑法第二百五十三条之一规定的"情节严重"：

（一）出售或者提供行踪轨迹信息，被他人用于犯罪的；

（二）知道或者应当知道他人利用公民个人信息实施犯罪，向其出售或者提供的；

（三）非法获取、出售或者提供行踪轨迹信息、通信内容、征信信息、财产信息五十条以上的；

（四）非法获取、出售或者提供住宿信息、通信记录、健康生理信息、交易信息等其他可能影响人身、财产安全的公民个人信息五百条以上的；

（五）非法获取、出售或者提供第三项、第四项规定以外的公民个人信息五千条以上的；

（六）数量未达到第三项至第五项规定标准，但是按相应比例合计达到有关数量标准的；

（七）违法所得五千元以上的；

（八）将在履行职责或者提供服务过程中获得的公民个人信息出售或者提供给他人，数量或者数额达到第三项至第七项规定标准一半以上的；

（九）曾因侵犯公民个人信息受过刑事处罚或者二年内受过行政处罚，又非法获取、出售或者提供公民个人信息的；

（十）其他情节严重的情形。

实施前款规定的行为，具有下列情形之一的，应当认定为刑法第二百五十三条之一第一款规定的"情节特别严重"：

（一）造成被害人死亡、重伤、精神失常或者被绑架等严重后果的；

（二）造成重大经济损失或者恶劣社会影响的；

（三）数量或者数额达到前款第三项至第八项规定标准十倍以上的；

（四）其他情节特别严重的情形。

第六条 为合法经营活动而非法购买、收受本解释第五条第一款第三项、第四项规定以外的公民个人信息，具有下列情形之一的，应当认定为刑法第二百五十三条之一规定的"情节严重"：

（一）利用非法购买、收受的公民个人信息获利五万元以上的；

（二）曾因侵犯公民个人信息受过刑事处罚或者二年内受过行政处罚，又非法购买、收受公民个人信息的；

（三）其他情节严重的情形。

实施前款规定的行为，将购买、收受的公民个人信息非法出售或者提供的，定罪量刑标准适用本解释第五条的规定。

第七条 单位犯刑法第二百五十三条之一规定之罪的，依照本解释规定的相应自然人犯罪的定罪量刑标准，对直接负责的主管人员和其他直接责任人员定罪处罚，并对单位判处罚金。

第八条 设立用于实施非法获取、出售或者提供公民个人信息违法犯罪活动的网站、通讯群组，情节严重的，应当依照刑法第二百八十七条之一的规定，以非法利用信息网络罪定罪处罚；同时构成侵犯公民个人信息罪的，依照侵犯公民个人信息罪定罪处罚。

第九条 网络服务提供者拒不履行法律、行政法规规定的信息网络安全管理义务，经监管部门责令采取改正措施而拒不改正，致使用户的公民个人信息泄露，造成严重后果的，应当依照刑法第二百八十六条之一的规定，以拒不履行信息网络安全管理义务罪定罪处罚。

第十条 实施侵犯公民个人信息犯罪，不属于"情节特别严重"，行为人系初犯，全部退赃，并确有悔罪表现的，可以认定为情节轻微，不起诉或者免予刑事处罚；确有必要判处刑罚的，应当从宽处罚。

第十一条 非法获取公民个人信息后又出售或者提供的，公民个人信息的条数不重复计算。

向不同单位或者个人分别出售、提供同一公民个人信息的，公民个人信息的条数累计计算。

对批量公民个人信息的条数，根据查获的数量直接认定，但是有证据证明信息不真实或者重复的除外。

第十二条 对于侵犯公民个人信息犯罪，应当综合考虑犯罪的危害程度、犯罪的违法所得数额以及被告人的前科情况、认罪悔罪态度等，依法判处罚金。罚金数额一般在违法所得的一倍以上五倍以下。

第十三条 本解释自 2017 年 6 月 1 日起施行。

《刑法》重点法条新旧对照

修改前	修改后
第二百五十三条之一 【出售、非法提供公民个人信息罪】国家机关或者金融、电信、交通、教育、医疗等单位的工作人员，违反国家规定，将本单位在履行职责或者提供服务过程中获得的公民个人信息，出售或者非法提供给他人，情节严重的，处三年以下有期徒刑或者拘役，并处或者单处罚金。 【非法获取公民个人信息罪】窃取或者以其他方法非法获取上述信息，情节严重的，依照前款的规定处罚。 单位犯前两款罪的，对单位判处罚金，并对其直接负责的主管人员和其他直接责任人员，依照各该款的规定处罚。 （《刑法修正案（七）》第七条修正）	第二百五十三条之一 【侵犯公民个人信息罪】违反国家有关规定，向他人出售或者提供公民个人信息，情节严重的，处三年以下有期徒刑或者拘役，并处或者单处罚金；情节特别严重的，处三年以上七年以下有期徒刑，并处罚金。 违反国家有关规定，将在履行职责或者提供服务过程中获得的公民个人信息，出售或者提供给他人，依照前款的规定从重处罚。 窃取或者以其他方法非法获取公民个人信息的，依照第一款的规定处罚。 单位犯前三款罪的，对单位判处罚金，并对其直接负责的主管人员和其他直接责任人员，依照各该款的规定处罚。

虐待罪和虐待被监护、看护人罪

（一）虐待罪

本罪是指对共同生活的家庭成员，经常以打骂、冻饿、禁闭、强迫过度劳动、有病不给治疗、限制自由、恐吓、侮辱、谩骂等手段，从肉体上和精神上进行摧残、折磨，情节恶劣的行为。在被虐待人出现伤亡后果时，应根据所实施的暴力手段与方式、是否立即或者直接造成被害人伤亡后果、被告人的主观故意等进行综合判断行为人属于虐待犯罪致人重伤、死亡还是故意伤害、故意杀人犯罪致人重伤、死亡。对于被告人主观上不具有侵害被害人健康或者剥夺被害人生命的故意，而是出于追求被害人肉体和精神上的痛苦，长期或者多次实施虐待行为，逐渐造成被害人身体损害，过失导致被害人重伤或者死亡的；或者因虐待致使被害人不堪忍受而自残、自杀，导致重伤或者死亡的，属于虐待"致使被害人重伤、死亡"，应当以虐待罪定罪处罚。对于被告人虽然实施家庭暴力呈现出经常性、持续性、反复性的特点，但其主观上具有希望或者放任被害人重伤或者死亡的故意，持凶器实施暴力，暴力手段残忍，暴力程度较强，直接或者立即造成被害人重伤或者死亡的，应当以故意伤害罪或者故意杀人罪定罪处罚。

犯本罪的，告诉的才处理，但被害人没有能力告诉，或者因受到强制、威吓无法告诉的除外。

犯本罪的，依照《刑法》第260条的规定处罚。

(二) 虐待被监护、看护人罪

本罪是指对未成年人、老年人、患病的人、残疾人等负有监护、看护职责的人虐待被监护、看护的人，情节恶劣的行为。

本罪的行为对象仅限于未成年人、老年人、患病的人、残疾人等被监护、看护的人。行为主体是对上述人员负有监护、看护职责的人，包括自然人与单位。至于哪些人负有监护、看护职责，应当根据不作为义务的来源进行判断。例如，养老院、孤儿院、幼儿园等单位的相关工作人员，对于老年人、孤儿、儿童等负有监护、看护职责；被雇请看护未成年人、老年人、患病的人、残疾人的人员，能够成为本罪主体。虐待行为既包括以积极的方式给被害人造成肉体上或者精神上痛苦的一切行为，也包括以消极的方式不满足被害人生活需要的行为。

本罪与虐待罪存在交叉关系，但不是法条竞合关系，而是想象竞合。换言之，当行为人不仅对未成年人、老年人、患病的人、残疾人等负有监护、看护职责，而且与被虐待的被监护、看护的人属于家庭成员时，行为同时触犯了本罪与虐待罪，成立想象竞合；由于本罪的法定刑高于虐待罪，故应按本罪的法定刑处罚。

本罪主观方面为故意。实施本罪行为同时构成其他犯罪的，依照处罚较重的规定定罪处罚。

犯本罪的，根据《刑法》第260条之一的规定处罚。

《刑法》重点法条新旧对照

修改前	修改后
第二百六十条 【虐待罪】虐待家庭成员，情节恶劣的，处二年以下有期徒刑、拘役或者管制。 犯前款罪，致使被害人重伤、死亡的，处二年以上七年以下有期徒刑。 第一款罪，告诉的才处理。	第二百六十条 【虐待罪】虐待家庭成员，情节恶劣的，处二年以下有期徒刑、拘役或者管制。 犯前款罪，致使被害人重伤、死亡的，处二年以上七年以下有期徒刑。 第一款罪，告诉的才处理，但被害人没有能力告诉，或者因受到强制、威吓无法告诉的除外。 【关联法条】《刑九时间效力解释》 第五条对于2015年10月31日以前实施的刑法第二百六十条第一款规定的虐待行为，被害人没有能力告诉，或者因受到强制、威吓无法告诉的，适用修正后刑法第二百六十条第三款的规定。
无	第二百六十条之一【虐待被监护、看护人罪】对未成年人、老年人、患病的人、残疾人等负有监护、看护职责的人虐待被监护、看护的人，情节恶劣的，处三年以下有期徒刑或者拘役。 单位犯前款罪的，对单位判处罚金，并对其直接负责的主管人员和其他直接责任人员，依照前款的规定处罚。 有第一款行为，同时构成其他犯罪的，依照处罚较重的规定定罪处罚。

抢夺罪的概念与特征

本罪是指以非法占有为目的,直接夺取他人紧密占有的数额较大的公私财物,或者多次夺取他人紧密占有的公私财物的行为。

本罪客观方面表现为直接夺取他人紧密占有的数额较大的财物,或者多次夺取他人紧密占有的公私财物。抢夺行为是直接夺取财物的行为,即直接对财物实施暴力。行为人在被害人当场可以得知财物被抢的情况下实施抢夺行为,被害人可以当场发觉但通常来不及抗拒。抢夺行为不必在不特定人或多数人面前实施。抢夺的对象仅限于他人占有的动产。多次夺取,在与多次盗窃、多次敲诈勒索相平衡的意义上,应指2年内抢夺3次以上。本罪主观方面只能是故意,并具有非法占有目的。

《刑法》重点法条新旧对照

修改前	修改后
第二百六十七条　【抢夺罪;抢劫罪】抢夺公私财物,数额较大的,处三年以下有期徒刑、拘役或者管制,并处或者单处罚金;数额巨大或者有其他严重情节的,处三年以上十年以下有期徒刑,并处罚金;数额特别巨大或者有其他特别严重情节的,处十年以上有期徒刑或者无期徒刑,并处罚金或者没收财产。 携带凶器抢夺的,依照本法第二百六十三条的规定定罪处罚。	第二百六十七条　【抢夺罪;抢劫罪】抢夺公私财物,数额较大的,或者多次抢夺的,处三年以下有期徒刑、拘役或者管制,并处或者单处罚金;数额巨大或者有其他严重情节的,处三年以上十年以下有期徒刑,并处罚金;数额特别巨大或者有其他特别严重情节的,处十年以上有期徒刑或者无期徒刑,并处罚金或者没收财产。 携带凶器抢夺的,依照本法第二百六十三条的规定定罪处罚。

妨害公务罪的处罚

根据《刑法》第277条第1款的规定,犯本罪的,处3年以下有期徒刑、拘役、管制或者罚金。暴力袭击正在依法执行职务的人民警察的,从重处罚。

《刑法》重点法条新旧对照

修改前	修改后
第二百七十七条　【妨害公务罪】以暴力、威胁方法阻碍国家机关工作人员依法执行职务的,处三年以下有期徒刑、拘役、管制或者罚金。 以暴力、威胁方法阻碍全国人民代表大会和地方各级人民代表大会代表依法执行代表职务的,依照前款的规定处罚。 在自然灾害和突发事件中,以暴力、威胁方法阻碍红十字会工作人员依法履行职责的,依照第一款的规定处罚。 故意阻碍国家安全机关、公安机关依法执行国家安全工作任务,未使用暴力、威胁方法,造成严重后果的,依照第一款的规定处罚。	第二百七十七条　【妨害公务罪】以暴力、威胁方法阻碍国家机关工作人员依法执行职务的,处三年以下有期徒刑、拘役、管制或者罚金。 以暴力、威胁方法阻碍全国人民代表大会和地方各级人民代表大会代表依法执行代表职务的,依照前款的规定处罚。 在自然灾害和突发事件中,以暴力、威胁方法阻碍红十字会工作人员依法履行职责的,依照第一款的规定处罚。 故意阻碍国家安全机关、公安机关依法执行国家安全工作任务,未使用暴力、威胁方法,造成严重后果的,依照第一款的规定处罚。 暴力袭击正在依法执行职务的人民警察的,依照第一款的规定从重处罚。

伪造、变造、买卖身份证件罪

本罪是指伪造、变造、买卖居民身份证、护照、社会保障卡、驾驶证等依法可以用于证明身份的证件的行为。

伪造不仅包括无权制作身份证件的人擅自制作居民身份证、护照、社会保障卡、驾驶证等依法可以用于证明身份的证件，而且包括有权制作人制作虚假的上述身份证件。变造身份证件，是指对真实有效的身份证件的非本质部分进行加工、修改；如果对真实有效的身份证件的本质部分进行加工、修改，则属于伪造身份证件，如更改真实身份证的姓名、照片的行为，应认定为伪造身份证件。买卖身份证件，是指有偿转让或者有偿取得身份证件。无论是出售还是购买身份证件，都构成买卖身份证件罪。

犯本罪的，根据《刑法》第280条第3款规定处罚。

《刑法》重点法条新旧对照

修改前	修改后
第二百八十条　【伪造、变造、买卖国家机关公文、证件、印章罪；盗窃、抢夺、毁灭国家机关公文、证件、印章罪】伪造、变造、买卖或者盗窃、抢夺、毁灭国家机关的公文、证件、印章的，处三年以下有期徒刑、拘役、管制或者剥夺政治权利；情节严重的，处三年以上十年以下有期徒刑。	第二百八十条　【伪造、变造、买卖国家机关公文、证件、印章罪；盗窃、抢夺、毁灭国家机关公文、证件、印章罪】伪造、变造、买卖或者盗窃、抢夺、毁灭国家机关的公文、证件、印章的，处三年以下有期徒刑、拘役、管制或者剥夺政治权利，并处罚金；情节严重的，处三年以上十年以下有期徒刑，并处罚金。
【伪造公司、企业、事业单位、人民团体印章罪】伪造公司、企业、事业单位、人民团体的印章的，处三年以下有期徒刑、拘役、管制或者剥夺政治权利。 【伪造、变造居民身份证罪】伪造、变造居民身份证的，处三年以下有期徒刑、拘役、管制或者剥夺政治权利；情节严重的，处三年以上七年以下有期徒刑。	【伪造公司、企业、事业单位、人民团体印章罪】伪造公司、企业、事业单位、人民团体的印章的，处三年以下有期徒刑、拘役、管制或者剥夺政治权利，并处罚金。 【伪造、变造、买卖身份证件罪】伪造、变造、买卖居民身份证、护照、社会保障卡、驾驶证等依法可以用于证明身份的证件的，处三年以下有期徒刑、拘役、管制或者剥夺政治权利，并处罚金；情节严重的，处三年以上七年以下有期徒刑，并处罚金。 第二百八十条之一　【使用虚假身份证件、盗用身份证件罪】在依照国家规定应当提供身份证明的活动中，使用伪造、变造的或者盗用他人的居民身份证、护照、社会保障卡、驾驶证等依法可以用于证明身份的证件，情节严重的，处拘役或者管制，并处或者单处罚金。 有前款行为，同时构成其他犯罪的，依照处罚较重的规定定罪处罚。

组织考试作弊罪、非法出售、提供试题、答案罪和代替考试罪

（一）组织考试作弊罪

本罪是指在法律规定的国家考试中组织作弊，以及为组织作弊提供作弊器材或者其他帮助的行为。

"法律规定的国家考试"，是指按照法律的明文规定所组织的考试。公务员法、教育法、教师法、执业医师法、道路交通安全法等法律都规定了相关行业、部门的从业人员应当通过考试取得相应的资格或入职条件。法律规定的国家考试不限于统一由国家一级组织的考试，地方或者行业按照法律规定组织的考试，也属于法律规定的国家考试。例如，国家公务员考试与地方公务员考试，均属于法律规定的国家考试。再如，机动车驾驶执照的考试也属于法律规定的国家考试。

"组织作弊"，是指组织、策划、指挥考试作弊。组织行为虽然不排除集团犯罪的形式，但不必形成犯罪集团与聚众犯罪，个人组织他人进行考试作弊的，也能成立本罪。《刑法》第284条之一第2款明文规定，为组织作弊提供作弊器材或者其他帮助的，按组织考试作弊罪的法定刑处罚。该规定不是典型的帮助犯的正犯化，只是帮助犯量刑的正犯化。这意味着若乙为甲组织作弊提供了作弊器材，但甲并没有实施组织作弊行为的，因不存在任何法益侵害与危险，对乙的行为不能以犯罪论处；只有当甲利用乙提供的作弊器材组织他人作弊时，才能认定乙的行为构成组织考试作弊罪。

犯本罪的，根据《刑法》第284条之一第1款的规定处罚。

（二）非法出售、提供试题、答案罪

本罪是指为实施考试作弊行为，向他人非法出售或者提供法律规定的国家考试的试题、答案的行为。

为实施考试作弊行为，行为人向任何参加法律规定的国家考试的人员、亲友或者其他相关人员提供试题、答案的，均成立本罪。至于获得试题、答案的人员是否利用行为人所出售、提供的试题、答案，不影响本罪的成立。

行为人向组织作弊的人员提供试题、答案的，同时触犯了本罪与组织考试作弊罪，宜按本罪论处。

成立本罪，要求行为人所提供的试题、答案是真实的，而不是虚假的，但只要求部分真实，所以，存在部分虚假时不影响本罪的成立。

本罪还要求出售、提供试题、答案的行为应在考试前或者考试过程中，考试结束

后出售、提供试题、答案的，不成立本罪。

行为同时触犯泄露国家秘密罪的，属于想象竞合，从一重罪处罚。

犯本罪的，根据《刑法》第284条之一第1款的规定处罚。

（三）代替考试罪

本罪是指代替他人或者让他人代替自己参加法律规定的国家考试的行为。

一般来说，代替他人考试的人（替考人）与让他人代替自己参加考试的人（应考人）会形成共犯关系（可谓对向性的共同正犯），但不也尽然。例如，应考人丙因生病住院不能参加考试，丙的父亲乙让甲代替丙参加考试，但丙并不知情。此时，甲是代替考试；乙不是"让他人代替自己参加考试"，而是"代替他人参加考试"的教唆犯。

犯本罪的，根据《刑法》第284条之一第4款的规定处罚。

《刑法》重点法条新旧对照

修改前	修改后
第二百八十三条　【非法生产、销售间谍专用器材罪】非法生产、销售窃听、窃照等专用间谍器材的，处三年以下有期徒刑、拘役或者管制。	第二百八十三条　【非法生产、销售专用间谍器材、窃听、窃照专用器材罪】非法生产、销售专用间谍器材或者窃听、窃照专用器材的，处三年以下有期徒刑、拘役或者管制，并处或者单处罚金；情节严重的，处三年以上七年以下有期徒刑，并处罚金。 单位犯前款罪的，对单位判处罚金，并对其直接负责的主管人员和其他直接责任人员，依照前款的规定处罚。
	第二百八十四条之一　【组织考试作弊罪】在法律规定的国家考试中，组织作弊的，处三年以下有期徒刑或者拘役，并处或者单处罚金；情节严重的，处三年以上七年以下有期徒刑，并处罚金。 为他人实施前款犯罪提供作弊器材或者其他帮助的，依照前款的规定处罚。 【非法出售、提供试题、答案罪】为实施考试作弊行为，向他人非法出售或者提供第一款规定的考试的试题、答案的，依照第一款的规定处罚。 【代替考试罪】代替他人或者让他人代替自己参加第一款规定的考试的，处拘役或者管制，并处或者单处罚金。 【关联法条】《刑九时间效力解释》 第六条对于2015年10月31日以前组织考试作弊，为他人组织考试作弊提供作弊器材或者其他帮助，以及非法向他人出售或者提供考试试题、答案，根据修正前刑法应当以非法获取国家秘密罪、非法生产、销售间谍专用器材罪或者故意泄露国家秘密罪等追究刑事责任的，适用修正前刑法的有关规定。但是，根据修正后刑法第二百八十四条之一的规定处刑较轻的，适用修正后刑法的有关规定。

计算机信息网络相关犯罪

（一）非法利用信息网络罪

本罪是指设立用于违法犯罪活动的网站、通讯群组，或者发布有关制作或者销售违禁物品、管制物品或者其他违法犯罪信息，以及为实施诈骗等违法犯罪活动发布信息，情节严重的行为。具体而言，本罪行为包括以下类型：

（1）设立用于实施诈骗、传授犯罪方法、制作或者销售违禁物品、管制物品等违法犯罪活动的网站、通讯群组，情节严重。这一犯罪类型要求行为人设立的网站、通讯群组客观上主要用于实施诈骗、传授犯罪方法等犯罪活动；行为人设立网站、通讯群组的主观目的是实施犯罪活动；此外还必须情节严重。

（2）发布有关制作或者销售毒品、枪支、淫秽物品等违禁物品、管制物品或者其他违法犯罪信息，情节严重。这一犯罪类型的实质是将部分犯罪的预备行为提升为实行行为，完成了预备行为的就视为犯罪既遂。因此，只有发布违法犯罪信息属于相应犯罪的预备行为，而且情节严重时，才能成立本罪。所以，行为人发布了一般违法信息，但发布该信息并不是为相应犯罪作准备的，或者虽然是为相应犯罪作准备，但情节并不严重的，不能以本罪论处。

（3）为实施诈骗等违法犯罪活动发布信息，情节严重。这一犯罪类型实际上也是诈骗等犯罪的预备行为。虽然法条表述为"为实施……违法犯罪活动发布信息"，但为实施一般违法活动而发布信息的，不应以本罪论处。

犯本罪的，根据《刑法》第287条之一的规定处罚。

（二）帮助信息网络犯罪活动罪

本罪是指自然人或者单位明知他人利用信息网络实施犯罪，为其犯罪提供互联网接入、服务器托管、网络存储、通讯传输等技术支持，或者提供广告推广、支付结算等帮助，情节严重的行为。

不管是从字面含义上解释《刑法》第287条之二第1款的规定，还是对该款规定进行实质的分析，都应当认为，该规定并没有将帮助犯正犯化，只是对特定的帮助犯规定了独立的法定刑，而不再适用刑法总则关于帮助犯（从犯）的处罚规定。这是根据共犯从属性原理、相关犯罪的保护法益以及相关行为是否侵犯法益及其侵犯程度得出的结论。据此，在甲明知乙可能或者将要实施网络诈骗犯罪，便主动为乙提供互联网技术支持，但乙根本没有实施网络诈骗犯罪时，一方面，乙没有实施任何不法侵害行为，另一方面，甲提供互联网技术支持的行为本身不可能侵犯任何法益，所以，对甲的行为不可能以犯罪论处（也可以认为，甲的行为属于不能犯）。再如，A 明知 B 正在实施网络诈骗犯罪，便主动为 B 提供互联网技术支持，但 B 并未利用 A 所提供的技术时，即使 B 的行为骗取了他人数额较大的财物，但这一结果与 A 的行为之间不具有因果性，或者说，A 的行为对 B 骗取财物的侵害结果没有起任何作用，而且，《刑法》第 287 条之二第 1 款并不是只要求提供互联网技术支持的行为人明知他人利用信息网络实施犯罪，还要求客观上"为其犯罪提供互联网……技术支持"，但 A 的行为明显不符合这一要件；此外，A 的行为本身也不可能独立地侵害法益。既然如此，对 A 的行为就不应以犯罪论处。总之，为他人犯罪提供互联网技术支持，或者提供广告推广、支付结算等帮助的行为依然是帮助行为，其成立犯罪以正犯实施了符合构成要件的不法行为为前提。《刑法》第 287 条之二第 3 款规定，实施本罪行为，同时构成其他犯罪的，依照处罚较重的规定定罪处罚。例如，倘若 A 提供互联网技术支持的行为，与网络诈骗的正犯 B 构成共同正犯，骗取数额巨大或者特别巨大财物时，对 A 应当以诈骗罪的共同正犯论处，而不能适用《刑法》第 287 条之二第 1 款的法定刑。

犯本罪的，根据《刑法》第 287 条之二的规定处罚。

《刑法》重点法条新旧对照

修改前	修改后
第二百八十五条　【非法侵入计算机信息系统罪】违反国家规定，侵入国家事务、国防建设、尖端科学技术领域的计算机信息系统的，处三年以下有期徒刑或者拘役。 【非法获取计算机信息系统数据、非法控制计算机信息系统罪】违反国家规定，侵入前款规定以外的计算机信息系统或者采用其他技术手段，获取该计算机信息系统中存储、处理或者传输的数据，或者对该计算机信息系统实施非法控制，情节严重的，处三年以下有期徒刑或者拘役，并处或者单处罚金；情节特别严重的，处三年以上七年以下有期徒刑，并处罚金。 【提供侵入、非法控制计算机信息系统程序、工具罪】提供专门用于侵入、非法控制计算机信息系统的程序、工具，或者明知他人实施侵入、非法控制计算机信息系统的违法犯罪行为而为其提供程序、工具，情节严重的，依照前款的规定处罚。 （《刑法修正案（七）》第九条修正）	第二百八十五条　【非法侵入计算机信息系统罪】违反国家规定，侵入国家事务、国防建设、尖端科学技术领域的计算机信息系统的，处三年以下有期徒刑或者拘役。 【非法获取计算机信息系统数据、非法控制计算机信息系统罪】违反国家规定，侵入前款规定以外的计算机信息系统或者采用其他技术手段，获取该计算机信息系统中存储、处理或者传输的数据，或者对该计算机信息系统实施非法控制，情节严重的，处三年以下有期徒刑或者拘役，并处或者单处罚金；情节特别严重的，处三年以上七年以下有期徒刑，并处罚金。 【提供侵入、非法控制计算机信息系统程序、工具罪】提供专门用于侵入、非法控制计算机信息系统的程序、工具，或者明知他人实施侵入、非法控制计算机信息系统的违法犯罪行为而为其提供程序、工具，情节严重的，依照前款的规定处罚。 单位犯前三款罪的，对单位判处罚金，并对其直接负责的主管人员和其他直接责任人员，依照各该款的规定处罚。

续表

修改前	修改后
第二百八十六条 【破坏计算机信息系统罪】违反国家规定，对计算机信息系统功能进行删除、修改、增加、干扰，造成计算机信息系统不能正常运行，后果严重的，处五年以下有期徒刑或者拘役；后果特别严重的，处五年以上有期徒刑。 违反国家规定，对计算机信息系统中存储、处理或者传输的数据和应用程序进行删除、修改、增加的操作，后果严重的，依照前款的规定处罚。 故意制作、传播计算机病毒等破坏性程序，影响计算机系统正常运行，后果严重的，依照第一款的规定处罚。	第二百八十六条 【破坏计算机信息系统罪】违反国家规定，对计算机信息系统功能进行删除、修改、增加、干扰，造成计算机信息系统不能正常运行，后果严重的，处五年以下有期徒刑或者拘役；后果特别严重的，处五年以上有期徒刑。 违反国家规定，对计算机信息系统中存储、处理或者传输的数据和应用程序进行删除、修改、增加的操作，后果严重的，依照前款的规定处罚。 故意制作、传播计算机病毒等破坏性程序，影响计算机系统正常运行，后果严重的，依照第一款的规定处罚。 单位犯前三款罪的，对单位判处罚金，并对其直接负责的主管人员和其他直接责任人员，依照第一款的规定处罚。 第二百八十六条之一 【拒不履行信息网络安全管理义务罪】网络服务提供者不履行法律、行政法规规定的信息网络安全管理义务，经监管部门责令采取改正措施而拒不改正，有下列情形之一的，处三年以下有期徒刑、拘役或者管制，并处或者单处罚金： （一）致使违法信息大量传播的； （二）致使用户信息泄露，造成严重后果的； （三）致使刑事案件证据灭失，情节严重的； （四）有其他严重情节的。 单位犯前款罪的，对单位判处罚金，并对其直接负责的主管人员和其他直接责任人员，依照前款的规定处罚。 有前两款行为，同时构成其他犯罪的，依照处罚较重的规定定罪处罚。
	第二百八十七条之一 【非法利用信息网络罪】利用信息网络实施下列行为之一，情节严重的，处三年以下有期徒刑或者拘役，并处或者单处罚金： （一）设立用于实施诈骗、传授犯罪方法、制作或者销售违禁物品、管制物品等违法犯罪活动的网站、通讯群组的； （二）发布有关制作或者销售毒品、枪支、淫秽物品等违禁物品、管制物品或者其他违法犯罪信息的； （三）为实施诈骗等违法犯罪活动发布信息的。 单位犯前款罪的，对单位判处罚金，并对其直接负责的主管人员和其他直接责任人员，依照第一款的规定处罚。 有前两款行为，同时构成其他犯罪的，依照处罚较重的规定定罪处罚。 第二百八十七条之二 【帮助信息网络犯罪活动罪】明知他人利用信息网络实施犯罪，为其犯罪提供互联网接入、服务器托管、网络存储、通讯传输等技术支持，或者提供广告推广、支付结算等帮助，情节严重的，处三年以下有期徒刑或者拘役，并处或者单处罚金。 单位犯前款罪的，对单位判处罚金，并对其直接负责的主管人员和其他直接责任人员，依照第一款的规定处罚。 有前两款行为，同时构成其他犯罪的，依照处罚较重的规定定罪处罚。

编造、故意传播虚假信息罪

本罪是指编造虚假的险情、疫情、灾情、警情，在信息网络或者其他媒体上传播，或者明知是上述虚假信息，故意在信息网络或者其他媒体上传播，严重扰乱社会秩序的行为。

犯本罪的，根据《刑法》第291条之一第2款的规定处罚。

《刑法》重点法条新旧对照

修改前	修改后
第二百九十一条之一 【投放虚假危险物质罪；编造、故意传播虚假恐怖信息罪】投放虚假的爆炸性、毒害性、放射性、传染病病原体等物质，或者编造爆炸威胁、生化威胁、放射威胁等恐怖信息，或者明知是编造的恐怖信息而故意传播，严重扰乱社会秩序的，处五年以下有期徒刑、拘役或者管制；造成严重后果的，处五年以上有期徒刑。（《刑法修正案（三）》第八条修正）	第二百九十一条之一 【投放虚假危险物质罪；编造、故意传播虚假恐怖信息罪】投放虚假的爆炸性、毒害性、放射性、传染病病原体等物质，或者编造爆炸威胁、生化威胁、放射威胁等恐怖信息，或者明知是编造的恐怖信息而故意传播，严重扰乱社会秩序的，处五年以下有期徒刑、拘役或者管制；造成严重后果的，处五年以上有期徒刑。【编造、故意传播虚假信息罪】编造虚假的险情、疫情、灾情、警情，在信息网络或者其他媒体上传播，或者明知是上述虚假信息，故意在信息网络或者其他媒体上传播，严重扰乱社会秩序的，处三年以下有期徒刑、拘役或者管制；造成严重后果的，处三年以上七年以下有期徒刑。

盗窃、侮辱、故意毁坏尸体、尸骨、骨灰罪

本罪是指盗窃、侮辱、故意毁坏尸体、尸骨、骨灰的行为。

尸体是指人死亡之后的遗体及其标本。尸骨，是指尸体腐烂后留下的骨架。骨灰，是指遗体经火化形成的灰烬。社会风俗要求尊重尸体、尸骨与骨灰，因此，无论盗窃、侮辱、故意毁坏的是尸体、尸骨还是骨灰，都构成犯罪。盗窃，是指将尸体、尸骨、骨灰非法转移为自己或第三者占有。侮辱，是指带有贬低性的不尊重尸体、尸骨、骨灰的行为，如奸淫尸体，鞭打尸骨，在骨灰中撒尿等。故意毁坏，是指不可逆转性地改变尸体、尸骨、骨灰原有形态的行为，如焚烧、肢解尸体、尸骨，倾倒骨灰等。

犯本罪的，根据《刑法》第302条的规定处罚。

《刑法》重点法条新旧对照

修改前	修改后
第三百零二条 【盗窃、侮辱尸体罪】盗窃、侮辱尸体的，处三年以下有期徒刑、拘役或者管制。	第三百零二条 【盗窃、侮辱、故意毁坏尸体、尸骨、骨灰罪】盗窃、侮辱、故意毁坏尸体、尸骨、骨灰的，处三年以下有期徒刑、拘役或者管制。

拒不执行判决、裁定罪

本罪是指对人民法院的判决、裁定有能力执行而拒不执行，情节严重的行为。

本罪的主体为被执行人、协助执行义务人、担保人等负有执行义务的自然人或者单位（《刑法修正案（九）》对本罪增设了单位犯罪）。

根据立法解释，"人民法院的判决、裁定"是指人民法院依法作出的具有执行内容并已发生法律效力的判决、裁定；既包括刑事判决与裁定，也包括民事、经济、行政等方面的判决与裁定。人民法院为依法执行支付令、生效的调解书、仲裁裁决、公证债权文书等所作的裁定属于该条规定的裁定。所谓"有能力执行而拒不执行，情节严重"，是指下列情形：

（1）被执行人隐藏、转移、故意毁损财产或者无偿转让财产、以明显不合理的低价转让财产，致使判决、裁定无法执行的；

（2）担保人或者被执行人隐藏、转移、故意毁损或者转让已向人民法院提供担保的财产，致使判决、裁定无法执行的；

（3）协助执行义务人接到人民法院协助执行通知书后，拒不协助执行，致使判决、裁定无法执行的；

（4）被执行人、担保人、协助执行义务人与国家机关工作人员通谋，利用国家机关工作人员的职权妨害执行，致使判决、裁定无法执行的；

（5）其他有能力执行而拒不执行，情节严重的情形。

暴力抗拒人民法院执行判决、裁定，杀害、重伤执行人员的，应以故意杀人罪、故意伤害罪论处。国家机关工作人员收受贿赂或者滥用职权，实施本罪行为，同时又构成受贿罪、滥用职权罪的，从一重处罚。

犯本罪的，根据《刑法》第313条的规定处罚。

《刑法》重点法条新旧对照

修改前	修改后
第三百一十三条【拒不执行判决、裁定罪】对人民法院的判决、裁定有能力执行而拒不执行，情节严重的，处三年以下有期徒刑、拘役或者罚金。	第三百一十三条【拒不执行判决、裁定罪】对人民法院的判决、裁定有能力执行而拒不执行，情节严重的，处三年以下有期徒刑、拘役或者罚金；情节特别严重的，处三年以上七年以下有期徒刑，并处罚金。单位犯前款罪的，对单位判处罚金，并对其直接负责的主管人员和其他直接责任人员，依照前款的规定处罚。

旧题新练

关于单位犯罪，下列哪些选项是正确的？（2015/2/54）

A. 就同一犯罪而言，单位犯罪与自然人犯罪的既遂标准完全相同

B.《刑法》第一百七十条未将单位规定为伪造货币罪的主体，故单位伪造货币的，相关自然人不构成犯罪

C. 经理赵某为维护公司利益，召集单位员工殴打法院执行工作人员，拒不执行生效判决的，成立单位犯罪

D. 公司被吊销营业执照后，发现其曾销售伪劣产品20万元。对此，应追究相关自然人销售伪劣产品罪的刑事责任

【参考答案及解析】　　ACD（原答案为AD）。自然人犯罪与单位犯罪的既遂标准虽然相同，但在认定自然人犯罪与单位犯罪的既未遂时，同样必须根据犯罪的性质、犯罪的数额等进行具体判断，A正确。

根据《关于<中华人民共和国刑法>第三十条的解释》，《刑法》第170条未将单位规定为伪造货币罪的犯罪主体，故单位伪造货币的不能追究单位的刑事责任，但对相关自然人应以伪造货币罪追究刑事责任。B错误。

在1997年刑法中，拒不执行判决、裁定罪的犯罪主体为自然人，不包括单位。因此，在考试当时，《刑法修正案（九）》尚未生效，仍应以1997年刑法的相关规定来认定拒不执行判决、裁定罪的犯罪主体，故公布答案中C是错误的。2015年8月29日《刑法修正案（九）》第39条对拒不执行判决、裁定罪增设了单位犯罪的处罚，今后答题时，应认定C正确。

2002年7月9日最高人民检察院《关于涉嫌犯罪单位被撤销、注销、吊销营业执照或者宣告破产的应如何进行追诉问题的批复》规定，涉嫌犯罪的单位被撤销、注销、吊销营业执照或者宣告破产的，应当根据刑法关于单位犯罪的相关规定，对实施犯罪行为的该单位直接负责的主管人员和其他直接责任人员追究刑事责任，对该单位不再追诉，公司被吊销营业执照后，发现其曾销售伪劣产品20万元，应追究相关自然人销售伪劣产品罪的刑事责任，D正确。

偷越国（边）境罪

本罪是指违反国（边）境管理法规，偷越国（边）境，情节严重的行为。

偷越，主要表现为不在出入境口岸、边防站等规定的地点出入国（边）境，或者没有出入境证件、使用伪造、编造、无效的出入境证件、使用他人的出入境证件在规

定的地点出入国（边）境。偷越的主体既可以是中国公民，也可以是外国公民。

走私犯偷越国（边）境的，按走私罪处理，不另认定为本罪；国家机关工作人员或者掌握国家秘密的国家工作人员偷越国边（境）叛逃的，以叛逃罪论处，也不另认定为本罪。为参加恐怖活动组织、接受恐怖活动培训或者实施恐怖活动，偷越国（边）境的，不数罪并罚，按本罪一罪处理。

犯本罪的，根据《刑法》第322条的规定处罚。

《刑法》重点法条新旧对照

修改前	修改后
第三百二十二条　【偷越国（边）境罪】违反国（边。）境管理法规，偷越国（边）境，情节严重的，处一年以下有期徒刑、拘役或者管制，并处罚金。	第三百二十二条　【偷越国（边）境罪】违反国（边）境管理法规，偷越国（边）境，情节严重的，处一年以下有期徒刑、拘役或者管制，并处罚金；为参加恐怖活动组织、接受恐怖活动培训或者实施恐怖活动，偷越国（边）境的，处一年以上三年以下有期徒刑，并处罚金。

非法生产、买卖、运输制毒物品罪

（一）概念与特征

非法生产、买卖、运输制毒物品罪，是指自然人或者单位，违反国家规定，非法生产、买卖、运输醋酸酐、乙醚、三氯甲烷或者其他用于制造毒品的原料、配剂，情节较重的行为。

客观方面表现为违反国家规定，非法生产、买卖、运输醋酸酐、乙醚、三氯甲烷或者其他用于制造毒品的原料、配剂，情节较重。醋酸酐、乙醚、三氯甲烷或者其他用于制造毒品的原料或者配剂，简称为"制毒物品"，其具体品种范围按照国家关于易制毒化学品管理的规定确定。非法"生产"制毒物品，是指违反国家规定以制造、加工、配制、提炼等方法获得制毒物品。非法"买卖"制毒物品，是指违反国家规定有偿转让或者有偿取得制毒物品。非法"运输"制毒物品，是指违反国家规定实现制毒物品的空间位移；实现运输制毒物品的跨境位移的，构成走私制毒物品罪。成立本罪，要求非法生产、买卖、运输制毒物品的行为情节较重。

主观方面只能是故意，行为人必须明知生产、买卖、运输的对象是制毒物品。明知他人制造毒品而为其生产、买卖、运输制毒物品的，以制造毒品罪的共犯论处。对于非法生产、买卖、运输制毒物品行为，有下列情形之一，且查获了易制毒化学品，结合犯罪嫌疑人、被告人的供述和其他证据，经综合审查判断，可以认定其"明知"是制毒物品而生产、买卖、运输制毒物品，但有证据证明确属被蒙骗的除外：（1）改变产品形状、包装或者使用虚假标签、商标等产品标志的；(2) 以藏匿、夹带或者其他隐蔽方式运输、携带易制毒化学品逃避检查的；(3) 抗拒检查或者在检查时丢弃货物逃跑的；(4) 以虚假身份、地址办理托运、邮寄手续的；(5) 以其他方法隐瞒真相，逃避对易制毒化学品依法监管的。

(二) 认定

易制毒化学品生产、经营、使用单位或者个人未办理许可证明或者备案证明，购买、销售易制毒化学品，如果有证据证明确实用于合法生产、生活需要，依法能够办理只是未及时办理许可证明或者备案证明，且未造成严重社会危害的，可不以非法生产、买卖、运输制毒物品罪论处。

为了制造毒品或者非法生产、买卖、运输制毒物品犯罪而采用生产、加工、提炼等方法非法制造易制毒化学品的，根据《刑法》第22条的规定，按照其制造易制毒化学品的不同目的，分别以制造毒品、非法生产、买卖、运输制毒物品的预备行为论处。

非法生产、买卖、运输制毒物品行为同时构成其他犯罪的，依照处罚较重的规定定罪处罚。

(三) 处罚

根据《刑法》第350条的规定，犯本罪的，处3年以下有期徒刑、拘役或者管制，并处罚金；情节严重的，处3年以上7年以下有期徒刑，并处罚金；情节特别严重的，处7年以上有期徒刑，并处罚金或者没收财产。单位犯本罪的，对单位判处罚金，并对其直接负责的主管人员和其他直接责任人员，依照上述规定处罚。量刑时，应注意适用《刑法》第356条关于再犯从重处罚的规定。

《刑法》重点法条新旧对照

修改前	修改后
第三百五十条 【走私制毒物品罪；非法买卖制毒物品罪】违反国家规定，非法运输、携带醋酸酐、乙醚、三氯甲烷或者其他用于制造毒品的原料或者配剂进出境的，或者违反国家规定，在境内非法买卖上述物品的，处三年以下有期徒刑、拘役或者管制，并处罚金；数量大的，处三年以上十年以下有期徒刑，并处罚金。明知他人制造毒品而为其提供前款规定的物品的，以制造毒品罪的共犯论处。单位犯前两款罪的，对单位判处罚金，并对其直接负责的主管人员和其他直接责任人员，依照前两款的规定处罚。	第三百五十条 【非法生产、买卖、运输制毒物品、走私制毒物品罪】违反国家规定，非法生产、买卖、运输醋酸酐、乙醚、三氯甲烷或者其他用于制造毒品的原料、配剂，或者携带上述物品进出境，情节较重的，处三年以下有期徒刑、拘役或者管制，并处罚金；情节严重的；处三年以上七年以下有期徒刑，并处罚金；情节特别严重的，处七年以上有期徒刑，并处罚金或者没收财产。 明知他人制造毒品而为其生产、买卖、运输前款规定的物品的，以制造毒品罪的共犯论处。 单位犯前两款罪的，对单位判处罚金，并对其直接负责的主管人员和其他直接责任人员，依照前两款的规定处罚。

组织卖淫罪、强迫卖淫罪

（一）组织卖淫罪的概念与特征

本罪是指以招募、雇佣、强迫、引诱、容留等手段，控制他人从事卖淫活动的行为。

（1）客观方面表现为组织他人卖淫的行为。组织，是指以招募、雇佣、强迫、引诱、容留等手段，控制他人从事卖淫活动的行为。一般表现为两种情况：一是设置卖淫场所或者变相卖淫场所，控制卖淫者，招揽嫖娼者。如以办旅馆为名，行开妓院之实。二是没有固定的卖淫场所，通过控制卖淫人员，有组织地进行卖淫活动。如服务业的负责人员，组织本单位的服务人员向顾客卖淫。他人，既包括女性（组织女性当女娼），也包括男性（组织男性当男妓）。卖淫，是指以营利为目的，满足不特定对方（不限于异性）的性欲的行为，包括与不特定的对方发生性交和从事其他猥亵活动。以营利为目的与不特定的对方从事性交之外的猥亵活动的行为，与以营利为目的和不特定对方发生性交一样；都是为了获得金钱与财物而出卖肉体，都是毒害社会风气、败坏社会风尚的行为，都有传播性病的可能性，因而二者没有本质的区别。据此，组织男性为男性提供性服务，或者组织女性为女性提供性服务的，也成立组织卖淫罪。

（2）主观上只能出于故意，虽然卖淫以营利为目的，组织卖淫者通常也以营利为目的，但刑法并没有将营利目的规定为主观要件的内容。从理论上说，卖淫具有营利目的，不意味着组织者必然具有营利目的。

（二）强迫卖淫罪的概念与特征

本罪是指使用暴力、威胁、虐待等强制方法迫使他人卖淫的行为。本罪的对象既包括妇女，也包括幼女，还包括幼男在内的男性。行为的方法必须具有强迫性，表现为在他人不愿意从事卖淫活动的情况下，使用各种强制性手段迫使其从事卖淫活动。行为的内容必须是迫使他人卖淫。主观方面必须出于故意，是否出于营利目的，不影响本罪的成立。

组织、强迫他人卖淫，并有杀害、伤害、强奸、绑架等犯罪行为的，依照数罪并罚的规定处罚。在组织他人卖淫的活动中，对被组织者实施强迫行为的，只认定为组织卖淫罪；但如果被强迫者与被组织者不具有同一性的，则应以组织卖淫罪与强迫卖淫罪实行数罪并罚。

行为人强迫妇女仅与自己发生性交，并支付性行为对价的，应认定为强奸罪，不得认定为强迫卖淫罪。原因在于：一方面，被害妇女的行为完全不符合卖淫的特征；另一方面，如果将这种行为认定为强迫卖淫罪，那么，以金钱、财物引诱妇女与自己通奸的行为，也成立引诱卖淫罪，这恐怕不合适。但是，如果行为人强迫他人从事卖淫，并在他人卖淫的过程中，与其发生性交或者实施其他猥亵行为的，或者为了迫使妇女卖淫而强奸妇女的，则应认定为强迫卖淫罪，并与强奸等犯罪数罪并罚。

（三）处罚

根据《刑法》第358条的规定，组织他人卖淫或者强迫他人卖淫的，处5年以上10年以下有期徒刑，并处罚金；情节严重的，处10年以上有期徒刑或者无期徒刑，并处罚金或者没收财产。组织、强迫未成年人卖淫的，从重处罚。根据《刑法》第351条的规定，旅馆业、饮食服务业、文化娱乐业、出租汽车业等单位的人员，利用本单位的条件，组织、强迫卖淫的，依照上述规定定罪处罚；上述单位的主要负责人，犯组织卖淫罪、强迫卖淫罪的，从重处罚。

《刑法》重点法条新旧对照

修改前	修改后
第三百五十八条 【组织卖淫罪；强迫卖淫罪】组织他人卖淫或者强迫他人卖淫的，处五年以上十年以下有期徒刑，并处罚金；有下列情形之一的，处十年以上有期徒刑或者无期徒刑，并处罚金或者没收财产： （一）组织他人卖淫，情节严重的； （二）强迫不满十四周岁的幼女卖淫的； （三）强迫多人卖淫或者多次强迫他人卖淫的； （四）强奸后迫使卖淫的； （五）造成被强迫卖淫的人重伤、死亡或者其他严重后果的。 有前款所列情形之一，情节特别严重的，处无期徒刑或者死刑，并处没收财产。 【协助组织卖淫罪】为组织卖淫的人招募、运送人员或者有其他协助组织他人卖淫行为的，处五年以下有期徒刑，并处罚金；情节严重的，处五年以上十年以下有期徒刑，并处罚金。 （《刑法修正案（八）》第四十八条修正）	第三百五十八条 【组织卖淫罪；强迫卖淫罪】组织、强迫他人卖淫的，处五年以上十年以下有期徒刑，并处罚金；情节严重的，处十年以上有期徒刑或者无期徒刑，并处罚金或者没收财产。 组织、强迫未成年人卖淫的，依照前款的规定从重处罚。 犯前两款罪，并有杀害、伤害、强奸、绑架等犯罪行为的，依照数罪并罚的规定处罚。 【协助组织卖淫罪】为组织卖淫的人招募、运送人员或者有其他协助组织他人卖淫行为的，处五年以下有期徒刑，并处罚金；情节严重的，处五年以上十年以下有期徒刑，并处罚金。

关于强奸罪及相关犯罪的判断，下列哪一选项是正确的？（2007/2/12）

A. 甲欲强奸某妇女遭到激烈反抗，一怒之下卡住该妇女喉咙，致其死亡后实施奸

淫行为。甲的行为构成强奸罪的结果加重犯

B. 乙为迫使妇女王某卖淫而将王某强奸，对乙的行为应以强奸罪与强迫卖淫罪实行数罪并罚

C. 丙在组织他人偷越国（边）境过程中，强奸了被组织的妇女李某。丙的行为虽然触犯了组织他人偷越国（边）境罪与强奸罪，但只能以组织他人偷越国（边）境罪定罪量刑

D. 丁在拐卖妇女的过程中，强行奸淫了该妇女。丁的行为虽然触犯了拐卖妇女罪与强奸罪，但根据刑法规定，只能以拐卖妇女罪定罪量刑

【参考答案及解析】　BD（原答案为D）。根据《刑法》第240条，D项正确。甲是在一怒之下杀死妇女的，属于强奸过程中的杀人行为，不构成《刑法》第236条规定的强奸罪的结果加重犯，A项错误。乙为迫使妇女王某卖淫而将其强奸的行为，根据《刑法修正案（九）》对《刑法》第358条的修正，应以强奸罪与强迫卖淫罪实行数罪并罚，B项正确。丙在组织他人偷越国（边）境过程中强奸被组织妇女李某的行为，根据《刑法》第318条第2款，应当依照数罪并罚的规定处罚，C项错误。

贪污罪的处罚

根据《刑法》第383条的规定，对犯贪污罪的，根据情节轻重，分别依照下列规定处罚：（1）贪污数额较大或者有其他较重情节的，处3年以下有期徒刑或者拘役，并处罚金。（2）贪污数额巨大或者有其他严重情节的，处3年以上10年以下有期徒刑，并处罚金或者没收财产。（3）贪污数额特别巨大或者有其他特别严重情节的，处10年以上有期徒刑或者无期徒刑，并处罚金或者没收财产；数额特别巨大，并使国家和人民利益遭受特别重大损失的，处无期徒刑或者死刑，并处没收财产。

对多次贪污未经处理的，按照累计贪污数额处罚。一般认为，这里的未经处理，是指由于某种原因，既没有受过刑事处罚，也没有受过行政处理的情况。

在共同贪污中，个人贪污数额，不是泛指整个共同犯罪的数额，也不是指分赃数额，而是指个人应当承担责任的数额。对此，应根据刑法总则关于各共犯人承担责任的原则确定。例如，贪污犯罪集团贪污10万元，由于首要分子对整个犯罪集团的罪行承担责任，故首要分子的个人贪污数额是10万元；由于集团犯罪中的主犯按其所参与的全部犯罪承担责任，故主犯的个人贪污数额应按其实际参与贪污的全部数额计算。如果主犯参与贪污6万元，则其个人贪污数额为6万元。同样，从犯也是以其参与的贪污数额作为其个人贪污数额。

犯贪污罪，在提起公诉前如实供述自己罪行、真诚悔罪、积极退赃，避免、减少损害结果的发生，如系贪污数额较大或者有其他较重情节的，可以从轻、减轻或者免除处罚；如系贪污数额巨大或者有其他严重情节，或者贪污数额特别巨大或者有其他特别严重情节的，可以从轻处罚。

犯贪污罪，贪污数额特别巨大或者有其他特别严重情节，被判处死刑缓期执行的，人民法院根据犯罪情节等情况可以同时决定在其死刑缓期执行2年期满依法减为无期徒刑后，终身监禁，不得减刑、假释。这里的"终身监禁"不是一个独立的刑种，而是一种无期徒刑的执行方式，即因贪污的无期徒刑犯被剥夺了减刑、假释的机会，导致其终身被监禁。被终身监禁的贪污、受贿犯人依然有暂予监外执行乃至被特赦的机会。决定对贪污犯是否终身监禁的依据是贪污犯的犯罪情节，即除了贪污数额特别巨大或者有其他特别严重情节外，贪污行为致使国家和人民利益遭受特别重大损失，社会影响特别重大，对贪污犯原本可以判处死刑立即执行，但基于严格控制死刑的刑事政策而判处其死刑缓期执行的情形，才能决定对贪污犯终身监禁。

特别注意：犯受贿罪的，根据《刑法》第386条与第383条的规定处罚。也就是说，关于贪污罪处罚的修改部分，同样适用于受贿罪。

《刑法》重点法条新旧对照

修改前	修改后
第三百八十三条 对犯贪污罪的，根据情节轻重，分别依照下列规定处罚： （一）个人贪污数额在十万元以上的，处十年以上有期徒刑或者无期徒刑，可以并处没收财产；情节特别严重的，处死刑，并处没收财产。 （二）个人贪污数额在五万元以上不满十万元的，处五年以上有期徒刑，可以并处没收财产；情节特别严重的，处无期徒刑，并处没收财产。 （三）个人贪污数额在五千元以上不满五万元的，处一年以上七年以下有期徒刑；情节严重的，处七年以上十年以下有期徒刑。个人贪污数额在五千元以上不满一万元，犯罪后有悔改表现、积极退赃的，可以减轻处罚或者免予刑事处罚，由其所在单位或者上级主管机关给予行政处分。	第三百八十三条 对犯贪污罪的，根据情节轻重，分别依照下列规定处罚： （一）贪污数额较大或者有其他较重情节的，处三年以下有期徒刑或者拘役，并处罚金。 （二）贪污数额巨大或者有其他严重情节的，处三年以上十年以下有期徒刑，并处罚金或者没收财产。 （三）贪污数额特别巨大或者有其他特别严重情节的，处十年以上有期徒刑或者无期徒刑，并处罚金或者没收财产；数额特别巨大，并使国家和人民利益遭受特别重大损失的，处无期徒刑或者死刑，并处没收财产。对多次贪污未经处理的，按照累计贪污数额处罚。 犯第一款罪，在提起公诉前如实供述自己罪行、真诚悔罪、积极退赃，避免、减少损害结果的发生，有第一项规定情形的，可以从轻、减轻或者免除处罚；有第二项、第三项规定情形的，可以从轻处罚。

续表

修改前	修改后
（四）个人贪污数额不满五千元，情节较重的，处二年以下有期徒刑或者拘役；情节较轻的，由其所在单位或者上级主管机关酌情给予行政处分。 对多次贪污未经处理的，按照累计贪污数额处罚。	犯第一款罪，有第三项规定情形被判处死刑缓期执行的，人民法院根据犯罪情节等情况可以同时决定在其死刑缓期执行二年期满依法减为无期徒刑后，终身监禁，不得减刑、假释。 《刑九时间效力解释》 第八条　对于2015年10月31日以前实施贪污、受贿行为，罪行极其严重，根据修正前刑法判处死刑缓期执行不能体现罪刑相适应原则，而根据修正后刑法判处死刑缓期执行同时决定在其死刑缓期执行二年期满依法减为无期徒刑后，终身监禁，不得减刑、假释可以罚当其罪的，适用修正后刑法第三百八十三条第四款的规定。根据修正前刑法判处死刑缓期执行足以罚当其罪的，不适用修正后刑法第三百八十三条第四款的规定。

行贿罪的处罚

根据《刑法》第390条的规定，犯本罪的，处5年以下有期徒刑或者拘役，并处罚金；因行贿谋取不正当利益，情节严重的，或者使国家利益遭受重大损失的，处5年以上10年以下有期徒刑，并处罚金；情节特别严重的，或者使国家利益遭受特别重大损失的，处10年以上有期徒刑或者无期徒刑，并处罚金或者没收财产。行贿人在被追诉前主动交代行贿行为的，可以从轻或者减轻处罚。其中，犯罪较轻，对侦破重大案件起关键作用的，或者有重大立功表现的，可以减轻或者免除处罚。

《刑法》重点法条新旧对照

修改前	修改后
第三百九十条对犯行贿罪的，处五年以下有期徒刑或者拘役；因行贿谋取不正当利益，情节严重的，或者使国家利益遭受重大损失的，处五年以上十年以下有期徒刑；情节特别严重的，处十年以上有期徒刑或者无期徒刑，可以并处没收财产。 行贿人在被追诉前主动交代行贿行为的，可以减轻处罚或者免除处罚。	第三百九十条对犯行贿罪的，处五年以下有期徒刑或者拘役，并处罚金；因行贿谋取不正当利益，情节严重的，或者使国家利益遭受重大损失的，处五年以上十年以下有期徒刑，并处罚金；情节特别严重的，或者使国家利益遭受特别重大损失的，处十年以上有期徒刑或者无期徒刑，并处罚金或者没收财产。 行贿人在被追诉前主动交代行贿行为的，可以从轻或者减轻处罚。其中，犯罪较轻的，对侦破重大案件起关键作用的，或者有重大立功表现的，可以减轻或者免除处罚。

续表

修改前	修改后
第三百九十一条 【对单位行贿罪】为谋取不正当利益，给予国家机关、国有公司、企业、事业单位、人民团体以财物的，或者在经济往来中，违反国家规定，给予各种名义的回扣、手续费的，处三年以下有期徒刑或者拘役。 单位犯前款罪的，对单位判处罚金，并对其直接负责的主管人员和其他直接责任人员，依照前款的规定处罚。	第三百九十一条 【对单位行贿罪】为谋取不正当利益，给予国家机关、国有公司、企业、事业单位、人民团体以财物的，或者在经济往来中，违反国家规定，给予各种名义的回扣、手续费的，处三年以下有期徒刑或者拘役，并处罚金。 单位犯前款罪的，对单位判处罚金，并对其直接负责的主管人员和其他直接责任人员，依照前款的规定处罚。
第三百九十二条 【介绍贿赂罪】向国家工作人员介绍贿赂，情节严重的，处三年以下有期徒刑或者拘役。 介绍贿赂人在被追诉前主动交代介绍贿赂行为的，可以减轻处罚或者免除处罚。	第三百九十二条 【介绍贿赂罪】向国家工作人员介绍贿赂，情节严重的，处三年以下有期徒刑或者拘役，并处罚金。 介绍贿赂人在被追诉前主动交代介绍贿赂行为的，可以减轻处罚或者免除处罚。
第三百九十三条 【单位行贿罪】单位为谋取不正当利益而行贿，或者违反国家规定，给予国家工作人员以回扣、手续费，情节严重的，对单位判处罚金，并对其直接负责的主管人员和其他直接责任人员，处五年以下有期徒刑或者拘役。因行贿取得的违法所得归个人所有的，依照本法第三百八十九条、第三百九十条的规定定罪处罚。	第三百九十三条 【单位行贿罪】单位为谋取不正当利益而行贿，或者违反国家规定，给予国家工作人员以回扣、手续费，情节严重的，对单位判处罚金，并对其直接负责的主管人员和其他直接责任人员，处五年以下有期徒刑或者拘役，并处罚金。因行贿取得的违法所得归个人所有的，依照本法第三百八十九条、第三百九十条的规定定罪处罚。

旧题新练

关于贿赂犯罪，下列哪些选项是错误的？

A. 国家工作人员利用职务便利，为请托人谋取利益并收受其财物而构成受贿罪的，请托人当然构成行贿罪

B. 因被勒索给予国家工作人员以财物的，当然不构成行贿罪

C. 行贿人在被追诉前主动交代行贿行为的，可以从轻或者减轻处罚

D. 某国家机关利用其职权或地位形成的便利条件，通过其他国家机关的职务行为，为请托人谋取利益，索取请托人财物的，构成单位受贿罪

【参考答案及解析】　ABD（原答案为ABCD）。A项，受贿罪与行贿罪虽然是对向犯，但受贿方和行贿方并不必然同时构成犯罪。例如，为了谋取正当利益而给予国家工作人员财物的，不构成行贿罪；但国家工作人员接受财物的，构成受贿罪，A项错误。B项，《刑法》第389条第3款规定："因被勒索给予国家工作人员以财物，没有获得不正当利益的，不是行贿。"也即，如果获得了不正当利益，便构成行贿罪，B项错误。《刑法修正案（九）》修正了《刑法》第390条第2款规定，考生要注意"减轻处罚或者免除处罚"和"从轻处罚或者减轻处罚"的适用，行贿人在被追诉前

主动交代行贿行为的，可以从轻或者减轻处罚，其中，犯罪较轻的，对侦破重大案件起关键作用的，或者有重大立功表现的，可以减轻或者免除处罚，可见 C 项描述正确，不当选。D 项描述的是单位斡旋受贿的情形，然而《刑法》在规定单位受贿罪时，没有包括斡旋受贿的方式。所以，单位斡旋受贿不能直接认为其构成单位受贿罪，D 项错误。

对有影响力的人行贿罪

本罪是指自然人或者单位为谋取不正当利益，向国家工作人员的近亲属或者其他与该国家工作人员关系密切的人，或者向离职的国家工作人员或者其近亲属以及其他与其关系密切的人行贿的行为。本罪与利用影响力受贿罪是对向关系。

本罪的特点是，行为人为了利用（离职的）国家工作人员的近亲属等特定关系人的影响力，而给予其财物。由于这些特定关系人与国家工作人员具有密切关系，所以，需要正确处理本罪与行贿罪的关系。行为人将财物交付给特定关系人，特定关系人仅成立利用影响力受贿罪，国家工作人员不成立受贿罪时，行为人成立对有影响力的人行贿罪。行为人将财物交付给特定关系人，特定关系人虽然与国家工作人员构成受贿罪的共犯，但行为人没有认识到该受贿共犯事实时，行为人仍然成立对有影响力的人行贿罪。反之，行为人将财物交付给特定关系人，特定关系人与国家工作人员构成受贿罪的共犯，行为人也明知该受贿共犯事实时，不管财物最终由国家工作人员占有，行为人均成立行贿罪。

犯本罪的，根据《刑法》第 390 条之一的规定处罚。

《刑法》重点法条新旧对照

修改前	修改后
无	第三百九十条之一　【对有影响力的人行贿罪】为谋取不正当利益，向国家工作人员的近亲属或者其他与该国家工作人员关系密切的人，或者向离职的国家工作人员或者其近亲属以及其他与其关系密切的人行贿的，处三年以下有期徒刑或者拘役，并处罚金；情节严重的，或者使国家利益遭受重大损失的，处三年以上七年以下有期徒刑，并处罚金；情节特别严重的，或者使国家利益遭受特别重大损失的，处七年以上十年以下有期徒刑，并处罚金。 单位犯前款罪的，对单位判处罚金，并对其直接负责的主管人员和其他直接责任人员，处三年以下有期徒刑或者拘役，并处罚金。

学习计划

专题八 刑事诉讼法部分

2017年新增考点部分：

20-1 未成年人刑事案件诉讼程序概述

（一）未成年人刑事案件诉讼程序的概念与功能

未成年人刑事案件诉讼程序是刑事诉讼中的特别程序，它是指对未成年人犯罪案件依法追究刑事责任时所适用的立案、侦查、起诉、审判、执行等一系列诉讼程序和制度的总称。

之所以设置区别于成年人刑事诉讼程序的专门的未成年人刑事案件诉讼程序，是因为未成年人犯罪具有明显区别于成年人犯罪的特点，因此需要在刑事诉讼中设置针对其特点的专门程序与制度。未成年人生理和心理发育尚未成熟，大脑处于发育期，不完全具备正确认知、情绪管理和行为控制的能力，社会经验匮乏，缺乏独立辨别是非的能力；未成年人通常犯罪动机简单、主观恶性不大，实施犯罪行为具有较大的冲动性、盲目性和突发性，受成长背景和家庭环境等社会因素影响较大；涉嫌犯罪的未成年人还处于向成年人过渡的关键阶段，可塑性强，复归社会可能性较大；同时，未成年人自我保护的能力弱，对于法律和诉讼行为难以有正确和全面的理解。鉴于未成年人的身心特点，未成年人司法的目的、功能与成年人司法有着根本的区别。未成年人司法关注行为人而不是行为本身，关注未成年人回归社会、恢复正常生活状态，而不是对犯罪行为本身的报应和制裁。因此，教育和保护贯穿未成年人司法保护程序的始终，也是其基本立场。设立未成年人刑事案件诉讼程序，为涉罪未成年人提供着眼于其未来发展的处理、分流和矫正机制，避免简单惩罚等不当干预方式对其人格形成带来负面影响。例如，对未成年人尽量不予以羁押是为了防止中断学业及羁押场所内的交叉感染对未成年人复归社会造成负面影响，专门适用于未成年人的附条件不起诉制度则为涉罪未成年人提供了更为符合教育、感化、挽救方针的分流途径。同时，也为进入刑事诉讼程序的未成年人提供特定的保护和协助机制。例如，讯问和审判未成年人时必须通知其法定代理人或其他合适成年人到场，未成年犯罪嫌疑人、被告人没有委托辩护人的，应当通知法律援助机构指派律师为其提供辩护，这些都属于为未成年人提供特定的保护和协助机制。

（二）未成年人刑事案件诉讼程序适用的案件范围

未成年人刑事案件诉讼程序适用于未成年人涉嫌犯罪的案件，根据我国刑法有关刑事责任年龄的规定，具体是指犯罪嫌疑人、被告人实施涉嫌犯罪行为时已满14周岁、未满18周岁的刑事案件。但并非所有未成年人犯罪案件都必须适用未成年人刑事案件诉讼程序，是否适用这一程序除了考虑犯罪嫌疑人、被告人实施犯罪行为时的年龄外，还必须考虑处理案件时的年龄。《刑诉解释》第463条规定了少年法庭审理的案件范围：（1）被告人实施被指控的犯罪时不满18周岁、人民法院立案时不满20周岁的案件；（2）被告人实施被指控的犯罪时不满18周岁、人民法院立案时不满20周岁，并被指控为首要分子或者主犯的共同犯罪案件。其他共同犯罪案件有未成年被告人的，或者其他涉及未成年人的刑事案件是否由少年法庭审理，由院长根据少年法庭工作的实际情况决定。《人民检察院办理未成年人刑事案件的规定》第79条规定，在有关未成年人诉讼权利和体现对未成年人程序上特殊保护的条文中所称的未成年人，是指在诉讼过程中未满18周岁的人。犯罪嫌疑人实施涉嫌犯罪行为时未满18周岁，在诉讼过程中已满18周岁的，人民检察院可以根据案件的具体情况适用本规定。可见，实施犯罪行为和处理案件时均未满18周岁的未成年人犯罪案件必须适用未成年人刑事案件诉讼程序，而实施犯罪行为时未满18周岁、处理案件时已满18周岁的未成年人犯罪案件是否适用未成年人刑事案件诉讼程序则具有一定的弹性。

此外，《刑事诉讼法》及相关司法解释中还有关于未成年被害人、证人参与刑事诉讼的特殊规定，也属于未成年人刑事案件诉讼程序的适用范围。例如，《刑诉解释》第473条规定，未成年被害人及其法定代理人因经济困难或者其他原因没有委托诉讼代理人的，人民法院应当帮助其申请法律援助。第468条规定，确有必要通知未成年被害人、证人出庭作证的，人民法院应当根据案件情况采取相应的保护措施。有条件的，可以采取视频等方式对其陈述、证言进行质证。

（三）未成年人刑事案件诉讼程序与普通刑事诉讼程序的关系

我国1979年、1996年《刑事诉讼法》并没有针对未成年人刑事案件设置专门的程序，而仅仅在极个别条文中作出了有别于成年人的规定。2012年《刑事诉讼法》修改,我国未成年人刑事案件诉讼程序从分散立法发展为专章立法,在《刑事诉讼法》第五编"特别程序"中予以专章规定,从而大幅提升了未成年人刑事案件诉讼程序的容量、独立性和整体性,也更为符合未成年人及其犯罪的特点。但是,我国未成年人刑事案件诉讼程序仍然依附于普通刑事诉讼程序,即"未成人刑事案件诉讼程序"专章只是规定了有别于普通刑事诉讼程序的特殊规定,专章中未予规定内容,适用《刑事诉讼法》有关普通刑事诉讼程序的规定,同时要贯彻教育、感化、挽救的方针。

20-2 未成年人刑事案件诉讼程序的方针与原则

(一)教育、感化、挽救方针与教育为主、惩罚为辅原则

教育、感化、挽救方针,是指公安司法机关在未成年人刑事案件诉讼程序中,应当坚持教育为主,惩罚为辅,对犯罪的未成年人动之以情、晓之以理,寓教于情,寓教于行,促使未成年人认识其行为的危害性,促其悔罪并重新回归社会。"教育、感化、挽救"方针引申出的一个重要原则就是"教育为主、惩罚为辅",这一原则贯穿于中国未成年人刑事案件诉讼程序的整个过程。在侦查阶段,侦查人员讯问未成年犯罪嫌疑人时需要将获取口供与教育未成年犯罪嫌疑人密切结合起来,全面了解未成年犯罪嫌疑人的生活、学习环境、成长经历、性格特点、心理状态及社会交往等情况,采取适合未成年犯罪嫌疑人特点的方式进行讯问。在审查起诉阶段,检察官需要结合未成年犯罪嫌疑人的情况进行有针对性的教育,对于符合不起诉条件的未成年犯罪嫌疑人,检察机关作出不起诉决定时需要对其进行教育或开展相应的监督考察,防止重新犯罪。在审判阶段,家庭教育是审理未成年人案件不可或缺的环节,法官要在掌握未成年被告人的生理和心理特点的基础上,对于构成犯罪的未成年人,帮助其认识犯罪原因和犯罪行为的社会危害性,做到寓教于审,惩教结合。理解"教育为主、惩罚为辅"原则还必须注意到,惩罚和教育并不是矛盾的,对犯罪的未成年人进行教育和感化,并不是说对应当追究刑事责任的不予追究刑事责任,或无原则地不予处罚,但应当坚持"教育为主、惩罚为辅"的原则,可罚可不罚的尽量不罚,以利于犯罪的未成年人今后改过自新,重返社会。

"教育、感化、挽救方针"与"教育为主、惩罚为辅"原则被《刑事诉讼法》及相关司法解释明确规定。《刑事诉讼法》第266条第1款规定犯罪的未成年人实行教育、感化、挽救的方针,坚持"教育为主、惩罚为辅"的原则。《刑诉解释》第459条、《人民检察院办理未成年人刑事案件的规定》第2条和《公安部规定》第306条均对此作出了明确规定。

(二) 保障未成年犯罪嫌疑人、被告人诉讼权利原则

保障未成年犯罪嫌疑人、被告人诉讼权利原则，是指公安司法机关在处理未成年人刑事案件的过程中，应当充分保障未成年犯罪嫌疑人、被告人依法享有的各项诉讼权利。《刑事诉讼法》第266条第2款规定，人民法院、人民检察院和公安机关办理未成年人刑事案件，应当保障未成年人行使其诉讼权利，保障未成年人得到法律帮助，并由熟悉未成年人身心特点的审判人员、检察人员、侦查人员承办。《人民检察院办理未成年人刑事案件的规定》第2条规定，在严格遵守法律规定的前提下，按照最有利于未成年人和适合未成年人身心特点的方式进行，充分保障未成年人合法权益。

在刑事诉讼中，未成年犯罪嫌疑人、被告人除享有成年犯罪嫌疑人、被告人享有的各项诉讼权利外，还享有一些特殊的权利。例如，《刑事诉讼法》第270条规定，未成年人被讯问和审判时有法定代理人或其他合适成年人在场的权利。再如，原则上不得对未成年犯罪嫌疑人、被告人使用戒具。《高检规则》第491条规定，讯问未成年犯罪嫌疑人一般不得使用械具。对于确有人身危险性，必须使用械具的，在现实危险消除后，应当立即停止使用。《刑诉解释》第480条规定，在法庭上不得对未成年被告人使用戒具，但被告人人身危险性大，可能妨碍庭审活动的除外。必须使用戒具的，在现实危险消除后，应当立即停止使用。

(三) 分案处理原则

分案处理原则，是指公安司法机关在刑事诉讼过程中应当对未成年人案件与成年人案件实行诉讼程序分离、分案处理，对犯罪的未成年人与犯罪的成年人分别关押、分别执行。分案处理原则的内容主要包括三个方面：一是在刑事诉讼中运用拘留、逮捕等强制措施关押未成年犯罪嫌疑人时，必须与成年犯罪嫌疑人分开看管；二是在处理未成年人与成年人共同犯罪或者有牵连的案件时，尽量适用不同的诉讼程序，在不妨碍审理的前提下，坚持分案处理，包括分案侦查、分案起诉和分案审理；三是在未成年人犯罪案件处理完毕、交付执行阶段，不得与成年罪犯同处一个监所。分案处理的目的是充分保护进入诉讼阶段的未成年人，使其免受来自成年犯罪人的不良影响。

《刑事诉讼法》第269条第2款规定，对被拘留、逮捕和执行刑罚的未成年人与成年人应当分别关押、分别管理、分别教育。《公安部规定》第317条规定，对被羁押的未成年人应当与成年人分别关押、分别管理、分别教育，并根据其生理和心理特点在生活和学习方面给予照顾。《人民检察院办理未成年人刑事案件的规定》第51条规定，人民检察院审查未成年人与成年人共同犯罪案件，一般应当将未成年人与成年人分案

起诉，但是具有下列情形之一的，可以不分案起诉：（1）未成年人系犯罪集团的组织者或者其他共同犯罪中的主犯的；（2）案件重大、疑难、复杂，分案起诉可能妨碍案件审理的；（3）涉及刑事附带民事诉讼，分案起诉妨碍附带民事诉讼部分审理的；（4）具有其他不宜分案起诉情形的。对分案起诉至同一人民法院的未成年人与成年人共同犯罪案件，由未成年人刑事检察机构一并办理更为适宜的，经检察长决定，可以由未成年人刑事检察机构一并办理。分案起诉的未成年人与成年人共同犯罪案件，由不同机构分别办理的，应当相互了解案件情况，提出量刑建议时，注意全案的量刑平衡。《刑诉解释》第464条规定，对分案起诉至同一人民法院的未成年人与成年人共同犯罪案件，可以由同一个审判组织审理；不宜由同一个审判组织审理的，可以分别由少年法庭、刑事审判庭审理。未成年人与成年人共同犯罪案件，由不同人民法院或者不同审判组织分别审理的，有关人民法院或者审判组织应当互相了解共同犯罪被告人的审判情况，注意全案的量刑平衡。

（四）审理不公开原则与保密原则

审理不公开原则，是指人民法院在开庭审理未成年人刑事案件时，不允许旁听，不允许记者采访，新闻媒体报道不得刊登未成年被告人的姓名、年龄、职业、住址及照片等；《刑事诉讼法》第274条规定：审判的时候被告人不满18周岁的案件，不公开审理。但是，经未成年被告人及其法定代理人同意，未成年被告人所在学校和未成年人保护组织可以派代表到场。《刑诉解释》第467条规定，到场代表的人数和范围，由法庭决定。到场代表经法庭同意，可以参与对未成年被告人的法庭教育工作。对依法公开审理，但可能需要封存犯罪记录的案件，不得组织人员旁听。需要注意的是，根据《刑事诉讼法》第196条第1款的规定，不公开审理的案件宣判应当一律公开，但不得采取召集大会的形式。

保密原则要求办理未成年人刑事案件时应当对涉案未成年人的资料予以保密，不得向外界泄露。涉案未成年人既包括犯罪嫌疑人、被告人，也包括被害人、证人等。《刑诉解释》第469条规定，审理未成年人刑事案件，不得向外界披露该未成年人的姓名、住所、照片以及可能推断出该未成年人身份的其他资料。查阅、摘抄、复制的未成年人刑事案件的案卷材料，不得公开和传播。《高检规则》第502条规定，人民检察院办理未成年人刑事案件过程中，应当对涉案未成年人的资料予以保密，不得公开或者传播涉案未成年人的姓名、住所、照片、图像及可能推断出该未成年人的其他资料。《公安部规定》第307条规定，公安机关办理未成年人刑事案件，应当保障未成年人行使其诉讼权利并得到法律帮助，依法保护未成年人的名誉和隐私，尊重其人格尊严。

需要注意的是，保密原则除了适用于未成年人犯罪案件外，同样适用于被害人系未成年人的案件。

审理不公开和保密原则的意义在于维护未成年人的名誉，防止公开审理或泄露资料对其造成精神创伤，进而不利于其未来回归社会和恢复正常生活。

（五）全面调查原则

全面调查原则是指公安司法机关在办理未成年人刑事案件的过程中，不仅要调查案件事实，还要对未成年犯罪嫌疑人、被告人的生理与心理特征、性格特点、成长经历、社会交往、犯罪原因、监护教育和犯罪后的表现等情况进行调查，必要时还要进行医疗检查和心理学、精神病学的调查分析。全面调查的目的在于通过对未成年犯罪嫌疑人、被告人的人格、素质、生活经历和所处环境进行调查分析，查清未成年犯罪嫌疑人、被告人走上犯罪道路的原因和条件，为教育、挽救未成年犯罪人确定有针对性的方案和具体方法，以取得良好的教育改造效果。

《刑事诉讼法》第268条对全面调查原则进行了规定：公安机关、人民检察院、人民法院办理未成年人刑事案件，根据情况可以对未成年犯罪嫌疑人、被告人的成长经历、犯罪原因、监护教育等情况进行调查。落实全面调查原则主要通过制作社会调查报告予以落实。社会调查报告既可以由公检法机关自行开展调查并制作，也可以委托其他的主体进行，辩护人也可以提交反映未成年人全面情况的书面材料。《刑诉解释》第476条第2款规定，必要时，人民法院可以委托未成年被告人居住地的县级司法行政机关、共青团组织以及其他社会团体组织对未成年被告人的上述情况进行调查，或者自行调查。《高检规则》第486条第2款规定，人民检察院开展社会调查，可以委托有关组织和机构进行。

社会调查报告及其他反映未成年人全面情况的材料应当经过审查，可以作为审查批捕、审查起诉的依据，在法庭审理中应当进行质证，并可以作为法庭教育和量刑的依据。《刑诉解释》第484条规定，对未成年被告人情况的调查报告，以及辩护人提交的有关未成年被告人情况的书面材料，法庭应当审查并听取控辩双方意见；上述报告和材料可以作为法庭教育和量刑的参考。

（六）社会参与原则

社会参与，是指在未成年人刑事案件诉讼程序中融入社会因素，由普通民众和社会组织等社会力量在刑事诉讼各个环节对未成年人提供辅助和支持，包括将社会调查、讯问和审判时在场、观护帮教和社会适应能力培养等委托给社会力量承担或由社会力量参与。社会参与原则本就是现代刑事诉讼的一项基本原则，但基于未成年人犯罪的特殊性，社会参与在未成年人刑事案件诉讼程序中具有更为重要的作用，不仅有助于更好地维护未成年人的诉讼权利与其他合法权益，还能帮助保持未成年人与社会的正常联系，减少刑事诉讼程序对未成年人产生的消极影响，有助于其重新回归社会。

刑事诉讼法所规定的其他合适成年人讯问和审判时到场、社会背景调查和附条件不起诉的监督考察等都强调社会参与。《刑诉解释》第460条规定，人民法院应当加强同政府有关部门以及共青团、妇联、工会、未成年人保护组织等团体的联系，推动未成年人刑事案件人民陪审、情况调查、安置帮教等工作的开展，充分保障未成年人的合法权益，积极参与社会管理综合治理。《人民检察院办理未成年人刑事案件的规定》第6条也有类似的规定。

20-3 未成年人刑事案件诉讼制度与程序的具体规定

（一）办案主体专门化

办案主体专门化是未成年人刑事案件诉讼程序的基础和首要内容，未成年人刑事案件诉讼程序有别于成年人案件的规定及其背后蕴含的特殊理念与原则能否实现，很大程度上取决于办案主体能否实现专门化。《刑事诉讼法》第266条第2款规定，人民法院、人民检察院和公安机关办理未成年人刑事案件，应当保障未成年人行使其诉讼权利，保障未成年人得到法律帮助，并由熟悉未成年人身心特点的审判人员、检察人员、侦查人员承办。《刑诉解释》第462条、《人民检察院办理未成年人刑事案件的规定》第8条第1款和《公安部规定》第308条第1款则对办案主体的专门化作了进一步的细化规定。

办案主体专门化包括以下几方面内容：

（1）办案机构或者办案队伍独立与专门化，即公安机关、检察机关、法院和刑罚执行机关内部都应该设立专门办理未成年人案件的部门或者人员，并采用区别于成年人案件的评价机制；

（2）办案机关内部相关职能的整合与统一，即每个办案机关内部与未成年人相关的职能与业务都应当进行整合，由专门办理未成年人案件的部门负责，实现对未成年人的整体性保护；

（3）办案人员的专门化与专业化，即办案人员应当熟悉未成年人的身心特点，具有办理未成年人案件的专业能力，尤其是开展帮教、监督考察以及链接社会资源的能力。

（二）立案程序

未成年人刑事案件的立案程序中需重点审查其出生的年、月、日，并查清是否达到刑事责任年龄。《公安部规定》第310条规定，公安机关办理未成年人刑事案件时，应当重点查清未成年犯罪嫌疑人实施犯罪行为时是否已满14周岁、16周岁、18周岁的临界年龄。

经过审查，对于不符合立案条件，如未达刑事责任年龄，情节显著轻微、危害不大，不认为是犯罪的，可将案件材料转交有关部门处理，或通知其监护人严加监管、教育，并且要协调各方，落实帮教措施；对于符合立案条件的，制作立案报告，应当着重写明犯罪嫌疑人、被告人的确切出生时间，生活、居住环境，心理、性格特征，走上犯罪道路的原因等有关情况。

（三）辩护制度

《刑事诉讼法》第267条的规定，未成年犯罪嫌疑人、被告人没有委托辩护人的，人民法院、人民检察院、公安机关应当通知法律援助机构指派律师为其提供辩护。根据该条规定，在侦查、起诉、审判阶段，只要未成年犯罪嫌疑人、被告人没有委托辩护人，公、检、法机关就有义务通知法律援助机构指定律师为其提供辩护，不论该未成年人是否因经济困难而没有委托辩护人。需要说明的是，判断是否需要通知法律援助机构为其指定律师是以到案和审判时的年龄为标准，而不是以实施涉嫌犯罪行为时的年龄为标准。

在法庭审理过程中，未成年被告人或者其法定代理人当庭拒绝辩护人辩护的，适用《刑诉解释》第254条第1、2款的规定。重新开庭后，未成年被告人或者其法定代理人再次当庭拒绝辩护人辩护的，不予准许。重新开庭时被告人已满18周岁的，可以准许，但不得再另行委托辩护人或者要求另行指派律师，由其自行辩护。

（四）适用强制措施

对未成年犯罪嫌疑人、被告人采取强制措施时，要慎重对待，尽量不采用或少采用强制措施。《刑事诉讼法》第269条第1款规定，对未成年犯罪嫌疑人、被告人应当严格限制适用逮捕措施。为确保对未成年犯罪嫌疑人、被告人慎用逮捕措施，《高检规则》第487、488条和《人民检察院办理未成年人刑事案件的规定》第13~21条则对未成年犯罪嫌疑人适用逮捕措施的原则和条件进行了细化。人民检察院办理未成年犯罪嫌疑人审查逮捕案件，应当根据未成年犯罪嫌疑人涉嫌犯罪的事实、主观恶性、有无监护与社会帮教条件等,综合衡量其社会危险性,严格限制适用逮捕措施。对于罪行较轻,具备有效监护条件或者社会帮教措施,没有社会危险性或者社会危险性较小,不逮捕不致妨害诉讼正常进行的未成年犯罪嫌疑人,应当不批准逮捕。对于罪行比较严重,但主观恶性不大,有悔罪表现,具备有效监护条件或者社会帮教措施,具有下列情形之一,不逮捕不致妨害诉讼正常进行的未成年犯罪嫌疑人,可以不批准逮捕:(1)初次犯罪、过失犯罪的;(2)犯罪预备、中止、未遂的;(3)有自首或者立功表现的;(4)犯罪后如实交代罪行,真诚悔罪,积极退赃,尽力减少和赔偿损失,被害人谅解的;(5)不属于共同犯罪的主犯或者集团犯罪中的首要分子的;(6)属于已满14周岁不满16周岁的未成年人或者系在校学生的;(7)其他可以不批准逮捕的情形。

此外,为严格限制逮捕措施的适用,《人民检察院办理未成年人刑事案件的规定》对审查逮捕未成年犯罪嫌疑人的程序也进行了规范:

(1)审查逮捕未成年犯罪嫌疑人,应当审查公安机关依法提供的证据和社会调查报告等材料。公安机关没有提供社会调查报告的,人民检察院根据案件情况可以要求公安机关提供,也可以自行或者委托有关组织和机构进行调查。

(2)审查逮捕未成年犯罪嫌疑人,应当重点审查其是否已满14周岁、16周岁、18周岁。对犯罪嫌疑人实际年龄难以判断,影响对该犯罪嫌疑人是否应当负刑事责任认定的,应当不批准逮捕。需要补充侦查的,同时通知公安机关。

(3)人民检察院办理未成年犯罪嫌疑人审查逮捕案件,应当讯问未成年犯罪嫌疑人,听取辩护律师的意见,并制作笔录附卷。对于不予批准逮捕的案件,应当说明理由,连同案卷材料送达公安机关执行。需要补充侦查的,应当同时通知公安机关。必要时可以向被害方作说明解释。

(4)在作出不批准逮捕决定前,应当审查其监护情况,参考其法定代理人、学校、居住地公安派出所及居民委员会、村民委员会的意见,并在审查逮捕意见书中对未成年犯罪嫌疑人是否具备有效监护条件或者社会帮教措施进行具体说明。

(5)对未成年犯罪嫌疑人作出批准逮捕决定后,应当依法进行羁押必要性审查。对不需要继续羁押的,应当及时建议予以释放或者变更强制措施。

(五)侦查程序

未成年人刑事案件的侦查程序,除了贯彻上述全面调查原则、保密等原则外,尤其应当注意采用与未成年人身心特点相适应的传唤和讯问方法。传唤未成年犯罪嫌疑人、被告人,可以采用较为缓和的方式,比如通过其父母、监护人进行。

《刑事诉讼法》第270条及有关司法解释对讯问未成年犯罪嫌疑人、被告人的程序作了具体规定：在讯问和审判未成年人时，应当通知未成年犯罪嫌疑人、被告人的法定代理人到场。无法通知、法定代理人不能到场或者法定代理人是共犯的，也可以通知未成年犯罪嫌疑人、被告人的其他成年亲属，所在学校、单位、居住地基层组织或者未成年人保护组织的代表到场，并将有关情况记录在案。其他成年亲属，所在学校、单位、居住地基层组织或者未成年人保护组织的代表通常也被称为其他合适成年人。到场的法定代理人可以代为行使未成年犯罪嫌疑人、被告人的诉讼权利，行使时不得侵犯未成年犯罪嫌疑人的合法权益。未成年犯罪嫌疑人明确拒绝法定代表人以外的合适成年人到场，可以准许，但应当另行通知其他合适成年人到场。到场的法定代理人或者其他人员认为办案人员在讯问、审判中侵犯未成年人合法权益的，可以提出意见。讯问笔录、法庭笔录应当交给到场的法定代理人或者其他人员阅读或者向他宣读，并由其在笔录上签字、盖章或者捺指印确认。讯问女性未成年犯罪嫌疑人，应当有女工作人员在场。讯问未成年犯罪嫌疑人应当采取适合未成年人的方式，可以选择其较为熟悉的场所，耐心细致地听取其供述或者辩解，认真审核、查证与案件有关的证据和线索，并针对其思想顾虑、恐惧心理、抵触情绪进行疏导和教育。讯问未成年犯罪嫌疑人一般不得使用戒具。对于确有人身危险性，必须使用戒具的，在现实危险消除后，应当立即停止使用。

（六）审查起诉程序

1. 听取意见与讯问未成年人

人民检察院审查起诉未成年犯罪嫌疑人，应当听取其父母或者其他法定代理人、辩护人、未成年被害人及其法定代理人的意见；应当讯问未成年犯罪嫌疑人的，讯问程序同上述侦查程序中的讯问。

2. 安排会见、通话

移送审查起诉的案件具备以下条件之一，且其法定代理人、近亲属等与本案无牵连的，经公安机关同意，检察人员可以安排在押的未成年犯罪嫌疑人与其法定代理人、近亲属等进行会见、通话：（1）案件事实已基本查清，主要证据确实、充分，安排会见、通话不会影响诉讼活动正常进行；（2）未成年犯罪嫌疑人有认罪、悔罪表现，或者虽尚未认罪、悔罪，但通过会见、通话有可能促使其转化，或者通过会见、通话有利于社会、家庭稳定；（3）未成年犯罪嫌疑人的法定代理人、近亲属对其犯罪原因、社会危害性以及后果有一定的认识，并能配合司法机关进行教育。在押的未成年犯罪嫌疑人同其法定代理人、近亲属等进行会见、通话时，检察人员应当告知其会见、通话不得有串供或者其他妨碍诉讼的内容。会见、通话时检察人员可以在场。会见、通话结束后，检察人员应当将有关内容及时整理并记录在案。

3. 适用酌定不起诉

人民检察院在审查未成年人刑事案件时，可以依法适用法定不起诉、酌定不起诉和证据不足不起诉制度。为体现对未成年人的特殊保护，《人民检察院办理未成年人刑事案件的规定》对未成年人刑事案件适用酌定不起诉进行了特别规定，鼓励对未成年人适用酌定不起诉进行审前分流，包括一般应当酌定不起诉和可以酌定不起诉两种情形。

（1）一般应当酌定不起诉。对于犯罪情节轻微，具有下列情形之一，依照刑法规定不需要判处刑罚或者免除刑罚的未成年犯罪嫌疑人，一般应当依法作出酌定不起诉决定：①被胁迫参与犯罪的；②犯罪预备、中止、未遂的；③在共同犯罪中起次要或者辅助作用的；④系又聋又哑的人或者盲人的；⑤因防卫过当或者紧急避险过当构成犯罪的；⑥有自首或者立功表现的；⑦其他依照刑法规定不需要判处刑罚或者免除刑罚的情形。即只要具有上述 7 种情形之一，人民检察院一般"应当"作出不起诉的决定，而不是适用《刑事诉讼法》第 173 条第 2 款"可以"作出不起诉的决定。

（2）可以酌定不起诉。对于未成年人实施的轻伤害案件、初次犯罪、过失犯罪、犯罪未遂的案件以及被诱骗或者被教唆实施的犯罪案件等，情节轻微，犯罪嫌疑人确有悔罪表现，当事人双方自愿就民事赔偿达成协议并切实履行或者经被害人同意并提供有效担保，符合《刑法》第 37 条规定的，人民检察院可以作出酌定不起诉，并可以根据案件的不同情况，予以训诫或者责令具结悔过、赔礼道歉、赔偿损失，或者由主管部门予以行政处罚。

4. 附条件不起诉

2012 年《刑事诉讼法》修改专门针对未成年人刑事案件增设了附条件不起诉制度，为未成年犯罪嫌疑人的审前分流提供了新的途径。

（1）附条件不起诉的适用条件。同时符合下列四个条件可以适用附条件不起诉：①不满 18 周岁的未成年人涉嫌实施《刑法》分则第四章（侵犯公民人身权利、民主权利罪）、第五章（侵犯财产罪）和第六章（妨害社会管理秩序罪）规定的犯罪；②根据具体犯罪事实、情节，可能判处 1 年有期徒刑以下刑罚；③犯罪事实清楚，证据确实、充分，符合起诉条件；④有悔罪表现的。

（2）附条件不起诉的决定程序。人民检察院在作出附条件不起诉的决定以前，应当听取公安机关、被害人、未成年犯罪嫌疑人的法定代理人、辩护人的意见，并制作笔录附卷。被害人是未成年人的，还应当听取被害人的法定代理人、诉讼代理人的意见。公安机关或者被害人对附条件不起诉有异议或争议较大的案件，人民检察院可以召集侦查人员、被害人及其法定代理人、诉讼代理人、未成年犯罪嫌疑人及其法定代理人、辩护人举行不公开听证会，充分听取各方的意见和理由。

（3）附条件不起诉决定的监督程序。人民检察院作出附条件不起诉的决定后，应当制作附条件不起诉决定书，并在 3 日以内送达公安机关、被害人或者其近亲属及其诉讼代理人、未成年犯罪嫌疑人及其法定代理人、辩护人。送达时，应当告知被害人或者其近亲属及其诉讼代理人，如果对附条件不起诉决定不服，可以自收到附条件不起诉决定书后 7 日以内向上一级人民检察院申诉。

公安机关认为附条件不起诉决定有错误，要求复议的，人民检察院应当在收到要求复议意见书后的 30 日以内作出复议决定，通知公安机关。上一级人民检察院收到公安机关对附条件不起诉决定提请复核的意见书后，应当在 30 日以内作出决定，制作复核决定书送交提请复核的公安机关和下级人民检察院。经复核改变下级人民检察院附条件不起诉决定的，应当撤销下级人民检察院作出的附条件不起诉决定，交由下级人民检察院执行。

被害人不服附条件不起诉决定，在收到附条件不起诉决定书后 7 日以内申诉的，由作出附条件不起诉决定的人民检察院的上一级人民检察院未成年人刑事检察机构立案复查。上级人民检察院经复查作出起诉决定的，应当撤销下级人民检察院的附条件不起诉决定，由下级人民检察院提起公诉，并将复查决定抄送移送审查起诉的公安机关。根据全国人民代表大会常务委员会《关于〈中华人民共和国刑事诉讼法〉第二百七十一条第二款的解释》，被害人对人民检察院对未成年犯罪嫌疑人作出的附条件不起诉的决定和不起诉的决定，可以向上一级人民检察院申诉，不适用《刑事诉讼法》第 176 条关于被害人可以向人民法院起诉的规定。因此，被害人不服附条件不起诉决定的，不能直接向人民法院提起自诉。

未成年犯罪嫌疑人及其法定代理人对人民检察院决定附条件不起诉有异议的，人民检察院应当作出起诉的决定。

（4）对被附条件不起诉的未成年犯罪嫌疑人的监督考察。

考验期。检察院决定附条件不起诉的，应当确定考验期。考验期为 6 个月以上 1 年以下，从人民检察院作出附条件不起诉的决定之日起计算。考验期不计入案件审查起诉期限。考验期的长短应当与未成年犯罪嫌疑人所犯罪行的轻重、主观恶性的大小和人身危险性的大小、一贯表现及帮教条件等相适应，根据未成年犯罪嫌疑人在考验期的表现，可以在法定期限范围内适当缩短或者延长。

附带的条件。被附条件不起诉的未成年犯罪嫌疑人，应当遵守下列规定：①遵守法律法规，服从监督；②按照考察机关的规定报告自己的活动情况；③离开所居住的市、县或者迁居,应当报经考察机关批准;④按照考察机关的要求接受矫治和教育。人民检察院可以根据案件具体情况,要求被附条件不起诉的未成年犯罪嫌疑犯接受下列有针对性的矫治和教育:①完成戒瘾治疗、心理辅导或者其他适当的处遇措施;②向社区或者公益团体提供公益劳动;③不得进入特定场所,与特定的人员会见或者通信,从事特定的活动;④向被害人赔偿损失、赔礼道歉等;⑤接受相关教育;⑥遵守其他保护被害人安全以及预防再犯的禁止性规定。

监督考察的具体方式。在附条件不起诉的考验期内,人民检察院应当对被附条件不起诉的未成年犯罪嫌疑人进行监督考察。未成年犯罪嫌疑人的监护人应当对未成年犯罪嫌疑人加强管教,配合人民检察院做好监督考察工作。人民检察院可以会同未成年犯罪嫌疑人的监护人、所在学校、单位、居住地的村民委员会、居民委员会、未成年人保护组织等的有关人员定期对未成年犯罪嫌疑人进行考察、教育,实施跟踪帮教。未成年犯罪嫌疑人经批准离开所居住的市、县或者迁居,作出附条件不起诉决定的人民检察院可以要求迁入地的人民检察院协助进行考察,并将考察结果函告作出附条件不起诉决定的人民检察院。

(5) 附条件不起诉的适用结果。被附条件不起诉的未成年犯罪嫌疑人,在考验期内有下列情形之一的,人民检察院应当撤销附条件不起诉的决定,提起公诉:

①实施新的犯罪的。

②发现决定附条件不起诉以前还有其他犯罪需要追诉的。

③违反治安管理规定,造成严重后果,或者多次违反治安管理规定的。

④违反考察机关有关附条件不起诉的监督管理规定,造成严重后果,或者多次违反考察机关有关附条件不起诉的监督管理规定的。

对于未成年犯罪嫌疑人在考验期内实施新的犯罪或者在决定附条件不起诉以前还有其他犯罪需要追诉的,人民检察院应当移送侦查机关立案侦查。附条件不起诉的未成年犯罪嫌疑人,在考验期内没有上述情形,考验期满的,人民检察院应当作出不起诉的决定。

(七) 审判程序

未成年人刑事案件的审判程序,除了贯彻基本方针与原则外,在以下方面还需遵循特殊的程序:

(1) 人民法院向未成年被告人送达起诉书副本时,应当向其讲明被指控的罪行和有关法律规定,并告知其审判程序和其所享有的诉讼权利、义务。

(2) 对未成年人刑事案件决定适用简易程序审理的,人民法院应当征求未成年被告人及其法定代理人、辩护人的意见。上述人员提出异议的，不适用简易程序。

（3）通知法定代理人或其他合适成年人审判时到场。人民法院审理未成年人刑事案件，在讯问和开庭时，应当通知未成年被告人的法定代理人到场。法定代理人无法通知、不能到场或者是共犯的，也可以通知其他合适成年人到场，并将有关情况记录在案。到场的其他人员，除依法行使《刑事诉讼法》第270条第2款规定的权利外，经法庭同意，可以参与对未成年被告人的法庭教育等工作。上述规定同样适用于简易程序和询问未成年被害人、证人。被告人实施被指控的犯罪时不满18周岁，开庭时已满18周岁、不满20周岁的，人民法院开庭时，一般应当通知其近亲属到庭。经法庭同意，近亲属可以发表意见。近亲属无法通知、不能到场或者是共犯的，应当记录在案。

（4）法庭设置。人民法院应当在辩护台靠近旁听区一侧为未成年被告人的法定代理人或其他合适成年人设置席位。审理可能判处5年有期徒刑以下刑罚或者过失犯罪的未成年人刑事案件，可以采取适合未成年人特点的方式设置法庭席位。很多地区采用圆桌审判方式审理未成年人案件，以消除未成年被告人的恐慌、抵触心理，帮助未成年被告人更好更易接受判决结果，更有利于审判人员对青少年的教育。

（5）庭审语言。法庭审理过程中，审判人员应当根据未成年被告人的智力发育程度和心理状态，使用适合未成年人的语言表达方式。发现有对未成年被告人诱供、训斥、讽刺或者威胁等情形的，审判长应当制止。

（6）量刑建议。控辩双方提出对未成年被告人判处管制、宣告缓刑等量刑建议的，应当向法庭提供有关未成年被告人能够获得监护、帮教以及对所居住社区无重大不良影响的书面材料。

（7）法庭教育。法庭辩论结束后，法庭可以根据案件情况，对未成年被告人进行教育；判决未成年被告人有罪的，宣判后，应当对未成年被告人进行教育。对未成年被告人进行教育，可以邀请诉讼参与人、其他合适成年人以及社会调查员、心理咨询师等参加。适用简易程序审理的案件，同样需要按照上述规定对未成年被告人进行法庭教育。

（8）法定代理人的补充陈述。未成年被告人最后陈述后，法庭应当询问其法定代理人是否补充陈述。

（9）宣判。对未成年人刑事案件宣告判决应当公开进行，但不得采取召开大会等形式。对依法应当封存犯罪记录的案件，宣判时，不得组织人员旁听；有旁听人员的，应当告知其不得传播案件信息。定期宣告判决的未成年人刑事案件，未成年被告人的法定代理人无法通知、不能到庭或者是共犯的，法庭可以通知其他合适成年人到庭，并在宣判后向未成年被告人的成年亲属送达判决书。

（10）心理疏导与心理测评。对未成年人刑事案件，人民法院根据情况，可以对未成年被告人进行心理疏导；经未成年被告人及其法定代理人同意，也可以对未成年被告人进行心理测评。

（11）亲属会见。开庭前和休庭时，法庭根据情况，可以安排未成年被告人与其法定代理人或其他合适成年人会见。

（八）执行程序

《刑诉解释》第489~495条对未成年罪犯执行程序中的特殊要求进行了规定：

（1）交付执行。将未成年罪犯送监执行刑罚或者送交社区矫正时，人民法院应当将有关未成年罪犯的调查报告及其在案件审理中的表现材料，连同有关法律文书，一并送达执行机关。

（2）帮教考察。人民法院可以与未成年罪犯管教所等服刑场所建立联系，了解未成年罪犯的改造情况，协助做好帮教、改造工作，并可以对正在服刑的未成年罪犯进行回访考察。人民法院认为必要时，可以督促被收监服刑的未成年罪犯的父母或者其他监护人及时探视。对被判处管制、宣告缓刑、裁定假释、决定暂予监外执行的未成年罪犯，人民法院可以协助社区矫正机构制定帮教措施。人民法院可以适时走访被判处管制、宣告缓刑、免除刑事处罚、裁定假释、决定暂予监外执行等的未成年罪犯及其家庭，了解未成年罪犯的管理和教育情况，引导未成年罪犯的家庭承担管教责任，为未成年罪犯改过自新创造良好环境。

（3）就学、就业安置。被判处管制、宣告缓刑、免除刑事处罚、裁定假释、决定暂予监外执行等的未成年罪犯，具备就学、就业条件的，人民法院可以就其安置问题向有关部门提出司法建议，并附送必要的材料。

（九）未成年人犯罪记录封存

为防止服刑期满、羁押释放的未成年人在复学、升学、就业时受到歧视，帮助其更好地回归社会，《刑法修正案（八）》规定，犯罪的时候不满18周岁、被判处5年有期徒刑以下刑罚的人，在入伍、就业的时候，免除其向有关单位报告自己曾受过刑事处罚的义务。《刑事诉讼法》第275条则相应地规定了未成年人犯罪记录封存制度。根据该条规定，犯罪的时候不满18周岁，被判处5年有期徒刑以下刑罚的，应当对相关犯罪记录予以封存。犯罪记录被封存的，不得向任何单位和个人提供，但司法机关为办案需要或者有关单位根据国家规定进行查询的除外。依法进行查询的单位，应当对被封存的犯罪记录的情况予以保密。

为更好地贯彻未成年人犯罪记录封存制度，有关司法解释对其具体操作进行了细化：

《公安部规定》第 320 条规定，未成年人犯罪的时候不满 18 周岁、被判处 5 年有期徒刑以下刑罚的，公安机关应当依据人民法院已经生效的判决书，将该未成年人的犯罪记录予以封存。被封存犯罪记录的未成年人，如果发现漏罪，合并被判处 5 年有期徒刑以上刑罚的，应当对其犯罪记录解除封存。

《高检规则》第 503~507 条和《人民检察院办理未成年人刑事案件的规定》第 62~66 条规定，犯罪的时候不满 18 周岁、被判处 5 年有期徒刑以下刑罚的，人民检察院应当在收到人民法院生效判决后，对犯罪记录予以封存。对于二审案件，上级人民检察院封存犯罪记录时，应当通知下级人民检察院对相关犯罪记录予以封存。人民检察院应当将拟封存的未成年人犯罪记录、卷宗等相关材料装订成册，加密保存，不予公开，并建立专门的未成年人犯罪档案库，执行严格的保管制度。司法机关或者有关单位需要查询犯罪记录的，应当向封存犯罪记录的人民检察院提出书面申请，人民检察院应当在 7 日以内作出是否许可的决定。对被封存犯罪记录的未成年人，符合下列条件之一的，应当对其犯罪记录解除封存：（1）实施新的犯罪，且新罪与封存记录之罪数罪并罚后被决定执行 5 年有期徒刑以上刑罚的；（2）发现漏罪，且漏罪与封存记录之罪数罪并罚后被决定执行 5 年有期徒刑以上刑罚的。人民检察院对未成年犯罪嫌疑人作出不起诉决定后，也同样应当对相关记录予以封存，具体程序参照上述规定。

《刑诉解释》第 490 条规定，犯罪时不满 18 周岁、被判处 5 年有期徒刑以下刑罚以及免除刑事处罚的未成年人的犯罪记录，应当封存。2012 年 12 月 31 日以前审结的案件符合前述规定的，相关犯罪记录也应当封存。司法机关或者有关单位向人民法院申请查询封存的犯罪记录的，应当提供查询的理由和依据。对查询申请，人民法院应当及时作出是否同意的决定。

（十）未成年人刑事案件的法律监督

《人民检察院办理未成年人刑事案件的规定》对未成年人案件的法律监督工作进行了规定。未成年人刑事案件的法律监督包括侦查监督、审判监督和执行监督三个方面。

1. 侦查监督

人民检察院审查批准逮捕、审查起诉未成年犯罪嫌疑人，应当同时依法监督侦查活动是否合法，发现有下列违法行为的，应当提出纠正意见；构成犯罪的，依法追究刑事责任：（1）违法对未成年犯罪嫌疑人采取强制措施或者采取强制措施不当的；（2）未依法实行对未成年犯罪嫌疑人与成年犯罪嫌疑人分别关押、管理的；（3）对未成年犯罪嫌疑人采取刑事拘留、逮捕措施后，在法定时限内未进行讯问，或者未通知其家属的；(4) 讯问未成年犯罪嫌疑人或者询问未成年被害人、证人时，未依法通知其法定代理人或者合适成年人到场的；(5) 讯问或者询问女性未成年人时，没有女性检察人员参加；(6) 未依法告知未成年犯罪嫌疑人有权委托辩护人的；(7) 未依法通知法律援助机构指派律师为未成年犯罪嫌疑人提供辩护的；(8) 对未成年犯罪嫌疑人威胁、体罚、侮辱人格、游行示众，或者刑讯逼供、指供、诱供的；(9) 利用未成年人认知能力低而故意制造冤、假、错案的；(10) 对未成年被害人、证人以暴力、威胁、诱骗等非法手段收集证据或者侵害未成年被害人、证人的人格尊严及隐私权等合法权益的；(11) 违反羁押和办案期限规定的；(12) 已作出不批准逮捕、不起诉决定，公安机关不立即释放犯罪嫌疑人的；(13) 在侦查中有其他侵害未成年人合法权益行为的。

2. 审判监督

对依法不应当公开审理的未成年人刑事案件公开审理的，人民检察院应当在开庭前提出纠正意见。公诉人出庭支持公诉时，发现法庭审判中有下列违反法律规定的诉讼程序的情形之一的，应当在休庭后及时向本院检察长报告，由人民检察院向人民法院提出纠正意见：(1) 开庭或者宣告判决时未通知未成年被告人的法定代理人到庭的；(2) 人民法院没有给聋哑或者不通晓当地通用的语言文字的未成年被告人聘请或者指定翻译人员的；(3) 未成年被告人在审判时没有辩护人的；对未成年被告人及其法定代理人依照法律规定拒绝辩护人为其辩护，合议庭未另行通知法律援助机构指派律师的；(4) 法庭未告知未成年被告人及其法定代理人依法享有的申请回避、辩护、提出新的证据、申请重新鉴定或者勘验、最后陈述、提出上诉等诉讼权利的；(5) 其他违反法律规定的诉讼程序的情形。

3. 执行监督

人民检察院发现有关机关对未成年人犯罪记录应当封存而未封存的，不应当允许查询而允许查询的或者不应当提供犯罪记录而提供的，应当依法提出纠正意见。

人民检察院依法对未成年犯管教所实行驻所检察。在刑罚执行监督中，发现关押成年罪犯的监狱收押未成年罪犯的，或者对年满18周岁后余刑在2年以上的罪犯没有转送监狱的，应当依法提出纠正意见。

人民检察院在看守所检察中，发现没有对未成年犯罪嫌疑人、被告人与成年犯罪嫌疑人、被告人分管、分押或者对未成年罪犯留所服刑的，应当依法提出纠正意见。

人民检察院依法对未成年人的社区矫正进行监督，发现有下列情形之一的，应当依法向公安机关、人民法院、监狱、社区矫正机构等有关部门提出纠正意见：(1) 没有将未成年人的社区矫正与成年人分开进行的；(2) 对实行社区矫正的未成年人脱管、漏管或者没有落实帮教措施的；（3）没有对未成年社区矫正人员给予身份保护，其矫正宣告公开进行，矫正档案未进行保密，公开或者传播其姓名、住所、照片等可能推断出该未成年人的其他资料以及矫正资料等情形的；（4）未成年社区矫正人员的矫正小组没有熟悉青少年成长特点的人员参加的；（5）没有针对未成年人的年龄、心理特点和身心发育需要等特殊情况采取相应的监督管理和教育矫正措施的；（6）其他违法情形。

人民检察院依法对未成年犯的减刑、假释、暂予监外执行等活动实行监督。对符合减刑、假释、暂予监外执行法定条件的，应当建议执行机关向人民法院、监狱管理机关提请；发现提请或者裁定、决定不当的，应当依法提出纠正意见；对徇私舞弊减刑、假释、暂予监外执行等构成犯罪的，依法追究刑事责任。

案例

【案例1】 2014年8月，某市昆仑小区发生一起命案。公安机关对犯罪现场进行勘验，提取了被害人的血迹、指纹、黑色水果刀以及不属于被害人的毛发。公安机关在随后的侦查中还收集到陈某的证言（陈某称看到一名身穿阿迪达斯T恤的男子，身材和体征很像被害人情人李某）。公安机关根据陈某的证言将李某捉拿归案，并提取李某的毛发进行DNA鉴定。经鉴定，现场采集的毛发与李某一致。公安机关讯问李某时，李某始终不承认杀人的事实，侦查人员对其殴打以及疲劳审讯，获取了李某承认杀人的供述。后公安机关将案件移送检察院提起公诉。第一审法院认定李某构成故意杀人罪，判处无期徒刑，剥夺政治权利终身。李某不服，提起上诉。

问题：1. 本案中，哪些证据材料属于间接证据？哪些证据材料属于直接证据？本案中的直接证据能否作为认定案件的依据？

2. 根据刑事诉讼法以及司法解释的规定，在没有直接证据的情况下，间接证据可以作为定案的根据需要具备哪些条件？

3. 本案是否达到有罪判决的证明标准？法院作出李某有罪的判决是否正确？

4. 第二审人民法院应当如何处理？

【答题技巧】 刑事证据问题的理论性和实务性都非常强。在最近几年的司法考试中，都出现过考查刑事证据运用的案例分析，即给出案情和证据，要求考生答出法院的判决方式或者能否认定被告人有罪。对于这种试题，考生首先应当记住《刑事诉讼法》第53条第2款、《高法解释》第64条、第241条规定的证明标准以及刑事诉讼证明理论关于"案件事实清楚，证据确实、充分"的阐述，即：（1）定罪量刑的事实都有证据证明；（2）据以定案的证据均经法定程序查证属实；（3）综合全案，对所认定事实已排除合理怀疑。接着，考生应当分析题干中给出的证据能够证明上述三个条件，如果能满足上述三个条件，那就意味着达到定罪的证明标准，能够认定被告人有罪，否则，只能作出证据不足，指控的犯罪不能成立的无罪判决。

【答案和解析】 1. 根据证据与案件主要事实的证明关系的不同，可以将证据划分为直接证据与间接证据。所谓刑事案件的主要事实，是指犯罪行为是否系犯罪嫌疑人、被告人所实施；所谓证明关系的不同，是指某一证据是否可以单独、直接地证明案件的主要事实。直接证据是能够单独、直接证明案件主要事实的证据。就是说，某一项证据的内容，无需经过推理过程，就可以直观地说明犯罪行为是否为犯罪嫌疑人、被告人所实施。间接证据是不能单独、直接证明刑事案件主要事实，需要与其他证据相结合才能证明的证据。

本案中，被害人的血迹、指纹、黑色水果刀以及不属于被害人的毛发、DNA 鉴定、陈某的证言，均不能直接证明李某实施杀人的犯罪事实，均属于间接证据。李某的供述属于直接证据，根据《刑事诉讼法》第 54 条的规定，采用刑讯逼供等非法方法收集的犯罪嫌疑人、被告人供述和采用暴力、威胁等非法方法收集的证人证言、被害人陈述，应当予以排除。因此，李某的供述属于非法证据，应当排除，不能作为认定案件事实的依据。

2. 依据《高法解释》第 105 条的规定，没有直接证据，但间接证据同时符合下列条件的，可以认定被告人有罪：（1）证据已经查证属实；（2）证据之间相互印证，不存在无法排除的矛盾和无法解释的疑问；（3）全案证据已经形成完整的证明体系；（4）根据证据认定案件事实足以排除合理怀疑，结论具有唯一性；（5）运用证据进行的推理符合逻辑和经验。

3. 《刑事诉讼法》第 195 条规定，在被告人最后陈述后，审判长宣布休庭，合议庭进行评议，根据已经查明的事实、证据和有关的法律规定，分别作出以下判决：（1）案件事实清楚，证据确实、充分，依据法律认定被告人有罪的，应当作出有罪判决；（2）依据法律认定被告人无罪的，应当作出无罪判决；（3）证据不足，不能认定被告人有罪的，应当作出证据不足、指控的犯罪不能成立的无罪判决。《刑事诉讼法》第 53 条第 2 款规定，证据确实、充分，应当符合以下条件：（1）定罪量刑的证据都有证据证明；（2）据以定案的证据均经法定程序查证属实；（3）综合全案证据，对所认定事实已排除合理怀疑。

本案中唯一的直接证据需要排除不能采用，只有间接证据可以采用。但是，本案中的间接证据，并不能排除他人作案的合理怀疑、可能性，不能相互印证得出必然是李某故意杀人的证据锁链。因此，不能认定李某的犯罪事实，法院作出李某的有罪判决错误。

4.《刑事诉讼法》第 225 条规定，第二审人民法院对不服第一审判决的上诉、抗诉案件，经过审理后，应当按照下列情形分别处理：……原判决事实不清楚或者证据不足的，可以在查清事实后改判；也可以裁定撤销原判，发回原审人民法院重新审判。本案事实不清、证据不足，第二审法院可以在查清事实后改判，也可以撤销原判，发回重审。

【案例 2】 尹某与李某、孙某、何某四人共同抢劫并杀害秦某，秦某的妻子提起了附带民事诉讼，尹某和李某均被某市中级人民法院一审依法判处死刑，剥夺政治权利终身，赔偿附带民事诉讼原告人 8.5 万元人民币；孙某被判处无期徒刑，剥夺政治权利终身，赔偿附带民事诉讼原告人 7 万元人民币；何某被判处有期徒刑十五年，赔偿附带民事诉讼原告人 5 万元人民币。

问题：1. 在第一审程序中，尹某若拒绝法院通知法律援助机构指派的辩护人王律师辩护，要求自行辩护，法院应当如何处理？

2. 如果孙某不服第一审判决提起上诉，在第二审过程中，孙某心脏病突发死亡，二审法院应当如何处理此案？

3. 如果秦某的妻子认为第一审法院对三名被告人的附带民事判决过轻，提起上诉，第二审法院经过审查后，认为第一审法院对孙某和何某的量刑过轻，第二审法院应当如何处理？

4. 如果尹某与李某、孙某、何某四人未上诉，检察院未抗诉，最高人民法院复核该案后，认为第一审法院对尹某的判决量刑过重，对李某的判决认定事实不清、证据不足，最高人民法院如何处理？

5. 何某在执行期间患有严重疾病需要保外就医，应按何种程序对其决定暂予监外执行？若在暂予监外执行期间，发现何某不符合暂予监外执行条件而通过贿赂等非法手段被暂予监外执行，应对何某做何种处理？

【答题技巧】 本题属于逐步发问式的案例分析，较为简单。此种题型虽然具有一定的综合性，但是，问题已经将试题的考点指出来，考生只需在记忆中搜索相对应的法律规定或者理论进行作答即可。在答时，考生不仅要答出处理案件的方式，还应给出相应的法律依据或者理论依据。

【答案和解析】 1. 依据《高法解释》第 45 条的规定，被告人拒绝法律援助机构指派的律师为其辩护，坚持自己行使辩护权的，人民法院应当准许。属于应当提供法律援助的情形，被告人拒绝指派的律师为其辩护的，人民法院应当查明原因。理由正当的，应当准许，但被告人须另行委托辩护人；被告人未另行委托辩护人的，人民法院应当在3日内书面通知法律援助机构另行指派律师为其提供辩护。本题中,尹某可能被判死刑,属于应当提供法律援助辩护的被告人。尹某若拒绝法院通知法律援助机构指定的辩护人王律师辩护,有正当理由的,人民法院应当准许,但被告人须另行委托辩护人,或者人民法院应当为其通知法律援助机构另行指派律师为其提供辩护。法院不应允许尹某自行辩护。

2. 依据《高法解释》第312条的规定,共同犯罪案件,上诉的被告人死亡,其他被告人未上诉的,第二审人民法院仍应对全案进行审查。经审查,死亡的被告人不构成犯罪的,应当宣告无罪;构成犯罪的,应当终止审查。对其他同案被告人仍应作出判决、裁定。本题中,如果孙某不服一审判决提起上诉,在二审过程中,孙某心脏病突发死亡,二审法院认为孙某不构成犯罪的,应当宣告无罪;审查后认为构成犯罪的,应当宣布终止审理。对其他同案被告人仍应当作出判决或者裁定。

3. 依据《刑事诉讼法》第226条和《高法解释》第325条的规定,第二审人民法院审理被告人或者他的法定代理人、辩护人、近亲属上诉的案件,不得加重被告人的刑罚。第二审人民法院发回原审人民法院重新审判的案件,除有新的犯罪事实,人民检察院补充起诉的以外,原审人民法院也不得加重被告人的刑罚。本题中,如果秦某的妻子认为一审法院对三名被告人的附带民事判决过轻,提起上诉,二审法院经过审查后,认为一审法院对孙某和何某的量刑过轻,二审法院不得撤销第一审判决,直接加重孙某和何某的刑罚,也不得以事实不清或者证据不足发回第一审人民法院重新审理。必须依法改判的,应当在第二审判决、裁定生效后,按照审判监督程序重新审判。

4. 依据《高法解释》第352条的规定,对有两名以上的被告人被判处死刑的案件,最高人民法院复核后,认为其中部分被告人的死刑判决、裁定事实不清、证据不足的,应当对全案裁定不予核准,并撤销原判,发回重新审判;认为其中部分被告人的死刑判决、裁定认定事实正确,但依法不应当判处死刑的,可以改判,并对其他应当判处死刑的被告人作出核准死刑的判决。本题中,如果尹某与李某、孙某、何某四人未上诉,检察院未抗诉,最高人民法院复核该案后,认为一审法院对尹某的量刑过重,对李某认定的事实不清、证据不足,最高人民法院应当全案裁定不予核准,并撤销原判,发回重新审判。

5. 依据《刑事诉讼法》第254条的规定,在交付执行前,暂予监外执行由交付执行的人民法院决定;在交付执行后,暂予监外执行由监狱或者看守所提出书面意见,报省级以上监狱管理机关或者设区的市一级以上公安机关批准。本题中,何某被判处有期徒刑15年,由监狱执行,在执行期间,应由监狱提出书面意见,报省级以上监狱管理机关批准暂予监外执行。

若在暂予监外执行期间，发现何某不符合暂予监外执行条件而通过贿赂等非法手段被暂予监外执行，依据《刑事诉讼法》第257条的规定，发现不符合暂予监外执行条件的，应当及时收监。而且，不符合暂予监外执行条件的罪犯通过贿赂等非法手段被暂予监外执行的，在监外执行的期间不计入执行刑期。

【案例3】 2013年2月，天南市A区某建筑公司出纳员杨某涉嫌挪用资金，并对同事孙某的举报行为怀恨在心，雇人将孙某打成重伤，经法医鉴定为一级伤残。杨某随即被公安机关立案侦查，后又被检察机关诉至A区人民法院。

依据《刑事诉讼法》及其司法解释的相关规定，请回答下列问题：

（1）若陈某系A区法院的民庭审判员，但系杨某的母亲。则杨某是否可以聘请陈某作为辩护人？为什么？

（2）辩护律师宋某接受杨某委托后，在侦查阶段是否可以查阅案卷材料？

（3）若杨某聘请了辩护律师肖某。在庭审过程中，杨某拒绝肖某为其辩护，要求另行委托辩护律师徐某。在庭审过程中，杨某再次拒绝辩护，要求另行委托方某为其辩护。法庭是否应予准许？为什么？

（4）在本案的侦查过程中，侦察机关对证人潘某、袁某、与严某集体进行了询问。则潘某、袁某与严某的证言是否可以作为定案的根据？

（5）在案件侦查过程中，被告人杨某的配偶陶某拒绝作证，是否可以？为什么？

（6）鉴定文书缺乏鉴定人祝某的签名、盖章，只有鉴定机构天南大学法学院刑事司法鉴定中心的单位公章。该鉴定意见是否可以作为定案根据？为什么？

（7）若孙某提出附带民事诉讼赔偿要求，经检察机关调解达成赔偿协议并已给付完毕，在庭审阶段又重新提起附带民事诉讼，法院是否受理？

【参考答案】（1）可以。人民法院的现职人员，如果是被告人的监护人、近亲属，由被告人委托担任辩护人的，可以允许。

（2）不可以。依据刑事诉讼法的有关规定，辩护律师只有是在审查起诉阶段才可以查阅案卷材料。

（3）不予准许。因为拒绝辩护中不得两次另行委托辩护人辩护。

（4）不可以作为定案根据。因为询问证人应当个别进行，而不得集体进行。

（5）不可以。《刑事诉讼法》规定，凡是知道案件情况的人，都有作证的义务，并没有赋予近亲属拒绝作证的特权。

（6）不可以。鉴定文书缺少签名、盖章的，鉴定意见不得作为定案的根据。

（7）人民法院不予受理。

【法理详解】（1）《刑诉解释》第35条规定了辩护人的消极范围，即下列人员不得担任辩护人：①正在被执行刑罚或者缓刑、假释考验期间的人；②依法被剥夺、限制人身自由的人；③无行为能力或者限制行为能力的人；④人民法院、人民检察院、公安机关、国家安全机关、监狱的现职人员；⑤人民陪审员；⑥与本案审理结果有利害关系的人；⑦外国人或无国籍人。

但是，对于这一消极范围又有所限制，明确规定第④项至第⑦项规定的人员，如果是被告人的监护人、近亲属，由被告人委托担任辩护人的，可以准许。

(2)《刑事诉讼法》第38条规定，辩护律师自人民检察院对案件审查起诉之日起，可以查阅、摘抄、复制本案的案卷材料。

由此可见，在侦查阶段，辩护律师的辩护程度非常有限，只能等到侦查终结移送审查起诉以后，才可以阅卷。

(3)《刑诉解释》第254条规定，被告人当庭拒绝辩护人辩护，要求另行委托辩护人或者指派律师的，合议庭应当准许。被告人拒绝辩护人辩护的，没有辩护人的，应当宣布休庭；仍有辩护人的，庭审可以继续进行。

有多名被告人的案件，部分被告人拒绝辩护人辩护后，没有辩护人的，根据案件情况，可以对该被告人另案处理，对其他被告人的庭审继续进行。

重新开庭后，被告人再次当庭拒绝辩护人辩护的，可以准许，但被告人不得再次另行委托辩护人或者要求另行指派律师，由其自行辩护。

被告人属于应当提供法律援助的情形，重新开庭后再次当庭拒绝辩护人辩护的，不予准许。

这里需要明确一点，即一般的委托辩护中，尽管可以两次拒绝辩护，但却不能两次另行委托辩护人。也就是说，两次拒绝辩护人的后果，则是不允许再委托辩护人辩护，而只能自行辩护。

(4)《刑诉解释》第76条规定，证人证言具有下列情形之一的，不得作为定案的根据：①询问证人没有个别进行的；②书面证言没有经证人核对确认的；③询问聋、哑人，应当提供通晓聋、哑手势的人员而未提供的；④询问不通晓当地通用语言、文字的证人，应当提供翻译人员而未提供的。

(5)《刑事诉讼法》第60条第1款规定，凡是知道案件情况的人，都有作证的义务。

第2款规定，生理上、精神上有缺陷或者年幼，不能辨别是非、不能正确表达的人，不能作证人。并未赋予特定近亲属拒绝作证的特权。

《刑事诉讼法》第188条第1款规定，经人民法院通知，证人没有正当理由不出庭作证的，人民法院可以强制其到庭，但是被告人的配偶、父母、子女除外。

注意：这里只是不"出庭"作证，而不是可以拒绝作证。

（6）《刑诉解释》第85条规定，鉴定意见具有下列情形之一的，不得作为定案的根据：①鉴定机构不具备法定资质，或者鉴定事项超出该鉴定机构业务范围、技术条件的；②鉴定人不具备法定资质，不具有相关专业技术或者职称，或者违反回避规定的；③送检材料、样本来源不明，或者因污染不具备鉴定条件的；④鉴定对象与送检材料、样本不一致的；⑤鉴定程序违反规定的；⑥鉴定过程和方法不符合相关专业的规范要求的；⑦鉴定文书缺少签名、盖章的；⑧鉴定意见与案件待证事实没有关联的；⑨违反有关规定的其他情形。由此可见，鉴定意见实行鉴定人负责制度，鉴定人未签名、盖章的，鉴定意见不得作为定案根据。

（7）《刑诉解释》第148条规定，侦查、审查起诉期间，有权提起附带民事诉讼的人提出赔偿要求，经公安机关、人民检察院调解，当事人双方已经达成协议并全部履行，被害人或者其法定代理人、近亲属又提起附带民事诉讼的，人民法院不予受理，但有证据证明调解违反自愿、合法原则的除外。

注意：为了提高诉讼效率，节省司法成本，新的法院解释已经否定了原有的法院解释可以受理的规定。

【解题思路】 本题考查了辩护人的范围、辩护人的权利、拒绝辩护制度、询问证人的规则、特定近亲属拒绝出庭作证特权、鉴定意见的可采性以及特定情形下的附带民事诉讼"一事不再理"问题。

【案例4】 莲花市静园区市民孙某因故意伤害案于2013年3月被逮捕，区人民检察院遂向区人民法院提起公诉。被害人张某同时向区人民法院提起附带民事诉讼。被告人李某对于起诉书指控的犯罪事实不予认可。区人民法院指定一名陪审员使用简易程序独任审理该案，并于2013年4月10日开庭审理。法庭审判过程中，孙某拒绝辩护人杨某为其辩护，另行委托辩护人吴某为其辩护。后又再次拒绝吴某为其辩护，要求自行辩护，被法庭以不得两次拒绝辩护为由拒绝。人民陪审员王某于6月10日做出刑事附带民事判决，认定其行为不构成犯罪。7月15日，在押人李某得以释放，被告人孙某未提起上诉，人民检察院也未提起抗诉。7月28日，附带民事诉讼原告人向中级人民法院提出上诉，中级人民法院对该案附带民事诉讼部分进行审查，认为原判决认定事实清楚，适用法律正确，量刑适当，裁定驳回上诉，维持原判。

问题：根据《刑事诉讼法》及司法解释的有关规定，试分析本案刑事诉讼程序中的不当之处，并说明理由。

【参考答案】 （1）本案适用简易程序是错误的。因为被告人不认罪的案件，不得适用简易程序。

（2）由陪审员独任审判是错误的。简易程序的独任审判庭不能由人民陪审员组成。

（3）法庭不予准许被告人拒绝辩护是不合法的。拒绝辩护中可以两次拒绝辩护人辩护，但两次拒绝后不得再另行委托辩护人辩护。

（4）人民陪审员王某于6月10日作出刑事附带民事判决不符合法律规定。简易程序的最长审理期限是一个半月。

（5）7月15日，在押被告人李某得以释放不符合法律规定。法院宣告被告人无罪的，应当当庭释放。

（6）7月28日，附带民事诉讼原告人张某向中级人民法院提出上诉不符合法律规定。对附带民事诉讼的上诉期限，应当按照刑事部分的上诉、抗诉期限确定。

（7）中级人民法院只是对该案附带民事诉讼部分进行审查不符合法律规定。二审应坚持全面审查原则，既要对附带民事诉讼部分进行审查，又要对刑事诉讼部分进行审查。

【法理详解】　　（1）《刑事诉讼法》第208条规定，基层人民法院管辖的案件，符合下列条件的，可以适用简易程序审判：

①案件事实清楚、证据充分的；

②被告人承认自己所犯罪行，对指控的犯罪事实没有异议的；

③被告人对适用简易程序没有异议的。人民检察院在提起公诉的时候，可以建议人民法院适用简易程序。

由此可见，简易程序审理的案件是基层法院审理的被告人认罪案件，凡是被告人不认罪的，一律不得适用简易程序审理。需要注意的是，这里的被告人认罪，还包括辩护人是否作有罪辩护。如果辩护人作无罪辩护的，也不得适用简易程序审理。

（2）《刑事诉讼法》第210条第1款规定，适用简易程序审理案件，对可能判处3年有期徒刑以下刑罚的，可以组成合议庭进行审判，也可以由审判员一人独任审判；对可能判处的有期徒刑超过3年的，应当组成合议庭进行审判。

由此可见，在简易程序中，人民陪审员不得独任审判。

（3）《刑诉解释》第254条第1款规定，被告人当庭拒绝辩护人辩护，要求另行委托辩护人或者指派律师的，合议庭应当准许。被告人拒绝辩护人辩护后，没有辩护人的，应当宣布休庭；仍有辩护人的，庭审可以继续进行。

第3款规定，重新开庭后，被告人再次当庭拒绝辩护人辩护的，可以准许，但被告人不得再次另行委托辩护人或者要求另行指派律师，由其自行辩护。

（4）《刑事诉讼法》第214条规定，适用简易程序审理案件，人民法院应当在受理后20日以内审结；对可能判处的有期徒刑超过3年的，可以延长至1个半月。

(5)《刑事诉讼法》第249条规定，第一审人民法院判决被告人无罪、免除刑事处罚的，如果被告人在押，在宣判后应当立即释放。

注意：尽管一审判决被告人无罪、免除刑事处罚，一审判决尚未生效，但是为了保障人权的需要，如果被告人在押，在宣判后也应当立即释放。

(6)《刑诉解释》第301条第1款规定，上诉、抗诉必须在法定期限内提出。不服判决的上诉、抗诉的期限为10日；不服裁定的上诉、抗诉的期限为5日。上诉、抗诉的期限，从接到判决书、裁定书的第2日起计算。

第2款规定，对附带民事判决、裁定的上诉、抗诉期限，应当按照刑事部分的上诉、抗诉期限确定。附带民事部分另行审判的，上诉期限也应当按照刑事诉讼法规定的期限确定。

之所以作此规定，一是为了提高诉讼效率、防止诉讼拖延；二是为了附带民事诉讼部分的二审审理应当与刑事诉讼部分的审理保持同步。

(7)《刑诉解释》第313条规定，刑事附带民事诉讼案件，只有附带民事诉讼当事人及其法定代理人上诉的，第二审人民法院应当对全案进行审查。经审查，第一审判决的刑事部分并无不当的，第二审人民法院只需就附带民事部分作出处理；第一审判决的附带民事部分事实清楚，适用法律正确的，应当以刑事附带民事裁定维持原判，驳回上诉。

由此可见，全面审查原则要求二审既要审查刑事诉讼部分，又要审查附带民事诉讼部分，不受上诉或者抗诉范围的限制。

【解题思路】　本题考查了简易程序的适用范围、审判组织的组成、拒绝辩护制度、审理期限、无罪判决中当庭释放被告人、附带民事诉讼的上诉期限以及二审的全面审查原则。

【案例5】　苏某系某服装加工公司的人事经理。2013年6月因涉嫌与公司同事吴某、杜某贩卖毒品犯罪，被公安机关立案侦查，并被检察院批准逮捕。2013年10月，人民检察院向人民法院提起公诉。

根据《刑事诉讼法》以及相关司法解释的有关规定，请回答下列问题：

(1) 侦查人员若要询问证人岳某，是否可以到办案机关指定的地点进行询问？

(2) 侦察机关讯问犯罪嫌疑人苏某的讯问笔录，经法庭审查，没有公安机关办案讯问人的签名，该讯问笔录是否可以作为定案根据使用？

(3) 证人郑某指认称，吴某曾向他打听过当地戒毒人员居住地分布的情况。这一证人证言是直接证据还是间接证据？为什么？

(4) 检察院经过审查起诉，发现证据不足，遂决定自行补充侦查。则审查起诉期限应当如何计算？

（5）人民检察院在审查起诉过程中，发现犯罪事实并非犯罪嫌疑人所为，需要重新侦查的，应当如何处理？

（6）在庭审过程中，什么情况下人民法院可以建议人民检察院补充侦查？

（7）若一审判决被告人苏某死刑立即执行。被告人苏某在二审开庭后宣告裁判前申请撤回上诉，第二审人民法院应当如何处理？

【参考答案】（1）不可以。

（2）不得作为定案根据使用。

（3）间接证据。因为并未以单一证据证明案件主要事实。

（4）应当在审查起诉期限内侦查完毕，不得重新计算审查起诉期限。

（5）应当在作出不起诉决定后书面说明理由，将案卷材料退回公安机关并建议公安机关重新侦查。

（6）审判期间，如果被告人提出新的立功线索的，人民法院可以建议人民检察院补充侦查。

（7）应当不予准许，继续按照上诉案件审理。

【法理详解】（1）《刑事诉讼法》第122条第1款规定，侦查人员询问证人，可以在现场进行，也可以到证人所在单位、住处或者证人提出的地点进行，在必要的时候，可以通知证人到人民检察院或者公安机关提供证言。在现场询问证人，应当出示工作证件，到证人所在单位、住处或者证人提出的地点询问证人，应当出示人民检察院或者公安机关的证明文件。

由此可见，不得在办案机关指定的地点进行询问。

（2）《刑诉解释》第82条规定，讯问笔录有下列瑕疵，经补正或者作出合理解释的，可以采用；不能补正或者作出合理解释的，不得作为定案的根据：①讯问笔录填写的讯问时间、讯问人、记录人、法定代理人等有误或者存在矛盾的；②讯问人没有签名的；③首次讯问笔录没有记录告知被讯问人相关权利和法律规定的。

（3）按照证据与案件主要事实证明关系的不同，可以将证据划分为直接证据与间接证据。凡是能够单独、直接证明案件主要事实的证据，都是直接证据；相反，凡是不能单独、直接证明案件主要事实，需要与其他证据相结合才能证明的证据，都是间接证据。

这里的案件主要事实，是指犯罪行为是否系犯罪嫌疑人、被告人所实施。

证人郑某指认称的吴某曾向他打听过当地戒毒人员居住地分布的情况，并不能单独、直接证明吴某贩毒的事实，因此不是直接证据，而只能是间接证据。

（4）《检察院规则》第383条规定，人民检察院在审查起诉中决定自行侦查的，应当在审查起诉期限内侦查完毕。

注意：检察院审查起诉中自行补充侦查的案件的审查起诉期限的计算较为特别，与退回公安机关或者本院的自侦部门补充侦查是不同的，后者的审查起诉期限都是重新计算。

（5）《检察院规则》第401条第2款规定，对于犯罪事实并非犯罪嫌疑人所为，需要重新侦查的，应当在作出不起诉决定后书面说明理由，将案卷材料退回公安机关并建议公安机关重新审查。

（6）《刑诉解释》第226条规定，审判期间，合议庭发现被告人可能有自首、坦白、立功等法定量刑情节，而人民检察院移送的案卷中没有相关证据材料的，应当通知人民检察院移送。

审判期间，被告人提出新的立功线索的，人民法院可以建议人民检察院补充侦查。

注意：被告人提出新的立功线索的，是人民法院可以建议人民检察院补充侦查的唯一情形。

（7）《刑诉解释》第305条第2款规定，被判处死刑立即执行的被告人提出上诉，在第二审开庭后宣告裁判前申请撤回上诉的，应当不予准许，继续按照上诉案件审理。

【解题思路】　本题是一道跨度较大的综合试题。分别考查了询问证人规则、讯问犯罪嫌疑人规则、证据的理论分类、审查起诉的期限计算、审查起诉中的重新侦查、庭审中的补充侦查、二审撤诉问题。

【案例6】　2013年2月20日，天康市莲花区某厂职工蔡某伙同无业人员许某、张某、沈某等人实施诈骗，获得赃款600多万元，随即被莲花区公安分局立案侦查。

根据《刑事诉讼法》以及相关司法解释的规定，请回答下列问题：

（1）以下关于侦查期间的有关强制措施，请回答下列问题：

①沈某被逮捕后，欲申请取保候审，哪些人可以申请取保候审？

②公安机关同意对已经被捕的沈某取保候审，则公安机关应当如何办理变更手续？

③若公安机关决定刑事拘留张某。则应于何时将张某送交看守所？可否以通知家属有可能妨碍侦查为由而暂不通知？

（2）在审查起诉期间，人民检察院决定对许某取保候审。若沈某要求外出治病是否经公安机关批准即可？

（3）以下关于检察院批准逮捕的强制措施，请回答下列问题：

①若张某系上级人民代表大会代表，若人民检察院决定批准逮捕，应当履行何种手续？

②若人民检察院批准或者决定逮捕犯罪嫌疑人沈某，应由哪个部门办理？若人民检察院认为本案系重大案件，决定逮捕犯罪嫌疑人，应当履行何种手续？

(4) 在案件审查起诉工程中，检察院决定对许某采取监视居住措施。在监视居住期间若需要会见其辩护律师宋某，需要经过哪个机关批准？

(5) 若在审查起诉期间，沈某指称公安机关收集的物证、书证不符合法定程序，可能严重影响司法公正，要求依法排除，人民检察院应当如何处理？

(6) 在审查起诉过程中，若检察院发现犯罪事实并非犯罪嫌疑人沈某所为，需要重新侦查的，应当做出何种处理？

(7) 关于本案的附带民事诉讼，请回答以下问题：

①若在审查起诉期间，被害人提出赔偿要求，经人民检察院调解，在调解不违反自愿、合法原则的前提下，当事人双方已经达成协议并全部履行，被害人又提起附带民事诉讼的，人民法院是否受理？

②若许某因为犯罪情节轻微，检察院要求撤诉，并经人民法院准许，对已经对沈某提起的附带民事诉讼经调解不能达成协议的，应当如何处理？

③若第一审期间未提起附带民事诉讼，在第二审期间提起的，第二审人民法院应当如何处理？

【参考答案】 (1) ①犯罪嫌疑人、被告人及其法定代理人、近亲属、辩护人。

②公安机关自主决定并通知原批准机关（检察院）。

③拘留后，应当立即将被拘留人送看守所羁押，至迟不得超过24小时；

不可以；只有涉嫌危害国家安全、恐怖活动犯罪的情况下才可以因为可能有碍侦查的情形而暂不通知。

(2) 不是。须经公安机关批准，还须征得人民检察院同意。

(3) ①对担任上级人民代表大会代表的犯罪嫌疑人批准或者决定逮捕，应当层报该代表所属的人民代表大会同级的人民检察院报请许可。②人民检察院审查批准或者决定逮捕犯罪嫌疑人，由侦查监督部门办理；侦查监督部门办理审查逮捕案件，应当提出批准或者决定逮捕、不批准或者不予逮捕的意见，经部门负责人审核后，报请检察长批准或者决定；重大案件应当经检察委员会讨论决定。

(4) 会见辩护律师无须经过批准。

(5) 人民检察院应当及时要求公安机关补正或者作出书面解释；不能补正或者无法作出合理解释的，对该证据应当予以排除。

(6) 在作出不起诉决定后书面说明理由，将案卷材料退回公安机关并建议公安机关重新侦查。

(7) ①不予受理。

②裁定驳回起诉，并告知附带民事诉讼原告人可以另行提起民事诉讼。

③可以依法进行调解，调解不成的，告知当事人可以在刑事判决、裁定生效后另行提起民事诉讼。

【法理详解】 （1）①可以申请取保候审的人有：犯罪嫌疑人、被告人及其法定代理人、近亲属、辩护人。

②由于从逮捕变更为取保候审，是从重变轻，有利于犯罪嫌疑人、被告人，因此公安机关自主决定并通知检察院即可。

③拘留后应当立即送看守所，至迟不得超过24小时；只有在涉嫌危害国家安全、恐怖活动犯罪的情况下才可以因为可能有碍侦查的情形而暂不通知，这里需要注意的是，刑事拘留是一项临时紧急措施，针对的是现行犯或者重大嫌疑分子，因此留给侦查机关24小时的审查期限。

（2）不是。根据《六机关规定》第13条规定，如果取保候审、监视居住是由人民检察院、人民法院决定的，执行机关在批准犯罪嫌疑人、被告人离开所居住的市、县或者执行监视居住的处所前，应当征得决定机关同意。由此可见，本题不仅须以公安机关批准，还须征得人民检察院同意。

（3）①对于人大代表的逮捕，需要经过严格的报批手续。因为人大代表有可能正在执行职务，任意逮捕会影响其履行公务。《检察院规则》第146条第2款规定，对担任上级人民代表大会代表的犯罪嫌疑人批准或者决定逮捕，应当层报该代表所属的人民代表大会同级的人民检察院报请许可。

②人民检察院审查批准或者决定逮捕犯罪嫌疑人，由侦查监督部门办理；侦查监督部门办理审查逮捕案件，应当提出批准或者决定逮捕、不批准或者不予逮捕的意见，经部门负责人审核后，报请检察长批准或者决定；重大案件应当经检察委员会讨论决定。

（4）新刑事诉讼法加强了律师的会见权，规定一般情形下会见辩护律师无须经过批准。

（5）新刑事诉讼法对于非法证据的可采性作了细化。即使是在控方内部，对于证据的收集有疑问的，人民检察院也应当及时要求公安机关补正或者作出书面解释；不能补正或者无法作出合理解释的，对该证据应当予以排除。

（6）在作出不起诉决定后书面说明理由，将案卷材料退回公安机关并建议公安机关重新侦查，这是新司法解释对于原司法解释的延续。

（7）①不予受理。这里特别需要注意的是，原司法解释规定是可以受理，新司法解释作了否定。原因在于诉讼效率问题已经严重困扰司法实践，最高人民法院司法解释只得对此作出回应。

②裁定驳回起诉，并告知附带民事诉讼原告人可以另行提起民事诉讼。

注意：附带民事诉讼是以刑事诉讼的存在为前提的，一旦刑事诉讼不复存在，附带民事诉讼自然也就无从谈起。

③可以依法进行调解，调解不成的，告知当事人可以在刑事判决、裁定生效后另行提起民事诉讼。之所以不能直接判决，是因为直接判决会剥夺当事人上诉的权利，变成了一审终审，是违反二审终审的审级制度的。

【解题思路】　本题主要考查了强制措施、辩护制度、证据制度、审查起诉以及附带民事诉讼等制度。需要注意的是，新刑事诉讼法以及司法解释对于这些制度作了一系列修改，而正是这些修改的地方，往往会成为考试的重点。

【案例7】　1997年3月2日上午11时左右，某县新华乡五村村民顾某，骑一辆永久牌自行车，行至某段盘山公路处，被汽车碾死，肇事车辆不知去向。经过公安机关调查，发现以下证据：

（1）公安局现场勘验表明，死者身上呈粉碎性骨折，脑浆溢出，鲜血满地。死者衣服上有重复的汽车轮胎痕迹，经辨认，系黄河牌大卡车车胎印。

（2）公安局现场勘验表明，死者顾某所骑的永久牌自行车的车尾灯有明显的擦伤痕迹，尾灯离地面高56公分。

（3）拖拉机手高某证明：当天11点左右，在肇事现场，3台拖拉机（包括他开的拖拉机在内）与一辆齐头汽车会车后，他偏头吐口水时，发现左边倒着一个骑自行车的人。

（4）拖拉机手胡某证明：我跟着前面的拖拉机走过去的时候，曾与一辆黄河牌大卡车会车，然后发现左边倒着一个死人，脑浆还在冒气。我认识这辆黄河牌大卡车的司机，他姓黄，是附近某工厂的工人，他身穿一件桃尖领的毛背心，曾给我们乡拉过砂石。

（5）拖拉机手杜某证明：那辆黄河牌卡车车厢里有一个汽油桶，车厢里有一根铁链条。

（6）某单位解放牌汽车司机周某证明：当天上午，我的汽车通过死人现场时，在这条公路56公里处，发现崔某驾驶的黄河牌汽车停下来与别人吵架。此外，我再也没有超过别的黄河牌汽车。

（7）该路段交通管理站管理员钟某证实：当天上午天气不好，所以经过该管理站的黄河牌卡车很少，但记得有一位穿桃尖领毛背心的黄河牌卡车司机在缴纳管理费时，神情十分慌张,并催促我快点。

（8）车队队长李某的证言证实：崔驾驶的黄河牌汽车,根据车队早就安排的日程,于3月2日出车,3月3日拆散大修。

（9）崔某驾驶的黄河牌汽车的漆印的车轮胎花纹,经过省公安厅司法鉴定部门鉴定,与死者衣服上留下的轮胎花纹种类相同。

（10）崔某邻居王某的证言证实：当天崔某确实穿了一件桃尖领毛背心,车厢上确有一个汽油桶和铁链条。

（11）经公安机关的现场勘验笔录表明：该黄河牌卡车的右轮护泥板前端离地面56公分。

（12）3月2日上午11时以后,崔某驾驶该卡车从现场到某县北大桥,也就是该公路42公里处,堵车半小时,前后没有其他黄河牌卡车,回到厂里刚好是12点整。

（13）犯罪嫌疑人崔某在公安机关对其的审讯中,一直否认自己是这起事故的肇事者。

问题：1. 本案中,公安机关收集到的证据中,哪些属于直接证据?哪些属于间接证据?

2. 依据上述证据,能否确认此交通肇事案件系崔某所为?为什么?

【参考答案】 本案的分析主要考查考生对直接证据和间接证据的分类理论及证明标准的理解和掌握情况。

1. 刑事诉讼证据的分类是从不同标准对证据进行的划分。直接证据和间接证据是其中的一种分类方法,它是以单独一个证据所包含的表面上的信息量作为标准对证据进行划分的。

凡是单独一个证据所包含的信息内容,有犯罪人是谁这一主要事实,就是直接证据,常见的直接证据有：犯罪嫌疑人、被告人承认实施某一犯罪行为的供述和否认实施某一犯罪行为的辩解；被害人指控犯罪嫌疑人、被告人实施犯罪行为的陈述；证人肯定或否定犯罪嫌疑人、被告人实施犯罪行为的证言,载明犯罪嫌疑人、被告人实施或者未实施犯罪行为的书证；等等。

凡是单独一个证据所包含的信息量不能直接指出案件的主要事实,而必须同其他证据联系起来才能说明案件的主要事实的,就是间接证据。常见的间接证据主要有：刑事案件现场的情况；证明犯罪嫌疑人、被告人无犯罪目的和动机的事实；说明犯罪嫌疑人、被告人有无犯罪条件的事实；犯罪的工具及其来源和下落；关于犯罪嫌疑人、被告人是否获得犯罪赃款赃物及其赃款赃物下落的事实；证明刑事案件发生的时间、空间的事实；有关作案人行为特征的事实；被害人死亡或损伤的状况及其鉴定意见；

物证及其鉴定意见；各种物质痕迹及其鉴定意见；犯罪嫌疑人、被告人案件发生前后的行踪及其异常表现等等。

根据上述分析，在本案中，犯罪嫌疑人崔某否认自己是这起事故的肇事者的供述属于直接证据；而公安机关现场勘验，拖拉机手高某、胡某、杜某、解放牌汽车司机周某、该路段交通管理站管理员钟某、车队队长李某等人的证言均无法直接指出犯罪人是谁这一主要事实，故属于间接证据。

2. 我国《刑事诉讼法》规定，证明刑事案件的被告人有罪的证据必须达到确实充分的程度。即凡是与定罪和量刑有关的事实和情节，都必须查清，据以定案的单个证据都必须查证属实，而且所有证据综合起来总体上已经足以对犯罪实施者得出确实无疑的结论，并排除其他一切可能。

在本案中，虽然犯罪嫌疑人崔某始终否认，但从其他证据来看，已经足以认定其罪行。首先，有证据证明犯罪嫌疑人当天驾驶的是黄河牌汽车，根据车队早就安排的日程，于3月2日出车，而且在11点左右路经该路段（证据三、四、八、十二），因此犯罪嫌疑人有作案时间、地点；其次，犯罪嫌疑人崔某驾驶的黄河牌汽车捺印的车轮胎花纹，经过省公安厅司法鉴定部门鉴定，与死者衣服上留下的轮胎花纹种类相同（证据二、九）；再次，周某证明：当天上午，他的汽车通过死人现场时，在这条公路56公里处，发现崔某驾驶的黄河牌汽车停下来与别人吵架。此外，"我再也没有超过别的黄河牌汽车"这一点也与交通管理站管理员钟某的证言能相互印证（证据六、七）；再后，通过证据四、七、十，可以证明黄河牌卡车司机系同一人。从以上各项证据来看，他们之间能够互相印证，并已经形成一个完整的证据链条，因此，可以据此证明犯罪嫌疑人实施了犯罪行为。至于犯罪嫌疑人崔某拒不认罪，根据《刑事诉讼法》第53条：对一切案件的判处都要重证据，重调查研究，不轻信口供。只有被告人供述，没有其他证据的，不能认定被告人有罪和处以刑罚；没有被告人供述，证据确实、充分的，可以认定被告人有罪和处以刑罚。

证据确实、充分，应当符合以下条件：

（1）定罪量刑的事实都有证据证明；

（2）据以定案的证据均经法定程序查证属实；

（3）综合全案证据，对所认定事实已排除合理怀疑的规定，不会影响本案的认定。

【案例8】 王某涉嫌受贿30万，社会影响重大，被甲市乙县检察院立案。侦查人员得知王某打算逃跑，于是在2014年3月10日15点对其实施了拘留，并将其带到检察院办案中心进行讯问。因担心家属干扰办案，检察院拘留后没有通知家属。2014年3月11日14点，侦查人员将王某送看守所羁押。此后，因为需要出所进行辨认，侦查人员将其提押出所，进行了辨认和讯问。乙县检察院于 2014 年 3 月 19 日向甲市检察院提请逮捕，甲市检察院于 2014 年 3 月 23 日作出逮捕决定，由乙县检察院执行。律师陆某在侦查期间申请会见，检察院予以批准并安排侦查人员会见时在场。

问题：

本案的拘留措施存在哪些问题？

检察院能否将犯罪嫌疑人提押出所进行辩护和讯问？为什么？

本案的逮捕存在哪些问题？

关于律师会见，本案中的做法是否正确？为什么？

结合《刑事诉讼法》和《关于依法保障律师执业权利的规定》，试述如何加强律师在侦查阶段的执业保障。

答题要求：

1. 无本人分析、照抄材料原文不得分；

2. 结论、观点正确，逻辑清晰、说理充分，文字通畅；

3. 请按问题顺序作答，总字数不得少于 800 字。

【参考答案】

检察院有权决定拘留但无权实施，应交公安机关执行；本案由于"社会影响"，属特别重大贿赂犯罪，检察院拘留后不能以通知有碍侦查为由不通知家属。

可以进行辨认，不能进行讯问。理由：《高检规则（试行）》第 196 条第 2 款规定，因侦查工作需要，需要提押犯罪嫌疑人出所辨认或者追缴犯罪有关财物的，经检察长批准，可以提押犯罪嫌疑人出所，并应当由二名以上司法警察押解。不得以讯问为目的将犯罪嫌疑人提押出所进行讯问。

乙县检察院应于拘留后 7 日内向甲市检察院提请逮捕，时间已超期；应由公安机关执行逮捕。

不正确。侦查会见时，不能安排侦查人员在场。理由：新刑诉已删除旧法"侦查机关可以派员在场"的规定，并增加规定"会见时，不被监听"表明侦查阶段律师会见时，不能派员在场监听。

根据《刑事诉讼法》和《关于依法保障律师执业权利的规定》，律师在侦查阶段主要权利如下：会见通信权、提供法律咨询、了解涉嫌罪名和案件情况、代为申诉控告、申请取保候审、申请变更或者解除超期强制措施、向侦查机关提出辩护意见、人身保障权、知情权等。以下考生可重点围绕会见权、提出辩护意见权、人身保障权、知情权等方面展开阐述。

重要考点

1. **犯罪嫌疑人、被告人逃匿、死亡案件违法所得的没收程序**

【大纲要求解读】 大纲要求理解犯罪嫌疑人、被告人逃匿、死亡案件违法所得的没收程序的基本特点，熟悉并能够运用《刑事诉讼法》以及相关法律解释对犯罪嫌疑人、被告人逃匿、死亡案件违法所得的没收程序的规定。

【命题方式提示】 本考点考查方式：考察犯罪嫌疑人、被告人逃匿、死亡案件违法所得的没收程序的适用范围、时间及相关程序规定。

【命题要点提示】 犯罪嫌疑人、被告人逃匿、死亡案件违法所得的没收程序：对于贪污贿赂犯罪，恐怖活动犯罪等重大活动犯罪案件，犯罪嫌疑人、被告人逃匿，在通缉1年后不能到案，或者犯罪嫌疑人、被告人死亡，依法应当追缴其违法所得及其他涉案财产的，检察院可以向法院提出没收违法所得的申请，公安移送检察院，检察院向法院申请，由犯罪地或者犯罪嫌疑人、被告人居住地的中级人民法院组成合议庭进行审理。法院受理后，应当发出公告，公告期6个月。近亲属和其他利害关系人有权申请参加诉讼，利害关系人参加诉讼的，法院应当开庭审理。作出的裁定，近亲属和其他利害关系人或者检察院可以提出上诉、抗诉。在审理过程中，在逃的犯罪嫌疑人、被告人自动投案或者被抓获的，应当终止审理。

法院在必要的时候，可以申请查封、扣押、冻结没收的财产。

2. **有效辩护原则**

【大纲要求解读】 大纲要求是"理解"。不仅仅是记忆相关知识，须进一步深刻领会。

【命题方式提示】 可能会以选择题的方式进行考查。

【命题要点提示】 有效辩护原则是辩护权的体现，也是对辩护权的保障。在刑事诉讼中，辩护应当对保护犯罪嫌疑人、被告人的权利具有实质意义，而不仅仅是形式上的，这就是有效辩护的基本要求。

集体来说，有效辩护原则应当包括以下几个方面的内容：

1. 犯罪嫌疑人、被告人作为刑事诉讼的当事人在整个诉讼过程中应当享有充分的辩护权。

2. 允许犯罪嫌疑人、被告人聘请合格的能够有效履行辩护职责的辩护人为其辩护，这种辩护同样应当覆盖从侦查到审判甚至是执行阶段的整个刑事诉讼过程。

3. 国家应当保障犯罪嫌疑人、被告人自行辩护权的充分行使，并通过设立法律援助制度确保犯罪嫌疑人、被告人能够获得符合最低标准并具有实质意义的律师帮助。

4. 有效辩护原则的确立，是人类社会文明、进步在刑事诉讼中的体现，体现了犯罪嫌疑人、被告人刑事诉讼主体地位的确立和人权保障的理念，还有助于强化辩方成为影响诉讼进程的重要力量，维系控辩平等对抗和审判方居中"兼听则明"的刑事诉讼构造。

3. 辩护的种类

【大纲要求解读】 大纲要求理解辩护的种类，熟悉并能够运用《刑事诉讼法》以及相关法律解释对辩护的规定。

【命题方式提示】 本考点考查方式有：直接考查或者结合案例考查适用指定辩护的条件（08-2-26），注意：应当指定辩护的范围扩大，增加无期、限制行为能力精神病人、强制医疗的精神病人。

【命题要点提示】 辩护人，是指受犯罪嫌疑人、被告人的委托或者法院的指定，帮助犯罪嫌疑人、被告人行使辩护权，以维护其合法权益的人。

指定辩护：（1）存在的阶段：侦查、起诉到审判阶段，不再仅是存在于审判阶段。（2）指定的主体：承担法律援助义务的律师。（3）被指定的对象：①"应当"指定（无期、死刑，盲、聋、哑人，限制行为能力精神病人，不满18周岁的未成年人，强制医疗的精神病人）；②"可以"指定。（4）拒绝辩护：应当指定辩护的案件有正当理由，只能拒绝1次，结果必须有辩护人辩护；可以指定辩护的案件是无需理由，可以拒绝2次，结果是自行辩护。

自行辩护：犯罪嫌疑人、被告人针对控诉进行辩解和反驳，自己为自己所做的辩护。贯穿于刑事诉讼的始终。是实现其辩护权的最基本方式。

委托辩护：犯罪嫌疑人、被告人可以自己委托辩护人，也可以由其法定代理人、家属或者所在单位为其委托辩护人。

4. 辩护人的范围

【大纲要求解读】 大纲要求理解辩护的种类，熟悉并能够运用《刑事诉讼法》以及相关法律解释对辩护的规定。

【命题方式提示】 本考点考查方式：判断哪些人能做辩护人（08-2-26）

【命题要点提示】 根据《刑事诉讼法》第32条的规定，可以担任辩护人的人为：（1）律师；（2）人民团体或者犯罪嫌疑人、被告人所在单位推荐的人；（3）犯罪嫌疑人、被告人的监护人、亲友。

辩护人禁止范围：（1）正在被执行刑罚的人（正在执行的刑罚包括主刑和附加刑；缓刑，剥夺政治权利的人）；（2）依法被剥夺、限制人身自由的人；（3）无行为能力或者限制行为能力的人；（4）人民法院、人民检察院、公安机关，国家安全机关、监狱的现职人员；（5）本法院的人民陪审员；（6）与本案审理结果有利害关系的人；（7）外国人或者无国籍人。注意：（4）~（7）规定的人员，并且不属于（1）~（3）的规定情形，如果是被告人的近亲属或者是监护人，可以作为辩护人。

在我国进行的刑事诉讼中，外国人、无国籍人委托律师为其进行辩护的，依法只能委托中国律师。

5. 辩护人的诉讼权利

一是阅卷权。辩护律师行使阅卷权，无需办案机关的批准，而其他辩护人行使阅卷权则需要人民法院或人民检察院的许可。《刑事诉讼法》第38条规定，辩护律师自人民检察院对案件审查起诉之日起，可以查阅、摘抄、复制本案的案卷材料。其他辩护人经人民法院、人民检察院许可，也可以查阅、摘抄、复制上述材料。这里需要注意几个问题：

（1）案卷材料是指包括诉讼文书和证据材料在内的案卷中的所有材料。但合议庭、检察委员会、审判委员会的讨论记录以及其他依法不公开的材料不得查阅、摘抄、复制。辩护律师查阅、摘抄、复制的案卷材料属于国家秘密的，应当经过人民检察院、人民法院同意并遵守国家保密规定。律师不得违反规定，披露、散布案件重要信息和案卷材料，或者将其用于本案辩护、代理以外的其他用途。

（2）复制案卷材料的具体方法包括复印、拍照、扫描、电子数据拷贝等，辩护律师可以根据需要带律师助理协助阅卷。

（3）辩护人行使阅卷权的起始时间是人民检察院对案件审查起诉之日起。在审查起诉阶段，辩护人应当到人民检察院阅卷；案件起诉到人民法院后，辩护人应当到人民法院阅卷。辩护律师办理申诉、抗诉案件，在人民检察院、人民法院经审查决定立案后，可以持律师执业证书、律师事务所证明和委托书或者法律援助公函到案卷档案管理部门，持有案卷档案的办案部门查阅、摘抄、复制已经审理终结案件的案卷材料。

（4）人民检察院和人民法院应当为辩护人查阅、摘抄、复制案卷材料提供便利和充分的时间。辩护律师提出阅卷要求的，人民检察院、人民法院应当当时安排辩护律师阅卷，无法当时安排的，应当向辩护律师说明并安排其在三个工作日以内阅卷，不得限制辩护律师阅卷的次数和时间。辩护人、诉讼代理人复制案卷材料的，人民检察院和人民法院只收取工本费；法律援助律师复制必要的案卷材料的，应当免收或者减收费用。

赋予辩护人阅卷权，是为了保障辩护人能够更全面地了解案件情况和控方所掌握的证据材料，以更好的准备辩护。在侦查阶段，辩护律师虽然不享有阅卷权，但也可以向侦查机关了解犯罪嫌疑人涉嫌的罪名和案件有关情况，以准备辩护。根据《六机关规定》第 6 条，辩护律师在侦查期间可以向侦查机关了解的事项包括：犯罪嫌疑人涉嫌的罪名，当时已查明的该罪的主要事实，犯罪嫌疑人被采取、变更、解除强制措施的情况以及侦查机关延长侦查羁押期限等情况。

二是会见通信权。根据《刑事诉讼法》第 37 条的规定，辩护律师可以同在押的犯罪嫌疑人、被告人会见和通信。其他辩护人经人民法院、人民检察院许可，也可以同在押的犯罪嫌疑人、被告人会见和通信。

辩护律师要求会见在押的犯罪嫌疑人、被告人的，应当携带律师执业证书、律师事务所证明和委托书或者法律援助公函，对于辩护律师携带上述材料的，看守所应当及时安排会见，保证辩护律师在 48 小时以内见到在押的犯罪嫌疑人、被告人。看守所安排会见不得附加其他条件或者变相要求辩护律师提交法律规定以外的其他文件、材料，不得以未收到办案机关通知或未预约会见为由拒绝安排辩护律师会见。犯罪嫌疑人、被告人委托两名律师担任辩护人的，两名辩护律师可以共同会见，也可以单独会见。辩护律师可以带一名律师助理协助会见。

对于危害国家安全犯罪案件、恐怖活动犯罪案件和特别重大贿赂犯罪案件，辩护律师在侦查期间要求会见在押的犯罪嫌疑人，应当向侦查机关提出申请并经侦查机关许可。侦查机关应当依法及时审查辩护律师提出的会见申请，在 3 日以内将是否许可的决定书面答复辩护律师，并明确告知负责与辩护律师联系的部门及工作人员的联系方式。对许可会见的，应当向辩护律师出具许可决定文书；因有碍侦查或者可能泄露国家秘密而不许可会见的，应当向辩护律师说明理由。有碍侦查或者可能泄露国家秘密的情形消失后，应当许可会见，并及时通知看守所和辩护律师。对特别重大贿赂案件在侦查终结前，侦查机关应当许可辩护律师至少会见一次犯罪嫌疑人。

辩护律师会见在押的犯罪嫌疑人、被告人，可以了解有关案件情况，提供法律咨询等；自案件移送审查起诉之日起，可以向犯罪嫌疑人、被告人核实有关证据。辩护律师会见犯罪嫌疑人、被告人时不被监听。其他辩护人经人民法院、人民检察院许可，也可以与在押的犯罪嫌疑人、被告人会见、通信。

对于辩护律师与犯罪嫌疑人、被告人的往来信件，看守所应当及时传递。看守所可以对信件进行必要的检查，但不得扣留、复制、删改信件，不得向办案机关提供信件内容，但信件内容涉及危害国家安全、公共安全、严重危害他人人身安全以及涉嫌串供、毁灭证据等情形的除外。

辩护律师可以同被监视居住的犯罪嫌疑人、被告人会见和通信，除涉嫌危害国家安全犯罪案件、恐怖活动犯罪案件和特别重大贿赂犯罪案件外，无需经办案机关许可，会见同样不被监听。

律师担任辩护人和其他人员担任辩护人在审前程序中所享有的会见通信权并不完全一致。根据《高检规则》第48条的规定，人民检察院许可律师以外的辩护人同在押或者被监视居住的犯罪嫌疑人通信的，可以要求看守所或者公安机关将书信送交人民检察院进行检查。对于律师以外的辩护人申请查阅、摘抄、复制案卷材料或者申请同在押、被监视居住的犯罪嫌疑人会见和通信，具有下列情形之一的，人民检察院可以不予许可：（1）同案犯罪嫌疑人在逃的；（2）案件事实不清，证据不足，或者遗漏罪行、遗漏同案犯罪嫌疑人需要补充侦查的；（3）涉及国家秘密或者商业秘密的；（4）有事实表明存在串供、毁灭、伪造证据或者危害证人人身安全可能的。

三是调查取证权。辩护人的调查取证权包括下列几种情形：

（1）辩护律师向证人或者其他有关单位和个人取证。辩护律师经证人或者其他有关单位和个人同意，可以向他们收集与本案有关的材料。根据《关于依法保障律师执业权利的规定》第19条第1款；辩护律师申请向正在服刑的罪犯收集与案件有关的材料的，监狱和其他监管机关在查验律师执业证书、律师事务所证明和犯罪嫌疑人、被告人委托书或法律援助公函后，应当及时安排并提供合适的场所和便利。

（2）辩护律师向被害人或者其近亲属、被害人提供的证人取证。辩护律师经人民检察院或者人民法院许可，并且经被害人或者其近亲属、被害人提供的证人同意，可以向他们收集与本案有关的材料。辩护律师提出申请的，人民检察院、人民法院应当在7日以内作出是否许可的决定，并通知辩护律师。辩护律师书面提出有关申请时，办案机关不许可的，应当书面说明理由；辩护律师口头提出申请的，办案机关可以口头答复。

（3）辩护律师申请人民检察院、人民法院代为调查取证。辩护律师申请人民检察院、人民法院收集、调取证据的，人民检察院、人民法院应当在3日以内作出是否同意的决定，并通知辩护律师。辩护律师书面提出有关申请时，办案机关不同意的，应当书面说明理由；辩护律师口头提出申请的，办案机关可以口头答复。

（4）辩护人申请人民检察院和人民法院调取未随案移送的证明犯罪嫌疑人、被告人无罪或罪轻的证据。辩护人认为在侦查、审查起诉期间公安机关、人民检察院收集的证明犯罪嫌疑人、被告人无罪或者罪轻的证据材料未随案移送的，可以申请人民检察院、人民法院调取。辩护律师书面提出申请的，人民检察院、人民法院经审查，认为辩护律师申请调取的证据材料已收集并且与案件事实有联系的，应当及时调取。相关证据材料提交后，人民检察院、人民法院应当及时通知辩护律师查阅、摘抄、复制。经审查决定不予调取的，应当书面说明理由。

四是申请解除期限届满的强制措施的权利。《刑事诉讼法》第97条规定，犯罪嫌疑人、被告人及其法定代理人、近亲属或者辩护人对于人民法院、人民检察院或者公安机关采取强制措施期限届满的，有权要求解除强制措施。辩护律师书面申请变更或者解除强制措施的，办案机关应当在3日以内作出处理决定。辩护律师的申请符合法律规定的，办案机关应当及时变更或者解除强制措施；经审查认为不应当变更或者解除强制措施的，应当告知辩护律师，并书面说明理由。

五是获得通知权。获得通知权是指辩护人在办案机关进行相应诉讼活动时有接获相应通知的权利。《刑事诉讼法》第162条规定，公安机关侦查终结移送审查起诉时，应当同时将案件移送情况告知犯罪嫌疑人及其辩护律师。《刑事诉讼法》第182条规定，人民法院决定开庭审判后，应当将人民检察院的起诉书副本至迟在开庭10日以前送达被告人及其辩护人。人民法院应当在开庭3日以前将开庭的时间、地点通知辩护人。根据《刑诉解释》第44条，对于人民法院通知法律援助机构指派律师提供辩护的，应当将法律援助通知书、起诉书副本或者判决书送达法律援助机构；决定开庭审理的，除适用简易程序审理的以外，应当在开庭15日前将上述材料送达法律援助机构。法律援助通知书应当写明案由、被告人姓名、提供法律援助的理由、审判人员的姓名和联系方式；已确定开庭审理的，应当写明开庭的时间、地点。《刑事诉讼法》第196条规定，人民法院应当将判决书送达辩护人和诉讼代理人。

《关于依法保障律师执业权利的规定》明确了辩护律师就与案件有关的重要事项获获通知的权利，具体包括：（1）犯罪嫌疑人、被告人被采取、变更、解除强制措施的情况，侦查机关延长侦查羁押期限等情况，办案机关应当依法及时告知辩护律师。（2）办案机关作出移送审查起诉、退回补充侦查、提起公诉、延期审理、二审不开庭审理、宣告判决等重大程序性决定的，以及人民检察院将直接受理立案侦查案件报请上一级人民检察院审查决定逮捕的，应当依法及时告知辩护律师。（3）侦查机关应当在案件移送审查起诉后3日以内，人民检察院应当在提起公诉后3日以内，将案件移送情况告知辩护律师。案件提起公诉后，人民检察院对案卷所附证据材料有调整或者补充的，应当及时告知辩护律师。

六是参加法庭调查和辩论权。在法庭调查阶段，辩护人在公诉人讯问被告人后经审判长许可，可以向被告人发问；经审判长许可，可以对证人、鉴定人发问；法庭审理中，辩护人有权申请通知新的证人到庭，调取新的物证，重新鉴定或者勘验。在法庭辩论阶段，辩护人可以对证据和案件情况发表意见并且可以和控方展开辩论。辩护律师可以根据需要，向人民法院申请带律师助理参加庭审。律师助理参加庭审仅能从事相关辅助工作，不得发表辩护意见。

七是提出意见权。提出意见权是指辩护人在不同诉讼阶段向办案机关提出辩护意见的权利。根据《刑事诉讼法》第86条和第269条的规定,人民检察院审查批准逮捕,可以听取辩护律师的意见;辩护律师提出要求的,应当听取辩护律师的意见。对未成年人审查批捕,必须听取辩护人意见。根据《刑事诉讼法》第159条的规定,在案件侦查终结前,辩护律师提出要求的,侦查机关应当听取辩护律师的意见,并记录在案。辩护律师提出书面意见的,应当附卷。根据《刑事诉讼法》第170条的规定,人民检察院审查起诉,应当讯问犯罪嫌疑人,听取辩护人、被害人及其诉讼代理人的意见,并记录在案。辩护人、被害人及其诉讼代理人提出书面意见的,应当附卷。根据《刑事诉讼法》第240条的规定,最高人民法院复核死刑案件,应当讯问被告人,辩护律师提出要求的,应当听取辩护律师的意见。

八是申诉控告权。根据《刑事诉讼法》第47条的规定,辩护人、诉讼代理人认为公安机关、人民检察院、人民法院及其工作人员阻碍其依法行使诉讼权利的,有权向同级或者上一级人民检察院申诉或者控告。人民检察院对申诉或者控告应当及时进行审查,对情况属实的,通知有关机关予以纠正。《高检规则》第57条规定了可以申诉和控告的具体情形。根据《高检规则》第58条的规定,辩护人、诉讼代理人认为其依法行使诉讼权利受到阻碍向人民检察院申诉或者控告的,人民检察院应当在受理后10日以内进行审查,情况属实的,经检察长决定,通知有关机关或者本院有关部门、下级人民检察院予以纠正,并将处理情况书面答复提出申诉或者控告的辩护人、诉讼代理人。

九是人身保障权。对于辩护人在履行辩护职责时涉嫌犯罪的,在应当追究刑事责任的同时,也应从保障犯罪嫌疑人、被告人辩护权的角度给予辩护人相应的人身保障。根据《刑事诉讼法》第42条第2款的规定,辩护人涉嫌犯罪的,应当由办理辩护人所承办案件的侦查机关以外的侦查机关办理。辩护人是律师的,应当及时通知其所在的律师事务所或者所属的律师协会。根据《六机关规定》第9条,公安机关、人民检察院发现辩护人涉嫌犯罪,或者接受报案、控告、举报、有关机关的移送,依照侦查管辖分工进行审查后认为符合立案条件的,应当按照规定报请办理辩护人所承办案件的侦查机关的上一级侦查机关指定其他侦查机关立案侦查,或者由上一级侦查机关立案侦查。不得指定办理辩护人所承办案件的侦查机关的下级侦查机关立案侦查。侦查机关依法对在诉讼活动中涉嫌犯罪的律师采取强制措施后,应当在48小时以内通知其所在的律师事务所或者所属的律师协会。

十是保密权。根据《刑事诉讼法》第46条的规定,辩护律师对于在执业活动中知悉的委托人的有关情况和信息,有权予以保密。从保守委托人秘密的角度,辩护律师的这项权利同时也是其应当履行的义务。

十一是拒绝辩护权。如果遇有当事人委托事项违法或者委托人利用律师提供的服务从事违法活动或者委托人隐瞒事实的情形，律师有权拒绝辩护。

羁押必要性审查

《刑事诉讼法》第93条规定，犯罪嫌疑人、被告人被逮捕后，人民检察院仍应当对羁押的必要性进行审查。对不需要继续羁押的，应当建议予以释放或者变更强制措施。有关机关应当在10日以内将处理情况通知人民检察院。检察机关对羁押必要性的审查是依职权进行的，不以有关诉讼参与人提出审查的申请为前提。但犯罪嫌疑人、被告人及其法定代理人、近亲属或者辩护人也可以申请人民检察院进行羁押必要性审查，申请时应当说明不需要继续羁押的理由，有相关证据或者其他材料的，应当提供。

根据《人民检察院办理羁押必要性审查案件规定（试行）》的规定，羁押必要性审查案件由办案机关对应的同级人民检察院刑事执行检察部门统一办理，侦查监督、公诉、侦查、案件管理、检察技术等部门予以配合。人民检察院进行羁押必要性审查，可以采取以下方式：

（1）审查犯罪嫌疑人、被告人不需要继续羁押的理由和证明材料；

（2）听取犯罪嫌疑人、被告人及其法定代理人、辩护人的意见；

（3）听取被害人及其法定代理人、诉讼代理人的意见，了解是否达成和解协议；

（4）听取现阶段办案机关的意见；

（5）听取侦查监督部门或者公诉部门的意见；

（6）调查核实犯罪嫌疑人、被告人的身体状况；

（7）其他方式。

除涉及国家秘密、商业秘密、个人隐私的案件外，人民检察院可以对羁押必要性审查案件进行公开审查，邀请与案件没有利害关系的人大代表、政协委员、人民监督员、特约检察员参加。

人民检察院应当根据犯罪嫌疑人、被告人涉嫌犯罪事实、主观恶性、悔罪表现、身体状况、案件进展情况、可能判处的刑罚和有无再危害社会的危险等因素，综合评估有无必要继续羁押犯罪嫌疑人、被告人。经审查，发现犯罪嫌疑人、被告人具有下列情形之一的，应当向办案机关提出释放或者变更强制措施的建议：

（1）案件证据发生重大变化，没有证据证明有犯罪事实或者犯罪行为系犯罪嫌疑人、被告人所为的；

（2）案件事实或者情节发生变化，犯罪嫌疑人、被告人可能被判处拘役、管制、独立适用附加刑、免予刑事处罚或者判决无罪的；

（3）继续羁押犯罪嫌疑人、被告人羁押期限将超过依法可能判处的刑期的；

（4）案件事实基本查清，证据已经收集固定，符合取保候审或者监视居住条件的。

经审查，发现犯罪嫌疑人、被告人具有下列情形之一，且具有悔罪表现，不予羁押不致发生社会危险性的，可以向办案机关提出释放或者变更强制措施的建议：

（1）预备犯或者中止犯；

（2）共同犯罪中的从犯或者胁从犯；

（3）过失犯罪的；

（4）防卫过当或者避险过当的；

（5）主观恶性较小的初犯；

（6）系未成年人或者年满75周岁的人；

（7）与被害方依法自愿达成和解协议，且已经履行或者提供担保的；

（8）患有严重疾病、生活不能自理的；

（9）系怀孕或者正在哺乳自己婴儿的妇女；

（10）系生活不能自理的人的唯一扶养人；

（11）可能被判处一年以下有期徒刑或者宣告缓刑的；

（12）其他不需要继续羁押犯罪嫌疑人、被告人的情形。

6. 刑事证据的特征

【大纲要求解读】 大纲要求理解刑事证据的特征。

【命题方式提示】 本考点考查方式：第一，直接考查刑事证据的特征；第二，结合案例判断是否能够成为证据。

【命题要点提示】 证据具有客观性、关联性和合法性三个特征。证据的客观性包括两个方面的含义：第一，作为证据的事实本身应该是客观存在的，而不是主观想象、猜测或杜撰的；第二，作为证据事实与案件的待证事实之间的联系也是客观的。

7. 证据的法定形式

【大纲要求解读】 大纲要求证据的各法定形式的概念，理解它们的特点和相互间的区别。

【命题方式提示】 本考点考查方式：第一，判断案例中的证据属于哪种形式（10-2-23）；第二，判断具体案件中哪些证据属于证人证言，区别证人证言和鉴定意见（12-2-42，12-2-72，09-2-24）；第三，判断证人和鉴定人的区别（09-2-69）。

【命题要点提示】 证据的法定形式，或者说证据的种类，是指表现证据事实内容的各种外部形式。证据的种类是证据在法律上的分类。《刑事诉讼法》第48条规定了刑事证据的八种法定的表现形式。

证据的法定形式：物证（外部特征）；书证（思想内容）；证人证言；被害人陈

述；犯罪嫌疑人、被告人供述和辩解（重证据，重调查研究，不轻信口供，仅有口供不能定案）；鉴定意见（注意鉴定结论改为鉴定意见，删除省级人民政府指定的医院）；勘验、检查、辨认、侦查实验等笔录；视听资料、电子数据（新增）。

对涉及国家秘密、商业秘密、个人隐私的证据，应当保密。

注意：证据的法定种类新增了电子数据。

8. 刑事证据分类

【大纲要求解读】 大纲要求理解理论上对证据分类的依据。

【命题方式提示】 本考点考查方式：判断案例中的证据属于何种类型（11-2-25，10-2-24，08-2-74，08-2-35）。

【命题要点提示】 证据的分类：按照证据的来源，分为原始证据和传来证据；按照证据的表现形式，分为言词证据、实物证据；按照证据能否单独直接地证明案件主要事实，分为直接证据、间接证据；按照证据是否证明被告人有罪，分为有罪证据、无罪证据。

证据的分类不同于证据的种类，实质是一种学理上的分类，不具有法律约束力。我国理论界对证据有代表性的分类如下：

（1）原始证据与传来证据。按照证据材料来源不同的划分。凡是来自原始之处，即直接来源于案件事实的证据材料，叫原始证据，也称为第一手资料。凡是不是直接来源于案件事实，而是从间接的非第一来源获得的证据材料，称为传来证据。

（2）有罪证据与无罪证据。根据证据的证明作用是肯定还是否定犯罪嫌疑人、被告人实施了犯罪行为来划分：凡是可以肯定犯罪嫌疑人、被告人实施犯罪行为，以及可以证明犯罪行为轻重情节的证据，是有罪证据；凡是可以证明犯罪事实不存在，或者否定犯罪嫌疑人、被告人实施犯罪行为的证据，是无罪证据。

（3）言词证据与实物证据。根据证据事实的表现形式可以将证据划分为言词证据与实物证据。凡是通过人的陈述，即言词作为表现形式的证据，是言词证据。凡是以物品的性质或外部形态、存在状况以及其内容表现证据价值的证据，都是实物证据。

（4）直接证据与间接证据。根据证据与案件主要事实的证明关系的不同划分：凡是可以单独直接证明案件主要事实的证据，属于直接证据；凡是必须与其他证据相结合才能证明案件主要事实的证据，属于间接证据。

9. 刑事证据规则的分类

【大纲要求解读】 大纲要求理解刑事证据规则的基本内容，熟悉并能够运用非法证据排除规则。

【命题方式提示】 本考点考查方式：第一，直接考查刑事证据规则的内容（11-

2-26）；第二，考查非法证据排除规则的基本内容、使用条件和要求（12-2-67）；第三，根据具体案件，考查某证据是否符合规定，判断其能否成为定案的根据（11-2-66）。

【命题要点提示】 非法证据排除规则：（1）绝对排除：言词证据（犯罪嫌疑人、被告人供述，证人证言，被害人陈述）；新增有条件排除：书证、物证（可能严重影响司法公正，不能补正或作出合理解释）。（2）当事人及其辩护人、诉讼代理人申请法院排除以非法方法收集的证据的，应当承担初步证明责任，提供相关线索或者材料。（3）检察院承担最终的证明责任，应当对证据收集的合法性加以证明。（4）侦查人员经法院通知，应当出庭作证。（5）后果：法庭审理中排除非法证据的使用。

10. 证明责任的分担

【大纲要求解读】 大纲要求熟悉并能够掌握我国刑事诉讼证明责任的分配。

【命题方式提示】 本考点考查方式：根据具体案件判断证明责任的分担，考查不需要用

证据证明的免证事实的情况（10-2-25，09-2-70，09-2-71，08-2-69）。

【命题要点提示】 证明责任的分担：公诉案件的证明责任由公诉人承担（例外情况：被告人负证明责任：巨额财产来源不明；非法持有国家绝密、机密文件、资料、物品罪）；自诉案件的证明责任由自诉人承担。

1. 未成年人刑事案件诉讼程序的法律依据

（1）刑事诉讼法的规定。《刑事诉讼法》在特别程序一编第266条至第276条总计用11条规定了我国未成年人刑事案件的诉讼程序。

这是我国刑事诉讼法首次在体例上创设特别程序编，也是首次在法律上专章规定了未成年人刑事案件的特别程序。就具体内容而言，刑事诉讼法首先明确了办理未成年人刑事案件的方针、原则，针对未成年人的身心特点，要求加强对其诉讼权利的保障并给予其足够的人文关怀；刑事诉讼法对指定辩护，社会调查报告的制作，羁押、执行的原则，不公开审理等内容都作了相应的安排；更为特色的是，刑事诉讼法增设了合适成年人在场制度、附条件不起诉制度以及犯罪记录封存制度等。这些规定在区分未成年人刑事案件和成年人刑事案件的基础上，从有利于未成年犯罪嫌疑人、被告人成长的角度出发，作了有别于成年人犯罪嫌疑人、被告人的安排，构成了我国未成年人犯罪案件刑事诉讼程序的整体框架，为指导司法实践中未成年人刑事案件的办理

提供了明确的法律依据和指导方针。

（2）未成年人保护法和预防未成年人犯罪法的规定。第七届全国人民代表大会常务委员会于 1991 年 9 月 4 日通过、2006 年 12 月 29 日和 2012 年 12 月 26 日两次修订的《中华人民共和国未成年人保护法》和第九届全国人民代表大会常务委员会 1999 年 6 月 28 日通过、1999 年 11 月 1 日起施行的《中华人民共和国预防未成年人犯罪法》都对办理未成年人刑事案件的程序作了规定。如对违法犯罪的未成年人，实行教育、感化、挽救的方针，坚持教育为主、惩罚为辅的原则；司法机关办理未成年人犯罪案件，应当保障未成年人行使其诉讼权利，保障未成年人得到法律帮助，并根据未成年人的生理、心理特点和犯罪的情况，有针对性地进行法制教育；公安机关、人民检察院、人民法院办理未成年人犯罪的案件，应当照顾未成年人的身心特点，并可以根据需要设立专门机构或者指定专人办理；讯问、审判未成年犯罪嫌疑人、被告人，询问未成年证人、被害人，应当依据刑事诉讼法的规定，通知其法定代理人或者其他人员到场；人民法院审判未成年人犯罪的刑事案件，应当由熟悉未成年人身心特点的审判员或者审判员和人民陪审员依法组成少年法庭进行；未成年人案件与成年人案件在程序上应当相分离，对未成年人和成年人分别关押、分别管理、分别执行，等等。

（3）最高人民法院的司法解释。最高人民法院于 2000 年 11 月 15 日通过了《关于审理未成年人刑事案件的若干规定》，并于 2001 年 4 月 12 日起施行。该司法解释从审判组织的组成、开庭前的准备工作、审判程序、执行环节等方面对审理未成年人刑事案件作了较为详尽和全面的规定，是 2012 年《刑事诉讼法》和最高人民法院《关于适用<中华人民共和国刑事诉讼法>的解释》施行前各级人民法院审理未成年人刑事案件主要参照的规定。此外，最高人民法院于 2005 年 12 月 12 日通过了《关于审理未成年人刑事案件具体应用法律若干问题的解释》，并自 2006 年 1 月 23 日起施行，该文件主要根据刑法等有关法律的规定，就审理未成年人刑事案件具体应用法律的若干问题展开解释，其中也涉及审理未成年人刑事案件的程序性规定。2013 年正式实施的最高人民法院《关于适用<中华人民共和国刑事诉讼法>的解释》根据修改后的刑事诉讼法，结合上述司法解释及审判工作实际，同样以专章形式规定了未成年人刑事案件的诉讼程序。

（4）最高人民检察院的司法解释。2012 年 10 月 16 日，最高人民检察院第十一届检察委员会第 80 次会议所通过的《人民检察院刑事诉讼规则（试行）》根据修改后的刑事诉讼法对未成年人刑事诉讼程序进行了规范和细化，规定了检察机关办理未成年人刑事案件的具体程序。而为了与上述法律、司法解释的修改完善保持一致，2012 年，最高人民检察院启动了对《人民检察院办理未成年人刑事案件的规定》（以下简称高检

《规定》）的修订工作。2013年12月9日，修订后的高检《规定》经最高人民检察院第十二届检察委员会第14次会议审议通过，于2014年1月7日起施行。修订后的高检《规定》共6章83条，较2007年《规定》增加了34条。增设的内容主要包括：办理未成年人刑事案件的特殊原则、专门机构与专人办理、社会调查、合适成年人到场、附条件不起诉、刑事和解、犯罪记录封存等特殊制度和具体操作程序等。

（5）公安部的有关规定。1995年10月23日，公安部颁布《公安机关办理未成年人违法犯罪案件的规定》，该文件对办理未成年人犯罪案件的立案、调查、侦查、强制措施的适用、处理、执行等问题作了较为详细的规定。除此之外，《公安机关办理刑事案件程序规定》在总结实践经验的基础上对未成年人犯罪案件的诉讼程序作了进一步明确规定。

【考点提示】 注意《人民检察院办理未成年人刑事案件的规定》根据《刑事诉讼法》作了修订，除了大幅新增关于附条件不起诉、犯罪记录封存的规定，考生还应当注意其他条文的变化：

（1）第4条规定，人民检察院办理未成年人刑事案件，应当在依照法定程序和保证办案质量的前提下，快速办理，减少刑事诉讼对未成年人的不利影响。

（2）第8条进一步明确人民检察机关办理未成年人刑事案件的专门工作机构和工作人员。

（3）第12条第3款规定，人民检察院根据需要，可以对未成年犯罪嫌疑人、未成年被害人进行心理疏导。必要时，经未成年犯罪嫌疑人及其法定代理人同意，可以对未成年犯罪嫌疑人进行心理测评。

（4）第17条第5款规定，未成年犯罪嫌疑人明确拒绝法定代理人以外的合适成年人到场，人民检察院可以准许，但应当另行通知其他合适成年人到场。

（5）第40条第2款进一步明确了确定考验期的因素，考验期的长短应当与未成年犯罪嫌疑人所犯罪行的轻重、主观恶性的大小和人身危险性的大小、一贯表现及帮教条件等相适应，根据未成年犯罪嫌疑人在考验期的表现，可以在法定期限范围内适当缩短或者延长。

（6）第34条明确了人民检察院作出附条件不起诉决定后，对在押未成年犯罪嫌疑人应当作出释放或者变更强制措施。

相关阅读材料

最高法：不得强迫任何人证实自己有罪

最高法 21 日发布《关于推进全面以审判为中心的刑事诉讼制度改革的实施意见》。最高法审判委员会委员戴长林表示，《实施意见》提出防范冤假错案，做到有罪则判，无罪放人，对于证据不足，不能认定被告人有罪的案件，按照疑罪从无原则，依法作出无罪判决。

《实施意见》以"确保有罪的人受到公正惩罚、无罪的人不受刑事追究"为宗旨，分为五个部分，共计 33 条。第一部分内容为坚持严格司法原则，树立依法裁判理念，要求人民法院坚持严格司法的各项要求，坚守依法裁判的司法理念，推动建立符合司法规律的刑事审判制度。

一、坚持证据裁判原则

证据裁判是刑事诉讼的基石性原则，是对侦查、起诉、审判各环节统一适用的要求。侦查机关、人民检察院应当按照裁判的要求和标准收集、固定、审查、运用证据，人民法院应当按照法定程序认定证据，依法作出裁判。要坚持重证据、重调查研究、不轻信口供的诉讼原则，重视实物证据的收集和运用，实现办案模式从"由供到证"向"由证到供"的根本转变。人民法院认定案件事实，必须以证据为根据，不能直接将起诉指控的事实认定为案件事实，也不能忽视案件事实证据存在的问题勉强作出裁判。

二、坚持非法证据排除原则

实践表明，刑讯逼供、非法取证，是导致冤假错案的重要原因。人民法院对案件审判要更加重视审查取证活动的合法性，更加严格落实不得强迫任何人证实自己有罪的要求。在审判过程中，要以更高的标准依法认定、坚决排除各类非法证据；要严格规范证据合法性的审查、调查程序，建立健全程序性裁判规则，依法处理证据合法性争议。

三、坚持疑罪从无原则

为有效防范冤假错案，保障无罪的人不受刑事追究，要切实改变只强调惩治犯罪而忽视保障人权的观念和做法，严格执行法定证明标准，坚决做到有罪则判，无罪放人。对于证据不足，不能认定被告人有罪的案件，应当按照疑罪从无原则，依法作出无罪判决。人民法院要坚持依法独立公正审判，对于审判活动受到不当干扰等情形，应当依照中央有关规定作出严肃处理，不得因舆论炒作、上访闹访等压力作出违反法律的裁判。

四、坚持程序公正原则

坚守法律程序，是司法公正的内在要求，也是防范冤假错案的根本保障。人民法院要秉持客观公正，确保审判阶段控辩平等对抗，依法保障被告人在审判阶段的各项诉讼权利。为维护庭审的终局性、权威性，要切实改变"重实体、轻程序"的观念和做法，自觉遵守刑事诉讼法有关规定，严格按照法定程序审判案件。要完善庭前准备和法庭审理程序，充分发挥庭审在查明事实、认定证据、保护诉权、公正裁判中的决定性作用，确保诉讼证据出示在法庭、案件事实查明在法庭、控辩意见发表在法庭、裁判结果形成在法庭。

最高法：证据不足案件按疑罪从无原则依法作无罪判决

最高法21日发布《关于推进全面以审判为中心的刑事诉讼制度改革的实施意见》。最高法审判委员会委员戴长林表示，《实施意见》提出防范冤假错案，做到有罪则判，无罪放人，对于证据不足，不能认定被告人有罪的案件，按照疑罪从无原则，依法作出无罪判决。

《实施意见》以"确保有罪的人受到公正惩罚、无罪的人不受刑事追究"为宗旨，分为五个部分，共计33条。第一部分内容为坚持严格司法原则，树立依法裁判理念，要求人民法院坚持严格司法的各项要求，坚守依法裁判的司法理念，推动建立符合司法规律的刑事审判制度。

一、坚持证据裁判原则

证据裁判是刑事诉讼的基石性原则，是对侦查、起诉、审判各环节统一适用的要求。侦查机关、人民检察院应当按照裁判的要求和标准收集、固定、审查、运用证据，人民法院应当按照法定程序认定证据，依法作出裁判。要坚持重证据、重调查研究、不轻信口供的诉讼原则，重视实物证据的收集和运用，实现办案模式从"由供到证"

向"由证到供"的根本转变。人民法院认定案件事实，必须以证据为根据，不能直接将起诉指控的事实认定为案件事实，也不能忽视案件事实证据存在的问题勉强作出裁判。

二、坚持非法证据排除原则

实践表明，刑讯逼供、非法取证，是导致冤假错案的重要原因。人民法院对案件审判要更加重视审查取证活动的合法性，更加严格落实不得强迫任何人证实自己有罪的要求。在审判过程中，要以更高的标准依法认定、坚决排除各类非法证据；要严格规范证据合法性的审查、调查程序，建立健全程序性裁判规则，依法处理证据合法性争议。

三、坚持疑罪从无原则

为有效防范冤假错案，保障无罪的人不受刑事追究，要切实改变只强调惩治犯罪而忽视保障人权的观念和做法，严格执行法定证明标准，坚决做到有罪则判，无罪放人。对于证据不足，不能认定被告人有罪的案件，应当按照疑罪从无原则，依法作出无罪判决。人民法院要坚持依法独立公正审判，对于审判活动受到不当干扰等情形，应当依照中央有关规定作出严肃处理，不得因舆论炒作、上访闹访等压力作出违反法律的裁判。

四、坚持程序公正原则

坚守法律程序，是司法公正的内在要求，也是防范冤假错案的根本保障。人民法院要秉持客观公正，确保审判阶段控辩平等对抗，依法保障被告人在审判阶段的各项诉讼权利。为维护庭审的终局性、权威性，要切实改变"重实体、轻程序"的观念和做法，自觉遵守刑事诉讼法有关规定，严格按照法定程序审判案件。要完善庭前准备和法庭审理程序，充分发挥庭审在查明事实、认定证据、保护诉权、公正裁判中的决定性作用，确保诉讼证据出示在法庭、案件事实查明在法庭、控辩意见发表在法庭、裁判结果形成在法庭。

说过就过

学习计划

专题九 行政法与行政诉讼法部分

2017年新增考点部分：

20-3 民事、行政司法赔偿范围

《国家赔偿法》第38条规定，人民法院在民事诉讼、行政诉讼过程中，违法采取对妨害诉讼的强制措施、保全措施或者对判决、裁定及其他生效法律文书执行错误，造成损害的，赔偿请求人要求赔偿的程序，适用本法刑事赔偿程序的规定。根据本条规定，在民事诉讼、行政诉讼中，对违法采取排除妨害诉讼的强制措施、违法采取保全措施和执行错误的，国家承担赔偿责任。基于此，最高人民法院制定了新的司法解释，即《关于审理民事、行政诉讼中司法赔偿案件适用法律若干问题的解释》，对包括民事、行政司法赔偿范围在内的相关事项作出了规定。

（一）违法采取排除妨害诉讼强制措施的司法赔偿

排除妨害诉讼的强制措施是指人民法院在审理案件过程中，为了保证审判和执行的顺利进行，依法采取的排除妨害诉讼秩序行为的强制措施。

排除妨害诉讼的强制措施的采取以存在妨害诉讼的行为为前提。关于妨害诉讼的行为，包括违反法庭秩序、扰乱或者阻碍审判和执行、拒不履行协助义务等情况。对此，《民事诉讼法》的规定比较全面和典型。

人民法院在民事诉讼中可以采取的排除妨害诉讼的强制措施包括拘传、训诫、责令退出法庭、罚款和拘留；在行政诉讼中，排除妨害诉讼的强制措施包括训诫、责令具结悔过、罚款和拘留。《民事诉讼法》和《行政诉讼法》在规定上述强制措施的同时，一并规定了上述措施的适用范围和程序。人民法院违法采取上述强制措施造成损害的，受害人是否都享有取得国家赔偿的权利？对此，最高人民法院《关于人民法院执行〈中华人民共和国国家赔偿法〉几个问题的解释》第2条仅规定了人民法院错误实施司法拘留、罚款的国家承担赔偿责任，对其他违法采取的强制措施，即训诫、责

令退出法庭和责令具结悔过等应否赔偿,没有规定。

必须指出,《刑事诉讼法》也规定了排除妨害诉讼的强制措施,第194条规定:在法庭审判过程中,如果诉讼参与人或者旁听人员违反法庭秩序,审判长应当警告制止。对不听制止的,可以强行带出法庭;情节严重的,处以1000元以下的罚款或者15日以下的拘留。罚款、拘留必须经院长批准。被处罚人对罚款、拘留的决定不服的,可以向上一级人民法院申请复议。复议期间不停止执行。对聚众哄闹、冲击法庭或者侮辱、诽谤、威胁、殴打司法工作人员或者诉讼参与人,严重扰乱法庭秩序,构成犯罪的,依法追究刑事责任。根据本条规定,对妨害刑事诉讼的行为,人民法院可以采取警告、强行带出法庭、罚款、拘留四种措施。这些排除妨害诉讼的强制措施也可能造成《国家赔偿法》所规定的人身权和财产权损害,而与民事诉讼、行政诉讼中的排除妨害诉讼的强制措施并没有实质性的区别。因此,我们认为,人民法院在刑事诉讼过程中采取上述强制措施侵害公民、法人或者其他组织合法权益的,应当参照适用《国家赔偿法》有关民事诉讼、行政诉讼司法赔偿的一般规定,由国家承担赔偿责任。

1. 违法罚款

罚款是强制妨害诉讼的行为人在规定的期限内交纳一定数额金钱的排除妨害诉讼的惩罚措施。采取罚款措施,应当作出决定书,并且必须经法院院长批准。被处罚人对罚款决定不服的,可以向上一级法院申请复议一次,复议期间不停止决定的执行。在民事诉讼中,对个人的罚款数额为人民币1000元以下,对单位的罚款数额为1000元以上3万元以下。在行政诉讼中,罚款的数额为10000元以下。在刑事诉讼中,罚款的数额在1000元以下。人民法院不应当采取罚款措施而采取的或者超过法定的幅度罚款的,即构成违法罚款,国家应当承担赔偿责任。

2. 违法拘留

拘留是人民法院对妨害诉讼的违法行为人,在一定期限内限制其人身自由的一种强制措施。拘留是最严厉的排除妨害诉讼的措施,适用于妨害诉讼情节严重的违法行为人。《民事诉讼法》第110条、第111条,《行政诉讼法》第59条都规定了可以采取拘留措施的各种行为。拘留必须经院长批准,并制作决定书,拘留的期限最长为15日。被处罚人对拘留决定不服的,可以向上一级法院申请复议一次,复议期间不停止决定的执行。人民法院不应当采取拘留措施而采取或者超过法定期限采取拘留措施的,构成违法拘留,国家应当予以赔偿。

最高人民法院《关于审理民事、行政诉讼中司法赔偿案件适用法律若干问题的解释》第2条规定,违法采取对妨害诉讼的强制措施,包括以下情形:(1)对没有实施妨害诉讼行为的人采取罚款或者拘留措施的;(2)超过法律规定金额采取罚款措施的;

(3) 超过法律规定期限采取拘留措施的；(4) 对同一妨害诉讼的行为重复采取罚款、拘留措施的；(5) 其他违法情形。

(二) 违法采取保全措施的司法赔偿

诉讼中的保全措施分为证据保全措施和财产保全措施两种。

1. 违法采取证据保全措施

证据保全是指证据可能灭失或者以后难以取得的情况下，人民法院根据当事人的请求或者依职权采取一定措施加以固定的调查取证措施。《民事诉讼法》第81条规定，在证据可能灭失或者以后难以取得的情况下，诉讼参加人可以向人民法院申请保全证据，人民法院也可以主动采取保全措施。《行政诉讼法》第42条规定，在证据可能灭失或者以后难以取得的情况下，诉讼参加人可以向人民法院申请保全证据，人民法院也可以主动采取保全措施。

具体来说，采取证据保全，必须具备下列条件之一：

(1) 证据有灭失的可能性。这是指证据有灭失的客观可能性。例如，了解案情的人因年老、疾病有可能死亡，如不及时询问，将无法取得其证言；具有证明作用的物品即将变质、腐烂或消失；等等。

(2) 证据有难以取得的情况。这是指不立即提取，以后就不可能或者难以调查收集相应的证据。例如，了解案情的人即将出国，证明案情的物品因要转让而以后难以取得等。

人民法院可以依职权或者依申请采取证据保全措施。在符合法定条件时，人民法院可以依职权采取证据保全。当事人认为有采取证据保全措施必要的，可以向人民法院提出申请，但是否采取证据保全措施，仍然由人民法院决定。

证据保全措施的违法性主要表现为两种情况：一是不符合法定的条件和范围采取保全措施的；二是采取保全措施的程序违法。因上述两种违法行为而侵害公民、法人或者其他组织合法权益的，国家应当承担赔偿责任。由于采取证据保全措施是人民法院的一项职权，具有单方面性，当事人的申请对人民法院没有约束力，因此，对违法采取证据保全措施造成的损害，无论是依职权还是依申请采取的，国家都应当承担赔偿责任。

2. 违法采取财产保全措施

财产保全是指人民法院根据利害关系人的申请，或者依职权对与本案有关的财物采取的一种强制性措施。

对于依当事人的申请采取保全措施造成的损害，应区别具体情况处理。根据《民事诉讼法》第105条规定，申请有错误的，申请人应当赔偿被申请人因保全所遭受的损失。人民法院采取财产保全措施，可以责令申请人提供担保；申请人不提供担保的，驳回申请。如果当事人的申请没有错误，而是由于法院执行保全措施过程中违法，或者保全措施是人民法院依职权主动采取的，则应由国家承担赔偿责任。

违法采取保全措施，是指人民法院采取的下列行为：（1）依法不应当采取保全措施而采取的；（2）依法不应当解除保全措施而解除，或者依法应当解除保全措施而不解除的；（3）明显超出诉讼请求的范围采取保全措施的，但保全财产为不可分割物且被保全人无其他财产或者其他财产不足以担保债权实现的除外；（4）在给付特定物之诉中，对与案件无关的财物采取保全措施的；（5）违法保全案外人财产的；（6）对查封、扣押、冻结的财产不履行监管职责，造成被保全财产毁损、灭失的；（7）对季节性商品或者鲜活、易腐烂变质以及其他不宜长期保存的物品采取保全措施，未及时处理或者违法处理，造成物品毁损或者严重贬值的；（8）对不动产或者船舶、航空器和机动车等特定动产采取保全措施，未依法通知有关登记机构不予办理该保全财产的变更登记，造成该保全财产所有权被转移的；（9）违法采取行为保全措施的；（10）其他违法情形。以上规定可作为具体认定违法采取保全措施的依据。

（三）违法采取先予执行措施的司法赔偿

先予执行指在受理案件后判决作出之前，根据一方当事人的申请，对符合条件的案件裁定对方当事人向申请一方当事人给付一定数额的金钱或财物，或者实施或停止某种行为，并立即付诸执行的一种程序。

《民事诉讼法》第106条规定，法院对下列案件，根据当事人的申请，可以裁定先予执行：（1）追索赡养费、扶养费、抚育费、抚恤金、医疗费用的；（2）追索劳动报酬的；（3）因情况紧急需要先予执行的。第107条规定，法院裁定先予执行的，应当符合下列条件：（1）当事人之间权利义务关系明确，不先予执行将严重影响申请人的生活或者生产经营的；（2）被申请人有履行能力。法院可以责令申请人提供担保，申请人不提供担保的，驳回申请。申请人败诉的，应当赔偿被申请人因先予执行遭受的财产损失。《行政诉讼法》第57条第1款规定，法院对起诉行政机关没有依法支付抚恤金、最低生活保障金和工伤、医疗社会保险金的案件，权利义务关系明确、不先予执行将严重影响原告生活的，可以根据原告的申请，裁定先予执行。

违法采取先予执行措施，包括以下情形：（1）违反法律规定的条件和范围先予执行的；（2）超出诉讼请求的范围先予执行的；（3）其他违法情形。

（四）错误执行判决、裁定及其他生效法律文书的司法赔偿

对拒不履行判决、裁定及其他生效法律文书的义务人，人民法院有权依法采取强

制执行措施。根据《民事诉讼法》和《行政诉讼法》的有关规定，人民法院可以采取的强制执行措施包括查询、冻结、划拨被执行人的存款，扣留、提取被执行人的收入、存款，查封、扣押、冻结、拍卖、变卖被执行人的财产，搜查被执行人的财产，强制被执行人迁出房屋或退出土地等。人民法院采取强制执行措施违法并且造成被执行人损害的，国家应当担负赔偿责任。

所谓"错误执行"是指对上述法律文书执行措施违法，因此侵犯了公民、法人和其他组织的人身权和财产权，而不是执行错误的判决、裁定和其他生效法律文书。

所谓"判决、裁定及其他生效法律文书"，是指已经发生法律效力的判决、裁定、民事制裁决定、调解、支付令、仲裁裁决、具有强制执行效力的公证债权文书以及行政处罚、处理决定等。

错误执行判决、裁定及其他生效法律文书的情形包括：（1）执行未生效法律文书的；（2）超出生效法律文书确定的数额和范围执行的；（3）对已经发现的被执行人的财产，故意拖延执行或者不执行，导致被执行财产流失的；（4）应当恢复执行而不恢复，导致被执行财产流失的；（5）违法执行案外人财产的；（6）违法将案件执行款物执行给其他当事人或者案外人的；（7）违法对抵押物、质物或者留置物采取执行措施，致使抵押权人、质权人或者留置权人的优先受偿权无法实现的；（8）对执行中查封、扣押、冻结的财产不履行监管职责，造成财产毁损、灭失的；（9）对季节性商品或者鲜活、易腐烂变质以及其他不宜长期保存的物品采取执行措施，未及时处理或者违法处理，造成物品毁损或者严重贬值的；（10）对执行财产应当拍卖而未依法拍卖的，或者应当由资产评估机构评估而未依法评估，违法变卖或者以物抵债的；（11）其他错误情形。

（五）民事、行政诉讼中司法工作人员侵权的赔偿

人民法院工作人员在民事、行政诉讼过程中，有殴打、虐待或者唆使、放纵他人殴打、虐待等行为，以及违法使用武器、警械，造成公民身体伤害或者死亡的，适用《国家赔偿法》第17条第（4）项、第（5）项的规定予以赔偿。

根据最高人民法院《关于审理民事、行政诉讼中司法赔偿案件适用法律若干问题的解释》规定，民事、行政司法赔偿中，因多种原因造成公民、法人和其他组织合法权益损害的，应当根据人民法院及其工作人员行使职权的行为对损害结果的发生或者扩大所起的作用等因素，合理确定赔偿金额。受害人对损害结果的发生或者扩大也有过错的，应当根据其过错对损害结果的发生或者扩大所起的作用等因素，依法减轻国家赔偿责任。公民、法人和其他组织的损失，已经在民事、行政诉讼过程中获得赔偿、补偿的，对该部分损失，国家不承担赔偿责任。

2016年9月7日最高人民法院公布的《关于审理民事、行政诉讼中司法赔偿案件适用法律若干问题的解释》对包括民事、行政司法赔偿范围在内的相关事项作出了规定，几乎被教材全文引用，可见该解释的重要性。对此，考生应当特别注意：

（1）在民事、行政诉讼过程中，可以依法向人民法院申请赔偿的情形包括：违法采取对妨害诉讼的强制措施（第2条）、保全措施（第3条）、先予执行措施（第4条），或者对判决、裁定及其他生效法律文书执行错误（第5条），侵犯公民、法人和其他组织合法权益并造成损害的。

（2）因多种原因造成公民、法人和其他组织合法权益损害的，根据相关因素合理确定赔偿金额（第8条）。受害人有过错的，依法减轻国家赔偿责任（第9条）。

（3）明确几种不承担国家赔偿责任的情形（第7、10条）。

（4）申请赔偿的，应当在民事、行政诉讼程序或者执行程序终结后提出，注意例外情形（第19条）。

（5）将精神损害赔偿引入非刑事司法赔偿领域（第11条），对于民事、行政诉讼中侵犯公民人身权致人精神损害的情形，也适用《国家赔偿法》第35条的规定。

行政复议案件被告的确认

根据《行政诉讼法》第26条第2、3款的规定，经复议而起诉的案件，被告的确认分四种情况：

1. 复议机关维持原行政行为的，作出原行政行为的行政机关和复议机关是共同被告

《行诉法适用解释》第6条第1款规定，"复议机关决定维持原行政行为"包括复议机关驳回复议申请或者复议请求的情形，但以复议申请不符合受理条件为由驳回的除外。根据《行诉法适用解释》第7条规定，复议机关决定维持原行政行为，作出原行政行为的行政机关和复议机关为共同被告，如原告只起诉作出原行政行为的行政机关或者复议机关的，法院应当告知原告追加被告。原告不同意追加的，法院应当将另一机关列为共同被告。

2. 复议机关改变了原行政行为，复议机关就是被告

由于"维持"与"改变"决定被告的确定，如何界定"维持"或"改变"的内涵至关重要。对此，《行诉法适用解释》改变了最高人民法院《关于执行<中华人民共和国行政诉讼法>若干问题的解释》（以下简称《行诉法执行解释》）所确定的安排。

《行诉法执行解释》第7条原采用了广义方法界定"改变"，所谓"复议决定改变原具体行政行为"是指如下情形之一：(1) 复议决定改变原具体行政行为所认定的主要事实和证据的。所谓主要事实，是指具体行政行为的法定构成要件事实，主要证据则是证明构成要件事实的证据。在这里，"改变"包括补充、替代、调换以及推理过程改变、重新认定等情形。(2) 改变原具体行政行为所适用的规范依据且对定性产生影响的。所谓"改变"，包括增加、减少、调整原具体行政行为所适用的法律条款，或者作出了新的解释，或者改变案件的定性。(3) 撤销、部分撤销或者变更原具体行政行为处理结果的。复议决定无论是否改变原具体行政行为所认定的事实和所适用的依据，只要最终在处理结果上改变原具体行政行为，就应当适用该条款规定的诉讼管辖。处理结果的改变有撤销、部分撤销、变更等形式。

《行诉法适用解释》则限缩了"改变"的范围，《行诉法适用解释》第6条第2款规定的"复议机关改变原行政行为"，是指复议机关改变原行政行为的处理结果。

重点法条新旧对照

《行政诉讼法》	《行诉法执行解释》	《行诉法适用解释》
第二十六条　公民、法人或者其他组织直接向人民法院提起诉讼的，作出行政行为的行政机关是被告。 经复议的案件，复议机关决定维持原行政行为的，作出原行政行为的行政机关和复议机关是共同被告；复议机关改变原行政行为的，复议机关是被告。 复议机关在法定期限内未作出复议决定，公民、法人或者其他组织起诉原行政行为的，作出原行政行为的行政机关是被告；起诉复议机关不作为的，复议机关是被告。 两个以上行政机关作出同一行政行为的，共同作出行政行为的行政机关是共同被告。 行政机关委托的组织所作的行政行为，委托的行政机关是被告。 行政机关被撤销或者职权变更的，继续行使其职权的行政机关是被告。	第七条　复议决定有下列情形之一的，属于行政诉讼法规定的"改变原具体行政行为"： (一) 改变原具体行政行为所认定的主要事实和证据的； (二) 改变原具体行政行为所适用的规范依据且对定性产生影响的； (三) 撤销、部分撤销或者变更原具体行政行为处理结果的。 第十九条　当事人不服经上级行政机关批准的具体行政行为，向人民法院提起诉讼的，应当以在对外发生法律效力的文书上署名的机关为被告。 第二十条　行政机关组建并赋予行政管理职能但不具有独立承担法律责任能力的机构，以自己的名义作出具体行政行为，当事人不服提起诉讼的，应当以组建该机构的行政机关为被告。 行政机关的内设机构或者派出机构在没有法律、法规或者规章授权的情况下，以自己的名义作出具体行政行为，当事人不服提起诉讼的，应当以该行政机关为被告。 法律、法规或者规章授权行使行政职权的行政机关内设机构、派出机构或者其他组织，超出法定授权范围实施行政行为，当事人不服提起诉讼的，应当以实施该行为的机构或者组织为被告。 第二十一条　行政机关在没有法律、法规或者规章规定的情况下，授权其内设机构、派出机构或者其他组织行使行政职权的，应当视为委托。当事人不服提起诉讼的，应当以该行政机关为被告。 第二十二条　复议机关在法定期间内不作复议决定，当事人对原具体行政行为不服提起诉讼的，应当以作出原具体行政行为的行政机关为被告；当事人对复议机关不作为不服提起诉讼的，应当以复议机关为被告。	第六条　行政诉讼法第二十六条第二款规定的"复议机关决定维持原行政行为"，包括复议机关驳回复议申请或者复议请求的情形，但以复议申请不符合受理条件为由驳回的除外。 行政诉讼法第二十六条第二款规定的"复议机关改变原行政行为"，是指复议机关改变原行政行为的处理结果。 第七条　复议机关决定维持原行政行为的，作出原行政行为的行政机关和复议机关是共同被告。原告只起诉作出原行政行为的行政机关或者复议机关的，人民法院应当告知原告追加被告。原告不同意追加的，人民法院应当将另一机关列为共同被告。 第八条　作出原行政行为的行政机关和复议机关为共同被告的，以作出原行政行为的行政机关确定案件的级别管辖。 第九条　复议机关决定维持原行政行为的，人民法院应当在审查原行政行为合法性的同时，一并审查复议程序的合法性。 作出原行政行为的行政机关和复议机关对原行政行为合法性共同承担举证责任，可以由其中一个机关实施举证行为。复议机关对复议程序的合法性承担举证责任。

3. 复议机关在法定期间内不作复议决定,当事人对原行政行为不服提起诉讼的,应当以作出原行政行为的行政机关为被告。

4. 复议机关在法定期间内不作复议决定,当事人对复议机关不作为不服提起诉讼的,应当以复议机关为被告。

刑事司法赔偿的范围

(一)侵犯人身权的刑事赔偿

《国家赔偿法》第17条规定:行使侦查、检察、审判职权的机关以及看守所、监狱管理机关及其工作人员在行使职权时有下列侵犯人身权情形之一的,受害人有取得赔偿的权利:(1)违反刑事诉讼法的规定对公民采取拘留措施的,或者依照刑事诉讼法规定的条件和程序对公民采取拘留措施,但是拘留时间超过刑事诉讼法规定的时限,其后决定撤销案件、不起诉或者判决宣告无罪终止追究刑事责任的;(2)对公民采取逮捕措施后,决定撤销案件、不起诉或者判决宣告无罪终止追究刑事责任的;(3)依照审判监督程序再审改判无罪,原判刑罚已经执行的;(4)刑讯逼供或者以殴打、虐待等行为或者唆使、放纵他人以殴打、虐待等行为造成公民身体伤害或者死亡的;(5)违法使用武器、警械造成公民身体伤害或者死亡的。根据本条规定,我国刑事赔偿范围中侵犯人身权的赔偿限于侵犯公民人身自由权和生命健康权。具体包括:

违法拘留。刑事拘留是刑事诉讼强制措施之一,是指行使侦查权的机关在侦查过程中,遇到紧急情况时,对现行犯或重大犯罪嫌疑分子采取的临时限制其人身自由的一种强制方法。

司法机关违法采取刑事拘留的形式是多种多样的,包括拘留的对象错误、超过法定拘留期限等。《国家赔偿法》第17条第1项规定,"违反刑事诉讼法的规定对公民采取拘留措施的,或者依照刑事诉讼法规定的条件和程序对公民采取拘留措施,但是拘留时间超过刑事诉讼法规定的时限,其后决定撤销案件、不起诉或者判决宣告无罪终止追究刑事责任的",国家应给予赔偿。

根据此规定及《关于办理刑事赔偿案件适用法律若干问题的解释》,应给予赔偿的违法拘留包括两种情形:一是违法采取刑事拘留措施。行使侦查权的机关违反刑事诉讼法规定的关于采取刑事拘留的条件、程序实施的拘留,受害人有取得赔偿的权利。《关于办理刑事赔偿案件适用法律若干问题的解释》第5条规定:"对公民采取刑事拘留措施后终止追究刑事责任,具有下列情形之一的,属于国家赔偿法第十七条第一项规定的违法刑事拘留:(一)违反刑事诉讼法规定的条件采取拘留措施的;(二)违反刑事诉讼法规定的程序采取拘留措施的；（三）依照刑事诉讼法规定的条件和程序对公民采取拘留措施，但是拘留时间超过刑事诉讼法规定的时限。违法刑事拘留的人身自由赔偿金自拘留之日起计算。"二是合法采取刑事拘留措施后终止追究刑事责任。行使侦查权的机关采取刑事拘留本身合法，但拘留超过法定期限，且其后决定撤销案件、不起诉或者判决宣告无罪终止追究刑事责任，受害人有取得赔偿的权利。

同时，基于实践中"终止追究刑事责任"认识不一和案件久拖未决的情形，《关于办理刑事赔偿案件适用法律若干问题的解释》明确了"终止追究刑事责任"的情形，其第2条规定："解除、撤销拘留或者逮捕措施后虽尚未撤销案件、作出不起诉决定或者判决宣告无罪，但是符合下列情形之一的，属于国家赔偿法第十七条第一项、第二项规定的终止追究刑事责任：（一）办案机关决定对犯罪嫌疑人终止侦查的；（二）解除、撤销取保候审、监视居住、拘留、逮捕措施后，办案机关超过一年未移送起诉、作出不起诉决定或者撤销案件的；（三）取保候审、监视居住法定期限届满后，办案机关超过一年未移送起诉、作出不起诉决定或者撤销案件的；（四）人民检察院撤回起诉超过三十日未作出不起诉决定的；（五）人民法院决定按撤诉处理后超过三十日，人民检察院未作出不起诉决定的；（六）人民法院准许刑事自诉案件自诉人撤诉的，或者人民法院决定对刑事自诉案件按撤诉处理的。赔偿义务机关有证据证明尚未终止追究刑事责任，且经人民法院赔偿委员会审查属实的，应当决定驳回赔偿请求人的赔偿申请。"

逮捕后终止追究刑事责任。逮捕是指司法机关对犯罪嫌疑人、被告人实行羁押、看管，暂时限制其人身自由的一种强制措施。对在何种情况下给予因逮捕被羁押的人赔偿，新旧国家赔偿法有不同的安排。原国家赔偿法对因逮捕被羁押的赔偿设置了严格的要求，规定只有在"对没有犯罪事实的人错误逮捕"时才给予赔偿，实行的是"无罪羁押赔偿"制度。而新《国家赔偿法》第17条第2项规定："对公民采取逮捕措施后，决定撤销案件、不起诉或者判决宣告无罪终止追究刑事责任的。"据此规定，只要公民被逮捕后刑事司法机关终止追究刑事责任的，公民即可要求国家赔偿，不论之前的逮捕是否合法。因此，对因逮捕被羁押的人赔偿实行的"结果归责制度"，扩大了赔偿的范围。《关于办理刑事赔偿案件适用法律若干问题的解释》第2条所规定的"终止追究刑事责任"的情形，同样适用于逮捕后终止追究刑事责任。

无罪错判、原判刑罚已经执行的。具体来说，国家承担赔偿责任的无罪错判必须同时具备以下三个条件：

（1）人民法院对无罪的公民判处刑罚。所谓无罪，包括公民没有实施犯罪行为或者没有充分确凿的证据证明公民实施了犯罪行为两种情形。公民确实没有实施犯罪行为的，人民法院的有罪判决当然构成错误判决；公民具有实施犯罪行为的重大嫌疑，但是没有确凿充分的证据证明公民实施了犯罪行为的，根据无罪推定的原则，公民应当被视为无罪，人民法院的有罪判决仍然构成错误判决。根据上述分析，如果被告人的行为已经构成犯罪，人民法院在法定的量刑幅度内作出不适当的判决，或者超出法定刑幅度量刑，经改判处以比较轻的刑罚，不构成国家赔偿法上的错判。免予刑事处罚的有罪判决经再审被撤销，公民被宣告无罪，也不构成国家赔偿法上的错判。不过，根据《关于办理刑事赔偿案件适用法律若干问题的解释》第6条规定："数罪并罚的案件经再审改判部分罪名不成立，监禁期限超出再审判决确定的刑期，公民对超期监禁申请国家赔偿的，应当决定予以赔偿。"这意味着数罪并罚案尽管被超期监禁的公民并非完全无罪，但由于其中的部分罪名已经不成立，针对这类具体个罪而言的超期羁押行为构成无罪羁押，应当予以赔偿。

（2）原判刑罚已经执行。"刑罚已经执行"包括刑罚已经全部执行和部分执行两种情况。被无罪错判的人如果已经全部执行判决刑罚，国家应对全部错判刑罚承担赔偿责任；如果在执行过程中经审判监督程序再审宣告无罪释放的，国家则应对已执行部分的错判刑罚承担赔偿责任。在自由刑执行期间，被告人被依法减刑或者假释的，对于被减刑或者假释部分的错判刑罚，国家不负赔偿责任。在刑罚执行中保外就医的，人身自由虽受限制但实际上未被羁押，此期间国家不负赔偿责任，参见最高人民法院《关于在刑罚执行中保外就医期间是否属国家赔偿范围的批复》（1998年3月11日）。缓刑判决经再审程序撤销公民被宣告无罪的，亦不发生国家赔偿责任。在这种情况下，法院虽然判处被告人刑罚，但缓刑不是刑罚的执行，而是附条件地不执行，不发生国家赔偿法上要求的侵犯人身自由权或者生命健康权的损害事实。根据最高人民法院《关于人民法院执行<中华人民共和国国家赔偿法>几个问题的解释》第4条的规定，人民法院判处管制、有期徒刑缓刑、剥夺政治权利等刑罚被依法改判无罪的，国家也不承担赔偿责任。但是，赔偿请求人在判决生效前被羁押的，依法有权取得赔偿。

（3）原判决经审判监督程序撤销并且被告人被宣告无罪。审判监督程序是人民法院对已经发生法律效力的判决、裁定，发现在认定事实或者适用法律上确有错误，依法进行重新审理的一种特殊的诉讼程序。"依照审判监督程序再审改判无罪"，是指经过再审确认被告人没有违法行为或者违法行为不构成犯罪而撤销原来有罪的判决。也就是说，改判必须是依据审判监督程序作出的，而且必须是改判无罪。

在此需要注意以下问题：

（1）被告人的行为不构成犯罪，但是构成民事违法行为或者行政违法行为，人民法院的有罪判决是否构成错误判决？国家是否承担赔偿责任？对此，一种观点认为，由于被告人实施了违法行为，存在过错，国家对此不承担赔偿责任，有罪判决虽然被撤销，仍然不构成错误判决。另一种观点认为，国家赔偿法规定的"没有犯罪事实"，限于公民没有实施犯罪行为，不包括民事违法行为和行政违法行为。公民虽然具有过错，但这种过错是民法上的过错和行政法上的过错，而不是刑法上的过错，不能相互混淆。而且，对没有实施犯罪行为的公民宣判有罪，不是公民的过错，而是国家的过错，国家应当承担赔偿责任。我们认为后一种观点是正确的。

（2）法院在一审生效判决中宣告被告人无罪，对判决前的羁押，存在错误拘留和错误逮捕两种情形。这两种情况都是无端侵害公民人身权的行为，国家应负赔偿责任。一审判决被告人有罪，在二审程序中被改判无罪的，因刑罚尚未执行，不存在因刑罚执行造成的损害，但一审的有罪判决延长了对被告人的羁押时间，对此损害国家也应当承担赔偿责任。

（3）对有罪公民不应当判处死刑而判处死刑且已执行的，国家承担赔偿责任。这种判决虽然是轻罪重判，但与一般的轻罪重判具有质的不同。一般的轻罪重判仅仅涉及公民的人身自由权，而这种轻罪重判侵犯的是公民的生命健康权，公民权利的种类和性质发生了质的变化。这种轻罪重判不是一般的不适当，已经构成违法，国家应当承担赔偿责任。

刑讯逼供、殴打和虐待等暴力行为。刑讯逼供、殴打和虐待等行为或者唆使、放纵他人以殴打、虐待等行为等均属于暴力侵权的范畴。司法机关及其工作人员在执行职务过程中对犯罪嫌疑人或被告人进行刑讯逼供或者以殴打、虐待等行为或者唆使、放纵他人以殴打、虐待等行为造成公民身体伤害或者死亡的，可能产生工作人员自己的刑事责任，但是这并不妨碍国家承担赔偿责任。工作人员的刑事责任是工作人员因其犯罪行为对国家承担的惩罚性的法律责任，而刑事赔偿是国家因其侵权行为而对公民承担的补救性的法律责任，两者之间因主体和性质不同，不能发生折抵关系。在确认暴力侵权行为时，应当注意的问题是：

（1）实施这种暴力侵权行为的主体不限于司法机关的工作人员。受司法机关及其工作人员唆使或放纵的人员实施了此类暴力行为，国家也承担赔偿责任。

（2）这种暴力侵权行为必须发生在执行职务的活动过程中，且与职权行使有密切的联系。刑讯逼供及其他暴力行为不是行使职权行为，因为法律不可能赋予司法机关这种权力。但是，此类行为是发生在国家司法工作人员行使职权的过程中，与行使职权有关，或者以公务为目的或者利用了行使职权的便利条件，因此仍然构成公务行为。国家赔偿法规定对此类侵害行为承担赔偿责任。如果暴力侵害行为发生在司法人员执行职务过程之外，则系个人行为，国家不负赔偿责任。

（3）此类暴力行为一般表现方式为刑讯逼供、殴打或者虐待等，而且必须造成了公民身体伤害或者死亡的后果。刑讯逼供是指司法人员在办理刑事案件过程中，对犯罪嫌疑人或被告人使用肉刑或者变相使用肉刑逼取口供的行为。根据国家赔偿法的规定，只有在造成公民身体伤害或者死亡的情况下，国家才承担赔偿责任。

《司法行政机关行政赔偿、刑事赔偿办法》第5条的相关规定，可供我们具体认定此类行为：刑讯逼供或者体罚、虐待服刑人员，造成身体伤害或死亡的；殴打或者唆使、纵容他人殴打服刑人员，造成严重后果的；侮辱服刑人员造成严重后果的；其他违法行为造成服刑人员身体伤害或者死亡的。其他司法机关工作人员若有上述行为，造成犯罪嫌疑人或被告人身体伤害或者死亡的，国家应当承担赔偿责任。

（4）应当准确理解"造成"的含义。最高人民法院《关于黄彩华申请国家赔偿一案的批复》（1999年8月25日）中认为：《国家赔偿法》第15条（现第17条）第4项以及第27条（现第34条）的规定中使用的是"造成"身体伤害或者死亡的表述方法，这与致人伤害或死亡是有区别的。"造成"应当理解为只要实施了法律规定了的违法侵权行为，并产生了"伤害或死亡"的后果，就应当适用《国家赔偿法》第15条第4项（现第17条）的规定。

违法使用武器、警械。司法机关及其工作人员违法使用武器、警械造成公民身体伤害或者死亡的，受害人有取得赔偿的权利。国务院1996年1月颁布的《人民警察使用警械和武器条例》第8条至第11条对人民警察使用警械、武器作了严格规定。

该条例第10条规定：人民警察遇有下列情形之一的，不得使用武器：

（1）发现实施犯罪的人为怀孕妇女、儿童的，但是使用枪支、爆炸、剧毒等危险物品实施暴力犯罪的除外；

（2）犯罪分子处于群众聚集的场所或者存放大量易燃、易爆、剧毒、放射性等危险物品的场所的，但是不使用武器予以制止，将会发生更为严重危害后果的除外。

该条例第11条规定：人民警察遇有下列情形之一的，应当立即停止使用武器：

（1）犯罪分子停止实施犯罪，服从人民警察命令的；

（2）犯罪分子失去继续实施犯罪能力的。

此外，最高人民法院、最高人民检察院、公安部、司法部还于1983年9月联合下发了《关于人民警察执行职务中实行正当防卫的具体规定》，《监狱法》第45条、第46条对监狱管理过程中使用武器和警械的条件和程序也作了明确规定。

上述规定，既赋予了人民警察使用武器和警械的权力，同时也对人民警察使用武器和警械作了限制。人民警察在执行职务中如果违法使用武器和警械使公民受到伤害的，国家应承担赔偿责任。司法人员在执行职务中因正当防卫使用武器、警械造成他人伤亡的，国家不予赔偿。正当防卫明显超过必要限度造成重大损害的，国家应予赔偿。

（二）侵犯财产权的刑事赔偿

《国家赔偿法》第 18 条规定：行使侦查、检察、审判职权的机关以及看守所、监狱管理机关及其工作人员在行使职权时有下列侵犯财产权情形之一的，受害人有取得赔偿的权利：（1）违法对财产采取查封、扣押、冻结、追缴等措施的；（2）依照审判监督程序再审改判无罪，原判罚金、没收财产已经执行的。根据本条规定，国家承担刑事赔偿责任的情况包括如下两种：

1. 违法对财产采取查封、扣押、冻结、追缴等措施

（1）查封。在刑事诉讼中，查封是指司法机关将可以用作证据或与案件有关不便提取的财物、文件予以就地封存的一种措施。《刑事诉讼法》第 100 条规定：人民法院在必要的时候，可以采取保全措施，查封、扣押或者冻结被告人的财产。附带民事诉讼原告人或者人民检察院可以申请人民法院采取保全措施。《刑事诉讼法》第 139 条第 1 款规定：在侦查活动中发现的可用以证明犯罪嫌疑人有罪或者无罪的各种财物、文件，应当查封、扣押……因此，新刑事诉讼法赋予了侦查机关查封的权力，其要求与扣押相同。

（2）扣押。在刑事诉讼法中，扣押是司法机关及其工作人员对发现能够证明犯罪嫌疑人有罪或者无罪的物品、文件依法强制扣留的一种刑事强制性措施，以及法院在附带民事诉讼中对财产予扣留的保全措施。

扣押直接关系到公民的合法权益，必须严格依照法定程序进行。在侦查阶段，扣押只能由两名以上的侦查人员进行，其他任何人无权行使这种权力。扣押经常与勘验和搜查同步进行。在实施这些侦查行为时，如果发现与案件有关的物品、文件需要扣押，凭勘验证、搜查证即可扣押。单独实行扣押时，须经县以上公安机关、国家安全机关、人民检察院的负责人批准。侦查人员进行扣押，必须持本机关的介绍信和本人的工作证，并向被扣押人出示或者宣读。根据《刑事诉讼法》第 139 条的规定，扣押的范围是可以证明犯罪嫌疑人有罪或者无罪的各种财物和文件。也就是说，对可以证明犯罪嫌疑人有罪和罪重的财物、文伓应当扣押，对可以证明犯罪嫌疑人无罪和罪轻的财物、文件也应当扣押。但是，对明显与案件无关的财物、文件则不能扣押。如果已经扣押，应当尽快返还。对与案件有无关系不易分清或者认为可扣押可不扣押的财物、文件，应当先行扣押，待查清后再作出处理。如果发现违禁物品，虽然与本案无关，也应当扣押，并交有关部门处理。《刑事诉讼法》第 140 条规定，对扣押的财物、文件，应当会同在场见证人和被扣押财物、文件持有人查点清楚，当场开列清单一式二份，由侦查人员、见证人和持有人签名或者盖章，一份交给持有人，另一份附卷备查。

根据《刑事诉讼法》第141条的规定，侦查人员认为需要扣押犯罪嫌疑人的邮件、电报的时候，经公安机关或人民检察院批准，即通知邮电机关将有关的邮件、电报检交扣押。对邮件、电报的扣押有其特殊性，故法律另作专门规定。其特殊性表现在：扣押邮件、电报直接涉及限制公民的通信自由，必须严格控制；侦查机关必须与邮电机关共同实施，并取得邮电机关的密切配合。根据《刑事诉讼法》第143条和有关法律、法规的规定，应当做到：①正确掌握扣押犯罪嫌疑人邮件、电报的范围；②扣押犯罪嫌疑人邮件、电报应当先经公安机关、人民检察院负责人批准，然后通知邮电机关依照上述规定检交扣押；③对扣押的邮件、电报应当迅速审查，经查明确实与案件无关的，应当在3日以内将扣押的邮件、电报退还原主或原邮电机关。

(3) 冻结。冻结是指司法机关在案件的侦查和审理中发现被告人的存款、汇款与案件有直接关系时，要求有关单位对其存款、汇款停止支付或者转移的一种措施。对犯罪嫌疑人的财产，司法机关可以采取查询、冻结措施。对此，《刑事诉讼法》第142条规定：人民检察院、公安机关根据侦查犯罪的需要，可以依照规定查询、冻结犯罪嫌疑人的存款、汇款、债券、股票、基金份额等财产。有关单位和个人应当配合。犯罪嫌疑人的存款、汇款、债券、股票、基金份额等财产已被冻结的，不得重复冻结。对于已冻结的存款、汇款、债券、股票、基金份额等财产，经查明确实与案件无关的，应当在3日以内解除查封、扣押、冻结，予以退还。

(4) 追缴。刑法在"量刑"一节中规定了追缴，该法第64条规定：犯罪分子违法所得的一切财物，应当予以追缴或者责令退赔。《刑事诉讼法》第280条第1款规定，对于贪污贿赂犯罪、恐怖活动犯罪等重大犯罪案件，犯罪嫌疑人、被告人逃匿，在通缉一年后不能到案，或者犯罪嫌疑人、被告人死亡，依照刑法规定应当追缴其违法所得及其他涉案财产的，人民检察院可以向人民法院提出没收违法所得的申请。司法机关采取上述措施，必须依法享有该项职权。超越职权范围、无权限以及违反法律规定的条件采取的上述措施，给公民、法人或者其他组织合法权益造成损害的，国家必须赔偿。

2. 再审无罪，原判罚金、没收财产已经执行。罚金是指人民法院判处犯罪人向国家缴纳一定数额金钱的刑罚，没收财产是指将犯罪分子个人所有财产的一部分或者全部强制无偿地收归国有的刑罚

罚金和没收财产产生国家赔偿责任的条件是：第一，判处罚金或者没收财产的判

决必须生效，而且已经执行。判决没有生效，受害人可以通过上诉的途径申请纠正。判决生效但没有执行的，没有发生国家赔偿法规定的财产损害事实，不产生国家赔偿责任。第二，生效判决经审判监督程序撤销，受害人被宣告无罪。刑事赔偿以公民无罪为前提。如果依照审判监督程序再审改判被告人无罪，说明原判处的罚金或者没收财产错误，如果已经执行，国家当然应予返还，如果因被判处罚金或者没收财产造成受害人财产损失的，亦应由国家承担赔偿责任。如果经审判监督程序，公民仍然被确认有罪，即使原判决被变更，国家仍然不承担赔偿责任。

根据《关于办理刑事赔偿案件适用法律若干问题的解释》第3条规定，对财产采取查封、扣押、冻结、追缴等措施后，有下列情形之一，且办案机关未依法解除查封、扣押、冻结等措施或者返还财产的，属于《国家赔偿法》第18条规定的侵犯财产权：第一，赔偿请求人有证据证明财产与尚未终结的刑事案件无关，经审查属实的；第二，终止侦查、撤销案件、不起诉、判决宣告无罪终止追究刑事责任的；第三，采取取保候审、监视居住、拘留或者逮捕措施，在解除、撤销强制措施或者强制措施法定期限届满后超过一年未移送起诉、作出不起诉决定或者撤销案件的；第四，未采取取保候审、监视居住、拘留或者逮捕措施，立案后超过两年未移送起诉、作出不起诉决定或者撤销案件的；第五，人民检察院撤回起诉超过三十日未作出不起诉决定的；第六，人民法院决定按撤诉处理后超过三十日，人民检察院未作出不起诉决定的；第七，对生效裁决没有处理的财产或者对该财产违法进行其他处理的。其中，有第三至第六项规定情形之一，赔偿义务机关有证据证明尚未终止追究刑事责任，且经人民法院赔偿委员会审查属实的，应当决定驳回赔偿请求人的赔偿申请。

国家赔偿的计算标准

（一）人身权损害赔偿的计算标准

人身权的损害包括侵犯公民自由和侵犯公民生命健康权两类，具体包括限制和剥夺人身自由，损害人格权，损害健康致人伤残、致人死亡。其损害赔偿计算标准分别为：

1. 人身自由权损害赔偿的计算标准

国家机关侵犯公民人身自由的行为大致包括徒刑、拘役、管制、刑事拘留、司法拘留、行政拘留、强制性教育措施、逮捕及其他刑事侦查中限制人身自由的羁押行为。限制、剥夺人身自由的赔偿，一般以受害人被羁押的时间乘以每日赔偿金额计算，但各国和地区的每日赔偿金额不一。我国《国家赔偿法》第33条规定：侵犯公民人身自由的，每日的赔偿金按照国家上年度职工日平均工资计算。即按日支付赔偿金，每日的赔偿金按照国家上年度职工日平均工资计算。根据最高人民法院《关于人民法院执行<中华人民共和国国家赔偿法>几个问题的解释》规定，"上年度"应为赔偿义务机关、复议机关或者人民法院赔偿委员会作出决定时的上年度；复议机关或者人民法院赔偿委员会维持原赔偿决定的，按作出原赔偿决定时的上年度执行；复议机关或者人民法院赔偿委员会改变原赔偿决定，按照新作出决定时的上一年度国家职工平均工资标准计算人身自由赔偿金。国家上年度职工日平均工资数额，应当以职工年平均工资除以全年法定工作日数的方法计算。年平均工资以国家统计局公布的数字为准。作出赔偿决定、复议决定时国家上一年度职工平均工资尚未公布的，以已经公布的最近年度职工平均工资为准。

我国国家赔偿法对侵害公民人身自由权的赔偿采用随机标准，而不是规定一个最高赔偿限额或固定的标准，好处在于：可以适应经济发展的状况，有利于在全国范围内统一实施。符合我国的国情，既便于操作，也比较灵活，还能够在全国范围内得到统一实施，保证公民、法人和其他组织在合法权益受到侵害时能得到国家的合理赔偿。

2. 生命健康权损害赔偿的计算标准

损害生命健康包括致人身体伤害、致人身体残疾和致人死亡三种情况，国家违法侵害公民身体健康或者生命，致使其患病、丧失或减少劳动能力或者死亡的，应当负赔偿责任。各国关于人身伤害的赔偿一般包括医疗费、医疗期间的误工费和留有身体障碍时的补偿费或生活费。我国《国家赔偿法》第34条规定，侵犯公民生命健康权的赔偿按照下列标准计算：

（1）造成身体损害的，应当支付医疗费、护理费，以及赔偿因误工减少的收入。减少的收入每日的赔偿金按照国家上年度职工日平均工资计算，最高额为国家上年度职工年平均工资的5倍。

一般身体伤害，指尚未造成残疾的伤害。医疗费是受害人身体受到损害后恢复健康进行治疗所支出的费用。包括医疗费、住院费、化验费等。医疗费按实际花费赔偿，应以受害人就诊医院开具的诊断证明和医疗费有关的收据为凭，凡治疗与侵害无关的疾病或擅自购买与侵害无关的药品，或未经医务部门批准，另找医院治疗的花费，都不应赔偿。护理费是指受害人因遭受人身损害，生活无法自理需要他人护理而支出的费用。《关于办理刑事赔偿案件适用法律若干问题的解释》第13条规定，医疗费赔偿根据医疗机构出具的医药费、治疗费、住院费等收款凭证，结合病历和诊断证明等相关证据确定。赔偿义务机关对治疗的必要性和合理性提出异议的，应当承担举证责任。第14条规定，护理费赔偿参照当地护工从事同等级别护理的劳务报酬标准计算，原则上按照一名护理人员的标准计算护理费；但医疗机构或者司法鉴定人有明确意见的，可以参照确定护理人数并赔偿相应的护理费。护理期限应当计算至公民恢复生活自理能力时止。公民因残疾不能恢复生活自理能力的，可以根据其年龄、健康状况等因素确定合理的护理期限，一般不超过20年。

误工减少的收入，指受害人因受伤后不能工作而损失的收入。关于误工减少的损失标准，各国规定不一。有的规定按实际损失予以赔偿，有的确定每日或每月的赔偿金额，无论何人何种情况均适用一个标准，有的则规定按实际损失减半赔偿。我国国家赔偿法规定减少的收入每日赔偿金按国家上年度职工日平均工资计算，其总计的最高额为国家上年度职工年平均工资的5倍。误工日期的确定以医院开具的休假日期为依据，没有休假证明自行休假的，不作误工日计算。对赔偿金额规定最高限额并非始于我国，世界上其他国家也有类似的做法，这主要是出于国家的财力情况考虑。

《关于办理刑事赔偿案件适用法律若干问题的解释》第16条规定，误工减少收入的赔偿根据受害公民的误工时间和国家上年度职工日平均工资确定，最高为国家上年度职工年平均工资的5倍。误工时间根据公民接受治疗的医疗机构出具的证明确定。公民因伤致残持续误工的，误工时间可以计算至作为赔偿依据的伤残等级鉴定确定前一日。

（2）造成部分或全部丧失能力的，应当支付医疗费、护理费、残疾生活辅助具费、康复费等因残疾而增加的必要支出和继续治疗所必需的费用，以及残疾赔偿金。残疾赔偿金根据丧失劳动能力的程度，按照国家规定的伤残等级确定，最高不超过国家上年度职工年平均工资的20倍。造成全部丧失劳动能力的，对其扶养的无劳动能力的人，还应当支付生活费。

关于医疗费和护理费的标准，应适用前述《关于办理刑事赔偿案件适用法律若干问题的解释》第13、14条。

残疾生活辅助具费是指受害人因残疾而造成身体功能全部或者部分丧失后需要配制补偿功能的残疾辅助器具的费用。残疾生活辅助器具主要包括假肢及其零部件、假眼、助听器、盲人阅读器、助视器、矫形器等。康复费指残疾人为恢复肌体的正常机能而进行的康复训练而支付费用。《关于办理刑事赔偿案件适用法律若干问题的解释》第15条规定，残疾生活辅助器具费赔偿按照普通适用器具的合理费用标准计算。伤情有特殊需要的，可以参照辅助器具配制机构的意见确定。辅助器具的更换周期和赔偿期限参照配制机构的意见确定。

残疾赔偿金是指国家机关及其工作人员因违法行使职权侵犯公民生命健康权，致使公民部分或全部丧失劳动能力后，国家支付给受害人的赔偿金。残疾赔偿金根据丧失劳动能力的程度,按照国家规定的伤残等级确定,最高不超过国家上年度职工年平均工资的20倍。《关于办理刑事赔偿案件适用法律若干问题的解释》第17条规定,造成公民身体伤残的赔偿,应当根据司法鉴定人的伤残等级鉴定确定公民丧失劳动能力的程度,并参照以下标准确定残疾赔偿金:第一,按照国家规定的伤残等级确定公民为一级至四级伤残的,视为全部丧失劳动能力,残疾赔偿金幅度为国家上年度职工年平均工资的10~20倍。第二,按照国家规定的伤残等级确定公民为五级至十级伤残的,视为部分丧失劳动能力。五至六级的,残疾赔偿金幅度为国家上年度职工年平均工资的5~10倍;七至十级的。残疾赔偿金幅度为国家上年度职工年平均工资的五倍以下。有扶养义务的公民部分丧失劳动能力的,残疾赔偿金可以根据伤残等级并参考被扶养人生活来源丧失的情况进行确定,最高不超过国家上年度职工年平均工资的20倍。

生活费是国家因国家机关工作人员违法行使职权侵犯公民的生命健康权,致使其全部丧失劳动能力,对其所扶养(或抚养)的无劳动能力的人支付维持生活的费用。根据我国婚姻法、继承法等法律规定,公民应扶养(或抚养)的人包括公民的直系亲属,即祖父母、外祖父母、父母、配偶、未满18周岁的子女以及与公民已形成扶养关系的人。凡是被抚养人是未成年人的,生活费给付至18周岁;其他无劳动能力的人,生活费给付至死亡。《关于办理刑事赔偿案件适用法律若干问题的解释》第18条对具体发放的标准作出了规定,受害的公民全部丧失劳动能力的,对其扶养的无劳动能力人的生活费发放标准,参照作出赔偿决定时被扶养人住所地所属省级人民政府确定的最低生活保障标准执行。能够确定扶养年限的,生活费可协商确定并一次性支付。不能确定扶养年限的,可按照二十年上限确定扶养年限并一次性支付生活费,被扶养人超过60周岁的,年龄每增加一岁,扶养年限减少一年;被扶养人年龄超过确定扶养年限的,被扶养人可逐年领取生活费至死亡时止。

(3)造成公民死亡的,应当支付死亡赔偿金、丧葬费,总额为国家上年度职工年平均工资的20倍。对死者生前扶养的无劳动能力的人,还应当支付生活费。

我国的国家赔偿法借鉴了国外立法经验,又根据我国的实际情况,对死亡的赔偿采取最高限额一次性给付的规定,优点是能使赔偿义务机关迅速、准确地计算出赔偿金,可以及时地给付受害人亲属,使其尽快地得到安慰。这里需要注意的是,死亡赔偿金和丧葬费是一个固定的数额,即国家上年度职工年平均工资的20倍。关于生活费的规定与致人全部丧失生活能力是相同的。

死亡赔偿金与残疾赔偿金的不同之处在于:死亡赔偿金是给付受害人亲属的,而残疾赔偿金是给付受害人的。接受死亡赔偿金的主要是受害人的继承人及与受害人有扶养关系的亲属。因此,死亡赔偿金的内容,包括死亡赔偿金、丧葬费和生活费,由国家一次性向死者家属支付包括丧葬费在内的死亡赔偿金。

（二）财产权损害赔偿的计算标准

根据《国家赔偿法》第36条的规定，财产损失赔偿的计算标准如下：

（1）罚款、罚金、追缴、没收财产或者违法征收、征用财产的赔偿。对于罚款、罚金、追缴、没收财产侵犯公民、法人和其他组织财产权的，或者违法征收、征用财产的行为，属于物之失去控制，与之相适应的最好赔偿是返还财产。这里所说的返还财产，包括金钱及其他财物。返还执行的罚款或者罚金、追缴或者没收的金钱，应当支付银行同期存款利息。

（2）查封、扣押、冻结财产造成的赔偿。查封、扣押、冻结财产的，应当解除对财产的查封、扣押、冻结，应当返还财产损坏的，能够恢复原状的恢复原状，不能恢复原状的，国家承担赔偿责任，按照损害程度给付相应的赔偿金。解除冻结的存款或者汇款的，应当支付银行同期存款利息。应当返还的财产灭失的，给付相应的赔偿金。灭失是指经损害的财产已不复存在。所谓"相应的赔偿"是指赔偿的数额应以物的价值计算，严格掌握在实际损失范围内，并且是在受害人失去该财产时为估价日期。

（3）财产已经拍卖或变卖的赔偿。拍卖，是指公开处置财产的一种方式，由专业拍卖机构、临时从事拍卖活动的企业或者人民法院以公平竞争的方式将财产出卖给竞价中最高的出价者。国家机关及其工作人员对财产实行违法强制措施后，如果对财产已经进行了拍卖，原物已经不存在或已为他人所有，恢复原状已不可能，便应给予金钱赔偿。对已拍卖财产的赔偿，国家赔偿法规定是给付拍卖所得价款。变卖一般是指出卖财物、换取现款的处置财产的方式。如财产已经变卖的，应给付变卖所得的价款。变卖的价款明显低于财产价值的，应当支付相应的赔偿金。

（4）吊销许可证和执照，责令停产、停业的损害赔偿。吊销许可证和执照，责令停产、停业是国家机关及其工作人员可能侵害公民、法人及其他组织的财产权的又一种形式。这种侵害并非直接指向财产，而是剥夺和限制受害人的权利，其后果往往是造成企业停产或法人消灭。对此，国家赔偿法规定吊销许可证和执照，责令停产、停业造成损害的，赔偿停产、停业期间必要的经常性费用开支。所谓"必要的经常性"的费用开支是指企业、商店、公民等停产、停业期间用于维持其生存的基本开支，如水电费、房屋租金、职工基本工资等。其中职工基本工资是按国家统一规定的劳保工资的平均数来计算的。但不赔偿法人或组织在正常情况下，在此期间必定能获得的利益，也不赔偿停产、停业期间的一切开支，而只是赔偿必要的经常性费用，并且是赔偿损失的一部分而非全部。

(5) 财产权其他损害赔偿。国家赔偿法规定，对财产权造成损害的，按照直接损失给予赔偿。所谓"直接损失"，是指因遭受不法侵害而使现有财产必然减少或消灭。规定"直接损失"赔偿原则是因为：首先，我国的国力财力还不雄厚，国家赔偿只是慰抚性的，仅是象征性地给予一定的补偿，否则会加重国家及公民的负担。其次，除直接损失外，可预期利益、间接损失都是相对人未实际取得的利益，不能排除意外情况的发生而无法实际取得的风险。

《关于办理刑事赔偿案件适用法律若干问题的解释》第19、20条对于财产损失的计算标准作出了具体解释，财产不能恢复原状或者灭失的，财产损失按照损失发生时的市场价格或者其他合理方式计算。返还执行的罚款或者罚金、追缴或者没收的金钱，解除冻结的汇款的，应当支付银行同期存款利息，利率参照赔偿义务机关作出赔偿决定时中国人民银行公布的人民币整存整取定期存款一年期基准利率确定，不计算复利。复议机关或者人民法院赔偿委员会改变原赔偿决定，利率参照新做出决定时中国人民银行公布的人民币整存整取定期存款一年期基准利率确定。计息期间自侵权行为发生时起算，至作出生效赔偿决定时止；但在生效赔偿决定做出前侵权行为停止的，计算至侵权行为停止时止。被罚没、追缴的资金属于赔偿请求人在金融机构合法存款的，在存款合同存续期间，按照合同约定的利率计算利息。

案例

【案例1】 村民严某与村委会签订土地承包合同，承包了本村林场160亩，用于经济林的培植。后乡政府根据市政府的有关本市农村承包经营地的规划文件精神，决定征收严某承包的林场用于机场高速路的建设。严某不服乡政府的征地决定，以乡政府侵犯自己的农村土地承包经营权为由向法院提起诉讼，要求法院撤销乡政府的征地决定。一审法院经审理，认为乡政府的征地决定违法，判决撤销了该征地决定。乡政府不服，提起上诉。二审法院经审理，判决驳回上诉，维持原判。

请回答下列问题：

（1）如何确定本案的管辖法院？

（2）严某在起诉时是否可以一并要求法院对市政府的相关规划文件要求审查？

（3）行政诉讼法修正案扩大了行政诉讼的受案范围，将原先的受案范围扩大到12种。请结合本案，谈谈你对这次修正案在扩大受案范围问题上的看法。

答题要求：

1. 观点明确，逻辑清晰，说理充分，文字通畅；

2. 请按提问顺序逐一作答，总字数不得少于600字。

【参考答案】（1）乡政府所在地的基层法院对本案有管辖权。《行政诉讼法》第18条规定，行政案件由最初作出行政行为的行政机关所在地人民法院管辖。经复议的案件，也可以由复议机关所在地人民法院管辖。

（2）可以。《行政诉讼法》第53条第1款规定，公民、法人或者其他组织认为行政行为所依据的国务院部门和地方人民政府及其部门制定的规范性文件不合法，在对行政行为提起诉讼时，可以一并请求对该规范性文件进行审查。

【解题思路点拨】 本题考查行政诉讼法修改对于受案范围扩大的看法，是一道相对较为开放的论述题。需要注意的是，尽管没有固定答案，考生朋友可以自由发挥，但应当把握一点，扩大范围是行政诉讼法修改的基本方向，对此应当持肯定态度。

【参考答案】 行政诉讼的制度功能主要在于救济权利与控制权力，在司法的框架内温和理性地解决行政争议。因此，行政诉讼的受案范围大小，直接决定了法律对于公民权利的救济程度和对行政权力的控制严格程度。原行政诉讼法的颁行，为"民告官"活动构建了制度平台，配置了相应的诉讼程序制度，为顺利化解行政争议，理顺官民关系起到了积极作用，是值得充分肯定的。

然而，随着时代的发展，行政争议愈益呈现出多样化的态势，各种行政纠纷层出不穷，原有的受案范围的制度规定严重束缚了"民告官"活动的开展，阻碍了行政诉讼制度功能的发挥，导致"告状难"成为突出问题，无疑需要加以制度改进。

"民告官"受案范围的有限，在一定意义上不仅令公民诉权受到侵害，而且令行政权受到的约束力度大为削弱。面对很多行政行为，人民法院无法进行有效的司法审查，抑制了法院对于行政机关行政行为的司法监督与制约，原有的制度设计逐渐暴露出不合理性，需要予以改革。

行政诉讼法修正案扩大了诉讼受案范围，开拓了公民的司法救济途径，扩大了法院司法审查的范围，有利于化解更多的行政争议，也有利于行政权受到更有力的规范与控制，积极发挥行政诉讼法的制度功效，无疑也是值得充分肯定的。

农村土地承包经营权受到侵害并非个例，而是带有一定程度的普遍性。在原先的制度框架内，很多时候无法通过行政诉讼加以解决，往往会导致纠纷升级、矛盾激化，"信访不信法"的现象突出，不利于官民关系的和谐稳定。此次行政诉讼法修改将此类案件也纳入受案范围，在一定意义上无疑可以有力化解类似争议，有效缓和官民矛盾，从而也有利于更充分地发挥行政诉讼制度的制度功能。

从本案中我们可以看出，这类案件纳入受案范围，的确可以带来化解争议的积极功效，在行政诉讼法修正案的实施过程中，我们应当尽可能确保法律的规定能够落到实处，而不是令这一制度改革成为一纸空文。

说过就过

当然，随着时代的发展，行政诉讼法功能要想得到更为充分的发挥，现有的受案范围的规定仍有进一步扩大的需要。在今后的行政诉讼法修改过程中，我们应当尽可能进一步扩大受案范围，使得更多的行政争议能够纳入诉讼途径，获得司法救济。唯如此，行政诉讼法才能够发挥更有利的救济权利与控制权力的制度目的。

【案例2】 长期以来，行政诉讼的执行一直是个老大难问题。"执行难"已经被公认为行政诉讼的一大难题。很多当事人即使是在行政诉讼中打赢了官司，也常常因为判决很难得到执行而诉诸上访。

行政诉讼法修正案对于行政诉讼的执行难问题作了制度改革。修正案规定了人民法院对于拒不履行判决、裁定、调解书，社会影响恶劣的，可以对该行政机关直接负责的主管人员和其他直接责任人员予以拘留；情节严重，构成犯罪的，依法追究刑事责任。

请结合上述材料，谈谈你对法院可以对行政机关有关责任人员采取拘留手段这一制度改革的看法。

答题要求：1. 观点明确，逻辑清晰，说理充分，文字通畅；

2. 请按提问顺序逐一作答，总字数不得少于400字。

【解题思路点拨】 本题是一道考查行政诉讼修正案改革意义的论述题。需要注意的是，这道题本身不仅要求考生对于"执行难"的现状有所了解，并理解制度改革的现实意义，而且还要对行政诉讼的制度功能做到心中有数。

【参考答案】 作为"民告官"的重要形式，行政诉讼制度一直发挥了积极的制度功能，对于权利救济与权力控制均发挥了积极的制度功效。执行作为行政诉讼的一个基本环节，历来就占据重要地位。由于执行难称为"老大难"问题，一直未得到有效解决，因而也令受到广泛关注。官司打赢了，却执行不下去，令司法救济的功效大打折扣，也严重损害了司法权威，降低了司法公信力，也浪费了司法资源。

为了化解"执行难"的痼疾，本次修法作了相应的制度改革。对于拒不履行判决、裁定、调解书，社会影响恶劣的，可以对该行政机关直接负责的主管人员和其他直接责任人员予以拘留乃至追究刑事责任，加大了对行政机关不履行相关法律文书的惩戒力度，对于缓解行政诉讼执行难的问题无疑可以起到一定的促进作用。

不难想象的是，拘留措施的制度设计，既可以现实惩罚一些拒不履行生效裁判的行政机关负责人员，也可以发挥一定的震慑作用，对于更多行政机关产生足够的警示效应，从而可以在一定意义上有力扭转行政机关不履行法院作出的生效法律文书现象。

然而，需要注意的是，尽管拘留措施的运用可以在一定意义上有力扭转拒不履行生效裁判的现象，但是法院运用这一措施应当格外谨慎，不得任意使用，以免侵犯公民的人身自由。现行行政诉讼法并未规定详细的救济程序，是一个缺陷。在将来的法律修改中应当适当改进，从程序上对法院这一惩戒措施的运用予以更完善的规范与制约，以切实有效地保障公民的人身自由不受非法侵犯。唯如此，司法拘留这一惩戒措施才会符合修正案作出制度改革的宗旨和精神。

【案例3】 河南周口益民公司成立于1999年，经营范围为管道燃气、燃气具、高新技术和房地产。

2000年，原周口地区建设局批准该公司为周口城市管道燃气专营单位。在取得该文后，益民公司先后取得燃气站与燃气管网铺设的许可证等批文。到一审判决为止，该公司依据实际铺设了一些管道。

2003年11月，周口市建设委员会以原周口地区建设局的授权益民公司专营缺乏法律依据为由，撤销了该批文。

2003年4月26日，河南周口计委向亿星公司、益民公司等13家企业发出邀标函，着手组织周口市天然气城市管网项目法人招标并制定具体方案。该方案规定，投标人应按时将5000万保证金打入周口指定账户，用于周口天然气项目建设。益民公司因在报名后未能缴纳5000元保证金而没有参加最后的竞标活动。同年5月，举行正式招标。6月19日确定亿星公司中标。6月20日，市政府作出决定：由亿星公司独家经营周口市规划区域内城市天然气管网工程（54号文件）。益民公司对《招标方案》《中标通知》和54号文件的合法性均提出质疑，向人民法院提起行政诉讼。

2003年4月24日，周口市政府办公室将"西（天然）气东输"工程周口市区域网部分列入市重点项目，此前河南省政府办公厅也将"西气东输"城市管网和各类大中型利用项目纳入省重点工程管理。亿星公司由此在答辩中称，如果撤销具体行政行为，将给周口市的公共利益带来重大损害，甚至丧失掉周口市天然气接口的机会。

根据以上基本案情，请选择（Ⅰ）、（Ⅱ）两个提问中任意一个回答相关问题：

（Ⅰ）请从法的价值冲突及其解决的基本原理出发论述该案中出现的问题。

（Ⅱ）运用行政法的基本原理、原则分析该案政府违法性的实质。

【参考答案】1. 本案反映的是法的价值中秩序与自由，或者说公共利益与私人利益冲突的基本问题。本案原告拥有合法的经营权，也就是取得了私人经营的自由，行政机关为了实现公共利益，将其专属的经营权又进行招标拍卖，虽然是对公共利益的维护，但也在实质上伤害了私人利益与自由。要正确处理这种问题，需要我们从个案平衡的基本思路出发，实现秩序与自由的和谐，公共利益与个人利益的双赢。

个案平衡是解决此类问题的关键。所谓个案平衡，主要是从目的与手段两个方面来为纠纷的解决划分一个基本的思路。一方面我们在目的上要兼顾私人利益与公共利益,不能牺牲私人利益;另一方面在手段上,我们也需要遵循比例原则,不可以因为公共利益就过分的伤害和限制私人利益与自由。

从本案来看,行政机关可以为了公共利益重新选择招标方式,但在目的上要兼顾保护私人利益,尤其是对益民公司的信赖利益应该给予合理的补偿,而不应该一撤了之;另一方面,也应该给予益民公司充分的选择、参与竞争的空间与可能,而不是将之拒之门外。

从手段上看,本案的行政机关也没有遵循比例原则的基本要求。在实施招标之前,应该先告知益民公司,并先对其许可予以撤销,才能启动新的招标。

2. 本案可以从行政法上的诚实信用、正当程序、权责统一三个原则来分析和掌握。

从诚实信用来看,政府活动应该对其做出的行为负责,遵守和履行诺言。已经给了益民公司专项经营权,就不应该随便的收回和剥夺。政府肩负公共利益维护的重要使命,但在做出一定行为之前,应该谨慎思考,一旦做出决定,就不应该随便改变。

从正当程序来看,一个具体行政行为只有被撤销了,才能做出与之内容相同的另一个行为,而不能直接用第二个行为来代替与覆盖第一个行为,这是正当程序的基本要求。在本案中。在实施招标之前,应该先告知益民公司,并先对其许可予以撤销,才能启动新的招标。直接对亿星公司授予许可,而对于有排斥内容的许可来看,显然与益民公司的许可发生冲突,不符合正当程序要求。

从权责统一原则来看,政府活动给公民合法权益造成了实际损失,应该积极承担补偿或赔偿的法律责任。本案由于政府行为程序违法,因此给益民公司带来的损失应该积极予以赔偿,而不是一撤了之;况且益民公司当年取得该许可其自身并没有过错,更应该获得政府的积极赔偿,否则公民权利就无法得到实际维护。

重要考点

1. 程序正当原则

【大纲要求解读】 本部分大纲的要求是理解行政法各基本原则的内涵,熟悉并能够运用行政法理论和基本原则分析判断行政法相关问题。

【命题方式提示】 本考点的命题方式有:直接考查考生对程序正当原则所包含的行政公开,公众参与,公务回避的理解和运用,判断题中行政机关的做法是否符合程序正当原则(12-2-77)。

【命题要点提示】 程序正当是当代行政法的主要原则之一。程序正当原则包括以下几个原则:第一,行政公开原则。除涉及国家秘密和依法受到保护的商业秘密、个人隐私的外，行政机关实施行政管理应当公开，以实现公民的知情权。第二，公众参与原则。行政机关作出重要规定或者决定，应当听取公民、法人和其他组织的意见。特别是作出对公民、法人和其他组织不利的决定，要听取他们的陈述和申辩。第三，回避原则。行政机关工作人员履行职责，与行政管理相对人存在利害关系时，应当回避。

2. 政府信息公开制度的主要内容

【大纲要求解读】 本部分大纲提出的要求是理解政府信息公开制度的主要内容。

【命题方式提示】 本考点的命题方式包括：第一，考查政府信息公开的范围，例如，判断县、乡（镇）级人民政府应该重点主动公开的信息（08-2-42）；第二，考察政府信息公开制度的程序，如公开的方式及期限等（11-2-79）；第三，考查申请政府信息公开的程序的相关规定，例如，申请人何时应出具有效身份证件或者证明文件（09-2-44），行政机关应按申请人要求的形式提供公开信息，应收取哪些费用以及申请人的申请应当包括的内容等（08-2-90）。

【命题要点提示】 （1）公开的范围包括：①不予公开的信息。行政机关不得公开涉及国家秘密、商业秘密、个人隐私的政府信息。②主动公开的信息。第一，涉及公民、法人或者其他组织切身利益的；第二，需要社会公众广泛知晓或者参与的；第三，反映本行政机关机构设置、职能、办事程序等情况的；第四，其他依照法律、法规和国家有关规定应当主动公开的。③依申请公开的信息。除行政机关主动公开的政府信息外，公民、法人或者其他组织还可以根据自身需要，向行政机关申请获取相关政府信息。

（2）公民、法人或者其他组织向行政机关申请提供与其自身相关的税费缴纳、社会保障医疗卫生等政府信息的，应当出示有效身份证件或者证明文件。

（3）费用：行政机关主动公开政府信息不得收取费用。对依申请提供政府信息的，可以收取检索、复制、邮寄等成本费用，收取标准由国务院价格主管部门会同国务院财政部门制定。

（4）期限：属于主动公开范围的政府信息，应当自该政府信息形成或者变更之日起20个工作日内予以公开。

3. 政府信息公开行政诉讼

【大纲要求解读】 本部分大纲提出的要求是理解政府信息公开行政诉讼相关内容。

【命题方式提示】 本考点的命题方式主要包括：第一，考查提起政府信息公开行政诉讼的程序，如起诉期限（11-2-43），被告的举证责任问题（10-2-81）；第二，考查法院受理的政府信息公开行政诉讼案件的范围（12-2-85）。

【命题要点提示】 政府信息公开行政诉讼：（1）法院受理案件的范围：包括向行政机关申请获取政府信息，行政机关拒绝提供或者逾期不予答复的；认为行政机关提供的政府信息不符合其在申请中要求的内容或者法律、法规规定的适当形式的；认为行政机关主动公开或者依他人申请公开政府信息侵犯其商业秘密、个人隐私的；认为行政机关提供的与其自身相关的政府信息记录不准确，要求该行政机关予以更正，该行政机关拒绝更正、逾期不予答复或者不予转送有权机关处理的。（2）法院不受理案件的范围：包括因申请内容不明确，行政机关要求申请人作出更改、补充且对申请人权利义务不产生实际影响的告知行为；要求行政机关提供政府公报、报纸、杂志、书籍等公开出版物，行政机关予以拒绝的；要求行政机关为其制作、搜集政府信息，或者对若干政府信息进行汇总、分析、加工，行政机关予以拒绝的；行政程序中的当事人、利害关系人以政府信息公开名义申请查阅案卷材料，行政机关告知其应当按照相关法律、法规的规定办理的。（3）公民、法人或者其他组织认为行政机关不依法履行主动公开政府信息义务，直接向人民法院提起诉讼的，应当告知其先向行政机关申请获取相关政府信息。对行政机关的答复或者逾期不予答复不服的，可以向人民法院提起诉讼。（4）政府信息涉及国家秘密、商业秘密、个人隐私的，人民法院应当认定属于不予公开范围。政府信息涉及商业秘密、个人隐私，但权利人同意公开，或者不公开可能对公共利益造成重大影响的，不受前款规定的限制。

相关阅读材料

政府诚信：社会诚信的基石和灵魂
——人无信不立，国无信不兴

随着市场化改革的不断深入，诚信问题越来越受到人们的强烈关注。诚信，包括政府诚信、企业诚信和个人诚信等。其中，政府诚信是社会诚信的基石和灵魂。建设诚信社会，首先要求政府成为守法诚信的典范。

政府诚信是政府治理合法性的前提。政府的良好运行和有效治理以公众的信任和支持为基础，政府诚信的程度从根本上决定着人民对政府的接受程度和对政府治理的认可程度。诚信政府能够增强人民群众的社会信任感和归属感，从而增强政府的治理能力；政府失信则会导致人民群众对政府信任的丧失，从而削弱政府的合法性和政府的社会治理能力。只有一个讲信用的政府才能树立良好的政府形象，密切政府与人民群众的关系，政府的行政目标才能顺利实现。

政府诚信是市场经济发展的保障。市场经济在某种意义上讲是一种信用经济,是一种需要秩序、规则和信用维系其正常运行的经济。而市场经济秩序的维持、规则的建立、信用的构建,必须依赖于政府和政府信用。政府不仅是市场规则的制定者和维护者,同时也是市场规则的执行者和监督者;不仅要求市场主体要讲信用,恪守诚信原则,而且政府自身也要率先垂范,依法行政,充分尊重和保护各市场主体的自主权,使各市场主体自觉遵守市场交易和竞争规则,自觉维护市场经济秩序。如果政府诚信缺失,就难以保持市场经济良性运行与健康发展。

政府诚信是社会诚信体系构建的关键。"上好信,则民莫敢不用情。"诚信社会建设,需要政府率先垂范。政府应为社会提供准确及时全面完整的公共信息产品,提供诚信制度保障,构建社会信用基础。政府既是社会信用制度的制定者、执行者和维护者,又是公共信用的示范者。政府诚信对社会诚信体系的构建具有重要的示范效应和推动作用。只有政务诚信建立了,商务、社会、司法等领域的诚信体系才会逐步建立完善起来。

近年来,政府社会管理与公共服务水平不断提高,政府诚信度也在不断增强。但是,在实际工作中仍存在着政府诚信缺失的现象。政府诚信的缺失降低了社会公众对政府的信任度,增加了政府的运作成本,不仅严重影响了政府在公众心目中的良好形象,而且阻碍了整个社会诚信体系的建立。

政府诚信缺失的原因既有政府自身的因素,也有外在的因素。从表面上看,政府诚信缺失是政府及其工作人员诚信观念淡漠;从根本上来说,政府权力过大、职能转变滞后则是导致政府诚信缺失的直接原因。政府信息公开度不高,信息不对称等因素导致政府工作人员滥用权力,使行政权力寻租成为可能。而且,这也意味着他们被赋予了超出其能力的责任,结果必然导致政府陷入诚信危机。另外,政府失信成本过低也是导致政府诚信缺失的重要原因。比如,一些政府失信行为往往没有处罚或只是象征性地处罚,个别失信官员不降反升或异地任职。过低的失信成本导致政府失信行为屡禁不止。

推进政府诚信建设对构建社会诚信体系至关重要,要重点做好以下工作:

大力提高政府公务人员的诚信意识。要通过各种教育宣传手段,使政府公务人员对诚信由道德的认知上升为道德情感,内化为道德意志,进而产生自觉的诚信道德行为。重点要强化政府及其公务人员以人为本、执政为民的宗旨意识,使其正确处理好权力与责任的关系,在思想、言论、行动、决策上对公众高度负责,忠实履行岗位职责,脚踏实地、有诺必践、讲究信用。要积极推行公共服务承诺制,建立政府信用评价机制,实施连续性的政府信用民意调查,将诚信记录作为公务员考核、任免的依据,

说过就过

促使其言必行、行必果，以求真务实的作风树立良好的公仆形象和良好的政府诚信形象。

切实加快推进政府职能转变。要以行政审批制度为突破口，进一步加快政府职能转变。要进一步清理、取消妨碍市场开放和公平竞争以及实际上难以发挥有效作用的审批事项，继续推进审批方式改革，减少审批环节，提高审批效率。要切实加强和改进行政执法，做到严格执法、公正执法和文明执法，加大行政综合执法改革力度，切实解决层次过多、职能交叉、人员臃肿和多重多头执法的问题。要强化行政监察，及时处理和纠正行政不作为、滥用职权、执法不公、以权谋私等行为。同时要推进全面政务公开，保障公民的知情权，提高政府工作的透明度。建立政府与公众对政府有关信息的互动回应机制，提高政府的反应能力和社会回应能力。

努力完善政府行政决策机制。要切实规范决策程序，健全决策制度，优化决策环境，强化决策责任，努力提高决策的科学化、民主化水平。重大行政决策必须要依据法律、法规和国家政策措施的要求和规定的权限、程序进行。同时，全面推广重大决策事项公示和听证制度，对事关全局的、与群众利益密切相关的经济社会发展重大决策事项必须广泛征求社会各界意见。对因违反决策程序和决策失误给国家和群众利益造成重大损失的必须追究部门主要领导和当事人的责任。

加大对政府失信行为的惩处力度。要制定和完善相应的制度措施，对政府及其公务人员的失信行为给予严厉的惩处，让失信部门和失信官员为其失信行为付出沉重的代价和高昂的成本，促使其在以后的行政活动中信守承诺，不敢失信。

人无信不立，国无信不兴

"人无信不立，国无信不兴"。但是，近年来一些公职人员失信行为，已成为党风政风中存在的突出问题。公务员，头顶一个"公"字，讲不讲诚信，决非一己之事。因此，有必要建立公务员诚信档案。（据 2017 年 02 月 28 日，人民网—人民日报）

诚信是完人的核心价值，承诺思想行动一致，客观证明有信用。相反无诚信者是伪君子。"诚"即诚实诚恳，主要指主体真诚的内在道德品质；"信"即信用信任，主要指主体"内诚"的外化。"诚"更多地指"内诚于心"，"信"则侧重于"外信于人"。"诚"与"信"一组合，就形成了一个内外兼备，具有丰富内涵的词汇，其基本含义是指诚实无欺，讲求信用。千百年来，诚信被中华民族视为自身的行为规范和道德修养，形成具有丰富内涵的诚信观。

"诚"与"信"作为伦理规范和道德标准，在起初是分开使用的。孟子说"诚者，天之道也，诚之者，人之道也。"《中庸》中也说："诚者天之道，诚之者人之道。"信的基本含义是指遵守承诺，言行一致，真实可信。最先将"诚"与"信"连在一起使用的是在《逸周书》中："成年不尝，信诚匡助，以辅殖财。""父子之间观其孝慈，兄弟之间观其友和，君臣之间观其忠惠，乡党之间观其信诚。"这里的"信诚"实际上表达的是"诚信"的意思。就是说，从一般意义上，诚信是指诚实不欺，讲求信用，强调人与人之间应该真诚相待，言而有信。而做到这一点，就必须待人以诚，纳人以信，方为真正的诚信。

诚信是人的修身之本，也是一切事业得以成功的保证。建立诚信档案有助于在人际交往中营造一种和谐的关系，树立诚信理念，营造诚信环境，促进社会和谐发展。

说过就过

学习计划

专题十　民法部分

2017年新增考点部分：

【导读】　《民法总则》自2017年10月1日起施行，对监护人制度、法人、民事法律行为的效力、诉讼时效制度等作了新的规定，2017年司法考试大纲、教材据此作了全面修订。对此，考生应当对比《民法通则》、最高人民法院《关于贯彻执行〈中华人民共和国民法通则〉若干问题的意见（试行）》（以下简称《民通意见》）、最高人民法院《关于审理民事案件适用诉讼时效制度若干问题的规定》（以下简称《诉讼时效规定》）等相关规定进行复习，注意新旧规定的异同。

民法的基本原则、民事法律行为制度，是构建整个民法体系的基石，理解好这两项制度对于民法学科的学习是至关重要的。对于这些基础理论，仅看法条也还是不够的，在复习时应当参阅教材，结合历年真题中的案例理解并掌握。

1-2 民法的基本原则

（一）平等原则

民法中的平等，是指主体的身份平等。身份平等是特权的对立物，是指不论其自然条件和社会处境如何，其法律资格亦即权利能力一律平等。《民法总则》第4条规定：民事主体在民事活动中的法律地位一律平等。任何自然人、法人在民事法律关系中平等地享有权利，其权利平等地受到保护。同理，承担义务也不因人的身份不同、资产多寡而有差别。

（二）自愿原则

自愿原则也称意思自治原则，其本意就是给予当事人在民事活动中的自主权，民法上称之为意思自治。即当事人可以根据自己的判断，去从事民事活动，国家一般不干预当事人的自由意志，充分尊重当事人的选择。其内容包括自己行为和自己责任两个方面。自己行为，即当事人可以根据自己的意愿决定是否参与民事活动，以及参与的内容、行为方式等；自己责任，即民事主体要对自己参与民事活动所导致的结果负起责任。

（三）公平原则

公平原则是指在民事活动中以利益均衡作为价值判断标准，在民事主体之间发生利益关系摩擦时，以权利和义务是否均衡来平衡双方的利益。因此，公平原则既是一项法律适用的原则，即当民法规范缺乏规定时，可以根据公平原则来变动当事人之间的权利义务；又是一项司法原则，即法官的司法判决要做到公平合理，当法律缺乏规定时，应根据公平原则并权衡双方权利义务后作出合理的判决。

（四）诚信原则

所谓诚实信用，其本意是要求按照市场制度的互惠性行事。在缔约时，诚实并不欺不诈；在缔约后，守信用并自觉履行。如果说任何自由都是受制约的自由，那么诚实信用应是题中之意。然而，市场经济的复杂性和多变性昭示：无论法律多么严谨，也无法限制复杂多变的市场制度中暴露出的种种弊端，总会表现出某种局限性。民法规定该原则，一方面，使法院在审理具体案件中，能主动干预民事活动，调整当事人的利益摩擦，使民事法律关系符合正义的要求；另一方面，法院可根据该原则作出司法解释，填补法律的漏洞。由于该原则位阶高、不确定性强，运用不当也可能会成为司法专横的工具，对该原则的运用，必须与其他原则结合起来统筹考虑。

（五）不得违反法律和公序良俗的原则

民事活动虽然是私法关系，得意思自治，但不能违反法律，也不能违反公序良俗。

公序，即公共秩序；良俗，指善良风俗。公共秩序，是由法律和社会共同体维护的秩序，这是与家规、校风相对应的；善良风俗，指符合伦理道德的习惯和风俗。

民法总则将公序良俗与法律并列，可见公序良俗的原则地位；在民事法律关系无法律可遵循时，可以适用不违反公序良俗的习惯，这里是给习惯画出的红线，即适用习惯处理民事关系，不能违背公序良俗。公序良俗原则的本质在于，一是限制私权的行使，维护个人与社会共同体的和谐；二是在民法规范、公共政策不能周全的私生活领域，可依习惯处置；三是体现民法规范与传统伦理在价值取向上的一致性，即所谓的法以德为本。

(六) 有利于节约资源和保护生态环境的原则

简称绿色原则。生态文明建设，是我国社会主义建设的一个重要方面，为了体现这一精神，《民法总则》第 9 条规定："民事主体从事民事活动，应当有利于节约资源、保护生态环境。"作为一个宣示性原则，这个原则应该包含以下几方面的含义：

（1）作为民事活动的基本原则，这个原则应适用于民事活动的全部领域，而非局部领域。

（2）要求民事法律关系的当事人在行使权利或在履行义务时，要有节约资源、有利生态环境的自律，不应作出与此原则相悖的行为。

（3）这个原则也是一个限制性原则，对不符合甚至违反这一原则的法律行为，应该有所约束。

由于这是个全新的民法原则，还有待于通过审判实践的案例积累及学术探索，来确定其内涵及适用范围。

民法的基本原则大约可以分为两类：一类是对民法内容有普遍约束力的原因，另一类是指导民事立法、民事审判和民事活动的基本准则，如平等、意思自治等原则；另一类是适用于特定民事法律关系的原则，如公平、诚实信用、公序良俗等原则。

1-3 财产权与非财产权

这是依民事权利的客体所体现的利益为标准而作的划分。

非财产权是与权利主体的人格、身份不可分割的、没有直接经济利益的权利。非财产权包括人身权和其他非财产权。人身权是以人身之要素为客体的权利。人身权所体现的利益与人的尊严和人际的血缘联系有关，故人身权与其主体不可分离，具有专属性。人身权可以进一步划分为人格权和身份权。其他非财产权，如自然人信息权，是自然人本人对其集合之个人信息所享有的支配、控制并排除他人侵害的权利。在支配、控制方面，其内容包括信息发布、信息保密、信息变更、信息去除等权能；在排除他人侵害方面，则包括禁止他人非法收集、使用、加工、传输、买卖及公开等。

财产权是以具有经济价值的利益为客体的权利。财产权与人身权不同，财产权可以予以经济评价，并可转让。以权利的效力和内容为标准，财产权还可以进一步划分为物权、债权、知识产权、股权和继承权等。物权是支配物并具有排他性效力的财产权；债权是得请求债务人为特定行为的财产权；知识产权是以受保护的智力成果为客体的权利。继承权是按遗嘱或法律的直接规定承受被继承人遗产的权利。数据、网络等虚拟财产，也依法受保护。

1-4 实体物与虚拟物

这是以物的空间存在形态对物的区分。实在物是指存在于物理空间的物，虚拟物是存在于网络空间的物，属无体物范畴。互联网的出现和网络交易的普及，一种只能用于网络交易具有交换价值的非实物，被人们认可为财产。对于虚拟物的财产属性，《民法总则》第127条规定："法律对数据、网络虚拟财产的保护有规定的，依照其规定。"对于实体物与虚拟物的区分，在于对虚拟物财产属性的认定，要依照法律对其的规定，法律若有规定，则受法律保护。

1-4 有体物与无体物

这是以物有无体态而对物的划分。

（1）概念。有体物指有体态并能触摸的物，有体物之外的物为无体物。有体物能作为所有权的客体，无体物中的智慧成果等可成为知识产权的客体，有些能作为债权的客体；法律准许作为财产的无体物，亦称无体财产。

（2）区分的法律意义。①物权的标的通常指有体物；而无体物，则须法律有特别规定。②在有体物，只要法律没有禁止性规定，也不违反公序良俗，即可作为财产权客体；在无体物，法律有规定时方可适用相关的法律，如法律允许的网络虚拟物可作为物权客体，有价证券、提单、交易席位等权利，既能作为交易的客体，也能设定担保物权等。

1-4 人格利益

是自然人固有的与其人身不可分离的精神利益，是与财产利益相对应的非财产利益，属人格权保护的对象。人格利益可区分为一般人格利益和具体人格利益，其分别是一般人格权和具体人格权的客体。一般人格利益是指非依法律规定、非经正当程序，自然人享有的身体不受伤害、自由不容干预、尊严不容损害的利益；具体人格利益是指生命、身体、健康、姓名、肖像、名誉、荣誉、隐私、婚姻自主等具体人格要素指向的利益。由于对人格利益的损害，法律不容"以牙还牙"，受害人除请求停止侵害、赔礼道歉等救济方式外，法律亦允许替代以抚慰金等财产救济方式。法律对人格利益的救济主要适用于自然人，只有在法律有特别规定时，法人和非法人组织的名称、名誉、荣誉等具体非财产利益受损害时，亦可以援用法律对自然人的规定，获法律保护。

1-4 其他民事权利客体

（1）给付行为。通说认为，债的客体就是给付行为，这是指债务人满足债权所为之特定行为，该行为包括作为和不作为。

（2）知识成果。法律认可的知识成果可以成为知识产权的客体。《民法总则》第123条第2款规定，作品、发明、实用新型、外观设计、商标、地理标志、商业秘密、集成电路布图设计、植物新品种以及法律规定的其他知识成果可以作为知识产权的客体。

1-5 民事责任

（一）民事责任的概念和特征

民事责任是违反约定或者法定义务所产生的法律效果。狭义的民事责任，即是民事义务，广义的民事责任还包括使用强制执行的公力救济。与其他法律责任相比较，民事责任有如下特征：

（1）民事责任是不履行义务的法律后果。在行为规范中，应当实施的行为，属于义务而非责任，只有当事人不法地不履行义务时，方发生责任。因此，责任存在于裁判规范中，司法机关是依裁判规范而非行为规范课以当事人责任。

（2）民事责任属于公力救济。责任对应的是公法上的制裁，义务对应的是私权，民事责任的判处和执行依赖于国家公权力。

（3）民事责任的效果，是救济权人得以公力救济方式诉请执行机关予以强制执行。凡权利人以自己力量实施的救济，属自力救济，公力救济所实施的强制执行，即民事责任。

（二）民事责任的分类

1. 违约责任、侵权责任与其他民事责任

民事责任根据责任发生的原因与法律要件不同，可以分为违约责任、侵权责任与其他责任。违约责任，是指违反违约义务产生的责任；侵权责任，是指因侵犯他人的财产权与人身权产生的责任。其他责任就是违约责任与侵权责任之外的其他民事责任，如不履行不当得利债务、无因管理债务等产生的责任。

2. 按份责任与连带责任

在同一责任有数人承担时，如法律没有特别规定并能区分各自责任大小时，数个责任人承担按份责任；责任份额无法区分时，均分责任；在法律有特别规定数个责任人须承担连带责任的，应依法承担连带责任。

（三）承担民事责任的方式

侵权、违约或者违反其他民事义务，民法规定义务人以承担民事责任的方式对权利人施以救济。《民法总则》第179条规定了11种具体承担民事责任的方式，具体有：停止侵害、排除妨碍、消除危险、返还财产、恢复原状、修理重作更换、继续履行、赔偿损失、支付违约金、消除影响和恢复名誉、赔礼道歉等。在民事责任方式中，互不冲突的责任方式，可以并行适用，如支付违约金与继续履行、停止侵害与赔偿损失等；如互相重叠、冲突的责任方式，则须择一适用，如支付违约金覆盖的实际损失，就不得再适用赔偿损失。在赔偿损失的责任方式，原则上是弥补实际损失，如施以超出损失的惩罚性赔偿的，须法律的特别规定。

（四）不承担民事责任的情形

1. 不可抗力

《民法总则》第180条第2款规定："不可抗力是指不能预见、不能避免且不能克服的客观情况。"即不可抗力是客观情况，如地震、台风、洪水等自然灾害。对于因不可抗力不履行民事义务的，除非有法律特别规定，当事人得免除承担民事责任。

2. 正当防卫

正当防卫是对于现实的不法侵害加以反击，以救济自己或他人的权利行为。《民法总则》第181条第1款规定："因正当防卫造成损害的，不承担民事责任。"这是个原则，在面临正在遭受的不法侵害，制止侵害的行为，免除行为人责任。但正当防卫须限制在必要限度以内，超过必要限度的，《民法总则》第181条第2款又规定："正当防卫超过必要的限度，造成不应有的损害的，正当防卫人应当承担适当的民事责任。"

3. 紧急避险

紧急避险是为了避免自己或他人的人格权或财产权因现实中的急迫危险而造成损害，不得已采取的加害他人的行为。《民法总则》第182条第1款规定："因紧急避险造成损害的，由引起险情发生的人承担民事责任。"这是对人为险情实行避险的规定，若险情是自然原因引起的，《民法总则》第182条第2款规定："危险由自然原因引起的，紧急避险人不承担民事责任，可以给予适当补偿。"避险人不承担责任，但要给予补偿，补偿也是义务，没有责任有义务。紧急避险本质上是"丢卒保车"，如果是"丢马保车"，就有点不对了，《民法总则》第 182 条第 3 款规定："紧急避险采取措施不当或者超过必要的限度，造成不应有的损害的，紧急避险人应当承担适当的民事责任。"

4. **紧急救助行为**

即见义勇为行为。这是指对他人人身或者财产正遭受的危险，并无法定义务而实施救助之行为。即见义勇为之行为，与见危不救相对应，属于道德义务，并非法律义务。《民法总则》第 184 条规定："因自愿实施紧急救助造成受助人损害的，救助人不承担民事责任。"比如，汶川地震时，救护人员为了救一个双腿被钢筋梁柱压着的少女，为了保住命最后锯掉腿救出，即属紧急救助行为，施救人不承担民事责任。

（五）因保护他人权益使自己受到损害的民事责任

因救助别人可能导致自己损害，这时候救助人的损害谁来赔偿，《民法总则》第 183 条规定："因保护他人民事权益使自己受到损害的，由侵权人承担民事责任，受益人可以给予适当补偿。没有侵权人、侵权人逃逸或者无力承担民事责任，受害人请求补偿的，受益人应当给予适当补偿。"

救助行为与自卫行为和自助行为的区别：

（1）救助对象须是他人，若本人则属自助行为。

（2）紧急救助行为若能满足正当防卫和紧急避险的法律要件时，应优先适用该要件。因此，《民法总则》规定紧急救助行为，一是填补自卫行为和自助行为以外的法律空白，弥补缺漏；二是对受助人的损害，免除见义勇为者无过失或一般过失之赔偿责任，有利于弘扬社会正气，也符合法律正义原则。

（六）侵害英雄烈士等人格权的民事责任

由于精神具有团体特征，一个家族、一个学校、一支军队等团体，会有共同的精神追求，形成具有共性的人格特征，在长期的熏陶和养成中，渐渐形成共有的精神品质，当其中一人的精神人格受到侵害时，团体内的其他成员也会遭受损害。精神型人格的团体范围再扩大，就上升到民族性，就是民族的共同特征，可以说是民族精神。英雄烈士所表现人格精神，即属于民族精神，侵害英雄烈士人格的，其本质是损害社会共同体的精神认同，所以属于对公共利益的损害，侵害人应承担民事责任。《民法总则》第 185 条规定："侵害英雄烈士等的姓名、肖像、名誉、荣誉，损害社会公共利益的，应当承担民事责任。"法律对侵害英雄烈士精神人格承担民事责任的规定，是符合精神人格具有团体性特征的理论的。

（七）民事责任竞合

是指行为人实施一个违反民事义务的行为却符合多个民事责任构成要件，由此产生数个互相重叠的民事责任情形，如侵权责任与违约责任竞合等。在民事责任竞合，根据公平原则，行为人只要承担一个民事责任即可，但具体承担哪个责任，选择权归权利人。

民事责任的优先适用

民事责任优先原则也称私权救济优先原则。侵权行为既侵犯个人权利，也有可能同时构成行政违法或者犯罪。此时，侵害人可能既要负行政责任或刑事责任，又要负民事赔偿责任，即发生民事责任与公法责任的竞合。在公法责任中也有财产责任，如行政责任中的罚款，刑事责任中的罚金等，当公法责任与民事责任竞合，侵权人财产数额不足以同时支付竞合的各责任之金额时，选择先履行其中一个的责任，即意味着其他责任的落空。《民法总则》第187条规定："民事主体因同一行为应当承担民事责任、行政责任和刑事责任的，承担行政责任或者刑事责任不影响承担民事责任；民事主体的财产不足以支付的，优先用于承担民事责任。"根据这条规定，责任人同一行为导致负损害赔偿责任和罚金或罚款等公法责任的，其财产又不足以支付的，优先负担民事赔偿责任，在有余额时再承担其他公法上的财产责任。

2-1 自然人的民事权利能力

1. 自然人民事权利能力的概念

民事权利能力是法律确认的自然人享有民事权利、承担民事义务的资格。自然人只有具备了民事权利能力，才能参与民事活动，享受权利并承担义务。因此，权利能力与权利是不同的概念。民事权利能力是法律上的人格或主体资格，我国《民法总则》第14条规定，首先，自然人的民事权利能力一律平等。平等性是自然人民事权利能力的首要特征。其次，是不可转让性，民事权利能力与自然人不可分离，故不得转让、抛弃。最后，民事权利能力包含权利与义务两个方面。

2. 自然人民事权利能力的开始

我国《民法总则》第13条规定：自然人从出生时起到死亡时止，具有民事权利能力，依法享有民事权利，承担民事义务。这就是说，自然人的民事权利能力取得始于出生。

出生属于自然事实，与有没有户籍没有关系。但户籍可以作为何时出生的证明，根据《民法总则》第15条的规定，以出生证明记载的时间为准；没有出生证明的，以户籍登记或者其他有效身份登记记载的时间为准。若其他证据足以推翻以上出生记载时间的，则以该证据证明的时间为准。

民事权利能力作为享有民事权利的前提条件，自无疑义。对于尚存于母体内的胎儿，虽尚未出生，但为了保护胎儿利益，《民法总则》在第16条规定：涉及遗产继承、接受赠与等胎儿利益保护的，胎儿视为具有民事权利能力。但是胎儿娩出时为死体的，其民事权利能力自始不存在。

3. 自然人民事权利能力的终止

自然人的民事权利能力于死亡时消灭。民法上的自然人的死亡有生理死亡与宣告死亡之分。对于确定自然人生理死亡的标准，法学上和医学上存有多种学说。在我国，因人的生理死亡证明多由医院出具，故法律上对死亡的认定多采取医学上的死亡标准；在因海难、空难、地震、海啸、火灾等灾难事故中丧生，即所谓"死不能见尸"的，也可以由公安、法医或其他有权的行政机关作出死亡认定。自然人的民事权利能力，自死亡时终止，其民事主体资格即告消灭。

2-2 自然人的民事行为能力的类型

1. 完全民事行为能力

我国《民法总则》第17~18条规定，18周岁以上的自然人是成年人，具有完全民事行为能力，可以独立进行民事活动，是完全民事行为能力人。即年满18周岁，就可享有完全民事行为能力。具有完全民事行为能力的人，可以实施法律不禁止的任何民事法律行为。

对于未满18周岁，但已满16周岁且以自己的劳动收入为主要生活来源的，《民法总则》第18条第2款规定：16周岁以上不满18周岁的未成年人，以自己的劳动收入为主要生活来源的，视为完全民事行为能力人。

2. 限制民事行为能力

限制民事行为能力是只能独立实施与年龄智力相适应的民事法律行为的能力。既言限制，意味着这种行为能力并不完全，就限制的范围而言，只能独立实施与年龄及智力相适应的行为，否则须经法定代理人同意或由法定代理人代理。但《民法总则》第22条规定，限制民事行为能力人"可以独立实施纯获利益的民事法律行为或者与其智力、精神健康状况相适应的民事法律行为"。限制民事行为能力人订立"纯获利益的合同"无论数额大小，无须法定代理人代理或同意，属其民事行为能力范围。

《民法总则》对限制民事行为能力人的规定分两类。对年满8周岁以上的未成年人，即认定其为限制民事行为能力人，采取年龄主义；对成年人，是指不能完全辨认自己行为的成年人，采取个案审查制。

3. 无民事行为能力

无民事行为能力是不能独立实施民事法律行为的能力。《民法总则》规定，不满8周岁的未成年人和不能辨认自己行为的成年人是无民事行为能力人。无民事行为能力人参与民事活动，须由法定代理人代理，其自己不能独立参与民事活动，为民事法律行为。对于无民事行为能力人的认定方法，与限制民事行为能力相同，分别采取年龄主义和个案审查制。

4. 对成年人限制民事行为能力与无民事行为能力的认定

对于限制民事行为能力和无民事行为能力人的认定，如是未成年人，可以根据年龄确定，无须再有其他认定程序。对成年人行为能力的认定，《民法总则》第24条规定，其利害关系人或者有关组织，可以向人民法院申请认定该成年人为无民事行为能力人或者限制民事行为能力人，人民法院则可根据其智力、精神健康恢复的状况作出认定。实务中，如何判断一个人智力、精神健康有欠缺，则属于医学范畴的技术，须由有资质的医院作鉴定。

对成年之限制民事行为能力人和无民事行为能力人的认定，可以由本人或利害关系人提出申请，由人民法院认定。此项认定，是对事实状态的公示，而不是成年人行为能力欠缺的法律要件。因为成年人智力不健全或者精神有问题，会有一定的生理、行为、体态或者外貌特征，其具有事实上的公示性，故法律不将"认定"作为强制程序规定，自有其道理的。

经宣告的无民事行为能力和限制民事行为能力人，在病愈、精神健康恢复后具有意思能力时，经本人或利害关系人及有关组织的申请，可以请求法院撤销该项认定。

2-3 监护

（一）监护的概念

监护是对未成年人和成年无民事行为能力人或者限制民事行为能力人设定专人保护其利益，监督其行为，并且管理其财产的法律制度。限制民事行为能力人和无民事行为能力人享有民事权利能力，但却欠缺民事行为能力，不能"自主参与"民事活动。所以，为了实现民事权利能力平等，就需要对民事行为能力欠缺实施救济。监护就是这样一种对民事行为能力欠缺者的救济制度，无民事行为能力人和限制民事行为能力人通过监护人得以间接参加民事法律活动。

监护关系多在亲属间发生，监护在性质上属于身份关系，因此，监护同时适用亲属法上的有关规定。

（二）监护的设立

监护依设立的方式，可分为法定监护和意定监护；以监护人区分，可分为自然人监护和单位监护等。

1. 法定监护

法定监护是由法律直接规定监护人范围和顺序的监护。法定监护人可以由一人或多人担任。《民法总则》第 27 条规定，未成年人的父母是未成年人的监护人。父母对子女享有亲权，是当然的第一顺位监护人。未成年人的父母死亡或没有监护能力的，依次由祖父母和外祖父母、兄姐，以及经该未成年人所在地居委会、村委会或民政部门同意的个人或者组织担任监护人。《民法总则》第 28 条规定，对无民事行为能力或者限制民事行为能力的成年人，其法定监护人的范围和顺序是：配偶、父母、成年子女、其他近亲属以及经该成年人所在地居委会、村委会或民政部门同意的个人或者组织。

《民法总则》第 32 条规定，没有依法具有监护人资格的人的，监护人由民政部门担任，也可以由具备监护职责条件的被监护人住所地的居民委员会、村民委员会担任。单位监护是法定监护的补充，也是对民事行为能力欠缺者的"兜底"，以避免监护人的缺位，使被监护人成为无监护人。

在法定监护中，还派生了几种具体的监护形式：

（1）遗嘱监护。《民法总则》第 29 条规定："被监护人的父母担任监护人的，可以通过遗嘱指定监护人。"据此，遗嘱指定监护仅适用于父母担任监护人的情形，至于指定对象则未作限制。由于遗嘱属于死因民事法律行为，故遗嘱监护于遗嘱人死亡时生效。

（2）协议监护。《民法总则》第 30 条规定："依法具有监护资格的人之间可以协议确定监护人。协议确定监护人应当尊重被监护人的真实意愿。"协议监护体现意思自治原则，从最有利于监护和尊重被监护人意愿考虑，具有监护资格的人之间可以协商确定监护人，作为法定监护的补充。

（3）指定监护。指定监护是指有法定监护资格的人之间对监护人的确定有争议时，由特定单位（组织）指定监护人。根据民法总则的规定，指定监护只有在法定监护人有争议时才产生。所谓争议，在未成年人，是其父母以外的监护人范围内的人，争抢担任监护人或互相推诿都不愿意担任监护人；在成年行为能力欠缺者，则是监护范围内的任何人之间的争议，互相争抢或者互相推诿。

《民法总则》规定的有权指定监护人的单位，是被监护人住所地的居民委员会或村民委员会及民政部门。指定监护可以用口头方式，也可以用书面方式，只要指定监护的通知送到被指定人，指定即成立。有关当事人不服指定的，可以向人民法院申请指定监护人；有关当事人也可以直接向人民法院申请指定监护人。无论是居民委员会、村民委员会、民政部门或人民法院，均应当尊重被监护人的真实意愿，按照最有利于被监护人的原则，在依法具有监护资格的人中指定监护人。

2. 意定监护

意定监护即在法定监护之外通过当事人协议设立的监护，也称委托监护。委托监护可以是全权委任，也可以是限权委任。前者如父母将子女委托祖父母照料或配偶将精神病人委托精神病院照料；后者如将子女委托给寄宿制学校、幼儿园等。依《民通意见》的解释，委托监护不论是全权委托或限权委托，委托人仍要对被监护人的侵权行为承担民事责任，但另有约定的除外；被委托人只有在确有过错时，才负担连带赔偿责任。即法定或指定监护人对被监护人应承担的民事责任，不因委托发生移转，委托监护人只承担过错连带赔偿责任，其在尽到监护之责而无过错时，被监护人之行为如依法律仍须由监护人负责时，则由法定监护人承担。

附条件委托监护，是依附条件委托合同成立的监护。《民法总则》第33条规定："具有完全民事行为能力的成年人，可以与其近亲属、其他愿意担任监护人的个人或者组织事先协商，以书面形式确定自己的监护人。协商确定的监护人在该成年人丧失或者部分丧失民事行为能力时，履行监护职责。"附条件委托合同，属于附生效条件之合同，须书面方式订立，该委托合同成立后并不立即生效，要在委托人丧失或者部分丧失民事行为能力时才生效。

（三）监护人的职责

监护人的职责，主要是保护被监护人的身体健康、照顾被监护人的生活、对被监护人进行管教、保护和管理被监护人的财产、代理被监护人进行民事活动、代理被监护人进行诉讼以及承担监护之民事责任。总之，须按最有利于被监护人和尊重被监护人意愿实施监护。

1. 监护原则

（1）最有利于被监护人原则。监护人行使监护权，应遵循最有利于被监护人利益原则。《民法总则》第35条第1款规定："监护人应当按照最有利于被监护人的原则履行监护职责。监护人除为维护被监护人利益外，不得处分被监护人的财产。"即行使监护权、履行监护义务，应从最有利于被监护人的立场考虑，如仅有利于监护人、不利于被监护人，就违反这个原则；对被监护人之财产，监护人行使代理处分权，也须是为了维护被监护人利益，若是为了监护人自身利益、不利于被监护人利益的，也属违反该原则。监护人严重违反该原则的，经申请可撤销其监护人资格。

（2）尊重被监护人意愿原则。被监护人意思能力有欠缺，并非完全无判断能力，在与其智力能力、身体状况相适应的认知范围内，监护人履行监护职责时，应尊重被监护人意愿。

2. 对未成年人之监护

对于未成年人，处置监护事务、代理法律行为时，尽量根据其意愿行事。《民法总则》第35条第2款规定："未成年人的监护人履行监护职责，在作出与被监护人利益有关的决定时，应当根据被监护人的年龄和智力状况，尊重被监护人的真实意愿。"即"越俎代庖"时，问问孩子的想法，尽量在孩子意愿范围内作选择，不要太"强势"。

3. 对成年人之监护

对于成年人，则不能完全"越俎代庖"，对其能独立处理的事务，应放手让其处理，不要将自己意愿强加于被监护人。《民法总则》第35条第3款规定："成年人的监护人履行监护职责，应当最大程度地尊重被监护人的真实意愿，保障并协助被监护人实施与其智力、精神健康状况相适应的民事法律行为。对被监护人有能力独立处理的事务，监护人不得干涉。"成年人即使民事行为能力有缺陷，对事务也非完全无判断能力，尤其是限制行为能力人，因此在其判断能力范围内，应让其独立处理自己的事务，即使其判断能力有不足的，只是协助其处理事务，以示对成年被监护人的尊重。

4. 监护人对被监护人侵权行为承担的民事责任

对于监护人承担之民事责任，《侵权责任法》第32条作了规定：第一，无民事行为能力人、限制民事行为能力人造成他人损害的，由监护人承担侵权责任。监护人尽到监护责任的，可以减轻其侵权责任。第二，有财产的无民事行为能力人、限制民事行为能力人造成他人损害的，从本人财产中支付赔偿费用。不足部分，由监护人赔偿。

（四）监护人资格之撤销

是指因监护人严重侵害被监护人，或有不能担负及懈怠监护职责情形的，由人民法院根据申请撤销监护人之监护权。《民法总则》对监护权撤销之规定，体现了"最有利于被监护人"的监护原则，并根据这一原则，对监护事务司法干预，即"法官要断家务事"。

撤销监护的原因，《民法总则》第36条规定了三项，即实施严重损害被监护人身心健康行为的；怠于履行监护职责，或者无法履行监护职责并且拒绝将监护职责部分或者全部委托给他人，导致被监护人处于危困状态的；实施严重侵害被监护人合法权益的其他行为的。撤销监护权之效力不涉及扶养义务,即被监护人对监护人有扶养义务的,仍须履行。

对于父母或者子女被撤销监护权的,在确有悔改表现,经其申请并征得被监护人同意时,法院可恢复其监护权。

(五) 监护的终止

监护终止,是因成立监护权的客观条件消失,致监护关系不必要或无法存续,从而监护权消灭的情形。《民法总则》第39条第1款规定了四种监护关系终止的情形:(1)被监护人取得或者恢复完全民事行为能力;(2)监护人丧失监护能力;(3)被监护人或者监护人死亡;(4)人民法院认定监护关系终止的其他情形。

2-4 宣告失踪与宣告死亡的关系

1. 两者互不关联

宣告失踪与宣告死亡是各自独立的程序,也即当事人失踪以后,利害关系人可以根据充足的要件,选择申请宣告失踪或者申请宣告死亡,宣告失踪并不是宣告死亡的前置条件。

2. 两者同时被申请

《民法总则》第47条规定:"对同一自然人有的利害关系人申请宣告死亡,有的利害关系人申请宣告失踪,符合本法规定的宣告死亡条件的,人民法院应当宣告死亡。"

2-5 个体工商户和农村承包经营户的财产责任

《民法总则》第56条分两款规定了"两户"的财产责任,原则上以家庭财产对经营负责。在个体工商户,个人经营的,以个人财产承担;家庭经营的,以家庭财产承担。在农村承包经营户,由农户从事土地承包经营的,则以农户财产承担;若事实上由农户部分成员经营的,以该部分成员的财产承担。

3-1 法人的分类

(一) 民法学上的分类

1. 公法人与私法人

这是按法人的设立行为及所依据的法律对法人的区分。

公法人是依公法或者公权设立的法人。《民法总则》第三章第四节规定特别法人类型中，机关法人、基层群众性自治组织法人等，都是依公法设立的法人。私法人是以私法为依据设立的法人。如公司、合作社、社会团体、民办学校等。

公法人与私法人的区别在于：一是在设立方式上，私法人依设立人意思设立，公法人依法律或者行政命令设立；二是在法人成立上，私法人须登记，公法人无须登记；三是在财产来源上，公法人是根据财政预算拨款，私法人则有设立人或捐赠人出资；四是公法人当然不得以营利为目的，根据意思自治，私法人则营利与非营利两者皆可设立。

2. 社团法人与财团法人

这一按照法人设立的基础对法人所作的划分，是大陆法系民法对法人的最基本的分类。我国民法目前虽未采纳，但对深化法人的认识，有重要的意义。

所谓社团法人，是指以人为基础而集合成立的法人，如公司为股东之集合，工会为会员之集合，均属社团法人。社团法人之成员统称社员，其享有的权利亦称社员权，如股东权就属社员权。社团法人与社会团体法人，是完全不同的概念，社会团体法人中有的属于社团法人，如工会、学会等，有的则属于财团法人，如各种基金会。所谓财团法人，是指以财产为基础而集合成立的法人，财团法人的主要形式就是基金，故《民法总则》称之捐助法人。财团法人的特征，可从与社团法人的比较中显现。一是设立人地位不同。财团法人的设立人或出资人的出资，属于捐赠或遗赠，因此，法人成立或捐赠完成后，所赠财产即移转为法人所有，捐赠人或遗赠人并不获得社员权对价；社团法人的设立人或其成员的出资，属于取得社员权的合同行为，根据合同成为社员或股东。二是法人的目的事业不同。财团法人只能为公益事业，并不得营利；而社团法人既可从事公益事业，如工会，也可从事营利事业，如公司。三是有无意思机关不同。财团法人参与民事活动，须以捐赠人的意思进行，所以，财团法人属他律法人，没有自己的意思机关。如捐赠人捐赠的扶贫基金，只能用于扶贫，而不能移作他用。而社团法人由社员组成意思机关，属自律法人，其从事的活动在章程范围内，由意思机关决定。四是财团法人因无意思机关，其执行机关是否按捐助人意思行事，就需要有人监督。捐助人、主管机关都可以对其行为实施监督，若财团法人的行为违背法律、章程或捐助人意思的，捐助人、主管机关可以向法院申请撤销该行为；而在社团法人，原则上不受外部监督。五是在剩余财产分配上，社团法人终止时，经清算后有剩余财产的，须按章程或者社员大会的决议分配给社员；而财团法人终止时，其剩余财产不得向出资人、设立人或者会员分配。

3. 营利法人、非营利法人与中间法人

依法人的目的事业的性质，法人可划分为营利法人、非营利法人和中间法人。由于财团法人性质决定不能营利,是"天生"的非营利法人。所以,这个分类主要是对社团法人的再分类。

所谓营利,是指通过商业活动获取利益,并将该利益分配给成员,例如公司盈利后向股东分配红利。仅仅获取营利而不能将利益分配给出资人的法人,不能称为营利法人,如公立学校虽然收取学费或也从事其他营利活动,但所得收益用于补充经费不足或扩大其事业规模,"营利为了更好的公益",所以仍属于非营利法人。

非营利法人是指以公益为目的事业的法人,也称公益法人。非营利法人不得以营利为目的事业,这是与营利法人的一大区别;此外非营利法人亦可以从事营利活动,但所获营利不得向设立人、出资人分配,而是用在公益之目的事业上。事业单位法人、社会团体法人中的律师协会、红十字会等都属于非营利法人;而公司等企业法人则属于营利法人。

在社团法人中,既难归于营利法人,又不宜认定为公益法人的,则归入中间法人。最典型的中间法人,应属合作社法人。首先,合作社的出资人与社员是重合的,社员是股东,也是事业的参与者,这一点与公司有本质区别,公司股东可以只参与红利分配,不是公司财富的创造者和劳动者。其次,合作社设立的目的是为社员谋利,营利只是手段之一,互利互助、共同劳动,按资分配与按劳分配结合,与公司股东完全按资分配判然有别,合作社具有共同富裕的属性。《民法总则》将农村合作经济组织归于特别法人,或许就是因为合作社的中间法人特征。

4. 本国法人与外国法人

按法人登记地区分,在外国登记成立的法人为外国法人,在本国登记成立的法人为本国法人。按国民待遇,外国营利法人与本国营利法人的民事权利能力和民事行为能力基本是一致的。基于国家的经济安全,对外国法人有时会有些限制,如禁止从事能源开采、不得参与和国防有关的工业等。相反地,为了吸引投资,对外国法人会有些优惠,如减免税收、允许用外汇结算等。

(二)《民法总则》对法人的分类

《民法总则》在法人一章,将法人分为营利法人、非营利法人和特别法人。推理其分类逻辑,特别应对的是普通,特别法人对应的是营利法人和非营利法人,也就是后两者应就属于普通法人。

1. 营利法人

营利法人,是指法人之目的事业为营利并使社员享受其收益之社团法人。符合以营利为目的事业并将取得利润分配给出资人的法人,都是营利法人。对于营利法人的类型,《民法总则》第76条第2款规定:"营利法人包括有限责任公司、股份有限公司和其他企业法人等。"也就是营利法人主要指公司与其他企业法人,当然也不排除其他以营利为目的事业并向出资人分配红利的非企业法人,如民办医院、民办学校等。只要法人的目的为营利并由出资人收取营利的,皆为营利法人。从这个意义上说,《民法总则》规定的营利法人既覆盖了《民法通则》规定的企业法人,其外延又大于企业法人,以营利概括法人,可以将各种市场交易主体囊括进去,避免出现法律漏洞。

2. 非营利法人

非营利法人亦称公益法人,是指以非营利之社会服务为目的事业的法人。《民法总则》第87条第2款规定:"非营利法人包括事业单位、社会团体、基金会、社会服务机构等。"除此外,宗教团体、境外非政府组织符合法人成立要件的,也属于非营利法人范畴。

事业单位法人是指由国家出资的,以公益或社会服务为目的事业的非营利法人。事业单位按设立人和经费来源的不同可分为两类。一类是由国家机关举办,如公办的大学、医院、科研院所、艺术团体等;另一类是国有企业、事业单位办的具有法人资格的研究所、学校、医院等事业单位。

社会团体是指中国公民自愿组成,为实现社员共同意愿,按照其章程开展活动的非营利性社会组织。除法律有特别规定,社会团体须经登记设立,并有自己独立的经费来源。我国宪法规定了公民有"结社自由",设立社会团体就是源于宪法对公民权利的保障。人民团体属于特别类型的社会团体,根据法律的规定担负一定的社会管理职能,且无须登记,如全国总工会、全国妇联等。

基金会,在民法学分类中,属于财团法人,即以捐助财产设立之基金成立的法人,是当然的非营利法人。在我国法律中,基金会被列入社会团体法人。

宗教法人,包括宗教协会和宗教场所。宗教协会属于社会团体法人,如中国佛教协会、中国道教协会等。对于宗教场所,如寺庙、道观、教堂、清真寺等经合法登记的宗教场所,也可以登记为捐助法人。《民法总则》第92条第2款规定:"依法设立的宗教活动场所,具备法人条件的,可以申请法人登记,取得捐助法人资格……"如不符合法人条件的,则登记为非法人组织。

3. 特别法人

《民法总则》第96条列举了机关法人、农村集体经济组织法人、城镇农村的合作经济组织法人、基层群众性自治组织法人,四类特别法人。

机关法人是指有独立预算经费的国家各级领导机关及法定机构,在性质上属公法人。机关法人的设立，直接按法律规定进行，无须经登记。根据我国宪法规定的政体，国家各级领导机关通常指中央及地方各级人民代表大会、国务院和地方各级人民政府、各级法院和检察院、中央军事委员会和独立编制的各级军事组织。法定机构是不在政府序列，但担负法定职权的机构，如仲裁委员会、冬奥会组委会等。

农村集体经济组织法人是农村集体所有土地的所有人和管理经营农村集体资产的特别法人。农村土地集体所有，是合作化运动的产物，人民公社解体实行分田到户后，农村出现多元集体经济组织模式，若集体经济组织非以公司形式的，则无须登记，法律认可其法人资格。农村集体经济组织法人作为集体土地所有权人，是土地承包合同的发包方，也可以从事经营活动，并将营利分配给成员或用于农村公共事务或基础设施建设。在性质上，应该属于中间法人。

城镇农村的合作经济组织法人是根据《农民专业合作社法》登记，或者依法律规定取得法人资格的特别法人。从城镇农村的合作经济组织法人的经营事业区分，有以承包经营土地权入股为特征的土地股份合作组织，及为农业生产服务的专业合作社；从入股的出资形式区分，有以土地承包经营权入股的，也有以资金入股的。

基层群众性自治组织法人是根据《城市居民委员会组织法》或者《村民委员会组织法》成立的特别法人。居委会和村委会的设立、调整和撤销，由法律直接规定，无须登记，在性质上属于公法人。居委会和村委会作为基层群众性自治组织，原则上不得为营利，但在农村，因集体经济组织解体后，没有再设立农村集体经济组织的，《民法总则》第101条规定，由村民委员会依法代行村集体经济组织的职能。此代行并非代理，是替代，即是以村委会自己名义参与民事活动。此时的村委会具有双重性，既作为基层群众性自治组织，行使对农村行政事务的管理，又作为集体土地所有人和农村集体资产的经营组织，从事经营活动。

考点提示

《民法总则》在法人一章，将法人分为营利法人、非营利法人和特别法人。推理其分类逻辑，特别应对的是普通，特别法人对应的是营利法人和非营利法人，也就是后两者应就属于普通法人。

3-2 法人的章程

法人章程是法人设立人或法人意思机构制定的，规定法人名称、住所、财产、目的事业、机构权限及出资人权利义务等重大事项的书面文件。根据《民法总则》的规定，营利法人和非营利法人等私法人的运行、机构权限及目的事业范围由章程规定，其效力限定了法人的民事行为能力和民事权利能力，法定代表人代表法人参与民事活动，须按章程进行。但法定代表人的行为违反章程的，《民法总则》第61条第3款规定，法人章程或者法人权力机构对法定代表人代表权的限制，不得对抗善意相对人。

3-3 法人的法定代表机构

（一）法人机构的概念

也称法人机关，是指根据章程或法律规定，对内形成法人意思、对外代表法人为民事法律行为的自然人或自然人团体。法人机构如何组成，因法人的类型不同而不同，有单一机构或多元机构之分。多元机构通常可分为意思机构（决策、权力机构）、执行机构、代表机构、监督机构等，将法人的各项职能分别赋予不同的组织机构执行，法人的各职能机关构之间互相协助、互相监督、互相制约；单一机构是法人的意思形成、指挥、行动由一个机构全权担当，如"厂长负责制"就是这样的单一机构。

法人机构是法人的组成部分，类似于自然人的大脑、眼睛、手脚，不能游离于法人存在。因此，法人机构无独立人格，其行为即是法人的行为，如董事会的行为即所依附之法人的行为。法人机构虽然由具体的自然人或自然人团体担任，担任人也会有自己的人格，但是该担任人在为法人行为时，人格被法人吸收，不再代表自己。法人只要存在，法人机关不可变更，但法人机构的具体担任人可以变更，如董事、董事长、监事长等可以换人，但不等于董事会、监事会发生了变更。

（二）法人机构的类型

法人的组织机构按其职能区分有以下几种：

1. 意思机构

《民法总则》称之权力机构，是形成法人意志的机构。意思机构如人的大脑，故是首脑机构。根据《民法总则》的规定，意思机构是营利法人和社会团体法人的必设机构，该机构通常是社员大会或社员代表大会，如公司的股东会、律师协会的会员代表大会等。在社员人数不多时可以全体社员大会为意思机构，在社员人数太多无法召开全体社员大会时，可以社员代表大会为意思机构。根据财团法人的性质，其不得有意思机构，其以捐助人的意思为法人的意思，如前述，"扶贫基金会"只能以捐助人的意思将捐助财产用于扶贫，自己不得另设意思机构，决定将该扶贫财产另作他用。机关法人等公法人应是按法律宗旨行事，也不得有意思机构，例如，法院须按法院组织法规定的宗旨和权限行事。国有企事业单位原则上也不得有意思机构。例如，公立高等院校的宗旨、目标、主要任务等都是由教育法、高等教育法等规定的，不得任意改变。《公司法》第 66 条第 1 款前部明确规定："国有独资公司不设股东会，由国有资产监督管理机构行使股东会职权。"

2. 执行机构

执行机关是执行法人意思机构的决定、法人章程、捐助人意思或法律规定的法人宗旨等事项的机构。任何法人皆须有执行机构，否则法人的目的事业无法完成。社团法人的执行机构由单个自然人担任时，称执行董事或执行理事等，由自然人团体担任时称董事会或理事会等；财团法人的执行机构，通常是自然人团体，如理事会等；机关法人、事业单位法人的执行机构通常采用首长负责制，法人负责人担当执行机构。

3. 法定代表人

（1）法定代表人的概念。这是法人的意思表示机构，也称法人代表机构。代表机构对外代表法人为意思表示，是法人的对外机构，犹如自然人的喉舌。在我国《民法通则》中称代表机构为法定代表人，实际上由谁担任代表人，是由法人意思机构决定的，也就是约定的，非法定的，因此"法定"容易被误解，称法人代表更准确。《民法总则》第 61 条第 1 款规定："依照法律或者法人章程的规定，代表法人从事民事活动的负责人，为法人的法定代表人。"即法人代表由执行机构的负责人担任，如董事长、理事长等，在单一机构中，由法人的正职首长担任，如校长、院长、局长等。在法人机构中，除了代表机构以外的机构，都是对内机构。因此，任何内部机构形成的法人意思需对外时，都要通过代表机构进行。法人代表作为对外机构，其担任人的设立或变更都须经登记公示，否则不得对抗善意第三人。

（2）法人代表意思表示的效力。代表机构的权限由章程或捐助人的意思决定，担任法人代表的自然人在代表法人对外为意思表示时，其自然人人格被法人吸收，不再代表自己。故代表人所作的意思表示的效力归于法人，即使代表人变更也不影响该意思的效力。例如，前一法人代表与他人订了合同，更换法人代表后，该合同仍然有效，后一法人代表拒绝履行，仍然是法人的不履行，须由法人承担责任，而不是由前一法人代表个人承担责任。若法人意思机构或章程对法人代表的权限有限制的，该限制不得对抗善意第三人。

（3）担任法人代表的条件。在积极要件方面，担任法人代表的必须是完全民事行为能力人；在消极要件方面，必须是没有被法律禁止行为的自然人。如按《公司法》第 146 条的规定，因贪污、贿赂等经济犯罪，执行期满未逾 5 年，或者因犯罪被剥夺政治权利，执行期满未逾 5 年的自然人，不得担任公司的董事、监事、高级管理人员等职务，当然也就不能担任法人代表。担任行政职务的领导，不得兼任法人代表，也不能在执行机构任职。

4. 监督机构

监督机关是根据法人章程和意思机构的决议对法人执行机构、代表机构实施监督的机构。《民法总则》第 93 条第 3 款规定："捐助法人应当设监事会等监督机构。"其他法人而言，监督机构为任意机构，可设立也可不设立。监督机构可由单个自然人担任，也可由自然人团体担任，在自然人团体担任时称监事会。

（三）法人机构担任人和出资人的责任

由于法人机构的行为就是法人的行为，其行为若造成相对人或者法人自身的损害，都是由法人来承受的。法人拟制主体是出资人的工具，尤其是营利法人，出资人可以利用法人独立责任，谋求出资人利益而使法人或者法人之债权人受损害，即使使得法人破产，出资人还有有限清偿责任这道"防火墙"，阻遏出资人负清偿责任。对出资人滥用权利损害法人、债权人利益的，已有法人人格否认敲掉这道"防火墙"，让出资人与法人负连带清偿责任。但若出资人、担任法人机构职务的自然人、法人之实际控制人及法人高级管理人员因执行职务有过错、滥用职权或利用关联关系，损害法人利益谋个人利益的，《民法总则》也对此作了规定，要承担赔偿责任。

对于法人代表在执行职务时，因有过错造成第三人损害的，由于法人代表机构的行为就是法人的行为，法人对此负责，但法人可以依法或者依法人章程的规定，向担任法人代表的自然人追偿。

对于出资人滥用权利，损害法人或其他出资人利益的，《民法总则》第 83 条第 1 款规定，滥用出资人权利给法人或者其他出资人造成损失的，出资人应当依法承担民事责任。

对于担任法人机构职务的自然人、出资人、实际控制人以及法人高级管理人员，利用关联关系损害法人利益的，《民法总则》第 84 条规定，营利法人的控股出资人、实际控制人、董事、监事、高级管理人员不得利用其关联关系损害法人的利益。利用关联关系给法人造成损失的，应当承担赔偿责任。

（四）法人的分支机构

法人分支机构是以法人财产设立的相对独立活动的法人组成部分。在某些情况下，为了便于拓展业务，法人可以设立分支机构，独立活动的法人分支机构也需要进行登记，如企业法人分支机构要进行营业登记。经登记的法人分支机构，可以自己名义参与民事活动，产生的债权债务，既可先以该分支机构管理的财产承担，不足清偿的，再由法人承担，也可以直接由法人承担。

法人的分支机构与法人的组织机构也不同，法人机构对内形成法人意思、对外代表法人为民事法律行为，而法人分支机构在参与民事活动时要形成自己的独立意思，须有法人机构的授权，但对外不得代表法人。

3-4 法人的成立的要件

《民法通则》规定的法人成立要件，是法人成立的共同要件。在特别法，还规定有法人成立的特别要件，如商业银行法规定了商业银行成立的特别要件，农民专业合作社法规定了专业合作社的特别要件。这里阐述的是法人成立的共同要件，也是成立法人皆需具备的法律要件。

《民法通则》第37条规定了法人应当具备的四项条件，即依法成立，有必要的财产或者经费，有自己的名称、组织机构和场所以及能够独立承担民事责任。前三项要件，也规定在《民法总则》第58条中，但该条没有"独立承担民事责任"这一项设立要件。概括《民法总则》的规定，法人成立的共同要件为依法成立、独立财产和须有名称、机关、住所三项。

（一）依法成立

法人不能凭空产生，所谓依法成立，是指法人须根据设立该法人的法律规范，并经设立登记或命令而成立。

1. 须有设立之法律规范

法人不能自由设立，必须根据该类型法人的法律规范设立。根据分类管理原则，法律对各类型法人都规定了设立该法人之特别法。如没有设立某类型法人的设立之规范，则不得成立法人。如营利法人，由公司法、商业银行法、外资企业法等特别法规定；非营利法人，如高等学校依据《普通高等学校设置，暂行条例》设立，幼儿园依据《幼儿园管理条例》设立；社会团体依据《社会团体登记管理条例》等设立；特别法人，如机关法人依据全国人民代表大会组织法、中央人民政府组织法、地方各级人民代表大会和地方各级人民政府组织法、人民法院组织法、人民检察院组织法等组织法，以及城市居民委员会组织法、村民委员会组织法等设立。

2. 设立之章程

章程是意思自治原则在法人设立中的体现，《民法总则》第79、91、93条规定了营利法人、社会团体法人、捐助法人应当依法制定法人章程。公法人的设立宗旨是为社会服务，属于他治法人，其设立目的、法人职能及行使权限的流程等，都由法律直接规定，不允许自立章程改变。易言之，公法人的"章程"存在于法律直接规定之中。

3. 须经登记

法人的成立须经设立登记。所谓设立登记，是将法人设立的法定事项记载于登记簿，以备公示之制度。在私法效果上，对于须经登记成立的法人，完成登记即发生法人成立之效果；无须登记的法人，则从成立起即取得法人资格。

（二）有独立财产

1. 独立财产之含义

《民法总则》第 58 条称"财产或者经费"。法人的经费，就是运作需要支出的费用，通常以货币计量，也就是财产。法人须有财产，就包含着经费。财产是法人承担义务的基础，没有独立财产就不可能承担独立的责任，因而也就不具备作为民事主体的资格。所以，法人有无独立财产是判断有无独立责任能力的标志。法人财产的独立性，具有两方面的含义：一是独立于出资人，即法人设立时，出资人须向法人交付的是财产所有权，亦即法人对于出资财产享有的是所有权。二是独立于其成员，法人人格独立于其职员、雇员，同样表现在财产上。法人的职员、雇员有其自身的人格，其财产也与法人无关。即使法人的职员、雇员受聘担任法人机构的职务，其个人财产仍然独立于法人，其代表法人所为行为，由法人承担财产责任。

2. 财产数额

法人有多少财产算是有了"必要的财产"，因法人的类型不同，法律的要求也有所不同，具体数额由特别法规定。《社会团体登记管理条例》第 10 条规定，全国性的社会团体有 10 万元以上活动资金，地方性的社会团体和跨行政区域的社会团体有 3 万元以上活动资金。

3. 财产责任

《民法总则》第 60 条规定："法人以其全部财产独立承担民事责任。"法人必须以其全部财产承担民事责任，亦即法人的独立责任。法人的全部财产，不是一成不变的，在设立时，由设立人或出资人的出资财产构成；在法人设立后，则是变动中的属于法人全部财产，包括变动中的法人盈利所得、捐赠所得等，当然包括亏损剩余财产。法人的全部财产是法人独立责任的担保，在财产责任类型上属于无限清偿责任，这有别于出资人的有限清偿责任。

(三) 名称、机关、住所

1. 名称

法人名称,是识别法人的文字符号。法人与他人交往是以名称进行的,法人名称负载法人的信誉、形象、特征等诸多特定信息。如以自然人姓名为例,法人名称亦由姓和名构成。法人名称中的"姓"即是公有名称;法人之"名"即是法人的独特标识,在私法关系中这个独特标识称字号或商号,属于工业产权。所以,法人须有名称,这是设立法人之义务,而名称中的字号,又属于权利,名称具有权利义务的双重性。在公司登记中,公司名称是预先于法人登记的单独事项,《公司登记管理条例》第17条第1款规定:"设立公司应当申请名称预先核准。"

法人名称,通常由登记地、事业或行业、组织形式等要素构成,如青岛市志愿者协会、西藏高原生物研究所等;营利法人还有字号、财产责任形式等要素,如上海振华重工(集团)股份有限公司,"振华"即为该企业商号,在责任形式上,出资人担负有限清偿责任。

2. 机关

机关也称机构,英语器官的意译,本意是"生物体器官",意为法人的器官。法人必须有机关,机关行为视同法人行为。法人皆须有执行机关和代表机关,社团法人须有意思机关,财团法人不得有意思机关。

3. 住所

住所是法人所在的空间位置,是法人成立的必备要件。法人的住所,属法人登记必备事项,应记载于法人章程或登记簿上。但法律并没有强制要求法人的活动必须在登记住所进行,可能有多个活动地点,或者登记住所在甲处、主要办事地在乙处。对此,《民法总则》第63条规定:"法人以其主要办事机构所在地为住所。依法需要办理法人登记的,应当将主要办事机构所在地登记为住所。"主要办事机构应解释为公司执行机关、代表机关等机关的所在地。

3-5 非法人组织

一、非法人组织的概念和特征

(一) 非法人组织的概念

非法人组织是指不具法人资格,可以该组织名义参加民事活动,但无独立民事责任能力的组织。立法例上称之非法人社团和非法人财团或无权利能力社团。《民法总则》设专章规定非法人组织，并与法人并列，既肯定其具有以自己名义参与民事法律关系的资格和能力，又否定其具有的独立民事责任能力。

（二）非法人组织的特征

1. 非法人组织之能力

非法人组织是有民事权利能力与一定民事行为能力的组织，可以自己的名义参与民事关系，因此非法人组织有自己的名称。与法人相比，最大区别是无独立民事责任能力。非法人组织可以享有民事权利和承担民事义务，地位与法人相当。若以自然人为例，非法人组织就是有民事权利能力和限制民事行为能力，需要出资人或者设立人"监护"的组织。

2. 非法人组织之目的事业

《民法总则》没有限定非法人组织之目的事业，即非法人组织既可以从事营利事业，也可以从事非营利事业。在组织构成上，非法人组织一般属人合团体，是由相对稳定的复数之人构成，通常财产集合体不得认定为非法人组织。

3. 非法人组织之财产责任

非法人组织不能独立承担民事责任，这是与法人的重要区别。在非法人组织不能清偿债务时，则由其出资人或设立人承担连带清偿责任。

4. 非法人组织之法律适用

《民法总则》第108条规定："非法人组织除适用本章规定外，参照适用本法第三章第一节的有关规定。"而《民法总则》第三章第一节即是对法人的一般规定，如法人设立、法人机构、法人变更、清算及终止等事项。若《民法总则》对非法人组织没有规定时，可以参照适用对法人的规定。

二、非法人组织的类型

非法人组织类型多种，《民法总则》第75、87条规定了法人筹备成立、个人独资企业、合伙企业、公共服务机构等类型，略述之以供窥一斑悉全貌。

1. 筹备法人

筹备法人也称前法人。设立法人，会有筹备阶段。从法律上区分，可分为两个阶段：

一是设立合同成立以后，名称登记前；二是名称核定登记记后、法人成立登记前。由于《企业法人登记管理条例》规定，对企业法人区分名称预登记和成立登记，在名称核定登记后、法人成立前,这个阶段以核定登记的名称从事法人设立事务的,即为筹备法人,其在法律地位上亦可视为非法人组织。

对于筹备法人设立人责任,若法人最终成立,因法人与筹备法人用同一个名称,筹备法人之权利义务可直接归于法人,即有法人承担筹备法人之责任;若法人未成立的,设立人因设立行为发生的债权债务,为连带之债,由设立人承担连带责任;对于设立人在筹备法人中以本人名义产生的债权债务,由相对人行使选择权,选定设立人或者法人承担责任。

2. 个人独资企业

个人独资企业是指在中国境内设立,由一个自然人投资,财产为投资人个人所有,投资人以其个人财产对企业债务承担无限责任的经营实体。个人独资企业可以有企业名称,在设立登记、经营范围等方面,与公司相似。最大的差别就是投资人对企业承担连带清偿责任,即出资财产不被认为是特定财产,而负有限清偿责任。

3. 合伙企业

合伙是指两个以上自然人或法人以共同经营为目的,相约共同出资、共享利益、共担风险的合同。在法律关系上,合伙有两种类型:一是作为民事法律行为,即合伙合同,这是契约关系,合伙人按照合同约定分工协作从事经营,并不设立企业;二是将设立企业作为合伙合同的法律效果,企业是合伙人所组成的人与财产相结合的实体。合伙企业是两个以上的人共同出资、共同经营、共担风险的企业。《民法通则》将合伙区分个人合伙与法人合伙(即联营),并分别规定在自然人与法人章节;《民法总则》基于自然人与法人作为平等主体,两者的合伙法律关系又是同质,应一视同仁,将合伙企业统一规定于非法人组织,体现了编纂民法典的体系化思路。

合伙企业的特征有:一是须书面方式订立;二是须经登记;三是合伙人对合伙企业享有同等执行权;四是合伙人对合伙企业债务承担无限连带清偿责任,但在有限合伙企业,有限合伙人仅以其出资额对合伙企业债务承担清偿责任。

4. 社会服务机构

社会服务机构是指依法成立、向社会提供公共服务或从事公益事业的非营利组织。根据《慈善法》第 8 条的规定,社会服务机构是与基金会、社会团体并列的三大慈善组织形式,如非营利性民办学校、医院、养老院及民办文化馆、博物馆等机构。社会服务机构须经登记成立,在提供的服务范围方面,须是非有法律限制或者禁止的。社会服务机构与国家兴办的事业单位相得益彰,也是将动员社会力量兴办公益事业纳入法治框架。

三、非法人组织的设立和责任

（一）非法人组织的设立非法人组织的成立，须经设立登记。《民法总则》第103条规定，非法人组织应当依照法律的规定登记。如果法律对非法人组织的成立有特别规定，须经审批的，则还须经有关机构批准后，才能办理设立登记。

（二）非法人组织的责任。非法人组织不能独立承担民事责任，这是与法人的重要区别。在非法人组织不能清偿债务时，则由其出资人或设立人承担连带清偿责任。《民法总则》第104条规定，非法人组织的财产不足以清偿债务的，其出资人或者设立人承担无限责任。法律另有规定的，依照其规定。

4-2 意思表示的效果

1. 意思表示的拘束力

意思表示的拘束力，亦即意思表示的成立效力。意思表示一旦成立，表意人须受其约束，非依法律，不得擅自撤回或者变更的法律效力。意思表示作成后，将要影响表意人、相对人或第三人的利益。如表意人作成订立合同的要约，相对人即产生承诺权，表意人抛弃某物的所有权，他人占有该物即不构成非法占有或者不当得利行为。再则，对于已成立的意思表示，表意人可否撤回或者撤销，也事关表意人本身以及相对人和第三人的利益。

2. 意思表示拘束力的发生

意思表示拘束力自何时发生，事关表意人对于撤销权的行使期间（即该期间始期与终期的确定），以及相对人的信赖利益，同时关涉非对话意思表示传达途中遗失或者迟到风险的负担。《民法总则》第136条规定：民事法律行为自成立时生效，但是法律另有规定或者当事人另有约定的除外。行为人非依法律规定或者未经对方同意，不得擅自变更或者解除民事法律行为。而《合同法》第16、23条等就合同意思表示成立的时间作了进一步规定。

3. 意思表示的撤回与撤销

（1）意思表示的撤回，是指表意人对尚未生效的意思表示阻止其生效的意思通知。《民法总则》第141条规定，行为人可以撤回意思表示。撤回意思表示的通知应当在意思表示到达相对人前或者与意思表示同时到达相对人。

（2）意思表示的撤销，是指表意人对已生效但未获承诺的意思表示消灭其拘束力之意思通知。撤销仅限于未被承诺的意思表示，若相对人已作出承诺，双方意思表示已获一致，法律行为已成立，就再无撤销之余地。倘若相对人尚未作出回复表示，那么允许表意人撤销，即撤销之意思通知须于相对人发信之前或者同时到达，撤销才生效。

4-2 意思表示的解释

意思表示之解释，是指阐明意思表示之含义，确定法律之适用的说明。解释，含有分析、阐明、说明之意，也就是对意思表示的诠释。在对意思表示的含义理解不一发生歧义时，就需要对其进行解释，以探求表意人的真实意思。在解释方法上，有文义解释、整体解释、目的解释和习惯解释等。

《民法总则》第142条根据意思表示有相对人和无相对人，区分两种解释方法。对于有相对人的意思表示解释，应当按照所使用的词句，结合相关条款、行为的性质和目的、习惯以及诚信原则，确定意思表示的含义。对于无相对人的意思表示的解释，则不能完全拘泥于所使用的词句，而应当结合相关条款、行为的性质和目的、习惯以及诚信原则，确定行为人的真实意思。

4-5 无效民事法律行为的类型

（一）欠缺民事行为能力人实施的行为

无民事行为能力人实施的行为，因没有意思能力，不发生法律行为之效果意思的效力。限制民事行为能力人超越其行为能力范围实施的行为，因欠缺意思能力，如再没有法定代理人的同意和追认，其法律行为无效。法人实施行为能力范围以外的行为，特别是违反禁止性规定的行为，也不发生效力。

（二）意思表示不自由的行为

意思的形成自由和意思表示自由是意思表示真实的前提。若在意思形成和表示过程中欠缺自由甚至完全不自由，如欺诈、胁迫行为，《民法总则》与《合同法》的规定不一致。《合同法》区分损害国家利益和非国家利益，作二元规定，该法第52条规定，一方以欺诈、胁迫的手段订立损害国家利益的合同，则应属无效；对于非损害国家利益的，该法第54条第2款规定，欺诈、胁迫行为属可撤销行为。而新公布的《民法总则》不分损害国家利益和非国家利益，作一元规定，该法第149条和第150条规定，欺诈、胁迫行为皆属可撤销行为。如果按新法优于旧法适用规则，则意思表示不自由行为，盖属可撤销民事法律行为，而不再属于无效民事法律行为之列。

（三）恶意串通行为

行为人与相对人恶意串通，损害他人合法权益的民事法律行为无效。表意人与相对人通谋实施虚伪的意思表示，是专为侵害他人合法权益的，而他人不是表意人，既无从阻遏，又无权补救，甚至还可能"蒙在鼓里"，故法律直接干预，使它无效。该行为须具备下列条件：

（1）须表示与内心不一致。即外部表示与内心意思不一致，所表示的并不是行为人的真实意思，行为人内心存在牟取不正当利益或损害他人的意思，但是却故意制造某种进行民事法律行为的虚假现象。例如，为逃避强制执行而假装把财产赠与相对人，事实上当事人并没有出赠和受赠的意思。

（2）须有恶意通谋。即表意人与相对人恶意串通。不但表意人单方面了解自己的表示是虚伪的，而且相对人也了解这一情况。串通指他们之间有勾结，有意思联络。而恶意则指对于该串通是完全了解的，表意人自己了解其表示与意思的不一致，不一致是恶意造成的，而不是出于认识上的错误。

（3）须损害他人的合法权益。恶意串通的意思表示，必须具有损害他人合法权益的目的。串通人之所以恶意串通，必然有其损人利己的非法目的。

（四）虚假行为

虚假行为，亦称伪装行为，是以虚假行表、以隐蔽之行为作里的复合行为。这一行为的特点是显露于表的意思表示是虚假的、不真实的，违反了意思表示须真实的生效要件，该表面行为无效；而遮盖、隐蔽于里的民事法律行为却是真实的，其是否有效，不能一概而论。《民法总则》第146条第2款规定："以虚假的意思表示隐藏的民事法律行为的效力，依照有关法律规定处理。"隐蔽行为若内容违法则无效，如借贷掩盖非法集资；若合法，则也可以有效，如借贷掩盖合伙。

（五）违反强制性规定或者违背公序良俗的行为

民事法律行为的根本属性之一在于意思表示内容的合法性。意思表示违法，不仅指违反民法规定，也包括违反行政法等其他部门法的规定，当然也不能有悖于公序良俗。对于违反强制性规定的民事法律行为的效力，《民法总则》第153条第1款规定："违反法律、行政法规的强制性规定的民事法律行为无效，但是该强制性规定不导致该民事法律行为无效的除外。"这里需要对"强制性规定不导致该民事法律行为无效"作一说明。

> 说过就过

相对于任意性规定而言，所谓强制性规定是指法律关系必须适用，不能因当事人意思予以变更和排除适用的规定。对于强制性规定的范围，《合同法解释（二）》第14条对此又作了限缩性解释："合同法第五十二条第（五）项规定的'强制性规定'，是指效力性强制性规定。"即法律行为只有违反效力性强制性规定，才直接归于无效。所谓效力性规定是与管理性规定相对应的概念，是指法律直接规定法律行为不发生意思表示效果的规定；而管理性强行性规定，又称取缔性规定，是指仅规定法律行为应当遵守的公共秩序却未规定其私法效果的规定。如要求企业须在核准登记的经营范围内经营，即属管理型规定，违反此规定超范围经营的，其行为不当然无效；但违法经营需要许可证的食品药品等，即违反取缔性规定，其行为当然、绝对无效；反之，超范围经营一般产品的，其行为在民法上有效，因违反管理性规定可能会受到工商行政部门警告、罚款甚至吊销营业执照的处罚。

4-6 可撤销民事法律行为的类型

根据《民法总则》及《合同法》的规定，可撤销民事法律行为的类型有：

（一）重大误解

1. 概念

重大误解是指行为人基于对行为的性质、相对人以及标的物的品种、质量、规格和数量等的错误认识实施的民事法律行为。《民法总则》第147条规定："基于重大误解实施的民事法律行为，行为人有权请求人民法院或者仲裁机构予以撤销。"基于错误认识的行为，行为人的表意看似是自愿的，但却是违背本意的，所以该行为属于可撤销行为。重大误解，在主观上是属于过失，如果是基于故意，那就构成欺诈。对于重大误解的客体，最高人民法院《民通意见》第71条规定：行为人因对行为的性质、对方当事人、标的物的品种、质量、规格和数量等的错误认识，使行为的后果与自己的意思相悖，并造成较大损失的，可以认定为重大误解。即重大误解限缩为对行为的类型、相对人、标的等重要因素产生错误认识，并且造成较大损失。反之，虽有误解，但不重大，或者没有较大损失的，则不能撤销。

重大误解与误传不同，最高人民法院《民通意见》第77条规定：意思表示由第三人义务转达，而第三人由于过失转达错误或者没有转达，使他人造成损失的，一般可由意思表示人负赔偿责任。但法律另有规定或者双方另有约定的除外。该规定中的"转达错误"即误传，按该条含义，若非由法律规定或约定，意思表示人对误传也可撤销，但要对第三人的损失负赔偿责任。

2. 法律要件

（1）须有错误认识。所谓错误认识，既包括表意人方面的错误，也包括受意人的误解。前者是发动型错误，后者则是受动型错误。错误的形态很多，有把想要设定的法律关系性质搞错的，如把租赁当成借用；有把标的搞错的，如把18K金当成赤金；有把价格搞错的，如把100元1斤当成100元1公斤；有把履行时间、地点，甚至把当事人搞错的，等等。

（2）须当事人不了解其错误，即当事人属无意中犯了错误。如果是故意搞错，那就属于欺诈或虚假行为，而不再是误解行为。

（3）须错误性质严重。判断错误是否严重，应从一般人处于表意人的地位，如果有此误解，会不会实施该行为的标准来把握，如果不会实施，则属性质严重。

（二）乘人之危致显失公平

1. 概念

乘人之危致显失公平是指乘他人处境危难，迫使他人不得已而作出对自己严重不利的意思表示，使成立的民事法律行为显失公平的情形。在立法例上，称暴利行为。乘人之危与显失公平是因和果的关系，前者是乘危人利用行为人处于危困、无经验、受到不正当干涉等缺失判断力状态，使行为人形成并作出损害自己却有利于乘危人的意思表示；后者是法律效果中的权利义务出现显失公平的状态。由于该行为违背了意思自由原则，危难之行为人的意思表示有缺陷，因此法律准许其撤销该行为。在《民法通则》与《合同法》中，乘人之危和显失公平是两个独立的可撤销行为，法律的政策立场是将乘人之危原因和显失公平的效果分离，不问乘人之危发生的效果如何，即予表意人以撤销权。对此，民法学界多有批评意见，认为乘人之危没有导致严重的不公平结果，法律无须干预，只有在显失公平时，法律方可介入，因此将乘人之危与显失公平作为有因果链的同一个可撤销行为类型更合理。《民法总则》采纳了学界意见，以乘人之危为因、显失公平为果，组成一个可撤销行为类型。该法第151条规定："一方利用对方处于危困状态、缺乏判断能力等情形，致使民事法律行为成立时显失公平的，受损害方有权请求人民法院或者仲裁机构予以撤销。"

2. 法律要件

（1）须乘人之危，即对他人的危难处境加以利用。危难处境一般指经济上的窘迫，受到不正当干预或者生命、身体、健康、名誉、自由等方面面临或者陷于危险或困难。利用行为人这一处境所作意思表示，才符合乘人之危。

（2）须有乘人之危的故意，即须有乘危人使危难人按照自己意思进行意思表示的故意，而危难人被迫使自己的意思表示迎合乘危人的意思。危难人进行意思表示是不得已而为之，是乘危人不正当利用的结果。如果危难人临危不惧，不为利诱所动，并不迎合乘危人作意思表示，也就不构成乘人之危。

（3）须显失公平，即乘人之危造成的后果对危难人严重不利，而乘危人大得其利，违反了公平原则。最高人民法院《民通意见》第72条对显失公平的解释是"双方的权利与义务明显违反公平、等价有偿原则"。即该行为应当是有偿行为，因违背等价有偿造成权利义务明显不公平，而非一般的不公平。立法例以暴利作为不公平的量化指标，可资参考。

（三）欺诈

1. 概念

欺诈，是故意欺骗他人，使之陷于错误的行为。欺骗即为使受领人陷于错误而故意将不真实的虚假情况当作真实情况表示。受欺诈意思表示，就是由于他人的欺骗作出的意思表示。受欺诈之意思表示，显然是表意人在不自由状态下形成的效果意思，其意思的瑕疵是显而易见的，因意思表示不真实，《民法总则》第148条规定，受欺诈方有权请求人民法院或者仲裁机构予以撤销。

2. 要件

（1）须有诈欺。欺诈行为是故意把不真实的情况表示给别人，无论虚构事实、歪曲事实或者隐匿事实均属之。欺诈往往呈现为积极行为，而消极行为，尤其是沉默，则必须是法律、合同或者商业习惯上有告知事实的义务，而未告知时才能构成欺诈。

（2）须属故意。欺诈故意，是指具有欺骗他人的故意，过失不构成欺诈。这种故意的含义包括两层：一是使相对人陷于错误的故意，即表意人明知自己所表示的不真实，也明知相对人有陷入错误的可能；二是有使相对人陷于错误而作出意思表示的故意。这两种故意从根本上妨碍了被欺诈人意思形成的自由。

（3）须被欺诈人因受欺诈而陷于错误。被欺诈人陷于错误与欺诈人的欺诈行为之间须有因果关系。如果被欺诈人并不陷于错误，或者虽然陷于错误，但该错误不是受欺诈而产生，则欺诈行为不能成立。

（4）须被欺诈人因错误而作出意思表示，即错误与意思表示之间须有因果联系。如果被欺诈人虽然陷于错误，但是并没因之而作出意思表示；或者虽有意思表示，却不是因错误所致，欺诈行为也不能成立。

3. 第三人欺诈

欺诈行为通常是当事人一方欺诈相对方，如因受民事法律行为以外的第三人欺诈，作出错误意思表示,能否作为欺诈行为予以撤销?对此,《民法总则》第149条规定:"第三人实施欺诈行为,使一方在违背真实意思的情况下实施的民事法律行为,对方知道或者应当知道该欺诈行为的,受欺诈方有权请求人民法院或者仲裁机构予以撤销。"第三人欺诈,除了须符合欺诈法律要件,还须符合受欺诈之相对人知道或应当知道该行为是欺诈所致的要件。

第三人欺诈与恶意串通行为不同,前者是第三人欺诈一方当事人,让另一方当事人受益,如第三人当"托"使受欺诈人与相对人为意思表示,损害的是法律行为当事人一方的利益;而后者是民事法律行为的双方当事人合谋损害第三人利益,行为主体与受害人皆不同。

(四)胁迫

1. 概念

胁迫是因他人的威胁或者强迫,陷于恐惧而作出的不真实意思表示。威胁是指以预告未来的损害使相对人精神感到恐惧;强迫是指对相对人或其亲属的身体强制或伤害。当事人因受胁迫而作出的不真实的意思表示,即是胁迫行为。胁迫可以是当事人一方所为,亦可以是第三人所为。

2. 要件

(1)须有胁迫行为存在。胁迫是不正当地预告危害,以使他人陷于恐怖的行为。最高人民法院《民通意见》第69条规定:以给公民及其亲友的生命健康、荣誉、名誉、财产等造成损害,或者以给法人的荣誉、名誉、财产等造成损害为要挟,迫使对方作出违背真实的意思表示的,可以认定为胁迫行为。

(2)须有胁迫的故意。胁迫人的故意包括两个方面:第一,须有胁迫相对人使之产生恐惧的故意;第二,须有使相对人因恐惧而作出意思表示的故意,即胁迫的目的在于使相对人作出迎合性意思表示。

(3)须预告危害属于不正当。所谓不正当,是指用违法或不正当手段干预对方当事人意思表示自由。违法当然属于不正当,但不正当却不一定都违法。例如,某甲对某乙说,"如果不签订合同,就举报你行贿一事",很难说该预告是违法的,却肯定属不正当。因为用举报作为交易筹码干涉相对人的意思自由,使自己获得违法好处,不属正当所为。

(4)须因受到胁迫而产生恐惧。如果胁迫人纵然施加胁迫,但被胁迫人并不因此恐惧,或虽有恐惧,但恐惧并不是因胁迫而生,就不能构成受胁迫的事实。

(5)须因恐惧作出意思表示,即胁迫人的意思表示与其恐惧须有因果联系。而且,其意思表示，又须迎合胁迫人的意思作出。这两个方面必须同时存在，如果被胁迫人并不因胁迫而恐惧，就不能构成受胁迫而实施的行为。进一步来看，即使被胁迫人产生恐惧，但是所实施的行为却不迎合胁迫人的意思，也还是不能构成受胁迫而实施的行为。因为，受胁迫而实施的行为，其实质在于行为人的意思形成和表示均受到不正当干涉。

5-1 意定代理与法定代理

这是以代理权产生的原因划分的。意定代理之代理权基于本人的意思表示发生，如委托代理、职务代理等；法定代理之代理权由法律规定产生。

1. 意定代理

（1）委托代理。委托代理是代理人根据被代理人授权而进行的代理，即委托代理的代理权产生自本人的授权行为。民事法律行为的委托代理，可以用书面形式，也可用口头形式。若采用书面形式授权的，《民法总则》第165条规定，委托代理授权采用书面形式的，授权委托书应当载明代理人的姓名或者名称、代理事项、权限和期间，并由被代理人签名或者盖章。

委托代理，依照被代理人授权范围不同，又可分为：①一次性委托代理，即被代理人委托代理人办理一次性民事法律行为，该民事法律行为完成，代理即告终止。②持续性委托代理，即被代理人在较长的时间内委托代理人持续性办理同种类或者不同种类的民事法律行为。③总委托代理，即被代理人在一定时间内，委托代理人办理对某种事务或某种标的物的各种代理活动。

（2）职务代理。职务代理是因劳动合同、聘用合同或雇佣合同之法律关系，受雇人就其职权范围内的事项，以法人或者非法人组织的名义实施民事法律行为，对法人或者非法人组织发生效力的代理。

委托代理和职务代理等意定代理的基础关系可以各不相同，但共同特点是代理权皆产生于授权行为。因此，即使由于某种原因致使委托合同等基础关系不能成立或失去效力，也不影响代理人的代理权。这既是为了充分发挥代理制度的作用，又有利于维护正常的社会经济秩序和善意第三人的利益。《民法总则》第170条第2款规定，法人或者非法人组织对执行其工作任务的人员职权范围的限制，不得对抗善意相对人。

2. 法定代理

法定代理是指以法律的直接规定为根据而产生的代理。法定代理主要是为民事法律行为能力欠缺者设计的，法律根据自然人之间的亲属关系，如父母子女、夫妻等而直接规定的代理权。如果有法定监护资格的人之间对担任监护人有争议，则需要由指定机关指定法定代理人，故指定代理在本质上还是法定代理。法定代理人原则上应代理被代理人的有关财产方面的一切民事法律行为和其他允许代理的行为，在性质上属于全权代理。

5-2 代理权的滥用

（一）概念

代理权制度的价值在于"为本人计算"，因此代理人行使代理权当以为本人利益计算作为衡量；若非为被代理人计算，而是为自己计算或为他人计算的，则为代理权滥用，法律予以限制。滥用代理权，与无权代理、越权代理不同：（1）滥用代理权；是有权代理，代理人的代理行为仍在代理权范围内。越权行为构成无权代理，不适用滥用代理权。（2）滥用代理权导致本人的损害，即滥用代理权的结果是本人受害，而代理人或第三人受益。如果本人受损害非滥用代理权所致，则也不能适用滥用代理权。无权代理着重在代理权，而非代理效果，因为无权代理行为的效果，有可能是对本人有利的，也有可能是对本人不利的，但纵使对本人有利，本人也有权拒绝接受该效果。

（二）滥用代理权之类型

1. 双方代理

双方代理指代理人既代理本人又代理第三人为同一民事法律行为的代理。广义的双方代理包括自己代理，这里采狭义的双方代理的概念。双方代理之代理有双方，可以肯定是双方法律行为，也就是"一仆二主"。在双方代理的同一民事法律行为中，代理人既要为本人代理，又要为第三人代理，代理要为本人计算，双方代理之代理人为"二主"哪一主计算，就成了两难。结果很可能会损害其中之一方被代理人的利益，甚至双方都认为被损害了。《民法总则》第 168 条第 2 款规定，代理人不得以被代理人的名义与自己同时代理的其他人实施民事法律行为，但是被代理的双方同意或者追认的除外。

2. 自己代理

这是指代理本人与自己订立合同，也称"自己契约"。自己代理被禁止，其法理在于，代理本以为本人计算为宗旨，自己代理因相对人是代理人自己，就难以再为本人计算。《民法总则》第 168 条第 1 款规定，代理人不得以被代理人的名义与自己实施民事法律行为，但是被代理人同意或者追认的除外。除了本人同意或追认外，也给予交易习惯必要的弹性。如证券公开交易为格式化买卖，证券公司自己代理时，因证券价格是由交易所竞价系统确定的，合同意思由格式条款充任，所以可以有效。

3. 利己代理

这是代理人利用地位之便,实施利于自己却不利于被代理人的代理。利己代理也为法律所禁止。《民法总则》第 35 条第 1 款规定,监护人除为被监护人的利益外,不得处分被监护人的财产。此即禁止法定代理人利己行为的规定。

4. 恶意代理

这是代理人与相对人恶意串通,损害代理人利益之代理。代理本应为被代理人计算,代理人不履行代理职责,与相对人合谋损害代理人利益的,也为法律所禁止。《民法总则》第 164 条第 2 款规定,代理人和相对人恶意串通,损害被代理人合法权益的,代理人和相对人应当承担连带责任。

6-1 诉讼时效的适用范围

从《民法总则》排除适用时效的请求权看,诉讼时效适用的标的,主要是债权请求权。

根据《民法总则》第 196 条的规定,不适用诉讼时效的请求权有:

(1)停止侵害、排除妨碍、消除危险之请求权;

(2)不动产物权和登记的动产物权的权利人之返还财产请求权;

(3)支付抚养费、赡养费或者扶养费之请求权;

(4)依法不适用诉讼时效的其他请求权。最高人民法院《关于审理民事案件适用诉讼时效制度若干问题的规定》第 1 条规定的支付存款本金及利息请求权、兑付国债、金融债券以及向不特定对象发行的企业债券本息请求权以及基于投资关系产生的缴付出资请求权等,即属于依法不适用诉讼时效的其他请求权。

考点提示

法律基于不同的价值取向,对不同类型的权利规定了不同法定期间,如适用于支配型权利的取得时效,适用于形成权的除斥期间,适用于知识产权的时效期间等,而适用于债权请求权的就是诉讼时效。

6-1 诉讼时效期间

(一)普通诉讼时效期间 普通诉讼时效是指由《民法总则》规定的,适用于一般民事法律关系的诉讼时效期间。依《民法总则》的规定,可分为以下两类:

第一类,一般诉讼时效期间。《民法总则》第 188 条第 1 款规定,向人民法院请求保护民事权利的诉讼时效期间为3年,法律另有规定的,依照其规定。《民法总则》或其他特别法没有特殊时效期间的,均适用3年的一般诉讼时效期间。

第二类,最长诉讼时效期间。《民法总则》第188条第2款规定,从权利被侵害之日起超过20年的,人民法院不予保护;有特殊情况的,人民法院可以根据权利人的申请决定延长诉讼时效期间。从《民法总则》对最长诉讼时效期间的规定来看,其与一般诉讼时效期间有如下区别:(1)最长诉讼时效期间与一般诉讼时效期间不同,前者是20年,后者是3年,即使特别法规定的特殊诉讼时效期间,也没有超过最长时效的。(2)最长诉讼时效期间起算时间,从权利受到损害之日起计算,而一般诉讼时效期间,则是从知道或者应当知道权利受到损害以及义务人之日起计算。

(3)最长诉讼时效期间可适用延长,但不适用时效的中止、中断,而一般诉讼时效期间则相反,能适用时效中止、中断,但不能适用时效延长。

(二) 特殊诉讼时效期间

特殊诉讼时效期间是指由特别法规定的诉讼时效。特别法规定的诉讼时效,与《民法总则》的规定比较,有两点不同:(1)时效期间不同。有的时效期间比较长,如《合同法》第129条规定涉外合同期间为4年;也有短于《民法总则》规定的3年的,如《海商法》第257条规定,就海上货物运输向承运人要求赔偿的请求权,时效期间为1年,在时效期间内或者时效期届满后,被认定为负有责任的人向第三人提起追偿请求的,时效期间为90日。(2)时效期间起算不同。例如,《海商法》第258条第1项规定:有关旅客人身伤害的请求权,自旅客离船或者应当离船之日起计算。

(三) 仲裁时效之特别规定

《民法总则》第198条规定,法律对仲裁时效有规定的,依照其规定;没有规定的,适用诉讼时效的规定。即仲裁原则上适用诉讼时效的规定,只有在法律对仲裁作出特别的仲裁时效规定的,才适用仲裁时效。

6-1 诉讼时效期间的起算

(一) 普通起算规则

《民法总则》第188条第2款规定,诉讼时效期间自权利人知道或者应当知道权利受到损害以及义务人之日起计算。法律另有规定的,依照其规定。即诉讼时效期间的起算,没有法律特别规定的,一律从权利人知道或者应当知道权利被侵害及义务人为谁之日开始计算。即一般诉讼时效普通起算规则需要满足两个条件，一是知道或应当知道权利受损害；二是知道或应当知道其权利的义务人为谁，两者缺一，时效就没有开始。对于如何界定权利人已经知道或者应当知道其权利被侵害或者义务人为谁，既有法律的规定，亦有司法实务中多有采用的被学说概括的确认方法。

（1）约定有清偿期的债权，自期限届满时起算。《民法总则》第189条规定："当事人约定同一债务分期履行的，诉讼时效期间自最后一期履行期限届满之日起计算。"未约定履行期限的合同，依照《合同法》第61、62条的规定，可以确定履行期限的，诉讼时效期间从履行期限届满之日起计算；不能确定履行期限的，诉讼时效期间从债权人要求债务人履行义务的宽限期届满之日起计算，但债务人在债权人第一次向其主张权利之时明确表示不履行义务的，诉讼时效期间从债务人明确表示不履行义务之日起计算。

（2）附生效条件的请求权，自条件成就之时起算，因为条件成就前，其权利尚属不可行使的期待权。

（3）损害赔偿请求权，应视请求权发生的事实性质而定：①对于因债务不履行而生的债权之损害赔偿请求权的诉讼时效期间，应自债务不履行时起算。②对于因人身受伤害而发生的损害赔偿请求权，最高人民法院《民通意见》第168条规定，伤害明显的，从受伤害之日起算；伤害当时未曾发现，后经检查确诊并能证明是由侵害引起的，从伤势确诊之日起算。③对于其他的因侵权行为而发生的损害赔偿请求权，其时效期间应自权利人已知或应知其权利受损害及侵害人为谁时起计算。

（4）返还不当得利请求权的诉讼时效期间，从当事人一方知道或者应当知道不当得利事实及对方当事人之日起计算。

（5）管理人因无因管理行为产生的给付必要管理费用、赔偿损失请求权的诉讼时效期间，从无因管理行为结束并且管理人知道或者应当知道本人之日起计算。本人因不当无因管理行为产生的赔偿损失请求权的诉讼时效期间，从其知道或者应当知道管理人及损害事实之日起计算。

（二）特殊起算规则

《民法总则》基于对无民事行为能力和限制民事行为能力的特殊保护，规定了两款诉讼时效期间的特殊起算方法。其特殊不在于时效期间的特殊，而在起算时间的特殊。法律通过规定对效的特殊起算时间，间接延长了两者的诉讼时效期间。

（1）《民法总则》第190条规定："无民事行为能力人或者限制民事行为能力人对其法定代理人的请求权的诉讼时效期间，自该法定代理终止之日起计算。"这里的请求权，既包括人身损害赔偿请求权，也应包括财产返还请求权等各类可以适用诉讼时效的请求权。法条中用"该法定代理"，是指作为请求权之义务人的特定法定代理人，不是泛指其他法定代理人。

法定代理人也即无民事行为能力人或者限制民事行为能力人的监护人，在监护期间被监护人即使知道人身或财产被法定代理人侵害，其提起诉讼也须由该法定代理人代理，或者有多个法定代理人时受到该法定代理人的干涉。如果诉讼时效按知道或者应当知道权利受到损害之日起的普通起算规则计算，到该法定代理终止时，很可能时效已届满，权利就此落空。所以，在该义务人的法定代理终止之日起计算时效，是有利于对无民事行为能力人或者限制民事行为能力人的保护的。

在义务人之法定代理人之代理终止后，无民事行为能力人或者限制民事行为能力人或许已取得完全民事行为能力，也或许还处于民事行为能力欠缺状态，设定了新监护人。不管哪种情形，其请求权之时效即开始计算。

（2）《民法总则》第191条规定："未成年人遭受性侵害的损害赔偿请求权的诉讼时效期间，自受害人年满十八周岁之日起计算。"该条如与上述《民法总则》第190条相比，有如下区别：一是受害人须是未成年人，不论男性女性皆适用，但成年人则不能适用，包括成年无民事行为能力和限制民事行为能力人；二是受性侵害之赔偿请求权，即非性侵害之赔偿请求权不能适用该起算时间，如其他身体伤害的赔偿请求权及其他债权请求权都不能适用；三是赔偿义务人的范围不特定，可以是监护人，也可以是其他非监护人，可以说是对未成年人的"网状"保护；四是诉讼时效起算是自受害人年满18周岁成人之日，即使成年后仍是无民事行为能力和限制民事行为能力人，也不能适用该特殊保护。

（三）从权利被侵害之时起算规则

《民法总则》第188条第2款的规定，从权利被侵害之日起超过20年的，人民法院不予保护。继承法等法律中也有类似的规定，即最长容忍期间的起算，从权利被侵害之时起开始，完全把期间客观化，不考虑当事人主观状态。

旧题新练

某幼儿班聘请某甲担任幼儿班教师。某日上午9时左右，幼儿班课间休息时，某甲离校打电话，几个幼儿在教室里的火炉旁烤火。其中某乙5岁和某丙4岁因争夺位置而打斗，某乙用石块将某丙头部打破。而某丙则把某乙按在火炉上，某乙被烫伤。为此，某丙花去医药费500元，某乙花去医药费5000元。

某丙之父行使侵权行为之债的请求权,其诉讼时效期间自其知道侵害事实发生之日起是多长时间?(2002/3/84)

A. 1 年　　　　　　　B. 2 年

C. 最长不超过 20 年　　D. 6 个月

【参考答案】 　无解(原答案为 A)

【解析】 　考试当年,根据《民法通则》第 136、137 条规定,答案为 A。今后答题,根据《民法总则》第 188 条规定,向人民法院请求保护民事权利的诉讼时效期间为三年。法律另有规定的,依照其规定。诉讼时效期间自权利人知道或者应当知道权利受到损害以及义务人之日起计算。法律另有规定的,依照其规定。但是自权利受到损害之日起超过 20 年的,人民法院不予保护;有特殊情况的,人民法院可以根据权利人的申请决定延长。因此,本题无解。

至于选项 C,无论是《民法通则》还是《民法总则》,对于最长期限 20 年的起算日,是权利受到损害之日,而非"知道"或者"应当知道"权利受到损害之日,故不选。

6-1　诉讼时效的中止、中断和延长

(一)诉讼时效中止

1. 概念

诉讼时效中止是指在诉讼时效期间的最后 6 个月内,因法定事由而使权利人不能行使请求权的,诉讼时效期间的计算暂时停止。《民法总则》第 194 条规定了五项原因,在诉讼时效期间的最后 6 个月内发生的,其诉讼时效中止,并从中止时效的原因消除之日起满 6 个月,诉讼时效期间届满。诉讼时效中止的功能,是把导致权利人不能行使权利的法定障碍经过的期间,排除于时效期间之外,使诉讼时效期间所含的事实状态要素,真正能限定于权利人主观不行使权利的情形,以提高时效期间的"含金量"。

2. 发生诉讼时效中止的法定事由

(1)不可抗力,指的是不能预见、不能避免并不能克服的客观情况,包括自然灾害和非出于权利人意思的"人祸",如瘟疫、暴乱等;(2)无民事行为能力人或者限制民事行为能力人没有法定代理人,或者法定代理人死亡、丧失民事行为能力、丧失代理权;(3)继承开始后未确定继承人或者遗产管理人;(4)权利人被义务人或者其他人控制;(5)其他导致权利人不能行使请求权的障碍。

3. 中止时效的发生期间

中止时效的法定事由必须在诉讼时效期间的最后 6 个月内发生，或法定事由虽发生于 6 个月前但持续至最后 6 个月内的，才能发生中止时效的法律效果。

4. 诉讼时效中止的法律效果

（1）法定事由发生前已经过的时效期间仍为有效，法定事由经过的期间为时效中止期间，不生时效期间的效力，法定事由消除后，时效期间继续进行；（2）法定事由发生在最后 6 个月内，法定事由消除后，剩下时效期间不足 6 个月，应否补足其为 6 个月，《民法总则》第 194 条第 2 款规定，自中止时效的原因消除之日起满 6 个月，诉讼时效期间届满。即中止原因消除后，无论剩余时效期间剩多少，一概再予 6 个月。

5. 诉讼时效中止适用的时效期间类型

除法律有特别规定外，诉讼时效中止适用于最长诉讼时效期间以外的诉讼时效期间类型。

（二）诉讼时效中断

1. 概念

诉讼时效中断是指因有与权利人怠于行使权利相反的事实，使已经过的时效期间失去效力，而须重新起算时效期间的制度。《民法总则》第 195 条规定，诉讼时效因提起诉讼或申请仲裁、当事人一方提出请求或者同意履行义务而中断。从中断时起，已进行的时效期间统归无效，诉讼时效期间重新计算。诉讼时效中断以权利人消极不行使权利为前提条件，若此状态消失，诉讼时效即因欠缺要件，时效期间再次进行。

2. 发生诉讼时效中断的事由

（1）权利人向义务人提出履行之请求，指的是权利人于诉讼外向义务人请求其履行义务的意思表示。权利人提出请求，使不行使权利的状态消除，诉讼时效也由此中断。

当事人请求的方式，应认为口头或书面及公告等能达请求效果的各种方式。例如：①当事人一方直接向对方当事人送交主张权利文书，对方当事人在文书上签字、盖章或者虽未签字、盖章但能够以其他方式证明该文书到达对方当事人的。对方当事人为法人或者其他组织的，签收人可以是其法定代表人、主要负责人、负责收发信件的部门或者被授权主体。对方当事人为自然人的，签收人可以是自然人本人、同住的具有完全行为能力的亲属或者被授权主体。②当事人一方以发送信件或者数据电文方式主张权利，信件或者数据电文到达或者应当到达对方当事人的。③当事人一方为金融机构，依照法律规定或者当事人约定从对方当事人账户中扣收欠款本息的。④当事人一方下落不明，对方当事人在国家级或者下落不明的当事人一方住所地的省级有影响的媒体上刊登具有主张权利内容的公告的，但法律和司法解释另有特别规定的，适用其规定。

权利人对同一债权中的部分债权主张权利，诉讼时效中断的效力及于剩余债权，但权利人明确表示放弃剩余债权的情形除外。对于连带债权人中的一人发生诉讼时效中断效力的事由，应当认定对其他连带债权人也发生诉讼时效中断的效力。对于连带债务人中的一人发生诉讼时效中断效力的事由，应当认定对其他连带债务人也发生诉讼时效中断的效力。债权人提起代位权诉讼的，应当认定对债权人的债权和债务人的债权均发生诉讼时效中断的效力。债权转让的，应当认定诉讼时效从债权转让通知到达债务人之日起中断。债务承担情形下，构成原债务人对债务承认的，应当认定诉讼时效从债务承担意思表示到达债权人之日起中断。

（2）义务人同意履行义务，是指义务人向权利人表示同意履行义务的意思。义务人的同意，亦即对权利人之权利的承认，故与请求发生相同之中断时效的效果。同意的方式，对此法律未有限制，口头或书面、明示或默示，均无不可，而且也不问义务人的同意是否有中断时效的目的。同意之表示人原则上应为义务人本人，义务人的代理人于授权范围内而为同意的，亦发生同意的效果，但保证人等同意履行义务的意思，对主债务人不生意之效果。同意之相对人，原则上亦为权利人或权利人之代理人，对第三人为同意，不生同意的效果。

关于义务人的同意，需注意以下的情形：①义务人作出分期履行、部分履行、提供担保、请求延期履行、制订清偿债务计划等承诺或者行为的，应当认定为当事人一方同意履行义务。②对于连带债权人中的一人发生诉讼时效中断效力的事由，应当认定对其他连带债权人也发生诉讼时效中断的效力。对于连带债务人中的一人发生诉讼时效中断效力的事由，应当认定对其他连带债务人也发生诉讼时效中断的效力。③债权人提起代位权诉讼的，应当认定对债权人的债权和债务人的债权均发生诉讼时效中断的效力。④债权转让的，应当认定诉讼时效从债权转让通知到达债务人之日起中断。债务承担情形下，构成原债务人对债务承认的，应当认定诉讼时效从债务承担意思表示到达债权人之日起中断。

（3）提起诉讼或申请仲裁，是指权利人提起民事诉讼或申请仲裁，请求法院或仲裁庭保护其权利的行为。诉请裁判之举，是权利人行使权利的最为强烈的表示，故诉讼之日便是时效中断之时。当事人一方向人民法院或者仲裁机关提交书面起诉状或者口头起诉和仲裁申请的，诉讼时效从提交起诉状、口头起诉或申请仲裁之日起中断。但是，权利人于起诉后又撤诉的，其起诉是否发生诉讼时效中断的效果呢？法律没有明确规定，一般认为，起诉已表明权利人行使权利的事实，即使撤诉也仅是放弃公力救济，其内含请求之意思并未因撤诉而撤销，故应视为与请求相同的发生中断时效的效果。

（4）与提起诉讼或者申请仲裁具有同等效的其他情形。法院在出现下列事项之一时，应当认定与提起诉讼具有同等诉讼时效中断的效力：①申请支付令；②申请破产、申报破产债权；③为主张权利而申请宣告义务人失踪或死亡；④申请诉前财产保全、诉前临时禁令等诉前措施；⑤申请强制执行；⑥申请追加当事人或者被通知参加诉讼；⑦在诉讼中主张抵销，等等。

在出现下列情形时，也发生诉讼时效的中断：①权利人向人民调解委员会以及其他依法有权解决相关民事纠纷的国家机关、事业单位、社会团体等社会组织提出保护相应民事权利的请求，诉讼时效从提出请求之日起中断；②权利人向公安机关、人民检察院、人民法院报案或者控告，请求保护其民事权利的，诉讼时效从其报案或者控告之日起中断。该等机关决定不立案、撤销案件、不起诉的，诉讼时效期间从权利人知道或者应当知道不立案、撤销案件或者不起诉之日起重新计算；刑事案件进入审理阶段，诉讼时效期间从刑事裁判文书生效之日起重新计算。

3. 诉讼时效中断的法律效果

诉讼时效中断的事由发生后，已经过的时效期间归于无效，中断事由存续期间，时效不进行，中断事由终止时，重新计算时效期间。但如何确认中断事由的终止，因事由的性质有别而有所不同：

（1）因请求或同意中断时效的，书面通知应以到达相对人时为事由终止；口头通知应以相对人了解时为事由终止。在时效期间重新起算后，权利人再次请求或义务人再次同意履行义务的，诉讼时效可再次中断。

（2）因提起诉讼或仲裁中断时效的，应于诉讼终结或法院作出裁判时为事由终止；权利人申请执行程序的，应以执行程序完毕之时为事由终止。

（3）因调解中断时效的，调处失败的，以失败之时为事由终止；调处成功而达成合同的，以合同所定的履行期限届满之时为事由终止。

4. 诉讼时效中断适用的时效期间类型

诉讼时效中断适用于最长诉讼时效期间以外的诉讼时效期间类型。

（三）诉讼时效延长

诉讼时效期间延长是指因特殊情况，法院对已经完成的最长诉讼时效期间给予的延展。期间的延长与中止、中断不同，它只适用于最长诉讼时效期间已经完成的情形，《民法总则》第188条第2款规定，自权利受到损害之日起超过20年的，人民法院不予保护；有特殊情况的，人民法院可以根据权利人的申请决定延长。诉讼时效期延长是为了保护当事人的权利，为防范法律可能的疏漏或者随社会发展出现不可预知的特殊情况，预留的救济空间。诉讼时效期间延长与中止、中断相比，有如下特点：（1）适用对象不同，延长只适用于最长诉讼时效，其他类型诉讼时效不能适用。（2）适用的原因为"特殊情况"，既谓之特殊，应是《民法总则》没有规定的，要通过司法实务的经验积累，或有待将来立法或司法解释阐明。（3）适用最长诉讼时效须由权利人申请，未申请的，法院不能决定给予时效延长。（4）由法院决定延长，决定的结果有同意申请延长或不同意申请延长，若同意延长，延长多长时间，法院有一定的自由裁量权；而一般诉讼时效中止和中断的适用条件都是有法律规定的，只要当事人诉请即可，不用另行申请，法院也无权作出改变适用条件的决定。

20-5 融资租赁合同

（一）融资租赁合同的概念和特征

融资租赁合同，是指出租人根据承租人对出卖人、租赁物的选择，向出卖人购买租赁物，提供给承租人使用，承租人支付租金的合同。

融资租赁集借贷、租赁、买卖于一体，是将融资与融物结合在一起的交易方式。融资租赁合同是由出卖人与买受人（租赁合同的出租人）之间的买卖合同和出租人与承租人之间的租赁合同构成的，但其法律效力又不是买卖和租赁两个合同效力的简单叠加。租赁合同的主体为三方当事人，即出租人（买受人）、承租人和出卖人（供货商）。承租人要求出租人为其融资购买承租人所需的设备，然后由供货商直接将设备交给承租人。其法律特征是：

（1）与买卖合同不同，融资合同的出卖人是向承租人履行交付标的物和瑕疵担保义务，而不是向买受人（出租人）履行义务，即承租人享有买受人的权利但不承担买受人的义务。

（2）与租赁合同不同，融资租赁合同的出租人不负担租赁物的维修与瑕疵担保义务，但承租人须向出租人履行交付租金义务。

（3）根据约定以及支付的价款数额，融资租赁合同的承租人有取得租赁物之所有权或返还租赁物的选择权，即如果承租人支付的是租赁物的对价，就可以取得租赁物之所有权，如果支付的仅是租金，则须于合同期间届满时将租赁物返还出租人。

（二）融资租赁合同的认定及效力

依据最高人民法院《关于审理融资租赁合同纠纷案件适用法律问题的解释》（以下

简称《融资租赁合同解释》）第1条和第2条，对于是否构成融资租赁法律关系，应当根据《合同法》第237条的规定，结合标的物的性质、价值、租金的构成以及当事人的合同权利和义务进行认定。对名为融资租赁合同，但实际不构成融资租赁法律关系的，应按照其实际构成的法律关系处理。承租人将其自有物出卖给出租人，再通过融资租赁合同将租赁物从出租人处租回的，人民法院不应仅以承租人和出卖人系同一人为由认定不构成融资租赁法律关系。

依据《融资租赁合同解释》第3条，确认融资租赁合同的效力时，根据法律、行政法规规定，承租人对于租赁物的经营使用应当取得行政许可的，不应仅以出租人未取得行政许可为由认定融资租赁合同无效。

（三）融资租赁合同当事人的权利和义务

1. 出卖人的义务

（1）向承租人交付租赁物；

（2）承租标的物的瑕疵担保义务和损害赔偿义务。

2. 出租人的义务

（1）向出卖人支付标的物的价金；

（2）在承租人向出卖人行使索赔权时，负有协助义务；

（3）不变更买卖合同中与承租人有关条款的不作为义务。

3. 承租人的义务

（1）根据约定，向出租人支付租金；

（2）妥善保管和使用租赁物并担负租赁物的维修义务；

（3）约定租赁物归出租人的，于租赁期间届满时返还租赁物。

（四）融资租赁合同的解除

1. 出租人或者承租人均享有融资租赁合同法定解除权的情形

（1）出租人与出卖人订立的买卖合同解除、被确认无效或者被撤销，且双方未能重新订立买卖合同的；

（2）租赁物因不可归责于双方的原因意外毁损、灭失，且不能修复或者确定替代物的；

（3）因出卖人的原因致使融资租赁合同的目的不能实现的。

2. 仅出租人享有融资租赁合同法定解除权的情形

（1）承租人未经出租人同意，将租赁物转让、转租、抵押、质押、投资入股或者以其他方式处分租赁物的；

（2）承租人未按照合同约定的期限和数额支付租金，符合合同约定的解除条件，经出租人催告后在合理期限内仍不支付的；

（3）对于欠付租金解除合同的情形没有明确约定，但承租人欠付租金达到两期以上，或者数额达到全部租金15%以上，经出租人催告后在合理期限内仍不支付的；

（4）承租人违反合同约定，致使合同目的不能实现的其他情形。

（五）融资租赁物的所有权归属

融资租赁期间，出租人享有租赁物的所有权。因此，承租人破产时，租赁物不属于破产财产。但与一般所有权人不同的是，出租人并不承担租赁物的瑕疵担保责任，对承租人占有租赁物期间租赁物造成第三人的人身或财产损害也不承担责任。

出租人与承租人可以约定租赁期间届满后租赁物的归属。对租赁物的归属没有约定或者约定不明确，按照《合同法》第61条的规定仍不能确定的，租赁物的所有权归出租人。

依据《融资租赁合同解释》第4条，融资租赁合同被认定无效时，当事人就合同无效情形下租赁物归属有约定的，从其约定；未约定或者约定不明，且当事人协商不成的，租赁物应当返还出租人。但因承租人原因导致合同无效，出租人不要求返还租赁物，或者租赁物正在使用，返还出租人后会显著降低租赁物价值和效用的，可以认定租赁物所有权归承租人，并根据合同履行情况和租金支付情况，由承租人就租赁物进行折价补偿。

名词解释

法人人格否认

法人人格否认是指在特定的财产法律关系中缘于特定的事由，将义务或责任转由行为人负担，法人独立人格被否认之情形。法人人格否认主要发生在属于营利法人的有限责任公司，故在英美法上曰之"刺破公司的面纱"。法人在法律关系中，具有财产独立性和出资人责任有限性两大特征，尤其是出资人责任的有限性，使法人资产在不足以清偿全部债务时，债权人不得请求出资人承担超出其出资范围的责任。法人人格否认的制度价值就是要遏制出资人或其他人利用法人规避自身责任，使权利义务的分配符合公平正义的要求。法人人格否认不是对法人人格的永久剥夺，而只是在某一特定的法律关系中，否认法人的独立性。

法人人格否认，在公司法、最高人民法院的司法解释中已获得肯定。

民间借贷

2015 年 6 月 23 日，最高人民法院审判委员会通过《关于审理民间借贷案件适用法律若干问题的规定》，这一司法解释对民间借贷纠纷的法律适用问题作了具体规定，其主要实体法内容包括：

（一）民间借贷的界定

该规定所称的民间借贷，是指自然人、法人、其他组织之间及其相互之间进行资金融通的行为。经金融监管部门批准设立的从事贷款业务的金融机构及其分支机构，因发放贷款等相关金融业务引发的纠纷，不适用该规定。可见，民间借贷是指金融机构借贷以外的借贷关系。

（二）民间借贷合同的生效

合同法规定：自然人之间的借款合同，自贷款人提供借款时生效。具有下列情形之一，可以视为具备《合同法》第 210 条关于自然人之间借款合同的生效要件：（1）以现金支付的，自借款人收到借款时；（2）以银行转账、网上电子汇款或者通过网络贷款平台等形式支付的，自资金到达借款人账户时；（3）以票据交付的，自借款人依法取得票据权利时；（4）出借人将特定资金账户支配权授权给借款人的，自借款人取得对该账户实际支配权时；（5）出借人以与借款人约定的其他方式提供借款并实际履行完成时。

除自然人之间的借款合同外，当事人主张民间借贷合同自合同成立时生效的，人民法院应予支持，但当事人另有约定或者法律、行政法规另有规定的除外。

（三）民间借贷合同的效力

具有下列情形之一，人民法院应当认定民间借贷合同无效：（1）套取金融机构信贷资金又高利转贷给借款人，且借款人事先知道或者应当知道的；（2）以向其他企业借贷或者向本单位职工集资取得的资金又转贷给借款人牟利，且借款人事先知道或者应当知道的；（3）出借人事先知道或者应当知道借款人借款用于违法犯罪活动仍然提供借款的；（4）违背社会公序良俗的；（5）其他违反法律、行政法规效力性强制性规定的。

法人之间、其他组织之间以及它们相互之间为生产、经营需要订立的民间借贷合同，以及法人或者其他组织在本单位内部通过借款形式向职工筹集资金，用于本单位生产、经营的，除存在《合同法》第52条或上列无效情形外，当事人主张民间借贷合同有效的，人民法院应予支持。

借款人或者出借人的借贷行为涉嫌犯罪，或者已经生效的判决认定构成犯罪，当事人提起民事诉讼的，民间借贷合同并不当然无效。人民法院应当根据《合同法》第52条及司法解释的相关规定认定民间借贷合同的效力。

担保人以借款人或者出借人的借贷行为涉嫌犯罪或者已经生效的判决认定构成犯罪为由，主张不承担民事责任的，应当依据民间借贷合同与担保合同的效力、当事人的过错程度，依法确定担保人的民事责任。

（四）民间借贷的利率与利息

借贷双方没有约定利息，或者自然人之间借贷对利息约定不明的，出借人无权主张借款人支付借期内利息。除自然人之间借贷的外，借贷双方对借贷利息约定不明，出借人主张利息的，人民法院应当结合民间借贷合同的内容，并根据当地或者当事人的交易方式、交易习惯、市场利率等因素确定利息。

借贷双方约定的利率未超过年利率24%，出借人请求借款人按照约定的利率支付利息的，人民法院应予支持。借贷双方约定的利率超过年利率36%，超过部分的利息约定无效。借款人请求出借人返还已支付的超过年利率36%部分的利息的，人民法院应予支持。预先在本金中扣除利息的，人民法院应当按照实际出借的金额认定为本金。

（五）民间借贷的担保

他人在借据、收据、欠条等债权凭证或者借款合同上签字或者盖章，但未表明其保证人身份或者承担保证责任，或者通过其他事实不能推定其为保证人，出借人请求其承担保证责任的，人民法院不予支持。

借贷双方通过网络贷款平台形成借贷关系，网络贷款平台的提供者仅提供媒介服务，当事人请求其承担担保责任的，人民法院不予支持。网络贷款平台的提供者通过网页、广告或者其他媒介明示或者有其他证据证明其为借贷提供担保，出借人请求网络贷款平台的提供者承担担保责任的，人民法院应予支持。

当事人以签订买卖合同作为民间借贷合同的担保，借款到期后借款人不能还款，出借人请求履行买卖合同的，人民法院按照民间借贷法律关系审理作出的判决生效后，借款人不履行生效判决确定的金钱债务，出借人可以申请拍卖买卖合同标的物，以偿还债务。就拍卖所得的价款与应偿还借款本息之间的差额，借款人或者出借人有权主张返还或补偿。

（六）民间借贷中的企业责任与个人责任

企业法定代表人或负责人以企业名义与出借人签订民间借贷合同，出借人、企业或者其股东能够证明所借款项用于企业法定代表人或负责人个人使用，出借人请求将企业法定代表人或负责人列为共同被告或者第三人的人民法院应予准许。企业法定代表人或负责人以个人名义与出借人签订民间借贷合同，所借款项用于企业生产经营，出借人请求企业与个人共同承担责任的，人民法院应予支持。

旧题新练

自然人甲与乙签订了年利率为30%、为期1年的1000万元借款合同。后双方又签订了房屋买卖合同，约定："甲把房屋卖给乙，房款为甲的借款本息之和。甲须在一年内以该房款分6期回购房屋。如甲不回购，乙有权直接取得房屋所有权。"乙交付借款时，甲出具收到全部房款的收据。后甲未按约定回购房屋，也未把房屋过户给乙。因房屋价格上涨至3000万元，甲主张偿还借款本息。下列哪些选项是正确的？（2015/3/51）

A. 甲乙之间是借贷合同关系，不是房屋买卖合同关系

B. 应在不超过银行同期贷款利率的四倍以内承认借款利息

C. 乙不能获得房屋所有权

D. 因甲未按约定偿还借款，应承担违约责任

【参考答案及解析】　ACD（原答案为ABCD）。甲、乙二人最先签订的是一份借贷协议，约定由乙向甲提供1000万元的贷款。随后，二人又签订了一份房屋买卖合同，约定甲将房屋出售给乙，房款即为甲的借款。但同时，该买卖合同中同时约定甲应当回购房屋。实际上，第二份房屋出售协议是甲、乙二人之间签订的担保合同，目的是担保甲的还款义务。因此，甲、乙双方的真实意思是借款而非房屋买卖，应当承认双方的法律关系为借款，故A项正确。

依据最高人民法院1991年发布的《关于人民法院审理借贷案件的若干意见》第6条的规定："民间借贷的利率可以适当高于银行的利率，但最高不得超过银行同类贷款利率的四倍。"借款利率不应超过同期银行贷款利率的4倍，故出题时B项正确。但根据最高人民法院于2015年8月发布的最高人民法院《关于审理民间借贷案件适用法律的若干规定》第26条规定，人民法院对于超过年利率36%的部分不予保护，超过年利率24%不到36%的部分认定为自然债务，保护不超过年利率24%的部分。因此B项不确切。

甲、乙之间真实意思是借款，不存在房屋买卖关系，乙不能获得房屋所有权，故 C 项正确。

甲、乙之间的借款合同成立，甲未能在约定期限内还款，应承担违约责任，故 D 项正确。

【案例1】 2006 年 4 月 30 日，乙公司和甲银行签订《借款合同》，约定甲银行借给丙公司1000万元，借期 1 年。乙公司和其母公司丙公司分别给银行出具《保函》，保证用丙公司开发的某项目形成的各种资产和权益作为甲上述借款的抵押物。其中包括：(1) 属于丙公司的"星际时代"的商标使用权，该商标虽没有注册，但已经通过广告宣传在当地有一定的知名度；(2) 丙公司"星际时代"宾馆改扩建装饰工程及设备。其中，丙公司"星际时代"宾馆占用房屋属于丁公司所有，丙公司和丁公司签订的房屋租赁合同中对于房屋的装修没有约定。

2006 年 5 月 9 日，甲银行依约向丙公司发放了贷款。2007 年 6 月 14 日，甲银行向乙公司和丙公司分别发出《催促尽快履行连带保证责任通知书》和《贷款催收通知书》。乙公司和丙公司都签收确认。2008 年 5 月 10 日，甲银行又登报发布了《债权催收公告》，要求丙公司还款，乙公司承担保证责任。另查明，丙公司"星际时代"宾馆的改扩建装饰工程及设备已经与房屋合为一体，拆除后，将失去经济价值。

问题：1."星际时代"商标使用权能否抵押，为什么？

2. 改扩建与装饰工程能否抵押，为什么？

3. 甲银行和乙公司的保证担保关系何时成立？为什么？

4. 甲银行享有的债权是否已过诉讼时效期间？为什么？

5. 2008 年 10 月 12 日起诉甲银行享有的保证债权是否已经过诉讼时效期间？为什么？

【参考答案】 1. 不能抵押。首先，商标专用权属于可质押的权利，并非可抵押的财产。其次，物权法规定只有可以转让的注册商标专用权才可以质押。所以丙公司未经注册的"星际时代"商标抵押的行为无效。(《物权法》F227)

2. 不能抵押。丙公司对租赁房屋的改扩建与装饰部分，属于使用人对房屋的添附行为。根据民法通则意见，在他人财产上增添附属物，非产权人与财产所有人有约定的依约定，没有约定又不能拆除的，原财产所有人取得所有权。因此，丙公司不经丁公司同意无权对其处分。

3. 2007 年 6 月 14 日成立。甲银行与乙公司未签订书面保证合同。甲银行于 2007 年 6 月 14 日发出的《催促尽快履行连带保证责任通知书》中，乙公司首次明确承诺对丙公司借款承担连带保证责任，故应认定保证担保关系自此成立。

4. 没有。甲银行先后于 2007 年 6 月 14 日和 2008 年 5 月 10 日对丙公司催收，对丙公司享有的债权中断，诉讼时效期间应持续至 2010 年 5 月 10 日。甲银行向法院起诉要求丙公司承担还款责任，诉讼时效期间未经过。

5. 没有。甲银行于 2007 年 6 月 14 日向乙公司送达《催促尽快履行连带保证责任通知书》，保证合同成立。同时因为甲银行要求乙公司承担保证责任。故保证债权诉讼时效起算并应持续至 2009 年 6 月 14 日，甲银行于 2008 年 10 月 12 日向法院起诉没有超过诉讼时效期间。

【案例2】 甲公司与乙公司在某市吉庆三路合建了一栋 10 层的写字楼，双方签订了如下协议："该写字楼属于甲、乙双方共同所有，但以甲的名义办理登记，第 1~5 层由甲使用，第 6~10 层由乙使用。任何一方不得将该楼抵押，否则该楼全部权益即转归另一方所有。"该楼前面有一学校丁，为提升写字楼价值，甲、乙公司与丁学校达成如下协议：丁在 10 年内不得在学校内兴建 10 层以上的建筑，甲、乙公司一次性支付 100 万作为补偿。协议签订后，双方到登记部门办理了地役权登记手续（以甲公司的名义）。后甲、乙公司分别将该写字楼租给 5 家公司作为办公场所，并签订了 5 年的租赁合同。两年后，甲公司因资金困难，向丙银行贷款 3000 万元，甲丙双方签订了抵押合同，约定以该写字楼作为抵押物，甲丙到登记机关办理相关的抵押登记手续。随后不久甲公司又与何某签订房屋买卖合同一份，将该房屋卖给何某（何某不知道甲乙公司之间的约定），随后，何某领取了该房的产权证。何某准备将此楼房作为开办宾馆之用，要求 5 家公司一个月之内搬离。乙公司得知该情况后，将甲公司诉至法院。不久，甲到期无力偿还银行借款本息，丙要求对该写字楼行使抵押权，但遭到何某的拒绝。而此时，丁学校招生规模持续扩大，为改善教学条件，丁学校拟在校内建造一座 15 层的高楼。

问题：1. 丙对该写字楼是否享有抵押权？为什么？
2. 乙是否已经取得该楼的所有权？为什么？
3. 本案中谁是地役权人？为什么？
4. 甲公司转让该写字楼的行为是否有效？为什么？
5. 假如甲与何某的买卖合同是合法有效的，何某能否取得该楼的所有权？为什么？
6. 何某能否有权解除租赁合同？为什么？
7. 何某是否有权禁止丁在校内建造一座 15 层的高楼？

【参考答案】 1. 丙对该写字楼享有抵押权，该楼虽属于甲乙共有，但是是以甲的名义办理登记的，丙银行因信赖其为甲公司所有而与甲公司签订抵押合同，并办理抵押登记后，丙即取得该楼的抵押权。

2. 乙并未取得该楼的所有权,甲乙之间的协议属于其内部协议,不具有对抗善意第三人的效力,乙不能因双方的内部协议而取得该楼的所有权,但可以请求甲赔偿其损失。

3. 本案中,地役权人为甲公司,因为地役权登记是以甲公司的名义与丁学校办理的。

4. 甲公司转让该写字楼的行为须经丙银行同意或何某代为清偿贷款后才有效。《物权法》第191条第2款规定:"抵押期间,抵押人未经抵押权人同意,不得转让抵押财产,但受让人代为清偿债务消灭抵押权的除外。"

5. 何某能取得该楼的所有权,该楼以甲公司名义登记,甲公司即有权处分该楼,何某不知道甲乙之间的约定,信赖其为甲公司所有,甲公司与何某签订房屋买卖合同,将该楼卖给何某后,何某即善意取得该楼的所有权。

6. 何某无权解除租赁合同,《合同法》第229条规定,租赁物在租赁期间内发生所有权变动的,不影响租赁合同的效力。

7. 有权,地役权在起作用。

【案例3】 甲为了扩大经营规模,向乙借款100万元。为了担保债务履行,甲乙签订抵押合同,甲将自有的两处商品房A和B作为抵押物,其中A商品房评估价值为50万元,B商品房评估价值为40万元。因B处商品房尚未办理产权证,故双方并未办理抵押登记,甲承诺只要办理好产权证就协助办理抵押登记,而A处商品房已经办理了抵押登记手续。此外,甲的好友丙以一辆桑塔纳3000型轿车提供担保,评估价值为15万元,但没有办理抵押登记。甲的好友丁愿意为甲提供连带保证。但是对于丙丁的担保责任份额没有约定。甲到期无法还款。另查,丙的汽车已在一周以前因自燃而全损,保险公司赔偿了13万元。丙主张,作为抵押物的汽车已经灭失,因此抵押权消灭,自己不承担担保责任。丁主张,应当先向物的担保人主张担保责任,只有甲和丙都已经承担担保责任以后,乙的债权尚未完全受偿,自己才承担保证责任。

问题:(1)甲乙之间的抵押合同是否有效?为什么?

(2)乙对A、B两处商品房的抵押权是否成立?为什么?

(3)丙的主张是否能够得到支持?为什么?

(4)丁的主张是否能够成立?为什么?

(5)假设甲在签订抵押合同之前就将A处商品房出租给了戊,乙行使抵押权将A处商品房变卖,买受人要求解除租赁合同,是否能够得到支持?为什么?

(6)假设丙的汽车没有发生自燃,而是通过中介机构转让给了庚,庚不知道汽车已经设定了抵押,乙的抵押权是否能够追及庚?为什么?

【参考答案】 （1）有效。根据物权变动与其原因行为的区分原则，抵押物没有办理登记，不影响合同的效力。或者引用《物权法》第15条：当事人之间订立有关设立、变更、转让和消灭不动产物权的合同，除法律另有规定或者合同另有约定外，自合同成立时生效；未办理物权登记的，不影响合同效力。

（2）对A处商品房的抵押权成立，对B处商品房的抵押权不成立。因为房屋等不动产的抵押，采取登记要件主义，未经登记，抵押权不成立。

（3）不能，根据担保物权的物上代位性，虽然作为抵押物的汽车已经灭失，但是抵押权人乙有权就因此所得的保险金优先受偿。或者引用《物权法》第174条：担保期间，担保财产毁损、灭失或者被征收等，担保物权人可以就获得的保险金、赔偿金或者补偿金等优先受偿。被担保债权的履行期未届满的，也可以提存该保险金、赔偿金或者补偿金等。

（4）不能成立。《物权法》第176条规定：被担保的债权既有物的担保又有人的担保的，债务人不履行到期债务或者发生当事人约定的实现担保物权的情形，债权人应当按照约定实现债权；没有约定或者约定不明确，债务人自己提供物的担保的，债权人应当先就该物的担保实现债权；第三人提供物的担保的，债权人可以就物的担保实现债权，也可以要求保证人承担保证责任。

（5）不能。租赁合同在买受人与戊之间继续有效。《物权法》第190条：订立抵押合同前抵押财产已出租的，原租赁关系不受该抵押权的影响。抵押权设立后抵押财产出租的，该租赁关系不得对抗已登记的抵押权。

（6）不能。汽车等动产的抵押权实行登记对抗主义，未经登记，不得对抗善意第三人。庚不知情，为善意第三人。乙不能向庚主张抵押权。

【案例4】 周某因出国留学，将一祖传玉器交由邻居陈某保管。陈某因结婚用钱，情急之下谎称该玉器为自己所有，将玉器卖给了玉器收藏商杜某，得款5万元。杜某因资金周转需要，向邹某借款2万元，双方约定将该玉器押给邹某，如杜某到期不还款，玉器归邹某所有。在周某出国留学期间，其房屋有倒塌危险，因此房与邻居陈某房屋相邻，如周某房屋倒塌，有危及陈某房屋安全之虞。陈某遂请装修公司修缮周某的房屋，并约定，施工费用待周某回来之后由周某支付。房屋修缮以后，因遇百年不遇的龙卷风，致使该房屋倒塌。年底，周某留学归来，因玉器和房屋修缮款与陈某发生纠纷。

问题：

1. 陈某与杜某之间的买卖合同效力如何？为什么？
2. 杜某能否取得该玉器的所有权？为什么？
3. 杜某将玉器押给邹某，形成何种法律关系？

4. 杜某与邹某之间约定杜某到期不还款，玉器归邹某所有，该约定的效力如何？为什么？

5. 陈某请装修公司加固周某的房屋，这一事实在陈某和周某之间形成何种法律关系？

6. 若周某拒绝向装修公司付款，装修公司应该向谁请求付款？为什么？

7. 周某对陈某擅自出卖玉器的行为，该如何主张自己的权利？

【参考答案】 1. 合同有效。因为无权处分并不影响债权合同的效力，根据2012年《最高人民法院关于审理买卖合同纠纷案件适用法律问题的解释》第3条，当事人一方以出卖人在缔约时对标的物没有所有权或者处分权为由主张合同无效的，人民法院不予支持。出卖人因未取得所有权或者处分权致使标的物所有权不能转移，买受人要求出卖人承担违约责任或者要求解除合同并主张损害赔偿的，人民法院应予支持。

2. 杜某能够取得所有权。此案中的杜某符合善意取得的条件，因此可以取得所有权。根据2016年《最高人民法院关于适用<中华人民共和国物权法>若干问题的解释（一）》第15条的规定，受让人受让不动产或者动产时，不知道转让人无处分权，且无重大过失的，应当认定受让人为善意。真实权利人主张受让人不构成善意的，应当承担举证证明责任。

3. 杜某和邹某之间形成的是动产质押法律关系。质押就是债务人或第三人将其动产或者权力移交债权人占有，将该动产作为债权的担保，当债务人不履行债务时，债权人有权依法就该动产卖得价金优先受偿。

4. 该约定无效。因为该约定构成动产质押中的流质条款，而流质条款依法无效。流质契约又称为"流押契约""流抵契约""抵押物代偿条款"，是指当事人双方在设立担保物权时约定，当债务人不履行债务时，由债权人取得担保物所有权的合同。

5. 周某和陈某之间形成无因管理之债。无因管理，是指没有法定或者约定义务，为避免造成损失（损失既包括自己也包括他人，或者仅为他人），主动管理他人事务或为他人提供服务的法律事实。管理他人事务的人为管理人；事务被管理的人为本人。无因管理之债发生后，管理人享有请求本人偿还因管理事务而支出的必要费用的债权，本人负有偿还该项费用的债务。无因管理是一种法律事实，为债的发生根据之一。无因管理之债的产生是基于法律规定，而非当事人意思表示。

6. 装修公司应向陈某请求付款。基于合同的相对性原理，是陈某同装修公司签订的承揽合同，当合同内容没有得到适当履行时，只能找合同的相对人来承担合同责任。

7. 周某可以追究陈某的侵权责任、违约责任或者不当得利之返还责任，但只能择一行使。

学习计划

专题十一 民事诉讼法与仲裁制度部分

2017年新增考点部分：

11-1 保全的申请和裁定

无论是诉前保全还是诉讼保全，当事人、利害关系人都需要向法院提交申请书。根据最高人民法院《关于人民法院办理财产保全案件若干问题的规定》（以下简称《财产保全规定》）第1条规定，申请书应当载明下列事项：（1）申请保全人与被保全人的身份、送达地址、联系方式；（2）请求事项和所根据的事实与理由；（3）请求保全数额或者争议标的；（4）明确的被保全财产信息或者具体的被保全财产线索；（5）为财产保全提供担保的财产信息或资信证明，或者不需要提供担保的理由；（6）其他需要载明的事项。

作为执行根据的法律文书生效后，进入执行程序前，债权人申请财产保全的，应当写明生效法律文书的制作机关、文号和主要内容，并附生效法律文书副本。

当事人、利害关系人申请财产保全，应当向人民法院提供明确的被保全财产信息。

当事人在诉讼中申请财产保全，确因客观原因不能提供明确的被保全财产信息，但提供了具体财产线索的，人民法院可以依法裁定采取财产保全措施。

法院进行财产保全，由立案、审判机构作出裁定，一般应当移送执行机构实施。

法院接受财产保全申请后，应当在5日内作出裁定；需要提供担保的，应当在提供担保后5日内作出裁定；裁定采取保全措施的，应当在5日内开始执行。对情况紧急的，必须在48小时内作出裁定；裁定采取保全措施的，应当立即开始执行。要求申请人提供担保而申请人拒绝提供的，人民法院裁定驳回申请。

当事人对法院作出的保全裁定不服的，可以自收到裁定书之日起5日内向作出裁定的人民法院申请复议。人民法院应当在收到复议申请后10日内审查。裁定正确的，驳回当事人的申请；裁定不当的，变更或者撤销原裁定。复议期间不停止裁定的执行。

利害关系人对保全裁定不服申请复议的，由作出裁定的人民法院依照《民事诉讼法》第 108 条规定处理。

11-1 保全的担保

进行诉前财产保全和诉讼保全，都可能涉及担保问题。《财产保全规定》对保全的担保作出了比较具体的规定，其主要内容有：

法院依照《民事诉讼法》第 100 条规定责令申请保全人提供财产保全担保的，担保数额不超过请求保全数额的 30%；申请保全的财产系争议标的的，担保数额不超过争议标的价值的 30%。利害关系人申请诉前财产保全的，应当提供相当于请求保全数额的担保；情况特殊的，人民法院可以酌情处理。

财产保全期间，申请保全人提供的担保不足以赔偿可能给被保全人造成的损失的，人民法院可以责令其追加相应的担保；拒不追加的，可以裁定解除或者部分解除保全。

申请保全人或第三人为财产保全提供财产担保的，应当向人民法院出具担保书。担保书应当载明担保人、担保方式、担保范围、担保财产及其价值、担保责任承担等内容，并附相关证据材料。

第三人为财产保全提供保证担保的，应当向人民法院提交保证书。保证书应当载明保证人、保证方式、保证范围、保证责任承担等内容，并附相关证据材料。

对财产保全担保，人民法院经审查，认为违反《物权法》《担保法》《公司法》等有关法律禁止性规定的，应当责令申请保全人在指定期限内提供其他担保；逾期未提供的，裁定驳回申请。

针对司法实践中有保险人为申请保全人提供担保的情形，《财产保全规定》中规定，保险人以其与申请保全人签订财产保全责任险合同的方式为财产保全提供担保的，应当向人民法院出具担保书。担保书应当载明，因申请财产保全错误，由保险人赔偿被保全人因保全所遭受的损失等内容，并附相关证据材料。

金融监管部门批准设立的金融机构以独立保函形式为财产保全提供担保的，人民法院应当依法准许。

不是所有案件进行财产保全都需要提供担保。《财产保全规定》中规定，当事人在诉讼中申请财产保全，有下列情形之一的，人民法院可以不要求提供担保：（1）追索赡养费、扶养费、抚育费、抚恤金、医疗费用、劳动报酬、工伤赔偿、交通事故人身损害赔偿的；（2）婚姻家庭纠纷案件中遭遇家庭暴力且经济困难的；（3）人民检察院提起的公益诉讼涉及损害赔偿的；（4）因见义勇为遭受侵害请求损害赔偿的；（5）案件事实清楚、权利义务关系明确，发生保全错误可能性较小的；（6）申请保全人为商业银行、保险公司等由金融监管部门批准设立的具有独立偿付债务能力的金融机构及其分支机构的。此外，法律文书生效后，进入执行程序前，债权人申请财产保全的，人民法院可以不要求提供担保。

无论是诉前保全还是诉讼保全，法院责令提供担保的，都应当书面通知。

11-1 保全的措施

（一）财产保全的措施

1. 一般措施

根据《民事诉讼法》的有关规定，财产保全的一般措施有：查封、扣押、冻结或法律规定的其他方法。法院采取财产保全的方法和措施，依照执行程序相关规定办理。

法院在财产保全中采取查封、扣押、冻结财产措施时，应当妥善保管被查封、扣押、冻结的财产。不宜由法院保管的，法院可以指定被保全人负责保管；不宜由被保全人保管的，可以委托他人或者申请保全人保管。查封、扣押、冻结担保物权人占有的担保财产，一般由担保物权人保管；由法院保管的，质权、留置权不因采取保全措施而消灭。

被查封、扣押的财产，原则上任何人都不得使用、处分，但被查封、扣押物是不动产或特定动产（如车辆），若由法院指定被保全人负责保管的，如果继续使用对该财产的价值无重大影响，可以允许被保全人继续使用，比如，《财产保全规定》中规定，人民法院对厂房、机器设备等生产经营性财产进行保全时，指定被保全人保管的，应当允许其继续使用。财产保全期间，被保全人请求对被保全财产自行处分，法院经审查，认为不损害申请保全人和其他执行债权人合法权益的，可以准许，但应当监督被保全人按照合理价格在指定期限内处分，并控制相应价款。被保全人请求对作为争议标的的被保全财产自行处分的，须经申请保全人同意。法院准许被保全人自行处分被保全财产的，应当通知申请保全人；申请保全人不同意的，可以依照《民事诉讼法》第225条规定提出异议。

被查封、扣押物是季节性商品，鲜活、易腐易烂以及其他不易长期保存的物品，法院可以责令当事人及时处理，由法院保存价款，必要时，可以由法院予以变卖，保存价款。

保全财产系机动车、航空器等特殊动产的，除被保全人下落不明的以外，人民法院应当责令被保全人书面报告该动产的权属和占有、使用等情况，并予以核实。

法院对不动产或不易提取、封存的动产采取查封、扣押措施时，可以采取扣押有关财产权证照的措施，并通知有关产权登记机关在财产保全期间不予办理该项财产转移手续。

可供保全的土地、房屋等不动产的整体价值明显高于保全裁定载明金额的，法院应当对该不动产的相应价值部分采取查封、扣押、冻结措施，但该不动产在使用上不可分或者分割会严重减损其价值的除外。

对银行账户内资金采取冻结措施的，法院应当明确具体的冻结数额。

被保全人有多项财产可供保全的，在能够实现保全目的的情况下，法院应当选择对其生产经营活动影响较小的财产进行保全。

法院在财产保全中采取查封、扣押、冻结措施，需要有关单位协助办理登记手续的，有关单位应当在裁定书和协助执行通知书送达后立即办理。针对同一财产有多个裁定书和协助执行通知书的，应当按照送达的时间先后办理登记手续。

法院对抵押物、质押物、留置物可以采取财产保全措施，但抵押权人、质权人、留置权人有优先受偿权。

所谓法律规定的其他方法，根据最高人民法院的有关司法解释，主要是限制被申请人的到期收益或到期债权的行使，即法院对债务人到期应得的收益，可以采取保全措施，限制其支取，有关单位有义务协助法院执行。债务人的财产不能满足保全请求，但对他人有到期债权的，法院可以依债权人的申请裁定该他人不得对本案债务人清偿，该他人要求偿付的，由法院提存财物或价款。

2. **被申请人财产信息的查询与利用**

当事人在诉讼中申请财产保全，确因客观原因不能提供明确的被保全财产信息，但提供了具体财产线索的，法院根据当事人提供的财产信息依法裁定采取财产保全措施的，在该裁定执行过程中，申请保全人可以向已经建立网络执行查控系统的执行法院，书面申请通过该系统查询被保全人的财产。申请保全人提出查询申请的，执行法院可以利用网络执行查控系统，对裁定保全的财产或者保全数额范围内的财产进行查询，并采取相应的查封、扣押、冻结措施。法院利用网络执行查控系统未查询到可供保全财产的，应当书面告知申请保全人。

法院对查询到的被保全人财产信息，应当依法保密。除依法保全的财产外，不得泄露被保全人其他财产信息，也不得在财产保全、强制执行以外使用相关信息。

（二）行为保全的措施

法院作出行为保全裁定后，一般应当向被请求人发出命令或强制令，责令被请求人作为或不作为。如果被请求人不履行命令，人民法院可以采取强制措施，迫使其履行，或者采取替代性方式，确保权利人权利受到保护，相关费用由被请求人承担。

（三）财产保全措施的延续与解除

1. 财产保全措施的延续

财产保全措施的延续，是指在某些情况下，财产保全的情态或争议解决的状态发生了变化，但基于一定的情形，原财产保全措施继续有效。财产保全措施的延续包括自动延续和申请人申请延续。

依据相关司法解释的规定，下列情形下，财产保存措施主动延续：（1）利害关系人申请诉前财产保全，在法院采取保全措施后30日内依法提起诉讼或者申请仲裁的，诉前财产保全措施自动转为诉讼或仲裁中的保全措施；（2）进入执行程序后，保全措施自动转为执行中的查封、扣押、冻结措施。自动转为诉讼、仲裁中的保全措施或者执行中的查封、扣押、冻结措施的，期限连续计算，人民法院无需重新制作裁定书。

财产保全措施的期限即将届满的，申请人可以申请延续。申请保全人申请续行财产保全的，应当在保全期限届满7日前向法院提出；逾期申请或者不申请的，自行承担不能续行保全的法律后果。

法院进行财产保全时，应当书面告知申请保全人明确的保全期限届满日以及前款有关申请续行保全的事项。

2. 财产保全措施的解除

财产保全措施的解除，是指法院采取财产保全措施后，案件的相关情形已经发生了变化，根据申请人、被申请人的申请而解除保全措施。

《财产保全规定》中的规定，财产纠纷案件，被保全人或第三人提供充分有效担保请求解除保全，法院应当裁定准许。被保全人请求对作为争议标的的财产解除保全的，须经申请保全人同意。

法院采取财产保全措施后，有下列情形之一的，申请保全人应当及时申请解除保全：

（1）采取诉前财产保全措施后30日内不依法提起诉讼或者申请仲裁的；
（2）仲裁机构不予受理仲裁申请、准许撤回仲裁申请或者按撤回仲裁申请处理的；
（3）仲裁申请或者请求被仲裁裁决驳回的；
（4）其他人民法院对起诉不予受理、准许撤诉或者按撤诉处理的；
（5）起诉或者诉讼请求被其他人民法院生效裁判驳回的；
（6）申请保全人应当申请解除保全的其他情形。

法院收到解除保全申请后，应当在5日内裁定解除保全；对情况紧急的，必须在48小时内裁定解除保全。

申请保全人未及时申请人民法院解除保全，应当赔偿被保全人因财产保全所遭受的损失。

被保全人申请解除保全，人民法院经审查认为符合法律规定的，应当在 5 日内裁定解除保全；对情况紧急的，必须在 48 小时内裁定解除保全。

解除以登记方式实施的保全措施的，应当向登记机关发出协助执行通知书。

此外，财产保全裁定执行中，人民法院发现保全裁定的内容与被保全财产的实际情况不符的，应当予以撤销、变更或补正。

法院根据申请人的申请而采取保全措施的，如果由于申请人的错误而导致被申请人因财产保全而受损失的，申请人应承担赔偿责任。

（四）行为保全的程序

行为保全的程序，与财产保全基本相同，可参照财产保全制度施行。但由于行为保全制度的目的不在保护财产，而在于保障权利，因此行为保全措施不因被申请人提供担保而解除。

2016 年 10 月 17 日最高人民法院审判委员会第 1696 次会议通过了《关于人民法院办理财产保全案件若干问题的规定》，该规定虽然未列入大纲，但是教材根据其规定对财产保全相关内容作了全面修订。

21-1 执行承担

执行承担，是指在执行程序中由于出现法定情况，债权人的权利应由其他主体享有，或者债务人的义务应由其他主体履行，人民法院可以变更、追加相关主体进入执行程序。执行承担的目的在于解决裁判文书的执行力对当事人的继受人是否有效的问题。

执行承担的前提必须是裁判文书被执行人在执行过程中发生了法定情况，人民法院可以据此裁定变更执行主体。

根据《民事诉讼法》的规定及最高人民法院的司法解释，执行承担发生的原因主要有：

第一，原执行根据确定的当事人已经失去权利能力，由相应的主体来承担其权利义务。这主要表现为自然人死亡或宣告死亡后，其遗嘱执行人、受遗赠人、继承人应当承担其权利义务;法人或其他组织分立、合并、更名的,其权利义务由变更后的法人或者其他组织承受。类似的情形还包括当事人被宣告失踪后,其财产代管人也可以申请被追加变更为申请执行人或被执行人。

第二,原执行根据确定的债权经法定程序转移给第三人,该第三人可以被申请变更为申请执行人。例如,作为申请执行人的公民离婚时,生效法律文书确定的权利全部或部分分割给其配偶;申请执行人将生效法律文书确定的债权依法转让给第三人,且书面认可第三人取得该债权;作为申请执行人的法人或其他组织清算或破产时,生效法律文书确定的权利依法分配给第三人。

第三,依法应当对执行根据确定的义务承担清偿责任的人,在被执行人的财产不足以清偿债务时,可以被申请变更为被执行人。例如,有限责任公司的未足额缴纳出资或抽逃出资的股东,个人独资企业的投资人,合伙企业的普通合伙人,有限合伙企业的未按期足额缴纳出资的有限合伙人,等等。

执行承担原则上应当以申请人申请为启动前提,执行法院一般应当组成合议庭审查并公开听证。经审查,理由成立的,裁定变更、追加;理由不成立的,裁定驳回。申请人或者被申请人对裁定不服,根据情形的不同,有不同的救济方式:对于上述前两种原因,可以自裁定书送达之日起 10 日内向上一级人民法院申请复议;对于第三种原因,由于相关主体是否需要对被执行人的义务承担清偿责任尚须专门的认定,因而应当在裁定送达之日起 15 日内,通过提起执行异议之诉来解决:被申请人提起执行异议之诉的,以申请人为被告。申请人提起执行异议之诉的,以被申请人为被告。

在执行承担的申请处理和复议、异议之诉期间,申请人可以请求法院对被申请人或第三人的财产采取保全措施,是否准许由执行法院依法裁量;法院原则上不得对被申请人的财产采取拍卖、变卖等处分措施。

2016 年 8 月 29 日最高人民法院审判委员会第 1691 次会议通过了《关于民事执行中变更、追加当事人若干问题的规定》,对民事执行中变更、追加当事人作了详细规定,考生应结合《民诉解释》的规定,理解和掌握本部分内容。

对执行行为的异议

对执行行为的异议,是指当事人、利害关系人对人民法院的执行行为提出书面质疑,从而要求人民法院变更或停止执行行为的请求。执行行为异议是一项重要的救济措施，它赋予了当事人和利害关系人针对执行过程中的程序性错误提出异议并进而申请复议的权利，对于维护当事人和利害关系人的合法权益具有十分重要的意义。

根据民事诉讼法的相关规定，当事人、利害关系人提出异议的条件：（1）异议的对象：应当以人民法院的执行行为在程序上违反法律法规或司法解释为由提出异议，具体可以提出异议的行为包括三类情况：第一，查封、扣押、冻结、拍卖、变卖、以物抵债、暂缓执行、中止执行、终结执行等执行措施中存在的程序违法行为；第二，执行的期间、顺序等未遵守法定程序；第三，法院作出的其他侵害当事人、利害关系人合法权益的行为。此外，被执行人以债权消灭、丧失强制执行效力等执行依据生效之后的实体事由提出的排除执行的异议，虽然并非属于程序性事项，但鉴于我国并无独立的债务人异议之诉制度，因而执行法院应当参照执行行为异议予以审查。但是，下列两类行为不构成执行异议的对象，其一是人民法院的内部管理行为，如更换承办人、提级执行等；其二是执行依据生效之前的排除执行异议的实体事由，此时说明原审裁判可能存在错误，应当通过再审或其他程序予以解决。（2）异议的提出主体：只限于案件的当事人和利害关系人，其中利害关系人是指当事人以外认为执行法院的程序性事项存在违法性，且损害其利益的人。如果案外人认为执行法院的行为具有实体违法性，不应通过本制度，而应通过下述执行标的异议予以救济。（3）异议的管辖法院：应当向执行法院提出异议，执行法院应当在异议提出后3日内决定是否立案。执行法院拖延回复的，异议人可以向上一级法院提出异议。同时，为了提高执行效率，对同一执行行为，异议理由应当一次性全部提出。

书面执行行为异议提出后，人民法院应当组成合议庭予以审查，并在执行终结前做出裁定，具体而言，应当自收到异议之日起15日内审查完毕作出裁定：理由不成立的，裁定驳回；理由成立的，裁定撤销或者变更执行行为，如果执行行为无撤销变更内容的，直接裁定异议成立。

当事人和利害关系人如果对裁定不服，还可以自裁定送达之日起10日内向上一级人民法院提出书面复议。上一级法院应当组成合议庭，自收到复议申请之日起30日内审查完毕，作出裁定。有特殊情况需要延长的，经本院院长批准，可以延长，延长的期限不得超过30日。经过复议审查，认为：（1）异议裁定认定事实清楚，适用法律正确，结果应予维持的，裁定驳回复议申请，维持异议裁定；（2）异议裁定认定事实错误，或者适用法律错误，结果应予纠正的，裁定撤销或者变更异议裁定；（3）异议裁定认定基本事实不清、证据不足的，裁定撤销异议裁定，发回作出裁定的人民法院重新审查，或者查清事实后作出相应裁定；（4）异议裁定遗漏异议请求或者存在其他严重违反法定程序的情形，裁定撤销异议裁定，发回作出裁定的人民法院重新审查。人民法院对发回重新审查的案件作出裁定后，当事人、利害关系人申请复议的，上一级人民法院复议后不得再次发回重新审查。

执行异议审查和复议期间，不停止执行。被执行人、利害关系人提供充分、有效的担保请求停止相应处分措施的，人民法院可以准许；申请执行人提供充分、有效的担保请求继续执行的，应当继续执行。

案外人对执行标的的异议及案外人异议之诉、许可执行之诉

1. 案外人对执行标的的异议

这是指在执行过程中，案外人对被执行的财产的全部或一部分主张实体权利并要求负责执行的人民法院停止并变更执行的书面请求。案外人提出执行标的异议的理由应当是执行行为将对其实体权利造成损害，这是与以程序违法提出执行行为异议的根本不同。但是，对同一执行行为，案外人可能既基于实体权利对执行标的提出异议，又对其程序违法性提出执行行为异议的，此时执行标的异议吸收执行行为异议，执行法院应当按照执行标的异议的审查程序予以审查并做出裁定。

根据民事诉讼法和相关司法解释的规定，对于案外人执行标的异议的审查程序，基本参照执行行为异议的审查机制。但在审查期间，只可以对财产采取查封、扣押、冻结等保全措施，不得进行处分。案外人向人民法院提供充分、有效的担保请求解除对异议标的的查封、扣押、冻结的，人民法院可以准许；申请执行人提供充分、有效的担保请求继续执行的，应当继续执行。因案外人提供担保解除查封、扣押、冻结有错误，致使该标的无法执行的，人民法院可以直接执行担保财产；申请执行人提供担保请求继续执行有错误，给对方造成损失的，应当予以赔偿。

对案外人执行标的异议，人民法院应当审查下列内容：（1）案外人是否系权利人；（2）该权利的合法性与真实性；（3）该权利能否排除执行。人民法院在审查时应当以形式审查为原则，有登记的，按照登记机构的登记判断；无登记的，按照合同等证明财产权属或者权利人的证据判断。

经过审查，会有下列两种处理情况：（1）如果异议理由不成立的，则裁定驳回异议，执行程序继续进行。（2）如果异议理由成立的，则应裁定中止执行。如果申请执行人没有及时提起诉讼解决实体权利归属，人民法院应当解除或撤销执行措施；如果申请执行人提出了确认执行标的是否适当的民事诉讼，人民法院应当等待诉讼的结果，并根据该结果裁定是否解除执行措施。

法院对执行标的异议的处理裁定是在执行过程中经过执行法院的初步审查作出，并非经过法定的诉讼程序，因而不能构成确认实体权利的最终依据。根据法律和司法

解释，案外人、当事人如果对裁定不服，希望通过诉讼对相关标的的权利重新确认的，有两种可能：第一，原判决、裁定对执行标的的处分结果本身有误，则案外人或当事人可以按照审判监督程序，向法院申请再审；第二，原判决、裁定并未直接涉及执行标的的权利归属，则案外人或申请执行人可以自裁定送达之日起15日内，向执行法院提起新的诉讼，也即案外人异议之诉和许可执行之诉。

2. 案外人异议之诉

案外人异议之诉是指案外人为了维护自身财产权益，向执行法院提出的请求对执行标的物实体权利归属作出判定，并停止执行该标的物的诉讼。案外人异议之诉的程序规范是：（1）起诉的时间应当在收到执行法院对执行标的异议作出驳回裁定后15日内。（2）管辖法院为执行法院。（3）应当以案外人为原告，申请执行人为被告，如果被执行人反对案外人对执行标的所主张的实体权利的，则应当以申请执行人和被执行人为共同被告，如果被执行人不反对案外人主张，可以列其为第三人。（4）应当依照普通程序进行审理。（5）案外人异议之诉审理期间，人民法院不得对执行标的进行处分。申请执行人请求法院继续执行并提供相应担保的，人民法院可以准许。

经过审理，认定案外人就执行标的享有足以排除强制执行的民事权益的，判决不得执行该执行标的，执行异议裁定失效；反之，判决驳回其诉讼请求。如果案外人同时提出确认其权利的诉讼请求的，人民法院可以在判决中一并作出裁判。

3. 许可执行之诉

许可执行之诉是指申请执行人向执行法院提出审理请求，以决定是否可执行特定标的物的诉讼。许可执行之诉的程序规范是：（1）起诉的时间应当在收到执行法院对执行标的异议作出驳回裁定后15日内。（2）管辖法院为执行法院。（3）应当以申请执行人为原告，案外人为被告，如果被执行人反对申请执行人请求的，则应当以案外人和被执行人为共同被告，反之，可以列被执行人为第三人。（4）应当依照普通程序进行审理。

经审理，案外人就执行标的享有足以排除强制执行的民事权益的，判决驳回诉讼请求，该判决生效后，执行法院应当裁定解除执行措施；反之，应当判决准许执行该执行标的，原执行异议裁定失效，执行法院可以根据申请执行人的申请或者依职权恢复执行。

【民诉案例分析】

【案例1】 王华（住所地为B区）是广州市某电子科技公司（住所地为C区）法务部的工作人员，因决定随女友搬至厦门生活，王华于2015年3月向公司辞职。后因劳动报酬的给付数额和给付时间发生争议，王华将电子科技公司诉至A区法院，要求其在10天内支付拖欠的工资2800元。按照双方原先签订的劳动合同之约定，发生纠纷时应当提交A区法院或B区法院进行诉讼处理。A区法院收到王华的起诉状后，认为起诉符合法定条件，遂登记立案，并适用小额诉讼程序进行审理。

被告方电子科技公司在收到起诉状副本后，向A区法院提出了管辖权异议，A区法院审查后裁定驳回。按照当事人的协商合意，法院为双方确定了10天的举证期限。在诉讼进行过程中，被告以违反竞业禁止为由对原告提出了反诉，法院决定将案件转为普通程序进行审理。法院一审判决王华败诉，王华不服，向法院提起上诉。在二审程序进行过程中，王华又向法院申请撤回起诉。结合上述案情，请回答以下问题：

1. A区法院对本案是否享有管辖权？为什么？
2. A区法院可否适用小额诉讼程序审理案件？为什么？若当事人认为案件不应适用小额诉讼程序进行审理。其可否提出异议？
3. A区法院直接登记立案的做法是否合法？为什么？
4. 对A区法院驳回管辖权异议的裁定，被告电子科技公司可否上诉？为什么？
5. 王华在二审中申请撤回起诉的做法是否合法？需要满足哪些条件？若法院准许了其撤诉申请，王华可否再次起诉？为什么？

【答案解析】 1. A区法院对本案享有管辖权。因为该法院属于双方以协议管辖的方式选定的法院。按照《民诉法》第34条的规定，合同或者其他财产权益纠纷的当事人可以书面协议选择与争议有实际联系的地点的法院管辖，但不得违反本法对级别管辖和专属管辖的规定。《民诉解释》第30条第2款规定，管辖协议约定两个以上与争议有实际联系的地点的人民法院管辖。原告可以向其中一个人民法院起诉。

2. A区法院可以用小额诉讼程序审理该案，因为小额诉讼程序适用于金钱给付案件，依据《民诉解释》第274条第（六）项的规定，劳动关系清楚，仅在劳动报酬、工伤医疗费，经济补偿金或者赔偿金给付数额、时间、方式上存在争议的劳动合同纠纷，可以适用小额诉讼程序。如果当事人认为案件不应适用小额诉讼程序审理，其可以提出异议，但应当在开庭前提出，法院经审查，异议成立的，适用简易程序的其他规定审理；异议不成立的，告知当事人，并记入笔录（请参见《民诉解释》第281条的规定）。

3. A区法院直接登记立案的做法正确。依据《民诉解释》第208条的规定，法院接到当事人提交的起诉状时，对符合法院起诉条件的，应当登记立案。这也符合小额诉讼程序简便性的特点。

4. 对A区法院驳回管辖权异议的裁定不能上诉，因为依据《民诉解释》第278条的规定，当事人对小额诉讼案件提出管辖异议的，人民法院应当作出裁定，裁定一经作出即生效。

5. 王华可以在二审中申请撤回起诉，但需要同时满足两项条件：一是经其他当事人同意；二是不损害国家利益，社会公共利益、他人合法权益。王华在二审中撤回起诉后不能再次起诉。因为依据《民诉解释》第338条第2款的规定，原审原告在第二审程序中撤回起诉后重复起诉的，人民法院不予受理。

6. 本案中还存在两处不合法：（1）依据《民诉解释》第277条的规定，小额诉讼程序中确定的举证期限不得超过7日，而本案中为10日；（2）依据《民诉解释》第280条的规定，因当事人提出反诉，致使案件不符合适用小额诉讼案件的条件，并且应当使用普通程序审理的，应当"裁定"转为普通程序，而本案中法院用的是"决定"。

【案例2】 2014年12月，浙江省杭州市6家化工企业将废酸委托给没有处理资质的公司和个人处理，这些公司和个人采用直接排放和船舶偷排等方式将废酸倒入当地河流中，造成了重大的环境损害。为了维护公众的环境权益，杭州市环保联合会向杭州市中级人民法院提起了环境民事公益诉讼。要求涉案的6家化工企业赔偿1.2亿元，用于水环境修复。杭州市中院受理该案件后，在杭州市环保联合会的请求下，于立案后的第十三日将相关情况告知了当地环境行政主管部门，在案件的审理过程中，被告提出希望法院能帮助其与原告进行调解。

结合上述案情，请回答以下问题：

1. 杭州市环保联合会是否有权提起环境民事公益诉讼？杭州市中级法院对该案件是否享有管辖权？为什么？

2. 法院受理环境民事公益诉讼的法定条件有哪些？

3. 如果原告方也愿意调解，法院可否以公益诉讼为由拒绝调解？为什么？

4. 如果法院受理杭州市环保联合会的起诉后，另一个享有民事公益诉权的有关组织向法院申请参加诉讼，法院应当如何处理？

5. 如果在法院受理环保联合会的公益诉讼后，因水污染而导致鱼塘受灾的公民王某将被告诉至法院，要求其承担环境侵权损害赔偿责任，法院应否受理王某的起诉？为什么？

6. 本案中法院的做法是否存在违法之处？为什么？

【答案解析】 1. 杭州市环保联合会有权提起环境民事公益诉讼，杭州市法院对本案也享有管辖权。依据《民诉法》第55条规定，对污染环境、分割众多消费者合法权益等损害社会公共利益的行为，法律规定的机关和有关组织可以向人民法院提起诉讼。依照《环境保护法》第58条和《最高人民法院关于审理环境民事公益诉讼案件适用法律若干问题的解释》的相关规定，杭州市环保联合会属于有权提起环境民事公益诉讼的"社会组织"。

《民诉解释》第285条第1款规定，公益诉讼案件由侵权行为地或者被告住所地中级人民法院管辖，但法律、司法解释另有规定的除外。《最高人民法院关于审理环境民事公益诉讼案件适用法律若干问题的解释》第6条第1款规定，第一审环境民事公益诉讼案件由污染环境、破坏生态行为发生地、损害结果地或者被告住所地的中级以上人民法院管辖，杭州市既是污染环境行为发生地。也是损害结果地。因此杭州市中级法院对该案享有管辖权。

2. 法院受理环境民事公益诉讼案件的条件包括：（1）原告享有民事公益诉权主体资格，即属于法定的机关和有关组织；（2）有明确的被告；（3）有具体的诉讼请求；（4）有社会公共利益受到损害的初步证据；（5）属于人民法院受理民事诉讼的范围和受诉人民法院管辖。

3. 法院不得以案件属于公益诉讼为由拒绝调解，因为依据《民诉解释》第289条的规定，对公益诉讼案件，当事人可以和解，人民法院可以调解。当事人达成和解或者调解协议后，人民法院应当将和解或者调解协议进行公告。公告期间不得少于30日。公告期满后，人民法院经审查。和解或者调解协议不违反社会公共利益的。应当出具调解书；和解或者调解协议违反社会公共利益的，不予出具调解书，继续对案件进行审理并依法作出裁判。

4. 此时法院若准许其参加诉讼，可以将该诉权主体列为共同原告。《民诉解释》第287条规定，人民法院受理公益诉讼案件后，依法可以提起诉讼的其他机关和有关组织，可以在开庭前向人民法院申请参加诉讼。人民法院准许参加诉讼的，列为共同原告。

5. 只要王某的起诉符合法定起诉条件，法院就应当受理，因为民事公益诉权与民事私益诉权相互间不排斥，依据《民诉解释》第289条规定，法院受理公益诉讼案件，不影响同一侵权行为的受害人依法提起民事诉讼。

6. 本案中法院的做法存在违法之处，依据《民诉解释》第286条的规定，法院受理公益诉讼案件后，应当在10日内书面告知相关行政主管部门。而本案法院不仅是在原告申请下才履行了告知义务，还超过了法定的告知期限。

【案例3】 2015年"五一"小假期，家住北京市西城区的黄某欲与女友王某前往乔家大院自驾游，在地处丰台区的高速路口等待交费时，因为占道顺序问题与同样的自驾前往乔家大院的赵某（住所地为北京市朝阳区）发生口角并引发肢体冲突，在扭打过程中，赵某将黄某脖子上所佩戴的祖传玉佩揪下打碎，并将黄某推倒在地导致其轻微脑震荡。事后，虽经高速路管理局的交警调解，但黄某与赵某无法达成协议，黄某遂将赵某诉至西城区人民法院，并提出如下诉讼请求：1. 请求判令赵某赔偿其因祖传玉佩破碎所造成的财产损失56000元；2. 请求判令赵某赔偿其因轻微脑震荡而花费的医疗费用，误工费等共计15000元；3. 请求判令赵某向其当面道歉。黄某同时向法院提交了医疗费用的相关发票以及由相关鉴定机构出具的对其玉佩价值的评估报告。

西城区法院在收到黄某的起诉后，认为案情较为简单，遂决定先行调解，但赵某表示反对，并称已经过高速交警的调解但无法达成协议。但受诉法院认为高速交警的调解方式不够专业，并坚持进行了调解。后因调解无果，西城区法院立案受理了黄某的起诉并决定适用简易程序对该案进行了审理。黄某与赵某均亲自到庭。黄某还委托了其在大学讲授民法的邻居贾某为其诉讼代理人。在庭审过程中，双方当事人针对究竟是谁先动手打人以及玉佩的价值问题存在较大争议，合议庭遂裁定将该案转为普通程序进行审理。

为了查明究竟是哪一方当事人先动手打人这一争议事实，法院认为有必要通知当时在场的原告的女友王某出庭作证，但恰逢王某患阑尾炎住院而无法到庭，法院于是准许王某提交书面证言。针对黄某提交的由某鉴定机构出具的玉佩价值评估报告，赵某认为缺乏客观性，遂申请法院通知其长期从事珠宝经营且具有珠宝鉴定资格的好友苗某出庭，以便于对该份价值评估报告提出质疑意见。但法院认为苗某与赵某之间的好友关系，可能导致苗某无法客观发表意见，因而未准许赵某的申请。但为了确定该评估报告的真实性，法院认为有必要通知鉴定人刘某出庭，但刘某以其工作较忙为由拒绝出庭作证。法院结合案件的其他证据进行综合考量后，部分采信了刘某的评估报告并如下判决：1. 判令赵某向黄某赔偿其因祖传玉佩破碎所遭受的财产损失20000元；2. 判令赵某向黄某赔偿其因轻微脑震荡而花费的医疗费用、误工费等共计5000元。

一审判决作出后，法院经过双方当事人的同意，采用传真的方式向双方送达了一审判决书，赵某对该判决不服，向北京市第一中级人民法院提出了上诉，二审法院经过审理后，认为原审判决认定事实错误。于是裁定撤销原判决，发回原审法院重审。原审法院重审后进行了部分改判，赵某仍旧不服，再次提出上诉。二审法院审理后，以基本事实认定错误为由，再次裁定发回重审。

结合上述案情，请回答下列问题：

1. 依据《民事诉讼法》（2012年修正）的相关规定，法院是否有权在收到案件后，正式立案前先行调解？为什么？

2. 本案中，一审法院先行调解的作法是否正确？为什么？

3. 本案在管辖方面是否存在问题？在二审判决生效后，赵某可否以此为由申请再审？为什么？

4. 黄某可否委托贾某担任其诉讼代理人？为什么？

5. 一审中合议庭自行裁定将案件转为普通程序审理的做法是否正确？为什么？

6. 本案中，赵某请求法院通知苗某出庭发表意见的申请是否有法律依据？法院的处理方式是否正确？为什么？

7. 一审法院部分采信了鉴定人刘某所出具的评估报告，法院的该种作法是否正确？为什么？

8. 针对刘某以工作忙为由而拒绝出庭作证的做法，黄某享有何种权利？

9. 王某未亲自出庭而提供的书面证言，可否作为认定案件事实的依据？为什么？

10. 一审法院对判决书的送达方式是否正确？为什么？

11. 二审法院裁定撤销原判、发回重审的做法是否正确？为什么？

【答案解析】 1. 法院有权在收到案件后、正式立案前先行调解，但是当事人拒绝调解的除外。

依据《民事诉讼法》第122条的规定，当事人起诉到人民法院的民事纠纷，适宜调解的，先行调解，但当事人拒绝调解的除外。这是2012年修法时的新增内容，因此在当事人起诉后、法院立案受理之前，有权根据案件的具体情形进行先行调解。

2. 本案中一审法院先行调解的作法不正确，因为被告已经明确表示拒绝接受先行调解，此时法院无权先行调解。考生需要注意的是，法院进行先行调解必须同时满足两方面条件：第一，纠纷的性质适宜调解；第二，当事人不拒绝接受调解。

3. 本案在管辖方面存在问题，黄某与赵某之间的纠纷属于侵权损害赔偿纠纷，因此应当由侵权行为地或被告住所地法院管辖，即由丰台区法院或朝阳区法院管辖，而海淀区法院作为原告住所地法院，本无权管辖该案件。

二审判决生效后，赵某无权以管辖错误为由申请再审，原因有二：第一，本案中成立应诉管辖，依据《民诉法》第127条第2款的规定，当事人未提出管辖异议，并应诉答辩的，视为受诉人民法院有管辖权，但违反级别管辖和专属管辖规定的除外。赵某在一审程序中未依法提出管辖异议且应诉答辩，视为受诉法院有管辖权。第二，依据2012年全面修订后的《民事诉讼法》的规定，"管辖错误"已不再是申请再审的法定事由。

4. 黄某不可以委托贾某担任其诉讼代理人，因为贾某不具有担任诉讼代理人的法定资格。依据2012年修订后的《民事诉讼法》的规定。具备诉讼代理人资格的主体仅包括：（1）律师、基层法律服务工作者；（2）当事人的近亲属或工作人员；（3）当事人所在社区、单位以及有关社会团体推荐的公民。

5. 正确，依据《民事诉讼法》第163条的规定，人民法院在审理过程中，发现案件不宜适用简易程序的，有权裁定转为普通程序。

6. 赵某的请求具有法律依据。2012年修订后的《民诉法》新增了专家辅助人制度，当事人可以申请人民法院通知有专门知识的人出庭，就鉴定人作出的鉴定意见或者专业问题提出意见。法院的处理方式不正确，因为法律并未将专家辅助人纳入回避制度的适用范畴。因此其与赵某的好友关系并不应影响其担任专家辅助人。

7. 不正确，因为人民法院认为鉴定人有必要出庭的，鉴定人应当出庭作证，经人民法院通知，鉴定人拒不出庭作证的，鉴定意见不得作为认定事实的依据。

本题的法律依据《民诉法》第78条："当事人对鉴定意见有异议或者人民法院认为鉴定人有必要出庭的，鉴定人应当出庭作证。经人民法院通知，鉴定人拒不出庭作证的，鉴定意见不得作为认定事实的根据；支付鉴定费用的当事人可以要求返还鉴定费用。"

8. 黄某有权要求刘某返还鉴定费用。依据《民诉法》第78条的规定，经人民法院通知，鉴定人拒不出庭作证的，鉴定意见不得作为认定事实的根据；支付鉴定费用的当事人可以要求返还鉴定费用。

9. 可以，因为王某属于因健康原因而无法出庭作证的情形，且法院许可其以书面证言的方式作为出庭作证的替代性方式。

依据《民诉法》第73条的规定，经人民法院通知，证人应当出庭作证，有下列情形之一的，经人民法院许可，可以通过书面证言、视听传输技术或者视听资料等方式作证：（1）因健康原因不能出庭的；（2）因路途遥远，交通不便不能出庭的；（3）因自然灾害等不可抗力不能出庭的；（4）其他有正当理由不能出庭的。

10. 不正确。因为无论当事人是否同意，均不得对判决书、裁定书和调解书采用电子送达的方式。

《民诉法》第78条第1款规定，经受送达人同意，人民法院可以采用传真、电子邮件等能够确认其收悉的方式送达诉讼文书，但判决书、裁定书、调解书除外。

11. 不正确，因为原判决认定事实错误的，只能依法改判而不得发回重审。

依据《民诉法》第170条规定，原判决、裁定认定事实错误或者适用法律错误的，以判决、裁定方式依法改判、撤销或者变更。

【案例4】 2015年4月，圣熙购物广场新进了800台防霾空气净化机，以8.8折的价格进行促销，此后，该商品在一个月内被黄欣等655名消费者分别买走。在使用过程中，用户陆续反映空气净化机存在明显的质量问题，不仅经常操作失灵，还出现了皮肤过敏、室内异味等情况。为了退货并要求适当的经济补偿，很多消费者与圣熙购物广场发生了纠纷，在协商未果的情况下，黄欣等513名消费者于2015年5月向法院提起诉讼，要求圣熙购物广场承担违约责任并公开道歉。

法院在受理本案后的 5 日内通过电子邮件的方式向当事人送达了案件受理通知书和应诉通知书，并同时送达了举证通知书，指定举证期限为 20 日，自当事人收到举证通知书时起算。法院认为原告一方属于当事人人数众多的情形，为了便于诉讼，要求原告推选代表人进行诉讼，于是原告方 513 人共同推选在某高校法学院工作的黄欣作为诉讼代表人。在诉讼中，被告圣熙购物广场自知自己低价购进的该批空气净化机是某乡镇工厂生产的不合格产品，为了不影响商业信誉，购物广场态度十分诚恳地承认了双方签订买卖合同的事实，请求原告原谅，并表示将退还 60% 的价款，外加提供为期 3 年的保修服务。黄欣认为购物广场的和解方案十分合理，可以避免繁琐的诉讼程序并有助于迅速解决纠纷，遂在未与其他 512 名原告进行商量的情形下，就与圣熙购物广场达成了和解协议并向法院申请撤诉，法庭审查后准予撤诉。但之后圣熙购物广场并未按照约定的内容和方式履行和解协议，原审原告无奈之下又向法院起诉。

依据上述案情，请回答以下问题：

1. 黄欣作为该买卖合同纠纷案件的诉讼代表人，其在诉讼程序中的行为有何不妥之处？

2. 法院应当如何处理黄欣的撤诉申请？

3. 在撤诉后，原审原告针对圣熙购物广场拒不履行和解协议的做法，有哪些保护自身权益的方式？

4. 本案中 513 名原告的诉讼请求若得到法院的支持，他们必须对哪些事实予以证明？

5. 本案原审原告可否申请人民法院强制执行和解协议？可否申请法院对和解协议进行司法确认？

6. 你认为本案中还有哪些做法不符合法律的规定？

7. 结合最新修订的《消费者权益保护法》和《民事诉讼法》，谈谈处理该买卖合同纠纷的其他可能方式？

【答案解析】 1. 首先，依照法律的规定，诉讼代表人的人数应为 2~5 人，而本案中仅黄欣一人作为原告方的诉讼代表人。其次，黄欣无权自行决定接受和解并放弃诉讼请求，依据《民诉法》的相关规定，在代表人诉讼中，诉讼代表人若放弃诉讼请求，必须经过其所代表的当事人的同意。

2. 人民法院应当裁定不准许撤诉。因为撤诉行为不得侵害他人的合法权益，不得违反法律，法院应当继续审理，能调解的就调解，调解不成的及时作出判决。

3. 撤诉后，原审原告可以再行以与原审相同的诉讼理由起诉，也可以针对圣熙购物广场违反和解协议的违约行为提起诉讼。

4. 原告应当证明的事项包括：（1）原告方513人与被告圣熙购物广场签订了有效的空气净化机买卖合同；（2）在使用该空气净化机的过程中，出现了明显的质量问题，原告因此遭受了经济损失；（3）损失的具体情况和数额。

5. 原审原告无权申请法院强制执行和解协议，也无权申请法院对和解协议进行司法确认，但可以请求法院审查和解协议后制作调解书。

依据我国相关法律和司法解释的规定，和解协议属于当事人之间达成的类似民事合同效力的私契约，不具有强制执行力。依据《人民调解法》和《民事诉讼法》的规定，司法确认的适用范围限于人民调解协议，而和解协议并未被法律纳入司法确认程序的适用范围。

6. 本案中其他的违法行为包括：（1）法院通过电子邮件的方式向当事人送达案件受理通知书、应诉通知书和举证通知书，依照《民诉法》的规定，电子送达应当以当事人同意为适用的前提条件；（2）举证时限的起算应当是收到举证通知书的第2天，而不是收到举证通知书的当天。

7. 本案属于民事合同纠纷，其可能的解决方式包括协商和解、人民调解、其他诉外调解（私人调解、行业协会的调解等）、仲裁和诉讼。本案中的当事人已经在提起诉讼前尝试了协商和解的方式，但是未能成功。如果想通过仲裁的方式解决纠纷，则需要达成有效的仲裁协议。此外，当事人还可以在自愿的前提下将纠纷交由人民调解委员会进行调解；或者消费者协会等主体进行调解。

此外，2012年全面修订后的《民事诉讼法》增加了公益诉讼制度，其中第55条规定，对侵害众多消费者合法权益等损害社会公共利益的行为，法律规定的机关和有关组织可以向人民法院提起诉讼。新修订的《消费者权益保护法》第47条规定，"对侵害众多消费者合法权益的行为，中国消费者协会以及在省、自治区、直辖市设立的消费者协会，可以向人民法院提起诉讼。"由此可见，除了采用代表人诉讼的方式外，还可以在符合法律规定的条件时，由法律规定的机关或有权组织提起民事公益诉讼来解决纠纷。

【民诉论述】 2005年12月7日，北京大学法学院三位教授及三位研究生向黑龙江省高级人民法院提起了国内第一起以自然物（鲟鳇鱼、松花江、太阳岛）作为共同原告的环境民事公益诉讼，要求法院判决被告赔偿100亿元人民币用于设立松花江流域污染治理基金，以恢复松花江流域的生态平衡，保障鲟鳇鱼的生存权利、松花江和太阳岛的环境清洁的权利以及自然人原告旅游、欣赏美景和美好想象的权利。法院对此案件没有受理。

请：1. 运用民事诉讼法相关原理对该案进行评论；

2. 结合题目论述中国特色社会主义法治理论。

答题要求：（1）观点明确，论证充分，逻辑严谨，文字通顺；

（2）不少于600字。

【答题思路】 根据题目所给提示，考生应分两步进行解答，第一步：运用民事诉讼知识来解答，那么可以从法院受理案件的条件来进行评论。第二步：运用依法治国的相关知识解答，那么可以从法律制度的完善和实现法治的条件来解答。

1. 诚实信用原则

【大纲要求解读】 本部分大纲要求理解诚实信用原则的内容；熟悉并能够运用该基本原则在民事诉讼中的体现，并能够举例说明。

【命题方式提示】 很可能以论述题的形式出现。

【命题要点提示】 《民事诉讼法》第13条第1款规定了诚实信用原则，这是2012年修改的《民事诉讼法》新增内容。民事诉讼法的诚实信用原则，是指当事人或其他诉讼参与人在民事诉讼中行使诉讼权利或履行诉讼义务，以及法官在民事诉讼中行使国家审判权进行审判行为时，应当公正、诚实、守信。

诚实信用原则在民事诉讼中，主要表现在当事人的诉讼行为上，具体又包括以下方面：第一，当事人的真实陈述义务，要求当事人在诉讼中陈述案件事实时应当符合真实案情，不得虚构事实。第二，促进诉讼义务，要求当事人在诉讼中不得实施迟延或拖延诉讼行为，或干扰诉讼的进行，应协助法院有效率地进行诉讼，完成审判。第三，禁止以欺骗方法形成不正当诉讼状态，要求当事人不得以欺骗方法形成不正当的诉讼状态，从而获得不当法益。第四，禁反言，是指一方当事人在诉讼外或诉讼中的言行已使对方当事人产生某种合理的期待，当对方按照此期待行动时，一方当事人却作出与此前自己的言行相反或相矛盾的言行，对于侵害了对方当事人利益的这种言行，可依据诚信原则对其法律效果予以否定。第五，禁止滥用诉讼权利，要求当事人不得恶意或无正当理由地行使诉讼权利，获得不当法益。

除此以外，诚实信用原则对其他诉讼参与人和法官在诉讼中的行为，也有约束。一方面，它要求其他诉讼参与人也应当本着诚实和善意的心态来实施诉讼行为，例如证人不得故意提供虚假的证言；鉴定人不得故意出具与事实不符的鉴定意见；翻译人员不得故意作与诉讼主体的意思不符的翻译；诉讼代理人不得滥用代理权或超越代理权；等等。另一方面，法官在行使民事审判权的过程中也应当公正、合理。具体来说：法官在运用自由裁量权认定实体问题和程序问题时，应当本着诚实、善意的理念，不得滥用司法裁量权；在审查证据、认定事实的过程中，应当实事求是、客观中立，不得对当事人提出的证据任意加以取舍和否定；应当切实充分地尊重和保障当事人的程序权益，不得进行突袭裁判。

诚实信用原则与诉讼公正价值一脉相承，是诉讼公正这一基本价值目标的具体化。同理，诚实信用原则之预设功能的实现，同样需要更为具体、可操作的规定予以辅助与配合，从而保证法院、当事人及其他诉讼参与人在诚实信用原则的约束下进行诉讼活动，最终实现诉讼的公正价值。因此，如何在民事诉讼法中将诚实信用原则进一步具体化，避免该原则被消解和虚化，是司法实务部门和理论界共同面临的重要课题。

2. 处分原则

【大纲要求解读】 本部分大纲要求理解处分原则的内容；熟悉并能够运用该基本原则在民事诉讼中的体现，并能具体举例说明。

【命题方式提示】 本考点考查方式：通过案例形式考查考生对处分原则涵义的理解，判断处分原则在案例中的具体表现（12-3-35、08-3-38）。

【命题要点提示】 我国民事诉讼中当事人的处分权不是绝对的，处分权的行使不得损害国家的、社会的、集体的和公民个人的利益，否则，人民法院将代表国家实行干预，即通过司法审判确认当事人某种不当的处分行为无效。根据《民事诉讼法》第13条第2款"当事人有权在法律规定的范围内处分自己的民事权利和诉讼权利"的规定，当事人能够处分的权利是实体权利和诉讼权利。

3. 公益诉讼

2012年修改的《民事诉讼法》增设了公益诉讼制度。民事公益诉讼是指特定的机关或有关社会团体，根据法律的授权，对违反法律法规损害社会公共利益的行为，向法院提起民事诉讼，由法院通过审判来追究违法者的法律责任并进而维护社会公共利益的诉讼活动。在实践中，公益诉讼主要是针对环境污染、侵犯众多消费者合法权益等公共性违法行为而设置的诉讼救济机制。规定公益诉讼的目的，是为了给保护社会公益另辟蹊径，提供一条不同于行政监管的道路。

公益诉讼制度有下列特点：（1）诉讼目的方面的特殊性。民事公益诉讼的目的是维护社会公共利益，不同于普通民事诉讼仅牵涉私人民事纷争，公益诉讼具有重大的社会价值。（2）起诉主体的法定性、特殊性与广泛性。法定性是指公益诉讼的原告必须以获得法定授权的机关团体为前提，个人不能成为公益诉讼的原告；特殊性和广泛性，是指民事公益诉讼的原告并不限于遭受违法行为侵害的直接利害关系人，而在传统民事诉讼领域,原告必须是与案件有直接利害关系的当事人。(3)民事公益诉讼的提起并不以存在实际损害为前提条件,可以针对那些给社会公众或不特定多数人造成潜在危害的不法行为提起民事公益诉讼。

2012年修改的《民事诉讼法》主要解决了公益诉讼的诉讼主体资格问题,但对于具体的程序设置、审理方式、救济手段、裁判效力等,还有待理论界的知识积累和实务部门的进一步探索。

【大纲要求解读】 大纲要求理解公益诉讼,熟悉并能运用提起公益诉讼的条件。

【命题方式提示】 本考点的考查方式:判断可以提起公益诉讼的主体等。

【命题要点提示】 (1)公益诉讼起诉条件:环境保护法、消费者权益保护法等法律规定的机关和有关组织对污染环境、侵害众多消费者合法权益等损害社会公共利益的行为,根据民事诉讼法第五十五条规定提起公益诉讼,符合下列条件的,人民法院应当受理:①有明确的被告;②有具体的诉讼请求;③有社会公共利益受到损害的初步证据;④属于人民法院受理民事诉讼的范围和受诉人民法院管辖。

(2)人民法院受理公益诉讼案件后,依法可以提起诉讼的其他机关和有关组织,可以在开庭前向人民法院申请参加诉讼。人民法院准许参加诉讼的,列为共同原告。

(3)对公益诉讼案件,当事人可以和解,人民法院可以调解。

(4)公益诉讼案件的原告在法庭辩论终结后申请撤诉的,人民法院不予准许。

山东临沂、青岛、聊城3地检察机关提起12起民事公益诉讼

从最高人民检察院获悉,近日,山东省临沂市检察院对杜翔等人污染环境案,依法向临沂市中级法院提起民事公益诉讼;青岛市检察院对青岛海来运冷轧薄板有限公司、青岛莱西海安环保有限公司、青岛平力金属制品厂、青岛雷克曼工贸有限公司、逄锦爱以及高思海等6起污染环境案,分别向青岛市中级法院提起民事公益诉讼;聊城市检察院对山东蓝星清洗防腐公司、陈克新、芦国文、路荣太以及许玉珍等5起污染环境案,分别向济南市中级法院和淄博市中级法院提起民事公益诉讼。

临沂市检察院对一起污染环境案提起民事公益诉讼。

临沂市检察院在履行职责中发现,2015年4月,杜翔等人在兰陵县矿坑镇南坡村租用他人的废砖窑和停车场,在未办理《危险废物经营许可证》等相关审批手续的情况下,投资兴建了熔炼废旧铅酸蓄电池极板的金属加工作坊,并在曹佃新的帮助下收购废旧铅酸蓄电池,雇用工人将蓄电池里的电池极板熔炼加工成铅锭对外销售。同年9

月 21 日，该作坊被兰陵县环保部门查获，当场查扣炼铅残渣 45.625 吨。经相关部门认定，该加工作坊在铅冶炼过程中产生的残渣属于 HW48 类危险废物，具有毒害性，对周边环境造成严重污染。2016 年 5 月 9 日，兰陵县环境保护局委托青岛新天地固体废物综合处置有限公司对杜翔等人生产过程中产生的炼铅残渣进行了处置报价。经报价，炼铅残渣处置费用为 4500 元/吨，炼铅残渣共需处置费用为 20.5 万余元，该报价不含装车费及现场人工清理等费用。至今，杜翔等人仍未出资或采取措施对熔炼废旧铅酸蓄电池极板金属的残渣进行有效合理的处置、治理恢复被污染的环境。

青岛市检察院对六起污染环境案提起民事公益诉讼。

青岛市检察院在履行职责中发现，2013—2015 年 6 月期间，青岛海来运冷轧薄板有限公司购买使用盐酸共约 1456 吨对带钢进行酸洗加工，并多次将废酸液通过暗管、电泵秘密排放进地下污水管道，累计偷排废盐酸洗液共计 2900 余吨。根据《国家危险废物名录》规定，用盐酸酸洗带钢过程中产生的废盐酸洗液属于危险废物，应当依法送交有处置资质的单位进行处理。该公司未依法移交有资质单位处置，直排地下污水管道，对环境造成严重污染，损害了社会公共利益。

青岛市检察院在履行职责中发现，2016 年 2 月 20 日—3 月 20 日期间，青岛莱西海安环保有限公司违反有关环保法律规定，在明知莱西市污水处理厂无法处置电镀废水的情况下，将 1000 余立方米电镀废水未按照规定进行处理，私自通过公司暗管排放至莱西市市政管网，对环境造成严重污染，损害了社会公共利益。

青岛市检察院在履行职责中发现，青岛平力金属制品厂为降低生产成本、逃避监管，在其工厂院南侧私设暗管连接工厂东侧的市政污水管道。2014—2015 年 8 月期间，青岛平力金属制品厂将在使用盐酸对金属表面进行酸洗、除油、除锈、洗涤过程中产生的约 270 余吨废腐蚀液、洗涤液和污泥等表面处理废物通过私设的暗管经污水管网排入市政污水管道，经即墨北部污水处理厂排入龙泉河内。根据《国家危险废物名录》规定，金属表面酸洗、除油、除锈、洗涤工艺产生的废腐蚀液、洗涤液和污泥系危险废物。根据《最高人民法院、最高人民检察院关于办理环境污染刑事案件适用法律问题的解释》第十条的规定，该危险废物应当认定为有毒物质。青岛平力金属制品厂违反法律规定，在不具备清洗资质、未办理安检、环评手续且无任何环保设施的情况下，私设暗管，将约 270 余吨废腐蚀液、洗涤液和污泥等表面处理废物经市政污水管网排入龙泉河内，造成严重污染，损害了社会公共利益。

青岛市检察院在履行职责中发现，2015 年 3 月—2015 年 8 月期间，青岛雷克曼工贸有限公司将清洗印刷机和印刷机上橡皮板过程中产生的含有油墨、汽油等有机溶剂的废液约 5.2 吨，通过厕所内的下水管道、厂房院内的下水管道等直接排入周边环境。

说过就过

根据《国家危险废物名录》规定，青岛雷克曼工贸有限公司在生产过程中，用汽油冲版产生的废水属于危险废物，危险特性为毒性，严重污染环境，损害了社会公共利益。

青岛市检察院在履行职责中发现，2012 年以来，逄锦爱未经环保部门审批，在青岛市黄岛区临港路珠山街道办事处东新村附近开设电镀加工点，从事镀锌件的加工、销售。逄锦爱私自铺设排水暗管，将未经处理的大约 280 吨电镀废水（废水排放口 pH<2，总锌为 273mg/L）直接排放至市政污水管网，超过《电镀污染物排放标准》的国家标准（企业废水总排放口总锌 1.5mg/L），对环境造成严重污染，损害了社会公共利益。

青岛市检察院在履行职责中发现，2014 年 6 月—2015 年 4 月期间，高思海在青岛市城阳区北万社区经营未办理工商登记和环保审批手续的无名除锈酸洗厂，雇用俞志洪等人从事金属酸洗除锈作业等工作。俞志洪将盐酸污水未经环保处理直接排放至车间北墙外的两个污水池内，再由污水池排水沟排出，外排水池未经防渗处理，外排酸水已溢流或渗漏至地下土壤。经对现场两污水池勘测，两个池内废弃盐酸共重约 15.3 吨。2015 年 4 月 21 日，青岛市环保局城阳分局环境监测站出具《监测报告》，高思海车间内排污口、车间外排污口盐酸 pH 值小于 2，系危险废物。高思海、俞志洪违反法律规定，在未经依法审批的情况下，从事金属酸洗除锈作业，将未经环保处理的盐酸污水直接排放至车间北墙外未经防渗处理的两个污水池内，私设排水沟排出，外排酸水溢流或自然渗漏至地下土壤，严重污染环境，损害了社会公共利益。

聊城市检察院对五起污染环境案提起民事公益诉讼。

济南市检察院在履行职责中发现，2008—2015 年 5 月期间，山东蓝星清洗防腐公司未经污水处理程序，将经营过程中产生的 490 余吨含镍、含酸废水，直接向车间地下暗管及厂区废水池排放，工业废水流经杨家石河进入小清河，并渗透至地下。经山东省分析检测中心检测：蓝星公司镀槽东侧暗管下水口处样本污水中含镍量为 409mg/L，超过《电镀污染物排放标准》和《山东省小清河流域水污染物综合排放标准》中规定的废水排放含镍量 1.0mg/L 的排放限值 409 倍；污水 pH 值为 0.62，严重低于《污水综合排放标准》中规定的污染物允许排放浓度为 6~9 的 pH 值，导致蓝星公司厂区及周边土壤、地下水等生态环境遭受严重污染。

淄博市检察院在履行职责中发现，2014 年 10 月—2015 年 10 月期间，陈克新租用淄博市周村区西外环路前进村村民刘汝顺在本村开荒建成的西南院落，在未经相关部门审批，不具备清洗资质的情况下，购买刷桶机器，使用强碱进行刷洗树脂桶和机油桶等废旧铁桶作业，并将没有经过无害化处理的强碱废液直接排放到院内西南角其私挖的一长方形渗坑内，造成周边土壤等生态环境严重污染。经淄博市公安司法鉴定中心鉴定，其中两处渗坑内的不明液体含强碱成分，pH 值分别为 12.64 和 12.14，属于有毒物质。

淄博市检察院在履行职责中发现，2015 年 5 月—2016 年 3 月期间，芦国文租用淄博市周村区西外环路前进村村民刘汝顺在本村开荒建成的南院，用钢槽、铁柱子、三角带、电机焊接自制刷桶机器，在未经相关部门审批，不具备清洗资质的情况下，使用盐酸清洗大量废旧机油桶，并将没有经过无害化处理的废液直接排放到渗坑内，造成周边土壤等生态环境严重污染。经淄博市公安司法鉴定中心鉴定，渗坑内的不明液体检出盐酸和硫酸成分，pH 值为 1.5。

淄博市检察院在履行职责中发现，2014 年 12 月—2015 年 10 月期间，路荣太租用淄博市周村区西外环路前进村村民刘汝顺在本村开荒建成的西院，在未经相关部门审批，不具备清洗资质的情况下，购买刷桶机器及大量机油废桶，使用强碱刷洗，并将没有经过无害化处理的强碱废液，利用渗坑直接排放到院内南边其私挖的长方形渗坑内，造成周边土壤等生态环境严重污染。经淄博市公安司法鉴定中心鉴定，渗坑内的液体检出强碱成分，pH 值为 13.1，属于有毒物质。

淄博市检察院在履行职责中发现，2014 年 3 月—2015 年 7 月，许玉珍租用淄博市周村区爱国社区莫家庄村南头院落，在未经相关部门审批的情况下，购买大量待加工锅耳，在将其镀锌之前，用盐酸将锅耳表面金属除锈，并将没有经过无害化处理的废液直接排入院中渗坑内，造成周边土壤等生态环境严重污染。2015 年 7 月至 8 月 27 日，许玉珍将该加工点转让给刘永义、许桂芳，后二人在该处继续进行镀锌加工，其加工过程中产生的盐酸废弃溶液亦直接排入渗坑内，造成环境污染。经淄博市公安司法鉴定中心鉴定，渗坑内的液体检出盐酸成分，pH 值为 1.36，属于有毒物质。

临沂市检察院、青岛市检察院、聊城市检察院（经山东省检察院指定管辖）审查后认为，上述案件中的违法行为严重污染环境，侵害了社会公共利益。在履行诉前程序后，根据《全国人民代表大会常务委员会关于授权最高人民检察院在部分地区开展公益诉讼试点工作的决定》《检察机关提起公益诉讼试点方案》和《人民检察院提起公益诉讼试点工作实施办法》等相关规定，临沂市检察院对杜翔依法向临沂市中级法院提起民事公益诉讼；青岛市检察院对青岛海来运冷轧薄板有限公司、青岛莱西海安环保有限公司、青岛平力金属制品厂、青岛雷克曼工贸有限公司、逄锦爱、高思海等分别向青岛市中级法院提起民事公益诉讼；聊城市检察院对山东蓝星清洗防腐公司依法向济南市中级法院提起民事公益诉讼；聊城市检察院对陈克新、芦国文、路荣太以及许玉珍等人依法分别向淄博市中级法院提起民事公益诉讼。

最高法发布三个执行司法解释及规范性意见，将执行权力关进制度铁笼

3月1日上午十点，最高人民法院召开新闻发布会，发布三个执行司法解释及规范性意见。最高人民法院执行局局长孟祥、最高人民法院执行局副局长赵晋山出席发布会并回答记者提问，发布会由最高人民法院新闻发言人王玲主持。

主要内容

执行规范化建设是践行"用两到三年时间基本解决执行难"庄严承诺的重要保障，是人民法院治理消极执行、乱执行的关键抓手，是贯彻司法为民宗旨、维护人民权益的必然要求。根据去年4月出台的基本解决执行难工作纲要的精神，最高人民法院已经陆续发布了"网络司法拍卖""变更追加执行当事人""财产保全""办理执行信访意见""终结本次执行程序"等多部司法解释、规范性文件，这些规范填补了执行法律的空白，缓解了执行工作中规则供给不足的压力，取得了良好的社会效果。

为了进一步完善执行规范体系，切实将执行权力关进量身定做的制度铁笼，最高人民法院狠抓司法解释和规范性文件的调研、起草和论证工作。今天一并发布的《关于民事执行中财产调查若干问题的规定》（以下简称《财产调查规定》）、《关于修改<最高人民法院关于公布失信被执行人名单信息的若干规定>的决定》（以下简称《公布失信被执行人修改决定》）两个司法解释和《关于执行款物管理工作的规定》（以下简称《执行款物管理规定》）一个规范性文件就是最高人民法院前一阶段的工作成果。这三个执行司法解释、规范性文件将于2017年5月1日开始施行。

《财产调查规定》的有关情况

民事执行的核心是财产执行，查明被执行人的财产状况是强制执行程序的重要环节，是人民法院采取控制、变价等执行措施的基础，是顺利实现生效法律文书确定权利的前提。但在过去一段时期，由于社会信用建设滞后、申请执行人提供财产信息能力有限、人民法院调查手段单一、协助义务人消极协助、对被执行人隐匿转移财产等行为惩戒力度不足等多方面因素，使得"被执行人财产难寻"现象成为困扰执行工作的突出问题，"解决执行难"系统工程中的硬骨头。加强和完善被执行人财产调查制度在执行中存在迫切需求。

为规范执行财产调查制度，合理分配财产调查责任，强化财产调查效果，拓宽财产调查途径，树立司法调查权威，维护当事人及利害关系人的合法权益，最高人民法院在充分总结财产调查实践经验的基础上，出台了《财产调查规定》，力求构建系统、完善的执行财产调查制度。

《财产调查规定》共 26 个条文，主要包括以下五个方面的内容：

（一）合理划分财产调查责任

目前，查明被执行人财产的途径主要有三种：一是申请执行人提供线索，二是被执行人报告，三是法院依职权调查。从世界范围看，多数国家和地区以债权人自行调查为主，而我国则更多依靠人民法院调查。应当看到，申请执行人具有提供被执行人财产线索的积极性，由其适当分担财产调查责任应当是未来我国财产调查制度的发展趋势。但在当事人的调查手段还比较有限的现实面前，为充分维护当事人的合法权益，人民法院依然要承担主要的财产调查责任。

有鉴于此，《财产调查规定》规定，人民法院有义务通过网络执行查控系统查询被执行人的财产，以解决对常见财产形式的调查问题；对于网络执行查控系统尚未覆盖的财产形式，人民法院应当根据案件需要采取其他方式进行调查，当事人及其代理人也可以自行调查。

（二）强化被执行人的财产报告义务

被执行人报告财产是财产调查的重要途径，能够全面反映被执行人的财产状况和履行能力，有利于减少人民法院寻找被执行人财产的盲目性。但实践中，由于存在核实不及时、惩罚不到位等问题，该制度的功能一直没有得到充分发挥。为强化被执行人报告财产义务，《财产调查规定》具体规定了报告财产令的内容、报告财产的范围、补充报告义务、核实程序、不履行报告义务的法律责任等问题，进一步完善了被执行人财产报告制度。

例如，为解决当事人敷衍申报，人民法院处罚不力的问题，《财产调查规定》专门规定了对财产报告的调查核实程序；细化了被执行人不履行报告义务的处罚措施，尤其强调法院对不履行报告义务的被执行人应当依法实施信用惩戒。以便构筑多层次惩戒机制，形成强大威慑力，确保财产报告制度长出"牙齿"。

（三）巩固信息化与执行联动建设成果

近年来，人民法院执行信息化建设飞速发展，逐步形成了覆盖全国及主要财产形式的网络执行查控系统。网络查询具有高效、便捷的优点,有助于克服传统模式下查人找物效率低、覆盖面小的难题,极大地提高了人民法院查找被执行人财产的能力,是未来人民法院调查措施的发展方向。但目前,网络查询在司法解释层面尚缺少一般性规范。实践中,对于网络查询与现场查询是否具有相同效力也还存在一定争议。为此,《财产调查规定》特别明确了网络查询与现场调查具有同等效力,以肯定网络查询在人民法院调查措施中的关键地位。

多年的实践表明,解决执行难,主体责任在法院,但也离不开其他部门的支持。在查人找物方面,公安机关的配合一直起着非常重要的作用。实践中,有些法院以2011年十九部门联合下发的《关于建立和完善执行联动机制若干问题的意见》为基础,与当地公安机关积极协调,取得了非常好的效果。例如,浙江高院与浙江省公安厅高速公路交警总队签署会议纪要,规定发现协助执行车辆时,由民警实施拦截检查,并按程序移交法院。2014年10月—2015年12月,浙江法院共接收高速交警移交布控车辆233辆,通过这一方式执毕案件104件,到位标的1800多万元。《财产调查规定》在吸收和借鉴实践成功经验的基础上,规定已在登记机关查封的被执行人机动车、船舶、航空器等财产未能实际扣押的,或者必须接受调查询问的被执行人等主体下落不明的,可以依照相关规定通知有关部门予以协助查找。

(四)丰富财产调查手段,设立审计调查制度

近年来,为破解"执行难"问题,各地法院不断探索财产调查的新方式。其中,通过委托专业机构对被执行人的财务状况进行审计,能够了解被执行人财产的真实状况,有助于追查被执行人财产去向、发现出资瑕疵,为人民法院进一步采取执行措施或变更、追加被执行人创造条件。在北京市海淀区法院执行的一起案件中,法院通过委托专业机构对被执行人会计账簿进行审计,发现其存在"虚构工资、药费等项目向某招待所支付大笔费用,借用该招待所账户结算本公司各项费用"的行为,并以此为突破口,顺利执结了案件。

《财产调查规定》在总结执行实践经验基础上,确立了审计调查制度。同时,为解决被执行人不提供审计资料的问题,《财产调查规定》明确被执行人隐匿审计资料的,人民法院可以依法搜查;并严格被执行人妨碍审计调查的法律责任,以确保审计活动顺利进行。

(五)拓宽财产线索来源,设立悬赏公告制度

悬赏执行是指,通过悬赏鼓励社会公众将其了解到的财产线索提供给人民法院,

是"依靠群众"之一优良司法传统的重要体现。其一方面可以增加发现被执行人财产的机会；另一方面也有助于形成对被执行人的心理压力，促其主动履行义务。

实践表明，悬赏公告是行之有效的调查手段，对一些案件的顺利解决能够起到关键作用。例如，青海省西宁市城北区法院执行的一起案件中，法院判决被执行人向申请执行人返还机器设备两台，但被执行人将设备隐匿，规避执行。该院根据悬赏获得的线索，迅速确定了两台设备的隐藏地点，很快就将案件执行完毕。

在充分调研的基础上，《财产调查规定》明确规定了悬赏公告制度。既对发布悬赏公告调查被执行人财产的做法予以肯定，又对悬赏金的领取条件、支付方式等问题予以规范，以便降低因悬赏公告发生纠纷的可能，避免诱发道德风险。

《公布失信被执行人修改决定》的有关情况

《最高人民法院关于公布失信被执行人名单信息的若干规定》（法释〔2013〕17号，以下简称《若干规定》）2013年10月1日施行以来取得了良好的法律效果和社会效果，受到了社会各界充分肯定和普遍欢迎。但在实施过程中，发现《若干规定》有关救济途径、失信名单的退出等规定不尽完善，制约了公布失信名单制度效果的进一步发挥。特别是，近年来随着对失信被执行人联合信用惩戒体系的不断完善，失信被执行人在担任公职、党代表、人大代表、政协委员，以及出行、旅游、投资、消费等方方面面都已受到限制，基本处于"一处失信、处处受限"状态，惩戒力度非常严厉。这就要求相关法律规定必须更加科学、严密，人民法院在决定纳入失信被执行人名单时应更加审慎、规范。因此，最高人民法院在总结实施《若干规定》经验的基础上，根据客观环境的新变化、新发展，决定对《若干规定》进行修订。

修订后的《若干规定》共13个条文，重点修订内容有以下几个方面：

（一）进一步明确了纳入失信名单的实质要件

纳入失信名单的标准是最核心、最重要的条款，本次修改对《若干规定》有关纳入失信名单的标准作了进一步明确。其中，特别规定，对提供了充分有效担保的，已被采取查封、扣押、冻结等措施的财产足以清偿生效法律文书确定债务的等情形，不属于有履行能力而拒不履行生效法律文书确定的义务，人民法院不得据此规定将被执行人纳入失信被执行人名单，进一步保障被执行人的合法权益。同时，增加规定被执行人是未成年人的，人民法院不得将其纳入失信被执行人名单，以加强对未成年人的保护。

（二）增加规定了纳入失信名单的期限

《若干规定》中没有规定纳入失信名单的期限，导致一旦被纳入失信名单就等于被判了"无期徒刑"，大量失信被执行人无法从失信名单库中删除，纳入失信名单人数不断增多。截至目前，各级法院累计发布失信被执行人信息673.4万例，且人数还在不断增加。不规定纳入失信期限，不利于激励失信被执行人纠正失信行为，使公布失信名单制度"以惩促信"的作用难以有效发挥。因此，本次修改增加规定了纳入失信被执行人名单的期限一般为二年，对以暴力、威胁方法妨碍、抗拒执行情节严重或具有多项失信行为的，可以延长一年至三年，积极履行生效法律文书确定义务或主动纠正失信行为的，人民法院可以提前删除失信信息。

（三）进一步明确了救济程序

《若干规定》规定被执行人认为将其纳入失信被执行人名单错误的，可以向人民法院申请纠正。但具体程序没有明确，导致实践中被执行人的救济权没有得到充分、有效保障。本次修改进一步明确规定，公民、法人或其他组织认为不应将其纳入失信被执行人名单、记载和公布的失信信息不准确、失信信息应予删除的，可以向执行法院申请纠正，公民、法人或其他组织对不予纠正决定不服的，可以自决定书送达之日起十日内向上一级人民法院申请复议。上一级人民法院应当自收到复议申请之日起十五日内作出决定。充分保障了当事人的救济权利。

（四）增加了案件终结本次执行程序后删除失信名单的规定

本次修改增加规定：终结本次执行程序后，通过网络执行查控系统查询被执行人财产两次以上，未发现有可供执行财产，且申请执行人或者其他人未提供有效财产线索的，人民法院应当在三个工作日内删除失信信息。纳入失信名单针对的是有履行能力而拒不履行的被执行人，对确无履行能力的被执行人一般不予纳入。《最高人民法院关于严格规范终结本次执行程序的规定（试行）》（法〔2016〕373号）对终结本次执行程序规定了严格的程序标准和实体标准，终结本次执行程序意味着被执行人确无财产可供执行，此时人民法院应当删除其失信信息。但考虑到上述规定出台时间不长，实践中存在没有严格完成"规定动作"就终结的情况，且由于目前财产查控手段的局限性，终结只是法律意义上的"确无财产可供执行"，并不意味着被执行人事实上绝对无财产可供执行。因此，本次并未规定案件一旦终结后就立即删除失信信息，而是做了一定程度的限制，即：通过网络执行查控系统查询被执行人财产两次以上，未发现有可供执行财产，且申请执行人或者其他人未提供有效财产线索，人民法院才删除失信信息。这样规定较好地兼顾了申请执行人与被执行人利益的平衡，确保了失信名单制度效果的有效发挥。

需要说明的是，终结本次执行程序后被执行人虽然可以免受失信惩戒，但仍然不能有《最高人民法院关于限制被执行人高消费的若干规定》中所列消费行为，包括乘坐高铁、飞机，在星级以上宾馆、酒店、夜总会、高尔夫球场等场所进行高消费，即还要被限制消费，对被执行人的限制仍然较为严厉。

《执行款物管理规定》的有关情况

2006年5月18日实施的《最高人民法院关于执行款物管理工作的规定（试行）》（以下简称《试行规定》），距今已有10年，司法实践已经发生了较大变化，《试行规定》有些规定已不能满足司法实践需要。2016年3月底，最高人民法院、最高人民检察院联合在全国法院开展集中清理执行案款活动，根据清理中反映的问题和积累的经验，为进一步加强执行款物管理，严格规范执行款物收发，最高人民法院兼采各地法院执行款物管理成功经验，结合网络执行查控系统建设进程的基础上，修订了《执行款物管理规定》。

该规定共29个条文，重点内容包括以下四个方面：

（一）建立款物收发情况定期核对机制

《试行规定》中规定了执行机构与财务部门的"分工负责，相互配合，相互监督"原则，但因缺乏具体的配套制度，导致该原则在实践过程中没有充分得到落实。执行机构与财务部门各有各的明细账，财务部门只知道收到了款项，但不知道款项是何来源，应否发放；执行机构只知道给被执行人发了执行通知书，但不知道被执行人是否交付、交付了多少，银行扣划的款项是否到账。日积月累，就出现了执行案款的滞留问题。为此，《执行款物管理规定》特别确立了定期核对账目机制。即执行款物管理部门应当对执行款物的收发进行逐案登记，执行机构应当指定专人对执行款物的收发情况进行管理，设立台账，并与执行款物管理部门每月进行核对。以便有效解决执行机构与执行款物管理部门管理脱节问题，真正做到相互配合、相互监督。

（二）规定"一案一账号"执行案款归集管理方法

执行机构与执行款物管理部门定期核对账目，只是解决了管理上的脱节。由于执行案款的收取方式有多种，被执行人通过转账交付或是委托他人交付，抑或是委托他人转账交付的，如果付款人未注明该款项是哪个案件的执行款，即便是执行机构与执行款物管理部门进行定期核对，也很难做到一一对应。为此，许多法院创新执行案款管理方法，积极与执行款专户开户银行协商，在执行款专户项下为每个执行案件设立一个账号，在执行通知书中明确告知被执行人应向该账号交付执行案款，在协助扣划通知书中明确要求银行向该账号划款。实践表明，"一案一账号"作为执行案款管理新方式，具有账目清晰、程序透明、发放高效的特点，法律效果和社会效果都很好。《执行款物管理规定》在充分借鉴各地法院成功经验的基础上，规定了"一案一账号"的执行案款归集管理方法，力求实现执行案、款、人的一一对应。

（三）细化执行案款收取、发放、提取流程

执案案款的收取、发放、提取是执行款物管理的重点，《执行款物管理规定》对相关工作流程进行细化，使其具有更强的操作性。

（四）增加对查封、扣押物品收发情况的管理规定

《试行规定》对由人民法院保管的查封、扣押物品如何管理，仅作了原则规定，导致实际工作中出现了管理不统一，工作不规范的问题。为此，《执行款物管理规定》特别用八个条文对人民法院查封、扣押物品的管理部门、物品的清点与交接、特殊物品的处理、解封后的发还期限以及物品的提存等问题进行了详细的规定。这也体现了"重案款、轻物品"的执行款物管理观念的转变，将为人民法院做到执行款、物并重管理、规范管理、细化管理奠定制度基础。

最高人民法院关于民事执行中财产调查若干问题的规定

（2017年1月25日最高人民法院审判委员会第1708次会议通过，自2017年5月1日起施行）

为规范民事执行财产调查，维护当事人及利害关系人的合法权益，根据《中华人民共和国民事诉讼法》等法律的规定，结合执行实践，制定本规定。

第一条　执行过程中，申请执行人应当提供被执行人的财产线索；被执行人应当如实报告财产；人民法院应当通过网络执行查控系统进行调查，根据案件需要应当通过其他方式进行调查的，同时采取其他调查方式。

第二条　申请执行人提供被执行人财产线索，应当填写财产调查表。财产线索明确、具体的，人民法院应当在七日内调查核实；情况紧急的，应当在三日内调查核实。财产线索确实的，人民法院应当及时采取相应的执行措施。

申请执行人确因客观原因无法自行查明财产的，可以申请人民法院调查。

第三条　人民法院依申请执行人的申请或依职权责令被执行人报告财产情况的，应当向其发出报告财产令。金钱债权执行中，报告财产令应当与执行通知同时发出。

人民法院根据案件需要再次责令被执行人报告财产情况的，应当重新向其发出报告财产令。

第四条　报告财产令应当载明下列事项：

（一）提交财产报告的期限；

（二）报告财产的范围、期间；

（三）补充报告财产的条件及期间；

（四）违反报告财产义务应承担的法律责任；

（五）人民法院认为有必要载明的其他事项。

报告财产令应附财产调查表，被执行人必须按照要求逐项填写。

第五条　被执行人应当在报告财产令载明的期限内向人民法院书面报告下列财产情况：

（一）收入、银行存款、现金、理财产品、有价证券；

（二）土地使用权、房屋等不动产；

（三）交通运输工具、机器设备、产品、原材料等动产；

（四）债权、股权、投资权益、基金份额、信托受益权、知识产权等财产性权利；

（五）其他应当报告的财产。

被执行人的财产已出租、已设立担保物权等权利负担，或者存在共有、权属争议等情形的，应当一并报告；被执行人的动产由第三人占有，被执行人的不动产、特定动产、其他财产权等登记在第三人名下的，也应当一并报告。

被执行人在报告财产令载明的期限内提交书面报告确有困难的，可以向人民法院书面申请延长期限；申请有正当理由的，人民法院可以适当延长。

第六条　被执行人自收到执行通知之日前一年至提交书面财产报告之日，其财产情况发生下列变动的，应当将变动情况一并报告：

（一）转让、出租财产的；

（二）在财产上设立担保物权等权利负担的；

（三）放弃债权或延长债权清偿期的；

（四）支出大额资金的；

（五）其他影响生效法律文书确定债权实现的财产变动。

第七条　被执行人报告财产后，其财产情况发生变动，影响申请执行人债权实现的，应当自财产变动之日起十日内向人民法院补充报告。

第八条　对被执行人报告的财产情况，人民法院应当及时调查核实，必要时可以组织当事人进行听证。

申请执行人申请查询被执行人报告的财产情况的，人民法院应当准许。申请执行人及其代理人对查询过程中知悉的信息应当保密。

第九条　被执行人拒绝报告、虚假报告或者无正当理由逾期报告财产情况的，人民法院可以根据情节轻重对被执行人或者其法定代理人予以罚款、拘留；构成犯罪的，依法追究刑事责任。

人民法院对有前款规定行为之一的单位，可以对其主要负责人或者直接责任人员予以罚款、拘留；构成犯罪的，依法追究刑事责任。

第十条　被执行人拒绝报告、虚假报告或者无正当理由逾期报告财产情况的，人民法院应当依照相关规定将其纳入失信被执行人名单。

第十一条　有下列情形之一的，财产报告程序终结：

（一）被执行人履行完毕生效法律文书确定义务的；

（二）人民法院裁定终结执行的；

（三）人民法院裁定不予执行的；

（四）人民法院认为财产报告程序应当终结的其他情形。

发出报告财产令后，人民法院裁定终结本次执行程序的，被执行人仍应依照本规定第七条的规定履行补充报告义务。

第十二条 被执行人未按执行通知履行生效法律文书确定的义务，人民法院有权通过网络执行查控系统、现场调查等方式可被执行人、有关单位或个人调查被执行人的身份信息和财产信息，有关单位和个人应当依法协助办理。

人民法院对调查所需资料可以复制、打印、抄录、拍照或以其他方式进行提取、留存。

申请执行人申请查询人民法院调查的财产信息的，人民法院可以根据案件需要决定是否准许。申请执行人及其代理人对查询过程中知悉的信息应当保密。

第十三条 人民法院通过网络执行查控系统进行调查，与现场调查具有同等法律效力。

人民法院调查过程中作出的电子法律文书与纸质法律文书具有同等法律效力；协助执行单位反馈的电子查询结果与纸质反馈结果具有同等法律效力。

第十四条 被执行人隐匿财产、会计账簿等资料拒不交出的，人民法院可以依法采取搜查措施。

人民法院依法搜查时，对被执行人可能隐匿财产或者资料的处所、箱柜等，经责令被执行人开启而拒不配合的，可以强制开启。

第十五条 为查明被执行人的财产情况和履行义务的能力，可以传唤被执行人或被执行人的法定代表人、负责人、实际控制人、直接责任人员到人民法院接受调查询问。

对必须接受调查询问的被执行人、被执行人的法定代表人、负责人或者实际控制人，经依法传唤无正当理由拒不到场的，人民法院可以拘传其到场；上述人员下落不明的，人民法院可以依照相关规定通知有关单位协助查找。

第十六条 人民法院对已经办理查封登记手续的被执行人机动车、船舶、航空器等特定动产未能实际扣押的，可以依照相关规定通知有关单位协助查找。

第十七条 作为被执行人的法人或其他组织不履行生效法律文书确定的义务，申请执行人认为其有拒绝报告、虚假报告财产情况，隐匿、转移财产等逃避债务情形或者其股东、出资人有出资不实、抽逃出资等情形的，可以书面申请人民法院委托审计机构对该被执行人进行审计。人民法院应当自收到书面申请之日起十日内决定是否准许。

第十八条 人民法院决定审计的，应当随机确定具备资格的审计机构，并责令被执行人提交会计凭证、会计账簿、财务会计报告等与审计事项有关的资料。

被执行人隐匿审计资料的，人民法院可以依法采取搜查措施。

第十九条　被执行人拒不提供、转移、隐匿、伪造、篡改、毁弃审计资料，阻挠审计人员查看业务现场或者有其他妨碍审计调查行为的，人民法院可以根据情节轻重对被执行人或其主要负责人、直接责任人员予以罚款、拘留；构成犯罪的，依法追究刑事责任。

第二十条　审计费用由提出审计申请的申请执行人预交。被执行人存在拒绝报告或虚假报告财产情况，隐匿、转移财产或者其他逃避债务情形的，审计费用由被执行人承担；未发现被执行人存在上述情形的，审计费用由申请执行人承担。

第二十一条　被执行人不履行生效法律文书确定的义务，申请执行人可以向人民法院书面申请发布悬赏公告查找可供执行的财产。申请书应当载明下列事项：

（一）悬赏金的数额或计算方法；

（二）有关人员提供人民法院尚未掌握的财产线索，使该申请执行人的债权得以全部或部分实现时，自愿支付悬赏金的承诺；

（三）悬赏公告的发布方式；

（四）其他需要载明的事项。

人民法院应当自收到书面申请之日起十日内决定是否准许。

第二十二条　人民法院决定悬赏查找财产的，应当制作悬赏公告。悬赏公告应当载明悬赏金的数额或计算方法、领取条件等内容。

悬赏公告应当在全国法院执行悬赏公告平台、法院微博或微信等媒体平台发布，也可以在执行法院公告栏或被执行人住所地、经常居住地等处张贴。申请执行人申请在其他媒体平台发布，并自愿承担发布费用的，人民法院应当准许。

第二十三条　悬赏公告发布后，有关人员向人民法院提供财产线索的，人民法院应当对有关人员的身份信息和财产线索进行登记；两人以上提供相同财产线索的，应当按照提供线索的先后顺序登记。

人民法院对有关人员的身份信息和财产线索应当保密，但为发放悬赏金需要告知申请执行人的除外。

第二十四条　有关人员提供人民法院尚未掌握的财产线索，使申请发布悬赏公告的申请执行人的债权得以全部或部分实现的，人民法院应当按照悬赏公告发放悬赏金。

悬赏金从前款规定的申请执行人应得的执行款中予以扣减。特定物交付执行或者存在其他无法扣减情形的，悬赏金由该申请执行人另行支付。

有关人员为申请执行人的代理人、有义务向人民法院提供财产线索的人员或者存在其他不应发放悬赏金情形的，不予发放。

第二十五条　执行人员不得调查与执行案件无关的信息，对调查过程中知悉的国家秘密、商业秘密和个人隐私应当保密。

第二十六条　本规定自 2017 年 5 月 1 日起施行。

本规定施行后，本院以前公布的司法解释与本规定不一致的，以本规定为准。

最高人民法院关于修改《最高人民法院关于公布失信被执行人名单信息的若干规定》的决定

（2017年1月16日最高人民法院审判委员会第1707次会议审议通过，自2017年5月1日起施行）

根据最高人民法院审判委员会第1707次会议决定，对《最高人民法院关于公布失信被执行人名单信息的若干规定》作如下修改：

一、将第一条修改为："被执行人未履行生效法律文书确定的义务，并具有下列情形之一的，人民法院应当将其纳入失信被执行人名单，依法对其进行信用惩戒：

（一）有履行能力而拒不履行生效法律文书确定义务的；

（二）以伪造证据、暴力、威胁等方法妨碍、抗拒执行的；

（三）以虚假诉讼、虚假仲裁或者以隐匿、转移财产等方法规避执行的；

（四）违反财产报告制度的；

（五）违反限制消费令的；

（六）无正当理由拒不履行执行和解协议的。"

二、增加一条，作为第二条："被执行人具有本规定第一条第二项至第六项规定情形的，纳入失信被执行人名单的期限为二年。被执行人以暴力、威胁方法妨碍、抗拒执行情节严重或具有多项失信行为的，可以延长一至三年。

失信被执行人积极履行生效法律文书确定义务或主动纠正失信行为的，人民法院可以决定提前删除失信信息。"

三、增加一条，作为第三条："具有下列情形之一的，人民法院不得依据本规定第一条第一项的规定将被执行人纳入失信被执行人名单：

（一）提供了充分有效担保的；

（二）已被采取查封、扣押、冻结等措施的财产足以清偿生效法律文书确定债务的；

（三）被执行人履行顺序在后，对其依法不应强制执行的；

（四）其他不属于有履行能力而拒不履行生效法律文书确定义务的情形。"

四、增加一条，作为第四条："被执行人为未成年人的，人民法院不得将其纳入失信被执行人名单。"

五、将第二条改为第五条，修改为："人民法院向被执行人发出的执行通知中，应当载明有关纳入失信被执行人名单的风险提示等内容。

申请执行人认为被执行人具有本规定第一条规定情形之一的，可以向人民法院申请将其纳入失信被执行人名单。人民法院应当自收到申请之日起十五日内审查并作出决定。人民法院认为被执行人具有本规定第一条规定情形之一的，也可以依职权决定将其纳入失信被执行人名单。

人民法院决定将被执行人纳入失信被执行人名单的，应当制作决定书，决定书应当写明纳入失信被执行人名单的理由，有纳入期限的，应当写明纳入期限。决定书由院长签发，自作出之日起生效。决定书应当按照民事诉讼法规定的法律文书送达方式送达当事人。"

六、将第三条改为第十一条，修改为："被纳入失信被执行人名单的公民、法人或其他组织认为有下列情形之一的，可以向执行法院申请纠正：

（一）不应将其纳入失信被执行人名单的；

（二）记载和公布的失信信息不准确的；

（三）失信信息应予删除的。"

七、将第四条改为第六条，第（一）项修改为："作为被执行人的法人或者其他组织的名称、统一社会信用代码（或组织机构代码）、法定代表人或者负责人姓名；"

八、将第六条改为第八条，将第三款改为："国家工作人员、人大代表、政协委员等被纳入失信被执行人名单的，人民法院应当将失信情况通报其所在单位和相关部门。"

将第四款改为："国家机关、事业单位、国有企业等被纳入失信被执行人名单的，人民法院应当将失信情况通报其上级单位、主管部门或者履行出资人职责的机构。"

九、增加一条，作为第九条："不应纳入失信被执行人名单的公民、法人或其他组织被纳入失信被执行人名单的，人民法院应当在三个工作日内撤销失信信息。

记载和公布的失信信息不准确的，人民法院应当在三个工作日内更正失信信息。"

十、将第七条改为第十条，修改为："具有下列情形之一的，人民法院应当在三个工作日内删除失信信息：

（一）被执行人已履行生效法律文书确定的义务或人民法院已执行完毕的；

（二）当事人达成执行和解协议且已履行完毕的；

（三）申请执行人书面申请删除失信信息，人民法院审查同意的；

（四）终结本次执行程序后，通过网络执行查控系统查询被执行人财产两次以上，未发现有可供执行财产，且申请执行人或者其他人未提供有效财产线索的；

（五）因审判监督或破产程序，人民法院依法裁定对失信被执行人中止执行的；

（六）人民法院依法裁定不予执行的；

（七）人民法院依法裁定终结执行的。

有纳入期限的，不适用前款规定。纳入期限届满后三个工作日内，人民法院应当删除失信信息。

依照本条第一款规定删除失信信息后，被执行人具有本规定第一条规定情形之一的，人民法院可以重新将其纳入失信被执行人名单。

依照本条第一款第三项规定删除失信信息后六个月内，申请执行人申请将该被执行人纳入失信被执行人名单的，人民法院不予支持。"

十一、增加一条，作为第十二条："公民、法人或其他组织对被纳入失信被执行人名单申请纠正的，执行法院应当自收到书面纠正申请之日起十五日内审查，理由成立的，应当在三个工作日内纠正；理由不成立的，决定驳回。公民、法人或其他组织对驳回决定不服的，可以自决定书送达之日起十日内向上一级人民法院申请复议。上一级人民法院应当自收到复议申请之日起十五日内作出决定。

复议期间，不停止原决定的执行。"

十二、增加一条，作为第十三条："人民法院工作人员违反本规定公布、撤销、更正、删除失信信息的，参照有关规定追究责任。"

根据本决定，将《最高人民法院关于公布失信被执行人名单信息的若干规定》作相应修改，重新公布。

最高人民法院关于公布失信被执行人
名单信息的若干规定

（2013年7月1日最高人民法院审判委员会第1582次会议通过，根据2017年1月16日最高人民法院审判委员会第1707次会议通过的《最高人民法院关于修改〈最高人民法院关于公布失信被执行人名单信息的若干规定〉的决定》修正）

为促使被执行人自觉履行生效法律文书确定的义务，推进社会信用体系建设，根据《中华人民共和国民事诉讼法》的规定，结合人民法院工作实际，制定本规定。

第一条 被执行人未履行生效法律文书确定的义务，并具有下列情形之一的，人民法院应当将其纳入失信被执行人名单，依法对其进行信用惩戒：

（一）有履行能力而拒不履行生效法律文书确定义务的；

（二）以伪造证据、暴力、威胁等方法妨碍、抗拒执行的；

（三）以虚假诉讼、虚假仲裁或者以隐匿、转移财产等方法规避执行的；

（四）违反财产报告制度的；

（五）违反限制消费令的；

（六）无正当理由拒不履行执行和解协议的。

第二条 被执行人具有本规定第一条第二项至第六项规定情形的，纳入失信被执行人名单的期限为二年。被执行人以暴力、威胁方法妨碍、抗拒执行情节严重或具有多项失信行为的，可以延长一至三年。

失信被执行人积极履行生效法律文书确定义务或主动纠正失信行为的，人民法院可以决定提前删除失信信息。

第三条 具有下列情形之一的，人民法院不得依据本规定第一条第一项的规定将被执行人纳入失信被执行人名单：

（一）提供了充分有效担保的；

（二）已被采取查封、扣押、冻结等措施的财产足以清偿生效法律文书确定债务的；

（三）被执行人履行顺序在后，对其依法不应强制执行的；

（四）其他不属于有履行能力而拒不履行生效法律文书确定义务的情形。

第四条 被执行人为未成年人的，人民法院不得将其纳入失信被执行人名单。

第五条 人民法院向被执行人发出的执行通知中，应当载明有关纳入失信被执行人名单的风险提示等内容。

申请执行人认为被执行人具有本规定第一条规定情形之一的，可以向人民法院申请将其纳入失信被执行人名单。人民法院应当自收到申请之日起十五日内审查并作出决定。人民法院认为被执行人具有本规定第一条规定情形之一的，也可以依职权决定将其纳入失信被执行人名单。

人民法院决定将被执行人纳入失信被执行人名单的，应当制作决定书，决定书应当写明纳入失信被执行人名单的理由，有纳入期限的，应当写明纳入期限。决定书由院长签发，自作出之日起生效。决定书应当按照民事诉讼法规定的法律文书送达方式送达当事人。

第六条　记载和公布的失信被执行人名单信息应当包括：

（一）作为被执行人的法人或者其他组织的名称、统一社会信用代码（或组织机构代码）、法定代表人或者负责人姓名；

（二）作为被执行人的自然人的姓名、性别、年龄、身份证号码；

（三）生效法律文书确定的义务和被执行人的履行情况；

（四）被执行人失信行为的具体情形；

（五）执行依据的制作单位和文号、执行案号、立案时间、执行法院；

（六）人民法院认为应当记载和公布的不涉及国家秘密、商业秘密、个人隐私的其他事项。

第七条　各级人民法院应当将失信被执行人名单信息录入最高人民法院失信被执行人名单库，并通过该名单库统一向社会公布。

各级人民法院可以根据各地实际情况，将失信被执行人名单通过报纸、广播、电视、网络、法院公告栏等其他方式予以公布，并可以采取新闻发布会或者其他方式对本院及辖区法院实施失信被执行人名单制度的情况定期向社会公布。

第八条　人民法院应当将失信被执行人名单信息，向政府相关部门、金融监管机构、金融机构、承担行政职能的事业单位及行业协会等通报，供相关单位依照法律、法规和有关规定，在政府采购、招标投标、行政审批、政府扶持、融资信贷、市场准入、资质认定等方面，对失信被执行人予以信用惩戒。

人民法院应当将失信被执行人名单信息向征信机构通报，并由征信机构在其征信系统中记录。

国家工作人员、人大代表、政协委员等被纳入失信被执行人名单的，人民法院应当将失信情况通报其所在单位和相关部门。

国家机关、事业单位、国有企业等被纳入失信被执行人名单的，人民法院应当将失信情况通报其上级单位、主管部门或者履行出资人职责的机构。

第九条 不应纳入失信被执行人名单的公民、法人或其他组织被纳入失信被执行人名单的，人民法院应当在三个工作日内撤销失信信息。

记载和公布的失信信息不准确的，人民法院应当在三个工作日内更正失信信息。

第十条 具有下列情形之一的，人民法院应当在三个工作日内删除失信信息：

（一）被执行人已履行生效法律文书确定的义务或人民法院已执行完毕的；

（二）当事人达成执行和解协议且已履行完毕的；

（三）申请执行人书面申请删除失信信息，人民法院审查同意的；

（四）终结本次执行程序后，通过网络执行查控系统查询被执行人财产两次以上，未发现有可供执行财产，且申请执行人或者其他人未提供有效财产线索的；

（五）因审判监督或破产程序，人民法院依法裁定对失信被执行人中止执行的；

（六）人民法院依法裁定不予执行的；

（七）人民法院依法裁定终结执行的。

有纳入期限的，不适用前款规定。纳入期限届满后三个工作日内，人民法院应当删除失信信息。

依照本条第一款规定删除失信信息后，被执行人具有本规定第一条规定情形之一的，人民法院可以重新将其纳入失信被执行人名单。

依照本条第一款第三项规定删除失信信息后六个月内，申请执行人申请将该被执行人纳入失信被执行人名单的，人民法院不予支持。

第十一条 被纳入失信被执行人名单的公民、法人或其他组织认为有下列情形之一的，可以向执行法院申请纠正：

（一）不应将其纳入失信被执行人名单的；

（二）记载和公布的失信信息不准确的；

（三）失信信息应予删除的。

第十二条 公民、法人或其他组织对被纳入失信被执行人名单申请纠正的，执行法院应当自收到书面纠正申请之日起十五日内审查，理由成立的，应当在三个工作日内纠正；理由不成立的，决定驳回。公民、法人或其他组织对驳回决定不服的，可以自决定书送达之日起十日内向上一级人民法院申请复议。上一级人民法院应当自收到复议申请之日起十五日内作出决定。

复议期间，不停止原决定的执行。

第十三条 人民法院工作人员违反本规定公布、撤销、更正、删除失信信息的，参照有关规定追究责任。

最高人民法院关于执行款物管理工作的规定

为规范人民法院对执行款物的管理工作,维护当事人的合法权益,根据《中华人民共和国民事诉讼法》及有关司法解释,参照有关财务管理规定,结合执行工作实际,制定本规定。

第一条 本规定所称执行款物,是指执行程序中依法应当由人民法院经管的财物。

第二条 执行款物的管理实行执行机构与有关管理部门分工负责、相互配合、相互监督的原则。

第三条 财务部门应当对执行款的收付进行逐案登记,并建立明细账。

对于由人民法院保管的查封、扣押物品,应当指定专人或部门负责,逐案登记,妥善保管,任何人不得擅自使用。

执行机构应当指定专人对执行款物的收发情况进行管理,设立台账、逐案登记,并与执行款物管理部门对执行款物的收发情况每月进行核对。

第四条 人民法院应当开设执行款专户或在案款专户中设置执行款科目,对执行款实行专项管理、独立核算、专款专付。

人民法院应当采取一案一账号的方式,对执行款进行归集管理,案号、款项、被执行人或交款人应当一一对应。

第五条 执行人员应当在执行通知书或有关法律文书中告知人民法院执行款专户或案款专户的开户银行名称、账号、户名,以及交款时应当注明执行案件案号、被执行人姓名或名称、交款人姓名或名称、交款用途等信息。

第六条 被执行人可以将执行款直接支付给申请执行人;人民法院也可以将执行款从被执行人账户直接划至申请执行人账户。但有争议或需再分配的执行款,以及人民法院认为确有必要的,应当将执行款划至执行款专户或案款专户。

人民法院通过网络执行查控系统扣划的执行款,应当划至执行款专户或案款专户。

第七条 交款人直接到人民法院交付执行款的,执行人员可以会同交款人或由交款人直接到财务部门办理相关手续。

交付现金的,财务部门应当即时向交款人出具收款凭据;交付票据的,财务部门应当即时向交款人出具收取凭证,在款项到账后三日内通知执行人员领取收款凭据。

收到财务部门的收款凭据后,执行人员应当及时通知被执行人或交款人在指定期限内用收取凭证更换收款凭据。被执行人或交款人未在指定期限内办理更换手续或明确拒绝更换的，执行人员应当书面说明情况，连同收款凭据一并附卷。

第八条 交款人采用转账汇款方式交付和人民法院采用扣划方式收取执行款的，财务部门应当在款项到账后三日内通知执行人员领取收款凭据。

收到财务部门的收款凭据后，执行人员应当参照本规定第七条第三款规定办理。

第九条 执行人员原则上不直接收取现金和票据；确有必要直接收取的，应当不少于两名执行人员在场，即时向交款人出具收取凭证，同时制作收款笔录，由交款人和在场人员签名。

执行人员直接收取现金或者票据的，应当在回院后当日将现金或票据移交财务部门；当日移交确有困难的，应当在回院后一日内移交并说明原因。财务部门应当按照本规定第七条第二款规定办理。

收到财务部门的收款凭据后，执行人员应当按照本规定第七条第三款规定办理。

第十条 执行人员应当在收到财务部门执行款到账通知之日起三十日内，完成执行款的核算、执行费用的结算、通知申请执行人领取和执行款发放等工作。

有下列情形之一的，报经执行局局长或主管院领导批准后，可以延缓发放：

（一）需要进行案款分配的；

（二）申请执行人因另案诉讼、执行或涉嫌犯罪等原因导致执行款被保全或冻结的；

（三）申请执行人经通知未领取的；

（四）案件被依法中止或者暂缓执行的；

（五）有其他正当理由需要延缓发放执行款的。

上述情形消失后，执行人员应当在十日内完成执行款的发放。

第十一条 人民法院发放执行款，一般应当采取转账方式。

执行款应当发放给申请执行人，确需发放给申请执行人以外的单位或个人的，应当组成合议庭进行审查，但依法应当退还给交款人的除外。

第十二条 发放执行款时，执行人员应当填写执行款发放审批表。执行款发放审批表中应当注明执行案件案号、当事人姓名或名称、交款人姓名或名称、交款金额、交款时间、交款方式、收款人姓名或名称、收款人账号、发款金额和方式等情况。报经执行局局长或主管院领导批准后，交由财务部门办理支付手续。

委托他人代为办理领取执行款手续的，应当附特别授权委托书、委托代理人的身份证复印件。委托代理人是律师的，应当附所在律师事务所出具的公函及律师执照复印件。

第十三条 申请执行人要求或同意人民法院采取转账方式发放执行款的，执行人员应当持执行款发放审批表及申请执行人出具的本人或本单位接收执行款的账户信息的书面证明,交财务部门办理转账手续。

申请执行人或委托代理人直接到人民法院办理领取执行款手续的,执行人员应当在查验领款人身份证件、授权委托手续后,持执行款发放审批表,会同领款人到财务部门办理支付手续。

第十四条 财务部门在办理执行款支付手续时,除应当查验执行款发放审批表,还应当按照有关财务管理规定进行审核。

第十五条 发放执行款时,收款人应当出具合法有效的收款凭证。财务部门另有规定的,依照其规定。

第十六条 有下列情形之一,不能在规定期限内发放执行款的,人民法院可以将执行款提存:

(一)申请执行人无正当理由拒绝领取的;
(二)申请执行人下落不明的;
(三)申请执行人死亡未确定继承人或者丧失民事行为能力未确定监护人的;
(四)按照申请执行人提供的联系方式无法通知其领取的;
(五)其他不能发放的情形。

第十七条 需要提存执行款的,执行人员应当填写执行款提存审批表并附具有提存情形的证明材料。执行款提存审批表中应注明执行案件案号、当事人姓名或名称、交款人姓名或名称、交款金额、交款时间、交款方式、收款人姓名或名称、提存金额、提存原因等情况。报经执行局局长或主管院领导批准后,办理提存手续。

提存费用应当由申请执行人负担,可以从执行款中扣除。

第十八条 被执行人将执行依据确定交付、返还的物品(包括票据、证照等)直接交付给申请执行人的,被执行人应当向人民法院出具物品接收证明;没有物品接收证明的,执行人员应当将履行情况记入笔录,经双方当事人签字后附卷。

被执行人将物品交由人民法院转交给申请执行人或由人民法院主持双方当事人进行交接的,执行人员应当将交付情况记入笔录,经双方当事人签字后附卷。

第十九条 查封、扣押至人民法院或被执行人、担保人等直接向人民法院交付的物品,执行人员应当立即通知保管部门对物品进行清点、登记,有价证券、金银珠宝、古董等贵重物品应当封存,并办理交接。保管部门接收物品后,应当出具收取凭证。

对于在异地查封、扣押,且不便运输或容易毁损的物品,人民法院可以委托物品所在地人民法院代为保管,代为保管的人民法院应当按照前款规定办理。

第二十条 人民法院应当确定专门场所存放本规定第十九条规定的物品。

第二十一条　对季节性商品、鲜活、易腐烂变质以及其他不宜长期保存的物品，人民法院可以责令当事人及时处理，将价款交付人民法院；必要时，执行人员可予以变卖，并将价款依照本规定要求交财务部门。

第二十二条　人民法院查封、扣押或被执行人交付，且属于执行依据确定交付、返还的物品，执行人员应当自查封、扣押或被执行人交付之日起三十日内，完成执行费用的结算、通知申请执行人领取和发放物品等工作。不属于执行依据确定交付、返还的物品，符合处置条件的，执行人员应当依法启动财产处置程序。

第二十三条　人民法院解除对物品的查封、扣押措施的，除指定由被执行人保管的外，应当自解除查封、扣押措施之日起十日内将物品发还给所有人或交付人。

物品在人民法院查封、扣押期间，因自然损耗、折旧所造成的损失，由物品所有人或交付人自行负担，但法律另有规定的除外。

第二十四条　符合本规定第十六条规定情形之一的，人民法院可以对物品进行提存。

物品不适于提存或者提存费用过高的，人民法院可以提存拍卖或者变卖该物品所得价款。

第二十五条　物品的发放、延缓发放、提存等，除本规定有明确规定外，参照执行款的有关规定办理。

第二十六条　执行款物的收发凭证、相关证明材料，应当附卷归档。

第二十七条　案件承办人调离执行机构，在移交案件时，必须同时移交执行款物收发凭证及相关材料。执行款物收发情况复杂的，可以在交接时进行审计。执行款物交接不清的，不得办理调离手续。

第二十八条　各高级人民法院在实施本规定过程中，结合行政事业单位内部控制建设的要求，以及执行工作实际，可制定具体实施办法。

第二十九条　本规定自2017年5月1日起施行。2006年5月18日施行的《最高人民法院关于执行款物管理工作的规定（试行）》（法发〔2006〕11号）同时废止。

大连中院推出悬赏执行和委托律师财产调查制度

从现在开始,只要你举报的被执行人财产线索是真实并且系合法取得,且举报的财产经依法处分已经变现,举报人就可以从该执行款中领取一定数额的悬赏金。同时,律师经申请人申请,就可以持法院签发的委托律师调查令对被执行人可供执行的财产或相关信息进行调查。这是记者从3月10日上午大连市中级人民法院新闻发布会上获悉的。

为破解执行财产难查这一长期困扰法院执行工作深入推进的老大难问题,根据有关司法解释、司法文件规定,大连市中院最近制定出台了《关于在执行工作中实行悬赏执行制度的规定(试行)》。悬赏执行的对象,包括被执行人可供执行的财产或财产线索等。对申请执行人为无劳动能力且无生活来源、无法定赡养、抚养、抚育义务人或者其法定义务人无履行义务能力,以及有重大社会影响的执行案件,人民法院可依职权悬赏执行。

对于符合举报人所提供的财产线索是真实且系合法取得且符合法院相关规定的,执行法院将在举报的财产处分变现后十五日内,从执行款中提取悬赏金支付给举报人。并对举报人的身份信息严格保密。

为有效整合社会资源合力破解"执行难",缓解执行任务与力量不匹配的矛盾,大连市中院还出台了《关于执行实施案件委托律师财产调查制度的意见(试行)》。该《意见》规定,在执行程序中,申请执行人因客观原因无法取得相关被执行人财产线索及相关信息时,可书面申请法院签发律师调查令,由其代理律师持调查令向有关单位和个人进行调查,以获取相关证据。律师持调查令进行的调查,视同执行人员的调查。

专题十一 民事诉讼法与仲裁制度部分

学习计划

专题十二 商法部分

2017年新增考点部分:

2-3 合伙企业的利润分配与亏损分担

合伙企业的利润分配方法和亏损分担方法,均由合伙协议约定,按照约定处理。如果合伙协议对利润分配或亏损分担未作约定或者约定不明,则由合伙人协商确定;协商不成的,由各合伙人按照实际的(而非约定的)出资比例分配利润和分担亏损。如果无法确定各合伙人的出资比例,则由各合伙人平均分配利润和分担亏损。

但是,合伙协议不得约定将全部利润分配给部分合伙人或者由部分合伙人承担全部亏损。如果有这样的约定,则属无效,而应依照《合伙企业法》的相关规定处理。

一、公司的资本

(一)公司资本的含义

公司资本也称为股本,它在公司法上的含义是指由公司章程确定并载明的、全体股东的出资总额。公司资本的具体形态有以下几种:

1. **注册资本**

即狭义上的公司资本,是指公司在设立时筹集的、由章程载明的、经公司登记机关登记注册的资本。《公司法》第26条规定:"有限责任公司的注册资本为在公司登记机关登记的全体股东认缴的出资额。"第80条规定:"股份有限公司采取发起设立方式设立的,注册资本为在公司登记机关登记的全体发起人认购的股本总额……股份有限公司采取募集方式设立的,注册资本为在公司登记机关登记的实收股本总额……"。

2. **发行资本**

又称认缴资本,是指公司实际上已向股东发行的股本总额。发行资本可能等于注册资本,也可能小于注册资本。实行法定资本制的国家,公司章程所确定的资本应一次全部认足,因此,发行资本一般等于注册资本。但股东在全部认足资本后,可以分期缴纳股款。实行授权资本制的国家,一般不要求注册资本都能得到发行,所以它小于注册资本。

3. **认购资本**

是指出资人同意缴付的出资总额。

4. **实缴资本**

又称实收资本,是指公司成立时公司实际收到的股东的出资总额。它是公司现实拥有的资本。由于股东认购股份以后,可能一次全部缴清,也可能在一定期限内分期缴纳。故而实缴资本可能等于或小于注册资本。

我国原公司法对公司资本采纳了法定资本制,即在公司设立时,必须在公司章程中明确规定公司资本总额,并一次性发行、全部认足或募足,否则公司不得成立的资本制度。我国新公司法的注册资本制度由实缴制改为了认缴制,公司的注册资本等于公司成立时全体股东的认缴资本总额,但公司成立时的实缴资本可能小于注册资本。我国原公司法中的法定资本制是建立在资本信用基础上的资本形成制度,新公司法通过取消法定最低注册资本限额及注册资本认缴制,使得严格的法定资本制有所缓和。

(二)公司资本原则

公司资本原则,是指由公司法所确立的在公司设立、营运以及管理的整个过程中为确保公司资本的真实、安全而必须遵循的法律准则。传统公司法所确认的三项资本原则最为重要,即资本确定原则、资本维持原则和资本不变原则。

1. **资本确定原则**

资本确定原则是指公司设立时应在章程中载明的公司资本总额,并由发起人认足或募足,否则公司不能成立。现在很少有国家严守此项原则。如前所述,我国原来的公司法实行的是严格的资本确定制度,即要求公司资本于公司成立之时全部募足并全部缴足,并要经法定验资机构验资,但现行公司法已经取消了注册资本实缴制及验资机构的验资程序。

2. **资本维持原则**

资本维持原则又称资本充实原则,是指公司在其存续过程中,应当经常保持与其资本额相当的财产。我国公司法贯彻了资本维持原则的要义,规定了若干强制性规范以确保公司拥有充足的财产,主要有:公司成立后,发起人或股东不得退股,不得抽回股本;股票发行价格不得低于股票面值;公司应按规定提取和使用法定公积金。法定公积金可视为资本储备,主要用途在于弥补公司的亏损、扩大公司经营规模而增加资本；亏损或无利润不得分配股利；公司原则上不能收购自己的股份，也不得接受本公司的股票作为抵押权的标的等。

3. 资本不变原则

资本不变原则是指公司资本总额一旦确定，非经法定程序，不得任意变动。实际上资本不变原则是资本维持原则的必然要求。我国公司法主要对公司资本的减少作出严格限制。这些规定有：须编制资产负债表和财产清单；须经股东大会作出决议；须于减资决议后的法定期间内向债权人发出通知并且公告；债权人有权在法定期间内要求公司清偿债务或者提供相应的担保；须向公司登记机关办理变更登记。

（三）公司资本与公司资产

传统公司法上的资本三原则有其制度价值，主要在于保护善意第三人的利益和交易安全，增强公司信用。但随着商业的发展和信用制度的变化，公司的信用并不主要取决于公司成立时的注册资本，而是取决于公司现有的资产状况以及市场信用，所以传统的公司资本三原则已经受到挑战，相关的变革已经发生或将要发生，如法定最低注册限额的取消，授权资本制的产生和运用。

严格的公司资本三原则的主要弊端在于：一是限制了民商事主体进入市场的资格和机会，设置过于苛刻的市场准入门槛而阻碍了人们的投资积极性，进而不利于社会经济的发展；二是增加了公司运营中的资金成本，导致资本的闲置，进而加大了公司经营的总体成本；三是增资程序复杂，限制了公司的增资渠道；四是误导人们对公司信誉、履约能力、资信等方面的判断，以为注册资本数额大的公司就是信誉好的公司，进而使得人们忽视了对公司资产的客观考量与判断，并且使得虚假出资、抽逃出资的行为发生。

公司的信用特别是公司的偿债能力其实与公司成立时的注册资本关系甚微，因为公司是以其全部资产（而不是注册资本）对外承担债务清偿责任的。若公司成立时注册资本为100万元，现有资产为300万元，公司需以300万元的全部资产承担债务清偿义务；反之，若公司注册资本为300万元，现有资产仅100万元，公司也只能以此100万元承担债务清偿责任。

正是基于对公司资本性质与意义的上述理解，我国2013年修改公司法时在公司资本制度方面作了重大修订，体现在四个方面：

一是取消了法定最低注册资本制度，有限责任公司和股份有限公司不再设置法定最低注册资本限制，也就是说，现在一元钱也可以注册一家公司。今后是否登记为股份有限公司只是公司形式的不同而已，将不再代表公司业务规模或资金实力，更与公司的注册资本没有关系。

二是实行公司注册资本认缴制，即公司成立时"注册资本为公司在登记机关登记的全体股东实缴的出资额"，股东不必实际缴纳全部出资，而可以先成立公司，再分期缴纳出资。新公司法也取消了股东实缴出资的比例及期限限制。需要注意的是，即便法律取消了实缴制及实缴的比例与期限限制，股东仍须按照公司章程的约定缴纳出资，如果股东未依认缴文件的规定实际缴付注册资本，仍需要按照其认缴的出资额承担有限责任。

三是取消了货币出资比例限制，即取消了旧法中货币出资占 30% 的规定。今后，即使全部使用非货币出资也将不会受到限制，一些有技术背景的创业人士不再需要缴付现金出资而可全部用技术出资或者其他可以评估的实物出资。

四是有限责任公司股东认缴出资额、公司实收资本不再作为登记事项。公司登记时，不需要提交验资报告，登记事项和登记文件得到了极大的简化。

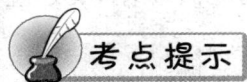

新《公司法》取消了法定最低注册资本制度和货币出资比例限制后，《公司登记管理条例》《中外合资经营企业法实施条例》《中外合作经营企业法实施细则》《外资企业法实施细则》等法律法规也作了相应的修改，并废止了《中外合资经营企业合营各方出资的若干规定》和《〈中外合资经营企业合营各方出资的若干规定〉》的补充规定》，这些法律法规虽然未列入大纲附录法律法规中，但在教材中被多次引用，希望考生予以一定关注。

二、有限责任公司的资本

1. 注册资本

根据《公司法》第 26 条的规定，有限责任公司的注册资本为在公司登记机关登记的全体股东认缴的出资额。法律、行政法规以及国务院决定对有限责任公司注册资本实缴、注册资本最低限额另有规定的，从其规定。

2. 出资方式

有限责任公司股东的出资方式可以是多样的。依《公司法》第 27 条的规定，股东的出资方式有：（1）货币；（2）实物；（3）知识产权；（4）土地使用权。

股东可以其他公司的股权出资。出资人以其他公司股权出资，符合下列条件的，可以认定出资人已履行出资义务：（1）出资的股权由出资人合法持有并依法可以转让；

（2）出资的股权无权利瑕疵或者权利负担；（3）出资人已履行关于股权转让的法定手续；（4）出资的股权已依法进行了价值评估。股权出资不符合上述规定的，公司、其他股东或者公司债权人可以请求在合理期间内采取补正措施，逾期未补正的，视为未全面履行出资义务。

3. 出资期限

有限责任公司股东认缴的出资，可以在公司成立时一次缴清，也可以在公司成立后分次缴清。股东应当按期缴纳公司章程中规定的各自所认缴的出资额。

4. 出资程序

（1）股东以货币出资的，应当将货币足额存入有限责任公司在银行开设的账户。

（2）股东以非货币财产出资的，应当评估作价，核实财产，不得高估或者低估作价。评估确定的价额显著低于公司章程所定价额的，应当认定出资人未依法全面履行出资义务。缴资时应当依法办理财产权的转移手续。

（3）股东不按公司章程规定缴纳所认缴的出资，除应当向公司足额缴纳外，还应当向已足额缴纳出资的股东承担违约责任。

（4）公司成立后，发现作为设立公司出资的非货币财产的实际价额显著低于公司章程所定价额的，应当由交付该出资的股东补足其差额；公司设立时的其他股东承担连带责任。但出资人以符合法定条件的非货币财产出资后，因市场变化或者其他客观因素导致出资财产贬值的，不得认定为未依法全面履行出资义务。

三、一人有限责任公司的特别规定

（一）一人有限责任公司的概念和意义

一人有限责任公司是指只有一个自然人股东或者一个法人股东的有限责任公司（《公司法》第57条）。一人有限责任公司简称一人公司或独资公司或独股公司，是指由一名股东（自然人或法人）持有公司的全部出资的有限责任公司。

一人公司在公司法理论上有狭义和广义的区分。狭义的一人公司指股东只有一人，全部股份由一人拥有的公司，又称形式意义上的一人公司。广义的一人公司，不仅包括形式意义上的一人公司，还包括实质意义上的一人公司，即公司的真实股东只有一人，其余股东仅是为了真实股东一人的利益而持有公司股份的所谓名义股东，这种名义股东并不享有真正意义上的股权，当然也不承担真正意义上的股东义务。这种实质意义上的一人公司在西方国家特别是美国较为普遍，因为美国许多州的公司法律规定董事必须拥有一定数额的公司股份，即资格股，所以许多公司的股份的绝大部分比例由一个股东拥有，另外极小比例的股份由公司董事拥有。此外，家族式的公司亦往往表现为实质意义上的一人公司。所谓实质意义上的一人公司，其真实股东的最低持股比例不低于95%。我国公司法上的一人公司是狭义上的概念，即公司的全部股份为一个股东享有。在该股东为公司法人时，其设立的一人公司就是通常所称的全资子公司。此外，我国公司法上的国有独资公司，其性质也是一人公司，但由于其特殊性，即设立人既非自然人，亦非法人，而是由国家单独出资、由国务院或者地方人民政府委托本级人民政府国有资产监督管理机构履行出资人职责的有限责任公司，所以将其单独作为一种特殊类型的有限责任公司。

一人公司中，通常是一人股东自任董事、经理并实际控制公司，缺乏股东之间的相互制衡及公司组织机构之间的相互制衡，容易混淆公司财产和股东个人财产，股东可以将公司财产挪作私用，或给自己支付巨额报酬，或同公司进行自我交易，或以公司名义为自己担保或借贷等。但一人公司有其存在价值。第一，一人公司符合自由市场经济的原则，体现对投资者自由选择投资方式的尊重。第二，一人公司可使唯一投资者最大限度利用有限责任原则规避经营风险，实现经济效益最大化。第三，一人公司可以避免多数股东情况下的相互计较与算计，避免效率低下的议事程序与繁琐的决策过程，提高公司的决策效率。第四，对某些行业和某些类型的企业，资金的优势与企业的规模并不重要，而人的因素至为关键，小规模经营更显优势，一人公司与此正相吻合。同时，通过立法可以最低限度地预防一人公司的弊端。

（二）一人公司的特征

1. 股东为一人

一人公司的出资人即股东只有一人。股东可以是自然人，也可以是法人。这是一人公司与一般情形下的有限责任公司的不同之处，通常情形下有限责任公司的股东是两人或两人以上。一人公司的此特征也体现其与个人独资企业的区别，后者的投资人只能是自然人，而不包括法人。

2. 股东对公司债务承担有限责任

一人公司的本质特征同于有限公司，即股东仅以其出资额为限对公司债务承担责任，公司以其全部财产独立承担责任，当公司财产不足以清偿其债务时，股东不承担连带责任。此系一人公司与个人独资企业的本质区别。

3. 组织机构的简化

一人公司由于只有一个出资人，所以不设股东会，公司法关于由股东会行使的职权在一人公司系由股东独自一人行使。至于一人公司是否设立董事会、监事会，则由公司章程规定，可以设立，也可以不设立，法律未规定其必须设立。

（三）对一人公司的规制

由于一人公司存在的上述弊端，法律在允许设立一人公司的同时往往规定若干不同于一般情形下有限责任公司的限制性条件，对一人公司进行规制，旨在防止股东借一人公司的独立法律地位和股东有限责任而从事损害公司债权人及其他利害关系人的利益。我国公司法规定的一人公司的限制性条件为：

1. 再投资的限制

此限制体现在两个方面：一方面，一个自然人只能投资设立一个一人有限责任公司，不能投资设立第二个一人有限责任公司；另一方面，由一个自然人投资设立的一人有限责任公司不能作为股东投资设立一人有限责任公司。但此限制仅适用于自然人，不适用于法人。换言之，一个法人可以投资设立两个或两个以上的一人有限责任公司，由一个法人设立的一人有限责任公司可以再投资设立一人有限责任公司，成为一人有限责任公司的股东。

2. 财务会计制度方面的要求

一人有限责任公司应当在每一会计年度终了时编制财务会计报告，并经会计师事务所审计。这也是它与个人独资企业的区别。我国个人独资企业法没有对个人独资企业的会计制度作出此强制性的规定。

3. 人格混同时的股东连带责任

一人有限责任公司的股东不能证明公司财产独立于股东自己的财产的，即发生公司财产与股东个人财产的混同，进而发生公司人格与股东个人人格的混同，此时适用公司法人格否认制度，股东必须对公司债务承担连带责任，公司的债权人可以将公司和公司股东作为共同债务人进行追索。《公司法》第63条规定："一人有限责任公司的股东不能证明公司财产独立于股东自己财产的，应当对公司债务承担连带责任。"

《公司法》删除了"一人有限责任公司的注册资本最低限额为人民币十万元。股东应当一次足额缴纳公司章程规定的出资额"的规定，对注册资本的要求与其他有限责任公司相一致。

旧题新练

1. 下列有关一人公司的哪些表述是正确的?（2012年试卷三第69题）

A. 国有企业不能设立一人公司

B. 一人公司发生人格或财产混同时,股东应当对公司债务承担连带责任

C. 一人公司的注册资本必须一次足额缴纳

D. 一个法人只能设立一个一人公司

【参考答案及解析】　B（原答案为BC）

《公司法》第57条第2款规定,本法所称一人有限责任公司,是指只有一个自然人股东或者一个法人股东的有限责任公司。国有企业虽不属于公司法人,但其具有法人资格,其当然可以依据公司法设立一人公司,A项错误。《公司法》第58条规定,一个自然人只能投资设立一个一人有限责任公司。该一人有限责任公司不能投资设立新的一人有限责任公司,可见法律对一人公司的最低注册资本额已没有硬性规定,也不再要求注册资本必须一次缴纳,C项错误。公司法规定自然人只能设立一个一人公司,但对法人设立一人公司的数量并无限制,D项错误。《公司法》第63条规定,一人有限责任公司的股东不能证明公司财产独立于股东自己的财产的,应当对公司债务承担连带责任。故在一人公司发生人格或财产混同时,股东应当对公司债务承担连带责任,B项正确。

股份有限公司的设立条件

按照我国公司法的规定,设立股份有限公司,应当具备下列条件:

1. 发起人符合法定人数。《公司法》第78条规定,设立股份有限公司,应当有2人以上200人以下为发起人,其中须有半数以上的发起人在中国境内有住所。根据这一特征,股份有限公司不能是一人公司,其股东至少为2人。但公司设立时的发起人不能超过200人。发起人可以是自然人,也可以是法人或其他经济组织。

2. 有符合公司章程规定的全体发起人认购的股本总额或者募集的实收股本总额。股份有限公司采取发起设立方式设立的,注册资本为在公司登记机关登记的全体发起人认购的股本总额。股份有限公司采取募集方式设立的,注册资本为在公司登记机关登记的实收股本总额。法律、行政法规以及国务院决定对股份有限公司注册资本实缴、注册资本最低限额另有规定的,从其规定。

3. 股份发行、筹办事项符合法律规定。

4. 发起人制定公司章程。

5. 有公司名称,建立符合股份有限公司要求的组织机构。

6. 有公司住所。

设立有限责任公司与设立股份有限公司在设立申请文件方面其实是一样的要求，只是相关法律文件的签署人的称谓不同而已：前者称为股东，后者则称为发起人。当然，以募集方式设立的股份有限公司在设立申请时需要提交的文件有所不同，主要是：增加了创立大会的会议记录以及依法设立的验资机构出具的验资证明，以募集方式设立股份有限公司公开发行股票的，还应当提交国务院证券监督管理机构的核准文件。

华昌有限公司有 8 个股东，麻某为董事长。2013 年 5 月，公司经股东会决议，决定变更为股份公司，由公司全体股东作为发起人，发起设立华昌股份公司。下列哪些选项是正确的？（2013 年试卷三第 69 题）

A. 该股东会决议应由全体股东一致同意

B. 发起人所认购的股份，应在股份公司成立后两年内缴足

C. 变更后股份公司的董事长，当然由麻某担任

D. 变更后的股份公司在其企业名称中，可继续使用"华昌"字号

【参考答案及解析】　D（原答案为 BD）

A 选项，根据《公司法》第 43 条的规定，股东会的议事方式和表决程序，除本法有规定的外，由公司章程规定。股东会会议作出修改公司章程、增加或者减少注册资本的决议，以及公司合并、分立、解散或者变更公司形式的决议，必须经代表 2/3 以上表决权的股东通过。即华昌有限公司要变更为股份有限公司仅需华昌有限公司代表 2/3 以上表决权的股东通过即可，无须全体股东一致同意，A 项错误。B 选项，根据《公司法》第 80 条规定，股份有限公司采取发起设立方式设立的，注册资本为在公司登记机关登记的全体发起人认购的股本总额。在发起人认购的股份缴足前，不得向他人募集股份。股份有限公司采取募集方式设立的，注册资本为在公司登记机关登记的实收股本总额。法律、行政法规以及国务院决定对股份有限公司注册资本实缴、注册资本最低限额另有规定的，从其规定。由此，修订后的《公司法》删除了"公司全体发起人的首次出资额不得低于注册资本的百分之二十，其余部分由发起人自公司成立之日起两年内缴足；其中，投资公司可以在五年内缴足。在缴足前，不得向他人募集股份"的规定，股份有限公司设立的注册资本可以分期缴纳，而不是必须两年内缴足，

B 项错误。C 选项考查股份公司董事长的产生，根据《公司法》第 109 条的规定，董事会设董事长 1 人，可以设副董事长。董事长和副董事长由董事会以全体董事的过半数选举产生。即华昌有限公司变更为华昌股份有限公司后，董事长应由董事会过半数成员选举产生，麻某不能当然成为董事长，C 项错误。D 选项，《公司登记管理条例》第 18 条规定："设立有限责任公司，应当由全体股东指定的代表或者共同委托的代理人向公司登记机关申请名称预先核准；设立股份有限公司，应当由全体发起人指定的代表或者共同委托的代理人向公司登记机关申请名称预先核准……"本题中，华昌有限公司在设立时已经完成了公司名称预先核准的过程，"华昌"这一名称可以在以后的经营活动中合法使用，因此，当华昌有限公司变更为华昌股份公司后，不必再重新履行一次公司名称核准登记的程序，可以继续使用"华昌"字号，D 选项正确。

说过就过

 读后感悟

学习计划

专题十三 论述题部分

主观题答题思路和技巧可以用以下七个方面来概括：

第一，吃透材料。所提供材料有哪些信息，哪些是核心信息、关键信息，哪些是次要信息，哪些信息提供正面的解决线索，哪些提供的是干扰的信息。

第二，确定论点。在做练习时根据对材料的把握，确定你的观点，你是要做正面的论述还是反面的反驳，观点无所谓对错，关键是支撑的依据。所以重要的是你是正面立，还是反面驳。

第三，论证有力。论据丰富而全面，论据支持观点，提供了很多支持观点的证据、依据。论据分两类：一是直接的论据，二是引用的论据，如名人名言，如著名的案例，古今中外有很多有名的案例，对于表达某些观点的支持性方面很有力，如法律规范，在表达观点时适当引用一些中外法律规定能让观点的可成立性更强。论据与观点相关。论据要引用公认性的。

第四，结构完整。起承转合是必要的。有个标题，整个文章分三大部分：一是引入问题，根据材料，把要讨论的问题引出来；二是展开讨论，三是"合"，总结段，结束了。

注意：尽量不要开门见山，直奔主题，尽量要让别人知道你的主题是从哪来的，你讨论的起点在哪里；结束部分应是全文论述的概括和浓缩。考生在这里应用简洁的语言对全文的内容进行高度概括，以使论点更加突出。

第五，逻辑要紧密，层层递进，环环相扣，内容之间不能有矛盾或相冲突，这样会减弱你文章的说服力。

第六，文字要求。文体应该是议论文体，用语应规范，尽量用法言法语，专有的一些概念术语的表述，没有错别字，字迹应清楚，字体至少应大大方方的让人看着舒服。

第七，司法考试强调理论性，因此我们在准备论述题时还是要从基本概念、基础知识和基本理论做起，不仅要熟悉法律条文，而且要熟练掌握法律条文背后的法理。此外，司法考试的论述题很强调法律的运用性，我们在复习时一定要在运用实践上多下工夫，平时多看报、上网，关注一下社会热点的法律事件。

另外，准备论述题时一定要多写多练，每个星期写上一篇。不能光脑子里想，那样效果比较差。

重要考点

1. 当代中国法的正式渊源与非正式渊源

【大纲要求解读】　　大纲要求是"了解"，即仅要求记忆法律渊源的概念，区分正式法律渊源与非正式法律渊源。对正式的法的渊源的效力原则要求"理解"，即要求结合实例来判断法律位阶。

【命题方式提示】　　此考点的考查方式有六：第一，考查我国法的非正式渊源中的判例。非正式渊源没有法律效力，只有法律说服力（11-1-14）。第二，考查非正式渊源主要包括习惯、判例和政策。而作为判例载体的裁判文书自然可以构成法的渊源之一（10-1-11）。第三，考查同一位阶的法的渊源之间的冲突原则，主要包括：①全国性法律优先原则；②特别法优先原则；③后法优先或新法优先原则；④实体法优先原则；⑤国际法优先原则；⑥省、自治区的人民政府制定的规章效力高于本行政区域内较大的市的人民政府制定的规章（10-1-52）。第四，考查根据法的渊源理解法的位阶原则和法的效力原则（12-1-88）。第五，考查非正式法源的理解（08延-1-52）。第六，结合法律部门考查法的渊源（11-1-51）。

【命题要点提示】　　正式的法的渊源是指具有明文规定的法律效力并且直接作为法律人的法律决定的大前提的规范来源的那些资料，如法律、法规等。

非正式的法的渊源则指不具有明文规定的法律效力，但具有法律说服力并能够构成法律人的法律决定的大前提的准则来源的那些资料，如正义标准、理性原则、公共政策、道德信念、社会思潮、习惯、乡规民约、社团规章、权威性法学著作，还有外国法等。

当代中国法的渊源主要为以宪法为核心的各种制定法，包括宪法、法律、行政法规、地方性法规、经济特区的规范性文件、特别行政区的法律法规、规章、国际条约、国际惯例等。

不同位阶的法的渊源之间的冲突原则包括宪法至上原则、法律高于法规原则、法规高于规章原则、行政法规高于地方性法规原则等。

同一位阶的法的渊源之间的冲突原则，主要包括：①全国性法律优先原则；②特别法优先原则；③后法优先或新法优先原则；④实体法优先原则；⑤国际法优先原则；

⑥省、自治区的人民政府制定的规章的效力高于本行政区域内的较大的市的人民政府制定的规章。

位阶出现交叉时的法的渊源之间的冲突原则：①自治条例和单行条例依法作变通，依变通。②经济特区法规根据授权作变通，依变通。③地方性法规、规章之间不一致时，a. 同一机关制定的新的一般规定与旧的特别规定不一致时，由制定机关裁决。b. 地方性法规与部门规章之间对同一事项的规定不一致，不能确定如何适用时，由国务院提出意见，国务院认为应当适用地方性法规的，应当决定在该地方适用地方性法规的规定；认为应当适用部门规章的，应当提请全国人民代表大会常务委员会裁决。c. 部门规章之间、部门规章与地方政府规章之间对同一事项的规定不一致时，由国务院裁决。d. 根据授权制定的法规与法律规定不一致，不能确定如何适用时，由全国人民代表大会常务委员会裁决。

2. 法律推理

【大纲要求解读】　大纲要求是"熟悉并能够运用"，即要求在记忆和理解法律推理的含义的基础上，结合不同的推论方法，论证对现实问题评价的合理性。

【命题方式提示】　此考点考查方式有四：第一，考查法律解释和法律推理的具体内涵。法律推理是一种寻求正当性证明的推理（11-1-9）。第二，结合司法实践中的法官解释和司法解释，进一步掌握法律推理（10-1-9）。第三，结合案例分析掌握法律推理的特点（09-1-9）。第四，具体考查法律推理中的演绎推理、归纳推理、类比推理、设证推理，并作出分析和评价（09-1-92，08延-1-2）。

【命题要点提示】　法律推理就是指法律人在从一定的前提推导出法律决定的过程中所必须遵循的推论规则。①法律推理是以法律以及法学中的理或理由为基础的；②法律推理要受现行法律的约束；③法律推理是一种寻求正当性证明的推理。

演绎推理是从大前提和小前提中必然地推导出结论或结论必然地蕴涵在前提之中的推论。

归纳推理是从个别到一般的推论。

类比推理是从个别到个别的推论。

设证推理是对从所有能够解释事实的假设中优先选择一个假设的推论。

3. 法与道德

【大纲要求解读】　大纲要求是"熟悉并能够运用"，即要求在记忆法与道德的一般关系上，结合社会现实，用法律和道德的评价标准评判现有的制度。

【命题方式提示】　此考点的考查方式有三：第一，结合法与道德之争考查对法与道德的理解。道德和法律在一定程度上有重合性，故道德义务和法律义务可以相互转化（10-1-91）。第二，考核法与道德的关系。道德在社会生产生活中自然演进生成，不是自觉制定和程序选择的产物，自发而非建构是其本质属性（09-1-55）。第三，结合法律渊源考查道德规范是否是法律的渊源，从而加深法与道德关系的理解。道德规范是非正式渊源，而作为正式渊源的法律，道德只有得到法的认可，才能获得法的效力（08延-1-54）。

【命题要点提示】 法与道德在内容上存在相互渗透的密切联系。"法律是最低限度的道德"几成通说。

法与道德的区别：①生成方式上的建构性与非建构性；②行为标准上的确定性与模糊性；③存在形态上的一元性与多元性；④调整方式上的外在侧重与内在关注；⑤运作机制上的程序性与非程序性；⑥强制方式上的外在强制与内在约束；⑦解决方式上的可诉性与不可诉性。"

4. 法的局限性

法是一种社会规范，法具有规范作用，规范作用是法作用于社会的特殊形式。法的规范作用可以分为指引、评价、教育、预测和强制五种。法的社会作用涉及三个领域（社会经济生活、政治生活、思想文化生活）和两个方向。即政治职能（通常说的阶级统治的职能）和社会职能（执行社会公共事务的职能）。

但是，法律不是万能的，法的作用有其局限性，其原因包括：法律是以社会为基础的，因此，法律不可能超出社会发展需要"创造"或改变社会；法律是社会规范之一，必然受到其他社会规范以及社会条件和环境的制约；法律规制和调整社会关系的范围和深度是有限的。有些社会关系（如人们的情感关系、友谊关系）不适宜由法律来调整；法律自身条件的限制。如语言表达力的局限。

因此，要全面发挥各种社会规范的调整作用。综合协调地运用多元化的手段和方式实现对国家的治理和管理。重视调解的重要作用，实现社会矛盾纠纷化解机制的多元化。

5. 法的价值

法的价值主要包括正义、自由、秩序等。法律是自由的保障，自由是判断法律善恶的标准之一。但是。自由是有限度的、有范围的，而这个限度和范围由法律来设立。判断法律何时及何种情况下限制自由是正当的，主要有四个原则：

（1）伤害原则：在《论自由》一书中，密尔把人的行为分为自涉行为和涉他行为。前者只影响自己的利益或者仅仅伤害到自己，后者则影响到别人或者伤害到别人。密尔认为只有伤害别人的行为才是法律检查和干涉的对象。未伤害任何人或仅仅伤害自己的行为不应受到法律的惩罚。简言之，社会干预个人行动自由唯一的目的是自我保护，只有为了阻止对别人和公共的伤害，法律对社会成员的限制才是合理的，可以证成的。

（2）法律家长主义：法律家长主义原则也称父爱主义，其基本思路是，禁止自我伤害的法律，即家长式的法律强制是合理的。家长式的法律强制是指为了被强制者自己的福利、幸福、需要、利益和价值，而由政府对一个人的自由进行的法律干涉。如禁止自杀、禁止决斗、强制戒毒等法律、法规都是该原则的体现。

（3）冒犯原则：冒犯原则的基本思路是，法律禁止那些虽不伤害别人但却冒犯别人的行为是合理的。这里的冒犯行为是指使人愤怒、羞耻或惊恐的淫荡行为或放肆行为，如人们忌讳的性行为、虐待尸体、亵渎国旗等。这种行为公然侮辱公众的道德信念、道德感情和社会风尚。因此，必须受到刑事制裁。

（4）法律道德主义原则：法律道德主义的基本思路是：一个人的行为只要违背了一个社群所接受的道德准则，应该受到法律的禁止或者惩罚。

6. 实体公正与程序公正

在法治国家的建设过程中，到底是追求实体公正还是程序公正？不同的时代人们有不同的抉择。不同的选择表达的是我们不同的诉求。如何在实体公正和程序公正的两重世界之间谋求和谐，正是我们必须要思考的问题。

（1）实体公正与程序公正的辩证关系。公正的判决是法院给予当事人的一种预期的结果，而公正程序的设置，是当事人获得这种公正判决的前提。程序公正如铁轨，实体公正如火车，没有铁轨，火车不能够正常前行。实体公正也必须要由程序公正来保障。这是因为，实体公正凭借的是人们的善良意志，但如果善良意志没有公正程序的制约，就很容易好心办坏事，形成多数人的暴政。在一个缺乏法治传统的社会，实体公正特别容易被专制者操控，成为草菅人命的工具。实体正义也许会实现个案的正义，但却会损害群体的正义；程序正义有时也可能损害个案的正义，但却会保障群体正义的实现，而群体正义正是法律追求的目标和法律存在的目的。

程序公正与实体公正密不可分，程序公正是实体公正的基本前提和保证，实体公正是程序公正的最终标准和最终目的。没有程序公正，很难有实体公正，但遵循了程序公正，有时又不得不牺牲实体公正。正如杰克逊所言："如果有可能的话，人们宁肯选择通过公正的程序实施一项暴戾的实体法，也不愿意选择通过不公正的程序实施一项较为宽容的实体法。"那种"宁可错杀三千，不叫一个漏网"的做法只能带来恐怖，而与法治的精神相违背。

（2）程序公正的独立价值。英国有句古老的箴言：正义不仅要得到实现，而且要以人们看得见的方式得到实现（Justice must not only be done, but must be seen to be done)。这种"看得见的方式"就是公正的诉讼程序。法治社会强调程序公正,是因为除保障实体公正外,程序公正还具有独立于实体公正的本身价值。这主要体现在以下几个方面:

①程序公正能保障人权。不能保障人权,便没有真正的公正可言。法治的终极目的,便是对人性予以关怀,主要是保障人权。程序公正的功能和目标,就是使官员的权力不致被滥用,同时使当事人的权利,主要是人权,得到保障。必须明确,恶人也有人权,那些属于他们而未被法律剥夺的人权必须得到保护。例如,现代法治社会之所以禁止刑讯逼供,既是因为这种取证方式会造成大量的冤假错案,更是因为这种在一定情况下有助于查明真相,使实体法"正确实施"的行为违背了基本的人道标准。

②程序公正有利于培养法律信仰。法律信仰的建立主要来自于当事人的诉讼活动,因为有的人一辈子可能和法律接触的机会仅有那么一两次。而诉讼活动是一种运用证据去证明已经发生了的无法再现的事实的活动。人类的认识能力是有限的,判决的结果是否符合客观真实,有时难以检验。在这种情况下,如何使当事人和社会公众认可和接受法院作出的判决呢?在这里,程序公正发挥了独特的作用,那就是通过程序的公正使程序结果的"公正性"获得公众的承认。

③程序公正能够有效地预防司法过程中的权力滥用。法官的自由裁量权是不可少的,但自由裁量权过大又容易导致裁判权的滥用,因此为保障裁判公正,就必须通过程序制度对法官的自由裁量权作出适当的限制。程序制度的设计,如关于审级、审限、回避、公正审判、审判监督等都旨在对法官的自由裁量权进行适当的限制,而对法官的自由裁量权的限制越适当,则程序将表现出其更大的合理性。所以,严格地遵循法定的程序,是防止滥用裁量权,保障公正司法的重要条件。相反,在审判活动中如果允许法官不依循程序,完全自由裁量,极易导致司法腐败和不公。

④程序公正有其本身的优先性。相对于个案而言,判决结果是否公正,是否进行重审或再审,不会对整个司法体系产生实质的影响。然而若牺牲程序公正的优先性去满足个案的需要,那么法律的权威性和确定性就会受到侵蚀,当事人对自身利益也无法作出正常的预测。如此,人们就会对法律失去信心。选择诉讼,意味着当事人同意通过该种方式解决纠纷,即使在诉讼程序下得到了实体并不公正的结果造成个案不公,人们仍然会对诉讼充满信心,"辛普森杀妻案"就是一个典型的例子。

(3)确立程序公正的优位理念。可以说,无程序就无良法,更无法治可言。在当代中国的司法实践中,"重实体,轻程序"的观念依然根深蒂固,司法审判也一直存在着"走过场"和"流于形式"的问题。有鉴于此,在建设社会主义法治国家的进程中,我们应特别强调程序公正的价值,尤其要在刑事诉讼程序的设计和实施中贯彻程序公正的理念和基本要求。程序公正是当代中国法治的理念与实践的必然要求,也是建构中国法治社会的基本品格,同时又是实现法律保障自由与人权这一最高目标的重要思想资源。这正如马克思所指出的:"程序是法律的生命形式,也是法律内部的生命的表现。"因此,通过立法的教育和引导作用,在社会上牢固树立程序公正的观念,使法治的理念真正实现,才能使社会主义法治中国长治久安。

相关阅读材料

刘凯湘:法院和法官不必直面媒体

法院的裁判结论具有既判力、强制力和执行力,不因任何人对其有不同看法或者评论而受影响。法院判决的公信力对于建立整个司法机关的公信力至关重要

媒体对司法案件的报道尤其是具有较大社会影响的案件的报道至少应当遵循这样几个原则与规则:

第一,对司法机关尚未正式确认的案件事实,媒体不能仅凭案件当事人或者利益相关者(如当事人的代理律师、近亲属等)的描述或者介绍进行报道,更不能把这些描述或者介绍当成案件事实加以报道,使得受众误以为这就是客观的案件事实。媒体把当事人及其利益相关者的描述或者介绍当成案件的客观事实进行报道,其恶果一是在社会上形成一边倒的事实认知,继而形成强大的舆论风暴;二是使得司法机关特别是承办案件的法官遭受无所不在的舆论压力,甚至完全被舆论所绑架;三是使得人们错误地将这些非客观的"新闻事实"作为评判法院最终判决的依据,进而使得法院原本正确的判决被无端怀疑甚至责难,就像彭宇案一样,判决一出,即被淹没在一片口诛笔伐的汪洋之中,原因就在于受众在法院作出判决之前就已经根据媒体报道的所谓"事实"而在自己内心作出了一个与法院判决大相径庭的"判决"。

第二,媒体不能将当事人特别是代理律师的辩护意见或者代理意见当作客观事实加以报道,更不能有倾向性地只报道或者引述一方代理律师的观点而有意忽略另一方的观点。首先,记者或者其他媒体人在采访代理律师时,应当让律师表明其律师身份,包括所在的律师事务所的名称,并在最终报道时表明律师的身份(这对于律师行业的监督是非常必要的,北京的李某某等涉嫌强奸罪的案件报道中,后来北京市律师协会对某些当事人的代理律师所作出的纪律惩戒即为例证)。其次,媒体在报道案件代理律师的观点或者意见时,一定要说明这是代理律师的观点,是一种代理意见或者辩护意见,而非案件事实,是主观的东西,而非客观的东西。特别要提醒的是,媒体人尤其不能受那些情绪激动、慷慨激昂、大事渲染、似有千般冤情、似比窦娥还冤的代理律

师的意见所左右。其实，真正有功底、有底气、当然也有职业道德的律师，是不会谋求借助媒体的不着边际的渲染甚或指鹿为马的报道而为自己的胜诉增加砝码的，他们只会把工作放在辛勤的证据搜集、严谨的法理分析等方面。只有那些原本就底气不足的律师或者代理人才会"剑走偏锋"，把主要甚至全部功夫用在利用和搞定媒体上。

第三，媒体不能对当事人或者代理律师的观点或者意见进行评价，特别是予以明确的附和或者反对。因为这样做已经不是在进行新闻报道了，而是在发表评论。对新闻事件发表评论本无不当，而且事实上重要的新闻报道应当加上媒体记者或者编辑个人或者媒体单位的评论，以引导受众正确解读新闻，发挥新闻报道的价值。但是，司法案件的性质却决定了新闻报道不能采取像报道其他新闻一样的方法来报道司法案件。因为案件（无论是刑事案件、民事案件还是行政案件）一旦进入司法程序，便只能由司法机关最终决定其事实认定和法律适用，司法机关是唯一的有权机关决定案件的性质、案件的处理结果。

窃以为，就媒体对司法案件的报道而言，应当区分事实部分和判决部分，采取不同的报道方式。事实认定部分只能依据法院或者其他有权机关（包括检察院、公安机关、纪检机关等，严格而言，最终有权认定事实的机关只能是法院）出具的或者同意刊发的材料，媒体不能发表评论意见，而对于判决结果，媒体可以进行评论。当然，法院的裁判结论具有既判力、强制力和执行力，不因任何人对其有不同看法或者评论而受影响。法院判决的公信力对于建立整个司法机关的公信力至为重要，尽管学者们可以从法理的角度对任何类型的法院司法文书包括判决书进行学理与学术评价，或肯定或否定或折中，其并无不妥，且为法治进步之必须，但是，媒体则不同，媒体人包括记者、编辑等均非法律专业人士，他们应当通过学者的法理分析而表达对某一判决文书的意见。如果一份法院的生效判决书形成后，媒体仅从新闻报道的角度、以记者或者编辑本人的知识判断对其大加挞伐或者大加褒奖（尤其是前者的情形），进而引导受众对法院判决进行攻击与贬损，则是法治进程中的大忌与大害！

有影响的司法案件媒体总会给予关注，并予以大量的或追踪的报道，此属正常。媒体报道时如果只去找当事人、找代理律师，也无不当，只是在报道时应当向受众表明其为采访报道，而非法院认定的事实。但是，如果媒体欲采访司法机关，特别是法官，我们的法院和法官该当如何？

在我看来，法院和法官不必直面媒体，理由有三：

其一，法院是代表国家行使审判权的司法机关，而审判权行使者的地位乃居中裁判，居中裁判的前提，一是宪法和法律授予的裁判权（审判权），二是审判者即法官的专业知识和素养，三是公民对法院、法官公信力的认同。有此三者，法院和法官对个案的处理和判决是每个公民都必须尊重和信服的。是故，法院和法官无需借助媒体来证明自己的权威性和公信力。

其二，根据法律（其中主要是各种程序性法律，包括民事诉讼法、刑事诉讼法、行政诉讼法）规定，在个案的审理过程中，都会不同程度地涉及当事人的隐私、商业秘密、国家机密以及法院的程序安排如举证责任分配、证据调取、初步合议结果、庭审方式等，此等事项事关当事人的诉讼胜败与实体权益，法官不宜在最终结果出来之前向外界"吹风"而使其泄露。审判纪律与规则对此有相应的要求，法院和法官应当遵守而不应擅越。

其三，媒体对案件的报道或评论既涉及新闻自由，也涉及到公民的知情权，法院和法官对此既无需紧张，也无需过分在乎。最好的态度是"你报你的，我判我的"。只要是基于法律、经验和良知作出的判决，就应当有自信，就不应当附和、迎合甚或阿谀谄媚于媒体。

当然，基于体制的原因，我们的法院和法官有时还无法做到这样超脱，有时甚至还不得不"奉命出山"与媒体打交道，以完成"命题作文"。于此情形，则仍需秉持公正中立之理念，坚守谨言慎行之规训，把握周到圆通之法则，切不可像与当事人谈话那样与媒体人谈案件事实，切不可像与律师谈话那样与媒体人谈当事人的诉求，切不可像与学者谈话那样与媒体人谈法律适用。有此三者，则无论传统媒体还是新媒体，无论中央大报还是地方小报，均可游刃有余矣。

从彭宇案看传媒与司法的关系

中国人民大学新闻与社会发展研究中心主任　郑保卫

中国人民大学新闻学院博士生　叶　俊

维护社会的公平正义,是传媒与司法的共同目标,传媒与司法之间应该是合作者而不是对立者。但在实际运作中,两者间却常常会出现问题。在"彭宇案"中,媒体的片面报道不但影响了公众对事件的判断,也给司法公正审判造成巨大舆论压力。在此后的一系列类似事件中,媒体纷纷使用"某某版彭宇案"的报道模式,其基调是"好心扶人反被讹",被告是"做好事""见义勇为",受伤者是无良的"讹人者"。这种先于司法审判给案件作出定性,对案件当事人作出评价,从而影响司法审判的新闻报道,是造成传媒与司法关系紧张的重要原因之一。

舆论围观:司法如何公正审判

在新媒体环境下,越来越多的媒体和公众可以轻易地参与到公共事件中来,舆论围观效应日益明显。在此情况下,司法如何坚持公正审判显得尤为重要。

司法审判是实现司法公正和社会公正的关键环节。在舆论监督的外部环境中,司法人员既要利用好舆论的提示功能,更要不折不扣地行使好法律赋予的独立审判权,严格遵守"以事实为依据、以法律为准绳"的司法原则。对于一些公众关注度较高的案件,法官能否顶住舆论压力直接影响到审判的结果。

法律事实不同于客观事实,也不同于新闻事实。在司法实践中,法官面对媒体和公众的舆论评判,需要始终坚持"以事实为依据、以法律为准绳"的原则,而不是考虑如何应付媒体和说服公众。在"彭宇案"的一审判决中,法官依据"日常生活经验"和"社会情理"原则进行了分析推论,但经传媒质疑后,法官便回避了原本是正确的诉讼规则。在有些推理分析偏离了一些人的认识路径而引起舆论质疑后,法官的后续推理便受到了影响。

司法的公正审判需要法官独立依法审案,不受其他任何组织和个人的非法干涉,同时也要求法院能够独立于行政机关、社会团体、传媒及社会个人。"彭宇案"二审法院以调解的方式规避了风险,客观上将一审法官推向了单独面对错误风险的前沿。

法官在依法独立行使审判权方面，只能"以事实为依据、以法律为准绳"，要防止外界，特别是来自行政机关的干预。有的行政领导在媒体舆论面前，为了维护政府形象有时会采取干预司法审判的做法。因此，在司法审判中，既需要确保法官独立、公正地审案，也需要领导干部提高法律意识。

司法公开是保障司法审判公正的有效途径，也是确保审判取得社会效果的重要方式。传媒与公众通过司法公开，可以及时了解审判信息，避免盲目的质疑和跟风，减轻审判的舆论压力。而传媒的报道是司法公开正常的，也是最有效的渠道。司法机关可以通过新闻报道，将各种司法信息公之于众，让公众了解司法活动的相关信息。

舆论监督：传媒该怎样把握监督边界

传媒的舆论监督并非一种法定权利，通常情况下，传媒不是法定的监督机构，没有对司法机关实施监督的权力。传媒进行舆论监督的权利，其依据实际上是来自宪法赋予公民的言论自由权、批评建议权和知情权。传媒作为社会舆论机构是在代表公众行使这些权利。正因如此，传媒作为公众和舆论的代表便拥有了监督司法的权利。

传媒与司法的冲突，在很大程度上是由于传媒活动与司法活动之间存在的差异。这些差异包括媒体和法院对于"事实"的认定标准不同；媒体的时效性要求与司法的运行程序有矛盾；媒体报道的倾向性与司法活动的中立性相冲突等等。因此，传媒在报道司法个案时应尊重司法的专业性要求，把握好新闻报道和舆论监督的法律边界。

司法尊严，很大程度上来自于司法的审判地位。任何组织、机构和个人都无权超越法律干预司法审判。传媒在报道案件审判时，须注意尊重司法权威，自觉维护司法尊严，决不能凌驾于司法之上，任意干预审判，破坏法制尊严。

从操作层面上讲，司法报道要遵循必要的法律理念。比如，要遵守"无罪推定"的原则，对未经法院审判的案件，不能称报道中的当事人为"罪犯"；要具有"立案意识"，不能超越相关的司法程序来报道案件。在"彭宇案"等相关案件中，传媒一发现类似事件，即先于司法机关在报道中给案件贴上标签，给当事人随意定性，这不但严重影响了司法尊严，也影响了传媒的形象。

新闻媒体对司法工作的监督，是实现司法公正和社会公正的重要途径。新闻媒体可以采取各种有效形式，对司法工作进行监督。通过监督，有助于解决司法工作中存在的问题，对于促进司法公正具有重要意义。

传媒对司法工作的监督，首先应明确监督的范围。当前，我国传媒对司法工作的监督大多着眼于具体案件及司法人员的违纪腐败行为，而对于如何正确确定监督的范围尚缺乏明确的认识。实际上，从司法机关的工作、案件审理的程序，到对案件的检察、审判,以及外界对司法活动的不当干扰,再到司法人员的工作作风,包括渎职、违纪、违法等行为,都可以纳入媒体监督的范围之中。

传媒对司法工作的监督,还须明确对司法个案关注和监督的边界。司法个案是媒体监督的重点领域,也是传媒与司法产生矛盾的"重灾区",明确边界十分重要。在新闻报道中,媒体应以事实为依据,坚持"用事实说话",不能做片面报道,不能带有主观倾向性;要把关注的重点放在对事件真相的深入调查上,而不是放在对案件审判的肆意评论上;要关注个案审判前后是否存在人为干扰的因素,不要对审判环节指手画脚,更不要对法官的判案依据、推理等专业行为做不负责的评论。

在新媒体快速发展的背景下,舆论的格局及传播方式都发生了重大变化,一些人的个人意见可以不经媒体把关便直接进入公众的视野。如"彭宇案"就是通过网络论坛率先传播出去的。因此,有学者提出要区分"媒介审判"与"舆论审判",认为以职业化的新闻报道方式体现的反映媒体人意志的"媒介审判"和以非职业化的新闻报道形式体现的反映民众意志的"舆论审判"具有不同的意义。在面对网络上的个人意见,以及由此形成的网络舆论时,传媒和司法都应持更加理性的态度。

在"彭宇案"的报道中,一些媒体用价值判断代替了事实判断,用观点表达代表了真相调查,从而干预了司法审判。一些新闻媒体在对司法工作的监督过程中,存在对司法机关及其工作人员缺乏尊重,对司法程序及相关要求与规范不能很好地遵守等现象,从而导致在采访报道过程中出现了一些违反司法程序,干扰司法审判的事情。

传媒干预司法审判主要表现在两个方面。一是报道不客观。其表现是在报道中加入很多主观因素,所用的事实带有片面性等。二是搞煽情炒作。一些媒体无视司法工作的特性及规律,背离事实搞煽情炒作,如对一些简单问题大肆炒作,无限放大等。这种做法既会对司法机关造成舆论压力,致使案件审判在媒体舆论的左右下失去应有的公正性,进而影响司法的公信力;也会影响媒体的社会形象,使其公信力大打折扣;同时还容易使媒体自身陷入与司法机关的矛盾和冲突之中,并且会由于无法得到法律保护而使自己陷入被动。

由于传媒与司法的不同特性容易导致舆论监督与司法审判之间的冲突,因而在制度设计上需要认真权衡和解决如何在制度运作中保持合理的张力,在新闻自由和公平审判之间寻求合适的度。传媒和司法之间需要相互理解和尊重,这是处理传媒与司法关系的基本要求。

司法公信:司法该如何回应媒体舆论

司法公信力是司法赢得公众信任和信赖的能力。司法权主要通过它的司法拘束力、司法判断力、司法自制力和司法排除力来赢得公众信任和信赖。提高司法公信力，维护司法公正，离不开传媒的司法报道和舆论监督。

司法机关应正确认识媒体的舆论监督职能，知道媒体是在为社会和公众行使监督权，要主动为其实行正常的舆论监督创造必要的条件。

媒体的舆论监督通常是通过新闻报道与新闻评论两种形式实现的。新闻报道可以为维护司法公正创造必要的条件。没有媒体对司法工作的介入和报道，司法工作要实现公开与公正的承诺和目标是不现实的。因此，司法机关应当主动支持媒体的报道活动，为其采访报道提供必要条件，帮助其完成好报道任务。同时，司法机关也可以主动利用媒体公开传播的优势，将司法信息及时加以传播，促进司法公开。

新闻评论是媒体表达观点、发表意见的重要形式，也是公众通过媒体发表对司法工作意见与建议的重要渠道。新闻评论及其由此形成的舆论对于维护司法公正意义重大。司法机关应认真对待新闻评论，依靠其所形成的社会舆论，规范司法工作，监督司法工作人员的行为。同时，司法机关可以主动利用媒体的监督，及时发现工作中的问题，纠正工作中的失误，排解司法活动中的矛盾与纠纷，提高司法的公信力，实现司法公正的目标。

在面对传媒与公众的围观和质疑时，司法机关理应积极地作出回应。当然回应的方式和时机要把握得当。

从回应方式看，司法公开原则和回应舆论实质上是一致的。司法公开，是提升司法水平和司法公信力的必然要求，是司法改革的重要方向。以司法公开促进司法公正，可以保证司法的透明度和廉洁性。司法机关应增强主动公开、主动接受舆论监督的意识，积极回应舆论质疑。当前我国司法公开制度主要是以审判流程公开平台、裁判文书公开平台、执行信息公开平台三大平台建设为主。这些平台的建设都有助于促进司法公正。

从回应的人选来看，司法机关回应传媒和舆论质疑时须以组织的名义，通过固定的新闻发言人来作出回应，通常情况下参与审判的法官不宜作为回应的人选。所谓"裁判之外，法官无言"，是指不管是在审判之前还是之后，法官要尽量避免舆论的影响。但司法机关在面对传媒和舆论的质疑时就不该沉默不语，而是要积极予以回应。

当前在我国的司法实践中，还存在应当公开的审判未能真正公开或公开不够的情况，客观上限制了传媒监督功能的发挥。因此，在司法公开制度改革中，应进一步改善与传媒的关系，形成有效的互动合作机制。

通常，司法机关拒绝媒体监督通常有两种情况。一是司法机关自身存在暗箱操作行为，害怕见光；二是担心媒体搞"媒介审判"，影响自己公正判案，这是造成司法与传媒关系紧张的一个重要原因。

"媒介审判"弊端很多，因此传媒应当力戒。然而，司法机关也要注意不应以反对"媒介审判"为由拒绝媒体监督。一些司法人员往往认为媒体介入会给司法工作"添乱""帮倒忙"，因而对媒体监督存在抵触情绪。司法机关拒绝媒体报道和监督的做法与政府强调的司法公开、司法公正和舆论监督相背离，它既侵害了媒体的报道权、监督权，也影响了公众的知情权、表达权，是不足取的。

总之，作为社会公平正义体现者和维护者的传媒与司法，在行动目标上是完全一致的，双方应当进一步加强互动与配合，加深理解与尊重，努力实现维护社会公平正义的共同目标，真正在社会与公众中确立起自己的公信力。

论述题

【一】 最新修订的《中华人民共和国老年人权益保障法》第十八条规定："家庭成员应当关心老年人的精神需求，不得忽视、冷落老年人。与老年人分开居住的家庭成员，应当经常看望或者问候老年人。用人单位应当按照国家有关规定保障赡养人探亲休假的权利。"

"常回家看看"到底该不该入法，人们对此莫衷一是，有人认为这是将道德义务法律化，缺乏具体操作的可能性，有人认为这是我国立法的一大进步，国际社会都给予了高度的评价。

问题：结合材料，从法律的规范作用的角度，谈谈自己的认识。

【范文】 法的作用分为法的规范作用和法的社会作用。法的规范作用是法作用于社会的特殊形式，法的规范作用可以分为指引、评价、教育、预测和强制五种。"常回家看看"被纳入法律，可以充分发挥法的指引、评价、教育以及预测的作用。虽然，该条款带有一定的道德属性，在司法实践中很难以强制力的方式保障实施，但是，"常回家看看"被写入法律，能够使人们意识到自己不仅在道德上应当关心自己的父母，而且在法律上也有这种义务，从而有利于对老年人权益的保护，营造良好的社会氛围。

法律规范不都是强行性的规范，任意性规范也是法律的重要组成部分，甚至有些道德原则也是法律的组成部分。法律之中有许多倡导性规范，这种规范也是有法律意义的。法律主要关注人的外在行为，单纯的内在思想不是法律的调整对象，但是"常回家看看"被写入法律，能够起到良好的指引和教育的作用。

哈特认为，人们对法律义务的态度有"外在观点"和"内在观点"之分，"内在观点"强调人们认同法律并自觉地按照法律的规定去做，并以此作为评价自己和他人行为的标准。"内在观点"并不强调外在的强制和惩罚。哈特认为，社会中的大多数人是持"内在观点"的。"与老年人分开居住的家庭成员，应当经常看望或者问候老年人"的规定，如果社会中的大多数人从"内在观点"的角度来看待，也会使之落到实处。

【二】 2012年12月28日，十一届全国人大常委会第三十次会议通过审议并通过《关于加强网络信息保护的决定草案》，其中规定了"网络服务提供者为用户办理网站接入服务，办理固定电话、移动电话等入互联网手续，或者为用户提供信息发布服务，应当在与用户签订协议时，要求用户提供真实身份信息"。决定允许有限度的网络匿名，允许前台匿名，主要要求保护个人隐私，保护个人信息，有限度的实名。

2013年3月29日，中华人民共和国国务院办公厅"关于实施《国务院机构改革和职能转变方案》任务分工的通知"，其中"2014年完成的任务"第十三条为"出台并实施信息网络实名登记制度。（工业和信息化部、国家互联网信息办公室会同公安部负责。2014年6月底前完成）"支持者认为"网络最吸引人的地方不是'匿名'，而是沟通起来更方便，更快捷"。也有人认为，实名有利于清除网络上各种垃圾信息，增加信息的可信度和网民之间的信任度，"营造出更加和谐的网络文化"。

而反对者则认为"网络的魅力就在于'匿名'"，在网络里大家才可以自由地发表言论。至于诬蔑或发表违法言论是可以通过技术手段解决的。许多人都引用1993年《纽约客》杂志一幅漫画的标题"在互联网上，没人知道你是一条狗"，来作为反对的理由。但是如果网站的保密措施做得不好，用户依然难以自由言论。另一方面，如果网站采取的信息保密措施不够好，实名制就很有可能导致用户大量的个人隐私遭到泄漏，造成很严重的后果。即使网站采取了足够好的保密措施。许多网民都倾向于将个人重要账号的密码设得非常简单，以至于很容易破解。这样，同样有可能造成很严重的后果。

问题：结合案例，从法律的自由价值与秩序价值的关系的角度，谈谈自己的认识。

【范文】 自由是现代价值观的核心。法律自由是指一定国家的公民或社会团体在国家权力所允许的范围内进行活动的能力，是受到法律约束并得到法律保障的、按照自己的意志进行活动的能力。法律自由是相对的，而不是绝对的。一定的历史时期有一定的法律自由，不同的社会有不同的法律自由。自由在法律的价值位阶中往往被视为是最高的价值。

法律的秩序价值是其所具有的最基础的价值。博登海默认为法律是"秩序和正义的综合体"，德国著名法哲学家拉德布鲁赫也将秩序作为法律的三个主要价值之一。在秩序、正义和个人自由之间，秩序是最基础的法律价值。没有秩序，也就谈不上正义和个人自由。

说过就过

网络实名制有利于规范网络秩序，有利于对互联网的管理。网络实名制体现了在自由与秩序的价值之间，更加注重秩序价值的倾向。没有健康的互联网秩序，公民的自由也无从保障。因此网络实名制使人们在上网的时候，更加注意自己的言论，从而限制了个人自由，但有利于建构健康的网络秩序。在自由与秩序之间是存在一定的冲突的，过分看重秩序的价值，可能侵犯公民的自由。但关键的是二者的冲突是否在可以容忍的限度内，这样的限制能否得到多数人的认可。通过网络实名制，建构健康的网络秩序，在另一个层面来说，也是在保障自由。因为，没有秩序，自由便无从实现。

【三】 甲女与乙男是夫妻关系，育有一子，后乙男沉迷赌博，对家里不管不问，致使甲女与其子生活拮据。乙男的父亲（甲女的公公）丙为了照顾孙子，经常帮助甲女，二人日久生情。后来，甲女与乙男离了婚，并与其公公丙领了结婚证，此事在当地引起轩然大波，人们对此褒贬不一。

该事成了人们茶余饭后的谈资。A 说，她活了 80 多岁，从未听说过公公娶了儿媳妇这一邪事，如今这样的事情就发生在她眼皮底下，她实在看不下去。

B 气愤地说，丙（甲女的公公）太过格了！简直是乱伦！为此他特地写信给市长。后来他从市长信箱获悉，他们的婚姻系合法婚姻。为此他气得一个星期都没有睡好觉。

C 表示出赞成的观点，他认为虽然合法，但伦理难容。但他们能领到结婚证书，说明他们追求幸福的勇气可嘉。

问题：结合案例，从法律与道德的关系的角度，谈谈自己的认识。

【范文】 从《婚姻法》的角度来说，公公与儿媳结婚是符合《婚姻法》的结婚要件的，因此，是合法婚姻。从结婚的积极要件来说，双方是自愿结婚同时也是达到了法定婚龄的。从消极要件来说，不属于直系血亲或三代以内旁系血亲，也没有不适合结婚的疾病。因此，公公和儿媳的婚姻是合法婚姻。

但是在道德层面，人们却接受不了，与传统的伦理道德相悖。这就涉及法律与道德的关系问题。法律和道德是有区别的，二者在产生背景、表现形式、所规范的内容、实施方式和产生的后果方面都不同。违反道德往往承受来自自我良心的谴责和社会舆论的压力。而违反法律时，法律不会考虑违法主体的承受能力，确定行为违法与否的标准就是法律本身。

法律与道德的关系有时是一致的，有时却是不一致的。一般情况下，凡是道德所禁止或许可的，也为法律所禁止或许可。有时，二者却是冲突的，道德上许可的，法律上不许可；道德上不许可，法律上却是许可的。在该案中，就是符合法律，但是不符合道德。法律与道德的关系的集中体现，就是"恶法亦法"和"恶法非法"的争论。法律是最低限度的道德，法律的标准与道德相比，一般比较低，具体到本案中，公公与儿媳结婚是二人的私事,从维护个人的婚姻自由角度来看,也是可以理解的。

【四】 "人肉搜索"的法理分析

自2007年2月"虐猫事件民间追缉令"事件以来,"诈骗犯网络追缉令"、"武校少女功夫色情照片通缉"、"通缉南宁欠债女大学生"等接踵而来,民间"网络通缉"大有愈演愈烈之势。"通缉南宁欠债女大学生"事件中,陈某的电话号码、QQ号码、学校住址、家庭住址、照片以及她男朋友的照片全部被曝光在网上,陈某受尽骚扰无奈报案。民间的"网络通缉"已逐渐形成滥发之势,甚至产生"人肉搜索"这一互联网流行用语。海外媒体称这一现象为中国网民的"暴民现象"。

请就此现象谈谈你的看法。

【范文】 "人肉搜索"是当前互联网上的流行用语。在"武校少女功夫色情照片通缉""通缉南宁欠债女大学生"等事件中,"人肉搜索"在追查当事人信息方面都发挥了重要作用。然而,"人肉搜索"容易侵犯当事人隐私,由此产生了如何正确行使个人权利的问题。

所谓"人肉搜索",就是通过互联网进行"网络通缉",搜集相关当事人的信息。我国《宪法》第35条规定,中华人民共和国公民有言论、出版、集会、结社、游行、示威的自由。网友们在网络上揭发和曝光不道德和不文明行为,是网友行使言论自由权的方式。对于那些违反道德和法纪的行为人,网友们通过"人肉搜索"使其无处藏身,从而震慑了社会不良分子,净化了社会的环境。

但是,网友的言论权并不是可以为所欲为的。权利是自由的体现。关于自由,罗马法的定义是:凡是得以实现其意志而不为法律所禁止者,是为自由。可见,权利行使的前提,是不为法律所禁止。法律是秩序的维护者,那些侵害他人权利和社会公共秩序的行为,是为法律所不容的,也是权利行使的禁区。"人肉搜索"等现象的出现,使得言论自由变质为侵害公民隐私权的违法行为。隐私权是指自然人享有的私人生活安宁与私人信息秘密依法受到保护,不被他人非法侵扰、知悉、收集、利用和公开的一种人格权。"人肉搜索"将当事人甚至其家人的详尽个人信息公布在网络上,使得当事人的私人信息毫无秘密而言,势必导致其私人生活更无安宁,侵犯了当事人的隐私权。

"人肉搜索"现象,暴露了当前部分网民缺乏正确行使权利的观念。网民们在行使言论自由权利的同时,一定要尊重他人包括隐私权在内的各种人身权。

【五】 丈夫拒签字,妻子难产死亡的法学分析

2007年11月21日下午4点左右,在北京某医院里,一名孕妇因难产生命垂危被其丈夫送进医院。面对身无分文的孕妇,医院决定免费入院治疗,而其同来的丈夫却

拒绝在医院的剖腹产手术上面签字,焦急的几十名医院医生、护士束手无策,在抢救了3个小时后,医生宣布孕妇抢救无效死亡。

在长达3个小时的僵持过程中,该男子一直对众多医生的苦苦劝告置之不理,该医院的院长亲自到场。110支队的警察也来到医院。为了让该男子同意签署手术单,甚至医院的许多病人及家属都出来相劝,一名住院的病人当场表示:如果该男子签字,则立即奖励他1万元钱。然而所有劝说都毫无效果,该男子仍拒绝签字。为确认其精神没有异常,医院紧急找来已经下班的神经科主任,经过询问,其精神毫无异常。

该医院妇产科医生在3个小时的急救过程中,一方面请110紧急调查该孕妇的户籍,试图联系上她的其他家人;一方面上报了北京市卫生系统的各级领导,得到的指示为:如果家属不签字,不得进行手术。晚7点20分,22岁的孕妇经抢救无效死亡。

请从法理学的角度就此案谈谈你的看法。

【范文】 孕妇因难产急需手术,而丈夫拒绝在手术单上签字,于是医院依据《医疗救助管理条例》第33条所规定的"医疗机构为患者实施手术、特殊检查和特殊治疗应当征得患者家属或者关系人的同意并签字",未给孕妇动手术,结果导致孕妇死亡。这一悲剧引发我们的深思:在正义与秩序之间,我们应如何抉择?

秩序意味着一定程度的稳定性、行为的规则性、事件的可预见性。秩序是人类一切生活的必要前提,法律是秩序的象征,也是建立和维护秩序的重要手段。《医疗救助管理条例》第33条规定了医疗机构为患者实施手术的必要秩序,它对于维护医患关系具有重要的作用。北京某医院遵守《医疗救助管理条例》第33条本无可非议。问题是,当孕妇难产急需手术,医院仍恪守法条是否是正义的呢?关于正义,古今中外的法学家有不同的见解,但有一点是相同的,那就是正义具有公平、公正、合理的特性。医院恪守法条的行为势必造成孕妇的生命危险,而事实也证明如此,显然医院的行为缺乏合理性,违背正义的价值观。由此,秩序和正义发生了冲突,那么我们应选择哪一种价值观呢?人的生命是宝贵的,《医疗救助管理条例》第33条规定的秩序,初衷在于保护患者的生命健康权,防止医生因一己私欲而随意开刀动手术。当孕妇难产急需手术而家属拒绝签字的时候,《医疗救助管理条例》第33条所规定的秩序已危害到患者的生命健康,与立法的本质目的相违背。此时,医院应遵循正义原则,立即为孕妇实施手术。

秩序本身并不是目的,秩序的根本目的在于实现社会正义。因此,当秩序与正义相冲突的时候,正义的价值观是上位的,这样才能避免类似因家属不签字而导致病人无法救治的悲剧再次上演。

【六】 将遗产赠与"二奶"行为的法学分析

四川省泸州市某公司职工黄某和蒋某1963年结婚，但是妻子蒋某一直没有生育，后来只能抱养了一个儿子，由此给家庭笼罩上了一层阴影。1994年，黄某认识了一个姓张的女子，并且在与张某认识后的第二年同居。黄的妻子蒋某发现这一事实以后进行劝告但是无效。1996年底，黄某和张某租房公开同居，以"夫妻"名义生活，依靠黄某的工资（退休金）及奖金生活，并曾经共同经营。2001年2月，黄某到医院检查，确认自己已经是肝癌晚期。在黄某即将离于人世的这段日子里，张某面对旁人的嘲讽，以妻子的身份守候在黄某的病床边。黄某在2001年4月18日立下遗嘱："我决定，将依法所得的住房补贴金、公积金、抚恤金和卖泸州市江阳区一套住房售价的一半（即4万元），以及手机一部遗留给我的朋友张某一人所有。我去世后骨灰盒由张某负责安葬。"4月20日黄某的这份遗嘱在泸州市纳溪区公证处得到公证。4月22日，黄某去世，张某根据遗嘱向蒋某索要财产和骨灰盒，但遭到蒋某的拒绝。张某遂向纳溪区人民法院起诉，请求依据《继承法》的有关规定，判令被告蒋某按遗嘱履行，同时对遗产申请诉前保全。从5月17日起，法院经过4次开庭之后（其间曾一度中止，2001年7月13日，纳溪区司法局对该公证遗嘱的"遗赠抚恤金"部分予以撤销，依然维持了住房补贴和公积金中属于黄某部分的公证，此后审理恢复），于10月11日公开宣判，判决认为：尽管《继承法》中有明确的法律条文，而且本案中的遗赠也是真实的，但是黄某将遗产赠送给"第三者"的这种民事行为违反了《民法通则》第7条"民事活动应当尊重社会公德，不得损害社会公共利益，破坏国家经济计划，扰乱社会经济秩序"，因此法院驳回原告张某的诉讼请求。

请就此案谈谈你的看法。

【范文】依照《继承法》的有关规定，黄某的遗赠行为完全符合"意思自治"原则，应当认定为有效。但是，黄某将财产赠予"二奶"的行为违反了道德，与民法所强调的公序良俗相违背，似乎又应当认定为无效。法院最终采纳了后者，依据道德标准，判决黄某的遗嘱无效，剥夺了"二奶"张某的继承权。这里就涉及如何处理法律与道德的关系问题。

法律是具体的，道德是抽象的，法不能涵盖道德的全部诉求，法仅仅是最低限度的道德。法律主要调整那些要求并可能由国家评价和保证的社会关系，有些关系如恋爱关系就不需要也不应该由法律来调整；而道德的调整范围就广泛得多，几乎涉及社会生活的一切领域，许多法律无法调整的地方道德都可以调整。因此，法律不加干预的某些关系，如"第三者"插足、朋友间的背信弃义等，在道德上则是要谴责的；反之，某些不道德的行为不一定就会被法律所禁止。

"不违背公序良俗"是我国法律的一项重要原则，实际是道德的体现。法官在司法过程中可以在一定情况下借助法律原则，但仅仅是一定情况下，即法律规则没有涉及或有矛盾时，这个时候，法官才有一定的自由裁量权。而在本案中，《继承法》对遗嘱的生效做了明确规定，黄某的遗嘱是有效的。此时，不应该再引入道德判断。"包二奶"的行为固然在道德上会被公众谴责，但这是一种事实行为而非法律行为，在最终的司法过程中，是不应该将事实行为认作法律行为而介入法律程序，最终发生效力的只应该是立遗嘱这一法律行为，该行为并不违反法律，确切地说，是有法可依的。

法律与道德毕竟是不相同的，两者在适用范围、具体内容等方面都不完全相同，在法律有明确规定的地方，不能以维护所谓的公正公平为由引入道德干预。只有这样，法律和道德才能做到"上帝的归上帝，恺撒的归恺撒"。

【七】 私人侦探问题的法理分析

近年来，上海、南京、沈阳等大中城市"私家侦探所"以"调查事务机构"的名义公开或隐蔽地存在于人们的生活中，它们帮助客户进行各种各样的调查取证工作。社会各界对这一现象给予了极大的关注。

请谈谈你对此事的看法。

【范文】 调查取证难，是诉讼当事人普遍的感受。面对这一商机，上海、南京、沈阳等大中城市"私家侦探所"孕育而生。它们以"调查事务机构"的名义，帮助客户进行各种各样的调查取证工作。然而，欣欣向荣的背后是对法律底线的突破。笔者认为，私人侦探制度在我国应该缓行。

私人侦探是指受客户委托，利用自身的专业技能帮助客户收集不便或没能力收集的相关证据的专职工作者。现代社会，人们在日常生活中越来越注重保护个人信息，因此当事人力图依靠自身力量收集证据难度加大，加之当事人申请司法机关依法取证的程序相对复杂，证据收集已经成为诉讼过程中的"瓶颈问题"。而私人侦探正是解决这一问题的一种手段。

但是，私人侦探现象存在不合法性。私人侦探的取证活动往往侵害他人的隐私权。隐私权是指公民保持私生活秘密不为他人知悉的权利。由于私人侦探为了顺利取证，往往采取跟踪、刺探、暗中拍摄等侦查手段，触及他人私生活的方方面面，不可避免地和他人的隐私权保护发生冲突。依据最高人民法院《关于民事诉讼证据的若干规定》第68条："以侵害他人合法权益或者违反法律禁止性规定的方法取得的证据，不能作为认定案件事实的依据"，一旦私人侦探采集的证据被法院认定为是通过侵犯他人隐私方法获得的，所有努力都将前功尽弃。所以，有关证据的收集还是以委托律师进行合法采集为宜。

"私家侦探"制度，挑战了现行的法律制度，在我国应缓行！

【八】 个人悬赏缉凶问题的法学分析

赵某的女儿被害致死，但是公安机关长期无法破案。于是，心急如焚的赵某决定悬赏5万元，为女儿之死寻找线索。但是，对于个人悬赏缉凶的做法，各界人士看法不同，有支持者，也有反对者。

请谈谈你对此事的看法。

【范文】 面对女儿惨死而警方无法破案的残酷现实，心急如焚的赵某走出了个人悬赏通缉的这步棋，实属无奈之举。笔者认为，赵某的做法虽情有可原，但与法有悖，值得反思。

受经济发展水平制约，我国当前警力仍显不足。如何充分发挥公民个人积极性，协助警方获取有价值的办案线索，使违法犯罪分子陷入人民战争的汪洋大海之中，是解决当前警力不足问题的一个有效、直接的思路。个人悬赏缉凶正是这一思路的创举，具有一定地合理性。

但是，个人悬赏缉凶会扰乱正常秩序。首先，可能对刑事侦查工作造成不利影响。刑事案件的侦查工作有时需要秘密进行，如果允许当事人随意发布悬赏缉凶，有可能影响正常的侦查工作开展。其次，极易造成对他人合法权益的侵害。发布悬赏缉凶的人，可能出于各种不法或不良的目的，编造各种理由发布悬赏通缉，从而使他人的一举一动完全被自己掌控。可见，如果放任个人悬赏缉凶行为的发展，公民的隐私权将毫无保障，人人都可能处于他人监控之下。

人的社会性，是人的根本属性，它决定了权利人在行使权利时，必须遵守社会秩序。否则，行使权利的行为将变质为侵害他人权利的行为。个人悬赏缉凶行为，是权利人运用民事手段收集证据，帮助公安机关侦破案件的行为，具有合理性。但是，如果放任他人随意发布悬赏缉凶令，将可能造成对刑事侦查秩序的扰乱和他人权利的侵害，所以不宜提倡。

【九】 新闻监督与司法独立的法学分析

四川省技术监督机构查封了夹江县某个体印刷厂，因为该厂仿冒印制另一企业的产品。后来被查封的印刷厂向法院提起行政诉讼，认为该技术监督机构无权对其实施行政处罚，属于越权行政。对此，某电视台A栏目进行了报道，并以"恶人先告状"为道德批判模式，对"制假者"的起诉行为予以谴责。面对媒体形成的舆论压力，法院不得不违心地作出不利于"制假者"的裁决。实际上，依照相关法律，"制假者"是有起诉权的，法院也应当受理。一个法律问题经过媒体的报道变成了一个是非分明的道德问题，从而给法院正常审判工作带来了不利影响，也损害了当事人的应有权利。

请就此案谈谈你的看法。

【范文】 四川夹江县造假者以技术监督机构无权对其实施行政处罚为由，起诉对其做出行政处罚的技术监督局。某电视台A栏目进行了报道，并以"恶人先告状"为道德批判模式，对"制假者"的起诉行为予以谴责。面对媒体形成的舆论压力，法院不得不违心地做出不利于"制假者"的裁决。这一案件再度暴露了司法独立与媒体监督之间的冲突。

司法独立原则，即司法权独立行使原则，是指司法机关在办案过程中，依照法律规定独立行使司法权，其他任何组织和个人都无权行使此项权力；要求司法机关行使司法权只服从法律，不受其他任何行政机关、社会团体和个人的干涉，以确保司法公正。然而，任何权力都有扩张性和自利性，不受制约的权力必然滋生腐败，司法权也不例外。因此，对司法权的监督是确保司法独立沿着正确轨道运行的必要条件。在司法权的监督体系中，媒体监督因其透明、公开、便捷等特点，成为一支不可小视的力量。但是，如何把握"监督"与"非法干预"之间的界线，确保司法独立，成为一个难题。此案就是一个典型案例。A栏目关注"制假者"状告技术监督局案，可以充分行使新闻监督权，防止该案的司法不公，本是一件好事。问题是，诉权是法律赋予当事人的基本权利。"制假者"作为违法主体，即使状告技术监督机关的诉求不符合法律规定，法院也不能仅仅因诉求而剥夺违法者的诉权。而A栏目以道德评价为标准，对这种"恶人先告状"的行为进行批判，谴责"制假者"的起诉行为，形成巨大的社会舆论，严重影响了法官的公正判决，影响了司法公正的实现，形成了事实上的"媒体审判"，干扰了司法独立。因此，在此案中，新闻监督扮演了干预司法的角色。

为解决司法独立与媒体监督的冲突，应严格限制媒体介入司法审判的时间。新闻报道对时效性要求很强，记者通常是尽最大的可能在第一时间将事件报道出来，这些报道往往带有道德倾向，而司法审判则必须按照法定的诉讼程序来进行，这就导致了法官在审判过程中要承受舆论压力，从而不利于案件的公正审理。对此，可以借鉴国外的做法，适当限制媒体的报道时间，防止媒体过早地介入，影响案件的公正判决。

媒体监督，是确保司法公正的重要途径。但是，媒体监督不能干扰司法独立。否则，将最终损害当事人的基本权利。

【十】 公民基本权利宪法保护问题的法学分析

近年来，发生了一批涉及公民基本权利如何在现行宪法中寻求保护的典型案例，如2002年黄碟案（西安公安闯入民宅抓捕观看黄碟的一对夫妻）；又如2003年的孙志刚事件（湖北人孙志刚因未带暂住证，在广州被强制收容，期间被虐待致死）。这些事件中，公民住宅不受侵害权、公民人身自由权等宪法性权利都遭到无情践踏，但最终受害人或其家属无法直接依据宪法寻求权利救济。

请你就此问题谈谈我国公民基本权利的宪法保护问题。

【范文】 宪法作为国家的根本大法，理应得到人们的尊重和认同，然而，现实中的孙志刚事件、黄碟事件等等一系列事实，再次警醒我们：公民的基本权利遭到侵害时得不到宪法的救济，宪法仅仅成了政治宣言。之所以会出现以上问题，原因在于以下几个方面：

第一，基本权利的防御功能被极度弱化，体现出重权利宣告而轻权利保障的宪法观。宪法的旨意在于确认并宣告公民的基本权利，但我国现行宪法在基本权利保障体制的设计上不具有可操作性：基本权利缺乏保障手段，公民没有对抗国家权力滥用的权利，没有对抗和制约国家权力的手段，因此基本权利也就难逃"仅仅停留在纸面上"的宿命。从宪法文本来看，基本权利的范围尽管比较广泛，但这些权利如果受到国家公权力的不法侵犯，公民并不能够通过宪法主张自己的基本权利。

第二，国家权力无规制、国家保护义务被淡化。从宪法的规定来看，我国宪法在强化国家权力的同时，淡化了国家权力在保护基本权利中的强制性义务。宪法上确认的公民基本权利相对于国家而言即赋予了国家一种强制性义务，对国家权力的约束与规制实际上就是对国家义务的确认与对公民基本权利的保障。国家不仅不能运用公权力侵犯这些基本权利，而且必须努力创造条件以保障此类权利得到最大限度的实现。但实际情况是公权力不仅没有尽到促进基本权利实现的义务，而且还借助于自身的强势地位而频频侵害公民的基本权利，"黄碟案"即是最好的例证。

第三，基本权利的司法保护功能被过分模糊。基本权利的司法保护不仅是体现宪法至上的途径，也是提高公民宪法意识的重要手段。被学界呼吁很久的"宪法必须进入司法层面"至今依然未能实现，给法谚"无救济即无权利"提供了深刻的注脚。从宪法对不同国家机关的立法地位的规定来看，宪法对自身最高法律效力的宣告仅仅表现为一种形式上的权威，当法律、法规和其他规范性文件侵犯公民的基本权利时，公民虽然可以通过某些法定途径进行一定程度的救济，但这些救济途径多数是行政性的，不仅程序难以启动，而且权力机关和行政机关的自身审查也明确地排除了权力的外部制约，违反了"自身不能当自身事件的法官"的法理。

鉴于以上原因，我们的宪法在实施中需要进行解释，对其中涉及公民基本权利的条款予以细化，并且在这些权利被侵害时能得到实实在在的救济，只有这样，我们的宪法才能称得上是公民自由与权利的保护伞。

卢梭在《社会契约论》中说道："一旦法律丧失了力量，一切就宣告绝望了；只要法律不再有力量，一切合法的东西也都不会再有力量。"作为一国现行法律之源的宪法，不能仅仅是静态停留在纸面上，而应动态运用于现实中，这样依法治国的目标才能实现。

【十一】 2004年某晚，国内某高校两名大一学生刘某和罗某在教室里拥抱、接吻，被学校的监控设备录了下来。此后，学校以本校依据国家的《普通高等学校学生管理规定》和《高等学校学生行为准则》而制定的《大学学生违纪处分规定》第13条第3款之规定"发生非法性行为者，给予开除学籍处分"为由，勒令两人退学，两人当学期的期末考试也被取消。刘、罗二人不服，向当地法院起诉，将母校告上法庭。后法院以不属于受案范围为由，驳回了二人的起诉。该案引起社会多方面的反响，支持学校者有之，反对学校者有之。其实，学校以此种理由处罚学生由来已久。2003年某日，某大学的一对学生在校园河边亲吻，被系主任发现，此后，两人被正式通知因其违反校规将被给予记过处分。这是第一对因"亲吻"而遭受处分的高校学生，后该对恋人因此最终分手。此后，该校某系又颁布了《XXX系系规》，严禁"男女同学在公共场合（校园内）搂搂抱抱，过于亲密"。学生戏称为真"禁吻令"。校方表示，如执行良好，将在全校推广。据悉国内其他高校也不同程度地存在"禁止大学生在校内牵手、搂腰、拥抱、接吻以及女生穿低胸露背装"等类似管理规定或准备出台类似规定，其中有的还规定情节严重者将被开除学籍或勒令退学。

"禁吻令"纷争昭示了该种现象具有一定的普遍性和代表性，同时也引起人们对校园法治诸多问题的关注、思考与争议。

请根据法学基本原理对这一案件进行评论。

答题要求：

（1）运用你所掌握的法学知识和相关的社会知识阐述你的观点和理由；

（2）说理充分，逻辑严密，语言流畅，表述准确；

（3）答题文体不限，字数不少于500字。

【答题思路】 本案是曾经广受媒体、法学界关注的重大法制事件，很多法学家都对该案中凸显的众多法律问题进行了分析。假如在司法考试论述题中出现，我们至少可以从以下角度展开思考：第一，高校开除、处分接吻大学生的处分权是否具备合法性依据？高校是法律授权组织，具有行政主体资格，其实施处分权的行为属于行政行为，应当受到行政法的调整。即高校行使处分权也应当符合法治的精神，遵循行政法上的"比例原则""正当程序原则"和"法律保留原则"。考生可以结合行政法的基本原则加以阐述。第二，司法审查制度的完善。本案中法院认定驳回起诉的前提和基础是认为高校处分权不属于行政诉讼的受案范围。作为一个肩负特殊职责的机关，法院应当对越来越多的社会事务进行司法审查，因为只有具有中立地位的法院才有能力和资格来解决社会纠纷，实现社会的公平正义，而学校与学生之间地位本来就不平等，为了保护弱势相对人——学生的基本权利，于理于法都应当允许学生对高校提起诉讼。通过司法审查来监督高校处分权，以保护公民利益的制度设计中，法院无疑是最关键的一环。第三，法律和道德的关系。对于这两名大学生的行为，属于道德调整的范畴还是应该受到法律（学校的内部规范）的规制值得进一步追问。有人认为学校不应该处理这事，因为这是两个人之间的私事。因此，考生可以从本案涉及的法律和道德认定标准的相关性入手，对这一问题进行分析。与此相关的一点是高校处分权与公民权利的冲突问题，"权利的边界"在人们日益关注自身正当利益的时代，逐步提升为凸显的问题。考生也可以从这个方面下笔。

【参考例文】

高校慎用手中权力

高校是法律授权组织，具有行政主体资格，其实施处分权的行为属于行政行为，应当受到行政法的调整。材料中，高校依据《大学学生违纪处分规定》对"接吻"学生进行处理，正是高校行政行为的一种体现。我认为，高校的处分行为作为行政行为而言，已经偏离了法治原则，理由有如下几个方面：

首先，行政行为的作出需要经过正当程序。程序正义是法律正义的要求。如果程序上没有保证当事人得到公正合理的对待，那么结果就不能说是正义的行政行为，故不应该遵循。而我国重实体轻程序的旧习使很多高校也沿袭了这个观念，在管理处分学生时不重视在程序上使同学得到公正对待，仅仅单方面作出决定，而不听取学生意见。

其次，比例原则。该原则要求适当地平衡一种行政措施对个人造成的损害与对社会获得的利益之间的关系，禁止那些对个人损害已经超过了社会就此所获利益的措施。高校因为学生"接吻"即对其作出处分，对学生造成的伤害明显超出"接吻"对学校教育管理体系的伤害。

最后，行政行为唯有法律的授权才能进行。大学生在校内接吻，并不违反国家的法律法规，高校依据自己所制定的规定进行处罚，已经超出了法律授权的范围。

综观本案，"禁吻令"等高校的行政行为，已经严重危害了学生应有的个人权利。同时，也反映出高校制定涉及学生受教育权等重大权益的规章制度明显缺乏正当性，而制裁学生和剥夺其权益行为更缺乏合法性的现象。在校内学生之间有些亲密的行为属于道德范畴，而不应将其纳入法律的范畴，造成德法不分。

总之,"禁吻令"反映了我国在建设社会主义法治国家方面还存在很多问题,希望以后各高校能加强法治意识,依法治校,合理地保护好学生的正当权益。

【十二】 2003年2月23日下午两点多。26岁的湘潭市国税局干部姜俊武,在21岁的临丰小学女教师黄静家吃完午饭后,带黄离开。之后,人们发现黄静一丝不挂的死在其学校宿舍中。黄静的案子在网络上引发激烈讨论,许多人呼吁要严惩姜俊武。在媒体及群众舆论的压力下,湘潭市雨湖公安分局改变了原来没有证据不立案的决定,终于立了案。针对黄静的死亡,一共进行过六次鉴定,每次结果都不尽相同,甚至互相矛盾。湖南警方的鉴定结论是黄静是突发疾病而死,但是黄静的家人请南京医科大学和中山大学法医鉴定中心连续做了两次尸检,两个非官方机构得出与湖南警方截然不同的结论:认为黄静系非正常死亡,病死一说证据不足。

经历无数曲折后,黄静案等来了庭审。2004年12月7日,黄静案第一次不公开开庭审理。姜俊武以涉嫌"强奸罪(中止)",被提起公诉。开庭当天,3位专家鉴定人出庭作证指明黄静的死因,以高铭暄为首的4位国内顶尖级刑法学专家出具了认为黄静是"强奸(未遂)致死"的法律意见。法院的判决拖过了2005年春节,后来,又拖到了2006年年中。2006年7月10日上午9时40分许判决终于作出,40多家媒体到场。

法院认为姜俊武"特殊性行为"虽不属强奸罪,但他须对黄静的死亡后果承担50%的民事责任,赔偿黄静亲属经济损失59,399.5元。

判决书最终采信了最高人民法院司法鉴定中心出具的死亡鉴定意见——在潜在病理改变的基础下,因姜俊武采用较特殊方式进行的性活动促发死亡。

问题:在这件案件的发展过程中,媒体的舆论产生了比较大的影响。请针对媒体与司法的关系,谈谈自己的看法。

答题要求:1. 运用掌握的法学知识阐述你的观点和理由;

2. 说理清楚,逻辑严谨,语言流畅,表达准确;

3. 字数不少于600字。

【参考例文】

黄静案因公众高度关注而成为"中国网络第一大案"。在此案中,媒体的作用从来没有停止过,从舆论与司法关系的角度看,司法实践中,舆论对司法的影响非常明显。如刘涌案、宝马撞人案、余祥林案中,媒体都扮演了重要角色。一方面媒体的报道使公众对案件形成认知,但另一方面这种认知是建立在公众并未真正了解案件、了解法律的基础上,缺乏充分的理性,它不仅影响了公众,也影响了司法机关,进而影响到决策层,又影响到判决。

当然，在法治不完善的条件下，舆论监督是需要的，但媒体介入案件也要讲究方式，特别是案件还未经过审理就发表评论，把记者的观点当案件结论散播到社会上的方式绝不可取，这种先入为主的方式容易对司法审判造成不利影响。现代社会，新闻媒体对审判活动的报道，对于监督司法审判、提高审判质量、促进司法公正、揭露司法腐败、培养公民法治观念发挥了重要作用。然而，尽管新闻媒体以追求客观公正为己任，但也难免受到不同利益和价值观念的影响。新闻媒体固然可以反映民意，但同时也有误导民意之可能。在对司法案件的报道中，媒体报道倾向于错案和腐败，而对如何保证司法公正的问题却关注过少，很多时候甚至形成了新闻审判。比如，刘涌案中媒体的介入就对司法审判产生了巨大影响。英国是公认的严格控制审案报道的国家，媒体对正在审判中的案件说三道四会构成藐视法庭的罪名，就是在早期判决中涉及对案件的报道构成法庭的规则中，也只是限于审判进行中的案件，对已经判决的案件的报道或评论却不在其中。法院要作出公正的裁判就必须排除媒介的干扰，处理好舆论监督与独立审判之间的关系。

【十三】　四川泸州的黄永彬与妻子蒋伦芳结婚三十多年，有一养子。1994年起黄开始与张学英来往，1996年起二人公开同居，依靠黄的工资（退休金）及奖金生活，并曾经共同经营。但黄永彬与蒋伦芳并未离婚。2001年2月起，黄病重住院，张学英一直在医院照顾，法院认为其尽到了扶养义务。4月8日黄永彬立下遗嘱："我决定，将依法所得的住房补贴金、公积金、抚恤金和泸州市江阳区的住房售价的一半（即4万元），以及手机一部留给我的朋友张学英一人所有。我去世后骨灰盒由张学英负责安葬。"4月20日，该遗嘱在纳溪区公证处得到公证。黄去世后，张根据遗嘱向蒋索要财产和骨灰盒，遭到蒋拒绝。张遂向纳溪区人民法院起诉，请求根据《继承法》的有关规定，判令被告蒋伦芳按照遗嘱履行，同时对遗产申请诉前保全。从5月17日起，法院经过4次开庭之后（其间曾一度中止，2001年7月13日，纳溪区司法局对该公证遗嘱的"遗赠抚恤金"部分予以撤销，依然维持了住房补贴和公积金中属于黄永彬部分的公证。此后审理恢复），于10月11日判决驳回原告张学英的诉讼请求。法院判决依据《民法通则》第7条民事活动应当尊重社会公德，不得损害社会公共利益的基本原则，认为黄永彬的遗嘱虽然是其真实意思的表示，形式上也合法，但遗嘱内容存在违法之处，且黄永彬与原告的非法同居关系违反了《婚姻法》的有关规定，黄永彬遗赠遗嘱是一种违反公序良俗和法律的行为，因此是无效的。本案的判决一方面获得了当地民众和一些学者的支持，另外很多法律界人士却认为这是道德与法和情与法的一次冲突，甚至认为有具体的实体法规则——《继承法》可依的情况下再依据法律原则，这样的判决是错误的。

说过就过

对于此案你是怎么看的？法律规则和法律原则之间的关系是怎样的？其各自的功能是什么？

答题要求：1. 观点明确，论证充分，逻辑严谨，文字通顺；

2. 不少于 600 字。

【参考答案】 首先谈一下法律规则和法律原则之间的关系。重点在于两者的作用是不同的。法律规则直接实现着对社会的控制，但是它必须在法律原则的指导下，法律原则的基本价值取向是贯穿于始终的，可以说是法律规则制定和适用的依据，是法律规则的上位概念，法律规则是不能和它相冲突的。

本案的关键就在法律适用的问题。毫无疑问，本案是一起遗赠遗嘱纠纷，应该适用《继承法》。但如果按照现行的《继承法》的规定，支持了张学英的诉讼主张，那么也就是肯定了"包二奶"的行为以及他们对合法婚姻家庭的侵害，并承认了他们可以从这种违法行为中获益。这种结果不仅违背了《婚姻法》的原则和规定，而且和公序良俗这一民法的基本原则背道而驰。

《民法通则》是《继承法》的基本渊源和上位法，继承属于一种民事行为，尽管有其特殊性，但是必须受到民法基本原则的统辖，这是确定无疑的。民法基本原则应该贯穿在一切民事法律规范和制度中，继承法的具体规定可以与其他民事制度以及其他民事法律规范有所不同。但其基本原则和精神却不能与《民法通则》发生根本性的冲突和矛盾。这是由法律渊源所决定的。在这里，如果根据对《继承法》的机械适用，破坏合法婚姻家庭的当事人不仅不会得到法律的谴责和制裁，反而能得到法律的支持，并由此获得不当利益，这显然是违反立法者意图和法律的目的的。

再者，由于社会的发展，现行许多法律条文已经不足以解决新出现的问题，如《民法通则》和《宪法》的原则都存在着不尽一致的地方，在法律体系中出现了明显的漏洞。当现行的法律规范和社会的发展不相适应的时候，当法律规范的规定和法律的基本原则和精神相违背的时候，我们应该适用的是法律原则。因为原则的抽象性、高度适应性和概括性使得它在适用的过程中具有长时间的韧性。在法律规则和法律原则出现冲突的时候应该适用的是对法律体系全局具有指导作用的法律原则。

【十四】 材料：李某从媒体上看到一则新闻：某市公安交警将推行交通违法行为有奖举报制度，查证属实后，举报人可得 100~500 元不等奖励。一段时间之后，李某一次性向当地交警支队提供了由他拍摄、涉嫌交通安全违法的照片共 5819 张，涉及车辆 875 辆。经核实，查证属实的有 539 件次。某市交警大队据此向李某出具了告知书，并支付其奖励现金 900 元。但李某认为，交警大队未全部支付举报奖金，遂以某交警支队未履行行政允诺为由，提起行政诉讼，要求交警支队兑现奖金 581900 元。

某市中级人民法院经审理后认为，媒体关于"有奖举报"的报道，并不是某市交警支队对外正式公布的具体行政行为，对外也不产生行政允诺的法律效力，同时也不属于公开发布有奖举报"悬赏广告"。因此，交警支队与李某之间并不存在行政允诺的法律关系，判决驳回李某诉求。

问题：1. 从诚实守信的角度，评价上述法律实施的做法。

2. 结合法理学、行政法、民法的相关原则，对上述做法进行分析。

答题要求：1. 运用法理学及部门法知识作答；

2. 观点明确，逻辑严谨，说理充分，层次清晰，文字通畅；

3. 无观点或论述，照搬材料原文不得分；

4. 请按提问顺序分别作答，总字数不少于500字

【参考答案】 1. 根据案情与行政法的诚实守信原则结合，可知，诚实信用原则本来是对民事主体进行民事活动时的基本要求，现在也成为对政府活动的要求，要求政府在进行行政管理活动中同样应当诚实守信，其中最重要的体现即对相对人的信赖利益进行保护。行政机关的具体行政行为一经作出，即具有拘束力，作出行政行为的行政机关本身受其约束，嗣后不能随意对该行为予以变更或撤销。行政行为具有国家公信力，因此，相对人对行政行为作出后能够存续的信赖值得保护，这就是相对人的信赖利益。通过案情可知，李某通过媒体了解到交警队的举报制度内容。李某基于对行政机关的信赖，拍摄涉嫌违反交通安全的照片，进而要求行政机关支付相关自己所得的费用。行政机关也支付了费用，但与李某所想得到的费用产生了差距。

2. 从行政法看，公安交警支队对李某出具了告知书，并支付了900元现金。公安交警支队作出了具体行政行为，符合行政法的基本概念。从法理学角度看，公安交警推行交通违法行为有奖举报制度，是为了吸引广大群众参与到交通违法监督的过程中。这体现了法律规范的指引作用，通过制度的指引，引导公民作出一定的行为。从民法角度看，交警队给予奖励是诚实信用原则的体现，作出一定的承诺，他人作出一定的行为符合承诺的内容，就要按要求给予奖励。

【十五】 最高人民检察院召开部分省级检察院查处"毒胶囊"事件所涉渎职等职务犯罪工作座谈会，高检院党组副书记、副检察长邱学强出席会议并讲话。他强调，各级检察机要深入贯彻落实中央领导同志和曹建明检察长的重要指示精神，坚决查处"毒胶囊"事件所涉渎职等职务犯罪，以强化法律监督的实际成果保障人民群众的切身利益。

毒胶囊事件曝光后，社会影响持续扩大，人民群众反映强烈，中央领导同志高度重视，要求认真查处，依法严惩，回应社会关切，堵塞监管漏洞。高检院党组对此十

分重视，曹建明检察长及时作出指示，要求加强"毒胶囊"事件所涉渎职等职务犯罪的查处工作，依法坚决惩治损害群众切身利益的犯罪。各级检察机关要充分认识"毒胶囊"事件的严重危害，从维护党的事业和人民群众的根本利益的高度，增强责任感，迅速行动起来，采取有力措施，坚决查处"毒胶囊"事件所涉渎职等职务犯罪，促进食品药品安全监管，保障人民群众生命健康安全。

各级检察机关要强化协作配合，努力形成查办"毒胶囊"事件所涉渎职等职务犯罪工作合力。要及时向同级党委、人大汇报相关工作部署，加强与纪检监察、药监、质监、公安等部门的联系，积极介入事件调查，沟通信息，掌握动态，提出意见，形成工作合力。要注重内部协作配合，加强对"毒胶囊"事件所涉渎职等职务犯罪案件的审查逮捕和审查起诉工作，及时介入侦查，引导取证，注意从公安机关报捕和移送审查起诉的刑事案件中发现渎职等职务犯罪案件线索。要积极做好预防犯罪和宣传工作，结合办案开展犯罪预防，注意发现食品药品监管等行政执法领域的薄弱环节和体制机制存在的问题，帮助有关单位整章建制，堵塞漏洞，并加强与新闻媒体的联系沟通，及时报道检察机关查办相关案件的成果。

问题：1. 从依法治国的角度，评价上述法律实施的做法。

2. 结合法理学、行政法的相关原则，对上述做法进行分析。

答题要求：1. 运用法理学及部门法知识作答；

2. 观点明确，逻辑严谨，说理充分，层次清晰，文字通畅；

3. 无观点或论述，照搬材料原文不得分；

4. 请按提问顺序分别作答，总字数不少于500字。

【参考答案】 1. 依法治国的含义就是广大人民群众在党的领导下，依照宪法和法律规定，通过各种途径和形式管理国家事务、管理经济文化事业、管理社会事务，保证国家各项工作都依法进行，逐步实现民主的制度化、法律化，使这种制度和法律不因领导人的改变而改变，也不因领导人看法和注意力的改变而改变。依法治国是党领导人民群众治理国家、管理社会的基本方略。依法治国方略写入宪法，赋予依法治国方略以宪法地位，将加速推进法治，使依法治国方略的实施获得宪法性的根本保障。党的十八大报告提出，"要推进科学立法、严格执法、公正司法、全民守法，坚持法律面前人人平等，保证有法必依、执法必严、违法必究。"其中，"科学立法、严格执法、公正司法、全民守法"被称为依法治国的"新十六字方针"。最高检察院针对"毒胶囊"事件所涉及的渎职案件，要求依照法律严格查处，体现了严格执法的依法治国方针。在查处过程中，要求新闻媒体联系沟通，达到法治效果与社会效果的统一。

2. 通过对上述材料的理解，最高检察院召开部分省级检察院查处"毒胶囊"事件所涉渎职等职务犯罪工作座谈会所讲的话，体现了依法治国的战略，只有加强法制建设，才能够保障人民群众的切身利益。检察院应当依照宪法法律的规定，依法对渎职案件进行查处和监督。

行政机关，应该依法行政，及时查处部门所管案件，做到合法行政，合理行政，保障程序正当，高效便民，实现诚实守信、权责统一。这样才能更好地保障群众的利益，达到社会保障的效果。

【十六】　[材料1] 2006年7月7日，南宁青年梁某用网名在南宁时空网发帖，召集网友报名到广西武鸣县两江镇赵江进行户外探险。骆某跟帖回应参加。7月8日上午，骆某等13名"驴友"在以AA制形式每人交给梁某60元活动费用后，一同前往赵江河谷进行户外探险活动。7月9日早上近7时，赵江河谷突发山洪，"驴友"们在河谷中安扎的帐篷被山洪冲走，骆某亦被卷走。12名"驴友"在混乱中通过自救或互救脱离危险后，发现骆某已失踪，遂打电话报警。随后，搜救队在赵江下游河谷的石缝中找到了骆某的遗体。

事发后不久，骆某父母将"驴头"梁某及其他"驴友"共12人告上法庭，要求他们赔偿35万余元。2006年11月16日，南宁市青秀区法院作出一审判决，要求"驴头"梁某个人赔偿死者父母16万余元，其余11名"驴友"共赔偿4.8万余元。梁某等12人不服，上诉至南宁市中级人民法院。2009年3月，这一"中国驴友索赔第一案"第二审宣判。二审法院认为12位自助游"驴友"对本案受害人骆某的死亡已尽必要的救助义务，主观上并无过错，因而适用无过错情形下之公平责任原则，每人酌情给予受害人家属适当补偿：梁某3000元、余者各2000元，共计25000元。

[材料2] 2005年，利源公司以注册商标"百家湖·风情国度"进行商品房的宣传和销售，并投入大量宣传资金。其后，利源公司发现被告金兰湾公司在商品房销售中使用"百家湖花园"进行广告宣传。原告认为被告在宣传中同样使用"百家湖"字样会误导消费者，侵犯了其商标权，遂诉至南京市中级人民法院，要求被告停止侵害，并赔偿其损失100万元。南京市中级人民法院审理后认为，《中华人民共和国民法通则》第4条规定："民事活动应当遵循自愿、公平、等价有偿、诚实信用的原则。"商品房销售者在广告宣传中，使用他人注册商标中含有的地名来标注商品房的地理位置，没有造成公众对商品房来源产生混淆、误认的，不构成侵犯注册商标专用权。遂驳回了利源公司的诉讼请求。其后，南京市高级人民法院二审改判，但再审推翻了二审判决，维持一审判决。请运用相关法理学知识，谈谈你对上述两个判决的看法。

[题型]　论述题
(考点) 法律规则与法律原则

【参考答案】 法律规则是指采取一定的结构形式具体规定人们的法律权利、法律义务以及相应的法律后果的行为规范。法律原则是指在一定法律体系中作为法律规则的指导思想，基本或本源的、综合的、稳定的原理和准则。法律原则和法律规则同为法律规范，但它们在内容的明确、适用范围、使用方式上存在明显的区别。

在内容上，法律规则的规定是明确具体的，它着眼于主体行为及各种条件（情况）的共性；其明确具体的目的是削弱或防止法律适用上的"自由裁量"。与此相比，法律原则的要求比较笼统、模糊，它不预先设定明确的、具体的假定条件，更没有设定明确的法律后果。它只对行为或裁判设定一些概括性的要求或标准，但并不直接指明应当如何去实现或满足这些要求或标准，故在适用时具有较大的余地供法官选择和灵活应用。

在适用范围上，法律规则由于内容具体明确，它们只适用于某一类型的行为。而法律原则对人的行为及其条件有更大的覆盖面和抽象性，它们是对从社会生活或社会关系中概括出的某一类行为、某一法律部门甚或全部法律体系均通用的价值准则，具有宏观的指导性，其适用范围比法律规则宽广。

在适用方式上，法律规则是以"全有或全无的方式"应用于个案当中的：如果一条规则所规定的事实是既定的，或者这条规则是有效的，在这种情况下，必须接受该规则所提供的解决办法；反之亦然。法律原则的适用不同，因为不同的法律原则具有不同的"强度"，而且这些不同的甚至冲突的原则都可以共存于一部法律之中。

正是基于上述特点，在法律适用中难免发生法律原则与法律规则的冲突。现代法理学一般认为法律原则可以克服法律规则的僵硬性缺陷，弥补法律漏洞，保证个案正义，在一定程度上缓解了规范与事实之间的缝隙，从而能够使法律更好地与社会相协调一致。但是，由于法律原则内涵高度抽象，外延宽泛，不像法律规则那样对假定条件和行为模式有具体明确的规定，所以当法律原则直接作为裁判案件的标准发挥作用时，会赋予法官较大的自由裁量权，从而不能完全保证法律的确定性和可预测性。为了将法律原则的不确定性减少在一定程度之内，需要对法律原则的适用设定严格的条件。主要有以下三点：

第一，穷尽法律规则，方得适用法律原则。这个条件要求在有具体的法律规则可供适用时，不得直接适用法律原则。即使出现了法律规则的例外情况，如果没有非常强的理由，法官也不能以一定的原则否定既存的法律规则。只有出现无法律规则可以适用的情形，法律原则才可以作为弥补"规则漏洞"的手段发挥作用。

第二，一般不得舍弃法律规则而直接适用法律原则（为了实现个案正义除外）。这个条件要求，如果某个法律规则适用于某个具体案件，没有产生极端的人们不可容忍的不正义的裁判结果，法官就不得轻易舍弃法律规则而直接适用法律原则。这是因为任何特定国家的法律人首先理当崇尚的是法律的确定性，在法的安定性和合目的性之间，法律首先要保证的是法的安定性。

第三，没有更强理由，不得径行适用法律原则。在判断何种规则在何时及何种情况下极端违背正义，其实难度很大，法律原则必须为适用第二个条件规则提出比适用原法律规则更强的理由，否则，上面第二个条件规则就难以成立。显然，在已存有相应规则的前提下，若通过法律原则改变既存之法律规则或者否定规则的有效性，却提出与适用该规则分量相当甚至更弱的理由，那么适用法律原则就没有逻辑证明力和说服力。

上述两个案例正是运用法律原则进行断案的典型，在法律规则未有明确规定的情形下，合理地适用了法律原则，维护了当事人的利益和法律的权威。

【十七】 某民法典规定："依法成立的合同，对于缔约当事人双方具有相当于法律的效力。"另一民法典规定："物权，除本法及其他法律所定者外，不得创设。"请结合我国民法有关规定及法理学有关理论对此予以评论。

【答题思路】 （1）前条为法国民法典1134条规定，确立了合同自由原则；后条为日本民法典第175条规定，确立了物权法定原则。

（2）合同自由反映了商品经济的本质要求，因而有商品经济就会有合同自由的观念，但是作为一项法律原则却迟至近代民法才得以确立。一般认为，以亚当·斯密为代表的自由主义经济思想是其经济理论依凭，18—19世纪的理性哲学是其哲学基础，资本主义市场经济是其经济基础。学说认为，1804年的法国民法典第1134条首次确立了合同自由原则。

合同自由原则包括了两个方面的含义，一是当事人选择的自由，当事人拥有决定是否缔结合同、选择合同相对人、确定合同内容、选择合同形式等方面的自由；二是确认符合法律规定的合意将会产生法律上的约束力，由国家强制力保障其实现。

19世纪末期以来，合同自由受到越来越多的限制。在某种意义上，一部合同自由的历史，就是合同如何受到限制，经由醇化，而促进实践合同争议的记录。

我国《合同法》第四条规定："当事人依法享有自愿订立合同的权利，任何单位和个人不得非法干预。"这是对合同自愿原则的确认。同时合同法规定了大量的强行规范，从不同的角度对合同自由加以限制。

（3）在民法学的逻辑体系中，隐含一个重要前提，即物权与债权的可分性与对立性。债权是一种请求权、相对权，一般情况下不涉及当事人之间的利益分配。因此，实行合同自由原则通常不会损害他人利益和社会利益。物权是一种支配权、绝对权，与一国经济体系唇齿相依,如实行放任主义,则不利于当事人利益之保护、徒增纠纷、损害交易安全、危及一国经济秩序。因此,近代以来,大陆法系各国民法均以明文或者通过解释确立了物权法定主义。然而,物权法定主义也有其缺陷,主要是限制了意思自治,不能满足社会发展的需要。因此,近代以来,物权法定主义有缓和或者松动的趋势,以适应社会的需要。

(4) 在立法过程中,是否坚持物权法定原则,曾经是一个有争议的问题。我国物权法最终采用了严格的物权法定原则,其理由主要在于两个方面:一是对应一国之经济制度,使一国社会财富的归属明确,权利名称统一,权利边界清晰,权利内容确定,进而便于权利人行使物权,充分发挥物之效用,预防物上权利确定与行使中的纠纷;二是便于物权的公示,便于相关利害关系人获悉物的权利状态,明确权利预期,保障交易安全与便捷。然而,对于物权法定原则的弊端,特别是其对于意思自治的限制以及不能满足社会发展的需要这两点,法律不得不加以适当考虑。在目前的情况下,通过《物权法》第5条的"法律"进行扩大解释似乎有违立法原意,承认习惯法可以创设物权以及运用类推适用的方法等均不妥当,唯有期望物权立法能够顺应时代发展的潮流,陆续确定成熟的物权类型,以弥补严格的物权法定之不足。《物权法》第8条规定:"其他相关法律对物权另有特别规定的,依照其规定。"这一规定为特别法创设新的物权种类留下了余地。

相关阅读材料

依法治理微信已成为共识

微信本是一款熟人之间小圈子交流的社交软件,却成为一些人向公众发布有害信息、破坏网络传播秩序的平台,这可能是开发者始料不及的。

日前,国家互联网信息办公室联合工业和信息化部、公安部等部门召开专门工作会议,部署从即日起在全国范围内开展为期一个月的微信等移动即时通信工具专项治理行动,集中整治移动即时通信公众信息发布服务中的违法违规行为(5月28日新华网)。

以微信为代表的新一代即时移动通讯软件近年来迅速普及,目前用户已突破8亿,已成为移动互联网最重要、最受欢迎的应用之一,成为广大网民沟通交流的重要平台和获取信息的重要入口,对于促进经济社会发展发挥了重要作用。

然而,正如硬币有两面一样,网络也有它的优点和缺陷,微信某种程度的失控逐渐显现,随着信息科技的发展,微信等移动社交应用缩短了交友的距离,但同时也促成诈骗等犯罪的增多。微信几乎从诞生第一天起，就为犯罪和恶意传播提供了便利。尤其是一些人借助微信等移动即时通信平台向公众发布不良或违法信息，严重破坏网络传播秩序并危害公共利益，引起网民的不满。

随着微信用户基数呈几何级数增长、用户活跃度的快速提升，许多微信公众账号运营者希望通过朋友圈分享来提升内容或商品信息的传播，造成朋友圈营销信息泛滥、营销内容刷屏等现象，给用户带来困扰。通过微信公众账号、朋友圈来造谣传谣的戏码几乎每时每刻都在上演。不管是伪科学命题，还是无中生有的寻人启事，都说得有鼻子有眼，难辨真伪。微信成了"危"信，也被大家调侃为"稍微信一点儿"。目前在移动社交软件平台上发生的犯罪案例，有一些是与传统的短信和电话类通讯手段相同的诈骗犯罪，另一些则是利用新通讯方式的特点进行诈骗，甚至近来出现的枪杀、爆炸、砍杀、冲撞等暴恐事件，也与疏于对微信的监控有关。

微信本是一款熟人之间小圈子交流的社交软件，却成为一些人向公众发布有害信息、破坏网络传播秩序的平台，这可能是开发者始料不及的。如果无视科学规律和国家法律，滥用技术进步的成果，那只会给社会带来更大的危害。因此，依法整治微信平台，防止网络谣言法外传播已成共识。

一方面，切实提高公众素养与法律意识。与微博上屡见不鲜的谣言相同，微信上造谣、传谣也可能涉嫌违法。一些网民出于好奇、玩笑或泄私愤的情绪，制造或改编各种网络谣言，觉得受众只限朋友没有外人。虽然不是对外传播，但是同样不能任意捏造、传播虚假信息。另一方面，明确法律细则，各方合力治理。按照现行司法解释对于网络传播谣言采取"转发量"这一入罪标准，在微信上，一条谣言如果被转发超过500次就应承担法律责任。相比微博，微信转发量的甄别难度更高，这需要电信、公安通力合作，追根溯源，找出隐藏在背后的每一个造谣者和传谣者。

此次专项行动，重点整治移动即时通信工具等公众信息发布服务平台，特别是具有传播和社会动员功能的公众账号。对已有的公众账号做一次全面清理，关闭违法违规账号。对公众账号实行动态分级管理，确保公众平台舆论生态好转。严厉打击移动即时通信公众信息领域传播谣言、暴力、恐怖、欺诈、色情信息等违法违规行为。对不认真履行管理责任的企业依法追究责任。应该说，对网络实施成熟而有效率的监控和管制措施，能够倒逼每个人都对自己的行为负责，使整个社会绝大多数公众更放心、更便利地享受现代网络文明带来的社会进步成果。

谣言色情信息呈泛滥之势，三部门整治新型社交平台专家称：治理"微信们"需凝聚多方力量

即时通讯工具的公众平台要有相应的事前审查、事中管理和事后辟谣制度。而消

说过就过

除违法违规信息必然不是单一管理部门或企业所能完成的,在发布和传播过程中,各方的自律尤显重要。

"微波炉生产厂家打死也不说的惊天秘密""酸性体质是癌症的温床""一句话总结各种食物相克,吃货们要小心啦""指甲上月牙是健康晴雨表"……这些文章标题因耸人听闻而流传于微信朋友圈,但却全部被证实为谣言。

5月28日,国家互联网信息办公室联合工业和信息化部、公安部等部门召开专门工作会议,通报将在全国范围内开展为期一个月的专项治理行动,集中整治微信等公众账号违法违规行为。

上述谣言、欺诈信息即在被整治范围之内。

国信办有关负责人通报,此次专项行动,重点整治移动即时通信工具的公众平台等公众信息发布服务环节,特别是具有传播和社会动员功能的公众账号。严厉打击移动即时通信公众信息领域传播谣言、暴力、恐怖、欺诈、色情信息等违法违规行为。严厉打击境内外敌对势力对我国的渗透破坏活动。对不认真履行管理责任的企业依法追究责任。

有关专家在接受《法制日报》记者采访时表示,在即时通讯工具平台上,违法违规信息已有泛滥之势,此时进行专项打击十分必要。而通过即时通讯工具传播的违法违规信息具有传播快、隐蔽性强、监管难、辟谣难等特点,对该类信息的打击整治需凝聚多方力量。

虚假有害信息四处流溢

据国信办有关负责人通报,微信等移动即时通信服务发展迅猛,用户已突破8亿,成为移动互联网最重要、最受欢迎的应用之一。与此同时,一些人借助这一平台向公众发布不良或违法有害信息,严重破坏网络传播秩序和危害公共利益,引起了网民的不满。

一篇由微信公众账号发出,在微信朋友圈里被用户疯狂转发的文章可以作为典型"范例"——《微波炉厂家打死都不说的惊人秘密》。

在这篇文章中,"微波炉的秘密"包括:微波炉辐射会致癌、微波炉烹调食物会导致营养流失等许多严重危害。

然而近期有媒体与研究机构联合对这一文章内容进行试验,发现所言大多为假。

在天津师范大学的青年学者实验室,专家们测试了微波炉的辐射。经测试,微波炉的辐射值为278毫高斯,正常而言辐射只要强度不超过833.3毫高斯都是安全的。专家介绍,因为微波炉都设有防护措施,因此它向外泄漏的辐射值微乎其微。而且,日常家电产生的是电磁辐射,而电磁辐射是最普通的辐射种类,它的穿透力极低,不会危害健康，更没有研究说明其会致癌。

针对文中关于使用微波炉烹饪食物会破坏营养成分，甚至完全消耗光食品的营养的说法，中国疾病预防控制中心营养与食品安全所专家也通过一个实验予以了否定。

《法制日报》记者查阅发现，正是这样一篇漏洞百出的文章，却成为众多公众账号争相推送的"干货"。在转发过程中，文章标题被改得越来越耸人听闻，如在原标题前加上"微波炉我准备砸了"，在秘密前加上"惊天"二字，或在原标题后加上"这个你不能不知道"。

在微信朋友圈中，类似的谣言还有很多，"食物相克""人死于酸性，活在碱性""榴莲致癌"等等打着科学、养生旗号的"伪科学"文章流传甚广。

腾讯公司公关部门负责人胡春囡在接受《法制日报》记者采访时称，一直以来该公司通过平台运营机制对损害用户体验和利益的行为进行约束，但总有一些不法分子试图挑战平台和法律的规则底线，骚扰用户。

据介绍，从今年年初开始，腾讯联合全国各地警方、互联网厂商和安全团队，启动打击网络黑色产业链和恶意信息的雷霆行动。至今，该行动配合警方在全国侦破案件10余起，发放举报奖金25万元，警方抓获犯罪嫌疑人80余人。

即时通讯工具传谣危害大

"与微博不同，移动即时聊天工具以熟人为媒介进行传播，用户对信息的信任度更高，安全隐患也更大。"中国传媒大学网络舆情（口碑）研究所首席研究员窦灏洋说。

他向《法制日报》记者分析，即时通讯工具有私密沟通、用户量大的特点，决定了信息在该平台上传播速度极快，出现违法违规信息后又很难纠正和监管。

《法制日报》记者了解到，在论坛、微博等开放性网络平台上，一条谣言信息发布后，读者在辨别真伪后可在下方进行评论辟谣，这样可帮助其他读者辨明事实；而即时通讯工具的设计是私密性的，以微信为例，公众账号在发出一篇文章后，读者只能向后台发出评论，互相之间不能看见，而在微信朋友圈中，仅有互为好友的人能看见对方的评论。

"所以即使发现了一些谣言在传播，想辟谣也很难，不像微博上发一个辟谣信息很快就可以传播开来。"窦灏洋说。

他认为，在此背景之下，监管部门进行专项整治十分必要："因为只要有人的地方就要有管理，没有管理就会出现劣币驱逐良币的现象。"

所谓"劣币驱逐良币"，他举了一个例子来说明：没有监管，涉黄信息肯定是传播最广的，因为这类信息吸引眼球。当涉黄信息充斥整个平台之时，一些有质量的信息的传播空间就会被压缩。

说过就过

胡春囡也表示，国信办、工信部以及公安部对互联网进行专项整治，对广大用户和平台来说都是好事。该公司会依照相关法律法规，配合互联网专项整治行动，严惩一切违法违规行为。

"监管本身就是保护这些平台健康发展的必要手段，没有监管，这些平台就很难获得长久健康发展的外部环境。"窦灏洋说。

整治虚假信息需多方合力

对于在互联网上传播违法违规信息，我国相关法律法规已经有相应规制。不过，对此类带有"自媒体"性质的信息发布平台，则尚无专门的规范。

"在现有环境下对它们进行监管，还是比较困难的。"窦灏洋认为，要对违法违规信息进行打击，首先要有一个执法的基础，即实名制。

他分析，在实名制的前提下，信息源是清楚的，人们对自己的发言要承当相应的责任。

《法制日报》记者采访了解到，大部分公众账号发布耸人听闻的消息，目的都在于吸引粉丝。

"对这种做法不加限制，就会形成一种激励，更多的公众账号也会选择这种做法，都奔着虚假的耸人听闻的消息去。所以要让发布、传播非法信息的人承担责任，信息发布者才会去审慎把握自己发布信息的真实性、可靠性。"窦灏洋说。

他建议落实用户真实身份信息注册的规定应成为专项治理行动的关键。除了个人账号与手机号捆绑外，对发布公共信息的公众号还需采取更严格的准入办法，如可采取微博的后台实名前台自愿的形式，实现用户隐私和管理需要之间的平衡。

在实名制基础上，窦灏洋认为，即时通讯工具的公众平台要有相应的事前审查、事中管理和事后辟谣制度。

"以我的经验来看，辟谣信息的传播永远比谣言信息传播的范围更小，对谣言打击最有效的办法，就是发现了之后要予以删除。所以对于已经发出的违法信息，要有控制删除机制。"窦灏洋说。

一些已经广为传播并造成不良影响的谣言，公众平台则应建立统一的辟谣机制。窦灏洋建议，可以由一个统一的官方账号发布辟谣信息，对一些传播不是很广的谣言，则可以探索定向辟谣。

而消除违法违规信息必然不是单一管理部门或企业所能完成的。接受《法制日报》记者采访的各方均表示，在发布和传播过程中，各方的自律尤显重要。

周强批示推广苏州智慧审判模式

近日，最高法院党组书记、院长周强，党组副书记、常务副院长沈德咏，副院长贺荣在苏州中院报送的《苏州中院以"电子卷宗+语音识别"建成智慧审判苏州模式》信息上相继作出重要批示。周强批示："应大力推广智慧审判苏州模式"。

去年以来，苏州中院为破解案件大幅增长、人案矛盾日益突出的难题，以最高法院安排试点开展信息化建设为契机，坚持服务群众需求、服务法官办案、服务司法管理的理念，整合庭审语音识别、电子卷宗随案同步生成、电子质证、物联互通四项技术，精心研发以"电子卷宗随案同步生成及深度应用+庭审及办公语音识别系统"为核心的智慧审判一体化集成解决方案。

去年12月10日召开的智慧审判苏州模式验收会上，参加验收会专家及各界人士通过LED大屏，同时观看了苏州中院、张家港市法院、虎丘区法院、工业园区法院正在开庭的八个庭审实况直播，共同见证了智能语音技术在法院庭审中的深度应用。

语音自动转换文字输出，举证、质证、认证环节电子化，以及流畅、规范、有序的庭审过程均让与会者耳目一新。

据了解，目前这套智能语音识别系统已经升级到9.0版本，实现了庭审语音文字转换时自动标注发言人角色，语音识别文字输出与人工辅助修订同步进行，且具备自主个案学习能力以提升语音识别率等功能。

经庭审应用，庭审笔录的完整度达到100%，个案学习后对疑难复杂案件的语音识别正确率达95%以上，庭审时间平均缩短20%~30%，复杂庭审时间缩短更是超过50%。

经专家组鉴定，一致认为苏州模式在总体上实现了《最高人民法院关于推进全面人民法院电子卷宗随案同步生成和深度应用的指导意见》提出的要求，具有可用性、易用性和实用性特点，并且可复制、可推广，通过验收。接下来，苏州法院将以更大力度推进智慧审判系统的建设和应用，丰富苏州模式品牌内涵，在更高水平上当好领跑者。

"监察体制改革与法治"研讨会成功举行

2017年2月12日,由《环球法律评论》编辑部主办的"监察体制改革与法治"学术研讨会在中国社会科学院法学研究所举行。开幕式由《环球法律评论》主编周汉华研究员主持,中国社会科学院学部委员、法学研究所所长李林研究员致辞。

李林所长在致辞中指出,中央设立监察委员会是一项重大的政治改革,拿出适合我国国情的方案具有重大意义,需要从政权、政体、政法和行政等不同层面理解,希望与会代表积极谏言,真正起到智库作用。

第一单元主题为"监察体制改革的重点与方法",由中国社会科学院法学研究所熊秋红研究员主持。发言人为陈光中教授、姜明安教授、马怀德教授和秦前红教授,由谢鹏程教授和吴建雄教授评议。

中国政法大学终身教授陈光中重点谈及此次改革所形成的监察制度的特点及若干具体问题。首先,他认为此次监察体制改革具有四个特点,即监察委员会的高位阶、监察体制的全覆盖无死角、反腐败力量的一体化以及高度的集中统一。其次,他就监察委员会与人民检察院之间的关系、监察委员会调查行为的性质、是否允许辩护律师介入以及应当妥善处理"双规"等发表了看法。

北京大学法学院姜明安教授主要谈到国家监察法应当注意调整五个关系:国家监察机关与监察对象的关系;国家监察机关与人民代表机关的关系;国家监察机关与党的纪律检查机关的关系;国家监察机关与司法机关的关系,其中主要是与检察机关的关系;监察机关内部的纵向与横向关系。

中国政法大学副校长、马怀德教授则将发言的重点落于监察委员会接受监督的相关问题。他认为与政府和法检两院相比,监察委员会所受监督有其特殊性,即监察委员会既具有内部监督也应接受外部监督。内部监督主要体现在监察委内部通过权力的分工、制衡,通过程序设置以及机制设计以形成有效的监督。外部监督则主要是指法检两院和人大对监察委员会的监督。监察委员会是国家的监督机构,应在宪法法律内运行。

武汉大学法学院教授、《法学评论》主编秦前红重点谈到监察体制改革的原则和边界问题,需要重视总体制度设计,并使宪法规定的制度能够落地。他强调改革不能突破人权保障、法治以及人民代表大会制度的底线。此外,修宪也是此次改革无法回避的问题。

在点评环节,最高人民检察院检察理论研究所副所长谢鹏程教授主要谈了以下三个观点:其一,监察体制改革表明我国的制度创新走到了理论创新前面,中国近几十年的改革,很多改革都是实践走在理论前面,这可能是一个常态。其二,我国的政治体制改革应该是把国家利益置于任何部门利益之上,应当从国家利益出发,以积极的态度对待和推进监察体制改革。其三,监察体制改革应在法治的框架之中,但不应拘泥于具体的法律条文和制度。

中国反腐败司法研究中心主任、湘潭大学吴建雄教授认为国家监察委员会的定位是反腐败机构,因此国家监察法实质上是反腐败法。在此基础上,他认为尽管公权力机关人员的人权需要保障,但是他们运用公权力的犯罪毕竟与普通刑事犯罪不同,此外腐败犯罪因无特定侵害对象而查处难度大,因此官员犯罪有其特殊性应区别对待。

第二单元主题为"监察体制改革的宪制意涵",由外交学院国际法系李红勃教授主持。发言人为赵晓耕教授、张建伟教授、李忠副研究员和翟志勇副教授,由姜明安教授和支振锋副研究员评议。

中国人民大学法学院赵晓耕教授首先从文本设计的角度提出监察制度中应当注意"留置"这一概念,同时他还指出常识对于法学的重要性,即理论上论证或新设一项制度的时候应当从常识上进行判断,另外,经验和教训不能混同,误将教训当作经验更是不明智的。

清华大学法学院张建伟教授认为,监察体制需要全面设计,注重发挥现有机制作用,避免拆墙补院,改革过程需要广泛讨论,尤其需要重视正当程序问题。对于留置措施,要坚持宪法与刑事诉讼法对于逮捕的约束,避免侵犯人权及在国际上受到批评。

中国社会科学院法学研究所法治战略研究部主任、李忠副研究员提出,当前我国机构间缺乏相互监督,合署办公对于反腐败的效度存在一定障碍。他指出此次改革对人大制度、监督体制、公民权利、国家机关以及宪法本身都产生了不同程度的影响。宪法对此可以做出以下三方面的回应:一是进行宪法修订;二是处理好制约和监督的关系;三是监察体制改革对其他改革的借鉴作用。

北京航空航天大学法学院翟志勇副教授认为,监察体制改革是事关全局的重大政治改革,必然也是事关八二宪法体制的重大变革。他从监察体制改革的宪制基础谈到监察权的权力来源:其一,来源于人大的授权,即人大把原来自有的权力拿出来,赋予监察委员会,由监察委员会来行使;其二,来源于宪法第41条,即人民的监督权。虽然目前尚存讨论空间,但可以肯定的是监察权最终来源于人民。

在点评环节,姜明安教授提出监察体制改革应当重视判断正反经验的标准,对于正当程序问题、改革与宪法的关系以及规范主义与功能主义的平衡协调等问题都应当好好研究。

中国社会科学院法学研究所支振锋副研究员认为监察体制改革是改革开放以来最重大的宪制体制改革，应当重点从问题意识和制度目标两方面考量。另外从完善监察机构设置的角度出发，能否借鉴北欧经验，将信访功能纳入监察委员会，使其具有反腐败和人权保障的双重功能，有待进一步探讨。

在自由讨论环节，陈光中教授谈到了两点：其一，监察体制改革在大方向上没有问题，但是作为一项国家机构的改革，监察体制改革不能动摇人民代表大会制度，监察委员会必须置于人民代表大会制度之下，由其监督，对其负责。其二，依法治国的基本方略不可动摇。推进全面依法治国中的"全面"即意味着反腐败不能例外。法治的生命线在于公正，包括程序和实体两方面的公正。改革应以大局为重，而人民和法治就是最大的大局。

华东政法大学法律学院陈越峰副教授认为监察体制改革是一项政治决断，但后续的修宪方案需要学者进行深入研究，不修改宪法肯定不行。而如果先立法再修宪，那么如果修宪后发现此前所立国家监察法中存在诸多问题需要修改则会出现更大的弊端。

第三单元主题为"监察体制改革与司法体制改革"，由李忠副研究员主持。发言人为谢鹏程教授、熊秋红研究员、吴建雄教授和陈越峰副教授，由张建伟教授和王雪梅编审评议。

谢鹏程教授认为，监察委员会作为专门的反腐败机构，虽然宪法地位得以提升，但基本职能未变，仍然是监督，并且作为国家监督体系的组成部分存在。此外，监察委员会与检察院在性质、使命、监督对象、处分方式、监督范围等方面都存在区别。

熊秋红研究员以"职务犯罪侦查权"为题指出监察体制改革试点方案里有关职务犯罪的规定涉及机构转隶以及包括谈话、讯问、询问在内的刑诉法的第二编有关自侦条款的停止适用和调整。依比较法的进路来看，大陆法系国家，由于采取检警一体化的模式，检察机关虽不亲自侦查，但能够领导侦查；英美法系国家虽然侦查权分散，但涉及职务犯罪的侦查权仍基本由检察机关执行。只有少数国家和地区设立了独立机构行使反腐权，例如新加坡和中国香港。在此基础上得出如下初步研判：其一，职务犯罪侦查权在性质上属于行政权；其二，职务犯罪侦查权拥有和公安机关类似的侦查权；其三，如若将留置时限延长至3个月，甚至6个月则必定会受到国际社会的普遍质疑。

吴建雄教授主要表达三个观点：其一，监察委员会的目标定位是高效的权威的反腐败执法机构；其二，从国家治理的含义、社会运行的层面以及权力运行的规范三方面得出监察体制改革是推进腐败治理能力和治理体系现代化的手段；其三，在"依法"的问题上必须依程序不能操之过急。首先制定国家监察法符合宪法的根本精神并且丰富了宪法。

陈越峰副教授认为在监察体制改革的法治议题中，监察措施的合法性和正当性是非常关键的实质性问题。在监察机关成为由人民代表大会产生，与政府、司法机关平行的国家机构，行使监督、调查和处置职责的专责机关后，监察措施的性质不再是内部行政行为。在监察措施中，冻结、留置等措施的采取需要与司法机关合理衔接，应以是否涉及公民基本权利作为判断标准。在救济途径上，在国家赔偿法上也应做出调整。

在评议环节，张建伟教授谈到实际上我国历史上并无检察制度，直到1906年，才由沈家本等翻译过来，过去历史上一直存续的是监察制度。当下成立高效权威的监察委没有问题，但是监察权和检察权二者之间的关系如何协调，则值得斟酌。

中国社会科学院法学研究所王雪梅编审指出谢鹏程教授使我们对检察监察二者之间的关系更明确；熊秋红研究员则是从比较法的进路论及自己的思考。陈越峰老师谈到监察体制的法治架构，最根本的是合法性问题。在此基础上，王老师提出了自己的两点困惑，即监察体制改革是否会涉及刑诉法的进一步修改？以及改革中有哪些是不可动摇的问题？比如人权保护等。

第四单元主题为"监察体制改革中的权力监督"，由于文豪副教授主持。发言人为李红勃教授、蔡乐渭副教授、郑磊副教授和王捷副教授，由赵晓耕教授和姚佳副编审评议。

李红勃教授提出监察体制改革关乎中国的法治声誉和法治形象。基于中国反腐的经验，参考域外成功的作法，中国的监察体制改革应在机构设置、职权范围、运行模式以及外围制度保障等方面革新，构建独立、权威、公正的国家监察委员会，以此保障权力规范运行、提升治理水平、推进全面依法治国。

中国政法大学法学院蔡乐渭副教授认为实行监察体制改革的目标之一在于健全国家监察组织架构，形成全面覆盖国家机关及其公务员的国家监察体系，对所有行使公权力的公职人员依法实施监察。公权力有着其特定的内涵，可分为国家公权力、社会公权力和国际公权力等不同的类别。一定的条件下，各种不同的公权力之范围也是特定的。在监察体制改革过程中，应根据我国的实际情况，结合公权力的内涵、类别与范围，合理确定国家监察机关的监察对象。

浙江大学光华法学院郑磊副教授提出国家监察制度改革，不仅是直接触及国家机构现代化领域的一项重大改革，是执政党治理秩序国家化又一次尝试，而且宪法修改逻辑从"确认式"合宪性增援向"赋予式"合宪性增援的转换升级的试金石。宪法变动这个问题本身，已经构成国家监察体制改革的统摄性问题，宪法修改难以绕过、且修改时机应在此项改革在全国全面铺开之前事先赋予其合宪性，宪法修改的内容安排应以对人民代表大会制度下的国家机构体系的分权制衡结构展开的结构性探索为核心议题形成内容结构。关于国家监察体制改革宪法变动的上述三论，构成需要透过问题表面的简单回答、回溯到问题源头对基本原理进行梳理的三个基础性问题。

华东政法大学法律古籍整理研究所王捷副教授谈到岳麓秦简肆公布的秦律令有见"执法"官名，从监察制度的视角看，秦执法是与御史并列的监察类职官，以律令执行监察、司法监察为主要职能，首开专职监察之先河。执法在秦汉以后逐渐为御史序列所替代。故汉以后史籍和著述中均未有明载。秦执法职官的再现，表明秦监察机制是御史、执法等机构共同构成的多头监察，而非以往认为的以御史机构为中心。秦执法之兴亡，表明中央集权制国家的监察制度最佳选择或应是集权式监察，"执法"应时而生，应变而衰。而历史的借鉴对当下监察制度建设也具有借鉴价值。

在点评环节，赵晓耕教授对王捷副教授的研究表示了肯定，认为其研究具有新颖性，同时对于我国历史上御史监察制度的演变规律及其与皇权的关系进行了梳理、总结，与此同时对我国是否对既有制度已进行充分了解和挖掘提出了追问。

中国社会科学院法学研究所姚佳副编审认为监察体制改革是一项政治决断，法学界作为学术共同体，更应关注如何回应这一政治决断以及如何进行制度创新和理论续造，在这个过程中，要充分尊重大陆法系的理论传统与研究方法，通过运用法教义学、比较法等研究方法，在充分研究中国的社会实践和法治实践的基础上，进行相应体系化制度构建。

会议总结阶段由周汉华研究员主持，总结人为秦前红教授和莫纪宏研究员。

《环球法律评论》主编、周汉华研究员对与会专家表示诚挚感谢，并指出，对国家监察制度改革，法学界要积极研究如何使该制度更加科学、规范，更加体现制度的公正性，以维护宪法和法治权威；从国家治理体系和治理能力现代化的发展方向来看，中国会形成自己独特的国家治理之路。

秦前红教授首先对本次会议给予了高度评价，他认为本次会议价值感强，且与会人员极具代表性，体现出主办单位的战略眼光；其次，他认为任何决策都必须注意科学化和合理化的问题并且再次强调监察体制改革不能以牺牲人权为代价。

中国社会科学院法学研究所副所长、莫纪宏研究员对与会所有内外专家表示感谢，进而总结目前国内对监察体制改革研究的学术热情主要来自两方面：一是合法性论证；二是相关理论及修宪问题。希望专家学者为学术和国家在这个领域的发展做出贡献。

银监会：非法集资参与人要"愿赌服输"

2017年3月2日，国务院新闻办公室举行新闻发布会。

郭树清履新银监会主席后首次公开亮相这一天，银监会回答非法集资问题显得尤为活泼。

"非法集资是一个'由爱生恨，始乱终弃'的故事，"银监会主席助理、新闻发言人杨家才在3月2日的国务院新闻办发布会上用"少女爱上骗子"来形容非法集资利益主体之间的关系。

"一开始利益共同体，极少有举报的，即便各地都有举报办法，但'天下攘攘，皆为利往'。政府开始干预的时候，很多人又觉得是棒打鸳鸯。等到知道失足，才追悔莫及，"杨家才称。

至于怎么在"爱"的阶段及时发现问题，杨家才表示国务院处置非法集资部际联席会议办公室（下面简称"处非办"）即将推出处置非法集资条例，现在处非办已经在起草，于2016年7月提到国务院法制办公室（下面简称"法制办"），已经向各级政府普遍征求过意见，正在修改中，法制办正在积极推进。

2016年4月27日，防范和处置非法集资法律政策宣传座谈会在北京召开。处非办表示，2016年下半年组织开展全国非法集资风险专项整治行动，地方政府管理和行业监管相结合，建立全方位监测预警体系，实现打早打小。对民间投资理财、P2P网络借贷、农民合作社、房地产、私募基金等重点领域和民办教育、地方交易场所、相互保险等风险点进行全面排查，摸清风险底数，依法分类处置。将形成防打结合、打早打小、综合施策、标本兼治的防控机制，坚决遏制非法集资蔓延势头。

根据当时处非办统计，2015年全国非法集资新法案数量、涉案金额、参与集资人数同比上升71%、57%、120%，达历年最高峰值，跨省集资人数上千人，集资金额超亿元案件同比分别增长73%、78%、44%。

杨家才在2日的会上指出，处置非法集资条例首先要明确，非法集资有什么特征，让人们不要上当受骗，这样政府可以及时干预。至于谁来执法的问题，应当权归各级政府金融主管部门。

杨家才认为，非法集资的相关责任人有三类——非法集资的发起人、非法集资的协助人、非法集资参与人，"以前把投资者叫做受害人，但是之前受益了，我们揭示这个人是骗子，你还要跟他爱得死去活来，最后一拍两散受害，说我是受害人，找政府闹事，有点说不过去。愿赌你就要服输，而不是愿赌，输了你就找政府。"

至于非法集资的高发地带互联网金融，刚刚走马上任的银监会主席郭树清表示："互联网金融我没尝试过，以后看情况，我们家有人熟悉这个业务，比如网购啊，余额宝啊，其他一些形势的手机支付，扫码支付啊，这对服务实体经济很有帮助，但是还是要注意风险。"

针对互联网金融领域的网贷P2P监管，银监会副主席曹宇指出，互联网金融的本质是金融，任何金融创新都应始终坚持"三个有利于"的监管原则，一是要有利于提升服务实体经济的效率；二是要有利于降低金融风险；三是要有利于保护投资者和债权人的合法权益。

曹宇称，自从2015年十部委发布了《关于促进互联网金融健康发展的指导意见》，目前形成了监管框架，有一定成效。P2P网贷行业风险正在下降，下一步银监会将引导其健康发展。关于P2P网贷的风险整治，曹宇提了四点：

第一，明确P2P网贷机构的信息中介本质属性。去年银监会等四部门发布网络借贷信息中介机构业务活动管理办法，以负面清单形式划定业务边界，强调P2P作为网贷中介需要符合普惠金融的特性，作为信息中介，线上经营要注重小微分散，专注主业，逐步回到规范发展的轨道上。

第二，确立备案管理要求，明确了机构监管和行为监管并行的基本监管框架下，将备案作为监管前提与基础，按照新老划段原则对存量机构进行资质甄别，合格一家备案一家，明确监管范围，杜绝监管套利。

第三，建立P2P网贷资金存管机制。对于规范行业发展具有重要意义。商业银行与P2P网贷机构按照平等资源互惠互利市场化原则，积极开展基金存管业务，有利于防范资金挪用风险，保障资金安全。

第四，提出强制信息披露要求，网贷机构要客观、真实、全面、及时进行信息披露，创造透明、公开、公正的网贷经营环境，实现行为可监测，过程可监控，增强市场信心。

以审判为中心的刑事诉讼制度改革策论

最高人民法院常务副院长、一级大法官　沈德咏

一、改革的背景和基本原则

（一）改革背景

十八届三中全会《中共中央关于全面深化改革若干重大问题的决定》与四中全会《决定》作为姊妹篇，对推进法治中国建设、推进全面依法治国具有里程碑和划时代的意义。特别是四中全会《决定》专门强调"保证公正司法，提高司法公信力"，并首次提出"推进严格司法"的要求，这是在早期"有法必依、执法必严、违法必究"原则，以及近期"严格执法、公正司法"要求基础上，对法律实施和司法工作提出的新的重大命题，体现出中央对司法工作的高度重视。作为推进严格司法的核心举措，中央要求推进以审判为中心的诉讼制度改革，具有特定的时代背景。

1. 刑事司法在国家治理和社会管理领域的重要性不断提高

司法作为社会稳定的安全阀、社会公正的守护者，在国家治理和社会管理体系中具有重要地位。习总书记指出："司法是维护社会公平正义的最后一道防线。如果司法这道防线缺乏公信力，社会公正就会受到普遍质疑，社会和谐稳定就难以保障。"伴随着依法治国进程，司法尤其是刑事司法在国家治理体系中的作用将会越来越大，相应地，国家和社会对司法公正的要求也将越来越高。

四中全会《决定》指出："公正是法治的生命线；司法公正对社会公正具有重要引领作用，司法不公对社会公正具有致命破坏作用。"在刑事领域，推进严格司法，确保司法公正，关键是要保障人民法院依法独立公正行使审判权，充分发挥审判的职能作用。习总书记在关于四中全会《决定》的说明中，专门将"推进以审判为中心的诉讼制度改革"作为十个重点说明的问题之一，强调指出："充分发挥审判特别是庭审的作用，是确保案件处理质量和司法公正的重要环节。"这一论断科学地指出了审判在诉讼中的特殊地位和重要作用，是推进以审判为中心的诉讼制度改革的根本立足点。

2. 当前刑事司法领域存在的一些突出问题迫切需要解决

习总书记指出："当前司法领域存在的主要问题是，司法不公、司法公信力不高问题十分突出。"司法不公、司法公信力不高，原因是多方面的，既有司法体制方面的原因，也有司法职权配置方面的原因，还有诉讼制度方面的原因。三中全会针对司法领

域存在的突出问题已经提出了一些改革举措，司法体制和运行机制改革正在有序推进。四中全会《决定》在此基础上有了更深入的部署，包括建立领导干部干预司法活动、插手具体案件处理的记录、通报和责任追究制度，确保人民法院依法独立公正行使审判权，等等。

就刑事诉讼制度而言，当前的关键问题是审判未能成为诉讼的中心，庭审在定案方面未能发挥决定性作用。在司法实践中，一些办案人员对法庭审判重视不够，常常出现一些关键证据没有收集或者没有依法收集，进入庭审的案件没有达到"事实清楚、证据确实、充分"的法定要求，使审判无法顺利进行。实践表明，只有推进以审判为中心的诉讼制度改革，才能有效解决制约司法公正的突出问题。

3. 推进以审判为中心的诉讼制度改革符合刑事诉讼法治发展趋势

诉讼以审判为中心，并不是一个新命题。刑事诉讼法学界早就呼吁改变以侦查（案卷）为中心的传统诉讼模式，倡导建立以审判（庭审）为中心的新型诉讼模式。2012年刑事诉讼法修改，虽未明确提出诉讼以审判为中心的理念，但朝着这个方向有较大的推进，各项诉讼职能得到一定的强化，尤其是审判的功能更加受到重视。

近期曝光的几起重大冤错案件，促使各界深刻反思传统诉讼模式的弊端，并对推进以审判为中心的诉讼制度改革形成了基本的共识。习总书记指出："推进以审判为中心的诉讼制度改革，目的是促使办案人员树立办案必须经得起法律检验的理念，确保侦查、审查起诉的案件事实证据经得起法律检验，保证庭审在查明事实、认定证据、保护诉权、公正裁判中发挥决定性作用。这项改革有利于促使办案人员增强责任意识，通过法庭审判的程序公正实现案件裁判的实体公正，有效防范冤假错案发生。"

（二）改革的基本原则

首先需要指出的是，推进以审判为中心的诉讼制度改革，主要针对的是刑事诉讼领域。只有刑事诉讼领域才包含侦查、起诉和审判等诉讼阶段（和诉讼职能），进而涉及究竟以哪个诉讼阶段（和哪项诉讼职能）为中心的问题。民事、行政诉讼并不存在此类问题。当然，推进以审判为中心的诉讼制度改革，体现出审判职能的重要性，也可以此为契机进一步强化民事、行政审判的职能。

立足四中全会《决定》，推进以审判为中心的诉讼制度改革，主要遵循以下几项基本原则：

1. 优化司法职权配置的原则

公、检、法三机关办理刑事案件，分工负责，互相配合，互相制约，这是我国宪法和刑事诉讼法确立的一项基本原则。习总书记指出："这是符合中国国情、具有中国特色的诉讼制度，必须坚持。"可见，推进以审判为中心的诉讼制度改革，并不是要改变公、检、法三机关在刑事诉讼中的基本职权关系。以审判为中心，是在分工负责、互相配合、互相制约的前提下，刑事诉讼的各个阶段都要以法院的庭审和裁判关于事实认定和法律适用的要求和标准进行，确保案件质量，防止冤假错案的发生。以审判为中心不是颠覆"分工负责、互相配合、互相制约"，亦即"中心论"与"阶段论"是辩证的统一，二者并不矛盾。

实践表明，良性的配合、制约有助于实现司法公正；不过，在刑事诉讼过程中过于强调配合，忽视必要的制约，也容易导致审判职能扭曲，进而导致冤假错案发生，这方面已经有比较深刻的教训。鉴此，四中全会《决定》指出："要优化司法职权配置，健全侦查权、检察权、审判权、执行权互相配合、互相制约的体制机制。"

推进以审判为中心的诉讼制度改革，需要在坚持公、检、法三机关互相配合、互相制约原则的基础上，进一步优化诉讼过程中配合与制约的方式。所谓配合，更多的是指工作衔接层面的配合。在诉讼职能方面，则应当更多地体现后续诉讼程序对先前诉讼程序的制约，特别是审判对侦查、审查起诉的引导和制约，同时要弱化审前程序对审判程序的制约，进而在诉讼程序框架内促使侦查、审查起诉活动按照审判的要求进行。

2. 遵循刑事诉讼规律的原则

在刑事诉讼过程中，尽管侦查、审查起诉也涉及对犯罪事实和犯罪嫌疑人刑事责任等问题的认定，但相比之下，审判对罪责刑问题的认定和解决才具有终局性、权威性。国家通过审判来确保法律得到统一、规范的适用，审判需要严格执行法律的标准，因此，强调诉讼以审判为中心，实际上就是强调要严格执行法律，这是由审判权的判断和裁决性质所决定的，是刑事诉讼规律的内在要求。

四中全会《决定》指出，全面贯彻证据裁判原则，严格依法收集、固定、保存、审查、运用证据，完善证人、鉴定人出庭作证制度，落实罪刑法定、疑罪从无、非法证据排除等法律原则，健全冤假错案有效防范、及时纠正机制，确保事实认定符合客观真相、办案结果符合实体公正、办案过程符合程序公正。这些要求有助于贯彻以事实为根据、以法律为准绳的基本诉讼原则。从司法的角度看，这主要是对审判的要求，但同时也对侦查、审查起诉工作具有一体的指导作用。强调严格司法，既要求法院严格依法裁判，也要求侦查、审查起诉严格执行法律的标准。

进一步讲，诉讼以审判为中心，要求侦查、审查起诉活动始终围绕审判程序进行，确保侦查、审查起诉的办案标准符合审判的法定定案标准，从源头上防止事实不清、证据不足的案件或者违反法定程序的案件"带病"进入审判程序，确保侦查、审查起诉的案件事实证据经得起法律的检验，确保诉讼证据出示在法庭、案件事实查明在法庭、诉辩意见发表在法庭、裁判结果形成于法庭。

3. 加强人权司法保障的原则

刑事诉讼法关系到公民的生命、自由和财产等重要权利，历来有"小宪法""人权法"之称。刑事诉讼领域对人权的保障水平，是一国法治发展水平的"晴雨表"。2012年刑事诉讼法修改将"尊重和保障人权"的宪法原则明确写入总则，进一步凸显了人权司法保障的重要性。加强整个诉讼过程的人权司法保障，有助于实现案件的公正审判，是推进以审判为中心的诉讼制度改革的重要切入点。

刑事诉讼领域的人权保障，在保障对象上具有特殊的指向。虽然广义上也包含对被害人、证人等的人权保障，但主要指的是对犯罪嫌疑人、被告人的人权保障，因为后者的人权在诉讼过程中更容易遭到侵犯。四中全会《决定》指出：强化诉讼过程中当事人和其他诉讼参与人的知情权、陈述权、辩护辩论权、申请权、申诉权的司法保障，完善对限制人身自由司法措施和侦查手段的司法监督，加强对刑讯逼供和非法取证的源头预防。这些规定反映出，加强人权司法保障，不能仅靠办案机关在办案过程自觉遵守法定程序，既要重视建立健全防范侵犯人权的法律制度，也要完善犯罪嫌疑人、被告人人权遭到侵犯的救济制度。

4. 系统完善诉讼制度的原则

推进以审判为中心的诉讼制度改革，牵一发而动全身，因此，并不限于审判程序的改革，而是涉及刑事诉讼模式的转型，需要系统地改革完善刑事诉讼制度。四中全会《决定》中的许多内容都与该项改革紧密相关，其中一些规定还是推进该项改革的关键抓手。

由于改革牵涉侦查、审查起诉、辩护、审判等诉讼职能，因此，需要政法各部门按照刑事诉讼规律的要求，分工负责、合力推进。对于改革中牵涉多个部门的内容，需要各部门统筹协调，按照改革的精神和要求全面落实实施方案，积极稳妥推进改革。

二、以审判为中心的诉讼制度的基本内涵

推进以审判为中心的诉讼制度改革，相对应的理论基础是"审判中心主义"。所谓审判中心主义，一般是指审判在刑事诉讼程序中居于中心地位、发挥决定作用，侦查、审查起诉要遵从、服务于审判。刑事诉讼以审判为中心，既是无罪推定等诉讼原则的外在体现，也是控辩双方平等对抗、法庭居中裁判的现代诉讼构造的内在要求。

广义上的审判中心主义，包含两层含义：

一是在整个刑事诉讼程序中，审判程序是中心，只有在审判阶段才能最终决定被

告人的罪责刑问题，侦查、起诉等程序对犯罪嫌疑人罪责的认定仅具有程序内的意义，对外不产生有罪认定的法律效果。

二是在全部审判程序中，第一审法庭审判（尤其是有关案件事实的认定）是中心，其他审判程序以第一审程序为基础和前提。既不能代替第一审程序，也不能完全重复第一审的工作。现代法治国家，无论是大陆法系还是英美法系，都奉行审判中心主义的上述基本要求。

在我国刑事诉讼领域，倡导审判中心主义，推进以审判为中心的诉讼制度改革，具有丰富的内涵，主要涉及以下四个方面：

（一）审判中心主义，首先是相对于侦查中心主义而言的

在传统刑事诉讼制度下，侦查活动以及侦查阶段形成的笔录、卷宗在诉讼中处于中心地位，侦查机关收集的证据材料以及侦查阶段的事实认定意见，对起诉、审判具有举足轻重的影响。在这种流水线式的诉讼模式下，控强辩弱的问题十分突出，虽然法律规定公、检、法三机关互相配合、互相制约，但起诉、审判对侦查未能形成有效制约，相反，侦查阶段的事实认定意见对起诉、审判具有实质性影响甚至决定性制约。侦查中心主义不符合无罪推定、控辩平等、证据裁判、程序正义等现代诉讼原则的要求，在实践中容易导致侵犯人权、违反法定程序等情形发生，甚至可能导致冤假错案。倡导诉讼以审判为中心，审判的"中心地位"体现在审判是整个诉讼活动的中心，侦查是为审判进行准备的活动，起诉是开启审判程序的活动，执行是落实审判结果的活动，侦查、起诉和执行都需服务或服从于审判这一中心；且侦查、起诉活动都应围绕审判中事实调查、证据认定、法律适用的标准和要求来展开。

（二）审判中心主义，突出体现为审判以庭审为中心，即所谓的"庭审中心主义"

庭审中心主义是相对于传统的"卷宗中心主义"而言的，其本质要求是追求庭审的实质化，力戒庭审的形式化，防止庭审"走过场"，重点在于防止将侦查、起诉中带有明显追诉倾向的意见简单地、不加甄别地转化为审判阶段对被告人的有罪判决。当前，庭审形式化问题在刑事诉讼中具有一定的普遍性。法官对证据的审查和对案件事实的认定主要不是通过法庭调查、而是通过庭审之前或者之后对案卷的审查来完成的。一些案件，庭审在刑事诉讼中未能发挥实质性作用，甚至存在虚化等问题。实践证明，庭审如果不能实现实质化，其他所有的诉讼程序运转都会成为毫无意义的"空转"，程序正义也就无从谈起，严重者势必酿成冤假错案。

坚持以审判为中心，必须强化庭审中心意识，法庭审判绝不是可有可无的一种形式，而是对案件事实真相进行客观、理性探求的不可或缺的过程。审判以庭审为中心，要坚持直接言词、法庭辩论、司法中立、公开审判、集中审理等原则，充分发挥庭审在查明事实、认定证据、保护诉权、公正裁判中的决定性作用，使法庭审判真正成为确认与解决被告人罪责刑问题的最终阶段和关键环节。如果庭审未成为审判的中心，以审判为中心的诉讼制度就难以确立，审判的正当性和权威性也无从谈起。

（三）审判中心主义，关键在于充分发挥第一审程序的功能

一审是与案件发生空间距离最近、时间距离最短的审判程序，离事实真相最近，查明案件事实的可能性最大。将查明、认定案件事实的责任放在一审程序，是世界各国的通行做法，符合诉讼的基本规律。实现一审庭审实质化，准确认定事实，正确适用法律，可以为有效防范冤假错案打下坚实基础。

在实行陪审团审判制度的国家，陪审团在第一审程序中有关案件事实的认定结论是终局性的。第一审程序的功能得到充分发挥，有效解决事实和法律争议，能够显著减少不必要的上诉、抗诉。鉴此，第一审程序要落实直接言词原则，让证人、鉴定人出庭作证，严格实行非法证据排除规则，确保控辩双方平等对抗，尤其要依照法定程序妥善解决事实证据存在的争议。

（四）审判中心主义，要以实现依法独立审判作为根本保障

受司法体制和司法职权配置等因素的影响，法院依法独立审判仍面临一定障碍。各种社会力量也通过各种方式对法院依法独立审判施加影响和干扰。只有妥善解决诸如此类影响法院依法独立审判的问题，真正实现让审理者裁判、由裁判者负责，审判的公正性才有切实的保障，审判在诉讼中的中心地位才能得以树立。

三、刑事诉讼领域存在的突出问题及成因

2012年，刑事诉讼法修改，优化了各项诉讼职能，但尚未建立起以审判为中心的诉讼模式。由于刑事诉讼法的一些原则和制度缺乏配套措施，难以落实，加上由于理念、制度和实践等层面的问题，法律的一些明确规定在实践中未能严格执行，导致审判未能真正成为诉讼的中心。

（一）刑事诉讼领域存在的突出问题

1. 证据裁判和疑罪从无等原则未能有效落实

2010年,"两高三部"出台"两个证据规定",规定了各类证据的审查判断规则,确立了非法证据排除规则,为公安司法机关办理刑事案件提供了明确具体的证据标准,主要内容已经被2012年刑事诉讼法所吸收。但是实践中仍然存在诸多问题。一是,有的办案人员证据意识和诉讼证明意识不强,口供至上的观念仍然在一定程度上存在,不重视收集实物证据和科学证据;二是,有的办案机关未能严格执行法定的证据标准,而是奉行本部门的证据标准,严重影响了办理刑事案件的质量。一些案件到了审判阶段,由于关键证据没有收集或者没有依法收集,案件没有达到"事实清楚,证据确实、充分"的证明标准,导致法院既难以依法定罪也难以依法宣告无罪,面临定放两难的困境。如果强行下判,则很容易造成冤假错案,这方面已经有深刻的教训;如果依法放人,在现阶段的司法环境下,又难以承受来自社会各方的巨大压力,当事人往往被超期羁押,人民群众反应强烈。

2. 一些存在严重错案隐患的案件轻易进入审判程序

刑事诉讼法明确规定,侦查终结、提起公诉的案件应当达到法定证明标准,但有的案件,侦查预审和审查起诉部门未能严格审查把关,一些定罪证据明显不足的案件"带病"移送审查起诉、提起公诉,侦查、审查起诉环节未能发挥应有的审查把关作用。1996年,刑事诉讼法修改取消退回补充侦查制度后,法院对提起公诉的案件只是进行程序性审查,即使一些案件存在严重错案隐患,也要依法受理并开庭审判。审判程序不仅难以对审前程序形成制约,反面严重受制于审前程序。由于审前刑事程序未能发挥防范冤假错案的应有功能,给审判带来了很大的压力。一旦发生冤假错案,将对司法公信力产生严重损害。

3. 审前程序的法治化程度和人权保障水平不高

一是,对犯罪嫌疑人人身、场所或者涉案财物采取的搜查、查封、扣押、冻结等强制性措施,以及技术侦查措施等侦查手段,都是由侦查机关自行审批,缺乏必要的司法监督,不符合程序公正原则的内在要求;

二是,审前羁押已经成为常态,且未能贯彻比例原则的要求,对法院依法裁判和规范量刑形成严重的不当制约;

三是,讯问程序的法治化程度不高。讯问通常是在封闭环境内进行,没有律师在场,因缺乏外部监督,一些案件存在采用刑讯逼供、威胁、引诱、欺骗以及其他非法方法收集证据的情形,导致供述的合法性和可靠性缺乏保障。

被告人在庭审中翻供的情形也较为普遍。一些案件，被告人在庭审中申请排除非法口供，但由于讯问时没有律师、检察人员在场，辩护方难以提供相关线索或者材料，公诉人也难以证明取证合法性，导致非法证据排除规则难以落实。

4. 控辩双方未能实现平等、有效对抗，庭审难以实质化

一是，刑事案件辩护率总体上仍然处于较低水平，许多案件没有辩护律师，被告人自身无法进行有效辩护。

二是，对于有辩护律师的案件，由于刑事辩护的准入门槛不高，辩护质量不高乃至无效辩护等问题也较为普遍。

三是，现阶段辩护律师依法执业的"老三难""新三难"问题均较为突出。

同时，一些案件的控诉方准备不够充分，对辩护方的辩护意见难以作出有效回应。诸如此类的问题导致控辩双方在庭审中没有形成实质性对抗，法庭难以当庭解决案件中存在的争议，更无法当庭作出裁决。

5. 直接言词原则未能贯彻落实，庭审功能难以充分发挥

证人、鉴定人出庭率低，是导致庭审虚化的重要原因。2012年刑事诉讼法修改后，证人、鉴定人出庭的案件仍然不多。这种情况不仅无法保障被告人的对质权，也导致法庭难以有效审查证人证言、鉴定意见的可靠性，不利于准确查明事实，庭审的功能受到极大限制。

（二）相关问题的成因

刑事诉讼领域存在的上述问题，既有立法层面的原因，也有司法层面的原因。

1. 立法层面

在奉行审判中心主义诉讼制度的国家，例如，德国、美国、俄罗斯等国，刑事诉讼法典的基本结构就是围绕审判程序来设计的，侦查、起诉等程序作为审前程序，主要是为审判做准备；同时，诉讼程序中涉及当事人诉讼权益的重大问题，包括审前阶段强制措施的决定和审判阶段的案件裁决，都是由法院负责。可见，推进以审判为中心的诉讼制度改革，关键在于立法。

我国1979年刑事诉讼法实施以来，经历了两次大幅度修改，尤其是2012年刑事诉讼法修改，体现了"诉讼以审判为中心"的基本理念和原则。例如，第12条规定，未经人民法院依法判决，对任何人都不得确定有罪，这体现了无罪推定原则的要求。第5条规定，人民法院依照法律规定独立行使审判权，不受行政机关、社会团体和个人的干涉，这体现了法院依法独立行使审判权的要求。第48条规定，证据必须经过查证属实，才能作为定案的根据。第54条规定，在侦查、审查起诉、审判时发现有应当排除的证据的，应当依法予以排除，不得作为起诉意见、起诉决定和判决的依据，这些体现了证据裁判原则的要求。第53条规定，只有被告人供述，没有其他证据的，不能认定被告人有罪和处以刑罚；没有被告人供述，证据确实、充分的，可以认定被告人有罪和处以刑罚，这体现了重证据、不轻信口供原则的要求。第195条规定，证据不足，不能认定被告人有罪的，应当作出证据不足、指控的犯罪不能成立的无罪判决，这体现了法定证明标准和疑罪从无原则的要求，等等。

如果刑事诉讼法的相关原则和制度能够落实到位，就基本上能够实现诉讼以审判为中心的要求，确保诉讼活动符合司法规律，保证司法公正。但实践表明，由于各种原因，有的原则未能落实到位，有的关键制度尚未确立，有的重要制度有待完善，影响了刑事诉讼法的总体实施成效。

首先，一些重要原则缺乏配套制度。例如，刑事诉讼法虽然确立了证据裁判原则，但对证据制度的规定过于原则，证据的收集、审查和运用等制度均有待完善，特别是非法证据排除规则有待进一步细化。这使得证据裁判原则在实践中难以贯彻落实，侦查、审查起诉的证据标准与审判阶段并不统一，无法从根本上保证侦查、审查起诉的事实证据经得起法律的检验。

其次，一些关键的诉讼制度尚未确立。例如，对于限制人身自由的司法措施和侦查手段，仍然主要是由侦查机关自我授权（审查逮捕是由人民检察院负责），缺乏必要的司法审查制度。这些关键制度的缺失，导致审前阶段人权保障水平不高，尤其是审前羁押成为常态，侦查、审查起诉对审判形成不当制约，不利于确保程序的公正性。

最后，一些重要的诉讼制度有待完善。例如，2012年刑事诉讼法设立了庭前会议程序，但规定较为原则，实践中对庭前会议的规程和效力等问题莫衷一是。又如，辩护律师全程参与诉讼、充分行使辩护权，仍然缺乏必要的保障。

2. 司法层面

首先，传统司法观念仍有较大影响，导致法律未能得到严格执行。实践中，一些办案人员仍有重实体、轻程序，重打击、轻保护等观念，不重视保障人权，缺乏裁判意识，不重视取证的合法性，导致刑事诉讼法的相关原则和规定未能落到实处。例如，讯问过程录音录像制度执行效果不佳，对辩护律师依法行使辩护权施加不当限制，对补查补正无故拖延，等等。同时，目前公安检察机关、被害方和一些社会公众往往更加偏重案件的实体真实，不愿接受因取证程序违法，排除非法证据而可能放纵犯罪的后果，换言之，程序公正观念在实践中的落实仍然面临一定的难度。

其次，司法人员的能力和水平有待提高，影响了法律的执行效果。侦查人员的准入门槛不高，对侦查取证的质量产生了直接影响。刑辩律师行业多是一些年轻律师，诉讼经验不足；检察官和法官行业也面临类似的问题。

最后，公、检、法三机关互相配合、互相制约的原则在实践中出现执行偏差。一些案件，法院经审理认为事实不清、证据不足，为确保案件得到妥善处理，通常会建议检察机关补充完善证据，但公安检察机关不予配合，怠于补查补正，影响了审判工作顺利进行。同时，一些法院缺乏担当精神，对事实不清、证据不足的案件，不敢或者不愿宣告无罪，未能坚守法律的底线。

四、改革的方向与路径

2016年6月27日，中央全面深化改革领导小组第25次会议审议通过《关于推进以审判为中心的刑事诉讼制度改革的意见》（以下简称《改革意见》）。7月20日，"两高三部"共同会签改革文件，并正式下发。中央全面深化改革领导小组在通告中指出：推进以审判为中心的诉讼制度改革，"要着眼于解决影响刑事司法公正的突出问题，把证据裁判要求贯彻到刑事诉讼各环节，健全非法证据排除制度，严格落实证人、鉴定人出庭作证，完善刑事法律援助，推进案件繁简分流，建立更加符合司法规律的刑事诉讼制度。"

《改革意见》共21条，内容丰富，针对性强，既是改革的指导方针和政策依据，也是改革的制度设计和路径指引。结合中央的通告要求，为全面贯彻落实《改革意见》，需要重点抓好以下四个方面：

（一）在刑事诉讼各环节全面贯彻证据裁判原则的要求

刑事诉讼事关国家安全和社会稳定，事关公民的人身权利、财产权利和民主权利等合法权益，其核心任务是准确、及时地查明犯罪事实，进而确保正确适用法律，依法惩罚犯罪，切实保障无罪的人不受刑事追究。为实现这一目标，必须坚持以事实为根据，以法律为准绳，严格按照法律规定的证据裁判要求，没有证据不得认定犯罪事实。《改革意见》第2条第2款要求："侦查机关、人民检察院应当按照裁判的标准收集、固定、审查、运用证据，人民法院应当按照法定程序认定和采纳证据，依法作出裁判。"可见，证据裁判原则作为刑事诉讼的基石性原则，是对侦查、起诉、审判各环节统一适用的要求。为全面贯彻证据裁判原则要求，《改革意见》主要提出以下举措：

1. 全面规范取证制度

基于证据裁判原则，证据必须具有证据能力，否则不能被采纳作为诉讼证据，更谈不上作为定案的根据。为提高办案人员的证据意识和诉讼意识，最大限度地减少关键证据没有收集或者没有依法收集等情形，关键在于规范取证制度，确保办案人员严格依法收集、固定、保存、审查、运用证据。

一是要摒弃有罪推定观念，避免先入为主。《改革意见》第4条第1款要求，侦查机关应当全面、客观、及时收集与案件有关的证据。这是法律的明确要求，也是取证的基本原则。办案人员应当坚持实事求是，秉承无罪推定原则，既要收集有罪、罪重的证据，也要收集无罪、罪轻的证据。有意见认为，审判阶段需要坚持无罪推定，但该原则并不适用于侦查阶段，如果办案人员在侦查阶段坚持无罪推定，就无须费力收集证据、查明事实。这是对法律原则的一种误解，在实践中也是有害的。发现犯罪嫌疑、锁定犯罪嫌疑人，只是执法办案、推动诉讼的前提条件，并不能据此推定犯罪嫌疑人有罪，更不能径行认定犯罪嫌疑人有罪；进一步讲，只有全面客观及时收集证据，在法庭上依法准确证明犯罪事实，才能促使法庭最终认定被告人有罪。实践表明，不坚持无罪推定，必将走向有罪推定，并无第三条中间道路。一旦办案人员陷入有罪推定，以至于只关注抓人破案，不重视收集证据；只关注有罪证据，不重视无罪证据；只关注证据内容，不重视取证程序，就将导致取证工作误入歧途，严重影响办案质量。鉴此，无罪推定应当被视为贯穿刑事诉讼全过程的基本原则，侦查阶段也不例外。

二是要减少对口供的依赖，重视实物证据的收集和运用。法律明确要求，重证据，重调查研究，不轻信口供；只有被告人供述，没有其他证据的，不能认定被告人有罪和处以刑罚。此前在司法实践中，一些办案人员受传统观念影响，办案过于依赖口供，不重视收集其他证据特别是实物证据。一旦面临办案压力，就动辄采用刑讯逼供等非法方法获取口供；一旦从犯罪嫌疑人处获取口供，就简单草率结案，既不注意核查口供中的疑问，也不重视收集实物证据来佐证口供。由于犯罪嫌疑人、被告人翻供的情形比较普遍，加之法律已经确立非法证据排除规则，对于以口供为主、证据体系薄弱的案件，一旦口供的真实性或者合法性存疑，不能作为定案的根据，整个案件的证据体系通常随之土崩瓦解，事后再想补查补正往往已丧失条件。这是司法实践中出现疑罪的重要原因。在执法办案标准不断提高、新型犯罪层出不穷的新形势下，为了夯实案件的证据基础，必须要切实改变"口供至上"的观念和做法，重视实物证据的收集和运用，实现办案模式从"由供到证"向"由证到供"的根本转变。需要指出的是，强调减少对口供的依赖，并不是说不重视口供的功能，而是要避免"唯口供论"的做法，并且要依法规范收集口供；强调重视实物证据的收集和运用，也不是说所有的案件必须有实物证据才能定案，而是要求对存在实物证据的案件，不能忽视实物证据的收集和运用。

三是要建立健全符合裁判要求、适应各类案件特点的证据收集指引。这是《改革意见》第3条提出的明确要求。犯罪学研究表明，各类犯罪案件都存在内在的特点和规律。通过准确把握各类案件的特点，结合犯罪构成要件的要求归纳相应的证据收集指引，有助于确保取证的全面性和系统性，避免忽视或者遗漏关键证据。一些办案部门在这方面已有一些积极探索，值得认真总结。需要指出的是，这里所谓的"符合裁判要求"，主要是指法庭采纳和采信证据的要求。刑事诉讼法和"两个证据规定"明确规定了各类证据的审查判断标准和排除规则，例如，非法证据、没有关联的证据、不能作出合理解释的瑕疵证据、不可靠的意见证据和传闻证据，依法不能作为证据使用（或者不能作为定案的根据），这些都是裁判的要求，也是取证的指引。

四是完善各类证据的取证规程和要求，确保取证合法合规。

《改革意见》对此有许多专门规定。第3条规定："探索建立命案等重大案件检查、搜查、辨认、指认过程的录音录像制度。统一司法鉴定标准和程序。完善见证人制度。"第4条第2款、第3款规定："侦查机关应当依法收集证据。对物证、书证等实物证据，一般应当提取原物、原件，确保证据的真实性。需要鉴定的，应当及时送检。"其中有些规定是法律已有的要求，但有些规定，例如命案等重大案件检查、搜查、辨认、指认过程的录音录像制度，则属于重大制度创新，有待进一步研究落实。这些改革举措，连同相应的证据规则，都是为了促使办案人员依法规范取证，减少证据瑕疵，避免关键证据的合法性、真实性存在疑问。对于办案人员而言，既要重视收集证明犯罪事实的证据材料，也是重视收集证明取证合法合规的证据材料。需要强调的是，这些改革举措，既是执法规范化的内在要求，也是避免执法活动受到质疑的重要保障，更是对办案干警的法律保护。

2. 严格落实举证责任

根据法律规定，人民检察院承担公诉案件证明被告人有罪的举证责任。实际上，立足"诉讼以审判为中心"的改革视角，侦查机关、人民检察院应当共同肩负案件的举证责任。其中，侦查机关负责收集证据，肩负基础性的责任；人民检察院负责指控犯罪，肩负关键性的责任。只有侦查机关、人民检察院切实落实举证责任的要求，才能确保侦查、审查起诉的案件事实证据经得起法律的检验。

一是强化侦查机关的举证责任。《改革意见》第4条第3款规定："所有证据应当妥善保管、随案移送。"客观收集证据、全面移送证据，是侦查机关履行举证责任的内在要求，也是确保办案质量的根本保障。目前发现的一些冤假错案，暴露出有的办案机关有意无意地隐匿无罪证据，这种做法将会直接扭曲案件裁判结果，导致冤假错案发生，必须坚决杜绝。同时，有的办案人员人为取舍证据，主观上认为部分证据足以定案，就不再妥善保管、移送其他证据，不必要地增加了人民检察院指控犯罪的难度，甚至影响起诉、审判阶段对案件事实的准确认定。诸如此类的问题，都反映出侦查机关对法庭审判重视不够，办案责任意识不强，需要通过建立健全相应的办案责任机制予以解决。

二是完善补充侦查制度。《改革意见》第 7 条规定："进一步明确退回补充侦查的条件，建立人民检察院退回补充侦查引导和说理机制，明确补充侦查方向、条件、标准和要求。"补充侦查制度，既体现出侦查机关与人民检察院共同肩负举证责任，也反映出人民检察院在审前程序中的主导性。为引导侦查机关补充完善证据，人民检察院要强化对补充侦查的引导和说理机制，所提要求应当有理有据、切实可行，不能过于宽泛、无的放矢，要通过规范的补充侦查程序更好地落实公检机关"互相配合"的原则要求。同时，为规范补充侦查行为，避免实践中出现推诿等情形，《改革意见》第 7 条规定："对于确实无法查明的事项，公安机关、国家安全机关应当书面向人民检察院说明理由。"此外，人民检察院要认真对待人民法院在审判阶段提出的补查要求，督促侦查机关及时补充完善证据，切实解决补查补正难的问题。

三是完善人民检察院公诉机制。强调"审判以庭审为中心"，对公诉提出了更高的标准和要求。《改革意见》第 8 条规定："对被告人不认罪的，人民检察院应当强化庭前准备和当庭讯问、举证、质证。"只有进一步完善公诉机制，提高公诉能力和水平，才能确保当庭准确有效指控犯罪。需要指出的是，证据合法性问题是许多案件的庭审争议焦点，人民检察院不仅要重视犯罪事实的证明，也要重视对取证合法性的证明，对于现有证据不能证明取证行为合法的情形，人民检察院要积极协调推动侦查人员出庭作证。

3. 统一法定证明标准

法律规定的证明标准，是防范冤假错案的法律底线。《改革意见》第 2 条第 1 款规定："侦查机关侦查终结，人民检察院提起公诉，人民法院作出有罪判决，都应当做到犯罪事实清楚，证据确实、充分。"在刑事诉讼各环节都要严格执行法定证明标准，不能各行其是，更不能打折扣。

一是准确理解证明标准的含义。根据法律规定，证据确实、充分，要求"综合全案证据，对所认定事实已排除合理怀疑。"《改革意见》第 2 条第 3 款重申："人民法院作出有罪判决，对于证明犯罪构成要件的事实，应当综合全案证据排除合理怀疑。"一般认为，证据与证据之间、证据与案件事实之间不存在矛盾或者矛盾得以合理排除，根据证据认定案件事实的过程符合逻辑和经验规则，由证据得出的结论为唯一结论，才能认定"对所认定事实已排除合理怀疑"。如果侦查终结、提起公诉、作出裁判，对所认定的犯罪事实没有排除合理怀疑，就是未达到法律规定的证明标准。

二是区分证明标准与证据要求。"犯罪事实清楚，证据确实、充分"，是法定的证明标准,在刑事诉讼各环节、对各类刑事案件都要统一适用。相比之下,究竟需要多少证据才能达到法定的证明标准,在各类案件或者具体个案中,则是存在差异性的。有意见认为,在侦查、起诉阶段,可以适用较低的证明标准。在现有制度框架下,这种观点值得商榷。一旦降低审前程序的证明标准,就容易导致案件"带病"进入审判阶段,这是导致目前法院面临"定放两难"困境的根源所在。推进以审判为中心的诉讼制度改革,关键在于推动侦查、审查起诉按照审判的法定定案标准全面、规范收集证据,并在审前程序依法分流未达到法定证明标准的案件,进而从源头上防范冤假错案发生。还有意见认为,对轻罪案件,可以适用较低的证明标准。这种观点混淆了证明标准和证据要求。司法实践中,对于普通的盗窃案件等轻罪案件,在证据要求方面可能低于命案等重罪案件,但不能人为降低证明标准,否则容易导致冤假错案发生。我们强调切实防范冤假错案,是将之作为公正司法不容突破的底线标准,不能对各类案件人为划定不同的标准。如果对轻罪案件设定较低的证明标准,就意味着提高对此类案件发生冤假错案的容忍度,放任其中一部分案件可能出现冤假错案,这不符合公正司法的内在要求,也不符合人民群众对公平正义的期待。

(二) 改在刑事诉讼各环节健全完善事实证据审查把关机制

刑事诉讼各环节都是防范冤假错案的重要程序防线。为落实法律规定的公、检、法三机关"互相制约"原则,关键在于健全完善刑事诉讼各环节的事实证据审查把关机制,通过强化程序制约筑牢防范冤假错案的制度防线。侦查、起诉作为诉讼的起始和中间环节,要严把案件事实关、证据关、程序关,防止"事实不清、证据不足"的案件进入审判程序。审判作为最终的裁判环节,要严格落实疑罪从无原则,切实防范冤假错案发生。为健全完善事实证据审查把关机制,《改革意见》主要提出以下举措:

1. 健全侦查阶段的审查把关机制

侦查是起诉、审判的基础,要及时发现、切实解决案件事实证据存在的问题。《改革意见》第4条第3款规定:"证据之间有矛盾的,应当及时查证。"第6条规定:"在案件侦查终结前,犯罪嫌疑人提出无罪或者罪轻的辩解,辩护律师提出犯罪嫌疑人无罪或者依法不应追究刑事责任的意见,侦查机关应当依法予以核实。"侦查机关要完善案件统一审核、统一出口机制,解决多头办案、标准不一等问题,对事实不清、证据不足的案件,不能勉强结案。

2. 完善不起诉制度

审查起诉是刑事诉讼的中间环节,对于评估侦查成效、过滤疑罪案件具有关键性作用。《改革意见》第9条规定:"对未达到法定证明标准的案件,人民检察院应当依法作出不起诉决定,防止事实不清、证据不足的案件进入审判程序。"第7条规定:"对于二次退回补充侦查后,仍然证据不足、不符合起诉条件的,依法作出不起诉决定。"人民检察院要严把案件起诉关,对案件事实证据存在的问题应当依法进行核查,对未达到法定证明标准的案件,不能"带病"提起公诉。

3. 严格落实疑罪从无原则

由于各种主客观原因,总有一些案件"虚实之证等、是非之理均"。这是人类认识活动的客观规律,也是司法活动的基本规律。为有效防范冤假错案,保障无罪的人不受刑事追究,法律规定了定罪的证明标准,只有达到法定证明标准,才能认定被告人有罪。坚持法定证明标准,可能会暂时"放纵"一些人,但这是维护刑事司法公正必须付出的代价。《改革意见》第15条规定:"证据不足,不能认定被告人有罪的,应当按照疑罪从无原则,依法作出无罪判决。"人民法院应当坚持严格依法裁判,切实落实疑罪从无原则,杜绝疑罪从有、从轻、从挂等错误做法,真正做到有罪则判,无罪放人,不得违心下判或者作出留有余地的判决。为减少疑罪情形,避免放纵犯罪、打击不力,公、检、法三机关都要各尽其责,在取证、举证、质证方面下工夫。此外,要积极探索完善公诉案件的立案审查机制,对于明显事实不清、证据不足,不符合交付审判条件的案件,可以建议检察机关撤回起诉。《改革意见》第9条就此规定:"完善撤回起诉制度,规范撤回起诉的条件和程序。"

(三) 在刑事诉讼全过程着力提高人权司法保障水平

"尊重和保障人权",是重要的宪法和刑事诉讼法原则。十八届三中、四中全会《决定》反复强调,要加强人权司法保障。加强刑事诉讼全过程的人权司法保障,是确保办案质量的前提条件,是维护司法公正的应有之义,也是推进法治文明进步的必然要求。为加强人权司法保障,《改革意见》主要提出以下举措:

1. 切实防止刑讯逼供、非法取证

刑事诉讼法严禁刑讯逼供等侵犯人权的非法取证方法,并规定了羁押讯问的场所要求,设立了讯问过程录音录像制度。为加强对刑讯逼供、非法取证的源头预防,避免办案人员在破案压力等因素影响下诉诸非法取证方法,关键在于完善讯问制度。《改革意见》第5条规定:"严格按照有关规定要求,在规范的讯问场所讯问犯罪嫌疑人。严格依照法律规定对讯问过程全程同步录音录像,逐步实行对所有案件的讯问过程全程同步录音录像。"办案人员要自觉遵守"两个严格"的取证程序,严禁刑讯逼供、体罚虐待,切实落实不得强迫任何人证实自己有罪的法律要求。为确保"两个严格"落到实处,对严重违反"两个严格"要求的情形应当给予必要制裁,依法否定相关证据

的证据能力，督促办案人员严格遵守法定程序。

2. 严格实行非法证据排除规则

非法证据是导致冤假错案的罪魁祸首。在刑事诉讼各阶段，对法律规定的各类非法证据，都应当准确认定、严格依法排除。为督促侦查机关依法收集证据，《改革意见》第4条第2款规定："对采取刑讯逼供、暴力、威胁等非法方法收集的言词证据，应当依法予以排除。侦查机关收集物证、书证不符合法定程序，可能严重影响司法公正，不能补正或者作出合理解释的，应当依法予以排除。"针对目前司法实践中非法证据排除难等问题，有必要进一步明确非法证据的范围和认定标准，减少非法证据排除规则适用中的法律争议。同时，为落实法律规定的要求，对非法证据尽早发现、尽早排除，《改革意见》提出探索建立重大案件侦查终结前对讯问合法性进行核查制度。第5条第2款规定："对公安机关、国家安全机关和人民检察院侦查的重大案件，由人民检察院驻看守所检察人员询问犯罪嫌疑人，核实是否存在刑讯逼供、非法取证情形，并同步录音录像。经核查，确有刑讯逼供、非法取证情形的，侦查机关应当及时排除非法证据，不得作为提请批准逮捕、移送审查起诉的根据。"严格实行非法证据排除规则，有利于从根本上提高执法办案法治化、文明化、规范化水平，需要进一步完善落实非法证据排除的配套法律制度。

3. 完善刑事辩护制度

刑事辩护率低，辩护质量不高，是长期以来制约司法公正的难题。《改革意见》对辩护制度提出了诸多重要举措。

一是建立法律援助值班律师制度。《改革意见》第20条第1款规定："法律援助机构在看守所、人民法院派驻值班律师，为犯罪嫌疑人、被告人提供及时有效的法律帮助。"随着值班律师制度不断完善，有必要探索扩展值班律师的法律职能，通过专业法律帮助减少诉讼中的程序性争议。

二是完善法律援助制度。《改革意见》第17条第2款规定："犯罪嫌疑人、被告人有权获得辩护，人民法院、人民检察院、公安机关、国家安全机关有义务保证犯罪嫌疑人、被告人获得辩护。"第20条第1款规定："健全依申请法律援助工作机制和办案机关通知辩护工作机制。对未履行通知或者指派辩护职责的办案人员，严格实行责任追究。"通过完善法律援助制度，有助于确保控辩双方平等对抗，为庭审实质化创造必要条件。

三是依法保障辩护人的辩护权。《改革意见》第17条第3款规定："依法保障辩护人会见、阅卷、收集证据和发问、质证、辩论辩护等权利，完善便利辩护人参与诉讼的工作机制。"

4. 完善司法监督机制

四中全会《决定》提出，完善对限制人身自由司法措施和侦查手段的司法监督，健全冤假错案有效防范、及时纠正机制。《改革意见》第 16 条就此规定："建立健全对强制措施的监督机制。加强人民检察院对逮捕后羁押必要性的审查，规范非羁押性强制措施的适用。"通过完善羁押审查机制，有助于解决实践中长期存在的"超期羁押""关多久判多久"等问题。

（四）充分发挥庭审在查明事实、认定证据、保护诉权、公正裁判中的决定性作用

公正规范的法庭审判，是实现案件裁判实体公正的关键环节。要切实发挥庭审应有的制约、把关作用，形成有效的倒逼机制，促使公、检、法三机关依法规范侦查、起诉和审判活动，共同维护刑事司法公正。为充分发挥庭审功能，《改革意见》主要提出以下举措：

1. 完善证人、鉴定人出庭作证制度

证人、鉴定人出庭率低，庭审主要围绕书面证据进行，是困扰公正审判的突出问题。为充分体现直接言词原则，要落实证人、鉴定人出庭作证制度，提高出庭作证率。《改革意见》第 12 条规定："公诉人、当事人或者辩护人、诉讼代理人对证人证言有争议，人民法院认为该证人证言对案件定罪量刑有重大影响的，证人应当出庭作证。"人民检察院要落实举证责任要求，积极组织、动员证人、鉴定人出庭作证。为促使证人、鉴定人出庭，除了划定应当出庭作证的人员范围外，有必要完善强制证人到庭制度，该出庭不出庭的，对书面证言及证人作证音像资料不予采信。此外，《改革意见》还对证人、鉴定人出庭作证的保障机制提出明确要求。第 12 条规定："健全证人保护工作机制，对因作证面临人身安全等危险的人员，依法采取保护措施。建立证人、鉴定人等作证补助专项经费划拨机制。"这些都是解除证人出庭作证后顾之忧、提高证人出庭积极性的重要举措，需要研究制定具体的实施机制。

2. 规范法庭审理程序

司法实践中，一些法官判案主要依赖案卷笔录，"先定后审"、"庭审流于形式"等问题较为严重。为维护庭审的终局性、权威性和公信力，要完善法庭调查、法庭辩论程序，确保诉讼证据出示在法庭、案件事实查明在法庭、控辩意见发表在法庭、裁判结果形成于法庭。《改革意见》第 11 条、第 13 条、第 14 条就此作出了专门规定。

一是要规范法庭调查程序。证据调查是庭审的核心环节，证明被告人有罪或者无罪、罪轻或者罪重的证据，都应当在法庭上出示，依法保障控辩双方的质证权利。对

定罪量刑的证据，控辩双方存在争议的，应当单独质证；对庭前会议中控辩双方没有异议的证据，可以简化举证、质证。

二是要完善法庭辩论规则。法庭辩论应当围绕定罪、量刑分别进行，对被告人认罪的案件，主要围绕量刑进行。法庭要提高庭审驾驭能力，充分听取控辩双方意见，引导控辩双方理性辩论，依法保障被告人及其辩护人的辩护辩论权，有效归纳、依法处理案件中的事实和法律争议。

三是要完善当庭宣判和定期宣判制度。适用速裁程序审理的案件，除附带民事诉讼的案件以外，一般当庭宣判；适用简易程序审理的案件一般应当当庭宣判；适用普通程序审理的案件逐步提高当庭宣判率。

3. 完善繁简分流机制

强调诉讼以审判为中心，审判以庭审为中心，并非要求所有案件都要进入审判程序，也不是要求所有进入审判程序的案件一律适用标准化的普通程序审理。为应对目前"案多人少"等困境，应当严格落实繁简分流原则，实现"疑案精审""简案快审"，将有限的司法资源用于审理重大复杂疑难案件，避免程序繁琐主义。

一是要充分发挥庭前会议功能。《改革意见》第10条规定："对适用普通程序审理的案件，健全庭前证据展示制度，听取出庭证人名单、非法证据排除等方面的意见。"实践表明，对于那些可能导致庭审中断的程序争议，应当并且适宜在庭前解决，如在庭前会议中不作出实质性处理，仍然留待庭审中裁决，不仅导致庭前会议流于形式，也不利于庭审集中审理。鉴此，有必要赋予庭前会议相应的法律效力，有效解决管辖、回避、非法证据排除等争议，保证庭审集中持续审理。

二是要完善刑事案件速裁程序和认罪认罚从宽制度。对案件事实清楚、证据充分的轻微刑事案件，或者犯罪嫌疑人、被告人自愿认罪认罚的，可以适用速裁程序、简易程序或者普通程序简化审理。

深刻认识法治政府的内涵和意义

中国政法大学副校长
行政法学教授、博导　马怀德

2004年,国务院发布《推进全面依法行政实施纲要》,提出"推进全面依法行政,经过十年左右坚持不懈的努力,基本实现建设法治政府的目标"。2015年底,中共中央、国务院印发《法治政府建设实施纲要(2015—2020年)》,提出"经过坚持不懈的努力,到2020年基本建成职能科学、权责法定、执法严明、公开公正、廉洁高效、守法诚信的法治政府"。这与党的十八大和十八届四中、五中全会提到的"法治政府"概念一脉相承。深刻认识法治政府的基本内涵和重要意义,对于加快推进依法行政,早日建成法治政府至关重要。

法治政府的题中应有之义

法治政府是职能科学的政府。目前正在推进的行政审批制度改革,目的就是要打造一个职能科学的政府。政府不能什么都管,也不能该管的不管。比如,现在的政府职能强调宏观调控、市场监管、社会管理、公共服务、环境保护,这五项职能是法治政府必须具备的职能,脱离这五项职能,就不能实现政府职能的科学配置。当然,政府之间、上下级之间关系的配置也必须是科学、合理的。所以,推动简政放权、放管结合、优化服务、事权财权匹配以及基层的综合执法,积极稳妥地推进大部门制,都是体现职能科学的要求。

法治政府是权责法定的政府。过去,由于政府权力没有严格的法律界定,所以经常会出现无权限、越权行使权力的现象;在责任承担上,也可能出现万能政府、全能政府、无限责任政府。权责没有实现法定化,是因为我们缺少比较合理、科学的组织法、编制法和划分政府部门职能间权力、权限的相关法律。所以,权责法定化一直是法治政府建设中的短板。所以,十八届四中全会决定强调要"完善行政组织和行政程序法律制度,推进机构、职能、权限、程序、责任法定化",实际上就是要求政府的权责要逐步实现法定化。

法治政府是执法严明的政府。政府的重要职责之一就是严格、公平、公正地实施宪法和法律。只有依法行政才能保证政府在法律界限范围内行使权力,保证政府有效履行职能。但是,执法严明说起来容易,做起来很难。比如,查处违法行为可不可以

便衣执法？可不可以因为特殊情况不携带执法记录仪？是否可以采用民用车辆控制所谓的违法嫌疑人？是否要在特定场所实施传唤或者强制传唤？这些都涉及执法规不规范、严不严谨的问题。所以，执法严明是法治政府的内在要求，也是法治政府的基本要素。如果无法做到执法严明，就根本谈不上是法治政府。

法治政府是守法诚信的政府。政府守法是法治政府的前提和题中之意。任何政府，如果连法律都不能遵从的话，就谈不上法治政府。当然，法治政府也意味着必须得是诚信政府。政府要讲诚信，不能出尔反尔，变来变去。政府的领导可以变动，但政府的决策、决定，包括审批行为等不能随意变动，因为一旦变动，就会导致政府公信力的下降，会引发一系列的纠纷、矛盾。所以，政府要对行政行为所产生的信赖利益予以合法保护，做到守法诚信。

站在历史的、政治的高度认识建设法治政府的重要性

法治政府建设是现代国家政治文明的重要标志，是实现治理体系、治理能力现代化的必由之路。依法行政是现代政治文明的重要标志。执政党应善于通过制定宪法、法律的方式把执政党的意志和人民的意志变成国家的宪法、法律，然后依照宪法、法律治理国家。党的十八届四中全会明确提出，要善于使党的主张通过法定程序成为国家意志，善于使党组织推荐的人选通过法定程序成为国家政权机关的领导人员，善于通过国家政权机关实施党对国家和社会的领导，善于运用民主集中制原则维护中央权威、维护全党全国团结统一。这四个"善于"中，前三个"善于"讲的都是怎样用执政党的思维来治理国家。一个国家比另一个国家先进，不仅指它物质实力、军事实力的强大，更多体现为制度文明与优越性，体现在其法治化水准上。习近平总书记指出："综观世界近现代史，凡是顺利实现现代化的国家，没有一个不是较好地解决了法治和人治问题的。"只有迈过这个坎，有效消除人治，采用法治，才能够进入现代化国家的行列。党的十八届三中全会提出，全面深化改革的总目标是完善和发展中国特色社会主义制度，推进国家治理体系和治理能力现代化。何谓治理体系现代化？治理体系最终是以制度的形式表达出来，而制度的最高形态是法律。法治化就是治理体系现代化的重要标志之一；没有法治化，就谈不上治理体系现代化，更谈不上治理能力的现代化。因此，法治政府建设的确有着重大的、深远的历史意义和现实意义，是我们国家迈向现代法治国家的重要路径。

法治政府建设是推进全面依法治国的关键。习近平总书记指出，"依法治国是我国宪法确定的治理国家的基本方略，而能不能做到依法治国，关键在于党能不能坚持依法执政，各级政府能不能依法行政"。可见，依法治国最终的标志就是看我们党能不能

依法执政，政府能不能依法行政。如果政府做不到依法行政，不能建成法治政府，那么依法治国这个基本方略必然落空。我国目前已制定了240多部法律，700多部行政法规，8600多部地方性法规，还有数以万计的规章。这些法律、法规、规章的实施主要依赖各级政府及其部门。如果政府不能做到依法行政，那么我国的法律、法规、规章将无法得到有效执行和遵守。十八届四中全会决定提出，要坚持依法治国、依法执政、依法行政共同推进，坚持法治国家、法治政府、法治社会一体建设。无论是"共同推进"，还是"一体建设"，法治政府都是核心。依法治国有两个重点：一是规范公权力，二是保障私权利。从规范公权力的角度讲，建设法治政府居于基础地位。因为只有通过法治政府建设，才能实现规范公权力的目的。所以，法治政府建设的一个重要特征就是职能科学、权责法定，只有通过科学配置政府职能，严格依法限制政府滥用权力，才能规范公权力。法治即法的统治。习近平总书记讲，"要把权力关进制度的笼子里"。什么方式才能够把权力关进制度的笼子里？只有法治。法治政府是实现把权力关进制度笼子里的重要途径。也只有把权力关进制度的笼子里、法律的笼子里，公民的权利才能够得到有效保障。所以，《法治政府建设实施纲要（2015—2020年）》将公民合法的权利和利益得到切实保护作为建设法治政府的重要目标之一。

法治政府建设对于推进全面深化改革具有重要的支撑和保障作用。习近平总书记强调，"我们要让全面深化改革、推进全面依法治国如鸟之两翼、车之双轮，推动全面建成小康社会的目标如期实现"。在"四个全面"战略布局中，依法治国、全面深化改革相互联系，不可分割。处理好两者之间的关系，必须坚持几项原则：第一，重大改革要于法有据，取得法律的支持。第二，改革的成果要及时上升为宪法、法律。第三，立法要及时适应改革的需求。在政治经济生活发生了巨大变化的情况下，法律不能一成不变。立法要主动适应改革和经济社会发展的需求，对于过时的法律法规要及时清理，做到立、改、废、释并举，该制定的要制定，该修改的要修改，该废止的要废止，该解释的要解释。

我们必须站在历史的、政治的高度认识建设法治政府的重要性。从历史经验和各国实践看，法治是有效的国家治理方式，因为其具有长期性、稳定性和可预见性，不因个别人看法、注意力的改变而改变。当前，我们对法治政府内涵的认识越来越丰富，对法治政府建设的要求越来越明确，只有顺应历史潮流和发展大势，坚定信念，义无反顾，持续不断地推进依法行政，才能早日实现建成法治政府的宏伟目标。

本文刊载于2017年5月8日《光明日报》第16版

马怀德教授解读国家监察体制改革：
事关全局的重大政治改革

马怀德，中国政法大学副校长、教授、博士生导师，中国行政法学研究会会长、中国监察学会副会长，监察部特邀监察员。出版学术专著、合著二十余部，发表论文百余篇。参与《国家赔偿法》《行政处罚法》等法律的起草工作。系"新世纪百千万人才工程"国家级人选，获"中国十大杰出青年法学家奖"，享受国务院政府特殊津贴。

国家监察体制改革不仅对反腐败制度体系建设产生深远影响，而且是国家治理体系现代化的重要组成部分。因为推进国家治理体系和治理能力现代化，最重要的就是在治国理政方面形成一套完备的、成熟的、定型的制度，通过有效运转的制度体系，实现对国家和社会的治理，说到底就是实现治理体系和治理能力的制度化、法治化。改革国家监察体制，形成集中统一、权威高效的国家监察体系，有利于提升国家治理能力，推进国家治理体系和治理能力现代化。

改革国家监察体制，设立国家监察委员会，是一项事关全局的重大政治改革。在人民代表大会制度之下，监察机关不再是政府的组成部门。各级监察委员会将由各级人大产生、对人大负责、接受人大监督。这既是对现有政治体制的重大改革，也关系到一系列法律制度的变革，必将对我国政治和法律制度产生深远的影响。

有利于实现国家治理体系和治理能力现代化

制度建设具有极端重要的意义。早在20世纪80年代，邓小平同志在总结历史经验教训的基础上深刻指出，"制度问题更带有根本性、全局性、稳定性和长期性"。

党的十八大以来，以习近平同志为核心的党中央坚持全面从严治党，紧紧围绕推进国家治理体系和治理能力现代化，积极推进制度建设和改革，不断加强党风廉政建设和反腐败斗争。当前，反腐败斗争压倒性态势已经形成，不敢腐的目标初步实现，不能腐的制度日益完善，不想腐的堤坝正在构筑，党内政治生活呈现新的气象。构建不能腐的制度体系是一项系统工程，必须着眼于党和国家事业全局，从政治体制改革的战略高度加以推进。国家监察委员会的设立，从制度上解决了国家监察权的定位问题，为国家监察机关更好地履行反腐败职能，实现监察对象全覆盖提供了制度依据。

随着制度建设不断深化，其他相关的反腐败制度建设也会陆续跟进，最终构建起一套严密的反腐败制度体系，为最终形成不敢腐、不能腐、不想腐的体制机制奠定制度基础。

国家监察体制改革不仅对反腐败制度体系建设产生深远影响，而且是国家治理体系现代化的重要组成部分。因为推进国家治理体系和治理能力现代化，最重要的就是在治国理政方面形成一套完备的、成熟的、定型的制度，通过有效运转的制度体系，实现对国家和社会的治理，说到底就是实现治理体系和治理能力的制度化、法治化。改革国家监察体制，形成集中统一、权威高效的国家监察体系，有利于提升国家治理能力，推进国家治理体系和治理能力现代化。

有利于协调推进党内监督与人民监督

党内监督是永葆党的肌体健康的有力武器。我们党长期执政的制度优势已经充分显现，但也面临风险和挑战，最大挑战就是对权力的有效监督。随着党内监督的加强，已经实现了监督全覆盖，覆盖了所有的国家机关、社会团体及企事业单位的党员；而行政监察机关作为政府的组成部门，只负责监察行政机关的工作人员，以及政府任命的工作人员，不可能覆盖到政府以外的机构和人员，由此便形成了"衣服小、身子大"的不协调的监察体制。

为此，"要完善监督制度，做好监督体系顶层设计，既加强党的自我监督，又加强对国家机器的监督"，"要健全国家监察组织架构，形成全面覆盖国家机关及其公务员的国家监察体系"。改革后的监察委员会与纪委合署办公，确保监督力量覆盖延伸到所有行使公权力的公职人员，使监督体制和监督机制更加制度化、规范化。

人民监督是反腐败的重要力量，也是形成不能腐制度的关键。1945年7月，毛泽东在与黄炎培"窑洞对"，讨论如何跳出历史周期律时讲："我们已经找到新路，我们能跳出这周期律。这条新路，就是民主。只有让人民来监督政府，政府才不敢松懈。只有人人起来负责，才不会人亡政息。"驰而不息反腐败，健全反腐败制度体系，要重视人民的检举举报等作用，从民众最在意最痛恨的领域和现象抓起，倾听人民呼声，让人民参与，最终形成发现问题、纠正偏差的有效机制，实现党内监督和人民群众监督的有机结合。

有利于全面推进依法治国

全面推进依法治国，总目标是建设中国特色社会主义法治体系，建设社会主义法治国家，形成完备的法律规范体系、高效的法治实施体系、严密的法治监督体系、有

说过就过

力的法治保障体系，形成完善的党内法规体系。就形成完备的法律规范体系而言，改革国家监察体制，需要加大力度推进立法、修法工作，用法律形式将重大改革成果固定下来，做到重大改革于法有据，重要改革成果及时转化为法律。就国家法治监督体系而言，虽然政府内部有行政监察和审计监督，政府外部有人大监督、司法监督、舆论监督等监督形式，检察院还有专门的反贪污、反渎职、预防职务犯罪等力量，但这些反腐败资源力量过于分散，很难形成合力。推进国家监察体制改革，设立国家监察委员会，可以整合反腐败资源力量，形成集中统一、权威高效的反腐败体制，有利于构建严密的法治监督体系，实现全面推进依法治国的目标。

中央和国家机关系列法治讲座首场报告会在京举行

2017年5月10日上午,由中央宣传部、中央直属机关工委、中央国家机关工委、司法部、全国普法办共同举办的中央和国家机关系列法治讲座首场报告会在北京人民大会堂举行。最高人民检察院副检察长、中国法理学研究会会长徐显明应邀作了《坚定不移走中国特色社会主义法治道路》专题报告。司法部党组成员、副部长赵大程主持报告会。

报告会上,徐显明围绕学习贯彻习近平总书记关于法治的一系列重要讲话精神,介绍了习近平总书记关于全面依法治国的代表性篇章和重要思想观点;从历史经验、现实需要和战略谋划三个方面,阐明了走中国特色社会主义法治道路的历史必然性;从坚持党的领导、坚持中国特色社会主义制度、贯彻中国特色社会主义法治理论三项核心要义和坚持党的领导、坚持人民主体地位、坚持法律面前人人平等、坚持依法治国和以德治国相结合、坚持从中国实际出发五项基本原则,阐释了中国特色社会主义法治道路科学内涵,引发与会听众热烈反响。

赵大程在主持讲话中指出,组织开展中央和国家机关系列法治讲座,深入贯彻落实习近平总书记关于领导干部要做尊法学法守法用法的模范的重要指示精神,是落实中央转发的"七五"普法规划、全国人大常委会决议和中央深改组审议通过的《关于完善国家工作人员学法用法制度的意见》的重要措施,也是中宣部、司法部将在全国开展的尊法学法守法用法主题法治宣传实践活动的重要组成部分。各地各部门要以此为契机,结合各自实际,迅速行动起来,开展各种形式的学习宣讲活动,为党的十九大胜利召开营造浓厚的法治氛围。

赵大程强调,要深入学习宣传贯彻习近平总书记系列重要讲话精神和治国理政新理念新思想新战略,特别是关于全面依法治国的重要论述。深刻领会、准确把握习近平总书记系列重要讲话精神的基本观点、核心要义和精神实质,深刻领会、准确把握习近平总书记关于全面依法治国的一系列富有创见的思想观点和重要论述,进一步牢固树立政治意识、大局意识、核心意识、看齐意识,自觉用系列重要讲话精神武装头脑、指导实践,推动法治建设和法治宣传教育工作。

要抓住"关键少数",推动领导干部尊法学法守法用法。认真贯彻落实《关于完善国家工作人员学法用法制度的意见》,贯彻落实好党委(党组)中心组学法、国家工作

说过就过

人员日常学法、法治培训、任职法律考试和依法决策、依法履职等制度，健全完善考核评估机制，推动各级领导干部做尊法学法守法用法的模范，认真有效地解决法治实践中的矛盾、问题，切实增强普法依法治理的工作效用。

要扎实推进《民法总则》的学习宣传，让民法知识家喻户晓、民法精神深入人心。《民法总则》将于2017年10月1日起施行。要充分认识学习宣传《民法总则》的重要意义，把弘扬社会主义核心价值观融入《民法总则》宣传全过程，以领导干部和青少年等为重点对象，大力宣传《民法总则》的基本内容和基本原则，进一步创新宣传形式，努力增强宣传实效，为保障公民权利、保障经济持续健康发展、提高国家治理能力营造良好的法治氛围，为推进全面依法治国作出新的贡献。

中央和国家机关系列法治讲座共三讲。5月中旬和6月上旬还将围绕《民法总则》进行两场专题学习宣讲。这也是"七五"普法讲师团的首次讲座。

中央和国家机关干部、在京中央企业负责同志，北京市党政机关干部以及部分在京高校师生共约750人参加了报告会。

（来源：法制日报）

2017，司法体制改革决战之年

2017年是人民法院深化司法体制改革的决战之年，随着司法改革主体框架基本搭建完成、司法责任制改革在全国范围内全面推开，越来越多的法院干警和人民群众关心改革、支持改革、宣传改革。最高人民法院司法改革领导小组办公室开设"司法改革热点问答"专栏，组织专门力量就各地法院反映的问题陆续进行权威解答。

1. **问：司法责任制改革为什么是司法体制改革的"牛鼻子"？**

答：习近平总书记指出，司法责任制改革是全面深化司法体制改革的基础，是必须牢牢牵住的"牛鼻子"。那么，为何司法责任制改革是司法改革的"牛鼻子"呢？

一是从司法责任制改革在法院内部职权配置的地位来看，司法责任制改革是人民法院审判权力运行机制的重大转型与革命，是建立权责统一、权责明晰、权力制约、监督有效的司法权运行机制的关键。通过改革审判权力运行机制、明确司法人员职责和权限、明确审判责任的认定和追究、加强法官的履职保障等，保障了裁判的独立性、履职的法定性、监督的有序性、定责的科学性、追责的程序性，彰显了审判权的判断权属性，真正实现了"让审理者裁判、由裁判者负责"。

二是从司法责任制改革在全面深化改革中的地位来看，居于基础性、全局性的地位，牵一发而动全身。通过法院人员分类管理、法官员额制，实现司法资源优化配置，队伍素质总体提升，为实现司法责任制改革打下坚实基础。通过建立信息化的审判监督管理机制、符合司法规律的裁判文书签署机制、科学的审判责任认定和追究机制等，实现了审判权力的规范有序运行。通过加强司法职业保障、推进内设机构改革、推进司法辅助人员管理改革、人财物省级统管等，最大限度激发改革动力。

三是从司法责任制改革对司法公信力提升的作用来看，司法要获得人民群众的信赖首先就要提高审判质效，防止和减少错案的发生，通过司法责任制改革让法院更像法院、法官更像法官，促进提高审判质量、效率和司法公信力，让人民群众在每一个司法案件中感受到公平正义。总之，把"牛鼻子"抓好，关乎司法改革全局，关乎公正权威，关乎司法事业长远发展，任务艰巨、意义深远。

2. **问：司法责任制改革后，合议庭的审判长如何确定？其审判职责包括哪些内容？**

答：实行法官员额制后，员额法官都具备担任审判长的资格，不宜再设相对固定的审判长。案件由合议庭审理的，根据本院员额法官和案件数量情况，可以由院长、副院长、庭长按权限指定合议庭中资历较深、庭审驾驭能力较强的法官担任审判长，也可以探索实行由承办法官担任审判长。院长、副院长、庭长参加合议庭审判案件的时候，自己担任审判长。

合议庭审理案件时，审判长除承担由合议庭成员共同承担的审判职责外，还应当履行以下审判职责：确定案件审理方案、庭审提纲、协调合议庭成员庭审分工以及指导做好其他必要的庭审准备工作；主持、指挥庭审活动；主持合议庭评议；依照有关规定和程序将合议庭处理意见分歧较大的案件提交专业法官会议讨论，或者按程序建议将案件提交审判委员会讨论决定；依法行使其他审判权力。审判长自己承办案件时，应当同时履行承办法官的职责。

3. 问：如何进一步健全院庭长办案机制？

答：法院领导干部有多重身份，肩负管党治党、带好队伍等责任，要把党建工作和审判工作同谋划、同部署、同落实。进入法官员额的院庭长应当带头办理一定数量案件，这对于保持队伍稳定，促进法官成长，有重要的示范作用。实践中，应当根据各自分管的审判工作，结合专业背景和个人专长办理案件，重点审理重大、疑难、复杂、新类型和在法律适用方面具有普遍指导意义的案件。各级人民法院院庭长依照法律规定履行审判职责，包括独任审理案件、参加合议庭作为承办法官审理案件、参加合议庭担任审判长或者作为合议庭成员参与审理案件。作为审判委员会委员参与案件讨论的，可以计入工作绩效，但不宜折抵为办案数量。

院长、副院长、审判委员会专职委员、其他入额院领导每年办案量应当参照其分管或者选择的审判业务类别法官平均结案数确定；庭长、副庭长每年办案量应当参照本部门法官平均结案数确定。要设定院庭长办案的数量底线，建立绩效考核、督察通报、公示监督等机制，切实防止办案走形式、走过场，委托办案和挂名办案等现象。法院审判管理部门负责本院庭长、副庭长办案量的测算核定和定期通报。要通过给院庭长配备审判辅助人员、精简会议文件等配套性举措，保证院庭长办案制度得到落实。

4. 问：如何科学组建审判团队？审判团队与审判庭的关系如何协调？

答：审判团队是人民法院为了推进案件公正高效办理，促进人力资源优化配置，组建的包含法官、审判辅助人员的审判力量配置单元，具有相对固定、密切协作、扁平管理等特点。按照司法责任制改革的要求，基层、中级人民法院可以组建由一名法官与法官助理、书记员以及其他必要的辅助人员组成的审判团队，依法独任审理适用简易程序的案件和法律规定的其他案件。审判团队是在法定审判组织基础上组建的，不是法定审判组织，一般内嵌独任庭或者合议庭，团队组合的目的是为了多办案、办好案、优化人力资源配置，但本身不能取代审判组织。按照人民法院组织法，只有独任庭、合议庭、审判委员会才是法律意义上的审判组织，审判组织依法承担审判责任。

审判团队可以作为审判管理单元、绩效考评单元，但不宜作为责任追究主体。

案件数量较多的基层人民法院，可以组建相对固定的审判团队，实行扁平化的管理模式，原则上一个团队包含一名独任法官或者一个合议庭即可。一个团队没有必要承载 2 个或 2 个以上合议庭，或者在内部细分为若干个审判组，防止又衍生新的管理层次，也不易协调团队负责人与审判长之间的关系。审判团队主要适用于基层人民法院。在中级及中级以上人民法院，由于审级职能、案件类型不同，即使组建审判团队，更多是基于专业化审判的需要，如设立商标纠纷审判团队、金融纠纷审判团队等。如果入额法官素质、资历均衡，还是应以随机产生合议庭方式为主。

为进一步准确理解改革政策，客观看待改革中的新情况新问题，以改革的办法解决改革中的问题，推动改革措施精准落地，人民法院报联合最高人民法院司法改革领导小组办公室开设"司法改革热点问答"专栏，组织专门力量就各地法院反映的问题陆续进行权威解答。

5. 问：实行随机分案制度后，如何确定案件承办法官？

答：司法责任制改革推开后，各级人民法院应当在加强审判专业化建设基础上，实行随机分案为主、指定分案为辅的案件分配制度。人民法院可以按照受理案件的类别，通过随机产生的方式，组建由法官或者法官与人民陪审员组成的合议庭，审理适用普通程序和依法由合议庭审理的简易程序的案件，也可以按照审判领域类别和繁简分流安排，随机确定案件的承办法官。承办法官一经确定，不得擅自变更。各级人民法院应当结合本院实际，以案件随结随报为基础，科学测算法官办案饱和度，合理确定不同岗位法官的年度工作总量。根据承办法官接受随机分案、指定分案情况、收结案办理情况、承担调研任务和综合事务情况，统筹调配全院案件，实现分案均衡，防止忙闲不均。对于重大、敏感、疑难、复杂、新类型等案件，可以在随机分案的基础上进行调整，指定承办法官；也可以直接由院长、副院长、审判委员会委员作为审判长或者承办法官进行审理。随机分案后因存在法定回避情形或工作调动、身体健康、廉政风险等事由确需调整承办法官的，应当由院长、副院长、庭长按权限审批决定。对随机分案结果进行调整的，应当将调整理由及结果在办公办案平台上公示，并及时通知诉讼当事人。

6. 问：如何理解裁判文书签署机制改革？

答：司法责任制改革明确将裁判文书"审签制"改为"签署制"，分别明确了不同审判组织签署、签发裁判文书的不同方式，真正实现审理者、裁判者、署名者、签发者的高度统一，切实体现审判组织在裁判中的主体地位。具体要求：一是独任法官审理案件形成的裁判文书，由独任法官直接签署。二是合议庭审理案件形成的裁判文书，由承办法官、合议庭其他成员、审判长依次签署；审判长作为承办法官的，由审判长最后签署。审判组织的法官依次签署完毕后，裁判文书即可印发。三是除审判委员会讨论决定的案件以外，院长、副院长、庭长对其未直接参加审理案件的裁判文书不再进行审核签发。四是由审委会讨论决定的案件，仍由院长或者院长授权的分管副院长进行签发。合议庭评议和表决规则，适用人民法院组织法、诉讼法以及《最高人民法院关于人民法院合议庭工作的若干规定》《最高人民法院关于进一步加强合议庭职责的若干规定》。

7. 问：如何理解专业法官会议的职能？

答：按照司法责任制改革意见，人民法院可以分别建立由民事、刑事、行政等审判领域法官组成的专业法官会议，为合议庭正确理解和适用法律提供咨询意见。合议庭认为所审理的案件因重大、疑难、复杂而存在法律适用标准不统一的，可以将法律适用问题提交专业法官会议研究讨论。专业法官会议的讨论意见供合议庭复议时参考，采纳与否由合议庭决定，讨论记录应当入卷备查。设立专业法官会议，主要基于下述考虑：一是确保案件质量。取消院庭长案件审批制度后，有必要建立一种咨询研讨机制，对一些疑难案件进行会商。二是统一法律适用。通过搭建集体研讨平台，防止"同案不同判"现象出现。三是促进业务交流。尤其是民事、刑事、行政等不同业务"条线"的交流，汇聚不同视角，解决好刑民交叉、行民交叉领域的疑难问题。四是配合审判委员会改革。限缩或过滤提交审判委员会的案件数量，大量案件可以通过提交专业法官会议解决。但是，也应当把握以下问题：第一，职能定位业务性。专业法官会议是应用于审判领域的机制设计，目的是为合议庭提供咨询参考意见，它不同于一些法院建立的法官会议或法官委员会，后两种均是法官自治性组织，目的是推动法官广泛参与涉及自身权益事项的决策与管理。第二，组成人员平等性。组成人员可能有院庭长、审判长，也有不担任领导职务的普通法官，但所有人地位完全平等。第三，讨论范围限定性。讨论范围仅限于因重大、疑难、复杂而存在法律适用标准不统一的案件，事实认定问题不得提交会议讨论。第四，提请主体特定性。合议庭中的审判长可以将相关案件提交专业法官会议讨论；院庭长在行使对特定个案的监督权时，要求将案件提交专业法官会议讨论。第五，讨论结果参考性。专业法官会议的意见仅供合议庭参考，合议庭可以不采纳，也可以决定采纳少数意见。

8. 问：审判人员较多的法院，应当如何确定专业法官会议的规模？

答：专业法官会议是一个咨询性组织，而非审判组织，最终决议是咨询性质的，不追求确定、统一的结论。原则上员额法官都有资格作为专业法官会议成员，不宜仅将成员身份限定为资深法官或高级法官。在一些审判人员较少的基层人民法院，专业法官会议可以是全体法官都参加的会议。从全国已经建立专业法官会议机制的法院情况看，大致包括三种类型：第一种是全院法官均参加的专业法官会议，主要是一些新设基层人民法院或者审判人员、案件数量较少的法院。第二种是按照审判业务种类设立的法官会议。有的只设民事专业法官会议和刑事、行政法官会议；有的涵盖刑事、民事、行政、立案、执行、国家赔偿各个专业；有的还会细分至知识产权、金融、房地产等专业领域。第三种是按部门层级设立的法官会议。当然，员额法官都可以成为专业法官会议成员并不代表所有法官都要参会。对于法官较多、案件较多的法院，可以考虑设置专业法官会议人选库，并注明每位法官的专业特长和审判经历。合议庭认为有必要将案件提交专业法官会议讨论时，可以由合议庭根据案件类型，以及所涉法律问题新颖、难易程度，提供建议参与讨论的法官名单。合议庭持不同意见的成员，可以分别提出建议参会的法官名单，由审判长汇总提出。至于参会人员是否有领导职务、来自哪个庭室、具体数量要求，实践中可以灵活处理。

9. 问：院长除依照法律规定履行相关审判职责外，如何履行管理监督职责？

答：院长除了通过编入合议庭直接审理案件承担审判职责外，还应当履行法律规定的其他职责：一是依法对生效案件进行监督。人民法院院长对已经发生法律效力的判决和裁定，如果发现在认定事实上或者运用法律上确有错误，必须提请审判委员会处理。二是依照法律规定的权限和程序，对案件审理中的程序事项和强制措施事项作出审批。如对审理程序变更、审限变更、管理期限、回避、罚款、拘留、逮捕等事项作出审批。三是依法主持审判委员会讨论审判工作中的重大事项。除依照法律规定履行相关审判职责外，院长应当从宏观上指导法院各项审判工作，组织研究相关重大问题和制定相关管理制度，负责审判管理工作，依法主持法官考评委员会对法官进行业绩评价，以及履行其他必要的审判管理和监督职责。副院长、审判委员会专职委员受院长委托，可以依照前款规定履行部分审判管理和监督职责。

10. 问：庭长除依照法律规定履行相关审判职责外，如何履行审判管理监督职责？

答：根据院长授权，庭长可以协助院长、副院长对延长审限等程序性事项和逮捕、拘留等强制措施进行把关。但是，可能影响案件实体裁判的程序性决定，应当由合议庭或者独任法官作出，如延长举证期限、调查取证等。除依照法律规定履行相关审判职责外，庭长应当从宏观上指导本庭审判工作，研究制定各合议庭和审判团队之间、内部成员之间的职责分工，负责随机分案后因特殊情况需要调整分案的事宜，定期对本庭审判质量情况进行监督，以及履行其他必要的审判管理和监督职责。

11. 问：司法责任制改革中，如何做到既放权到位又有效监督？

答：推进司法责任制改革，一方面要确保法官办案主体地位，坚持放权到位。严格落实司法责任制要求,改变传统裁判文书签署机制,院庭长对未直接参加审理案件的裁判文书不再进行审核签发文书,同时,不能以旁听合议、文书送阅、口头指示等方式实施变相审批。另一方面要坚持监督到位,规范院庭长审判监督管理权,实现审判监督的内容、方式从微观的一般个案审批、文书签发,转向宏观的全院、全员、全过程的审判质效监管,做到放权又放心。为此,一是要建立审判监督权力清单制度,明确院庭长在程序事项审批、审判工作综合指导、裁判标准统一、审判质效监管、排除案外因素对审判活动的干扰等方面工作职责以及不得从事的监督管理行为。二是要建立以信息化手段为辅助的常态化监督机制,实现对审判流程自动化记录跟踪、提示催办、预警冻结,强化院庭长对审判流程、审判态势的智能化监管以及监督管理行为全程留痕。三是要推进司法工作标准化建设,完善各类人员、各类案件的权责配置标准、诉讼服务标准、审判流程标准、司法裁量标准、辅助工作标准、案件质量标准和办案业绩评价标准等,对所有司法活动形成规范化操作指引、可量化评价标准。健全完善随机分案为主、指定分案为辅的分案机制。四是要完善特定类型个案的监督,建立系统自动识别与人工判断相结合的特定类型个案甄别机制,院庭长主要采取听取案件进展、评议结果、提交法官会议和审委会讨论等方式进行监督。五是要大力推进案件质量评查,保障案件质量。积极利用司法解释、指导性案例、类案参考、裁判指引和大数据分析,统一法律适用。六是要健全干预过问与独立办案之间的阻断机制,防止监督管理越位。建设符合新型审判权运行机制特点的廉政风险防控机制,确保放权不放任,用权受监督。

12. 问:如何稳妥推进审委会改革?

答:按照司法责任制改革意见,审判委员会制度改革的主要内容是:第一,合理定位审判委员会职能。今后,审判委员会的职能重心应该从审理讨论个案转变到从宏观上总结审判经验,研究审判工作中的重大问题,切实发挥审判决策、审判指导、审判管理、审判监督的功能作用。第二,依法合理确定审判委员会讨论案件范围。审判委员会主要讨论重大、疑难、复杂案件的法律适用问题。考虑到目前法院工作实际,涉及国家外交、安全和社会稳定的重大复杂案件,也应当提交审判委员会讨论决定。第三,完善审判委员会会议准备工作。合议庭认为案件需要提交审判委员会讨论决定的,应当提出并列明需要审判委员会讨论决定的法律适用问题,并归纳不同的意见和理由。案件需要提交审判委员会讨论决定的,委员应当事先审阅合议庭提请讨论的材料,了解合议庭对法律适用问题的不同意见和理由,根据需要调阅庭审音频视频或者查阅案卷。第四,完善审判委员会表决程序。审判委员会委员讨论案件时,应当按照法官等级由低到高确定表决顺序,主持人最后表决。所有参加讨论和表决的委员应当在审判委员会会议记录上签名。审判委员会讨论案件违反民主集中制原则，导致审判委员会决定错误的，主持人应当承担主要责任。

13. 问：为什么要实行法官员额制？

答：推进法官员额制改革，是人民法院深化司法体制改革的重要内容。之所以实行这项改革，一是要确保法官数量与案件数量相匹配，改变目前人案失衡、忙闲不均的状况。二是要确保审判辅助人员数量与法官数量相匹配，优化审判资源配置，切实减少法官事务性工作负担。三是要确保优秀法官配置在一线办案岗位，办公室、政工党务、培训教育、纪检监察、司法技术等部门不配置员额。四是要确保品行端正、经验丰富、专业水平较高的优秀法律人才成为员额法官人选，为推进司法责任制改革夯实基础。五是要确保法官职业保障有效落实，配套实行符合司法职业特点的法官单独职务序列和工资制度。实行法官员额制改革，不能狭隘地理解为压缩法官数量。改革的目标，是要通过优化人员结构、科学分类管理和精确划分职能，推动建立分类科学、结构合理、分工明确的法院人员管理制度，为推进法院队伍正规化、专业化、职业化建设打下坚实基础。

14. 问：每个法院的法官员额比例是否都应控制在中央政法专项编制的39%以内？

答：按照中央关于推进法官员额制改革的要求，法官员额比例应当控制在中央政法专项编制的39%以内。39%的员额比例是针对各省、自治区、直辖市法院的中央政法专项编制而言，可以在不同审级、地域进行调剂，不是要求每个法院的法官员额比例都必须是39%。不同地方经济社会发展水平差异大，在确定员额比例和基数时不宜一刀切。按照中央要求，应当在省一级统筹调控各地区、各层级法院员额数量，以人案匹配度和各级人民法院职能定位为依据，坚持员额比例向基层倾斜，向人案矛盾突出的地区倾斜。例如，广东将占全省60%以上案件量、人案矛盾突出的珠三角核心地区法官员额比例确定在52%左右，而"案少人多"和"案少人少"的部分地区核定员额比例则低于30%，全省法官员额占中央政法专项编制的34.64%，仍控制在中央要求的39%比例以内。下一步，各地要充分借鉴上海、江苏等地开发案件权重系数，北京、贵州等地合理测算法官饱和工作量的经验，进一步做好办案量精细测算，加大省内员额统筹调配力度，科学核定各个法院员额，坚决纠正核定比例就高不就低、案多案少一个样等问题。

15. 问：如何按照"考核为主、考试为辅"的标准遴选法官？

答：员额制是实现法官专业化、职业化的重要基础制度，是实行司法责任制的前提，目的是把最优秀的人才吸引到办案一线，以提高办案质量、效率和公信力。为了实现这一目的，必须保证入额法官政治素养、专业素质、办案能力、职业操守过硬。

这就要求各级人民法院对具有法官资格的人员进行遴选时，要以考核为主、考试为辅，在坚持政治标准基础上，突出对办案业绩、职业操守的考核。

采取考核方式时，要突出近三年的办案业绩和办案能力，办案绩效要占相对高的考核权重。民主测评、领导班子成员评价等主观评价主要针对政治、廉政、作风等方面，分值不得超过考核分值的30%。对审判部门人员的考核要合理设定案件权重系数，不能简单以结案数、结案率来排名。对非审判部门人员的考核要注重对其工作量和工作质效的量化，防止过多依靠主观评价。

采取考试方式时，要兼顾不同审判领域和专业类型，注重考察案件事实分析、争议焦点归纳、正确适用法律、制作裁判文书等实际办案能力。考核、考试全过程应当及时公开、接受监督，防止简单以票取人、以分取人、论资排辈和迁就照顾。对少数民族地区的"双语法官"，在遴选入额时应给予特殊政策考虑。

16. 问：如何充分发挥法官遴选委员会的专业把关作用？

答：各高级人民法院要配合省级有关部门，充分发挥法官遴选委员会的专业把关作用，进一步研究完善遴选委员会审议程序和工作机制，既要避免面试走形式、走过场，也要切实防止仅凭印象分就决定员额人选。在首批法官集中入额后开展的遴选中，遴选委员会原则上应当对候选人进行面试。遴选委员会委员对候选人入额资格提出疑义的，高级人民法院应当及时作出说明，未予说明或说明未获认可的，经遴选委员会三分之二以上委员表决通过，可以否决相关候选人入额资格。遴选委员会否决候选人入额资格的，应当书面说明理由，并书面送达候选人。

17. 问：如何正确处理助理审判员入额问题？政工部门负责人、纪检组长入额后是否应当免职？

答：法官员额制全面推开后，各级人民法院不再任命助理审判员。改革之前任命的助理审判员，改革中不宜整体转为法官助理。对于符合遴选条件的助理审判员，应允许其通过参加统一的考核和考试，成为员额法官，并依照法定程序任命为审判员。

政工部门负责人、纪检组长，以及其他司法行政部门负责人符合入额条件，经统一遴选程序入额后，应当在入额名单公示结束之日起三个月内，按照规定的组织程序免去原有党政职务，并调整至一线办案岗位。未按时调整的，应当退出员额。

18. 问：如何做好各级人民法院领导干部的入额遴选工作？

答：既不能简单提倡领导干部因履职需要一律入额，也不鼓励发扬风格一律不入额。领导干部入额需坚持三个基本的标准：一是工作职责与行使审判权紧密相关，之前也有审判工作经历；二是除院长外，领导干部入额必须按照统一标准，经过公平公正公开的统一考核或考试程序；三是入额后既要履行与其职务对应的监督管理职责，也必须办理相应数量和类型的案件。在遴选标准和方式上，应当根据领导干部工作性质和履职特点确定考核、考试的具体内容和办法。入额标准和程序应当在省级层面统一，高级人民法院不能将入额标准制定权下放。

19. 问：如何做好法官的业绩评价工作？如何建立"有进有出"的员额常态化运行机制？

答：各级人民法院应当健全完善法官考评委员会工作机制，由法官考评委员会组织、领导对法官的考核、评议工作。法官考评委员会由本院院长、相关院领导、相关部门负责人和若干法官代表组成。主任由院长担任，法官代表由全体法官推选产生。对法官审判绩效的考核、评价，必须由法官考评委员会作出，考核结果应当公示。法官对考核结果如有异议，可以申请复议。对法官审判绩效的考核办法和评价标准，应当合理设置权重比例，注重审判工作实绩，充分考虑地域、审级、专业、部门、岗位之间的差异，但不能超出法官的法定职责和职业伦理。考核结果和业绩评价应当作为法官等级晋升、岗位调整和绩效考核奖金分配的重要依据。

对于不能独立办案、案件质效较差、完不成核定工作量的员额法官，要通过科学考核、依法追责，使其有序退出员额。最高人民法院关于建立法官惩戒制度和审判人员绩效考评的指导意见已经下发，各地要抓紧制定实施细则，将员额退出与干部管理、违法审判责任追究和绩效考评工作挂钩，树立正确用人导向，激发队伍活力，确保员额"有进有出"。

20. 上级人民法院如何从下级人民法院遴选法官？

答：党的十八届四中全会决定提出，初任法官由高级人民法院统一招录，一律在基层人民法院任职，上级人民法院的法官一般从下一级人民法院的优秀法官中遴选。中央有关部门据此制定了关于建立法官逐级遴选制度的意见。具体要求是：第一，地市级以上人民法院法官，一般通过逐级遴选方式产生。经最高人民法院决定或者批准，上级人民法院可以在下两级人民法院范围内择优遴选法官。第二，各省（自治区、直辖市）遴选范围一般限于辖区内人民法院法官。因工作需要，经最高人民法院批准，可以跨省域遴选。第三，遴选地市级、高级人民法院法官的人选，一般具备下列条件：良好的政治素养、专业能力和职业操守；具备全日制普通高等学校法学类本科学历并获得学士及以上学位，或者全日制普通高等学校非法学类本科及以上学历并获得法律硕士、法学硕士及以上学位；在下级人民法院担任法官 5 年以上；具有遴选职位 3 年以上相关工作经历；法律法规规定的其他任职条件。第四，经最高人民法院同意，高级人民法院可以结合实际，对民族地区、边远地区遴选法官的学历和在下级人民法院的任职年限等条件适当放宽。法官逐级遴选工作由省级以上人民法院会同本级公务员主管部门组织实施。第五，上级人民法院从下级人民法院遴选法官的，应当配合有关部门，健全完善住房落户、子女教育、家属就业等配套保障措施，确保异地遴选的法官能够安心履职。第六，员额制实施前在中级以上人民法院已经被任命为法官但未入额，且仍在审判业务部门协助办案的，可以在本院参加法官遴选，在本院任职。

21. 问：如何确定未入额法官的待遇？

答：按照中央统一政策要求，未入额法官保留原有职务和待遇，原来享有的津补贴保留不变，可按照法官助理序列正常晋升职级，相应提高工资薪酬水平。各级人民法院不得对未入额法官核定独立办案任务，未入额法官应当按照审判辅助人员标准领取津补贴和绩效奖金。各级人民法院应当在摸清未入额法官的年龄、学历、资历、能力、业绩等底数的基础上，科学设定分流、转岗和安置的具体措施。努力推动拓宽分流渠道，争取优惠安置政策。要完善符合条件的法官助理经遴选成为入额法官的条件和程序，打通未入额法官的职业通道，明确其发展前景。

22. 问：如何稳妥推进人民法院内设机构改革？

答：2016年8月18日，最高人民法院会同中央编办联合印发了《省以下人民法院内设机构改革试点方案》。根据试点方案，省以下人民法院内设机构改革的总体要求是科学设置审判业务机构，合理整合非审判业务机构，严格控制机构规模。人员编制在50人以下的法院，可探索设置综合审判庭、综合办公室，进一步提高司法效能。内设机构改革在基层人民法院先行试点，改革条件比较成熟的高级、中级人民法院可结合实际进行探索。内设机构改革，机构精简是基础，职能优化是关键，要坚持扁平化管理和专业化建设相结合，统筹考虑内设机构改革和办案组织建设，原有的机构要减少，但法定的工作程序不能减少。鉴于各地情况差异较大，上级人民法院要坚持实事求是、因地制宜，尊重、支持基层创造性探索，不得要求基层人民法院对口设置机构，不得以划拨编制、经费、装备等办法变相施压。内设机构改革中，原有编制、领导职数及待遇不核减。

23. 问：为什么要实行法院人员分类管理？

答：人民法院是国家的审判机关，担负着国家审判重任，审判工作质量直接取决于法院队伍素质。司法权是判断权和裁决权，审判工作具有独立性、中立性和程序性、亲历性等特点，不同于上令下从的行政管理模式，法官办案必须独立判断、居中裁判、亲自开庭，遵循法定程序，合议庭决策实行少数服从多数，与行政首长负责制的权力运行机制有着重要区别。建立符合职业特点的法院人员管理制度，是建设高素质法院队伍的重要保障，也是新一轮司法改革的重头戏。党的十八届三中全会决定提出，要建立符合职业特点的司法人员管理制度，完善司法人员交流管理制度，十八届四中全会决定进一步提出，要加快建立符合职业特点的法治工作人员管理制度。《人民法院第四个五年改革纲要（2014—2018）》提出要推进法院人员分类管理制度改革，将法院人员分为法官、司法辅助人员和司法行政人员，坚持以法官为中心、以服务审判工作为重心，建立分类科学、结构合理、分工明确、保障有力的法院人员管理制度，符合了审判工作规律，有助于实现法官职权即审判权的真正回归，有助于提升司法效率、提高审判质效。实行人员分类管理，是司法制度建设进程和依法治国的必然要求。完善法院人员的分类管理，依法合理配置法院审判权，符合我国的时代背景，在深化司法体制改革中居于基础性地位，是司法体制改革和依法治国的必然要求。实行人员分类管理，是遵循审判工作规律、提升审判质效的内在需求。长期以来，法院人员的考核管理与普通公务员一样，法官与其他工作人员混编管理，未能体现司法规律和职业特点，不易调动各类工作人员的积极性。司法规律的内在要求促使法院推动人事管理改革，即采取有别于普通公务员管理的制度，突出法院的职业特殊性，根据不同岗位的工作特点，并为其搭建各自的发展平台，使每类人员都有上升晋升渠道，实现人尽其才和才尽其用。

24. 问：如何推进审判辅助人员制度改革？

答：为完善法官助理和书记员管理制度，促进审判辅助人员队伍的专业化、职业化建设，2016年6月，最高人民法院会同中央有关部门印发了《法官助理、检察官助理和书记员职务序列改革试点方案》（以下简称《试点方案》），就法官助理、书记员职务序列改革提出明确意见。第一，关于法官助理和书记员配备。法官助理作为法官的重要来源，以中央政法专项编制人员为主，按照综合管理类公务员进行管理。通过加大法官助理招录力度、未入额的法官和符合条件的书记员转任法官助理等方式，加强法官助理配备工作，不足部分采取接收法律院校实习生担任实习法官助理等方式解决。下一步，符合条件的编制内书记员要逐步转任法官助理，书记员原则上不再占用中央政法专项编制，主要实行聘用制管理。第二，关于法官助理和书记员职务序列。根据《试点方案》的规定，编制内法官助理、书记员设置职务名称，单独核定职数，并向中、基层人民法院倾斜。在职务转换过程中，此前相应的综合管理类公务员职务层次任职时间可以累计计算。第三，关于聘用制书记员管理制度改革。下一步拟通过适当降低书记员任职门槛，实行等级管理，加强待遇保障，拓宽职业发展空间等方式，建立一支较为专业和相对稳定的聘用制书记员队伍。

25. 问：法官助理与书记员的工作职责如何区分？

答：法官助理与书记员都属于审判辅助人员，但法官助理的工作更侧重"业务性"，会介入对案件实质性内容的处理，在诉讼流程中承担部分组织、主持、引导、调研、调查等职能；书记员的工作更侧重"事务性"，主要在程序性事务中承担记录、整理、装订、归档、校对等职能。法官助理的所有工作均以法官的指导、委托、指派、要求、交办为前提。合议庭或审判团队中的法官数量如果多于助理，分配给助理的事务应当统筹协调、合理分工。法官助理因工作需要代行书记员职责时，工作业绩应当纳入法官助理岗位考核。

法官助理在法官的指导下，按照有关规定履行以下职责：审查诉讼材料，协助法官组织庭前证据交换；协助法官组织庭前调解，草拟调解文书；受法官委托或者协助法官依法办理财产保全和证据保全措施等；受法官指派，办理委托鉴定、评估等工作；根据法官的要求，准备与案件审理相关的参考资料，研究案件涉及的相关法律问题；在法官的指导下草拟裁判文书；完成法官交办的其他审判辅助性工作。

书记员在法官的指导下，按照有关规定履行以下职责：负责庭前准备的事务性工作；检查开庭时诉讼参与人的出庭情况，宣布法庭纪律；负责案件审理中的记录工作；整理、装订、归档案卷材料；完成法官交办的其他事务性工作。

26. 问：人民法院如何招录法官助理？

答：按照中央组织部、最高人民法院、最高人民检察院2015年11月印发的《关于招录人民法院法官助理、人民检察院检察官助理的意见》，应当通过建立从政法专业毕业生中招录市县两级人民法院法官助理的规范便捷机制，畅通政法专业毕业生进入人民法院的渠道，实现政法专业毕业生就业流向与人民法院用人需求的有效衔接。一是建立符合审判人员职业特点的招录机制。招录市县两级人民法院法官助理，可以纳入省市县乡"四级联考"，也可以结合司法工作特点和实际需求单独命题、单独申报招录计划、单独组织考试和录用。二是明确招录资格条件。取得法律职业资格；普通高等学校政法专业毕业；年龄35周岁以下；符合《中华人民共和国公务员法》《中华人民共和国法官法》等法律法规规定的相关资格和条件；招录岗位需要的其他资格和条件。对艰苦边远地区实行政策倾斜。三是严格规范招录程序。招录程序由公告、报名、资格审查、笔试、面试、体检、考察、公示、办理手续、试用等步骤组成。省级公务员主管部门会同省级人民法院制定招录计划和实施方案，明确招录岗位、条件和程序。四是建立统一职前培训制度。省级人民法院针对职业特点和岗位需求，按照"统一标准、分系统实施"的原则，统一组织对招录人员进前培训。招录入员经培训合格后，按有关规定和干部管理权限办理任职和登记手续。未通过培训考核的人员不予录用。

27. 问：如何有效提升司法行政人员的工作积极性？

答：司法行政人员是指从事政工党务、纪检监察、行政事务、后勤管理等工作的人员。实行司法人员分类管理后，各级人民法院应采取有效措施，确保司法行政人员待遇不降低、交流有通道、职业有前景。第一，应严格落实中央关于"三类人员，两类待遇"的政策要求。根据中央有关工资制度改革政策，除司法警察外，人民法院内部实行"三类人员、两种待遇"。其中，员额法官、审判辅助人员工资收入分别高于当地其他公务员一定比例，司法行政人员工资收入在实际操作中按审判辅助人员的政策办理。实际上，司法行政人员大多是法院业务骨干出身，相当一部分具有法官资格，从事的工作也是围绕办案这一中心工作展开的，从广义上讲，也是审判辅助人员。第二，对于司法行政人员中具有法官资格，或者具备法官选任条件者，应当尊重其个人意愿，允许参加入额法官遴选或者先调整至审判辅助岗位。担任司法行政部门领导职务者，入额后应当按照有关程序免职，并调整至审判岗位。第三，探索符合司法行政人员工作特点的业绩考评机制、干部交流培养和晋职晋级机制，激发司法行政人员的工作潜力和热情。

28. 问：为什么要对法官实行有别于其他公务员的单独职务序列管理？

答：对法官实行有别于其他公务员的单独职务序列管理，是由审判权的内在属性决定的。根据我国宪法，人民法院是国家的审判机关，依法独立行使审判权。审判权具有不同于行政权的特性。行政权从本质上讲是管理权，行政行为多数不具有终局性，其合法性需要接受法律衡量；行政官员上下级之间是领导与被领导的关系，讲究上命下从、令行禁止。审判权是对案件事实和适用法律的判断权和裁决权，具有亲历性、中立性、独立性等特点，以司法公正为首要价值目标；审判权具有终局性，对纠纷实行司法最终解决原则，原则上一事不再理；法官在审判组织内部是平等关系，讲究少数服从多数。审判权与行政权存在的这些重大差别，要求对法官的管理应实行不同于其他公务员的模式。党的十八届三中、四中全会提出推进司法人员分类管理、完善司法责任制、加强司法人员职业保障、推动省以下地方法院检察院人财物统一管理等改革任务。建立符合职业特点的司法人员管理制度，在深化司法体制改革中居于基础性地位。建立法官单独职务序列，构建与审判权特点相适应的法官管理制度，既是保证司法改革顺利推进的重要举措，更是遵循司法规律、体现法官职业特点的必然要求。建立法官单独职务序列，不是变相为法官"提职级、加工资"，而是依托法官法确立的"四等十二级"法官等级制度，在实行法官员额制基础上实现法官等级与行政职级脱钩，在等级设置、晋升方式、晋升年限、选升比例、考核惩戒和工资制度等方面充分体现法官职业特点，确保实现"让审理者裁判、由裁判者负责"。

29. 问：如何稳妥推进法官单独职务序列改革？

答：建立法官单独职务序列是一项复杂改革。推进这一改革，必须坚持党管干部、坚持从法官职业特点和司法规律出发、坚持向基层和办案一线倾斜、坚持问题导向等原则，尤其要解决好以下三方面问题：

一是着力提升法官队伍专业化、职业化水平。按照法官等级进行管理，法官等级与行政职级脱钩，与其他公务员职务层次没有对应关系，法官之间也不根据等级高低确定上下级关系。在法官等级设置方面，打破法官职务晋升的"天花板"，拓宽法官职业发展空间。在法官等级晋升方式方面，试点方案实行按期晋升、择优选升和特别选升相结合的方式。各级法院法官只要认真履行职责，即使不担任领导职务，也能按照任职年限逐级晋升到一定等级。晋升较高法官等级的，实行比例或者数量控制。对于特别优秀或者工作特殊需要的，还可以破格或者越级晋升。

二是激励广大基层和一线办案法官办好案、多办案。目前，人民法院80%的案件在基层、80%的法官在基层。建立法官单独职务序列，着眼于法官在基层培养、在基层锻炼、在基层成长，坚持重点向基层人民法院倾斜，鼓励优秀人才向基层和办案一线岗位流动。较大幅度提高中级、基层人民法院较高等级法官比例，择优选升高级法官的比例设置也是越向下级人民法院比例越高。特别选升制度也明确规定只适用于一线办案法官，增加了一线优秀法官脱颖而出的机会。

三是增强法官职业尊荣感和使命感。建立法官单独职务序列，既需要与法官员额制、司法责任制、法官逐级遴选等改革相衔接，也需要健全配套的法官职业保障制度。我国现阶段的国情，决定了我们不能照搬西方国家法官职业保障制度和工资标准。但在推进法官单独职务序列改革时，要建立与之相衔接、有别于其他公务员的工资制度。

30. 问：如何理解法官职务序列"两步走"改革方案？

答：建立法官单独职务序列是推进司法体制改革的一项基础性工作。考虑到法官职务序列改革实际情况，中央确定了"两步走"改革方案。第一步要落实《法官职务序列设置暂行规定》（中组发〔2011〕18号），在全国法院组织实施法官职务套改工作，恢复法官等级评定和晋升。

第一步工作适用范围是全国所有法官。通过第一步套改工作，使得2011年7月以来任命的法官评上法官等级，使得等级应该晋升的法官得以晋升。第一步套改，法官等级与行政职级紧密挂钩，为避免部分行政职级较低人员套改后法官等级降低，套改文件要求保留这部分人员原评定法官等级不变。

第二步是按照2015年9月中央全面深化改革领导小组审议通过的《法官、检察官单独职务序列改革试点方案》（中组发〔2015〕19号）和《法官、检察官工资制度改革试点方案》要求，提高法官等级设置规格，建立有别于其他公务员的法官单独职务序列及工资制度。总体考虑是：法官单独职务序列以法官法规定的四等十二级为基础，法官等级与行政职级完全脱钩，在法官员额制基础上实行单独管理，不同审级法院的法官根据一定比例实行按年限晋升和择优选升相结合的晋升制度，打破法官职务晋升的"天花板"，拓宽法官职业发展空间。基层和一线法官只要认真履行职责，即使不担任领导职务，也能按照任职年限逐级晋升到较高等级，择优选升的法官等级比例与以往相比有较大幅度提高。对于特别优秀或者工作特殊需要的，还可以破格或者越级晋升。同时，探索建立以法官等级为依托的法官薪酬制度，按照基本工资+津贴补贴+绩效奖金三部分确定法官薪酬，较大幅度提高法官工资收入水平。在工资构成中增设绩效考核奖金，发放时不与法官等级挂钩，主要依据法官办案数量和办案质量综合确定，进一步加大对一线办案人员的工资倾斜力度。第二步的实施范围仅针对进入员额的法官。

31. 问：员额法官单独职务序列等级如何确定？法官单独职务序列等级任职时间如何确定？

答：按照《法官职务序列设置暂行规定》和《关于地方各级人民法院、人民检察院实施中组发〔2011〕18、19号文件有关问题的答复意见》，根据综合管理类公务员职务层次套改的法官等级，直接转换为法官单独职务序列等级。其中，经批准暂予保留原评定等级的法官，原评定等级不再保留，在本院单独职务序列等级比例或者数量控制范围内，符合晋升年限等条件的，可以高定一个等级。

32. 问：如何稳妥推进法官工资制度改革？

答：为贯彻落实《法官、检察官工资制度改革试点方案》，2016年7月22日，人力资源和社会保障部、财政部印发《法官、检察官和审判辅助人员工资制度改革试点实施办法》。

第一，在实行法官员额制基础上，建立与法官单独职务序列相衔接，有别于其他公务员的工资制度，工资水平按照高于当地其他公务员工资收入的一定比例确定。同时，统筹提高法院其他人员待遇水平。

第二，改革法官工资制度，将员额内法官工资分为基本工资、津贴补贴和奖金三部分。基本工资从普通公务员职务工资、级别工资两项变为职务等级工资一项，每个职务等级内设若干工资档次，并以法官职务序列等级为基础，实行全国统一的标准。

第三，法官增资额一部分通过提高基本工资实现，一部分通过发放绩效考核奖金实现。审判辅助人员、司法行政人员工资结构不变，增资额通过加发绩效考核奖金实现。绩效考核奖金的设置不与法官等级、行政职级挂钩，主要依据工作量、工作质量和工作效果等因素确定。绩效考核奖金分为基础性和奖励性两个部分。基础性绩效考核奖金按月随工资平均发放，奖励性绩效考核奖金原则上按考核情况年终一次性发放。奖励性部分占绩效考核奖金总量的比例不低于60%。

33. 问：基层人民法院的法官如何晋升为二级高级法官？

答：对个别长期在基层人民法院任职，工作特别优秀，为审判事业作出突出贡献的法官，可以特别选升为二级高级法官，但应当从严掌握。在试点期间，各高级人民法院党组可结合实际，探索确定特别选升的条件、程序等，具体方案报省级党委组织部审批前，应当听取最高人民法院政治部意见。

34. 问：为什么要强化法官职业保障？

答：推进法官员额制改革后，对法官的职业要求比其他公务员更加严格，主要体现在：

一是入职门槛更高。初任法官必须经过国家公务员考试和司法考试，具有相应法律工作经历，并经过较长时间的任前培训。

二是肩负责任更重。根据中央统一要求，法官员额未来将严格控制在中央政法专项编制的39%以内，入额法官将经过严格遴选。进入员额后，法官对其履行审判职责的行为承担责任，在职责范围内对办案质量终身负责。

三是职业伦理要求更严。受审判工作特殊性影响，法官要受到严格职业伦理的限制。比如，法官离任两年内不得以律师身份担任诉讼代理人或辩护人，终身不得在原任职法院担任诉讼代理人或辩护人；法官的配偶、子女在该法官任职法院辖区内从事律师职业的，应当实行任职回避。从世界主要国家的经验来看，在实行法官单独职务序列的同时，都相应提高了法官职业待遇水平，以促使法官立场更中立、心态更超脱、裁决更公正。建立法官单独职务序列和配套的工资制度，就是针对影响法官队伍稳定的突出问题，坚持向基层和一线倾斜，加大职业保障力度，拓宽法官职业发展空间，引导法官立足基层，在办案岗位成长成才，在维护社会公平正义事业中安心专心工作。

35. 问：如何切实加强对法官人身安全的保障工作？

答：按照《保护司法人员依法履行法定职责规定》及其实施办法，各级人民法院应当采取有效措施，加强法官人身安全的保障工作。

第一，加强履职保障设施建设。各级人民法院的立案信访、诉讼服务、审判区域应当与法官办公区域相对隔离，并配备一键报警装置，便于及时处置突发事件。人民法院应当为法官、审判辅助人员配备相关电子记录设备，配备有录音录像设施的专门会见、接待场所，方便及时记录、存储具有干预、过问、威胁、侮辱等性质的信息。

第二，维护庭审秩序和机关安全。各级人民法院应当依法维护庭审秩序。对于实施违反法庭规则行为、扰乱法庭秩序的人，根据情节轻重，依法采取警告制止、训诫、责令具结悔过、责令退出法庭、强行带出法庭、罚款、拘留等措施；对于严重扰乱法庭秩序，构成扰乱法庭秩序罪等犯罪的，依法追究刑事责任。对于在审判法庭之外的人民法院其他区域侮辱、诽谤、威胁、殴打人民法院工作人员的人，应当及时采取训诫、制止、控制、带离现场等处置措施，收缴、保存相关证据，及时移送公安机关处理。

第三，完善维护法官人身安全联动机制。人民法院对于干扰、阻碍司法活动，恐吓威胁、报复陷害、侮辱诽谤、暴力侵害法官及其近亲属的违法犯罪行为，应当依法从严惩处。法官因依法履行法定职责，本人或其近亲属遭遇恐吓威胁、滋事骚扰、跟踪尾随，或者人身、财产、住所受到侵害、毁损的，其所在人民法院应当及时采取保护措施，并商请公安机关依法处理；行为人是精神病人的，依法决定强制医疗。

第四，对执行特定类型案件审判任务的法官采取特别保护措施。人民法院审理恐怖活动犯罪、黑社会性质组织犯罪、重大毒品犯罪、邪教组织犯罪等危险性高的案件，应当对法官及其近亲属采取出庭保护、禁止特定人员接触和其他必要保护措施。

36. 问：如何推进省级以下人民法院编制统一管理？

答：根据中央有关部门2015年11月5日通过的《关于省以下地方法院检察院政法专项编制统一管理的试点意见》，各省内人民法院的中央政法专项编制由省编办统一管理，并商省级法院统筹调配，根据办案数量确定省内各法院政法专项编制数，切实化解各地忙闲不均、案多人少的矛盾。

对于地方编制人员，由于情况复杂，中央暂不出具体政策，各高级人民法院可从本地实际出发，报省级相关部门确定具体方案。具体操作上，可以参考部分地方的基本思路：

一是甄别分类，区分编制批准部门、司录部门、人员素质、经费来源等。

二是依法依规办理，商省级相关部门研究编制上收政策。三是妥善处理，保障不变，对于没有上收的人员安置到其他机构工作，不影响待遇。

37. 问：如何理解省级以下人民法院人财物省级统管？

答：司法权是中央事权。推动省级以下地方人民法院人财物统一管理，是确保人民法院依法独立公正行使审判权的重要改革举措。考虑到我国法官及其他法院工作人员数量比较庞大，统一收归中央一级管理和保障，实践中难以做到，因此，党的十八届三中全会决定提出省级以下地方人民法院、人民检察院人财物由省级统一管理。需要注意的是，上下级人民法院在审判业务上是监督关系，不是行政隶属关系，人财物省级统管不等于垂直管理，而是在省级平台上统筹管理。

38. 问：如何推进省级以下人民法院财物统一管理？

答：省级以下人民法院经费统一管理，要体现财政管理特点，发挥高级人民法院了解下级人民法院的优势。省级财政部门管理省级以下人民法院经费，省、市、县三级法院均为省财政部门一级预算单位,向省级财政部门编报预算,预算资金通过国库集中支付系统拨付。省级财政部门在地方法院大要案办案经费、特殊专项经费等方面听取高级人民法院意见建议。预算执行监督、专项检查考核等工作由省级财政部门会同高级人民法院共同组织开展。计划单列市财政部门按照上述原则统一管理市以下法院经费。

39. 问:如何推进省级以下人民法院干部统一管理?

答:根据中央有关改革文件精神,市级、县级法院院长由省级党委(省委组织部)管理,其他领导班子成员,省级党委也可以委托当地实际党委管理。研究确定地方法院领导班子人选,应听取高级人民法院党组意见。担任法院院长的人员,除具有担任领导干部的政治素养外,还应具有法学专业知识和法律职业经历。地方各级法院其他干部可由本院党组管理,按干部管理权限向党委有关部门备案。

40. 问:什么情况下应当追究法官的违法审判责任?

答:法官在审判工作中,故意违反法律法规的,或者因重大过失导致裁判错误并造成严重后果的,依法应当承担违法审判责任。法官有违反职业道德准则和纪律规定,接受案件当事人及相关人员的请客送礼、与律师进行不正当交往等违纪违法行为,依照法律及有关纪律规定另行处理。具体到审判工作中,下述情形应当追究违法审判责任:审理案件时有贪污受贿、徇私舞弊、枉法裁判行为的;违反规定私自办案或者制造虚假案件的;涂改、隐匿、伪造、偷换和故意损毁证据材料的,或者因重大过失丢失、损毁证据材料并造成严重后果的;向合议庭、审判委员会汇报案情时隐瞒主要证据、重要情节和故意提供虚假材料的,或者因重大过失遗漏主要证据、重要情节导致裁判错误并造成严重后果的;制作诉讼文书时,故意违背合议庭评议结果、审判委员会决定的,或者因重大过失导致裁判文书主文错误并造成严重后果的;违反法律规定,对不符合减刑、假释条件的罪犯裁定减刑、假释的,或者因重大过失对不符合减刑、假释条件的罪犯裁定减刑、假释并造成严重后果的;其他故意违背法定程序、证据规则和法律明确规定违法审判的,或者因重大过失导致裁判结果错误并造成严重后果的。

41. 问:审判瑕疵责任是否属于违法审判责任的一种形式?

答:审判瑕疵责任,又称为案件一般差错责任,是指法官在文书制作、诉讼程序、事实认定、法条援引、司法行为等方面存在一般差错(这种差错不影响裁判结果正确性,也未达到启动审判监督程序的条件),依照有关规定应当承担的责任。例如,文书名称、文号、错别字等文书制作瑕疵;法条引用错误、顺序不当、法条款项序号错误等法律引用瑕疵;庭审程序不规范等程序性瑕疵;违反法官办案行为规范,引起当事人对裁判公正性质疑等审判行为瑕疵。考虑到将审判瑕疵责任作为违法审判责任过于苛刻，也不利于保障法官依法履职，司法责任制改革意见仅将这类差错作为审判绩效考评对象，在统筹推进法官业绩考评制度改革和完善绩效奖金分配机制时予以考虑。

42. 问：如何追究院庭长的监督管理责任？

答：负有监督管理职责的人员等因故意或者重大过失，怠于行使或者不当行使审判监督权和审判管理权导致裁判错误并造成严重后果的，依照有关规定应当承担监督管理责任。追究其监督管理责任的，依照干部管理有关规定和程序办理。

43. 问：如何科学划分审判人员的办案责任？

答：按照"谁审理，谁裁判，谁负责"的思路，司法责任制改革意见区分不同情形，对审判人员的责任承担方式作出了规定。

第一，关于独任制审理的案件。由独任法官对案件的事实认定和法律适用承担全部责任。

第二，关于合议制审理的案件。合议庭审理的案件，合议庭成员对案件的事实认定和法律适用共同承担责任。进行违法审判责任追究时，根据合议庭成员是否存在违法审判行为、情节、合议庭成员发表意见的情况和过错程度合理确定各自责任。考虑的因素包括：每个合议庭成员本身是否实施了违反法律法规的违法审判行为、是否存在故意或者重大过失及过错程度、合议庭成员发表意见的情况、合议庭各成员违法审判行为对错误裁判的关联度和影响力，等等。

第三，关于提交审判委员会讨论决定的案件。审判委员会讨论案件时，合议庭对其汇报的事实负责，审判委员会委员对其本人发表的意见及最终表决负责。案件经审判委员会讨论的，构成违法审判责任追究情形时，根据审判委员会委员是否故意曲解法律发表意见的情况，合理确定委员责任。审判委员会改变合议庭意见导致裁判错误的，由持多数意见的委员共同承担责任，合议庭不承担责任。审判委员会维持合议庭意见导致裁判错误的，由合议庭和持多数意见的委员共同承担责任。合议庭汇报案件时，故意隐瞒主要证据或者重要情节，或者故意提供虚假情况，导致审判委员会作出错误决定的，由合议庭成员承担责任，审判委员会委员根据具体情况承担部分责任或者不承担责任。审判委员会讨论案件违反民主集中制原则，导致审判委员会决定错误的，主持人应当承担主要责任。

第四，关于审判辅助人员参与的责任承担。审判辅助人员根据职责权限和分工承担与其职责相对应的责任。法官负有审核把关职责的，法官也应当承担相应责任。

第五，关于法官受领导干部干预导致裁判错误的。法官受领导干部干预导致裁判错误的，且法官不记录或者不如实记录，应当排除干预而没有排除的，应当承担违法审判责任。

44. 问：哪些情形下法官不承担错案责任？

答：根据司法责任制改革意见，因下列情形之一，导致案件按照审判监督程序提起再审后被改判的，不得作为错案进行责任追究：对法律、法规、规章、司法解释具体条文的理解和认识不一致，在专业认知范围内能够予以合理说明的；对案件基本事实的判断存在争议或者疑问，根据证据规则能够予以合理说明的；当事人放弃或者部分放弃权利主张的；因当事人过错或者客观原因致使案件事实认定发生变化的；因出现新证据而改变裁判的；法律修订或者政策调整的；裁判所依据的其他法律文书被撤销或者变更的；其他依法履行审判职责不应当承担责任的情形。

45. 问：法官惩戒委员会如何组建？

答：根据最高人民法院、最高人民检察院《关于建立法官、检察官惩戒制度的意见（试行）》（法发〔2016〕24号），法官、检察官惩戒委员会在省（自治区、直辖市）一级设立。惩戒委员会由政治素质高、专业能力强、职业操守好的人员组成，包括来自人大代表、政协委员、法学专家、律师代表以及法官、检察官代表。法官、检察官代表应不低于全体委员的50%，从辖区内不同层级人民法院、人民检察院选任。惩戒委员会主任由惩戒委员会全体委员从实践经验丰富、德高望重的资深法律界人士中推选，经省（自治区、直辖市）党委对人选把关后产生。法官惩戒工作办公室设在高级人民法院。

46. 问：法官惩戒工作中，人民法院与惩戒委员会、纪检监察部门、任免机关如何分工？

答：法官惩戒工作由人民法院与惩戒委员会分工负责。人民法院负责对法官涉嫌违反审判职责行为进行调查核实，并根据惩戒委员会的意见作出处理决定。法官履行法定职责的行为，非经惩戒委员会审议不受错案责任追究。法官因违反党纪，审判、检察纪律，治安及刑事法律，应当追究错案责任之外其他责任的，依照相关规定办理。

人民法院在审判管理、审判监督工作中，发现法官有涉嫌违反审判职责的行为，需要认定是否构成故意或者重大过失的，应当在查明事实的基础上，提请惩戒委员会审议。

除前款规定应报请惩戒委员会审议情形外，法官的其他违法违纪行为，由有关部门调查核实，依照法律及有关纪律规定处理。

法官违反审判职责的行为属实，惩戒委员会认为构成故意或者因重大过失导致案件错误并造成严重后果的，人民法院应当依照有关规定作出惩戒决定，并给予相应处理：（1）应当给予停职、延期晋升、免职、责令辞职、辞退等处理的，按照干部管理权限和程序依法办理；（2）应当给予纪律处分的，依照有关规定和程序办理。法官违反审判职责的行为涉嫌犯罪的，应当将违法线索移送有关司法机关处理。免除法官职务，应当按法定程序提请人民代表大会常务委员会作出决定。

47. 问：法官惩戒程序如何运行？

答：惩戒委员会审议法官错案责任案件，应当进行听证。人民法院相关机构应当派员向惩戒委员会通报当事法官违纪违法事实以及拟处理意见、依据，并就其违法审判行为和主观过错进行举证。当事法官有权陈述、申辩。

惩戒委员会经过审议，应当根据查明的事实、情节和相关规定，经全体委员的三分之二以上的多数通过，对当事法官、检察官构成故意违反职责、存在重大过失或者没有违反职责提出审查意见，作出无责、免责或者给予惩戒处分的建议。

惩戒委员会的审查意见应当送达当事法官和有关人民法院。法官对涉及本人的惩戒意见不服的，可以向作出审查意见的惩戒委员会提出异议，申请复核；对涉及本人的处理、处分决定不服的，自收到处理、处分决定之日起30日内可以向作出决定的人民法院申请复议，并有权向上一级人民法院申诉。法官不因申请复核、复议或者提出申诉而被加重处罚。惩戒委员会应当对当事法官提出的异议及其理由进行审查，作出决定，并书面回复当事法官。受理复议、申诉的人民法院应当全面听取当事法官的陈述、辩解；原处理、处分确有错误的，应当及时予以纠正。

48. 问：法官惩戒委员会的主要工作职责如何确定？

答：法官惩戒委员会的工作职责包括：制定和修订惩戒委员会章程；根据人民法院调查的情况，依照程序审查认定法官是否违反审判职责，提出构成故意违反职责、存在重大过失或者没有违反职责的意见；受理法官对审查意见的异议申请，作出决定；审议决定法官惩戒工作的其他相关事项。惩戒委员会不直接受理对法官的举报、投诉。如收到对法官的举报、投诉材料，应当根据受理权限，转交有关部门按规定处理。

49. 问：什么情况下可以将法官调离办案岗位？什么情况下可以将法官免职？

答：只有具备下列情形之一的，方可将法官调离：按规定需要任职回避的；因干部培养需要，按规定实行干部交流的；因机构调整或者缩减编制员额需要调整工作的；受到免职、降级等处分，不适合在司法办案岗位工作的；违反法律、党纪处分条例和审判纪律规定，不适合在司法办案岗位工作的其他情形。

只有具备下列情形之一的，方可将法官免职：丧失中华人民共和国国籍的；调出本法院的；职务变动不需要保留原职务的；经考核确定为不称职的；因健康原因超过一年不能正常履行工作职责的；按规定应当退休的；辞职或者被辞退的；因违纪违法犯罪不能继续任职的；违反法律、党纪处分条例和审判纪律规定，不适合继续担任法官职务的其他情形。

50. 问：审判辅助人员的权益如何保障？

答：审判辅助人员与法官同处审判一线，一体接受《保护司法人员依法履行法定职责规定》及其实施办法的保障，参照适用文件相关条文。与审判辅助人员依法履职保护相关的事务，由各级人民法院法官权益保障委员会统筹负责。各级人民法院应当针对审判辅助人员的职业特点，完善保障机制和考核办法，确保履职保障范围覆盖全部一线办案人员。

51. 问：院庭长办案主要包括哪些方式？

答：根据《最高人民法院关于加强各级人民法院院庭长办理案件工作的意见（试行）》（法发〔2017〕10号）的要求，院庭长办案方式包括独任审理案件、参加合议庭作为承办法官审理案件、参加合议庭担任审判长或作为合议庭成员参与审理案件，但禁止入额后不办案、委托办案、挂名办案，不得以听取汇报、书面审查、审批案件等方式代替办案。

52. 问：院庭长办案有何数量、类型要求？

答：各级人民法院院庭长应当根据分管的审判工作，结合专业背景和个人专长办理案件，重点审理重大、疑难、复杂、新类型和在法律适用方面具有普遍指导意义的案件。各级人民法院院庭长应当作为承办法官办理一定数量的案件。主持或参加专业法官会议、审判委员会、协调督办重大敏感案件、接待来访、指挥执行等事务应当计入工作量，纳入岗位绩效考核，但不能以此充抵办案数量。

基层、中级人民法院的庭长每年办案量应当达到本部门法官平均办案量的50%~70%。基层人民法院院长办案量应当达到本院法官平均办案量的5%~10%，其他入额院领导应当达到本院法官平均办案量的30%~40%。中级人民法院院长办案量应当达到本院法官平均办案量的5%，其他入额院领导应当达到本院法官平均办案量的20%~30%。基层、中级人民法院可以根据本院的收结案情况，结合完成审判工作任务的需要，在本意见规定的最低标准基础上，适当提高本院院庭长独立承办和参与审理的案件数量。高级人民法院和最高人民法院院庭长办案数量的最低标准，分别由高级人民法院和最高人民法院规定。

各级人民法院应当综合考虑法院审级、领导职务、分管领域、所承担的审判管理监督事务和行政事务工作量等因素，综合运用案件权重系数等方法测算平均办案量，合理确定院庭长每年独立承办和参与审理案件的数量要求，并在办公办案系统公开。办案数量的最低标准应当根据审判工作任务、法官员额编制、辅助人员配置变化情况及时调整。

53. 问：院庭长办案如何监督落实？

答：各级人民法院院庭长办案任务完成情况应当公开接受监督。各高级人民法院审判管理部门负责每年度辖区各法院院庭长办案量的测算核定，逐月通报辖区各级人民法院院长、副院长、审判委员会专职委员、其他入额院领导的办案任务完成情况，包括办案数量、案件类型、审判程序、参与方式、开庭数量、审判质量等。各院审判管理部门负责本院庭长、副庭长办案量的测算核定和定期通报。上级人民法院应当定期对下级人民法院院庭长办案情况开展督察，对办案不达标的要进行通报，存在委托办案、挂名办案等问题的，一经发现，严肃问责。

各级人民法院院庭长办案绩效应当纳入对其工作的考评和监督范围。院庭长年度办案绩效达不到考核标准的，应当退出员额。院庭长因承担重要专项工作、协调督办重大敏感案件等原因，需要酌情核减年度办案任务的，应当报上一级人民法院审批备案。

同时，要完善保障院庭长办案的有效机制。实行审判团队改革的基层人民法院，庭长、副庭长应当直接编入审判团队，承担相关案件的审判和监督职责；探索将院长、副院长和其他入额院领导编入相应的审判团队审理案件。各级人民法院应当结合实际，为院庭长配备必要的法官助理和书记员，让院庭长能够集中精力投入开庭审理、评议案件、撰写文书等办案核心事务。

各级人民法院应当严格执行《关于保护司法人员依法履行法定职责的规定》及其实施办法，积极争取地方党委政府支持，进一步精简会议文件，压缩管理流程，确保院庭长有更多时间和精力投入办案工作。

54. 问：院庭长行使管理监督权的主要机制和方式是什么？

答：根据《最高人民法院关于完善人民法院司法责任制的若干意见》（法发〔2015〕13号）和《最高人民法院关于落实司法责任制完善审判监督管理机制的意见（试行）》（法发〔2017〕11号），各级人民法院应当逐步完善院庭长审判监督管理权力清单。院庭长审判监督管理职责主要体现为对程序事项的审核批准、对审判工作的综合指导、对裁判标准的督促统一、对审判质效的全程监管和排除案外因素对审判活动的干扰等方面。院庭长可以根据职责权限，对审判流程运行情况进行查看、操作和监控，分析审判运行态势，提示纠正不当行为，督促案件审理进度，统筹安排整改措施。院庭长行使审判监督管理职责的时间、内容、节点、处理结果等，应当在办公办案平台上全程留痕、永久保存。

院庭长应当通过特定类型个案监督、参加专业法官会议或者审判委员会、查看案件评查结果、分析改判发回案件、听取辖区法院意见、处理各类信访投诉等方式，及时发现并处理裁判标准、法律适用等方面不统一的问题。

院庭长收到涉及审判人员的投诉举报或者情况反映的，应当按照规定调查核实。对不实举报应当及时了结澄清，对不如实说明情况或者查证属实的依纪依法处理。所涉案件尚未审结执结的，院庭长可以依法督办，并按程序规定调整承办法官、合议庭组成人员或者审判辅助人员；案件已经审结的，按照诉讼法的相关规定处理。

55. 问：司法责任制改革后，应采取何种合议庭组成和审判长确定机制？

答：依法由合议庭审理的案件，合议庭原则上应当随机产生。因专业化审判需要组建的相对固定的审判团队和合议庭，人员应当定期交流调整，期限一般不应超过两年。各级人民法院可以根据本院员额法官和案件数量情况，由院庭长按权限指定合议庭中资历较深、庭审驾驭能力较强的法官担任审判长，或者探索实行由承办法官担任审判长。院庭长参加合议庭审判案件的时候，自己担任审判长。

56. 问：如何通过完善分案机制开展有效管理监督？

答：各级人民法院应当健全随机分案为主、指定分案为辅的案件分配机制。根据审判领域类别和繁简分流安排，随机确定案件承办法官。已组建专业化合议庭或者专业审判团队的，在合议庭或者审判团队内部随机分案。承办法官一经确定，不得擅自变更。因存在回避情形或者工作调动、身体健康、廉政风险等事由确需调整承办法官的，应当由院庭长按权限审批决定，调整理由及结果应当及时通知当事人并在办公办案平台公示。

有下列情形之一的，可以指定分案：（1）重大、疑难、复杂或者新类型案件，有必要由院庭长承办的；（2）原告或者被告相同、案由相同、同一批次受理的2件以上的批量案件或者关联案件；（3）本院提审的案件；（4）院庭长根据个案监督工作需要，提出分案建议的；（5）其他不适宜随机分案的案件。指定分案情况，应当在办公办案平台上全程留痕。

57. 问：如何对《最高人民法院关于完善人民法院司法责任制的若干意见》第二十四条规定情形的案件开展有效监督？

答：对于符合《最高人民法院关于完善人民法院司法责任制的若干意见》第二十四条规定情形之一的案件，院庭长有权要求独任法官或者合议庭报告案件进展和评议结果。院庭长对相关案件审理过程或者评议结果有异议的，不得直接改变合议庭的意见，可以决定将案件提请专业法官会议、审判委员会进行讨论。

独任法官或者合议庭在案件审理过程中，发现符合上述个案监督情形的，应当主动按程序向院庭长报告，并在办公办案平台全程留痕。符合特定类型个案监督情形的案件，原则上应当适用普通程序审理。

国版《嫌疑人X的献身》，石泓触犯法律可不少

"近日，电影院热映的《嫌疑人X的献身》在上映7日后就突破了3亿票房大关，让许多观影者大呼过瘾。中国版《嫌疑人X的献身》是根据日本推理作家东野圭吾的同名小说改编的悬疑电影。讲述的是物理学教授唐川和数学老师石泓多年后因石泓邻居陈婧涉及的一桩杀人案重逢，后来被迫站在对立面，由此展开了一场高智商的对决，一步步走向了既震撼人心又令人扼腕的结局。

电影里，天才数学家石泓暗恋着美丽的邻居陈婧。为救失手杀了前夫的陈婧，石泓以缜密的逻辑思考设了一个绝妙的局，令警方无法知晓真相。而在杀人案和高智商的对决背后，石泓触犯的法律可太多了，让人感到恐怖，人民法治网小编给您一一细数。

故意杀人罪

陈婧失手杀死前夫后，石泓一开始就知道这事瞒不住，他早打算自己顶罪，希望事情就此了结，陈婧母女可以安稳度日，不用胆战心惊。石泓为了干扰警察破案，完成自己缜密布置的迷局，他杀死了一个外形颇似陈婧前夫的无辜流浪汉。

根据《中华人民共和国刑法》第二百三十二条：故意杀人的，处死刑、无期徒刑或者十年以上有期徒刑；情节较轻的，处三年以上十年以下有期徒刑。

侮辱尸体罪

电影里有个情节，石泓扔了几包东西到河里，那几包东西正是石泓进行碎尸处理后的陈婧前夫尸体。另外，石泓为了引导警察将流浪汉的尸体认定为陈婧的前夫，并且不会产生怀疑，石泓破坏了流浪汉尸体的面容，还烧掉了指纹。

《中华人民共和国刑法》第三百零二条：盗窃、侮辱、故意毁坏尸体、尸骨、骨灰的，处三年以下有期徒刑、拘役或者管制。

故意伤害罪

石泓为了故意让警察认为他是变态跟踪狂，从而推定他就是杀人凶手，他跟踪陈

说过就过

婧与追求者的约会，并且在后来袭击打伤了陈婧的追求者。此外，石泓为了迷惑别人，还袭击了唐川并导致唐川受伤住院，从而让人们都误认为他是为了女主杀了死者然后为了不被查到才想杀唐川。

《中华人民共和国刑法》第二百三十四条：故意伤害他人身体的，处三年以下有期徒刑、拘役或者管制。

盗窃罪

电影中，在流浪汉尸体边发现了自行车。石泓正是设计利用自行车上的指纹和旅店内的指纹相同，而自行车又是在尸体边，让警察判断住客和死者为同一人，并根据住房记录，得出死者是前夫的结论。但这辆自行车是石泓为了设局偷来的。

《中华人民共和国刑法》第二百六十四条：盗窃公私财物，数额较大的，或者多次盗窃、入户盗窃、携带凶器盗窃、扒窃的，处三年以下有期徒刑、拘役或者管制，并处或者单处罚金；数额巨大或者有其他严重情节的，处三年以上十年以下有期徒刑，并处罚金；数额特别巨大或者有其他特别严重情节的，处十年以上有期徒刑或者无期徒刑，并处罚金或者没收财产。

帮助毁灭、伪造证据罪　包庇罪

陈婧失手杀了前夫后，石泓销毁了前夫的尸体，并帮助陈婧母女清理了现场，当警察前来调查的时候，他也隐瞒了事实。石泓还杀了一个流浪汉，用来冒充前夫的尸体，以此制造出陈婧母女俩不在场的证据。

《中华人民共和国刑法》第三百零七条：以暴力、威胁、贿买等方法阻止证人作证或者指使他人作伪证的，处三年以下有期徒刑或者拘役；情节严重的，处三年以上七年以下有期徒刑。

帮助当事人毁灭、伪造证据，情节严重的，处三年以下有期徒刑或者拘役。

《中华人民共和国刑法》第三百一十条：明知是犯罪的人而为其提供隐藏处所、财物，帮助其逃匿或者作假证明包庇的，处三年以下有期徒刑、拘役或者管制；情节严重的，处三年以上十年以下有期徒刑。

……

你还能说出更多石泓违法的事例吗？

从大风厂职工与山水集团股权纠纷，谈虚假诉讼法律问题

作者｜王朝勇、孙铭、许崇辉

近日，一部紧扣时代、剧情跌宕的反腐大戏《人民的名义》正如火如荼地播出，以汉东省京州市大风服装厂拆迁为导火索的腐败窝案跃然而出。丁义珍仓皇出逃、欧阳菁欲壑难填、高小琴貌美奸媚、蔡成功心怀叵测、还有大风厂职工的愤怒与反抗，腐败面前众生相，汉东省检察院反贪局在侦查中慢慢发现山水集团与蔡成功的"过桥费"民间借贷关系演化为大风厂职工与山水集团之间的股权纠纷成为案件侦破的重要突破口。此剧剧情波澜起伏，观众看得热血沸腾。所谓外行看热闹，内行看门道，现从法律角度，谈谈本案涉及的虚假诉讼法律问题。

案例介绍

一、国企改制变民营，职工持股皆欢喜

大风服装厂原来是一家国有企业，后来改制为有限责任的民营企业，蔡成功通过改制获得了大风服装厂60%的股权，大风服装厂职工集体获得了40%的股权，由职工成立的持股会持有。这样一来，大风服装厂的职工们由工人变成持股人，既保住了饭碗，而且变身大风服装厂的主人，除了领基本工资，还可以享受股份分红，对大风服装厂归属感极强。

二、蔡成功民间借贷过桥款，伪造职工授权把协议签

大风服装厂法定代表人蔡成功，除经营大风厂业务外，还曾参与类似煤矿等诸多高风险高利率的生意，因不善经营，负债累累，常常是"拆了东墙补西墙"式的还债。蔡成功通过向京州城市银行副行长欧阳菁行贿50万元银行卡一张，京州城市银行答应贷款8000万元，前提是先偿还之前的贷款及利息5000万元。因此，蔡成功找到山水集团老板高小琴借款5000万元，作为过桥资金偿还京州市城市银行的商业贷款，约定日利息4‰，借款期限为7天。为了确保债权实现，蔡成功伪造职工股东授权书，与山水集团签订《质押协议》，约定以大风服装厂的全部股权质押给山水集团作为担保。此外，蔡成功还与山水集团签订了一份《补充协议》，约定山水集团不承担股权转移后安

置工人的义务。

三、银行风控喊停贷款，徇私法官枉法裁判

蔡成功将从山水集团借来的 5000 万元偿还给京州城市银行后，谁料京州市城市银行的风控部门因考虑到蔡成功债务太多，诚信极差等因素，终止了给蔡成功贷款续期，蔡成功因此无法按时偿还山水集团的 5000 万元借款，瞬间陷入了山穷水尽的境地。山水集团诉至法院，并通过贿赂买通了京州市中级人民法院副院长陈清泉，审理大风服装厂和山水集团股权质押纠纷一案的两位法官和主管副院长陈清泉有利益输送关系，其中有一位还和陈清泉关系暧昧。正是这位女法官在陈清泉授意下，走简易程序判决大风厂股权和土地均归属于山水集团。

争议与问题

随着土地价值上涨，大风厂现址土地价值飙升，山水集团意欲拆迁大风厂，因为拆迁与职工安置问题不能妥善解决，引发了大风厂职工的护厂事件。本案之所以引起大风厂职工的怨愤，归根结底在于蔡成功伪造了职工的授权书，隐瞒了其擅自以职工股权作为民间借贷担保，并放弃安置工人义务的事实。加之，京州市中级人民法院错误的适用简易程序，出具了将股权和土地均归属于山水集团极具显失公平的判决。瞬间，导致职工不仅得不到可期待的土地增值股权收益利润，而且丧失了基本的职工安置费用。英国哲学家培根在《论司法》中有一段精彩的论述：一次不公的裁判比多次的违法行为更严重。因为这些违法行为不过弄脏了水流，而不公的裁判则污染水源了。司法公正的重要意义在于它是法的内在精神要求，是由其司法活动裁判案件的性质决定的，同时公正司法也是其自身存在的合法性基础。如果司法机关不能保持其公正性，司法机关也就失去了自我存在的社会基础。我认为有一句话怎么说都不为过：公正是司法的生命！

案情分析

一、伪造授权签订的股权质押协议无效

股权质押属于权利质押的一种。在本案，大风服装厂与山水集团先签订的主合同即借款合同，蔡成功为保证按时履行债务，伪造职工股东授权书，擅自与山水集团签订了从合同即股权质押合同。根据合同法的规定，从合同的效力具有从属性，因此判断股权质押合同效力与否，取决于大风厂和山水集团的借款合同的效力。2015 年颁布

实施的《最高人民法院关于审理民间借贷案件适用法律若干问题的规定》（以下简称《民间借贷解释》）第1条之规定"本规定所称的民间借贷，是指自然人、法人、其他组织之间及其相互之间进行资金融通的行为。"第一次正式承认了非金融机构之间的借贷行为的合法性。不考虑大风厂和山水集团签订合同的具体时间所涉及的时效问题，该借款合同是有效的。大风服装厂经改制后由国有企业摇身变成有限责任公司。《担保法》第78条规定："以有限责任公司的股份出质的，适用公司法股份转让的有关规定。"对于有限责任公司的股权转让，《公司法》第72条规定："股东向股东以外的人转让股权，应经其他股东过半数同意。股东应就其股权转让事项书面通知其他股东征求同意，其他股东自接到书面通知之日起三十日未答复的，视为同意转让，其他股东半数以上不同意转让的，不同意的股东应当购买该转让的股权，不购买的，视为同意转让"。有限责任公司兼具人合和资合的特点，股东对外转让股权，涉及有限责任公司人合性动摇的问题，外来资本将打破原先股东之间相互信赖的基础，一旦基础被颠覆，公司将难以为继。因此，必须给予其他股东考虑外来受让方是否值得信赖的机会，以及相应的知情权、同意权和优先购买权。但公司章程有特别约定的，从其约定。因此在本案中，蔡成功拥有60%的股权，职工集体拥有40%的股权，蔡成功质押自身的60%的股权时，除非公司章程有特别约定应书面通知其他股东征求同意。在质押职工的40%的股权时，显然蔡成功伪造了职工的授权书，隐瞒工人以大风厂的全部股权做质押，严重损害了上千名职工的合法权益。蔡成功没有职工股东的质押代理权，且当职工得知股权被质押后强烈反对，《股权质押协议》对大风厂的职工股东不发生效力。

二、放弃职工安置义务的补充协议效力

在剧情中，有一处细节被很多人忽略，在签订借款合同和股权质押协议后，蔡成功又与山水集团签订了补充协议，明确约定山水集团不承担股权转让后职工安置费义务。为安抚面临失业的上千名职工，由京州市委书记李达康拍板，政府垫付了4500万元职工安置费。根据《劳动合同法》第40条、46条，因劳动合同订立时所依据的客观经济情况发生重大变化，致使劳动合同无法履行，当事人协商不能变更劳动合同达成协议的，用人单位解除劳动合同还应当支付经济补偿金。本案中，在工厂拆迁后，由于工作地点变化等原因，部分员工无法到新厂工作，所以订立合同时的客观情况发生"重大变化"，才需要解除合同，如果员工愿意跟随到新厂工作，是不发生这笔安置费用的。现在最大的问题的这笔安置费用由谁来支付。一般来说，职工安置费是企业破产时，为关心破产企业职工生活，妥善安置破产企业职工，保持社会稳定，给与失业职工一定标准的生活费。山水集团在取得大风厂股权后也仅是涉及股权的替换，厂房

拆迁等问题，并没有涉及大风服装厂破产及解除劳动合同问题。根据《国有土地上房屋征收与补偿条例》，政府对被征收人给予的补偿包括征收征收房屋的价值补偿、搬迁费用补偿、停产停业损失补偿，并没有明确提到工厂搬迁可能造成的员工安置补偿费用问题，但是一般认为这笔费用应该包括在停产停业损失补偿里面。故李达康要求各个部门出资4500万安置职工，完全可以视为政府同意将员工安置补偿费用纳入工厂拆迁补偿费用中。

蔡成功身为大风服装厂的法定代表人不为本厂上千名职工着想，私下与山水集团达成放弃职工安置义务的补充协议，不排除是恶意串通，根据《合同法》第52条第2项规定，恶意串通，损害国家、集体或者第三人利益的合同无效。若不是恶意串通，也可以根据《合同法》第54条第2项规定，主张因协议显失公平而应当被撤销。因为即使山水集团如愿取得大风服装厂的全部股权，成为大风服装厂的唯一股东，同时应该承担大风厂的全部义务和权利，而该补充协议，在山水集团取得价值几亿资产的大风厂土地使用权的权利时，却直接免除了山水集团支付几千万元职工安置费的义务，显然是有失公平。因此，根据《合同法》第五十四条规定，合同在显失公平的情况下当事人一方有权请求人民法院或者仲裁机构变更或者撤销。但应该注意的是撤销权的除斥期间，即具有撤销权的当事人应该在自知道或者应当知道撤销事由之日起一年内行使撤销权。

三、枉法裁判中存在的问题

正所谓"腐败的细菌无孔不入"，代表公平公正的人民法院一旦"感染腐败"，着实让人痛心疾首。在本案中，受山水集团贿赂的京州市中级人民法院副院长陈清泉，授意审理大风服装厂和山水集团股权质押纠纷一案的法官走简易程序判决大风厂股权和土地均归属于山水集团。这一简单粗暴的裁判结果对于普通老百姓来说都难以信服，对于从事法律职业的人来说更是荒唐可恶。

首先，大风服装厂和山水集团之间的借款合同虽然合法，但是约定的日利息4‰，折算为年利率为146%，京州市中级人民法院竟然对如此高额的利息视而不见，实属渎职。根据《民间借贷解释》第26条，"借贷双方约定的利率未超过年利率24%，出借人请求借款人按照约定的利率支付利息的，人民法院应予支持。借贷双方约定的利率超过年利率36%，超过部分的利息约定无效。借款人请求出借人返还已支付的超过年利率36%部分的利息的，人民法院应予支持"。根据该《民间借贷解释》，在年利率24%以下的利息部分，法院依法予以保护；在24%~36%之间的，视为自然债务，即无论是借款人自愿履行，后反悔要求对方返还的，还是借款人拒不履行，而贷款人要求履行的，法院均不予支持；超过36%的，该约定无效。在后两种情形下，法院均会按照24%确定年利率。

其次，根据我国《物权法》第211条，"质权人在债务履行期届满前，不得与出质人约定债务人不履行到期债务时质押财产归债权人所有"，我国法律明确禁止流质，法院不得判决山水集团直接取得大风厂的全部股权。禁止流质是禁止在债务到期前，双方约定将质物的所有权转让给债权人，以折抵约定的债务；但是在债务到期后，双方可以以折价的方式来清偿债务。根据《物权法》第219条，"……债务人不履行到期债务或者发生当事人约定的实现质权的情形，质权人可以与出质人协议以质押财产折价，也可以就拍卖、变卖质押财产所得的价款优先受偿。质押财产折价或者变卖的，应当参照市场价格。"因此，山水集团既可以同蔡成功约定取得质押股权的优先受偿权，也可以通过拍卖、变卖质物的方式，就所拍得的价款优先受偿。

再次，法院能否判决以股权抵债呢？当然不能。大风厂借钱不还，那么山水集团可以向法院起诉，存在有两种可能：一是起诉大风厂，要求偿还借款，是借款合同纠纷；一是起诉蔡成功和工人股东，这是股权质押纠纷。对于第一种情况，法院的判决只能是还钱。如果还不了，可以强制执行公司的存款、存货、机器、厂房、土地使用权等。而公司的股权是股东的财产，不是公司的财产，不能成为执行对象。对于第二种情况，只能判决实现质权。而实现质权的方式只能是拍卖、变卖，不能直接转移给质权人。理论上，当事人之间也可以通过协商，实现股权抵债。但是，本剧中工人是不知情的，并且一定是坚决反对的，山水集团只能取得蔡成功的60%股权折价的优先受偿权。

此外，剧本里还透露一个细节：本案法院审判组织的组成不合法，判决认定事实的主要证据是伪造的，法院副院长陈清泉参与了虚假诉讼，这些都涉及虚假诉讼的问题。

四、人民日报刊文直击虚假诉讼案件（来源：人民日报）

什么是虚假诉讼？通俗地说就是打"假官司"，当事人采取虚假的诉讼主体、事实及证据提起民事诉讼，使法院作出错误的判决、裁定、调解，以牟取不正当利益。

近年来，随着司法权威的逐步确立，尤其是立案登记制改革以来，虚假诉讼发案率一直居高不下，这不仅损害了国家、集体和他人的合法权益，而且严重违背了诚实信用原则，破坏了正常司法秩序。为进一步防范和打击虚假诉讼，司法机关也在着力建规立制、相互配合，依法合力查处虚假诉讼，共同维护司法权威和司法公正。

来自最高检的统计数据显示，从2012—2014年，全国检察机关共监督虚假诉讼案

说过就过

件 6829 件，其中向法院提出抗诉和检察建议 4972 件，移送犯罪线索 957 件。2016 年，全国检察机关又对 1000 多件虚假诉讼向法院提出抗诉或再审检察建议。

在被发现的虚假诉讼案件中，有的是为了非法占有他人财物，有的是为了减少甚至免除其他债权人的受偿数额，有的是为了阻止正在进行的执行程序，涉及的领域主要集中在民间借贷纠纷、房地产权属纠纷、商标侵权纠纷、劳动报酬纠纷、保险纠纷等。

"民间借贷纠纷案件的法律关系相对比较简单，伪造证据、虚构事实都比较容易，当事人通过串通达到非法目的不易被发现，导致民间借贷纠纷成为虚假诉讼的'重灾区'。"

高扬法治风帆，迈向伟大复兴——从全国两会看十八大以来全面依法治国新征程

新华社北京 3 月 13 日电

新华社记者 邹伟、杨维汉、陈菲

这是历史性一跃的关键节点——2017 年，党的十九大召开之年，全面实施"十三五"规划的重要一年，推进供给侧结构性改革的深化之年。

这是新长征路上的固本基石——法治，治国理政不可或缺的重要手段，国家治理体系和治理能力现代化的重要依托。

党的十八大以来，在以习近平同志为核心的党中央坚强领导下，全面依法治国蹄疾步稳，法治风帆始终高扬，法治中国建设站上新的历史起点，助推矢志复兴的中华民族在实现"两个一百年"奋斗目标、实现中国梦的航程上浩荡前行。

为国家长治久安和人民安居乐业夯实制度基石

3 月 8 日下午，人民大会堂。

璀璨星辉之下，中国法制史迎来一个值得铭记的时刻——

经过数年酝酿、反复修改的民法总则草案提请十二届全国人大五次会议审议。由此，我国公民社会生活的"总规矩"——民法典编纂工作迈出至关重要的一步。

全国两会是生动的窗口，传递出法治中国的强劲脉动——机遇与挑战、改革与发展、民主与民生……广纳法治箴言，广聚法治精思，广辟法治路径，无不蕴含法治之义、呼唤法治之力。

天下大治，起于法治。

强调"法治是治国理政的基本方式"，指出"凡属重大改革都要于法有据"，明确"市场经济应该是法治经济"……循着以习近平同志为核心的党中央规划的法治中国蓝图，各方面工作建章立制、次第展开，社会生活气象为之一新，改革发展呈现蓬勃生机。

立法法、慈善法、刑法修正案（九），废止劳动教养制度、调整完善生育政策……党的十八大以来，已制定直接涉及全面深化改革、全面依法治国等改革任务的法律 16 部，作出修改法律的决定 33 件、有关重大问题的决定决议 12 件。

2013 年以来，已分 9 批审议通过取消和下放行政审批事项共 618 项，政府简政放

权效果初步显现。《法治政府建设实施纲要（2015—2020年）》付诸实施，"职能科学、权责法定、执法严明、公开公正、廉洁高效、守法诚信的法治政府"愿景渐行渐近。

司法责任制改革全面铺开，以审判为中心的诉讼制度改革加快推进，检察机关提起公益诉讼制度的优越性逐步显现……司法体制改革大潮涌起，直指司法难点、痛点，给百姓带来实实在在的"获得感"。

民心是最大的政治，法治是强大的力量。

2月9日，最高检公布《关于聂树斌故意杀人、强奸妇女一案的检察意见》。一周后，聂树斌再审案宣判用的法槌、录像资料、判决书等被中国法院博物馆收藏，成为记录历史的文物。

历史是最好的老师。国家文明的演进，无不依赖于法治的完善。

回首来路，启示深刻——

推进全面依法治国，是深刻总结我国社会主义法治建设成功经验和深刻教训作出的重大抉择，是全面建成小康社会和全面深化改革开放的重要保障，是着眼于实现中华民族伟大复兴中国梦、实现党和国家长治久安的长远考虑。

放眼征程，抉择坚定——

"要推动我国经济社会持续健康发展，不断开拓中国特色社会主义事业更加广阔的发展前景，就必须推进全面社会主义法治国家建设，从法治上为解决这些问题提供制度化方案。"习近平总书记的重要论述高屋建瓴。

审视"五位一体"总体布局，法治作为一条红线贯穿始终。"以法治指导、规范、促进和保障经济、政治、文化、社会和生态文明建设，实现法治经济、法治政治、法治文化、法治社会、法治生态文明，进而实现法治中国整体目标。"全国政协委员、天津财经大学法学院教授侯欣一说。

纵览"四个全面"战略布局，可以清晰地看到，围绕国家治理体系和治理能力现代化，全面依法治国正在对各领域体制机制、法律法规进行系统设计和全面制度安排，致力于建立一套紧密相连、相互协调的国家制度。

践行"创新、协调、绿色、开放、共享"五大发展理念，中央强调"运用法治思维和法治方式推动发展"。当前的努力方向，就是将五大发展理念上升为管用管长远的制度安排，又以五大发展理念为指导完善现行各项制度，使之有机统一，发挥制度体系整体合力。

又是一个春天。山西太原，刚挂牌成立的山西省监察委员会，已在山西省纪委、山西省人民检察院同处的办公大楼展开工作。

北京、山西、浙江，国家监察体制改革试点落地有声，为制度层面筑牢反腐"堤坝"作出有益探索，更标注出法治中国建设的新亮点。

法治关乎国家，也关乎每一个个体。人民更加期待平等参与、平等发展，更加关注社会公正、自身尊严。

办事依法、遇事找法、解决问题用法、化解矛盾靠法……以法律和制度为遵循，一个令人向往的法治社会正在走来。

全面依法治国助推治国理政能力和水平实现新飞跃

立于潮头，方知风急浪高。登临险峰，才见前路艰辛。

筑梦之路绝非坦途。"中国号"巨轮面对的风险挑战、困难险阻前所未有。

任尔风吹浪打，我自岿然如山。

"推进国家治理体系和治理能力现代化，当然要高度重视法治问题，采取有力措施推进全面依法治国，建设社会主义法治国家，建设法治中国。在这点上，我们不会动摇。"习近平总书记的话语字字千钧。

党中央总揽全局、协调各方——

高扬宪法精神、维护宪法权威，是党中央治国理政的鲜明品格。完善以宪法为统帅的中国特色社会主义法律体系，健全宪法实施和监督制度，确保中央各项政令落地生根，确保各项事业在法治轨道上运行，确保党和国家建设各层次领域向着法治化不断推进。

应法之义，改革蹚过一个个"深水区"，啃下一块块"硬骨头"——

一系列改革在法治下破题、在法治下推进，从先行先试的探索试验，到走出一条可复制、可推广的法治化道路，夯基垒台、积厚成势，生发出源源动力。

循法而行，"小康路上一个都不能掉队"的承诺更加感召人心——

健全重大扶贫政策和重点项目的合法性审查；完善社会救助制度和法律救济途径；惩治扶贫领域职务犯罪，打通扶贫资金到达贫困户的"最后一公里"……脱贫攻坚深深的法治足印，践行着"言必信、行必果"的铿锵誓言。

持法为刃，铸就捍卫政权安全、制度安全的正义之剑——

制定国家安全法、反间谍法、反恐怖主义法、境外非政府组织境内活动管理法、网络安全法；依法惩处颠覆国家政权犯罪，以公开审判的方式正面回击西方反华势力对中国的图谋……

为了人民、依靠人民、造福人民、保护人民，这是法治中国无处不在的烙印，也是法治中国始终高扬的旗帜。

说过就过

今年提请全国人民代表大会审议的两高报告中，两组数字引起了人们的关注：

深化人民监督员制度改革。新选任人民监督员15903名。改革以来，人民监督员已监督案件5474件。

全国22万名人民陪审员共参审案件306.3万件，占一审普通程序案件的77.2%。

"人民参与司法的渠道更加畅通、方式更加多样，让老百姓感到法治就在身边，这就是我们国家法治不断进步的体现。"全国人大代表、民盟上海市委专职副主委沈志刚深有感触地说。

"依法治国绘就'法治中国'新蓝图，将极大提升中国共产党治国理政能力，提高法制体系透明度，确保法律法规实施。"欧洲智库"欧洲之友"政策主管莎达·伊斯兰如是评价。

中国特色社会主义法治道路开辟人类法治文明新天地

苏州，金鸡湖畔，春风又绿江南岸。

10个月前，"中国-中东欧国家最高法院院长会议"在此举行，13个国家的大法官齐聚一堂，共话"全球信息化时代的司法"。

习近平主席为会议致贺信并提出希望：深化司法交流合作，加强沟通互鉴，携手应对挑战，更加有效地打击犯罪、化解纠纷，共同营造规范有序的法治环境，为推进"一带一路"建设、实现中国与中东欧国家共同发展提供有力司法服务和保障。

法治，是人类共同的理想，也是融通中外的桥梁。

无论是访问英国议会，出席美国侨界欢迎招待会，还是在联合国日内瓦总部发表演讲，习近平主席都会向世界阐释中国全面依法治国的理念和实践，分享中国的法治之"道"。

中国特色的法治文明驶上"快车道"，令世界瞩目、惊叹。

"在地球的另一端，勤奋的中国同行已经对司法赋予了新的涵义。"拉脱维亚最高法院院长伊瓦尔斯·比奇克维奇斯说。

参与国际反腐败司法协作，参与打击环境犯罪、打击非法赌球等一系列国际性重大专项行动，成绩斐然；承担5年为各国培训2000名维和人员的重任；国际刑警组织主席首次由中国人担任……中国正以更加积极自信的姿态，站上世界法治舞台。

"东方欲晓，莫道君行早。踏遍青山人未老，风景这边独好。"

在世界经济踟蹰不前，不稳定不确定不安全因素增加的背景下，中国始终保持经济持续增长，对世界经济贡献率达30%以上，稳居全球第一，继续扮演全球经济"稳定之锚"的角色。

国外媒体普遍认为，中国经济将因法治水平的上升而获得更顺利、可持续的发展，进一步惠及世界。

"我们要坚持的中国特色社会主义法治道路，本质上是中国特色社会主义道路在法治领域的具体体现；我们要发展的中国特色社会主义法治理论，本质上是中国特色社会主义理论体系在法治问题上的理论成果；我们要建设的中国特色社会主义法治体系，本质上是中国特色社会主义制度的法律表现形式。"

习近平总书记的精辟阐述，标志着中国共产党对执政规律、社会主义建设规律、人类政治文明发展规律认识达到一个新的境界。

在世界东方，前行中的法治中国，正不断汇聚起澎湃的伟力。

这伟力，来自以习近平同志为核心的党中央高瞻远瞩、明辨大势的战略胸怀和久久为功、善作善成的执政风格——

坚持党的领导、人民当家做主、依法治国有机统一，是社会主义民主政治的特点和优势。

推进全面科学立法、严格执法、公正司法、全民守法，坚持依法治国、依法执政、依法行政共同推进，坚持法治国家、法治政府、法治社会一体建设。

无论是改革发展稳定，内政外交国防，还是治党治国治军，都以法治为框架、用法治作保障、由法治来贯彻……

这伟力，来自不断厚植的法治文化和法治信仰——

"法安天下，德润人心。"

2016年12月9日，中共中央政治局第三十七次集体学习上，习近平总书记这样阐释法治中国新图景。

中国特色社会主义法治道路的一个鲜明特点，就是坚持依法治国和以德治国相结合，强调法治和德治两手抓、两手都要硬。

24个字的社会主义核心价值观中，"法治"二字清晰呈现。"七五"普法规划作出部署：一切有接受教育能力的公民都要接受法治宣传教育。中办国办的指导意见要求，进一步把社会主义核心价值观融入法治建设。立法、执法、司法都要体现社会主义道德要求，使社会主义法治成为良法善治……

蓝图铺开，宏图已展。长风万里，斩涛破浪。

以习近平同志为核心的党中央，正引领中国开辟一条人类历史上前所未有的法治文明之路。沿着这条道路砥砺前进，中华民族一定能抵达伟大复兴的光辉彼岸！

（参与采写记者：于涛、叶前、李鲲、郑良、仇逸、许祖华）

行政监察法将修改为国家监察法 固化监察体制改革

作者 罗宇凡 姜潇

2016年以来,以习近平同志为核心的党中央坚定不移推进全面从严治党,深入开展党风廉政建设和反腐败斗争,制定修订党内法规制度、深入开展巡视工作、深化国家监察体制改革,推动全面从严治党由治标为主迈向标本兼治,着力构建不敢腐、不能腐、不想腐的体制机制,不断取得新进展新成效。

制定修订党内法规 完善从严治党制度体系

不久前,备受关注的"汉语盘点2016"年度字词揭晓,"规"当选年度国内字。"规"字延续了2015年度国内字"廉"的热度,反映了公众对建设清廉政治、端正社会风气的期待。

"规矩,方圆之至也。"2016年,《中国共产党问责条例》颁布实施,督促全体党员干部履职尽责,严明政治规矩,扎紧制度之笼。党的十八届六中全会审议通过《关于新形势下党内政治生活的若干准则》和《中国共产党党内监督条例》。其中《中国共产党党内监督条例》的重新修订,对强化新形势下的党内监督作出顶层设计,为加强和规范党内监督提供了基本遵循。

"法与时转则治,治与世宜则有功。"国家行政学院教授汪玉凯认为,以重新修订党内监督条例为龙头,加上之前公布的廉洁自律准则、纪律处分条例、问责条例等法规,使党内监督体系进一步完善。

《中国共产党党内监督条例》坚持问题导向,并且着力解决当前党内监督存在的突出问题。针对监督重点不聚焦问题,把"重音"放在加强党的集中统一领导上,突出"关键少数",强化对一把手的监督;针对制度设计重心偏移问题,强化自上而下的组织监督,改进自下而上的民主监督,发挥同级相互监督作用;针对监督责任不明晰问题,强调以落实监督责任为主轴,针对不同主题规定具体制度,把责任、制度、措施有机统一起来……

近日,福建省厦门市纪委监察局、集美区纪委监察局推出一则动漫《阿集小美说"监督条例"》,以清新明快的风格诠释《中国共产党党内监督条例》内容,令人耳目一新,受到党员干部的欢迎。

《中国共产党党内监督条例》发布后,各级党组织和广大党员干部紧密结合实际,认真学习贯彻条例,强化管党治党责任担当,进一步增强了开展监督的主动性和接受监督的自觉性,使党内监督的制度优势逐步显现。

深化政治巡视 利剑作用充分显现

1. 制度不断完善,实践不断深入

巡视是党章赋予的重要职责,是党内监督的"利剑",更是全面从严治党的战略举措。在着力扎紧制度的笼子,画出"红线"与"边界"的同时,推动巡视工作不断深入开展,同样是过去一年管党治党的重要抓手之一。

2016年,中央巡视在坚持中深化、在深化中坚持,不断提高政治站位,完善工作格局,节奏更快,力度更大,效果更明显。截至目前,十八届中央巡视已开展11轮,覆盖240多个党组织,全覆盖率达90%。

2. 党内监督无禁区、无例外

2016年,中央第九轮、第十轮、第十一轮巡视共覆盖91家单位党组织,占中央全覆盖任务总数的三分之一;继完成对地方、国有重要骨干企业、中央金融单位全覆盖之后,今年又完成对中央和国家机关的全覆盖,体现了党内监督没有禁区、没有例外的鲜明立场和坚定决心。

3. 中央巡视首现"回头看",巡视制度体现创新

2016年,中央巡视共对北京、天津、重庆、辽宁等12个省区市杀出"回马枪",黄兴国、王珉、杨鲁豫、杨振超等一批领导干部应声落马,社会震动强烈,放大和延续了震慑效应。"回头看"还将换届纪律执行情况作为监督重点,对辽宁拉票贿选案严肃查处,已成为新中国成立以来查处的首起发生在省级破坏选举制度的重大案件。

4. 善用巡视成果,促进标本兼治

2016年,中央巡视机构共向中央和国务院有关领导同志通报巡视情况24次,向中央深改办报送专题报告35份,为全面深化改革提供问题导向参考。根据反馈意见,湖南省委开展"雁过拔毛"式腐败专项整治、发改委党组深化行政审批制度改革、国资委推动102家央企全部开展章程修订工作,将党建工作纳入公司章程……有力推动了被巡视党组织和有关部门完善制度、加强管理。

5. 加强战略谋划,构建立体网络格局

进一步加强对省区市和中央单位巡视工作的领导,积极推进建立市县巡察制度,基本形成了横向全覆盖、纵向全链接、全国"一盘棋"的巡视战略格局。截至目前,已有16个省区市完成巡视全覆盖,总体覆盖率达96%;已有60家中央部委和国家机关部委、13家中管金融单位、74家中央企业开展巡视工作;各省区市还积极推进市县

巡察工作，创新组织形式、制度机制和方式方法，打通党内监督最后"一公里"。

深化国家监察体制改革 完善党和国家的自我监督

2016年11月7日，中共中央办公厅印发《关于在北京市、山西省、浙江省开展国家监察体制改革试点方案》，部署在3省市设立各级监察委员会，从体制机制、制度建设上先行先试、探索实践，为在全国推开积累经验。12月25日，十二届全国人大常委会第二十五次会议表决通过全国人大常委会关于在北京市、山西省、浙江省开展国家监察体制改革试点工作的决定，规定了试点工作涉及的最主要、最基本的制度。在全国人大常委会就试点工作作出有关决定后，试点地区检察机关反贪等部门的转隶就要开始。

从关于国家监察体制改革试点工作的消息对外发布，到全国人大常委会通过的决定，国家监察体制改革这一"重大政治改革"备受舆论关注。

深化国家监察体制改革是以习近平同志为核心的党中央作出的事关全局的重大政治改革，对推进全面深化改革、全面依法治国、全面从严治党，具有重大的现实意义和深远的历史意义。

国家监察体制改革是国家监察制度的顶层设计。深化国家监察体制改革的目标，是建立党统一领导下的国家反腐败工作机构。实施组织和制度创新，整合反腐败资源力量，扩大监察范围，丰富监察手段，实现对行使公权力的公职人员监察全面覆盖。

中央纪委有关负责人表示，腐败是侵蚀党和国家肌体的毒瘤，反腐败斗争关系党和国家生死存亡。下一步，中央纪委将会同全国人大机关，研究将行政监察法修改为国家监察法，将改革成果以法律形式固化下来。

检察机构改革北京样板出炉，新设八大部室

全国检察机关司法责任制改革推进会4月10—11日在海南海口召开。最高人民检察院党组副书记、常务副检察长胡泽君参加会议并讲话。

在会上，北京市检察院以《坚持顶层设计，突出职能发挥，积极稳妥推进内设机构优化设置》为题作经验交流。自去年推进全面司法责任制改革以来，北京市人民检察院在市委和高检院的坚强领导下，始终将内设机构优化作为改革的基础前置环节，先行先改，形成了司法办案、检察监督、综合业务、综合管理、检务保障五类机构，为组建新的办案组织、实行新的办案机制、办案模式和司法责任制真正落地生根奠定了组织基础。北京市三级检察院已全面完成内设机构改革。北京市检察机关内设机构改革的做法受到中央有关领导同志的充分肯定。

立足现实需要，坚持问题导向，推动内设机构优化

北京市检察机关始终把检察权的科学配置、规范运行和检察职能的充分发挥作为内设机构优化设置工作的核心目标。为保证优化设置工作积极、稳妥进行，提出"三个坚持"的基本原则。

坚持"三个适当分离"原则。坚持诉讼职能与监督职能适当分离，成立单独的监督机构，凸显监督职能；坚持案件管理与案件办理适当分离，设立单独的检察管理监督部门，对线索统一管理、重点督办、全程监控；坚持司法行政事务管理权与检察权适当分离，将检力资源向办案一线倾斜。

坚持专业化原则。按照"专业平台、专业工具、专业素质"三位一体原则推进检察专业化建设，从组建专业化办案机构入手，专案专办，术业专攻，打造专业化办案团队，通过专业化的办案力量，强化办案效果，提升检察机关的公信力。

坚持效能优化原则。以横向整合、纵向扁平为重点，减少案件审批层级，简化办案程序，突出司法责任，全面加强司法办案一线力量，优化司法办案资源，切实提高司法效率和工作效能。

立足北京实际，体现首都特色，推动内设机构优化

准确把握北京检察机关职能涉及领域广、维稳任务重、新型案件多、二级行政三级司法、检察工作关注度高等特点，深入探求最佳改革方法路径。

突出职能需要。北京市检察机关结合维护国家安全和首都稳定任务重、新型案件多，检察职能覆盖面广、涉及领域多、工作强度大的工作实际，将职能需要作为优化机构设置的首要标准，增设国家安全和公共安全检察部、经济犯罪检察部、职务犯罪检察部等专门业务机构。

突出同步推进。全市检察机关具有二级行政三级司法的体制特色，联系紧密，关联性强。内设机构改革始终坚持全市一盘棋，整体规划、上下联动、同步实施。统一制定方案，统一任务要求和时间节点，适时调度督办，确保内设机构改革在三级院同步推进。

突出精准设置。坚持因地制宜，突出问题导向，遵循司法规律，不要求上下完全对应，不要求各区院机构"五脏俱全"，突出强调按需设置，撤并同质化机构。市院突出精密分工和加强指导，分院突出办案和监督职能，基层院依据案件与人员规模，区分大、中、小三种类型，按照各自实际，精准设置内设机构。

围绕目标要求，加强顶层设计，推动内设机构优化

紧紧围绕"三个适当分离"、专业化和精简效能原则对内设机构进行优化设置，确保优化后的内设机构成为检察权运行的"专业平台"和业务监督、行政管理的"管理单元"。

分设承担诉讼职能与监督职能的机构。在现行按照诉讼流程设置内设机构之外，成立侦查监督部、刑事审判监督部、刑事执行检察部、民事检察部、行政检察部等专司监督的内设机构，强化监督效能。

组建专业化办案机构。针对北京各区域案件类型，及时组建办理金融、知识产权、科技、网络电信、轻罪等犯罪案件的专门机构。为适应职侦部门"转隶"后，与监察委员会程序对接的需要，在全市三级院统一成立职务犯罪检察部。

分设承担案件办理职能与案件管理职能的机构。成立检察管理监督部，对案件进行统一、归口管理，实现"一个窗口对外、一个闸门对内"。在配合监察体制改革试点工作中，市院成立信息化检察部，承接原侦查指挥中心检察业务查询，以及检察机关参与社会治理的预测预警预防职能。

整合承担司法行政事务管理职能的机构。市院政治部撤销综合处，分院政治部撤销教育训练处，区院政工部门撤销内设二级机构。市、分、区三级院的计划财务装备处、机关后勤服务中心合署办公，组建行政事务管理局。180人以下的区院将办公室并入行政事务管理局。

优化内设机构的显著成效

改革之后,检察监督逐渐由"软指标"变成"硬任务",2016年8月—2017年2月,全市各级检察机关刑事审判监督部成立后,共提出刑事抗诉59件,提请上级院抗诉4件,较2016年前7个月增长近5倍。

侦查监督部成立后,到2016年底共受理立案监督案件101件,同比上升74.1%,监督公安机关立案52人,同比上升26.8%;受理监督撤案案件27件,同比上升12.5%,监督公安机关撤案25件,同比上升8.7%;受理"两法衔接"案件104件,公安机关立案30件,是上年同期的4倍多。

特殊案件办理更加专业,积极稳妥办理了"e租宝"等一批专业性强的重大敏感案件,以东城院网络和电信犯罪检察部为例,2016年共办理审查起诉案件79件137人,审查批准逮捕案件39件115人,机构优化后,受理审查起诉案件40件72人,审查批准逮捕案件19件27人,占全年案件受理数量的50%,与2015年同期相比案件受理数量和人数分别增加55.2%和94.1%。

轻罪案件办理质效提升,朝阳院轻罪案件检察部自成立以来,共受理审查起诉案件810件、851人,占同期全院起诉案件的62.2%,结案率为86.8%。轻罪部的检察官,每月人均办案23件。

国家监察体制改革4大重点内容，
听中国政法大学副校长马怀德讲公开课

中国政法大学副校长
行政法学教授、博导   马怀德

欢迎来到廉洁文化公开课！

今天我跟大家交流的题目是《扎紧全面从严治党的制度笼子》。我想分三个部分。第一个部分，重点谈一下党的十八大以来，党内法规制度建设的进程。第二部分，谈一下党的十八大以来，以习近平同志为核心的党中央，全面从严治党，制度管党、依规治党的有关要求。第三部分，讲一下国家监察体制改革的进程和重点。

一、把权力关进制度的笼子
——党的十八大以来党内法规制度建设进程

早在20世纪80年代，邓小平同志在总结历史经验教训的时候，就深刻地指出制度问题具有根本性、全局性、稳定性和长期性，制度是决定因素。那么制度是什么？首先"制"有节制、限制的意思，"度"就是尺度、标准的意思，合在一起就是限制人们行为的标准和尺度。我们今天要谈论的制度主要是两方面的制度：一个就是党内法规制度，一个就是国家的法律制度。

党的十八大以来，以习近平同志为核心的党中央紧紧围绕坚持党的领导、加强党的建设，坚持制度管党治党，紧紧围绕国家治理体系和治理能力现代化，积极推进党的制度建设、改革，推动全面从严治党，迈向制度化、规范化和程序化的轨道，所以党的建设的法治化水平不断提高，这为确保党始终成为中国特色社会主义事业的坚强领导核心，提供了坚实的制度保障。特别是2014年，中央召开了党的十八届四中全会，通过了《中共中央关于全面推进依法治国若干重大问题的决定》，这个决定明确地提出党内法规制度也是中国特色社会主义法治体系的重要组成部分，把我们党对制度管党治党的认识提高到了一个新的水平。所以十八大以后，特别是四中全会以后，中央先后修订了一系列党内法规制度。

比如说我们先后制定了《中国共产党党内法规制定条例》《中国共产党党内法规和规范性文件备案规定》，编制了《中央党内法规制定工作五年规划纲要（2013—2017年）》，开展了党的历史上第一次党内法规的清理工作。特别是根据全面从严治党的要求,制定出台了一大批党内重要法规。比如说在组织制度方面,我们出台了《中国共产党党组工作条例(试行)》。在干部人事制度方面,我们修订了《党政领导干部选拔任用工作条例》《干部教育培训工作条例》等。在规范领导干部生活待遇方面,出台了《省部级领导干部秘书管理规定》等。特别是反对"四风"、落实八项规定以来,我们专门出台了《党政机关厉行节约反对浪费条例》,以及配套的二十五项党内法规制度。在反腐倡廉方面,我们修订了《中国共产党巡视工作条例》《中国共产党廉洁自律准则》《中国共产党纪律处分条例》《中国共产党问责条例》以及《中国共产党纪律检查机关监督执纪工作规则(试行)》,等等。特别是在十八届六中全会上,中央讨论通过了《关于新形势下党内政治生活的若干准则》和《中国共产党党内监督条例》,进一步明确了严肃党内政治生活、加强党内监督的基本要求。这些党内法规的制定,对于构建全面从严治党的制度基础,起到了决定性的作用。所以经过一段时间的努力,我们基本形成了全面从严治党的制度体系,约束党、党员、党组织的规范和相关制度之笼越扎越紧。

在十八届四中全会以后,我们突出地强调全面推进依法治国。也就是在依法治国的大背景下,如何依规治党、如何用制度管党治党、如何衔接好党内法规和国家的法律,这就是要靠我们协调两者的关系,解决管党治党常态化、长效化的问题。要从依法治国、依规治党、从严治党的战略高度出发,把我们执政党的制度建设与国家的法制建设相联系,使党内法规成为国家治理体系和治理能力现代化的重要组成部分,也使我们的广大党员干部,既要增强党章意识、纪律意识、规矩意识,同时要增强法治观念和法律意识,增强对制度的认同和制度自信。形成一种什么局面?就是形成一种遵从制度、遵守制度、捍卫制度的良好氛围和习惯,尤其是要强化制度的刚性约束。坚持制度面前人人平等,制度执行没有例外,要增强制度的执行力,做到用制度管权、管事、管人。使制度成为硬约束,因为制度和人比起来,制度是一种刚性的约束,更管用、更有保障。

二、全面从严治党,必须坚持思想建党和制度治党紧密结合,依规治党和以德治党相统一

第二个大问题我想重点跟大家交流一下,党的十八大以来,以习近平同志为核心的党中央扎紧全面从严治党的制度笼子采取的一系列举措,全面从严治党对制度建设的内在要求。

"全面从严治党"这个新概念、新要求,是习近平总书记 2014 年 12 月在江苏考察时第一次提出来的,但这个重要思想贯穿于他的系列重要讲话的始终。2012 年 11 月 15

说过就过

日，在十八届中央政治局常委与中外记者见面时，他就明确指出"打铁还需自身硬。我们的责任，就是同全党同志一道，坚持党要管党、从严治党，切实解决自身存在的突出问题，切实改进工作作风，密切联系群众，使我们的党始终成为中国特色社会主义事业的坚强领导核心。"2014年10月，习近平总书记在党的群众路线教育实践活动总结大会上首次使用了"全面推进从严治党"这一提法。

全面从严治党是我们党坚持和发展中国特色社会主义制度，实现中华民族伟大复兴的中国梦的重大战略举措和战略部署。全面从严治党对于全面建成小康社会、全面深化改革、全面依法治国，起着一个政治引领和组织保障的作用，是协调推进"四个全面"战略布局的关键所在。因为我们党是中国特色社会主义事业的坚强领导核心，只有党的先进性、纯洁性有了保障，只有党能够严格按照党内法规、依规治党，才能够率领人民实现全面建成小康社会的目标，也才能全面深化改革，推进全面依法治国。

全面从严治党是有系统的、深刻的内涵，也是有一系列的手段和保障措施的。之所以叫全面从严治党，首先要突出一个"全"字，"全"是什么？是全面的治党对象，就是我们不仅要治理党的组织还要治理党员，包括普通的党员群众、党员领导干部；不仅要治理党的领导机构，还要治理党的基层组织。"全"还意味着措施的全面性，就是我们治党不仅仅是靠思想作风建设，也不仅仅是靠制度建设，它是一个系统工程。就是治党既要靠思想、也要靠教育、还要靠作风、制度、惩治。"全"还体现在全过程，就是治党的全过程都应该是严格的、规范的。所以全面从严治党要突出一个"全"字。

另外，要突出一个"严"字。既然是从严治党，我们的治党要求就必然是高要求，治党的惩治措施必须是严厉的，治党的规范必须是严格的，而且治党的标准也必须是严厉的。所以说从全面从严治党的基本内涵来看，全面从严治党实际上是一个系统工程，它要求我们从国家治理体系和治理能力现代化的高度去认识全面从严治党的深刻内涵。

正确理解全面从严治党对制度建设的要求，就要深入学习领会习近平总书记提出的"坚持思想建党和制度管党相统一""坚持依规治党与以德治党相统一"，双管齐下，不可偏颇。

全面从严管党治党，首先，要加强思想建设，抓好固本培元方面的教育，特别是要坚定党员领导干部的理想信念。习近平总书记指出，理想信念是共产党人精神上的"钙"，理想信念坚定骨头就硬。没有理想信念，或者理想信念不坚定，精神上就会缺钙，就会得"软骨病"。所以理想信念非常重要。那么我们全面从严治党，必须从理想信念抓起，要补足共产党人精神上的"钙"。

同时，全面从严治党既要靠思想建设，也要靠制度建设，这两者是一柔一刚，要同向发力、同时发力。

习近平总书记十分重视制度建设，强调要健全权力运行的制约和监督体系。2013年1月在十八届中央纪委第二次全体会议上习近平总书记指出，必须"健全权力运行制约和监督体系，加强反腐败国家立法，加强反腐倡廉党内法规制度建设，深化腐败问题多发领域和环节的改革，确保国家机关按照法定权限和程序行使权力"。

2015年6月，中共中央政治局就加强反腐倡廉法规制度建设进行第二十四次集体学习时，习近平总书记指出，"铲除不良作风和腐败现象滋生蔓延的土壤，根本上要靠法规制度"，鲜明强调了制度建设的重要地位；提出"要加强反腐倡廉法规制度建设，把法规制度建设贯穿到反腐倡廉各个领域、落实到制约和监督权力各个方面，发挥法规制度的激励约束作用，推动形成不敢腐不能腐不想腐的有效机制"，深化了对法规制度建设目标任务的认识。

概括地说，这都是强调制度的约束力、制度的刚性要求，也就是只有制度有效了，管用了，才能够起到全面从严治党的作用。

党的十八大以来，我们着力解决制度建设的滞后，执行不力等问题。习近平总书记强调，要以党章为根本遵循，"要本着于法周延、于事简便的原则，注重实体性规范和保障性规范的结合和配套，确保针对性、操作性、指导性强"。这就是对制度建设的一个重要要求。"要搞好配套衔接，做到彼此呼应，增强整体功能。"习近平总书记特别强调，"制度不在多，而在于精，在于务实管用，突出针对性和指导性。如果空洞乏力，起不到应有的作用，再多的制度也会流于形式。牛栏关猫是不行的！"

大家知道，党的十八大以来，我们的制度建设在务实管用方面做了很大的努力。比如说我们修订的《中国共产党廉洁自律准则》，过去的《准则》两三千字，最后修订完的《中国共产党廉洁自律准则》只有8条。但是这8条，非常务实，非常管用。比如说它第一条就是，要做到公私分明。有人说这不是常识吗？但这个常识它的内涵是很深刻的、它的要求实际上是很明确的，而且，它是能够可测量的、可操作的、可以具体化的。

其次，坚持全面从严治党，就要把权力关进制度的笼子里，形成科学有效的权力运行和监督体系。要加强党内监督、人大监督、民主监督、行政监督、司法监督、审计监督、社会监督和舆论监督，努力形成科学有效的权力运行和监督体系，增强监督合力和实效。

也就是说，在解决权力的监督和制约方面要靠制度，而且这个制度必须是严密的、有效的，这种制度既包括惩戒的制度，也包括防范的制度，还包括我们说很多道德伦理上的规范。另外,这种监督制度要充分地调动社会各界的作用,也就是要调动社会监督的力量,发挥舆论监督、人民群众监督的作用。所以说我们既要强调搭建一套约束规范公权力的制度之笼,另外一方面还要有激发社会各界监督权力正确运行的制度。尤其是要通过比如说政务公开、信息公开、大数据共享等等这些方式,确保权力在阳光下运行、在制度的笼子里运行。

在全面从严治党过程中,我们还强调要加强反腐败的体制机制创新和制度保障。这就意味着反腐败也好、全面从严治党也好,都必须从体制机制创新和制度构建方面下工夫。比如说党的十八大以来,为了推动反腐败斗争顺利进行,中央实施了党的纪律检查工作双重领导体制具体化、程序化、制度化。再比如说我们推动巡视制度的改革,中央、地方巡视做到了三个不固定:巡视组组长不固定,巡视的地区和单位不固定,巡视组与巡视对象的关系不固定等等,用这些方式来保证制度上的有效性。党的十八大以来,我们所做的工作,就是把中央的要求、群众的期盼、实际的需要和新鲜经验结合起来,努力形成一套系统完备的制度体系,以刚性的制度规定和严格的制度执行,确保改进作风规范化、常态化、长效化,切实防止"四风"问题反弹。

我们说制度起不起作用、发不发挥效应,还是要看制度的执行力,能不能严格的落实相关的制度。所以要坚持制度治党,关键是要落实到提高制度的执行力上。明代张居正曾经说过一句话,"天下之事,不难于立法,而难于法之必行。"就是天下的事情不是难在制订不出法律,或者是不能制订法律,而是难于制订出来的法律必须得到执行。要想执行制度、执行法律,实际上是比立法要困难得多。执法或者执行制度,它要靠一系列的制度保障。比如说,首先要做到必须是良法,好的制度才能得到执行。制度要有操作性、可执行性、有针对性、有效性。另外,执行制度的人要有一种执行制度、执行法律的自觉意识,要有这个素质和能力执行。还要有有效的监督保障机制,你如果没有执行要被问责,如果执行得好要受到嘉奖。总之,要有一系列的制度之外的这种保障,促使制度的实施和执行。

所以说党的十八大以来,我们全面从严治党,不仅建立了一套完备的制度体系,最重要的成果就在于我们有效地实施、执行了这套制度,这样才使得我们全面从严治党取得了一系列成效,才使得我们的反腐败取得了压倒性的态势。

三、加强党对反腐败工作的统一领导,推动党内监督和国家监察全覆盖——国家监察体制改革的背景和重点

第三个大问题,我想跟大家交流一下国家监察体制改革的问题。国家监察体制改革的问题属于反腐败国家立法的范畴,是加强党对反腐败工作的统一领导,实现国家

监察全覆盖，整合反腐败力量的重大政治改革、重大制度安排。

2016年11月7日，中办印发了《关于在北京市、山西省、浙江省开展国家监察体制改革试点方案》。《方案》强调，国家监察体制改革是事关全局的重大政治改革，是国家监察制度的顶层设计。为什么说它是事关全局的重大政治改革，是国家监察制度的顶层设计呢？因为这项改革已经不同于传统意义上的有些机制、体制的改革，它已经上升为一种国家治理体系的建设。所以监察委员会的设立，从制度上解决了国家监察权的定位问题。为我们党统一领导反腐败机构，更好地发挥国家监察机关反腐败的职能，实现监察对象的全覆盖，提供了重要的制度遵循和制度依据。所以它对我们全面从严治党，特别是对反腐败制度体系的建设，将产生深远的历史影响。

国家监察体制改革，应该说它是全面从严治党、实现党内监督和人民监督有机结合的需要。因为国家监察体制改革，特别是设置国家监察委员会，它看起来是国家机关在监督体系方面的一种变革，但它实际上是贯彻了或者说顺应了全面从严治党的要求，加强了党对反腐败的统一领导，能够形成一种反腐败的制度化、法治化的成果，有利于实现党内监督和人民监督的有机结合。因为纪委监督是党内监督，而国家监察委员会负责的监察，实际上体现的是人民监督、国家机关自身的监督，所以说监察委员会的设立又跟纪律检查机关合署办公，这样就形成了党内监督和人民监督、国家机构自身的监督之间的有机统一、有机结合。

党的十八大以来，随着党内监督的加强，应该说已经实现了党内监督的全覆盖，覆盖到了所有的国家机关、社会团体、企事业单位的党组织和党员。但是行政监察只负责监察行政机关的工作人员，以及政府任命的工作人员，不能够覆盖到所有掌握公权力的公职人员。所以必须做好监督体系的顶层设计，既加强党的自身监督、自我监督，又要加强对国家机器的监督。所以说国家监察制度改革，是在这样一个背景下，为了实现党的监督和人民监督的有机结合，为了实现我们监察的全覆盖，所做的一次监督制度的顶层设计，也是事关全局的重大政治改革。

国家监察体制改革就是要强化党对反腐败工作的统一领导，要健全国家监察组织架构，形成全面覆盖国家机关及公职人员的国家监察体系，使党的监督和人民监督相结合，保证我们的监督力量能够延伸覆盖到所有行使公权力的公职人员，使得我们监督体制和监督机制更加制度化、规范化。

国家监察体制的改革，实际上是借鉴了古今中外的有益经验，是我们国家治理体系与时俱进不断创新的一个最新成果。我们古代就有监察制度。中国古代的监察制度起源于周朝，兴于秦汉，隋唐时期已经臻于完备，一直延续到了明清。当然，我们今天的监察体制改革，不是说简单的借鉴中国古代监察的经验。下面重点谈一下国家监

察体制改革的重点内容有哪些,我想把它概括为四个方面:

第一,加强党对反腐败的统一领导,建立一个集中统一、权威高效的国家监察体制。目前,我们国家承担反腐败职能的机构较多。在政府内部有行政监察机关、审计机关、预防腐败部门。在政府外部有人大监督、司法监督。人民检察院还有反贪污、反渎职、预防职务犯罪的专门力量。这些重要的反腐败职能分散在多个机关中,多头负责,资源分散,难以形成高效的反腐败力量。国家监察体制改革目的就是要整合这些反腐败资源,建立起一个集中统一、权威高效的监察体系。这个集中统一、权威高效的监察体系,一个标志性的载体就是国家监察委员会。所以监察委员会是在保留原有的行政监察部门和预防腐败职能的基础上,整合承接了检察院的反贪、反渎、预防职务犯罪的职能,构建起了一个独立和集中行使监督权、调查权、处置权的国家统一的反腐败机构。这个机构同中国共产党的纪律检查机关合署办公,所以是在党的领导下的统一反腐败机构。

第二,实现监察的全覆盖。这个全覆盖就是要覆盖到所有行使公权力的公职人员。比如我们高校的教师、医院的医生。一般的人民团体、社会团体的一些工作人员,实际意义上也在行使一部分公权力,就像公立高校、公立医院的从业者,行使的职能、履行的职责也涉及公务,是广义上的行使公权力的公职人员。所以这次国家监察体制改革,就是要把所有的行使公权力的公职人员,全部纳入监察的对象范围,实行监察的全覆盖。

第三,要建立监察委员会和司法机关的衔接机制。因为我们设立监察委员会之后,就把检察院的反贪污贿赂、反渎职和预防职务犯罪的职能以及机构、人员,转隶到国家监察委员会。这样监察委员会就享有了监督权、调查权、处置权。为了确保国家监察机关发挥反腐败的功能,应当赋予监察机关一系列的监察手段。比如说采取谈话、讯问、询问、查询、冻结、调取、查封、扣押、搜查、勘验检查、鉴定和留置。

第四,要强化对监察机关的监督和制约。国家监察委员会虽然是一个新设的国家机关,但是它行使的监察权,也是有法定权限范围和界限的,也必须接受监督和制约。监督来自于哪些方面呢?要接受党的监督,要接受人大的监督。因为它是由人民代表大会产生,对人民代表大会负责的,所以要接受人民代表大会的监督。前一段时间,北京、山西、浙江在省市一级成立了监察委员会,选举产生了监察委员会主任,整个过程都是由人民代表大会常务委员会负责的,所以说人民代表大会对监察委员会是有监督职权的。

监察委员会查办的腐败犯罪案件,由检察机关提起公诉、人民法院进行审判,这也体现了对监察委员会工作的监督制约。

在自我监督方面，现在纪委以《中国共产党纪律检查机关监督执纪工作规则（试行）》出台为重要标志，已经探索出了一系列重要的自我监督的体制机制。比如说规定立案审查时间是 90 日，如果要延长必须经上级纪委批准。再比如说对财产的扣押、清点必须要有见证人或被扣押人在场，必须进行全程录像。财产的保管必须有严格的制度，也是要有全程录音录像。纪委和监察委员会合署办公，所以纪委自身这套严格的内部监督，自我约束机制，实际上也适用于监察委员会的内部监督的。

这些监督制度，加上发挥人民群众、舆论、社会各界的监督作用，就能实现对监察委员会的有效监督，确保国家监察委员会依法履行监察职责的重要保障。

谢谢大家！

国家监察法立法的若干问题探讨

北京大学法学院教授，博士生导师　姜明安

摘要： 国家监察法是国家监督领域的基本法，属于宪法性法律。其调整的关系主要应该包括：国家监察机关与监察对象的关系、国家监察机关与人民代表机关的关系、国家监察机关与党的纪律检查机关的关系、国家监察机关与司法机关的关系以及国家监察机关内部的关系。为了科学合理地调整这些关系，国家监察法应对国家监察机关的组织、职责、权限和监察手段、监察程序，以及对国家监察机关本身的监督、对国家监察对象合法权益的保障和救济机制进行周密的设计和规范，以保证国家监察机关既有效行使反腐败职能，又防止其滥用权力。

关键字： 国家监察；国家监察法；国家监察机关

2016年11月，中共中央发布《关于在北京市、山西省、浙江省开展国家监察体制改革试点方案》（以下简称《试点方案》），随后十二届全国人大常委会第二十五次会议通过《关于在北京市、山西省、浙江省开展国家监察体制改革试点工作的决定》（以下简称《决定》）。《试点方案》和《决定》均指出，国家监察体制改革是事关全局的重大政治体制改革。既然是重大改革，根据习近平总书记关于"重大改革都要于法有据"的指示，必须立法，即制定国家监察法。中共十八届中央纪律检查委员会第七次全体会议确定，由中央纪委牵头抓总，落实改革方案，推动制定国家监察法。

国家监察法立法涉及法治理论和实践层面的多方面的问题，如国家监察法的性质、地位和国家监察机关的性质、地位；国家监察法应调整的主要关系；国家监察法的体系和主要内容；国家监察机关的职责、履行职责的权限和法律手段；对国家监察机关的监督和对监察对象合法权益的保障和救济等。本文尝试对这些问题做些初步探讨，提出笔者对解决这些问题的相关设想和建议。

一、国家监察法的性质、地位

国家监察法的性质、地位和国家监察机关的性质、地位是密切相联系的。

首先，国家监察法不同于完全归属于行政法的《行政监察法》，而是与《人大常委会监督法》《国家安全法》《戒严法》《国防法》《民族区域自治法》等基本法律一样，属于宪法相关法（或称"宪法性法律"）。因为行政监察法的调整对象是行政法制监督关系，行政监察法的执法主体是作为国家行政机关的行政监察机关。而国家监察法的调整对象是国家监督关系（行政法制监督关系只是国家监督关系的一种），国家监察法的执法主体是国家监察机关。国家监察机关不同于仅行使行政监察职能的行政监察机关，行政监察机关所进行的行政法制监督属于行政系统的内部监督。国家监察机关作为国家机构整体的组成部分，其所行使的监督职能则是针对整个国家机关和整个国家公权力（甚至包括社会公权力）的。尽管国家机关即包括行政机关，国家公权力即包括行政权，从而对行政机关和行政权的监督是对整个公权力监督的重要组成部分，但国家监察机关对行政的监督已经不再是行政系统的内部监督而是已转化成外部法律监督了。

其次，国家监察法不同于《国务院组织法》《人民法院组织法》《人民检察院组织法》等国家机关组织法。虽然国家监察法与国家机关组织法一样，同属于宪法相关法，但国家监察法不仅有组织法的内容，而且有行为法、程序法和救济法的内容，具有混合法的性质。因为国家监察法要同时规定国家监察机关的组织体系、体制、内外关系、职责、权限（组织法的内容）；规定整个监察权行使的流程，各监察阶段监察行为的方式、步骤、行为准则和要求（行为法和程序法的内容）；规定对监察权行使的监督机制和对监察对象的救济机制（救济法的内容）。根据一般法律体系的结构，组织法、行为与程序法、救济法是分立的，三者分别构成单独的法律。如行政法体系中的行政组织法（《国务院组织法》《地方人民政府组织法》等）、行政行为和行政程序法（《行政许可法》《行政处罚法》《行政强制法》及统一的行政程序法等）、行政救济法（《行政复议法》《行政诉讼法》《国家赔偿法》等）；司法法体系中的司法组织法（《人民法院组织法》《人民检察院组织法》等）；司法行为法和司法程序法（《民事诉讼法》《刑事诉讼法》《行政诉讼法》《宪法诉讼法》等）、司法救济法（冤狱赔偿法、司法赔偿法等）。国家监察法之所以不同于行政法和司法法，将采取组织法、行为与程序法、救济法三者合体的形式。主要是因为国家监督体制正处于改革转型阶段，法律既要对之引领、指导，又必须为之留下试验和运作的广泛空间，既要使改革于法有据，又不能过分束缚改革的裁量性和灵活性。在组织法方面，可能在较长一段时期内，我们还会采取我国目前许多国家机关一直沿袭采用的"三定办法"，即通过国家编制机关发布相应文件规定其机构、职能和人员编制。在救济法方面，我国还不可能建立完善的违宪审查和相应救济制度，国家监察又不可能适用行政诉讼救济，故目前主要只能依靠国家监察系统的内部监督和内部救济。因此，我们现在进行国家监察法立法，主要着力点在行为法和程序法方面，但组织法和救济法的内容又不可能完全空缺。虽然不能对此二者单独立法，但在即将制定的国家监察法里，必然要规定国家监察机关的大致组织结构、基本职责和权限，以及对国家监察可能的违法侵权行为的救济。

再次，国家监察法属于国家监督领域的基本法律。所谓"基本法律"，就是说在相应调整领域，其具有统率其他一般法律、法规和规章的地位。法规和规章自不待说，国家监察法制定后，必然要通过行政法规、地方性法规、部门规章、地方政府规章的形式制定各种相应的实施规则、办法。这些规则、办法当然要以国家监察法为依据，不能与之相抵触。至于在国家监察法之外是否有必要制定某种单一性的一般法律，例如，国家监察委员会对各级人大、各级法院、各级检察院的监察必然有其特殊性，对于不同领域监察的特殊性问题今后是否有必要另行单独立法，这都是今后需要研究和予以回应的问题。如果今后决定单独立法，那二者的关系应是基本法律和一般法律的关系，即单行法必须遵循国家监察法的一般原则，不能以"后法优于前法"或"特别法优于普通法"为根据与之冲突、抵触。

另外，国家监督领域的基本法除了国家监察法以外，还有《人大常委会监督法》。国家监察法与《人大常委会监督法》都是监督基本法，二者调整的对象有所差别。前者调整的重点是对公职人员的监督，包括对人大常委会委员和常委会机关工作人员的监督；后者调整的重点是对国家机关工作的监督，包括对国家监察机关工作的监督。当然。对国家机关工作的监督也包括对国家机关负责人和国家机关工作部门负责人的监督。这种监督与国家监察机关的监督有一定重合，但二者亦有区别：国家监察机关监督的重点是监察对象的廉政情况，主要目标和任务是反腐败；人大和人大常委会监督的重点是监督对象的履职情况，主要目标和任务是保障法律和政策的实施。另外，国家监察机关对公职人员监督的范围包括领导干部和所有工作人员，而人大和人大常委会对公职人员监督的范围仅限于领导干部，如政府和政府部门正副行政首长、法院、检察院正副院长、国家监察委员会正副主任，而不及于一般工作人员。

二、国家监察法调整的主要法律关系

国家监察法调整的法律关系主要有下述五种：

（一）国家监察机关与监察对象的关系

国家监察法调整的最主要的社会关系无疑是国家监察机关与监察对象的关系。不理顺和规范这一关系，国家监察制度就无法运作，国家监察的目标和任务就无法实现。为理顺和规范这一关系，国家监察法首先要规定国家监察机关的职责、职权和监督措施、监督手段，确定它有权对监察对象采取和实施什么样的监督行为；其次，国家监察法要规定国家监察机关行使职权的方式、程序，确定其怎样对监察对象进行监督，保证其监督既有力有效，又不任性、恣意；再次，国家监察法要规定监察对象的权利义务，通过确立监察对象的权利（如陈述权、申辩权等），保障监察对象在接受监督的过程中，其人身权、财产权等合法权益不致被任意侵犯，通过确定监察对象的义务（如依监察机关的要求提供相关材料的义务、如实说明相关情况的义务等），保障监察机关顺利进行监督；此外，国家监察法还要规定监察对象在接受监督过程中寻求救济的方式和获取救济的途径，使之在其合法权益受到监察机关违法侵害时能得到申雪冤屈的机会。很显然，要使国家监察制度顺利和有效运转，必须通过国家监察法明确监督方的权力、责任和被监督方的权利、义务，调整好监督方与被监督方的法律关系。

（二）国家监察机关与人民代表机关的关系

国家监察法需要调整的另一重要关系是国家监察机关与人民代表机关的关系。关于这一关系，第十二届全国人大常委会第二十五次会议通过的《决定》设定了一个大致框架：首先，"监察委员会由本级人民代表大会产生。监察委员会主任由本级人民代表大会选举产生；监察委员会副主任、委员，由监察委员会主任提请本级人民代表大会常务委员会任免。监察委员会对本级人民代表大会及其常务委员会和上一级监察委员会负责，并接受监督"。其次，"监察委员会按照管理权限，对本地区所有行使公权力的公职人员依法实施监察"。这里的"本地区所有行使公权力的公职人员"，当然包括本级人民代表大会及其常务委员会机关的公职人员。很显然，《决定》设定的关于国家监察机关与人民代表机关关系的此种框架，需要作为国家基本法律的国家监察法予以确定和进一步明晰化、明确化。例如，国家监察机关向人民代表机关负责，究竟如何负责？是否需要定期和不定期向人民代表机关报告工作，接受人民代表机关的审查、审议？人民代表机关监督国家监察机关，究竟如何监督？人民代表机关代表是否可以对国家监察机关提出质询，人大和人大常委会是否可以罢免国家监察机关的主要负责人？又如，人民代表机关有权监督国家监察机关（如有权罢免国家监察机关的主要负责人），国家监察机关也有权监察人民代表机关的公职人员，在监察过程中有权对人民代表机关的主要负责人予以处置、处分，二者的关系应如何协调，以确保不发生冲突？这些都需要国家监察法予以调整和规范。

（三）国家监察机关与党的纪律检查机关的关系

关于国家监察机关与党的纪律检查机关的关系，中央发布的关于国家监察体制改革的《试点方案》仅有简单的一句话予以表述："党的纪律检查委员会、监察委员会合署办公"。但二者的具体关系如何，是否需要国家监察法予以明确？也许国家监察法不会直接规定国家监察机关与党的纪律检查机关的关系，但国家监察法立法时必须明确二者的关系。这种关系是如同党的中央军事委员会和国家中央军事委员会的关系一样，二者完全融为一体，"一个机构，两块牌子"，还是"两个机构，合署办公"，监察机关与党的纪律检查机关在职责上仍有所分工，前者主要实施法律监督；后者主要实施纪律监督。单纯从理论上讲，党的纪律检查机关是中国共产党的机关，它实施的纪律监督应该是对中国共产党自己党员的监督，对其他民主党派党员和其他非党员公职人员的监督应由国家监察机关实施。但从工作便利上讲，二者不加区分，不分彼此，其监督可能更有效率。无论最后决定采取何种关系模式和体制，都必须通过相关国家法律或党内法规明定，如果国家监察法或其他国家法律都不方便规定的话，则必须通过党内法规明确二者的相互关系。

（四）国家监察机关与司法机关的关系

关于国家监察机关与司法机关的关系，第十二届全国人大常委会第二十五次会议通过的《决定》给予了一个大致轮廓性的规定：国家监察机关"履行监督、调查、处置职责"，"对涉嫌职务犯罪的，移送检察机关依法提起公诉"。这意味着，国家监察机关与司法机关在法律监督上既有区别，也有联系。首先，国家监察机关在性质上不是司法机关，它不能行使国家检察机关的公诉权，更不能行使国家审判机关的审判权。对涉嫌职务犯罪的案件，它必须移送人民检察院依法提起公诉，由人民法院审理和依法作出判决；其次，国家监察机关可以行使公安机关和检察机关行使的某些刑事强制措施权和刑事侦查权，如讯问、查询、冻结、调取、查封、扣押、勘验检查、鉴定、留置等。对于国家监察机关与司法机关的关系，对于二者的联系与区别，《决定》确定的当然只是大致的轮廓，国家监察法立法必须对之明晰化。例如，调查权与侦查权究竟有何区别，留置与刑事拘留究竟有何区别，国家监察机关是否有权逮捕职务犯罪嫌疑人，如赋予其逮捕权，是否应经人民检察院批准，等等，这些都需要国家监察法予以明确。

（五）国家监察机关内部的纵向与横向关系

国家监察机关的内部关系也是国家监察法应予调整和规范的一项重要关系。内部关系包括纵向关系与横向关系。关于国家监察机关内部的纵向关系，第十二届全国人大常委会第二十五次会议通过的《决定》规定，"监察委员会对（本级人民代表大会及其常务委员会和）上一级监察委员会负责，并接受监督"。这一规定既不同于《人民检察院组织法》和《人民法院组织法》对国家检察机关、国家审判机关内部纵向关系的规定，也不同于《地方组织法》对地方政府内部纵向关系的规定。《人民检察院组织法》对国家检察机关内部纵向关系的规定是:"最高人民检察院领导地方各级人民检察院的工作,上级人民检察院领导下级人民检察院的工作"。即二者的关系属于领导关系;《人民法院组织法》对国家审判机关内部纵向关系的规定是:"下级人民法院的审判工作受上级人民法院监督"。即二者的关系属于监督关系;《地方组织法》对地方政府内部纵向关系的规定是:"地方各级人民政府对(本级人民代表大会和)上一级国家行政机关负责并报告工作","地方各级人民政府都是国务院统一领导下的国家行政机关,都服从国务院"。此种关系属于比检察机关内部领导关系领导性更强的关系。国家监察机关内部的纵向关系可能更接近政府系统的内部的纵向关系,而与人民检察院内部的纵向关系有一定差别,与人民法院内部的纵向关系则有更大差别。当然,这一关系还需要国家监察法立法予以具体化。至于国家监察机关内部的横向关系,则取决于监察委员会的内部机构设置的模式,国家监察法将不会对之作出具体明确的规定,而很可能留待今后监察委员会制定机构设置方案时予以明确。

三、国家监察法的体系和主要内容

国家监察法立法体系有两种模式可供借鉴:一是《人大常委会监督法》的模式;一是《行政监察法》的模式。前者是按监督内容和监督方式设计章节,除总则附则外,分别设置听取和审议监督对象专项工作报告章、审查和批准决算、听取和审议国民经济和社会发展计划、预算执行情况报告、审计工作报告章、法律法规实施情况检查章、规范性文件备案审查章、询问和质询章、特定问题调查章、撤职案的审议和决定章。后者是按监督体制机制设计章节,除总则附则外,分别设置监察机关和监察人员章、监察机关职责章、监察机关权限章、监察程序章、法律责任章。笔者认为,国家监察法立法将主要采用《行政监察法》的结构模式,适当参考《人大常委会监督法》的体系设计。具体而言,可在现行《行政监察法》七章的基础上增加三章:一为"国家监察的范围和监察方式",以明确国家监察机关监督的对象、监督内容和监督手段;二为"对国家监察机关的监督",以加强对监督者的监督,防止其违法和滥用监督权;三为"对国家监察对象合法权益的保障和救济",以加强对被监督者合法权益的保护,尽量防止冤假错案的发生,以及在冤假错案发生后能为蒙冤者提供有效的法律救济途径。

据此,国家监察法主要应包括下述六个方面的内容:

(一)国家监察机关的组织

国家监察法虽然不能包括国家监察机关组织法的全部内容,但应包括其核心内容。首先,国家监察法应确立国家监察机关的性质和地位:国家各级监察委员会由同级人大产生，对同级人大及其常委会和上一级监察委员会负责，受同级人大及其常委会和上一级监察委员会监督；国家监察机关是行使国家法律监督和反腐败职能的专门国家机构。国家监察法在规定国家监察机关的性质和地位上，应特别突出其直接由人大产生和反腐败的基本职能（尽管并非唯一职能），这是非常重要的；其次，国家监察法应规定国家监察机关的组织体系，确定国家监察委员会和地方各级监察委员会以及它们的派出机构，各级监察委员会及其派出机构的相互关系；再次，国家监察法还应规定国家监察人员的基本素质要求，包括政治素质、思想品质素质、文化专业知识素质和法律知识素质；规定监察委员会主任、副主任和委员的产生、任免方式等。

（二）国家监察机关的监察范围与职责

关于国家监察机关的监察范围，第十二届全国人大常委会第二十五次会议通过的《决定》确定监察对象为"所有行使公权力的公职人员"现任监察部副部长肖培日前对"所有行使公权力的公职人员"加以界定，将之概括为下述六类人员：（1）《公务员法》所规定的国家公职人员，具体包括中国共产党机关、人大机关、行政机关、审判机关、检察机关、民主党派机关、工商联机关的公职人员，以及参照公务员管理的人员；（2）由法律法规授权，或者由行政机关委托行使公共事务职能的公职人员；（3）国有企业的管理人员；（4）公办教育、科研、文化、医疗、体育事业单位的管理人员；（5）社会自治组织中的管理人员；（6）其他依法行使公共事务职能的人员。当然，这个范围是否适当，还需要在国家监察法立法时审慎权衡确定。

关于国家监察机关的职责，第十二届全国人大常委会第二十五次会议通过的《决定》确定为下述三大职责：（1）监督检查公职人员依法履职、秉公用权、廉洁从政以及道德操守情况；（2）调查涉嫌贪污贿赂、滥用职权、玩忽职守、权力寻租、利益输送、徇私舞弊以及浪费国家资财等职务违法和职务犯罪行为；（3）对职务违法和职务犯罪行为作出处置决定，对涉嫌犯罪的，移送检察机关依法提起公诉。对于这些职责，国家监察法立法一方面需要加以确立和具体化，另一方面也需要加以适当补充。现行《行政监察法》为行政监察机关规定了五项职责，这些职责中有些职责可经过一定修改转化为国家监察机关的职责，作为上述三大职责的补充。现行《行政监察法》规定的五项职责是：（1）检查国家行政机关在遵守和执行法律、法规和人民政府的决定、命令中的问题；（2）受理对国家行政机关及其公务员和国家行政机关任命的其他人员违反行政纪律行为的控告、检举；（3）调查处理国家行政机关及其公务员和国家行政机关任命的其他人员违反行政纪律行为；（4）受理国家行政机关公务员和国家行政机关任命的其他人员不服主管行政机关给予处分决定的申诉，以及法律、行政法规规定的其他由监察机关受理的申诉；（5）法律、行政法规规定由监察机关履行的其他职责。在这五项职责中，其中第三项（调查、处理职责）已为第十二届全国人大常委会第二十五次会议《决定》确定的三大职责所包含，第一项（检查职责）、第二项（受理控告、检举职责）、第四项（受理申诉职责）、第五项（法定其他职责）则应在做相应修改后为国家监察法立法所保留。其中第一项的检查对象和客体可改为"国家机关在遵守和执行法律、法规中的问题"；第二项的受理事项可改为"受理对国家公职人员违反行政纪律行为的控告、检举"；第四项的受理事项可改为"受理国家公职人员不服主管机关给予处分决定的申诉，以及法律、法规规定的其他由监察机关受理的申诉"；第五项法定其他职责中的"法律、行政法规"可改为"法律"，去掉"行政法规"，即限于法律规定的其他职责。

（三）国家监察机关履行职责的权限和手段

第十二届全国人大常委会第二十五次会议通过的《决定》确定了国家监察机关履行职责的十二项权限和手段，它们分别是：（1）谈话。指警示诫勉谈话。在公职人员实施了轻微违法违纪行为时，监察机关通过谈话使其悬崖勒马，改过自新；（2）讯问。指讯问违法违纪嫌疑人。监察机关在掌握了公职人员实施违法违纪行为的线索或证据时，通过讯问核实相应线索或证据；（3）询问。指询问证人。这是监察机关调查取证的一种手段；（4）查询，指查询电讯、银行、证券、邮政等掌握违法违纪嫌疑人某种电讯联系、银行存款、证券交易、邮政联系等信息的部门，以获取相应信息。这也是监察机关调查取证的一种重要手段；（5）冻结。指冻结银行存款、邮政汇款、证券交易等，以防止违法违纪嫌疑人转移涉案资金、款项。这是监察机关在办案过程中采取的一种强制措施；（6）调取。指从有关部门、组织调取案卷、资料、文件、证据等，这同样是监察机关调查取证的一种重要手段；（7）查封。指查封场所、设施或者财物，是监察机关在办案过程中采取的一种强制措施；（8）扣押。指扣押违法违纪嫌疑人的财物，这也同样是监察机关在办案过程中采取的一种强制措施；（9）搜查。指搜查违法违纪嫌疑人的工作场所、住宅、人身等，是监察机关调查取证的一种较严厉的手段，运用这一手段需要特别慎重；（10）勘验检查。指对违法违纪行为现场的勘验检查，是监察机关较常用的调查取证手段；（11）鉴定。指对物品、文件等的鉴定，也是监察机关较常用的调查取证手段；（12）留置。指对违法违纪嫌疑人留置讯问，此既不完全同于作为行政或刑事强制措施的拘留，也不完全同于目前纪检、监察机关作为调查取证手段使用的"双规""双指"，而是一种兼具强制措施性质和调查取证措施性质的国家监察手段。这一手段的具体运作方式和程序，特别是留置的时间限制，还有待国家监察法作出具体规定，以防止监察机关滥用留置权。

国家监察法除了应当对上述监察权限和监察手段予以规定和规范外，还应对现行《行政监察法》规定的有关权限和手段予以承袭或在作出某种修正后予以承袭。这主要包括下述措施：（1）要求被监察《的部门和人员提供与监察事项有关的文件、资料、财务账目及其他有关的材料，进行查阅或者予以复制；（2）要求被监察的部门和人员就要求被监察的部门和人员涉及的问题作出解释和说明；（3）责令被监察的部门和人员停止违反法律、法规和纪律的行为；（4）责令案件涉嫌单位和涉嫌人员在调查期间不得变卖、转移与案件有关的财物；（4）建议有关机关暂停有严重违纪嫌疑的人员执行职务；（5）在办案过程中，可提请有关部门、机构予以协助；（6）在遇有下述情形时，向被监察的部门或其上级部门提出监察建议：监察对象拒不执行法律、法规或者违反法律、法规，应当予以纠正的；监察对象作出的决定、命令、指示违反法律、法规或者国家政策，应予纠正或撤销的；监察对象的行为给国家利益、集体利益和公民合法权益造成损害，需要采取补救措施的；录用、任免、奖惩决定明显不适当，应当予以纠正的；监察对象的行为依照有关法律、法规的规定，应当给予行政处罚的，或者需要给予责令公开道歉、停职检查、引咎辞职、责令辞职、免职等问责处理的，或者需要完善廉政、勤政制度的；（7）在遇有下述情形时，除向被监察的部门或其上级部门提出监察建议外，监察机关可直接作出监察决定：监察对象违法违纪，依法应当给予警告、记过、记大过、降级、撤职、开除处分的；监察对象违法违纪取得的财物，依法应当没收、追缴或者责令退赔的；（8）监察机关的领导人员可以列席被监察机关的有关会议，监察人员可以列席被监察机关的部门的与监察事项有关的会议。

（四）国家监察程序

监察程序同样是国家监察法立法要规定的重要内容。我国传统法制往往都是重实体轻程序，在立法中要么不规定程序，要么仅规定要求相对人履行的各种手续、要求相对人提供各种材料、表格的程序，很少规定要求公权力主体应遵循的，保证其行为公开、公正、公平的程序。但现代法治则非常重视正当法律程序，将正当法律程序视为制约公权力主体行使权力，防止其任性、滥权、腐败，保障相对人合法权益的基本屏障。因此，我们进行国家监察法立法，必须特别重视体现民主、权力制约、人权保障的现代法治精神的程序。在设计监察程序制度时，应特别规定和确立下列程序制度：（1）监察公开制度。监察机关应坚持在阳光下行使权力，在阳光下办案，防止和杜绝暗箱操作；（2）公众参与制度。监察工作虽然需要依靠很多专业技术，但不能神秘化，必须依靠广大人民群众，必须坚持公众参与的原则，从发现案件线索，到调查取证，到审理决定,都必须保证一定方式的公众参与;(3)证据审查核实制度。监察工作必须特别注重事实、注重证据,为避免冤假错案,应建立严格的证据审查核实制度,只有证据过硬,才能办出真正的铁案;(4)回避制度。监察工作应实行严格的回避制度:案件审查审理人员如果是被审查人或检举人的近亲属、主要证人、利害关系人、或者存在其他可能影响公正审查审理情形的,均应当回避,不得参与相关审查审理工作;(5)排除干预制度。案件审查审理人员办理具体案件,不得接受任何外人的说情请托,对任何非本案主管领导、组织、单位的打招呼,不仅应予拒绝,而且要将打招呼者记录在案,报所在监察机关或上级监察机关处理处分(6)听取陈述申辩制度。听取陈述申辩,是正当法律程序的基本要求,监察工作尤应如此。对于违法违纪嫌疑人,即使监察机关对其违法违纪事实已经充分掌握,也必须听取他们的陈述申辩。这不仅是保证办案质量的要求,也是保障当事人人权的法治要求。

监察程序当然不止上述这些制度,但上述制度是最重要的,国家监察法立法必须予以确立。

(五)对国家监察机关的监督

国家监察机关是对国家公职人员进行监督的机关。但监督者本身也应该接受监督。因为监督权同样是一种公权力。任何公权力,如果没有监督和制约,都必然滥用和腐败,这是一条万古不易的规律。如何设计对国家监察机关及其工作人员的监督机制,是国家监察法立法的重要任务。根据我国的法律监督体制,这种监督自然应包括人大及其常委会的监督、人民群众的监督、新闻媒体和社会舆论的监督,以及国家监察机关的自我监督。是否还应包括司法监督,被监督者对监察机关的监督行为不服,可否向人民法院提起诉讼,这是国家监察法立法时需要认真研究的问题。笔者主张有限的司法监督,即允许被监督者起诉,但对可诉性行为应加以限制,使之控制在较小的范围,如暂时仅限制为人身自由和财产强制措施。

无论国家监察法是否为司法监督开口子,人大和人大常委会的监督都是对国家监察的监督机制中不可或缺的环节,而且应是最主要最核心的环节。现行《人大常委会监督法》规定的对一府两院的监督措施大多可以适用于国家监察机关。其中可适用的主要监督方式有下述六项:(1)听取和审议国家监察机关的专项工作报告。报告专题包括人大常委会执法检查中发现的突出问题、人大代表对监察机关提出的建议、批评和意见集中反映的问题、人大常委会组成人员提出的比较集中的问题、人大专门委员会、常委会工作机构在调查研究中发现的突出问题、人民来信来访集中反映的问题、社会普遍关注的其他问题;(2)对监察工作进行视察或专题调研。人大常委会在听取和审议专项工作报告前,委员长会议或者主任会议可以组织常委会组成人员和人大代表,对监察机关有关工作进行视察或专题调研。常委会可以安排参加视察或专题调研的代表列席常委会会议,听取专项工作报告,提出意见;(3)就监察机关的专项工作报告作出决议和向社会公布。人大常委会在对监察机关的专项工作报告进行审议后,将审议意见交付其处理。监察机关应将处理情况送交人大专门委员会或常委会有关工作机构征求意见,并向常委会提出书面报告。常委会认为必要时可对专项工作报告作出决议,监察机关应对决议执行情况向常委会报告。此外,监察机关的专项工作报告和常委会对专项工作报告的审议意见、监察机关对审议意见的处理情况及对常委会决议执行情况的报告,均应向人大代表通报,并向社会公布;(4)询问和质询。人大常委会审议议案和有关报告时,可向监察机关有关负责人提出询问;一定人数的人大常委会组成人员联名,可向监察机关书面提出质询案。对于质询案,监察机关应当口头或者书面答复。(5)人大常委会组织对监察工作特定问题调查。人大常委会对监察工作的有关事项,需要作出决议、决定,但有关重大事实不清的,可以组织有关特定问题的调查委员会,对相应问题进行调查,调查委员会负责向常委会提交调查报告;(6)作出撤职决定。对违法失职的监察委员会委员和副主任,人大常委会可以作出撤销其职务的决定,但监察委员会主任违法失职,只能由选举产生他(她)的人大罢免。

(六)对国家监察对象合法权益的保障和救济

现行《行政监察法》对监察对象合法权益设定的保障和救济是复审——复核机制,即监察对象对监察决定不服的,向作出监察决定的监察机关申请复审,申请人对复审决定仍不服的,向上一级监察机关申请复核。上一级监察机关的复核决定和国务院监察机关的复查决定或复审决定为最终决定。

这一保障和救济机制是不甚完善的,对于有效保障监察对象的合法权益尚不充分。国家监察法立法有必要适当引入司法救济机制,即监察对象对于监察机关采取的限制人身自由的强制措施(如留置)、对财产的部分强制措施(如查封、冻结、扣押、搜查等),以及个别最严厉的行政处分决定(如开除公职)不服,国家监察法应赋予相对人向法院提起诉讼的权利。监察机关虽然不是行政机关,但监察机关的上述行为具有广义行政行为的性质。因此,对监察对象向法院提起的这类诉讼,并将这类诉讼归入行政诉讼的范畴,这在理论上是能够成立的。

来源:《法学杂志》2017年第3期

眺望宪政的远景
——读王世杰、钱端升的名著《比较宪法》

清华大学法学院教授、博士生导师
中国宪法学研究会副会长　林来梵

来源：本文系林来梵教授在中国政法大学【法治政府论坛】的演讲，载中国政法大学法治政府研究室编的《法治政府论坛集萃》，中国法制出版社 2017 年 3 月版。感谢中国法制出版社和林来梵教授的独家首发授权！

非常高兴来到法大。我是带着一点好奇来到法大的，因为迄今为止来这里的机会不太多，同时法大跟我们清华关系非常密切——今天带个学生过来，路上他告诉我：我们清华女生比较少，很多清华男生的女朋友都是法大的。当然，更重要的是，今天我们要讲的话题，与清华和法大都有关系。

今天讲的是一本书，这本书是王世杰和钱端升两位写的。钱端升教授，很多同学都知道，是清华出身的，清华送他到美国留学，回国后在清华工作，新中国成立后，他担任北京政法学院第一任院长，这个北京政法学院其实就是中国政法大学前身，今天很荣幸与大家交流这个话题。

谈读书，没想到今天会来这么多人，很兴奋。在这么一个浮躁的时代，沉下心来，或者说有时间沉下心来读一本书，已经很困难了。对于同学们来说已经有困难了，对于我们这样的人来说就更困难了，许多事情逼迫我们无法去读书，或者说有些时候书和书桌都已经安放下来了，但人——读书的主体，则安放不下来，这就是我们整个中国知识界所处的焦虑与烦躁，很多人都被不知不觉地卷入这种状态中。尽管这样，我们这些读书人，以读书为乐的人，还是要静下心来，读一读书，尤其是要读一些我们自己认为有必要读的书。那么这种有必要读的书，虽然各个领域都有，但是其实是不多的，如果我们能读到这些书，真正能沉下心来，领悟他的思想内涵，乃至思想背景，我认为对于我们思考问题，对于我们每个人的专业学习，每个人的成长，都是有很大意义的。

今天我们来谈的书就是这么一本书，是民国以来，公法学界的一本扛鼎之作。所谓扛鼎之作，也就是最出色的一本书。它是 1927 年第一版出版的书，最初的作者是北

说过就过

京大学法学院的教授王世杰，他在1927年先出的这本书，第二年就出了第二版，马上又重版，过了10年之后，到了1936年，也就是《五五宪章》起草的那一年，这本书准备出第三版，当时王世杰已经当官去了，就叫了钱端升先生一起来修订这本书，主要的修订工作是由钱端升先生来完成的。但这本书的主体部分还是王世杰写的，钱端升对这本书的贡献大概在二三成之间。

此后这本书不断地重版，一直到了1948年，在上海还出到了第十版。当然当时的重版和重刷，在概念上是混淆的，就是没有什么很大的改变，从第一版到第二版，这个修订就比较简单，略作订正，或者略作补充，没有什么重大修改。但是在第三版的时候就有很大改变，钱端升先生有比较大的修改，此后的修改就是比较简单的修改。这本书在民国时期一直处于非常重要的地位，当年商务印书馆编了一套"大学丛书"，其中所编的教材，从今天来看都是不得了的教材，比如冯友兰的《中国哲学史》就非常著名，那是传世之作。法学有一本就是我们要讲的这本书。这本书20世纪90年代在大陆重版，由于作者有王世杰，新中国成立后王世杰就到台湾去了，而且当了大官，所以这本书一直沉默着，不提了。另外一个作者钱端升教授，新中国成立后曾经当过北大法学院的院长，后来又当北京政法学院院长，但是1957年的时候他就被评为右派，评为右派的理由之一就是参与写这本书。在1958年，中国就出了一本书，叫《批判王世杰、钱端升比较宪法》，很多同志当时都参与批判，这本书不久前我想找出来看一看，究竟当时是怎么批判的，谁参加批的。但这本资料已经找不到了，原来国家图书馆里有，可是此后就被神秘撤下书架。1997年，我们政法大学出版社又把《比较宪法》这本书翻出来出版，这本书在民国时期是商务印书馆的书，所以商务印书馆也不干，1999年也把这本书出版了。今年新闻出版署有一个声势浩大的工程，就是要出版中华现代学术名著丛书，从民国以来，一百年来写得最好的书拿来出版，法学里面大家都帮着推荐，我也被邀请去做这个推荐工作，我们第一批就推荐了两本，第一本就是瞿同祖的《中国法律与中国社会》，第二本就是王世杰、钱端升的《比较宪法》。大家一致都通过，大家都同意，也就是说评价都很高。那么说它是扛鼎之作也有根据，1997年政法大学出版社出版该书的时候，由范忠信、杜钢建来写一个导读，他们两个就在导读里给这本书高度评价，比较委婉地指出，这本书是当今我们宪法学界无人能企及的。于此之前，清华大学的许章润教授也写过钱端升先生的思想研究，他在一篇比较得意的文章中写到：这本论著堪称行家的大手笔，不客气地说，1949年后，中国大陆同业中能出其右者，尚未得见。这种说法虽然主观色彩比较强，但是也能表明这本书在业内评价之高，是令人高山仰止的。

那么这本书到底是在什么样的背景下写出来的，作者又是怎么样的人，还有这本书在当今来说我们为什么还要读,在当今还有什么价值,是我们今天要在这里交流的一个话题。

首先说这本书是在什么样的背景下写出来的。简单说,当时中国是在还没有宪政,没有宪法的时代,1927年,中国学者怀着立宪主义的理想必将在中国实现的愿景,从比较法的角度去描述各国的宪法规定,梳理各国的宪政思想,然后带着无奈心情去描述当时先进各国的宪政的处境,也就是眺望宪政远景,所以我们今天讲座的题目叫"眺望宪政的远景",原因就在这。当时中国还没有宪法,看起来比现在还不如,我们现在好歹有个宪法,当时是没有宪法的,1923年,孙中山就提出了三阶段论,第三阶段才叫宪政。这个思想对中国影响很大,当时中国就按照这个思想去执行,长期不准备制定完整的宪法,而且当时很多知识分子也同意,包括钱端升这样的学者,他都认为中国不要着急去制定一部完整的宪法。他曾经说过:"我总望今之当国者,不急于宪法的完成,而着力于政治与经济的改进。"这个思想在当今来看是令人非常震惊的,也就是说当时的政治精英和学术精英是非常冷静的,比当今中国浮躁的时代许多学术精英都来得更加冷静。许多人都已经按捺不住了,所以才有了××××××(敏感内容,即0(9-1)宪章)。一部分,或者说一小部分知识分子,酝酿出这个宪章,力图描述中国未来的景象,但基本上是照抄西方的,即使撇开政治立场不论,连我这样在海外生活十几年的人都感到这部宪章是否适合中国是一个问题。相比之下你可以看到,民国时期的知识精英却非常冷静,认为没有宪法也不要紧,我们先在政治和经济上做准备,水到渠成的时候再来制定一部宪法,然后行宪;至于在学术上,既然眼下没有中国宪法,那就先弄明白比较宪法,而且全面研究,而不是只把美国、法国等一两个国家的宪法奉为圭臬。这本书,就是在这样的背景下写出的,其思路和行文非常冷静,这种冷静的宪政思路是值得我们深思的。王世杰在第一版的时候就写了个序,讲明这本书是陈述性的,不做批评,主要是叙述各国,描述各国的宪政图景,同时也梳理各国的宪政学说,在梳理宪政学说的时候,是按照每一个问题来叙述的,比如说,在讲到选举权的时候,肯定说怎么样否定说怎么样。罗列下来,就不再做评价了,所以说这本书写得非常从容,可以说他是透过宪法学这么一个框架,去冷静地观察当时的世界各国的宪政图景,态度是比较客观的。

王世杰、钱端升还是有一些著作的。王世杰曾经写过《妇女参政权》这本书,但是他写这本书不小心写成名了,所以有些好的书我们不要太认真去写,不要太刻意去写,在写之前就沐浴、焚香、更衣之类的,其实大可不必。王世杰就是这样去北大当教授的,他教比较宪法这门课,可能因为口才不好他就先写出底稿来,写完后去课堂上讲解,后来他修改一下就去出版了,一出版大家都觉得好。其实,在民国时期写

说过就过

"比较宪法"的书是非常多的,有多少?有一个数字,各国宪法研究撇开不论,光是比较宪法研究的,民国时期,根据我珍藏的一本民国时期法律图书总目录,我数了一下就有29本书,专门讲比较宪法的,其中书名和王世杰书名一样叫《比较宪法》的就有16本,但只有王世杰、钱端升这本书留下来了,当时就被列入商务印书馆图书总目录中了,所以确实有其过人之处。可以说它就是在一个特殊背景下,在不经意之中诞生的学术理论专著。

至于这本书的两个作者情况到底怎么样,这是我接下来要讲的第二点。

这两个作者很有意思,年龄相差大概九岁,王世杰是1891年出生,钱端升是1900年出生。这两个人作为这本书的共同作者,从第三版开始的共同作者,他们两个人也具有可比性,在很多地方有相近之处,比如这两个人第一个专业都不是学法律出身的,后来才搞法学。王世杰本科是学采矿、冶金,当时有个北洋大学,他在采矿冶金系,22岁那年到英国伦敦大学留学,学经济学,四年之后拿到硕士学位;又转去法国巴黎大学,才开始学法学。钱端升也是:钱端升清华出身,是清华用公款送到哈佛大学的,在哈佛大学学的是政治学专业,博士论文还是政治学的,叫《议会委员会》,主题是研究这个,副标题显示出他的研究专业,是从比较政治学角度的研究,他主要是做比较政府学的研究——这个专业跟我们现在北大的张千帆教授有点类似,他是从政治学、政府学的角度来研究宪法,然后做宪法学研究。这是第一个特点。

第二个特点,两个人都有共同的经历,先为学而后为官,这也体现出中国许多读书人走的一个路径,就是学而优则仕。两个人还确实都是这样,先为学,做出一些成绩之后转去为官,特别是王世杰,很早就为官,官当的很大。1927年,就是他刚把这本书写完,刚刚在商务印书馆出版的时候,他就去中央政府做法制局局长,接下去又当武汉大学的第一任校长,再接下去又当很多职务,如外交部部长,那么新中国成立后他和国民党仓皇出逃,到了台湾曾经当过"总统府"秘书长,还当过"中央研究院"院长,地位也是很高的。钱端升早年曾当过北大法学院院长,后来当北京政法学院院长,晚年官当的比较多,但是大多是虚职,比如中国法学会副会长、名誉会长这些。他们两个都先为学而后为官,为学的时候都当过校长,一校之长,而且都是各自学校的第一任校长:王世杰当过武汉大学的第一任校长;而钱端升当过政法大学,也就是当时的北京政法学院的第一任校长,这个很令人惊奇,都是第一任的。

他们的第三个共同点是:为官之后,对学术感情仍然很深,舍不得割舍,总想着有朝一日还回来,一边当官一边和学术界还有一些联系,偶尔也写一些书,编一些书,跟我们当今学术界的情况一样,多少挂一点,关系放在学术界。比如说王世杰、钱端升当官之后,还和王崇会一起编过《刑法详解》,两个人一起编,沾一点关系也好,但是还是可以看到，当官之后，两个人同样再也没有力作产生，写的东西已经无法保留下来了，几乎没有意义。而且当官之后虽然两个人都是学者当官，宪法学出身当官，可是平心而论呢，在仕途上并没有做出什么轰轰烈烈的事业，也没有叱咤风云，甚至对于宪政的推动，宪政的发展也没有做出特别值得大书特书一笔的贡献，基本上也就是一个普普通通的官员。如果王世杰、钱端升没有《比较宪法》这本书，估计今天学林中的人们也不可能这么了解他，甚至怀念他。

这两个人还有个共同特点，就是两个人都活到 90 岁。这个也算是令人惊奇的一致了：王世杰是 1891 年出生的，1981 年去世；钱端升是 1900 年出生的，到了 1990 年去世。活到 90 岁中国古人叫鲐背之年，高享鲐背之年，非常稀罕，因为两个人都能活到鲐背之年，很不简单，身为宪法学家，居然能活得这么长，这个也令人惊奇，如果按我们现在的状况，宪法学家似乎很难活这样长，这样说其实很悲哀。我们中国政法大学的蔡定剑教授刚刚去世了，蔡教授我也认识，虽然交往不多。他就是在一个浮躁的时代的一个宪法学家，他的去世跟这个时代的浮躁、焦虑或许也有一定的关系。而王世杰、钱端升曾经活在一个没有实定宪法的时代，却能活得这么久，这就奇了怪了，好像他们都不着急似的，都不为中国没有宪法而着急，这个确实值得我们吟味。

那么再说他们两个人的区别。

他们两个在性格上也是有区别的。王世杰性格非常沉稳中和，而且不苟言笑。这种人在中国社会是最适合当官的，当官口才不要太好，你口才太好一般来说做不了大官，纯粹的政治中心不需要口才太好，甚至说木讷一些都没有问题，但是他来做教授未必好，当教授口才不好，在台上过于木讷就不行，王世杰就是这样的人。他很得信任，他是武汉人，却得到蒋介石的信任，当了"总统府"的秘书长，说明他深得信赖，原因是与他的沉稳分不开的。沉稳到什么程度？他称呼国共两个领袖都叫先生，叫蒋先生，或者毛先生这样。这个就很不简单。从这里我们看到他的性格很沉稳，而且他具有文人的一些情怀，这也影响到这本书的行文，他在书中说，"本书只做陈述不做批评"，原因有很多，其中一个可以从性格上来看，王世杰本身就是一个比较中立、有着君子之风、有学问的人。他当外交部部长时，曾经有一次从美国回来，他的夫人就去机场接他，夫人是个著名画家的妹妹，很漂亮，个头比王世杰还要高出一头。当他从飞机上下来，夫人去迎接他的时候，中央社记者和一些小记者就急着大叫：赶快拍，王部长下了悬梯就矮了！结果全场哄笑，可是王世杰没有笑，而且他不计较不追究这件事。这是王世杰先生的过人之处，这样一个人从政是非常适合的，可是他当官了以后仍然保持一种学者的风范。

而钱端升性格就稍微有点刚硬。这个人刚才讲过，1923 年孙中山提出军政训政宪

说过就过

政三阶段论的时候,他就提出如今的当国者不要急着提出宪政,而是要埋头发展经济,准备政治的条件。看上去性格是很沉稳的,但这个人还是有个性的,民国时期他的个性已经暴露出来了,比如说他当过国民参政院的委员,能当上参政院委员(相当于现在的全国人大代表)是蒋介石推举的。可是在国民参政院里他经常起立提问或质问,甚至有时质问蒋介石,据说蒋介石在参政院里看到他时,心里都捏一把汗。在西南联大的时候,当时在抗战时期,钱端升发表演讲支持联合政府。1947年他去美国,在哈佛大学做一年研究,1948年回国。但一回国,马上被任命为北大法学院院长,接下来又组建北京政法学院,也就是说新中国第一批自己培养政法人才的学校的校长,由他来担任。

王世杰的晚年一直当官,据说他在晚年的时候特别喜欢苏东坡的《定风波》,在家里的园圃里就会朗读这首词,而且会落泪。《定风波》这首词写得非常好:"莫听穿林打叶声,何妨吟啸且徐行。竹杖芒鞋轻胜马,谁怕?一蓑烟雨任平生。料峭春风吹酒醒,微冷,山头斜照却相迎。回首向来萧瑟处,归去,也无风雨也无晴。"读到这儿的时候王世杰就流泪了。为什么流泪?我们很难体验,可能跟他在台湾曾一度卷入政治事件差点出事有关,或许跟他一生的理想也有关系,他去世的时候是1981年,那时候台湾还没有完全实现宪政,跟他一生"壮志未酬,壮士已老"的心境也不无关系,所以会引用"一蓑烟雨任平生""也无风雨也无晴"这样的诗词。所以我觉得不管是王世杰还是钱端升,虽然性格不同,经历也不同,但他们都有一个共同的心境,共同的悲哀,而且这种悲哀不是由他本人的智慧而产生的悲哀,不是由身体的问题产生的悲哀,而是因为他们的时代强加给他们的悲哀。这种悲哀与我们当今宪法学的悲哀一样。现在有这么多的人在研究宪法学,除了我之外,有这么多智商非常高的人在研究宪法学,这悲哀吗?我觉得有点悲哀。

最后一个大问题,这本书到底还有什么价值去研究。我觉得这个价值比较大,从大的方面上来说,我总结了三点。

第一点,这本书的学术综述的功底非常好。他遇到问题先梳理,对遇到的问题,古今中外有多少学说,能梳理得井井有条。比如,第二章"国家的概念"写得非常好,我个人觉得那可以说是整本书里写得最好的部分。关于国家的起源与根据,居然梳理了六种学说:第一种是神秘说,第二是契约说,第三是强力说,第四是有机体说,第五是群性说,第六是心理说。从这六个方面归纳下来,古今中外国家的起源与依据的理论,被梳理得清清楚楚、稳稳当当。不仅如此,其中还有进一步细化的梳理,比如说契约说,还可以进一步细分为几种学说,他就进一步细分:过渡式的契约说,洛克的契约说,卢梭的契约说。这样的梳理是最见学问功底的。今天你可以看到论文著作很少有这样的梳理——其实如果没有这样梳理就会出很大问题,它可能导致我们所写的论文只是一种随笔,很好写。比如说:法治与人治哪个重要?关于这一点,如果你不用这个学术综述,那你可以先断言人治不重要,然后可以举出很多理由;也可以断言人治很重要,法治离不开人治,然后也举出很多例证。反正在这种情况下,只有省去学术综述,你才可以毫无拘束地侃,什么样的观点你都可以先提出来,然后再论证,而无须去澄清和反驳任何先行的研究中所在的各种与你相反的或对你不利的见解和例证。甚至很多大家就是这样"炼成"的。

而这本书的重大贡献就是学术综述,在学术综述中引用了很多名家。首先是震烁古今的学术大家,比如说博丹、霍布斯、洛克、卢梭、孟德斯鸠等大家,在这本书中纷纷出现;而且同时代的各国最著名学者,也都网罗到了这本书里面,比如说当时英国的戴雪,还有差不多与他同时代的拉斯基(这个人现在很多人不知道,但在当时是一个著名的学者,也是一个著名的社会实践家);科勒也写进去了;法国的艾斯曼是法国宪法学界的不得了的人物,是第三共和国时期法国宪法学界的集大成者,写进去了。当然,有人曾说王世杰的《比较宪法》就是艾斯曼学说的翻版,但这一点尚没有人考证。法国的狄骥也是不得了的人物,也写进去了;本书从美国也引进了很多人,比如当年很厉害的人物古德诺,写进去了。德国宪法学界方面,拉班德、耶利内克、奥托·迈耶都写进去。奥托·迈耶虽然主要是做行政法的,但是也研究过一些宪法的问题,比如"法治国"理论;还有施米特,这个人在王世杰写这本书的时候还是刚刚崭露头角,但王世杰也看到了,引用了进去,从今天看,果然如王世杰所料是个不得了的人物。这些各国的著名学者的理论都被这本书引用到了,这是我所佩服的。如果说有人说,这本书是我们当今宪法学界很难超过的,那么我们想想,到底有哪些地方我们很难超过的,我认为如果说有超不过的地方的话,估计就是在这个地方,两个人把他所处的时代里世界各国不同语种、不同国度里面最重要的学者的学说几乎都引用到了,这两个人居然能通英语、法语、德语,把他们都引用进去,这一点很厉害,这是我们当今宪法学界还没做到的。而且不仅是宪法学界,当今整个法学界估计都无人能做到,有人的话你举出来,我们纳头便拜,那是神仙。过去有一个人,我们政法大学的王名扬先生有点像,但是现在这样的人物很难看到了。

这本书还有一个大优点,或者说有一些奇特的是,这本书的很多见解现在已经过时了,但是有些见解在当今仍然还有意义,甚至有些见解即使到当今还没有过时。我举个例子:比如说讲到主权之所在的时候,这本书告诉我们,卢梭的主权理论,即人民主权说是比较激进的,带有危险性。这个理论到当今仍然是许多主流立宪国家政法学界的通说,是主流学说,可是他在民国时期就看到这一点了,而且当今我们中国现

说过就过

在许多人还没有看到这一点，仍然把卢梭的理论奉为圭臬，比如说北大的陈端洪教授就是卢梭的粉丝，可是卢梭这个人，在国际主流学术界很多人已经认识到：他的思想是带有危险性的，与其认同卢梭的观点不如去看洛克的观点。这也是当今世界的主流见解，而当时王世杰已经看到这一点了，甚至王世杰已经看到主权原理这个公法理论所具有的局限性，认为是比较空洞的理论，这个就很不简单！因为大致是战后才出现一些对主权进行批判的学说，而王世杰那个时代，虽然国际学术界也有开始批判，但还没有形成势头，而他却敏锐地看到了。这个到现在都还没过时。

当然，有一些见解是过时了，但迄今还有意义。比如说王世杰讲到选举权的理论，涉及选举权是什么性质的问题，这是我们法律人才会研究的问题，关于这一点他就梳理了三种学说：第一种叫固有权利说，即认为选举权是一种人的固有权利，这是第一种学说，是卢梭他们提出来的；第二种是德国的拉班德提出来的社会职务说，认为去参加选举不是你的权利，而是你的公务，这是第二种有关选举权性质的学说，如果能够确立的话，就可以像澳大利亚等国家那样建立强制投票制度，而如果你要是放弃投票权，那就放弃你的公务了；第三种是两性说，即认为选举权兼具有固有权利和公务这两种性质。梳理完后他认为第三种学说，即两性说可以采纳。这到现在已经过时了。现在我们知道，关于选举权性质的通说是什么呢？是基本权利说。但是我们可以看到，当我们要全面了解选举权性质及其理论的时候，我们仍然可以看王世杰钱端升对这个理论的梳理以及他们个人的见解。

第三点，这本书在当今还有一个比较大的意义就是方法和立场还是值得我们肯定的，比如说没有政治上的偏见，在学术上保持公允的立场。王世杰是一个非常纯正的国民党党员，当然，钱端升在国民党时期也是偏向于拥护国民党的，可是在这本书中可以看到许多社会主义的观点，甚至马克思主义的观点，不仅被梳理了进去，而且这本书的作者对此还表示赞同。比如国家的起源说，这本书的作者就认同强力说，就是认为阶级斗争导致国家的产生。这个理论就跟马恩的思想，特别是跟恩格斯有关国家私有制家庭的起源那篇文章中所提出的国家产生的理论如出一辙。当然，王世杰钱端升的过人之处是：他们认同了国家虽然起源于强力，起源于阶级斗争，但是又指出国家的起源不等于国家的依据，也就是说国家是由暴力产生的，那么这之后国家存在的合理性依据何在呢？就认为不是暴力了，即暴力不能再作为国家存在的合理依据了，而应该另外寻求伦理上的依据，这就是国家的目的；而国家的目的是什么呢？那就是为了公共利益。这个理论就比我们一般理解所理解的马克思主义学说超越了许多。再比如说平等这个理论。这本书就表明，社会主义既讲法律上的平等，又讲实际意义上的平等。当时讲法律意义上的平等可能就是形式上的平等，而实际意义上的平等，比如说男女平等，民族平等，对于弱势群体应当给予适当的救济，合理差别的保障，这样的一些理论，他明确指出，这是社会主义的观点，是社会主义者的观点，但是他认为这些观点是比较公允的，是可以接受的，这是不简单的。大家要注意了，这本书诞生时的特殊的时代背景决定了一个国民党员如此公开地采纳社会主义者的观点，是不容易的，这应该说是体现了非常中立的学术立场，这点仍然值得我们当今予以关注和学习。

所以我得出一个结论，这本书是值得我们学习的。那么我们为什么要从头开始呢？因为我们完全可以接续一些旧的学术传统，虽然在法统上我们已无法接续国民党时代的法统，因为法统已经在政治上被废止了，但是正像许多学人已经关注到的那样，我们可以去追溯民国时期的一些学术传统，从学术传统中来把握我们中国整个法学发展的脉搏，乃至我们整个时代的脉搏，然后去推动我们宪法学乃至整个法学的发展。

管理与服务"双升级"建设更好律师之家
全国首次律协建设与发展研讨会在京召开

法制网北京4月16日讯 记者 陈虹伟 2016年年底,司法部印发了《关于进一步加强律师协会建设的意见》,提出了加强律师协会建设的总体要求,在律师行业内引起高度重视和广泛讨论。以此为契机,2017年4月16日,北京市朝阳区律师协会在京举办了"新形势 新挑战 新水平 新发展——律师协会建设与发展研讨会",在行业内尚属首次。中华全国律师协会会长王俊峰,北京市律师协会会长高子程,北京市司法局副局级领导王群,北京市朝阳区司法局党组书记、局长、区律师协会党委书记王远捷,北京市朝阳区司法局副局长、朝阳区律师协会党委专职副书记曹宏,昆明市律师协会会长赵耀,以及来自北京市律师协会、朝阳区律师协会、北京市其他各区县律师协会的会长班子成员、监事会成员共约60余人会聚一堂,共话发展。

另外,本次研讨会特别邀请了来自中国政法大学、上海交通大学、中国社会科学院所的专家学者参与研讨并作主旨发言。北京市朝阳区律师协会会长王清友、北京市朝阳区律师协会副会长杨光先后担任主持。

会上,北京市司法局副局长李公田委托王清友会长代为发表了题为"正道相承,筑造未来"的演讲。李局长从多层次多角度阐述了在以信息、网络、数字化为特征的知识经济时代,他对律师行业传承问题的认识,特别强调一定要重视对青年律师的培养,内容翔实,极具指导意义。

会议围绕律师协会的定位和建设,如何更好地服务律师、管理律师等话题展开了充分的研讨。具体内容涉及律师协会的功能定律,协会如何加强律师行业党的建设,律师协会在哪些领域可以对律师或律师事务所进行评价、如何更好地体现评价的公信力,律师协会的会费使用如何更多的惠及广大会员,律师协会在律师参政议政中的角色和作用,律师协会如何帮助指导律师创新法律服务领域,律师协会如何帮助指导中小型律所发展,律师协会如何切实推动法律职业共同体的尽快形成,律师协会如何更好地实施律师惩戒工作和维权工作,北京市两级律师协会如何科学地功能定位和具体分工十大议题。

中国政法大学律师法学研究中心主任王进喜,上海交通大学凯原法学院教授、改革与发展研究室副主任李学尧,中国政法大学副教授陈宜,中国社会科学院法学研究所副研究员冉井富,北京市朝阳区律师协会副会长高警兵分别以"律师协会的功能定位""律师协会如何切实推动法律职业共同体的尽快形成""律师协会如何帮助指导中小型律所发展""律师协会在哪些领域可以对律师或律师事务所进行评价,如何更好地体现评价的公信力""律师协会如何更好地实施律师惩戒工作和维权工作"为主题进行了主旨发言,并现场与大家进行了深度交流与讨论。

北京市朝阳区司法局党组书记、局长、区律师协会党委书记王远捷,北京市朝阳区司法局副局长、朝阳区律师协会党委专职副书记曹宏,北京市朝阳区律师协会会长王清友,北京市朝阳区律师协会副会长杨光分别对研讨会进行了总结发言。

随着中国经济的腾飞,中国的律师事业蓬勃发展。律师协会作为法定的律师行业自律性组织,是承担特殊职能的行业协会,承担依法依章程履行促进行业建设、指导业务发展、维护行业权益、加强行业监督等职责,发挥着党和政府联系广大律师的桥梁纽带作用。伴随律师法律服务领域呈现出的多元化、多样化特点,律师行业建设与发展面临诸多新形势、新任务,对律师工作提出了新的更高要求,也为律师事业发展提供了难得机遇。全面贯彻党中央关于律师工作的重要指示和决策部署,进一步加强律师协会建设,充分发挥好律师队伍在全面依法治国、依法行政中的重要作用,建立与经济新常态相适应,维护健康活力的律师行业发展秩序显得尤为重要。

在探索中奋进,在奋进中发展,此次律师协会建设发展研讨会取得了丰硕成果,对律师协会开拓思路,提升管理和服务水平以及推动律师行业创新发展具有重要的促进作用和指导意义。

虚假诉讼损害他人权益，严重违背诚信原则，破坏司法秩序
司法机关向"假官司"亮剑

作者：彭波

什么是虚假诉讼？通俗地说就是打"假官司"，当事人采取虚假的诉讼主体、事实及证据提起民事诉讼，使法院作出错误的判决、裁定、调解，以牟取不正当利益。

近年来，随着司法权威的逐步确立，尤其是立案登记制改革以来，虚假诉讼发案率一直居高不下，这不仅损害了国家、集体和他人的合法权益，而且严重违背了诚实信用原则，破坏了正常司法秩序。为进一步防范和打击虚假诉讼，司法机关也在着力建规立制、相互配合，依法合力查处虚假诉讼，共同维护司法权威和司法公正。

民间借贷纠纷成为虚假诉讼的"重灾区"

2015年，最高人民法院第二巡回法庭公开开庭审理了一起借款纠纷上诉案。

上海欧宝公司诉称，2007年起陆续借款给辽宁特莱维公司共计8650万元人民币，辽宁特莱维公司以商品房滞销为由拒不偿还，上海欧宝公司请求法院判令辽宁特莱维公司返还借款本金8650万元及利息。辽宁省高级人民法院一审认为，上海欧宝公司要求偿还欠款的请求有理，应当得到支持，遂作出判决。但辽宁特莱维公司的另案债权人谢某提出申诉。辽宁高院在再审过程中，查明了大量复杂的事实，最终认为不足以认定双方之间存在真实的借款法律关系，判决撤销原一审判决，驳回上海欧宝公司的诉讼请求。

上海欧宝公司不服判决，向最高人民法院提起上诉。围绕两家公司是否存在关联关系、是否存在真实的借款关系两大疑点，巡回法庭结合双方提供证据和依职权调查获得的相关事实，进行了深入的分析，确认两公司的实际控制人是夫妻关系，两人出于达到转移款项、躲避债权人追债等目的，虚构了这笔债权。最终，法庭当庭判决驳回上海欧宝公司的上诉、维持原判。

这是最高人民法院认定的第一起虚假民事诉讼案，实际上，类似这样的虚假诉讼在各级法院都广泛存在。随着民间借贷等民事经济活动的持续活跃，虚假诉讼呈现多发、高发态势。来自最高检的统计数据显示，从2012—2014年，全国检察机关共监督虚假诉讼案件6829件，其中向法院提出抗诉和检察建议4972件，移送犯罪线索957件。2016年，全国检察机关又对1000多件虚假诉讼向法院提出抗诉或再审检察建议。

在被发现的虚假诉讼案件中，有的是为了非法占有他人财物，有的是为了减少甚至免除其他债权人的受偿数额，有的是为了阻止正在进行的执行程序，涉及的领域主要集中在民间借贷纠纷、房地产权属纠纷、商标侵权纠纷、劳动报酬纠纷、保险纠纷等。

"民间借贷纠纷案件的法律关系相对比较简单，伪造证据、虚构事实都比较容易，当事人通过串通达到非法目的不易被发现，导致民间借贷纠纷成为虚假诉讼的'重灾区'。"据最高检民事行政检察厅副厅长吕洪涛介绍，检察机关在办案中也发现，在有些地方出台房屋、车辆限购政策后，"以房抵债""以车抵债"类的虚假诉讼呈现集中出现的态势，"有的中介机构人员为不符合限购政策或限制买卖过户的房产交易人'支招'，编造虚假的债务关系，通过诉讼办理房屋产权登记或过户手续。"

发现难、查证难、追责难是打击虚假诉讼的"三难"问题

虚假诉讼挑战司法权威、冲击社会诚信、损害他人利益、扰乱诉讼秩序，危害极大，司法机关也在不断加强打击惩治力度，但屡禁不止。背后的原因何在？

最高法曾经在一份关于打击虚假诉讼的建议及答复中表示，民事活动所遵循的当事人意思自治原则以及民事审判权的被动性特征，客观上决定了识别杜绝虚假诉讼，尤其是事前事中识别杜绝虚假诉讼相对困难。法院在诉讼中要充分尊重当事人对诉讼标的的处分权，只对当事人请求的事项和在请求的范围内进行审判。法院作出判决，只根据当事人提出的事实和证据，当事人自认的一般可以认定为事实，这就为旨在进行诉讼欺诈的人留下了缺口。

实际上，在很多虚假诉讼中，都是通过调解结案。当事双方均表达愿意调解，有的甚至准备了现成的调解方案，要求法官按照既定方案出具调解书即可。在庭审中，双方更像是合作关系，根本不存在对抗情绪。像上文中所述的最高法审理的虚假诉讼案件，经历了一审、再审、终审完整诉讼环节的，少之又少。

"发现难、查证难、追责难"，这是打击虚假诉讼过程中存在的"三难"问题。由于虚假诉讼一般发生在关联公司、亲友之间，具有一定的隐蔽性，司法人员很难在短时间内察觉。江苏省宜兴市检察院就曾经对一起虚假诉讼案件提起抗诉。当事人孙某的朋友华某向陈某借款300万元，约定由孙某提供担保。不久，华某资金链断裂，欠款未能归还。陈某随后提起诉讼，法院也要求孙某承担担保责任。但检察机关发现，借据中落款日期"6月22日"的两个"2"笔意并不连贯，很有可能是有人伪造了时间，以确保起诉时仍在担保期限内。最终，司法鉴定的结果支持了检察官的看法，借据的真实时间实为"6月2日"，是华某和陈某为使孙某承担担保责任而伪造了借款

日期。

值得注意的是，由于法律没有明确认定虚假诉讼的标准，因此导致虚假诉讼者所能获得的非法利益，远超过法律风险与可能付出的代价，不少法律专业人士主动参与到造假等虚假诉讼中。"由于民事虚假诉讼案件往往需要具备一定的法律专业知识和诉讼经验才能完成，有的诉讼代理人为了虚假诉讼就变成了虚假诉讼的'智囊'，为虚假诉讼的顺利进行出谋划策，积极运作。还有极个别的司法人员收受当事人贿赂，充当虚假诉讼的'保护伞'，甚至直接牵头制造虚假诉讼案件。"吕洪涛表示。

"配合协作"是司法机关打击虚假诉讼的主要着力点

虚假诉讼是司法诉讼中的一颗毒瘤，法院、检察院等司法机关采取了多种措施加大了防范和打击力度，在立案审查、加强对案外人的权益保护、加大刑事打击力度等方面都作出了卓有成效的探索和尝试。

2015年3月，浙江省检察院联合浙江省高级法院、省公安厅、省司法厅等出台文件，要求公检法司分工负责、各司其职、互相配合协作，合力查处虚假诉讼。在这份名为《关于防范和打击虚假诉讼的若干意见》的文件中，不仅明确要求司法机关在履行职责中应予特别关注的案件类型，包括民间借贷纠纷案件，以离婚案件一方当事人为被告的财产纠纷案件，以已经资不抵债或者已经作为被执行人的公民、法人、其他组织为被告的财产纠纷案件等，还明确要求法院探索建立虚假诉讼失信人名单制度，法院、检察院、公安机关、司法行政机关要建立健全虚假诉讼防范工作机制，不断增强虚假诉讼防范意识，提高虚假诉讼甄别能力。

"配合协作"也是司法机关打击和防范虚假诉讼的主要着力点。2016年6月，最高法发布《关于防范和打击虚假诉讼的指导意见》，对虚假诉讼的界定、表现特征、认定虚假诉讼的途径和方法等问题作出详细规定，多管齐下严厉惩治虚假诉讼。最高检则在2016年的工作部署中，明确要求各地加大对虚假诉讼、恶意诉讼的打击惩治力度，结合本地区实际开展区域性专项行动。为形成打击合力，最高检对内建立并规范了检察机关各业务部门之间的线索移送机制，对外推动建立了检察机关与法院、公安、司法行政机关等单位之间信息沟通机制，并明确在虚假诉讼案件的发现、移送、查处等环节上的衔接工作等。

此外，最高检还着手修订完善《人民检察院民事诉讼监督规则（试行）》，针对实践中虚假诉讼监督案件受理难问题，重点研究检察机关依职权监督范围问题，适度予以放宽，切实解决虚假诉讼监督案件的"入口"问题。

此外，立法机关也为弥补立法空白作出了努力。在去年通过的刑法修正案（九）

中,明确规定:以捏造的事实提起民事诉讼,妨害司法秩序或者严重侵害他人合法权益的,处三年以下有期徒刑、拘役或者管制,并处或者单处罚金;情节严重的,处三年以上七年以下有期徒刑,并处罚金。这条法律的落地,给司法机关打击虚假诉讼提供了利器,满足了司法实践中的现实需要。

《人民日报》(2017年04月19日18版)

(责编:王政淇、曹昆)

最高人民法院：防范冤假错案，追究违法审判责任

一、我们应当如何防范冤假错案

最高人民法院常务副院长、一级大法官　沈德咏

一段时期以来，相继出现的刑事冤假错案给人民法院带来了前所未有的挑战，如不妥为应对，将严重制约刑事审判工作的开展，已经到了必须下决心的时候。错案一经发现，唯有依法及时纠正、匡扶正义，方能让民众对国家法治树立起信心。同时，相比较错案的纠正，我们必须要更加重视"防患于未然"，要做"事前诸葛亮"，使潜在的可能发生的冤假错案无法形成。坚决守住防范冤假错案的底线，不仅是我们刑事审判部门和法官应尽的职责，而且也是由于司法审判的最终判断性质所决定的。

审判是诉讼的最后一个环节，也是实现司法公正的最后一道防线。刑事审判生杀予夺，事关公民的名誉、财产、自由乃至生命，事关国家安全和社会稳定，坚持依法公正审判，防止发生冤假错案，是我们必须坚守的底线。习近平总书记指示我们要"努力让人民群众在每一个司法案件中都感受到公平正义"，"决不能让不公正的审判伤害群众感情、损害群众利益"。周强院长要求各级法院紧紧围绕这个目标，发扬优良传统，勇于改革创新，牢牢坚持司法为民、公正司法。各级人民法院和广大刑事法官有责任认真贯彻落实中央的要求和最高人民法院的部署，依法公正审理每一个刑事案件，及时准确查明事实，正确应用法律，依法惩罚犯罪和保障人权，确保每一个案件都经得起事实、法律和时间的检验。如果办了冤假错案，公平正义就将荡然无存，司法的公正和权威也必将丧失殆尽。因此，防范冤假错案的发生是我们守护司法公平正义底线的末端，我们必须采取强有力的措施将冤假错案堵在司法审判的大门之外，给党、给人民、给宪法和法律一个交代。

古今中外，冤假错案都难以完全根除。冤假错案的发生原因很多，故意陷人入罪者有之，认识错误者有之，能力不强者有之，技术落后者有之。在当今中国政治清明、能力增强、技术进步的社会条件下，因上述原因导致的冤假错案概率越来越小。纵观已发现和披露的案件，冤假错案的形成主要与司法作风不正、工作马虎、责任心不强以及追求不正确的政绩观包括破案率、批捕率、起诉率、定罪率等有很大关系。

现实的情况是，受诉法院面临一些事实不清、证据不足、存在合理怀疑、内心不

确信的案件，特别是对存在非法证据的案件，法院在放与不放、判与不判、轻判与重判的问题上往往面临巨大的压力。应当说，现在我们看到的一些案件，包括河南赵作海杀人案、浙江张氏叔侄强奸案，审判法院在当时是立了功的，至少可以说是功大于过的，否则人头早已落地了。面临来自各方面的干预和压力，法院对这类案件能够坚持作出留有余地的判决，已属不易。同时我们也应当清醒地认识到，法院虽在防止错杀上是有功的，但客观而言在错判上又是有过的，毕竟这种留有余地的判决，不仅严重违背罪刑法定、程序公正原则，而且经不起事实与法律的检验，最终使法院陷入十分被动的地位。冤假错案一旦坐实，法院几乎面临千夫所指，此时任何的解释和说明都是苍白无力、无济于事的。

对于如何防范冤假错案，我有以下几点思考：

第一，充分认识冤假错案的严重危害性。冤假错案的影响绝不限于个案，其对社会生活方方面面所产生的危害不容低估。一是对当事人的伤害。一个冤假错案就会毁掉一个家庭、毁掉一个人的一生，是任何赔偿、补偿都无法弥补的。

二是对司法形象与司法权威的伤害。法院的司法公正最终是要靠案件质量来说话的，出了一个冤假错案，多少年、多少人的努力都会付诸东流，多少成绩和贡献也都将化为乌有。

三是对社会公众对法律和法治信仰的伤害。虽然古今中外都难以完全避免冤假错案，但中国公众的普遍认知是司法应当绝对正确、公正无偏。因此，冤假错案一旦发生，就会极大地动摇公众的法治信念。

四是对办案法官的伤害。法官故意制造冤假错案是极为罕见的，历史事实表明，一些冤假错案，如赵作海杀人案，往往是奉命行事、放弃原则，或者是工作马虎失职的结果。在西方，法官与公正是同义词，我们也认为法官是公正的化身，是公平正义的守护者，如果一个法官办了违心案、糊涂案，公平正义的守护者变成了加害者，其职业耻辱感是一辈子都洗刷不掉的。

第二，充分认识冤假错案发生的现实可能性。排除"文革"期间那种人为制造冤假错案的情况，由于人的认识的局限性、技术发展水平的相对性、程序制度的疏漏性以及其他许多可知或不可知的因素，冤假错案的发生仍然存在极大的可能性，或者说稍有不慎就有可能发生。"不怕一万，就怕万一"。这个万一，既可能发生在此时，也可能发生在彼时，既可能发生在此地，也可能发生在彼地。特别是在目前有罪推定思想尚未完全根除、无罪推定思想尚未真正树立的情况下，冤假错案发生的概率甚至可以说还比较大。对此，我们必须保持清醒的认识，同时在思想上要进一步强化防范冤假错案的意识，要像防范洪水猛兽一样来防范冤假错案，宁可错放，也不可错判。错放一个真正的罪犯，天塌不下来，错判一个无辜的公民，特别是错杀了一个人，天就塌下来了。

第三，充分依靠法律程序制度防范冤假错案。从现在已发现的冤假错案看，多少都存在突破制度规定，或者公然违背法定程序的地方。我曾经在多个场合都讲过程序公正优先的问题，为什么要反复讲呢？强调程序公正优先，不是说程序公正比实体公正更重要，而是说要高度重视程序公正的独立价值。从一个案件的处理过程看，客观上程序公正是先于实体公正而存在的，更为重要的是，程序公正作为一种"看得见的正义"，对于人格尊严的保障、诉讼的公开、透明、民主以及裁判的终局性和可接受性等方面，都具有更深层次的意义。而且从根本上讲，程序公正是实体公正的有效保障。完备的程序制度，能在最大程度上为防范冤假错案提供制度保障。比如说，我们必须坚持"疑罪从无"原则，指控的证据不足以证明有罪，就应当依法宣告无罪，不能再搞"疑罪从轻""疑罪从挂"那一套；我们必须坚持证据的客观性与合法性相统一原则，查明认定存在非法证据的，就应当依法予以排除；特别是在适用死刑上不能存在任何的合理怀疑，在定罪和量刑的事实、证据上凡存在合理怀疑者，坚决不适用死刑。现在制度规定应当说比较完善了，关键看我们敢不敢于拿起法律制度武器，敢不敢于坚持原则。对于掌握审判权的法官而言，这不仅仅是个法律职业素养问题，也是一个政治品质问题。同时要看到，法律制度才是我们法院和法官真正的护身符、保护神。如果我们放弃原则，冤假错案一旦铸成，除了老老实实承担责任，没有谁能够救得了我们。

第四，充分发挥辩护律师在防范冤假错案上的重要作用。根据刑事诉讼法的规定，辩护律师的基本职责就是根据事实和法律，提出犯罪嫌疑人、被告人无罪、罪轻或者减轻、免除其刑事责任的材料和意见，维护犯罪嫌疑人、被告人的诉讼权利和其他合法权益。这一制度设计，就在于与控诉方形成一种诉讼对抗关系，防止对犯罪的指控成为一种潜在的犯罪认定。我国法律对公诉机关虽然也作出了要重视无罪、罪轻证据的规定，但公诉机关的追诉性质，在本能上肯定是更为关注有罪、罪重的事实和证据，这也是可以理解的。因此，现代的诉讼构造，为防止一边倒，通过立法安排了刑事辩护这样一种对抗力量，从而形成了诉辩对抗、法官居中裁判的诉讼格局。从防范冤假错案角度而言，推而广之，从确保所有刑事案件审判的公正性、合理性、裁判可接受性而言，辩护律师都是法庭最可信赖和应当依靠的力量。现在出现了一种非常奇怪的现象，律师不与公诉人对抗，反而同主持庭审的法官进行对抗，甚至演变成了"对手"，律师要"死磕"法官，社会上有人说现在的律师与法官关系是"像雾像雨又像风"，深层原因在哪里？要进行深入分析。个别律师不遵守规则的情况是客观存在的，但法官是否也存在小题大做、反应过度的问题？思想深处有无轻视刑事辩护、不尊重律师依法履职的问题？工作关系上有无存在重视法检配合而忽视发挥律师作用的问题？法官是否恪守了司法中立的原则和公正的立场？对此，我们必须认真进行深刻反思。要充分认识到，律师是法律职业共同体的重要一员，是人民法院的同盟军，是实现公正审判、有效防范冤假错案的无可替代的重要力量。对个别律师违规发难、无理"闹庭"的问题，可采取一事一议、就事论事方式，及时向有关主管部门，也就是司法行政机关和律师协会进行通报，请他们配合做好工作，不要将这种情况轻易扩大为对整个律师群体的偏见，要充分相信绝大多数律师是具备良好职业素养的，是理性、客观、公正、中肯的，是人民法院可以依靠而且应当依靠的重要力量。

第五，充分借用科技的力量防范冤假错案。我们已经进入21世纪，科技发展进步日新月异，光学技术、生物技术、电子技术、纳米技术、基因技术已得到普遍应用。众所周知，科技的应用，最快的是两个领域：军事行动和打击犯罪。关键是我们敢不敢用、会不会用。无论是传统科技还是现代科技，本身都有一个科学使用的问题，既要敢于使用，又要善于使用，既要作为重要的认识手段，又不能盲信盲从。比如DNA鉴定，20世纪90年代初，200个人左右就有一个人的DNA可能吻合，而现在的吻合度已达到4万亿分之一，说明科技本身也是在不断发展进步的。在美国1989年"中央公园慢跑者"案件中，一位女银行家在慢跑道过曼哈顿中央公园时被殴打和强奸，警方将嫌疑人锁定为5名14~16岁的少年，在漫长讯问后嫌疑人陆续认罪，经审判认定罪名成立，分别判处5~15年监禁，2002年案件真凶归案，新的DNA鉴定结论也表明当时的有罪认定是错误的。在日本菅家利和强奸杀人案中，菅家利和1992年被判终身监禁，2009年无罪释放，判有罪和判无罪的主要证据之一都是DNA鉴定结论，正所谓成也萧何、败也萧何。尽管科技手段有其不足，但其在提升办案质量方面的作用不容小觑，我们决不可因噎废食，相反要适应时代的发展和进步，使用好科技的力量。因此，为充分运用科技力量防范冤假错案，必须加快提高政法机关的技术装备水平，特别是要加大对老少边穷、技术装备落后地区基层公安司法机关的支持力度，全面提升基层科技运用能力。

第六，充分争取社会各界支持共同防范冤假错案。加强群众监督，是防范冤假错案的有效举措。"群众的眼睛是雪亮的"。要坚持司法的群众路线，积极争取广大群众的支持，合理借助群众的力量、智慧，可以有效弥补专业法官认识的局限和能力的不足。长期以来，"杀人偿命"的观念对司法实践的影响甚广，一个命案发生了，方方面面都很关注，特别是被害方，要求尽快破案、严惩罪犯的呼声往往很强烈，也很容易得到社会群众的同情与支持。设身处地地讲，这种心情是可以理解的。但法院审判和依法制裁的必须是真正的罪犯，而认定犯罪靠的是事实和证据，因此，有一个正确的心态极为重要。

一是不要过于苛求侦查机关"命案必破"。我们强调发挥主观能动性积极侦办案件初衷是好的，老百姓期盼获得安宁祥和的愿望也是好的，但侦查工作有其自身的规律，强调"命案必破"必然会给公安司法机关办案增添无形的压力，有的甚至会形成外在的干预因素，进而可能影响到办案质量。在实践中，受制于认识手段和能力水平等因素，少数案件破不了、抓不到、诉不了、判不了的情形是客观存在的，这个时候正确的做法只能是该撤案的撤案、该不起诉的不起诉、该判无罪的判无罪，绝不可做"拔到筐里都是菜"的事。

二是避免冤假错案是要有代价的。从认识规律的角度上看，百分之百杜绝冤假错案是不可能实现的，一般以为，西方国家有较为完备的司法制度，可能不会有冤假错案，而事实与人们的想象正好相反。中国政法大学陈光中教授主持的研究团队有一个结论：美国死刑案件无辜者被错判死刑的比率为5%。他们的研究数据来源于哥伦比亚大学法学院詹姆斯教授主持的全美死刑适用研究报告。这项研究由美国联邦司法部委托詹姆斯教授组织开展，是美国对死刑进行的最完整的一次统计研究。前面讲到美国和日本的两个错案，还有2012年6月12日宣告无罪的澳大利亚琳蒂谋杀案（即著名的"暗夜哭声案"），琳蒂于1981年被控犯谋杀罪并被判处终身监禁，历经31年才被平反昭雪。这些案件，在当时都认为没有问题，但随着时间的推移，或者是真凶归案，或者是科技进步，冤假错案才得以纠正。从中我们可以看到，错案不只是中国才有，古今中外都有发生，司法不能轻易宣称自己发现了真相，我们只能最大限度地接近真相。因此，最重要的还是要研究如何能够有效预防冤假错案，一旦发现能够及时纠正。我们的观念中常有"不冤枉一个好人，不放过一个坏人"的认识，但要有效防范冤假错案，做到"不冤枉一个好人"，让无辜者获得保护，那就有可能会"放过"一些坏人，这种制度风险是客观存在的，在这个问题上社会各方面都要有心理准备和承受能力，这也是维护刑事司法公正、防范冤假错案必须要付出的代价。

三是及时把真相告诉老百姓。消除疑虑最好的办法就是公开。许多案件是否确为错案姑且不论，但由于长期拖延，真相迟迟不予公布，导致舆论哗然，让法院极为被动，最终结果无论如何都难以赢得信任。在信息技术高速发展的今天，刑事审判要适应时代要求，注重司法全过程的公开，只要不涉及国家秘密、审判秘密、个人隐私以及重大商业秘密，就应当及时主动公布真相，让人民群众用心中的那杆秤去衡量和评判。要在坚持依法独立公正审判的基础上，广泛听取各界意见和建议，积极争取人大代表、政协委员以及新闻媒体的理解支持，充分重视专家学者的积极作用，一些重大、疑难、争议较大案件的审判，可以考虑组织人大代表、政协委员、律师代表、媒体代表、基层群众代表组成观审团旁听观审，并以适当方式听取他们对案件处理的意见；可以组织专家学者进行研究论证、提供咨询意见。总之，我们要积极主动与社会各界携起手来，共同为守住公正司法底线创造宽松、理性的环境。

第七，充分依靠党的领导切实做好防范冤假错案的工作。我们的司法工作，是党领导下的人民司法工作，党的领导是做好司法审判工作重要的政治保障。做好司法审判工作包括防范冤假错案，靠法院一家单打独斗是行不通的，最为重要的是在党的坚强领导下，会同公安、检察等专门机关，贯彻落实好分工负责、互相配合、互相制约的原则，共同履行法律职责，共同守住法律底线，共同防范冤假错案。做好基础工作对防范冤假错案十分重要，这就是侦查工作，基础不牢、地动山摇，大厦决不可建在沙滩之上。对公检法三机关而言，加强配合是必要的，这有利于形成工作合力、发挥制度优势提高刑事诉讼的整体质量和水平，但更重要的还是要加强互相制约，只讲配合、不讲制约，不符合刑诉立法精神，任何无原则的迁就、照顾都有可能酿成大错，造成不可挽回的损失，必须坚决杜绝。既然当了法官，我们就要有一点这样的铁面无私的思想境界。历史终将证明，我们这样做，是有利于捍卫党的事业，保护人民利益，维护司法权威，促进社会发展进步的。总之，我们要在党的领导下，与其他专门机关独立负责、协调一致地开展工作，搞好防范冤假错案的"全流域治理"，各自发挥好在防范冤假错案这个系统工程中的作用。公安、检察机关在前些年卓有成效工作的基础上，强调认真贯彻实施修改后的刑事诉讼法和"两个证据规定"，这必将进一步提高侦查、起诉的质量和水平，进而为真正防住冤假错案提供重要基础。刑事审判作为刑事诉讼的中心环节，必须坚决守住防范冤假错案的底线，用依法独立公正的审判把好最后一道关，切实维护司法公正。

二、如何预防冤假错案？不同性质的错案追究是否要区别对待？

最高人民法院审判委员会副部级专职委员、二级大法官
最高人民法院第二巡回法庭庭长　胡云腾

问：我们注意到，您曾专门撰文论述错案的认定标准和问责机制，但基层人民法院法官仍有疑惑：到底什么算是"错案"？怎样区别错案和上下级法院观点的不同？界定错案的程序上，由什么部门来认定错案？认定的标准是什么？

胡云腾：错案形成的原因、纠正和追责是一个复杂的问题，可以写一篇大文章讨论。

首先什么是错案，那肯定是事实认定和法律适用确有错误的案件，要么是事实认定错了，要么是法律适用错了，这是一般的概念。何为事实认定错误？何为法律适用错误？

事实认定错误无非就是三个，一个是真假问题，本来是假的把它搞成真的，这就是错了。

还有可能由于证据不充分，既不能确定是错案也不能确定不是错案，这实际上就是疑案。疑案按照现在法律规定那也是无罪的，那也是错案。

还有一个就是部分错案、部分不错，像2016年年底我们第二巡回法庭审理的长春孙氏三兄弟涉及黑社会案件，原审一共定了十几个罪名，最后我们纠正了一部分，属于部分错部分不错，当然这也是错案。

法律适用错案，分为定性错误和法律责任确定错误，就刑事案件而言，就是错认罪名和量刑畸轻畸重。

错案认定的标准是什么呢？我觉得还是要依照法律规定。错案由谁来认定？当然是人民法院。如果撇开人民法院说哪个案件是错案、哪个不是错案，那这就违反了刑事诉讼法，乱套了。刑事诉讼法规定，未经人民法院判决任何人都不得认定为有罪，那么，未经人民法院裁判，任何案件都不能认定为错案，这也是必然的结论。

关于错案认定的程序，依据刑法及刑事诉讼法的规定，主要靠申诉、抗诉和审判监督程序。至于上下级法院是否认识一致，这不是一个问题，因为刑事诉讼法规定得非常清楚，那就是上级法院说了算。下级法院讲这个案子没错，如果上级法院最后认为这个案子错了，那就是一个错案。

比如最高人民法院第二巡回法庭认为某一个案子是错案，指令某个高级人民法院去审，最后该高级人民法院把它维持了。如果第二巡回法庭坚持认为是错案，那我们就可以通过再审把它改过来。即使检察机关抗诉认为是错案或者不是错案，如果法院经过审理后与检察机关的认识不一致，那检察机关也得服从法院的裁判。

所以说，关于是否为错案的最终认定权必须是在人民法院，当法院内部认识不一致时，那就在上级人民法院或者最高人民法院。

问：不同性质的错案追究是否要区别对待？

胡云腾：错案和错案的责任追究是两个问题。我的观点是应当分开，如果把两个黏糊到一起，那有可能出问题，会影响错案的纠正。

本来我们讲错案责任追究是为了防范错案，是为了减少错案，但是如果弄得不好，它可能既防范不了错案，又很难纠正错案。错案的责任追究更加复杂，因为错案的责任往往不是一个人的，甚至不是一个部门的。比如在聂树斌案中，当年参加侦查的人员就有几十个人,到检察院又有几个人,到法院两审还有很多人。

第二个就是责任形成的原因大小不一样,可能这个机关大一点,那个机关小一点,怎么界分也很复杂。

第三个就是从主观上看,过错也很复杂,有的是故意造假——虽然到现在发现的司法人员故意造假案的情况是极其罕见的;另一方面就是严重不负责任,玩忽职守或者滥用职权,最后造成冤假错案。

如果追究,我认为就是对故意造假案和重大过失造成严重后果的错案,才应当纳入责任追究的范围;如果没有故意,或者仅仅是工作上的失误,仅仅是因当时的能力水平,进行追究可能就是不合理的。

错案的责任追究客观上比错案的纠正更加复杂。不是谁袒护谁,因为对司法人员追究错案责任,与追究行为人违法犯罪的责任是一样的,都必须"以事实为根据,以法律为准绳",不能舍此另立规矩。由于错案往往年代久远、时过境迁,像在聂树斌案中,办案人员有的早都退休了,有的已经去世了,甚至有的证人都不在了,追究起来难度更大。

所以,发现错案必须纠正,这个立场必须坚定,绝不能因为怕被纠错而不纠正;对错案必须追责,这个态度必须明确,绝不能只纠正错案了事;同时,如何纠正错案的责任,则必须实事求是、公平合理。司法人员是人不是神,不可能不办错案,违反事实和法律搞过度追究,当今世界各国我还没有见到,说明其中必有道理。

三、错案责任:怎么认定,如何追究?

党的十八届四中全会明确要求"实行办案质量终身负责制和错案责任倒查问责制"。最高人民法院于 2015 年 9 月出台《关于完善人民法院司法责任制的若干意见》(以下简称《意见》),对错案责任倒查问责作出顶层设计。然而,对错案责任的争议和质疑并未停止,那么追究错案责任是否符合司法规律?是否具有合理性和必要性?究竟应当如何认识和把握错案责任?

质疑错案责任的观点主要包括认为法官只能发现法律事实无法发现客观事实;错案标准模糊且极具争议性,对错案追责容易使法官丧失裁判应有的中立性并转嫁办案责任与风险;错案可以通过上诉、再审程序进行救济,还可通过国家赔偿制度获得经济赔偿,对法官追责没有必要,等等。应当说,上述观点和理由看似有些道理,但也值得商榷。

首先,法官的使命固然是依法裁判,但并非没有查明案件事实的一定的责任,因为"事实清楚"是裁判的前提,虽然客观真实与法律真实有区别,但又不能截然分开,法官要努力接近与客观真实相符的"法律真实",只有达到证明标准的法律事实才能作为定案的根据。

其次,错案标准存在一定模糊性,但对于有些案件来说,即便没有法律专业知识,从最朴素的正义观念出发,连老百姓也能认定这就是错案。内蒙古呼格吉勒图案、河南赵作海案、浙江张氏叔侄案、湖北佘祥林案等,这些又有谁能说不是错案呢?因此,错案认定标准在有些方面模糊不能成为对错案一概不予追责的理由。

再次,错案虽然可以通过上诉、再审等程序予以纠正,通过国家赔偿制度给予救济,但是这是国家对外承担责任的形式,并不能因此否定对有责任的司法人员追责的必要性。实行司法责任制改革,让审理者裁判,由裁判者负责,就是要促使司法人员权责一致,让法官切实对案件负起责任。因此,追究错案责任有利于贯彻权责一致原则,有利于增强司法人员责任心,提高办案质量和司法公信力,有利于维护社会公平正义。

接下来的问题就是如何科学认定错案责任。如果把责任的构成要件厘定清楚,就能最大限度争取各方认同,也使得责任追究有据、有理、有节。结合《意见》的精神,笔者认为,追究错案责任在实体上应满足以下要件:

首先,要发生了错案这一结果。这是错案倒查问责的前提,也通常是追究法官责任的动因和线索。那么什么是错案呢?从广义上来说,凡是认定事实或适用法律有错误,形式上经过二审和审判监督程序改判的都可以作为错案。但如此宽泛的界定,确实会给司法人员造成不应有的压力,也容易使法官害怕动辄得咎、不敢下判。笔者认为,错案的范围作如下界定较为适宜,即最终生效的裁判完全改变了前一审级的判决、前审级在案件事实认定或适用法律上出现重大差错。这里的重大差错,以刑事诉讼为例,一般是指在实体上将有罪认定为无罪或将无罪认定为有罪。是否属于应予以追责的错案应当由法院最高审判组织审判委员会进行确认。

其次,法官在审判活动中实施了违反审判职责的行为且与错案结果存在因果关系。包括但不限于《意见》列举的行为,比如贪赃枉法、徇私舞弊、枉法裁判,涂改、隐匿、伪造、偷换证据材料,隐瞒主要证据、重要情节和提供虚假材料,严重不负责任遗漏同案犯等。再次,行为人主观方面是故意或者重大过失。故意就是明知而有意为之,重大过失则是相对于一般过失而言,达到严重不负责任或玩忽职守的程度,对于一般过失造成案件瑕疵差错的,可不作为错案问责的范畴。

最后,责任主体不具有责任豁免的事由。错案责任追究和责任豁免相辅相成,缺一不可。《意见》中明确了8种不得作为错案责任追究的情形,包括对法律、法规、规章、司法解释具体条文的理解和认识不一致,在专业认知范围内能够予以合理说明的;对案件基本事实的判断存在争议或者疑问,根据证据规则能够予以合理说明的;当事人放弃或者部分放弃权利主张的；因当事人过错或者客观原因致使案件事实认定发生变化的；因出现新证据而改变裁判的；法律修订或者政策调整的；裁判所依据的其他法律文书被撤销或者变更的，等等。对于案件虽然被认定为错案，但具有以上豁免事由的，也不应追责。

此次改革除了对错案责任作出更为科学合理的界定外，特别在追责程序上对原来的机制作了改革创新，将错案责任认定的权力交由惩戒委员会。根据最高人民法院、最高人民检察院《关于建立法官、检察官惩戒制度的意见（试行）》，法官、检察官惩戒工作由人民法院、人民检察院与法官、检察官惩戒委员会分工负责。

人民法院、人民检察院负责对法官、检察官涉嫌违反审判、检察职责行为进行调查核实，惩戒委员会根据人民法院、人民检察院调查的情况，依照程序审查认定法官、检察官是否违反审判、检察职责，提出构成故意违反职责、存在重大过失、存在一般过失或者没有违反职责的意见，人民法院、人民检察院根据法官、检察官惩戒委员会的意见作出处理决定，实现了错案与错案责任追究的分离，以及同体惩戒向异体惩戒的转变。惩戒委员会审议错案责任，应当充分保障当事法官陈述、举证、质证、辩解等权利。通过这样的程序改革，使得对法官的惩戒更加审慎，也更具公信力。

关于错案责任追究，还有几个大家比较疑惑和关心的问题需要正确理解。

第一，错案责任追究的主体包括哪些？如何理解《意见》中的监督管理责任？我们认为，司法责任制改革中必须坚持放权与监督相统一，如果不设置监督管理权，只允许院庭长眼睁睁看着错案发生，在判决生效后去启动审判监督程序并不合理也不现实，而且也会造成"权力在法官、压力在运院、责任在院长"这种情况。因此，设置监督管理权并在权限范围内承担责任是必要的。所以错案责任追究的主体也可能是监督管理主体，当然对监督管理主体追究错案责任也必须满足错案追责的要件并且属于其应当行使的职权范围内，如果不属于其监督管理权限也不构成故意或者重大过失，自然也不能追究其错案责任。

第二，关于错案责任和违法审判责任的关系问题。《意见》用的是违法审判责任的概念，没有直接采用错案责任的概念。我们认为，这两个概念之间有交叉。换言之，错案不满足其他要件不能追究错案责任，但是裁判结果正确却有故意违法审判行为依然可以追究其司法责任。

第三，关于终身负责和时效制度的关系。我们认为，对错案责任主体需要追究刑事责任时，也应当遵守刑法中关于追诉时效的规定。当然，目前的行政处分等没有时效方面的规定。另外，终身负责虽不一定终身追责，但依然不能免除其道义、声誉、良心方面终身的责任。

附：最高人民法院关于完善人民法院司法责任制的若干意见

为贯彻中央关于深化司法体制改革的总体部署，优化审判资源配置，明确审判组织权限，完善人民法院的司法责任制，建立健全符合司法规律的审判权力运行机制，增强法官审理案件的亲历性，确保法官依法独立公正履行审判职责，根据有关法律和人民法院工作实际，制定本意见。

一、目标原则

1. 完善人民法院的司法责任制，必须以严格的审判责任制为核心，以科学的审判权力运行机制为前提，以明晰的审判组织权限和审判人员职责为基础，以有效的审判管理和监督制度为保障，让审理者裁判、由裁判者负责，确保人民法院依法独立公正行使审判权。

2. 推进审判责任制改革，人民法院应当坚持以下基本原则：
（1）坚持党的领导，坚持走中国特色社会主义法治道路；
（2）依照宪法和法律独立行使审判权；
（3）遵循司法权运行规律，体现审判权的判断权和裁决权属性，突出法官办案主体地位；
（4）以审判权为核心，以审判监督权和审判管理权为保障；
（5）权责明晰、权责统一、监督有序、制约有效；
（6）主观过错与客观行为相结合，责任与保障相结合。

3. 法官依法履行审判职责受法律保护。法官有权对案件事实认定和法律适用独立发表意见。非因法定事由，非经法定程序，法官依法履职行为不受追究。

二、改革审判权力运行机制

（一）独任制与合议庭运行机制

4. 基层、中级人民法院可以组建由一名法官与法官助理、书记员以及其他必要的辅助人员组成的审判团队，依法独任审理适用简易程序的案件和法律规定的其他案件。

人民法院可以按照受理案件的类别，通过随机产生的方式，组建由法官或者法官与人民陪审员组成的合议庭，审理适用普通程序和依法由合议庭审理的简易程序的案件。案件数量较多的基层人民法院，可以组建相对固定的审判团队，实行扁平化的管理模式。

人民法院应当结合职能定位和审级情况，为法官合理配置一定数量的法官助理、书记员和其他审判辅助人员。

5. 在加强审判专业化建设基础上，实行随机分案为主、指定分案为辅的案件分配制度。按照审判领域类别，随机确定案件的承办法官。因特殊情况需要对随机分案结果进行调整的，应当将调整理由及结果在法院工作平台上公示。

6. 独任法官审理案件形成的裁判文书，由独任法官直接签署。合议庭审理案件形成的裁判文书，由承办法官、合议庭其他成员、审判长依次签署；审判长作为承办法官的，由审判长最后签署。审判组织的法官依次签署完毕后，裁判文书即可印发。除审判委员会讨论决定的案件以外，院长、副院长、庭长对其未直接参加审理案件的裁判文书不再进行审核签发。

合议庭评议和表决规则，适用人民法院组织法、诉讼法以及《最高人民法院关于人民法院合议庭工作的若干规定》《最高人民法院关于进一步加强合议庭职责的若干规定》。

7. 进入法官员额的院长、副院长、审判委员会专职委员、庭长、副庭长应当办理案件。院长、副院长、审判委员会专职委员每年办案数量应当参照全院法官人均办案数量，根据其承担的审判管理监督事务和行政事务工作量合理确定。庭长每年办案数量参照本庭法官人均办案数量确定。对于重大、疑难、复杂的案件，可以直接由院长、副院长、审判委员会委员组成合议庭进行审理。

按照审判权与行政管理权相分离的原则，试点法院可以探索实行人事、经费、政务等行政事务集中管理制度，必要时可以指定一名副院长专门协助院长管理行政事务。

8. 人民法院可以分别建立由民事、刑事、行政等审判领域法官组成的专业法官会议，为合议庭正确理解和适用法律提供咨询意见。合议庭认为所审理的案件因重大、疑难、复杂而存在法律适用标准不统一的，可以将法律适用问题提交专业法官会议研究讨论。专业法官会议的讨论意见供合议庭复议时参考，采纳与否由合议庭决定，讨论记录应当入卷备查。

建立审判业务法律研讨机制，通过类案参考、案例评析等方式统一裁判尺度。

（二）审判委员会运行机制

9. 明确审判委员会统一本院裁判标准的职能，依法合理确定审判委员会讨论案件的范围。审判委员会只讨论涉及国家外交、安全和社会稳定的重大复杂案件，以及重大、疑难、复杂案件的法律适用问题。强化审判委员会总结审判经验、讨论决定审判工作重大事项的宏观指导职能。

10. 合议庭认为案件需要提交审判委员会讨论决定的，应当提出并列明需要审判委员会讨论决定的法律适用问题，并归纳不同的意见和理由。

合议庭提交审判委员会讨论案件的条件和程序，适用人民法院组织法、诉讼法以及《最高人民法院关于人民法院合议庭工作的若干规定》《最高人民法院关于改革和完善人民法院审判委员会制度的实施意见》。

11. 案件需要提交审判委员会讨论决定的，审判委员会委员应当事先审阅合议庭提请讨论的材料，了解合议庭对法律适用问题的不同意见和理由，根据需要调阅庭审音频视频或者查阅案卷。

审判委员会委员讨论案件时应当充分发表意见，按照法官等级由低到高确定表决顺序，主持人最后表决。审判委员会评议实行全程留痕，录音、录像，作出会议记录。审判委员会的决定，合议庭应当执行。所有参加讨论和表决的委员应当在审判委员会会议记录上签名。

建立审判委员会委员履职考评和内部公示机制。建立审判委员会决议事项的督办、回复和公示制度。

（三）审判管理和监督

12. 建立符合司法规律的案件质量评估体系和评价机制。审判管理和审判监督机构应当定期分析审判质量运行态势，通过常规抽查、重点评查、专项评查等方式对案件质量进行专业评价。

13. 各级人民法院应当成立法官考评委员会，建立法官业绩评价体系和业绩档案。业绩档案应当以法官个人日常履职情况、办案数量、审判质量、司法技能、廉洁自律、外部评价等为主要内容。法官业绩评价应当作为法官任职、评先评优和晋职晋级的重要依据。

14. 各级人民法院应当依托信息技术，构建开放动态透明便民的阳光司法机制，建立健全审判流程公开、裁判文书公开和执行信息公开三大平台，广泛接受社会监督。探索建立法院以外的第三方评价机制，强化对审判权力运行机制的法律监督、社会监督和舆论监督。

三、明确司法人员职责和权限

（一）独任庭和合议庭司法人员职责

15. 法官独任审理案件时，应当履行以下审判职责：

（1）主持或者指导法官助理做好庭前会议、庭前调解、证据交换等庭前准备工作及其他审判辅助工作；

（2）主持案件开庭、调解，依法作出裁判，制作裁判文书或者指导法官助理起草裁判文书，并直接签发裁判文书；

（3）依法决定案件审理中的程序性事项；

（4）依法行使其他审判权力。

16. 合议庭审理案件时，承办法官应当履行以下审判职责：

（1）主持或者指导法官助理做好庭前会议、庭前调解、证据交换等庭前准备工作及其他审判辅助工作；

（2）就当事人提出的管辖权异议及保全、司法鉴定、非法证据排除申请等提请合议庭评议；

（3）对当事人提交的证据进行全面审核，提出审查意见；

（4）拟定庭审提纲，制作阅卷笔录；

（5）自己担任审判长时，主持、指挥庭审活动；不担任审判长时，协助审判长开展庭审活动；

（6）参与案件评议，并先行提出处理意见；

（7）根据合议庭评议意见制作裁判文书或者指导法官助理起草裁判文书；

（8）依法行使其他审判权力。

17. 合议庭审理案件时，合议庭其他法官应当认真履行审判职责，共同参与阅卷、庭审、评议等审判活动，独立发表意见，复核并在裁判文书上签名。

18. 合议庭审理案件时，审判长除承担由合议庭成员共同承担的审判职责外，还应当履行以下审判职责：

（1）确定案件审理方案、庭审提纲、协调合议庭成员庭审分工以及指导做好其他必要的庭审准备工作；

（2）主持、指挥庭审活动；

（3）主持合议庭评议；

（4）依照有关规定和程序将合议庭处理意见分歧较大的案件提交专业法官会议讨

论，或者按程序建议将案件提交审判委员会讨论决定；

（5）依法行使其他审判权力。

审判长自己承办案件时，应当同时履行承办法官的职责。

19. 法官助理在法官的指导下履行以下职责：

（1）审查诉讼材料，协助法官组织庭前证据交换；

（2）协助法官组织庭前调解，草拟调解文书；

（3）受法官委托或者协助法官依法办理财产保全和证据保全措施等；

（4）受法官指派，办理委托鉴定、评估等工作；

（5）根据法官的要求，准备与案件审理相关的参考资料，研究案件涉及的相关法律问题；

（6）在法官的指导下草拟裁判文书；

（7）完成法官交办的其他审判辅助性工作。

20. 书记员在法官的指导下，按照有关规定履行以下职责：

（1）负责庭前准备的事务性工作；

（2）检查开庭时诉讼参与人的出庭情况，宣布法庭纪律；

（3）负责案件审理中的记录工作；

（4）整理、装订、归档案卷材料；

（5）完成法官交办的其他事务性工作。

（二）院长庭长管理监督职责

21. 院长除依照法律规定履行相关审判职责外，还应当从宏观上指导法院各项审判工作，组织研究相关重大问题和制定相关管理制度，综合负责审判管理工作，主持审判委员会讨论审判工作中的重大事项，依法主持法官考评委员会对法官进行评鉴，以及履行其他必要的审判管理和监督职责。

副院长、审判委员会专职委员受院长委托，可以依照前款规定履行部分审判管理和监督职责。

22. 庭长除依照法律规定履行相关审判职责外，还应当从宏观上指导本庭审判工作，研究制定各合议庭和审判团队之间、内部成员之间的职责分工，负责随机分案后因特殊情况需要调整分案的事宜，定期对本庭审判质量情况进行监督，以及履行其他必要的审判管理和监督职责。

23. 院长、副院长、庭长的审判管理和监督活动应当严格控制在职责和权限的范围内，并在工作平台上公开进行。院长、副院长、庭长除参加审判委员会、专业法官会议外不得对其没有参加审理的案件发表倾向性意见。

24. 对于有下列情形之一的案件，院长、副院长、庭长有权要求独任法官或者合议庭报告案件进展和评议结果：

（1）涉及群体性纠纷，可能影响社会稳定的；

（2）疑难、复杂且在社会上有重大影响的；

（3）与本院或者上级法院的类案判决可能发生冲突的；

（4）有关单位或者个人反映法官有违法审判行为的。

院长、副院长、庭长对上述案件的审理过程或者评议结果有异议的，不得直接改变合议庭的意见，但可以决定将案件提交专业法官会议、审判委员会进行讨论。院长、副院长、庭长针对上述案件监督建议的时间、内容、处理结果等应当在案卷和办公平台上全程留痕。

四、审判责任的认定和追究

（一）审判责任范围

25. 法官应当对其履行审判职责的行为承担责任，在职责范围内对办案质量终身负责。

法官在审判工作中，故意违反法律法规的，或者因重大过失导致裁判错误并造成严重后果的，依法应当承担违法审判责任。

法官有违反职业道德准则和纪律规定，接受案件当事人及相关人员的请客送礼、与律师进行不正当交往等违纪违法行为，依照法律及有关纪律规定另行处理。

26. 有下列情形之一的，应当依纪依法追究相关人员的违法审判责任：

（1）审理案件时有贪污受贿、徇私舞弊、枉法裁判行为的；

（2）违反规定私自办案或者制造虚假案件的；

（3）涂改、隐匿、伪造、偷换和故意损毁证据材料的，或者因重大过失丢失、损毁证据材料并造成严重后果的；

（4）向合议庭、审判委员会汇报案情时隐瞒主要证据、重要情节和故意提供虚假材料的，或者因重大过失遗漏主要证据、重要情节导致裁判错误并造成严重后果的；

（5）制作诉讼文书时，故意违背合议庭评议结果、审判委员会决定的，或者因重大过失导致裁判文书主文错误并造成严重后果的；

（6）违反法律规定，对不符合减刑、假释条件的罪犯裁定减刑、假释的，或者因重大过失对不符合减刑、假释条件的罪犯裁定减刑、假释并造成严重后果的；

（7）其他故意违背法定程序、证据规则和法律明确规定违法审判的，或者因重大过失导致裁判结果错误并造成严重后果的。

27. 负有监督管理职责的人员等因故意或者重大过失，怠于行使或者不当行使审判监督权和审判管理权导致裁判错误并造成严重后果的，依照有关规定应当承担监督管理责任。追究其监督管理责任的，依照干部管理有关规定和程序办理。

28. 因下列情形之一，导致案件按照审判监督程序提起再审后被改判的，不得作为错案进行责任追究：

（1）对法律、法规、规章、司法解释具体条文的理解和认识不一致，在专业认知范围内能够予以合理说明的；

（2）对案件基本事实的判断存在争议或者疑问，根据证据规则能够予以合理说明的；

（3）当事人放弃或者部分放弃权利主张的；

（4）因当事人过错或者客观原因致使案件事实认定发生变化的；

（5）因出现新证据而改变裁判的；

（6）法律修订或者政策调整的；

（7）裁判所依据的其他法律文书被撤销或者变更的；

（8）其他依法履行审判职责不应当承担责任的情形。

（二）审判责任承担

29. 独任制审理的案件，由独任法官对案件的事实认定和法律适用承担全部责任。

30. 合议庭审理的案件，合议庭成员对案件的事实认定和法律适用共同承担责任。

进行违法审判责任追究时，根据合议庭成员是否存在违法审判行为、情节、合议庭成员发表意见的情况和过错程度合理确定各自责任。

31. 审判委员会讨论案件时，合议庭对其汇报的事实负责，审判委员会委员对其本人发表的意见及最终表决负责。

案件经审判委员会讨论的，构成违法审判责任追究情形时，根据审判委员会委员是否故意曲解法律发表意见的情况，合理确定委员责任。审判委员会改变合议庭意见导致裁判错误的，由持多数意见的委员共同承担责任，合议庭不承担责任。审判委员会维持合议庭意见导致裁判错误的，由合议庭和持多数意见的委员共同承担责任。

合议庭汇报案件时，故意隐瞒主要证据或者重要情节，或者故意提供虚假情况，导致审判委员会作出错误决定的，由合议庭成员承担责任，审判委员会委员根据具体情况承担部分责任或者不承担责任。

审判委员会讨论案件违反民主集中制原则，导致审判委员会决定错误的，主持人应当承担主要责任。

32. 审判辅助人员根据职责权限和分工承担与其职责相对应的责任。法官负有审核把关职责的，法官也应当承担相应责任。

33. 法官受领导干部干预导致裁判错误的，且法官不记录或者不如实记录，应当排除干预而没有排除的，承担违法审判责任。

（三）违法审判责任追究程序

34. 需要追究违法审判责任的，一般由院长、审判监督部门或者审判管理部门提出初步意见，由院长委托审判监督部门审查或者提请审判委员会进行讨论，经审查初步认定有关人员具有本意见所列违法审判责任追究情形的，人民法院监察部门应当启动违法审判责任追究程序。

各级人民法院应当依法自觉接受人大、政协、媒体和社会监督，依法受理对法官违法审判行为的举报、投诉，并认真进行调查核实。

35. 人民法院监察部门应当对法官是否存在违法审判行为进行调查，并采取必要、合理的保护措施。在调查过程中，当事法官享有知情、辩解和举证的权利，监察部门应当对当事法官的意见、辩解和举证如实记录，并在调查报告中对是否采纳作出说明。

36. 人民法院监察部门经调查后，认为应当追究法官违法审判责任的，应当报请院长决定，并报送省（区、市）法官惩戒委员会审议。

高级人民法院监察部门应当派员向法官惩戒委员会通报当事法官的违法审判事实及拟处理建议、依据，并就其违法审判行为和主观过错进行举证。当事法官有权进行陈述、举证、辩解、申请复议和申诉。

法官惩戒委员会根据查明的事实和法律规定作出无责、免责或者给予惩戒处分的建议。

法官惩戒委员会工作章程和惩戒程序另行制定。

37. 对应当追究违法审判责任的相关责任人，根据其应负责任依照《中华人民共和国法官法》等有关规定处理：

（1）应当给予停职、延期晋升、退出法官员额或者免职、责令辞职、辞退等处理的，由组织人事部门按照干部管理权限和程序依法办理；

（2）应当给予纪律处分的，由纪检监察部门依照有关规定和程序依法办理；

（3）涉嫌犯罪的，由纪检监察部门将违法线索移送有关司法机关依法处理。

免除法官职务，必须按法定程序由人民代表大会罢免或者提请人大常委会作出决定。

五、加强法官的履职保障

38. 在案件审理的各个阶段，除非确有证据证明法官存在贪污受贿、徇私舞弊、枉法裁判等严重违法审判行为外，法官依法履职的行为不得暂停或者终止。

39. 法官依法审判不受行政机关、社会团体和个人的干涉。任何组织和个人违法干预司法活动、过问和插手具体案件处理的，应当依照规定予以记录、通报和追究责任。

领导干部干预司法活动、插手具体案件和司法机关内部人员过问案件的，分别按照《领导干部干预司法活动、插手具体案件处理的记录、通报和责任追究规定》和《司法机关内部人员过问案件的记录和责任追究规定》及其实施办法处理。

40. 法官因依法履职遭受不实举报、诬告陷害，致使名誉受到损害的，或者经法官惩戒委员会等组织认定不应追究法律和纪律责任的，人民法院监察部门、新闻宣传部门应当在适当范围以适当形式及时澄清事实，消除不良影响，维护法官良好声誉。

41. 人民法院或者相关部门对法官作出错误处理的，应当赔礼道歉、恢复职务和名誉、消除影响，对造成经济损失的依法给予赔偿。

42. 法官因接受调查暂缓等级晋升的，后经有关部门认定不构成违法审判责任，或者法官惩戒委员会作出无责或者免责建议的，其等级晋升时间从暂缓之日起连续计算。

43. 依法及时惩治当庭损毁证据材料、庭审记录、法律文书和法庭设施等妨碍诉讼活动或者严重藐视法庭权威的行为。依法保护法官及其近亲属的人身和财产安全，依法及时惩治在法庭内外恐吓、威胁、侮辱、跟踪、骚扰、伤害法官及其近亲属等违法犯罪行为。

侵犯法官人格尊严，或者泄露依法不能公开的法官及其亲属隐私，干扰法官依法履职的，依法追究有关人员责任。

44. 加大对妨碍法官依法行使审判权、诬告陷害法官、藐视法庭权威、严重扰乱审判秩序等违法犯罪行为的惩罚力度，研究完善配套制度，推动相关法律的修改完善。

六、附则

45. 本意见所称法官是指经法官遴选委员会遴选后进入法官员额的法官。

46. 本意见关于审判责任的认定和追究适用于人民法院的法官、副庭长、庭长、审判委员会专职委员、副院长和院长。执行员、法官助理、书记员、司法警察等审判辅助人员的责任认定和追究参照执行。

技术调查官等其他审判辅助人员的职责另行规定。

人民陪审员制度改革试点地区法院人民陪审案件中的审判责任根据《人民陪审员制度改革试点方案》另行规定。

47. 本意见由最高人民法院负责解释。

48. 本意见适用于中央确定的司法体制改革试点法院和最高人民法院确定的审判权力运行机制改革试点法院。

习近平：努力让人民群众在每一个司法案件中都感受到公平正义

"努力让人民群众在每一个司法案件中都感受到公平正义"，这是习近平总书记在中央政治局第四次集体学习时提出的明确要求。

十八大以来，习近平先后多次就为什么要依法治国、要走什么样的法治之路以及怎样建设法治中国等重大问题做了系统阐述。

习近平强调，要坚持司法为民，改进司法工作作风，通过热情服务，切实解决好老百姓打官司难问题，特别是要加大对困难群众维护合法权益的法律援助。司法工作者要密切联系群众，规范司法行为，加大司法公开力度，回应人民群众对司法公正公开的关注和期待。要确保审判机关、检察机关依法独立公正行使审判权、检察权。

他指出，执法者必须忠实于法律。各级领导机关和领导干部要提高运用法治思维和法治方式的能力，努力以法治凝聚改革共识、规范发展行为、促进矛盾化解、保障社会和谐。要加强对执法活动的监督，坚决排除对执法活动的非法干预，坚决防止和克服地方保护主义和部门保护主义，坚决惩治腐败现象，做到有权必有责、用权受监督、违法必追究。

《人民日报海外版》梳理了《习近平谈依法治国》，学习小组推荐阅读。

习近平谈依法治国
《人民日报海外版》（2016年08月17日 第12版）

一、本质要求

★发展中国特色社会主义的本质要求

依法治国是坚持和发展中国特色社会主义的本质要求和重要保障，是实现国家治理体系和治理能力现代化的必然要求。我们要实现经济发展、政治清明、文化昌盛、社会公正、生态良好，必须更好发挥法治引领和规范作用。

——2014年10月20日，在中共十八届四中全会第一次全体会议上关于中央政治局工作的报告

★社会主义现代化的重要保证

全面推进依法治国是贯彻落实中共十八大和十八届三中全会精神的重要内容，是顺利完成各项目标任务、全面建成小康社会、加快推进社会主义现代化的重要保证。全面推进依法治国也是解决我们在发展中面临的一系列重大问题，解放和增强社会活力、促进社会公平正义、维护社会和谐稳定、确保国家长治久安的根本要求。

——2014年8月19日，主持召开党外人士座谈会并发表重要讲话

★发展人民民主必须坚持依法治国

坚持和完善人民代表大会制度，必须全面推进依法治国。发展人民民主必须坚持依法治国、维护宪法法律权威，使民主制度化、法律化，使这种制度和法律不因领导人的改变而改变，不因领导人的看法和注意力的改变而改变。

——2014年9月5日，在庆祝全国人民代表大会成立60周年大会上的讲话

★法律是治国之重器

法律是治国之重器，法治是国家治理体系和治理能力的重要依托。全面推进依法治国，是解决党和国家事业发展面临的一系列重大问题，解放和增强社会活力、促进社会公平正义、维护社会和谐稳定、确保党和国家长治久安的根本要求。

——2014年10月20日，关于《中共中央关于全面推进依法治国若干重大问题的决定》的说明

★事关党执政兴国的全局性问题

全面推进依法治国，是我们党从坚持和发展中国特色社会主义出发、为更好治国理政提出的重大战略任务，也是事关我们党执政兴国的一个全局性问题。落实好这项重大战略任务，对推动经济持续健康发展、维护社会和谐稳定、实现社会公平正义，对全面建成小康社会、实现中华民族伟大复兴，都具有十分重大的意义。

——2014年10月23日，在中共十八届四中全会第二次全体会议上的讲话

★在"四个全面"战略布局中把握

党的十八大以来，党中央从坚持和发展中国特色社会主义全局出发，提出并形成了全面建成小康社会、全面深化改革、全面依法治国、全面从严治党的战略布局。这个战略布局，既有战略目标，也有战略举措，每一个"全面"都具有重大战略意义。

全面建成小康社会是我们的战略目标,全面深化改革、全面依法治国、全面从严治党是三大战略举措。要把全面依法治国放在"四个全面"的战略布局中来把握,深刻认识全面依法治国同其他3个"全面"的关系,努力做到"四个全面"相辅相成、相互促进、相得益彰。

——2015年2月2日,在省部级主要领导干部学习贯彻十八届四中全会精神全面推进依法治国专题研讨班开班式上发表重要讲话

二、党的领导

★核心在于党的领导

改革和法治如鸟之两翼、车之两轮。我们要坚持走中国特色社会主义法治道路,加快构建中国特色社会主义法治体系,建设社会主义法治国家。全面依法治国,核心是坚持党的领导、人民当家做主、依法治国有机统一,关键在于坚持党领导立法、保证执法、支持司法、带头守法。要在全社会牢固树立宪法法律权威,弘扬宪法精神,任何组织和个人都必须在宪法法律范围内活动,都不得有超越宪法法律的特权。

——2016年7月1日,在庆祝中国共产党成立95周年大会上的讲话

★政治保证要坚强

全面推进依法治国,方向要正确,政治保证要坚强。党的领导是社会主义法治最根本的保证。我们要坚持的中国特色社会主义法治道路,本质上是中国特色社会主义道路在法治领域的具体体现;我们要发展的中国特色社会主义法治理论,本质上是中国特色社会主义理论体系在法治问题上的理论成果;我们要建设的中国特色社会主义法治体系,本质上是中国特色社会主义制度的法律表现形式。

——2015年2月2日,在省部级主要领导干部学习贯彻十八届四中全会精神全面推进依法治国专题研讨班开班式上发表重要讲话

★党的领导和依法治国高度统一

中国共产党是中国特色社会主义事业的领导核心,处在总揽全局、协调各方的地位。社会主义法治必须坚持党的领导,党的领导必须依靠社会主义法治。法是党的主张和人民意愿的统一体现,党领导人民制定宪法法律,党领导人民实施宪法法律,党自身必须在宪法法律范围内活动,这就是党的领导力量的体现。党和法、党的领导和依法治国是高度统一的。我们就是在不折不扣贯彻着以宪法为核心的依宪治国、依宪

执政，我们依据的是中华人民共和国宪法。

——2015年2月2日，在省部级主要领导干部学习贯彻十八届四中全会精神全面推进依法治国专题研讨班开班式上发表重要讲话

★使依法治国造福人民

坚持人民主体地位，必须坚持法治为了人民、依靠人民、造福人民、保护人民。要保证人民在党的领导下，依照法律规定，通过各种途径和形式管理国家事务，管理经济和文化事业，管理社会事务。要把体现人民利益、反映人民愿望、维护人民权益、增进人民福祉落实到依法治国全过程，使法律及其实施充分体现人民意志。

——2014年10月23日，《加快建设社会主义法治国家》，发表于《求是》杂志2015年第1期

★党领导立法、保证执法、带头守法

要正确处理党的政策和国家法律的关系。我们党的政策和国家法律都是人民根本意志的反映，在本质上是一致的。党既领导人民制定宪法法律，也领导人民执行宪法法律，做到党领导立法、保证执法、带头守法。

——2014年1月7日至8日，出席中央政法工作会议并发表重要讲话

三、法治与改革

★改革要于法有据

科学立法是处理改革和法治关系的重要环节。要实现立法和改革决策相衔接，做到重大改革于法有据、立法主动适应改革发展需要。在研究改革方案和改革措施时，要同步考虑改革涉及的立法问题，及时提出立法需求和立法建议。实践证明行之有效的，要及时上升为法律。实践条件还不成熟、需要先行先试的，要按照法定程序作出授权。对不适应改革要求的法律法规，要及时修改和废止。

——2014年10月27日，主持召开中央全面深化改革领导小组第六次会议并发表重要讲话

★坚持依宪治国

宪法是国家的根本法，是治国安邦的总章程，是党和人民意志的集中体现，具有最高的法律地位、法律权威、法律效力。我国宪法是符合国情、符合实际、符合时代

发展要求的好宪法，是我们国家和人民经受住各种困难和风险考验、始终沿着中国特色社会主义道路前进的根本法制保证。坚持依法治国首先要坚持依宪治国，坚持依法执政首先要坚持依宪执政。要坚持党的领导、人民当家做主、依法治国有机统一，坚定不移走中国特色社会主义法治道路，坚决维护宪法法律权威。

——2014年12月3日，在首个国家宪法日到来之际作出重要指示

★提高立法质量

人民群众对立法的期盼，已经不是有没有，而是好不好、管用不管用、能不能解决实际问题；不是什么法都能治国，不是什么法都能治好国；越是强调法治，越是要提高立法质量。

——2013年2月23日，在十八届中央政治局第四次集体学习时的讲话

★推进科学立法

推进科学立法，关键是完善立法体制，深入推进科学立法、民主立法，抓住提高立法质量这个关键。要优化立法职权配置，发挥人大及其常委会在立法工作中的主导作用，健全立法起草、论证、协调、审议机制，完善法律草案表决程序，增强法律法规的及时性、系统性、针对性、有效性，提高法律法规的可执行性、可操作性。

——2014年10月23日，《加快建设社会主义法治国家》，发表于《求是》杂志2015年第1期

★立法要从大局出发

各有关方面都要从党和国家工作大局出发看待立法工作，不要囿于自己那些所谓利益，更不要因此对立法工作形成干扰。要想明白，国家和人民整体利益再小也是大，部门、行业等局部利益再大也是小。

——2013年2月23日，在十八届中央政治局第四次集体学习时的讲话

★依靠法治转变政府职能

政府职能转变到哪一步，法治建设就要跟进到哪一步。要发挥法治对转变政府职能的引导和规范作用，既要重视通过制定新的法律法规来固定转变政府职能已经取得的成果，引导和推动转变政府职能的下一步工作，又要重视通过修改或废止不合适的现行法律法规为转变政府职能扫除障碍。

——2013年2月28日，在中共十八届二中全会第二次全体会议上的讲话

四、"关键少数"

★领导干部是"关键少数"

各级领导干部在推进依法治国方面肩负着重要责任,全面依法治国必须抓住领导干部这个"关键少数"。领导干部要做尊法学法守法用法的模范,带动全党全国一起努力,在建设中国特色社会主义法治体系、建设社会主义法治国家上不断见到新成效。

——2015年2月2日,在省部级主要领导干部学习贯彻十八届四中全会精神全面推进依法治国专题研讨班开班式上发表重要讲话

★要依法用权

我们的权力是党和人民赋予的,是为党和人民做事用的,只能用来为党分忧、为国干事、为民谋利。要正确行使权力,依法用权、秉公用权、廉洁用权,做到心有所畏、言有所戒、行有所止,处理好公和私、情和法、利和法的关系。要带头执行民主集中制,按照程序进行决策,做到总揽不包揽、分工不分家、放手不撒手。

——2015年1月12日,同中央党校第一期县委书记研修班学员进行座谈并发表重要讲话

★把权力关进制度的笼子

把权力关进制度的笼子里,就是要依法设定权力、规范权力、制约权力、监督权力。全面依法治国,必须紧紧围绕保障和促进社会公平正义来进行。公平正义是我们党追求的一个非常崇高的价值,全心全意为人民服务的宗旨决定了我们必须追求公平正义,保护人民权益、伸张正义。

——2015年2月2日,在省部级主要领导干部学习贯彻十八届四中全会精神全面推进依法治国专题研讨班开班式上发表重要讲话

★党纪国法不可违

纲纪不彰,党将不党,国将不国。要在全党同志特别是高级干部中进一步重申,必须坚持依法治国、依法执政、依法行政,任何人都不得违背党中央的大政方针、搞"独立王国"、自行其是,任何人都不得把党的政治纪律和政治规矩当儿戏、胡作非为,任何人都不得凌驾于国家法律之上、徇私枉法,任何人都不得把司法权力作为私器谋取私利、满足私欲。党纪国法的红线不能逾越。

——2015年2月2日，在省部级主要领导干部学习贯彻党的十八届四中全会精神全面推进依法治国专题研讨班上发表重要讲话

★以权压法要改变

各级领导干部在推进依法治国方面肩负着重要责任。现在，一些党员、干部仍然存在人治思想和长官意识，认为依法办事条条框框多、束缚手脚，凡事都要自己说了算，根本不知道有法律存在，大搞以言代法、以权压法。这种现象不改变，依法治国就难以真正落实。

——2014年10月23日，《加快建设社会主义法治国家》，发表于《求是》杂志2015年第1期

★善用法治方式开展工作

各级党政机关和每一位领导干部、每一位工作人员都要增强法治观念、法律意识，坚持有法必依，善于运用法治方式开展工作，让人民群众在日常生产生活中都能感受到公平正义。对有法不依、执法不严、徇私枉法的要严肃问责、依法惩治。

——2015年3月8日，参加十二届全国人大三次会议广西代表团的审议并作重要讲话

依宪治国和依宪执政为深化改革保驾护航

中国政法大学副校长
法学教授，博士生导师，中国宪法学研究会副会长　李树忠

首先，谈谈关于依宪治国和依宪执政的问题。在十年前，我们也提过依法治国和依宪治国的概念，以及依宪执政的理念。十年之后，我们又重提这些内容，这关系到一个背景问题和一个基本判断，即这过去的十年以来，我们中国的法治状况是不太令人满意的，用江平先生的话说就是中国的法治在过去的十多年呈现的是一个倒退的状态。旧话重提的原因主要以下几个方面：一方面，依宪治国和依宪执政是非常重要的。要搞法治，不谈依宪治国，不谈依宪执政是不可能的；另一方面，是因为过去的十多年来，我们没有认真地从宪治、宪政的角度来加强各方面的建设，来认真地实施宪法。

在全面推进依法治国的今天，我们又在强调依宪治国和依宪执政，这是法制建设和法制发展的必由之路。习总书记在批示中也谈到了，树立法律的权威首先是要树立宪法的权威。这十多年来，中国社会的发展和党的执政本身均面临着严峻的挑战。要经得起这种挑战，最核心的是要找到治国理政（即执政）的合法性。执政的合法性来自于哪里？我们现代化的过程，就是一个从个人权威向法理型权威过渡或转型的过程，现代化的过程也可以反过来说是一个法理型权威取代个人权威的过程。如果实现不了这样一个转型，现代化进程就会受阻，执政的合法性就会受到质问和挑战。过去统治的合法性在哪里？近代以前，我们有"天命论"，那么天子的统治就是正当的。西方那个时期也有"君权神授"，君主的权力来自于神的授予，通过神来论证其世俗统治的正当性。近代以来，尤其是社会契约论和民主宪政理论被提出以来，"君权神授"已经让位于人民主权的理论，最后又让位于马克斯·韦伯所说的"法理型权威"。我们进行统治、执政和治理的依据是宪法。宪法是人民最集中的意志的表现。最终，我们统治的正当性又回归到宪法，回归到人民自身。总而言之，依宪治国、依宪执政的问题也是一个与执政合法性相结合的问题。这不仅需要在法治意义上来谈依宪治国、依宪执政这一问题，还需要在执政合法性的意义上来加强认识。

其次，谈谈改革与宪法的关系。当1982年宪法制定之后，我国改革开放的大门才刚刚开启。那么这个时候，怎么处理新时代改革与宪法问题的关系呢？总体上来说，就是宪法为改革背书，也就是我们重大的改革都是以突破宪法规范的方式来实施的。

说过就过

正是这样，我们的宪法经过了四次修改。以违宪的方式来推进改革是不可取的，但这也是我们一种无奈的选择。经过这三十多年的改革开放，我们现在的宪法是一个什么样的状态呢？它确实是有缺陷的，但应该已经到了一个相对稳定的时期。这并不是说它不再变化。因为从我们的基本政治制度、基本经济制度、基本国策、中央与地方关系、公民基本权利和义务这些规定来看，从规范性的角度来看，我们现在的宪法已经相对比较完整了。可以说，它为未来的改革与发展留有了比较广阔的发展空间。而且，从理论上讲，按照我们现在的中国特色社会主义理论、中国特色社会主义道德、中国特色社会主义制度，无论从党章还是到宪法的规定，改革都已经完成了。以后的改革基本上都可以在现行宪法的范围内进行。

我们的党认识到将来的重大改革都要于法有据，这是一个非常重大的进步，因为其在某些时候可以降低改革的风险。我们的改革已经进入了"深水区"，"摸着石头过河"的路径走不通了。一是石头摸不着了，二是怕被淹到。所以，强调"改革要于法有据"，首要的就是重大改革要于宪有据。我们在重大改革措施出台前，应该建立合宪性审查评估制度，通过评估制度来判断改革措施是否符合宪法。如果不符合宪法要怎么办？能不能通过解释宪法来处理改革与现行宪法的关系？如果不能通过宪法解释来解决，那么我们应该试着修宪。当修改宪法完成后，我们再出台新的改革措施，使其于法有据。现行宪法为未来的改革与发展留有了比较广阔的发展空间，但是我们也不排除通过对个别宪法条款的修改来调和改革和合宪之间的关系。

来源：《中国政法大学学报》2015年第1期

依宪治国的深刻意涵

中国政法大学校长
法学教授、博士生导师，中国法学会副会长   黄进

坚持依法治国首先要坚持依宪治国，坚持依法执政首先要坚持依宪执政，凸显了宪法在全面推进依法治国中的地位。现行宪法虽然不是完美无缺，却是我们依宪治国、依法治国精神的载体。要使现行宪法发挥更大作用，需要处理好宪法和法律与党的领导的关系；要建立制度，设计体制机制，把宪法和法律真正交给全体人民掌握；还要强化宪法的实施及其监督。

在现代社会，宪法是一个国家的根本大法，是一个国家法治的基石，也是一个国家文化和文明的标志性载体。毋庸置疑，宪法在国家的政治、经济、文化和社会生活中发挥着极为重要的作用。党的十八届四中全会审议通过的《中共中央关于全面推进依法治国若干重大问题的决定》（以下简称"四中全会《决定》"）特别强调，坚持依法治国首先要坚持依宪治国，坚持依法执政首先要坚持依宪执政，凸显了宪法在全面推进依法治国中的地位。

我国现行宪法是一部好宪法

新中国成立以后，我国先后制定过四部宪法。1954年宪法是一部比较好的宪法，1975年宪法是"文化大革命"的产物，1978年宪法也受"文化大革命"较大的影响，而1982年宪法，也就是我们的现行宪法，是在党的十一届三中全会之后，在改革开放初期修订完成的。我认为，在当时那样一种社会背景下能够制定1982年宪法，本身就是一个历史性进步。1982年宪法是以1954年宪法为基础修订的，它继承和发展了1954年宪法的优良传统和基本原则。它适应改革开放新时期需要，符合中国国情和实际，具有中国特色，是四部宪法中最完善的一部。

从内容上讲，1982年宪法不仅规定了国家的根本制度和国家生活的基本原则，而且还作了许多开创性规定，比如，把关于公民权利和义务的规定调整置于关于国家机构的规定之前，废除领导职务终身制，确立民族自治地方是中国不可分离的组成部分，为"一国两制"提供宪法依据等。特别是它确立了宪法的最高权威，规定"一切法律、行政法规和地方性法规都不得同宪法相抵触"，"一切国家机关和武装力量、各政党和各社会团体、各企业事业组织都必须遵守宪法和法律。一切违反宪法和法律的行为，

必须予以追究","任何组织或者个人都不得有超越宪法和法律的特权"。

而且,1982年宪法能够做到与时俱进,不断进步和完善。为了适应中国经济和社会的发展变化,全国人大以宪法修正案的形式分别于1988年、1993年、1999年、2004年对这部宪法逐步进行了修改、完善,这实际上解决了它的进步性、长期性和稳定性问题。所以,四中全会《决定》特别强调,要"坚决维护宪法法律权威"。"任何组织和个人都必须尊重宪法法律权威,都必须在宪法法律范围内活动,都必须依照宪法法律行使权力或权利、履行职责或义务,都不得有超越宪法法律的特权"。我们要充分认识到,维护宪法法律权威就是维护党和人民共同意志的权威,捍卫宪法法律尊严就是捍卫党和人民共同意志的尊严,保证宪法法律实施就是保证党和人民共同意志的实现。我们特别要肯定我国现行宪法颁布实施30多年来对我国极其重要的价值、意义、地位和作用。

我国现行宪法还可以不断完善

世界上没有尽善尽美的宪法,我国现行宪法也不是完美无缺的。这使我想起了美国宪法。美国宪法在很多人看来是世界上最好的宪法之一,历时200多年仍管用,但美国人也并不认为它是完美无缺的。被誉为"美国宪法之父"的詹姆斯·麦迪逊曾说:"所有各方面都承认,我们的宪法并不是什么抽象理论的产物,而是我们政治特点所不可或缺的互相尊重忍让、友好敦睦精神的产物。"本杰明·富兰克林曾这样说:"我承认,这部宪法有某几个部分我目前是不赞同的,但我不能肯定说我以后也永远不会赞同,因为我活了这么大年纪,曾经历过这样的事例:由于得到了更多的资料,或由于更充分的考虑,我改变了自己的意见,甚至在重大问题上改变了自己的意见。由于这些考虑,我同意这部有各种缺点的宪法。"美国第一任总统华盛顿对美国宪法曾这样评价:"即使对宪法表示最热烈拥护的和支持的人们也并不认为它是完美无缺的。他们发现缺点是不可避免的,且在情理之内。"事实上,美国宪法也并不完美,比如,它起初容忍了奴隶制度,选举权也仅仅赋予白种男人。

我这里不厌其烦地转述上述三个美国历史名人的话是想说明:要有勇气承认我国现行宪法的不足,不然,我国为什么曾经四次修改宪法的相关规定呢?我国现行宪法的确是有不足的,要正视我国现行宪法的不足,不断与时俱进地去修订和完善它。尽管我国现行宪法有不足,你甚至可能不赞同其中的一些规定,但除了要争取修订和完善它之外,你还需要尊重它、遵循它、服从它,要依宪行为、依宪办事,因为它是现行有效的宪法,它是历史和时代的产物,正如詹姆斯·麦迪逊评价美国宪法那样,它也是"我们政治特点所不可或缺的互相尊重忍让、友好敦睦精神的产物",更重要的它是我们依宪治国、依法治国精神的载体。所以，这次四中全会《决定》特别指出，全面推进依法治国的重大任务之一，就是要完善以宪法为核心的中国特色社会主义法律体系。

我国现行宪法应该发挥更大的作用

宪法是根本大法、是母法、是具有最高权威的法律，是治国安邦的总章程，是全体公民维护自己合法权利的武器。但在实际生活中，它还没有得到认真的遵守、执行和实施。现在，人们普遍感到确保宪法和法律的实施还有很大的问题，有法不依，执法不严，违法不究，甚至权大于法、以言代法、以权压法、徇私枉法的现象在一些地方和部门仍然严重存在。所以，这次四中全会《决定》特别强调，全面推进依法治国，要加强宪法实施，"必须维护国家法制统一、尊严、权威，切实保证宪法法律有效实施"。我以为，解决这个问题，首先要处理好宪法和法律与党的领导的关系。本来，《中国共产党党章》和1982年宪法已经解决了这个社会主义民主法治的关键问题。党的十二大通过的党章明确规定："党必须在宪法和法律范围内活动。"1982年宪法也很清楚地规定："一切国家机关和武装力量、各政党和各社会团体、各企业事业组织都必须遵守宪法和法律。一切违反宪法和法律的行为，必须予以追究"，"任何组织或者个人都不得有超越宪法和法律的特权"。但现在全社会从思想到行动并没有真正解决这个问题，还有人在怀疑、质疑、混淆是法大还是党委大、是法大还是领导大、是法大还是权大这样的问题。其实，宪法和法律是在党领导下制定的，是党和国家的方针和政策的定型化、规范化和制度化，是经过全国人大及其常委会按照法定程序审议通过的，不仅代表了党和人民的意志和利益，而且已上升为国家意志。比如说，1982年宪法的历次修正案都是中共中央政治局原则通过，然后提交全国人大审议通过的。所以，我们可以肯定地说，各级党组织、党员、党政干部严格依法办事、服从法律，在宪法和法律范围内活动，就是坚持党的领导，就是讲党性，就是讲政治。

这次四中全会《决定》十分明确地界定了依法治国与党的领导的关系。它强调，全面推进依法治国必须坚持党的领导，坚持党的领导、人民当家做主、依法治国有机统一，把党的领导贯彻到依法治国全过程和各方面。依法治国与党的领导的一致和统一在于依法执政，而依法执政，既要求党依据宪法法律治国理政，也要求党依据党内法规管党治党。必须坚持党领导立法、保证执法、支持司法、带头守法，把依法治国基本方略同依法执政基本方式统一起来，把党总揽全局、协调各方同人大、政府、政协、审判机关、检察机关依法依章程履行职能、开展工作统一起来，把党领导人民制定和实施宪法法律同党坚持在宪法法律范围内活动统一起来，善于使党的主张通过法定程序成为国家意志，善于使党组织推荐的人选通过法定程序成为国家政权机关的领导人员，善于通过国家政权机关实施党对国家和社会的领导，善于运用民主集中制原则维护中央权威、维护全党全国团结统一。

其次，要建立制度，设计体制机制，把宪法和法律真正交给全体人民掌握，让宪法和法律赋予人民的权利落到实处，让老百姓实实在在感受到宪法和法律的权威，宪法和法律才能得到很好的实施。四中全会《决定》指出，全面推进依法治国，要坚持人民主体地位。"人民是依法治国的主体和力量源泉，人民代表大会制度是保证人民当家做主的根本政治制度。必须坚持法治建设为了人民、依靠人民、造福人民、保护人民，以保障人民根本权益为出发点和落脚点，保证人民依法享有广泛的权利和自由、承担应尽的义务，维护社会公平正义，促进共同富裕"。要实现这一目标，就要让所有公民学习、认识、掌握、遵守宪法和法律，增强其学法尊法守法用法意识，树立法治观念，学会运用法律武器，维护自己的合法权益，敢于同一切违反宪法和法律的行为作斗争。一旦宪法和法律为广大人民群众所掌握，监督国家机关和个人依法办事，就可以有力地保证宪法和法律的实施，就会变成强大的物质力量。

第三，要强化宪法的实施及其监督。徒法不足以自行。宪法的生命力在于实施，宪法的权威也在于实施。但我国现行宪法颁布实施30多年来，其实施及其监督不力的问题长期存在，没有完备的实施和监督制度，没有健全的解释机制，宪法的权威没有完全地树立起来。这次四中全会《决定》反复强调要切实保证宪法法律有效实施，而且明确提出健全宪法实施和监督制度，完善全国人大及其常委会宪法监督制度，健全宪法解释程序机制；提出加强备案审查制度和能力建设，保证每一项立法都符合宪法精神、反映人民意志、得到人民拥护，依法撤销和纠正违宪违法的规范性文件。应该说，这些决定，方向十分明确，举措针对性、可操作性强，解决了长期在实践中存在的与依宪治国、依宪执政要求不相适应、不相符合的问题。

发挥宪法在社会主义法治文化建设中的关键作用

我国正致力于建设富强、民主、文明、和谐的社会主义现代化强国。在文化建设方面，我国始终坚持中国特色社会主义文化发展道路，发展面向现代化、面向世界、面向未来的，民族的科学的大众的社会主义文化，培养高度的文化自觉和文化自信，提高全民族文明素质，增强国家文化软实力，弘扬中华文化，努力建设社会主义文化强国。这对开创中国特色社会主义事业新局面、实现中华民族的伟大复兴，具有重大的现实意义和深远的历史意义。社会主义文化强国的建设，离不开社会主义法治文化的培育和建设。

四中全会《决定》明确提出了建设社会主义法治文化的目标，深刻指出，法律的权威源自人民的内心拥护和真诚信仰。人民权益要靠法律保障，法律权威要靠人民维护。必须弘扬社会主义法治精神，建设社会主义法治文化，增强全社会厉行法治的积极性和主动性，形成守法光荣、违法可耻的社会氛围，使全体人民都成为社会主义法治的忠实崇尚者、自觉遵守者、坚定捍卫者。

什么是文化？这是一个仁者见仁、智者见智的问题。文化，是一个内涵丰富、外延宽广的多维概念。比如，有人主张，文化是人类在社会历史发展过程中所创造的物质财富和精神财富的总和，而我个人比较赞成文化是人的生存、生产、生活方式，或者说是人的活法，或者说是人生活的样式的观点。所以我们说，文化是民族的血脉，是人民的精神家园。我们今天所讲的社会主义文化应该是在社会主义中国我们中国人的生活样式，主要表现为精神、思想、传统、习俗、价值观、思维方式、文学艺术、风土人情、行为规范，等等。而法治也是一种生活方式，尤其应该是当代中国人的生活方式，因此，可以这样说，法治文化是国家依法治国、政府依法行政、司法机关依法司法、所有社会成员依法行为的生活方式。

我们知道，全面推进依法治国的总目标是建设中国特色社会主义法治体系，建设社会主义法治国家，而依法治国是党领导人民治理国家的基本方略。随着中国特色社会主义法律体系的形成和中国特色社会主义法治体系的构建，全面落实依法治国基本方略进入了新的历史阶段，必然从法律制度层面深入到法治精神内核，从法制体系构建升华到法治文化培育和建设。培育和建设社会主义法治文化是全面落实依法治国基本方略的必然选择，因为国家长治久安的根本在法治，市场经济的本质是法治经济，社会管理创新的关键也在法治。可以毫不夸张地说，社会主义法治文化的培育和建设对国家的经济发展、政治进步、法治昌明、文化繁荣、社会和谐、生态文明具有基础性和根本性的作用，是全面推进依法治国的当务之急。所以，我们可以进一步肯定，法治是社会主义文化的重要特征和重要内容；社会主义法治理论的完善，是社会主义核心价值体系建设的重要内容；法治文化是社会主义先进文化的重要组成部分，社会主义文化大发展大繁荣离不开社会主义法治文化的培育和建设；社会主义先进文化建设和社会主义文化强国建设离不开法治建设和法治文化建设。

由于宪法在我国法律体系和法治建设中居于根本大法的地位，培育和建设我国的社会主义法治文化离不开宪法及其实施。法治文化的本质就是依法办事的生活方式，而坚持依法治国首先要坚持依宪治国，坚持依法执政首先要坚持依宪执政，坚持依法办事首先要坚持依宪法行事。所以说，依宪治国、依宪执政、依宪行事的生活方式，是社会主义法治文化的核心。四中全会《决定》将每年12月4日定为国家宪法日，这

说过就过

有利于在全社会普遍开展宪法教育，弘扬宪法精神。四中全会还决定建立宪法宣誓制度，即凡经人大及其常委会选举或者决定任命的国家工作人员正式就职时公开向宪法宣誓。这样做，有利于彰显宪法权威，增强公职人员宪法观念，激励公职人员忠于和维护宪法，也有利于在全社会增强宪法意识、树立宪法权威。这也是借助宪法权威构建社会主义法治文化的有力举措。

来源：《人民论坛》2014年11期上

坚持稳中求进原则 全面推进依法治国

中国社会科学院学部委员、法学研究所所长 李林

稳中求进工作总基调，不仅是对新形势下经济工作的方法论和专门要求，而且已经上升为治国理政的重要原则。稳中求进总基调对全面推进依法治国、加快建设社会主义法治国家具有重要指导意义。稳是主基调，稳是大局，在稳的前提下要在关键领域有所进取，在把握好度的前提下奋发有为。在这种形势下，全面依法治国不仅要独善其身、全面稳妥推进，而且要兼济天下、充分发挥治国重器的作用。

全面依法治国的战略思维要贯彻稳中求进工作总基调

全面依法治国是国家治理领域的一场深刻革命，是在宪法框架下和法治轨道上积极稳妥、循序渐进、有组织有领导进行的政治体制改革。必须坚持问题导向，与时俱进地高度重视全面推进依法治国的战略思维和顶层设计，把稳中求进工作总基调融入全面依法治国的战略部署中，从宏观上把握和贯彻依法治国的稳中求进、全面推进。党的十八大以来，尤其是十八届四中全会以来，全面依法治国的深入展开和积极推进，取得前所未有的成就，得到了人民群众普遍认可，得到国际社会广泛赞同。但同时也应当看到，在全面推进依法治国的进程中，丕存在一些不平衡、不协调的现象。

贯彻稳中求进工作总基调，应当准确把握全面推进依法治国、加快建设法治国家的四个"关键词"。

一是"全面"。推进依法治国应当面面俱到，而不能片面褊狭；应当环环相扣，而不能相互脱节；应当层层相叠，而不能顾此失彼；应当是整体、系统和统一，而不能是局部、分散和对立的。全面推进依法治国，要求把法治建设事业视为一个庞大的系统工程，统筹考虑法治建设的内部要素与外部要素，使依法治国基本方略能够得到全面有效落实。

二是"推进"。全面依法治国开弓没有回头箭，只能进不能退，只能推而有进、推而快进，不能倒退回撤。应当积极推进依法治国，而不能消极懈怠；应当扎实落实依法治国基本方略，而不能纸上谈兵；应当义无反顾前行，而不能使依法治国事业半途而废；应当以改革创新精神推进依法治国，而不能因循守旧、踌躇不前、固步自封。全面推进依法治国，必须坚定不移地走中国特色社会主义法治道路，坚持依法治国、建设法治中国的正确方向。

三是"加快"。全面推进依法治国不仅要稳中求进、进中求稳，而且要进中求快、快中求好。加快建设中国特色社会主义法治体系，加快建设公正高效权威的社会主义司法制度，加快建设社会主义法治国家，处处呈现一个"快"字。没有过程的加快就不可能有实现目标的提前，没有依法治国一步一个脚印稳妥快速地前进，就不可能有加快建成法治国家目标的最终实现。全面依法治国是一项只争朝夕、时不我待的伟大事业，既不能慢慢悠悠，更不能停滞不前甚至怀疑倒退。但是，加快建设法治国家是有条件的，既不能脱离现阶段经济社会政治文化发展的水平，也不能脱离法治自身完善发展的轨迹和基本规律，更不能脱离亿万人民群众对法治的理解、认同和遵守。因此贯彻稳中求进工作总基调，加快推进法治国家建设，一定要从法治发展战略高度把握好其加快的速度和力度，否则将欲速则不达。

四是"对表"。今年是落实党的十八大提出法治建设任务的收官之年，是基本完成司法改革各项任务的决胜之年，应当根据党的十八大、十八届四中全会以及中央关于法治建设的其他部署，把各部门、各领域、各环节分解的法治任务完成情况，与中央的顶层设计和战略部署进行阶段性"对表"检查。十八届四中全会提出了180多项重要改革举措，许多都是涉及利益关系和权力格局调整的"硬骨头"。凡是写进四中全会决定的改革举措，都是我们看准了的事情，都是必须改的。这就需要我们拿出自我革新的勇气，一个一个问题解决，一项一项抓好落实，需要认真对照检查，总结经验，找出差距，补齐短板，全面稳妥推进依法治国各项任务的完成。

全面推进依法治国的实践要坚持稳中求进重要原则

法治领域改革涉及面广，各地情况千差万别，必须深入调查研究，摸清情况，找准问题，反复研究论证，既要找准影响立法质量、妨碍执法司法公正、制约执法司法能力等突出问题的症结，又要充分估计推进改革过程中可能出现的阻力，做到谋定而后动。全面依法治国的实践应当稳中求进、循序渐进，既不迁就现状止步不前，又不脱离现阶段实际盲动冒进，尤其要防止搞"法治大跃进""法治政绩工程、面子工程"，确保法制改革的力度进度与社会可承受的程度相适应。

法治领域改革涉及的主要是公检法司等国家政权机关和强力部门，社会关注度高，改革难度大，更需要自我革新的胸襟。各部门各方面要增强大局意识，自觉在大局下思考、在大局下行动，跳出部门框框，做到相互支持、相互配合。只要有利于提高党的执政能力、巩固党的执政地位，有利于维护宪法和法律的权威，有利于维护人民权益、维护公平正义、维护国家安全稳定，不管遇到什么阻力和干扰，都要坚定不移向前推进，既不能以"求稳"为借口避重就轻、拣易怕难、互相推诿、久拖不决；也不能以"维稳"为借口，违反法治，损害人民群众的利益。

全面依法治国的稳中求进，要抓住领导干部这个关键少数。各级领导干部要对法律怀有敬畏之心，带头依法办事，带头遵守法律，不断提高运用法治思维和法治方式深化改革、推动发展、化解矛盾、维护稳定能力。如果在抓法治建设上喊口号、练虚功、摆花架子，只是叶公好龙，并不真抓实干，一旦问题到了积重难返的地步，后果就是灾难性的。对各级领导干部，不管什么人，不管涉及谁，只要违反法律就要依法追究责任，绝不允许出现执法和司法的"空挡"。

要加强党对法治建设的领导，把党的领导贯彻到依法治国全过程和各方面。各级党委要健全党领导依法治国的制度和工作机制，履行对本地区本部门法治工作的领导责任，找准工作着力点。要把全面推进依法治国的工作重点放在基层，教育引导基层广大党员、干部增强法治观念、提高依法办事能力，努力按照稳中求进工作总基调把全面依法治国的各项工作和举措落实到基层。

处理好改革与法治关系要体现稳中求进的基本原则

稳中求进，稳与进是辩证统一的，稳是前提，进是目的。把稳中求进的基本要求贯彻于全面依法治国领域，重点要处理好改革与法治、破与立的关系。党的十八届三中全会做出全面深化改革重大部署，党的十八届四中全会对全面推进依法治国做出战略部署，体现了"破"和"立"的辩证统一。

平衡改革与法治的辩证关系，协调推进"破与立"和"破与稳"，统筹推进"立与进"和"稳与进"，应当根据稳中求进工作总基调，运用法治思维和法治方式，在法治轨道上加以实现。党的十八大以来，我国改革进入了攻坚期和深水区，改革和法治的关系需要破解一些新难题，也亟待纠正一些认识上的误区。一种观点认为，改革就是要冲破法律的禁区，现在法律的条条框框妨碍和迟滞了改革，改革要上路、法律要让路。另一种观点则认为，法律就是要保持稳定性、权威性、适当的滞后性，法律很难引领改革。这两种看法都是不全面的。

在法治下推进改革，在改革中完善法治。要坚持改革决策和立法决策相统一、相衔接，立法主动适应改革需要，积极发挥引导、推动、规范、保障改革的作用，做到重大改革于法有据，改革和法治同步推进，增强改革的穿透力。贯彻稳中求进工作总基调，应当保持改革与法治的平衡和张力。努力追求法治基础上的"稳"，积极推动法治轨道上的"进"，在法治框架下实现"稳与进"的统一、改革与法治的统一、维稳与维权的统一。

统筹推进"四个全面"战略布局要贯穿稳中求进基本精神

习近平总书记明确要求:"要把全面依法治国放在'四个全面'的战略布局中来把握,深刻认识全面依法治国同其他三个'全面'的关系,努力做到'四个全面'相辅相成、相互促进、相得益彰。"全面建成小康社会是我们的战略目标,全面深化改革、全面依法治国、全面从严治党是三大战略举措,对实现全面建成小康社会战略目标一个都不能缺。不全面深化改革,发展就缺少动力,社会就没有活力。不全面依法治国,国家生活和社会生活就不能有序运行,就难以实现社会和谐稳定。不全面从严治党,党就做不到"打铁还需自身硬",也就难以发挥好领导核心作用。

把稳中求进工作总基调贯穿于统筹推进"四个全面"战略布局,要求全面依法治国与全面建成小康社会、全面深化改革、全面从严治党,在时间速度上要协调。既重视发挥法治主动积极的引领促进作用,也重视发挥法治被动从属的保障确认作用。四者在推进的时间、改革的速度、落实的进程、先后的时序等方面,保持协调一致,避免某些法治举措过于超前的单兵突进,防止个别法制改革明显滞后的掉队落伍。

要求全面依法治国与全面建成小康社会、全面深化改革、全面从严治党,在空间广度上要匹配。法治要如影随形,紧跟小康社会建设、深化改革、从严治党的步伐,建设改革治党走到哪里,哪里就应当有法治足迹、法治功能的体现,努力做到"政府职能转变到哪一步,法治建设就要跟进到哪一步"。

要求全面依法治国与全面建成小康社会、全面深化改革、全面从严治党,在深度力度上要统筹。全面小康当然包括"法治小康",依法治国同时又要为全面建成小康社会提供法治保障;依法治国与深化改革如同车之两轮、鸟之两翼,应当相互促进,相辅相成;依法治国与制度治党、依规治党应当统筹推进,实现党纪与国法无缝衔接。从稳中求进的法治视角来看,用法治思维统筹"四个全面"战略布局,才能在法治轨道上更好地体现稳、贯彻稳、落实稳、保证稳;用法治方式推进"四个全面"战略布局,才能在法治引领下更好地稳中促进、稳中求进、稳中推进、稳中前进。

最高法副院长江必新：在高效法治实施中提升人民群众获得感

高效法治实施体系的建设，是一个长期的系统工程，也是中国特色社会主义法治体系建设的攻坚工程。社会主义法治建设以促进社会公平正义为核心价值追求，以保障人民安居乐业为根本目标，法治为民是中国特色社会主义法治的重要价值。法治建设为了人民、法治发展依靠人民、法治红利由人民共享。法治对人民期待的回应程度、对人们需求的满足程度是衡量法治建设水平的重要指标。随着中国特色法治实施体系建设的加快推进以及硬件建设的显著提升，下一阶段法治深化的着力重心、检验法治质效的第一标准，就是依法治国是否以及多大程度地增强了人民群众在法治建设中的获得感。有鉴于此，应当从如下十个方面全面提升人民群众对法治建设的获得感。

全面强化法治建设，增强人民群众公正感。公平正义是法治的灵魂。在执法、司法中要全面坚持公平正义的基本要求。要进一步完善执法司法的体制和机制，确保执法司法权有效行使，强化对执法司法权的有效监督，排除权力、人情、关系和利益对执法司法的干扰；有效防止执法司法人员被相对人、当事人所俘获的现象，建立严格而科学的执法司法问责、追责机制，防止执法司法权的滥用、误用和怠用。要特别重视发挥司法公正对社会公正的引领作用，努力让人民群众在每一个司法案件中感受到公平正义；要加快完善体现权利公平、机会公平、规则公平的法律制度；要更加重视清除市场壁垒，促进资源配置公平，促进公平竞争；要努力拓展完善和落实更加公平可持续的社会保障制度，消除相对剥夺感。

切实改善社会治安、行业监管，增强人民群众安全感。要通过法律的严格实施，使人权得到切实保障，产权得到有效保护。要完善对维护群众切身利益具有重大作用的制度，强化法律在化解矛盾中的权威地位，建立健全畅通有序的诉求表达、矛盾调处、权益保障、心理干预机制，优化和拓展救济渠道，解决好人民最关心最直接最现实的利益问题，使群众由衷地感到权益受到了公平对待、利益得到了有效维护。要重视完善法律援助制度，扩大援助范围，健全司法救助体系，保证人民群众在遇到法律问题或者权利受到侵害时获得及时救济。减轻转型阶段人们的焦虑和不安。

简政放权、优化服务，增强人民群众方便感。进一步完善各类制度，保证人民依法享有广泛的权利和自由，承担应尽的义务。进一步优化制度实施机制，充分运用各种资源、各类技术手段，使其在符合法治理念的前提下更加便民、快捷、有效。通过加快建设严格执法、公正司法、全面守法的法治实施体系，推动社会各领域秩序的快速形成，从而使人民群众获得更大的自由和发展空间。

加快建设法治政府，增强人民群众信任感。努力加强对公权力的科学管理。以规范和约束公权力为重点，加大监督力度，做到有权必有责、用权受监督、违法必追究，坚决纠正有法不依、执法不严、违法不究行为。各级政府创新执法体制，完善执法程序，推进综合执法，严格执法责任，建立权责统一、权威高效的依法行政体制；加快建设职能科学、权责法定、执法严明、公开公正、廉洁高效、守法诚信的法治政府；严格规范公正文明执法，规范运用自由裁量权。切实增强人民群众对法治和公权力规范运行的可预期性和可信赖感，增进国家治理的公信力和社会生活的安定性，壮大依法治国的社会资本。

促进执法规范化，保障人民群众受尊重感。尊重和保障公民基本政治权利、人身权、财产权等各项权利。进一步优化信息公开，保障人民群众知情权；尊重人民诉求和意见的表达，虚心接受、认真聆听群众建议。规范执法言行，充分考虑执法对象、司法当事人的切身感受，敏锐把握社会心态和群众情绪，优化法律实施措施和实施手段，倡导人性化执法、柔性执法、阳光执法，进一步探索执法司法便民利民机制，全面提升人民群众受尊重感。

优化政府职能，增强人民群众受益感。紧紧围绕保障和改善民生，服务改革、促进发展，更好发挥政府作用。保障公民经济、文化、社会等各方面权利得到落实。全面加强基层和地方法治实施，让法律的效力、法治的红利"一竿子插到底"，让人民群众在生活中切实感受到法治的进步并受惠其中。提高公共法律服务均等化与普惠性水平，让所有人在法治的发展中受益。

保障和促进个体发展，增强人民群众成就感。法治是发展的保障。坚持以人民为中心的发展思想，把增进人民福祉、促进人的全面发展作为发展的出发点和落脚点。制定、调整、贯彻各类制度，推动"大众创业、万众创新"，为个体发展开辟渠道；保障人民平等参与、平等发展；实现好、维护好人民的增量利益。促进实现发展的根本目的、激活推动发展的根本力量。让社会成员在法治的保障下有所作为，以法治的力量撬动人民投身发展、实现自我的积极性、主动性、创造性。

开拓渠道、探索机制，增强人民群众参与感。充分调动人民群众投身依法治国实践的积极性和主动性，开拓各种渠道、探索有效机制，方便人民群众参与法治实施，构筑法治建设的强大合力。尊重和保障人民群众在治国理政活动中的主体地位和政治权力，以公民权利制约权力，进一步扩大监督，防止权力失控、决策失误、行为失范。积极组织人民群众以自己的方式、用自己的优势宣传法治理念，传播法律知识。发掘有效方式鼓励人民群众参与社会治安防范、社会纠纷调处，优化社会治理。鼓励人民群众建言献策，贡献智识，共同为法治中国大业贡献力量。

创造法治氛围，增强人民群众认同感。好的法律必须转化为人们内心自觉才能真正为人们所遵行。高质量的法律实施仰赖人民发自内心的拥护，需要人民对法治的真诚信仰。让群众感受到法治建设为了人民、依靠人民、造福人民，以保障人民根本权益为出发点。强化法治传播，规范媒体报道，使社会大多数人认同法治道路，相信法律能够解决问题，改变靠上访、信访，找门路、托关系甚至聚众闹事等极端行为解决问题的做法。要通过各种途径营造法治氛围，弘扬法治精神，增强法治意识，使全体人民都成为社会主义法治的忠实崇尚者、自觉遵守者、坚定捍卫者，使尊法、信法、守法、用法、护法成为全体人民的共同追求。

迈向良法善施的法治强国，增强人民群众归属感。释放依法治国的凝聚力、感召力，释放中国特色社会主义法治的优越性。发挥好道德的教化作用，以道德滋养法治精神、强化道德对法治文化的支撑作用。大力弘扬社会主义核心价值观，弘扬中华传统美德，培育社会公德、职业道德、家庭美德、个人品德，提高全民族思想道德水平，为依法治国创造良好人文环境。通过良法善施促进社会合作，使全社会呈现团结、和谐、欣欣向荣的良好局面。（原题为《在高效法治实施中提升人民群众获得感》）

来源：学习时报

说过就过

最高法沈德咏：让热点案件成为全民共享的法治公开课

沈德咏在山东刑事审判调研座谈会上强调

坚守公平正义底线　提升司法审判能力

让热点案件成为全民共享的法治公开课

中国日报济南4月5日电　今天下午，最高人民法院党组副书记、常务副院长沈德咏在山东省济南市主持召开刑事审判工作调研座谈会。他强调，各级法院要加强和改进新形势下的刑事审判工作，坚持依法独立审判原则，坚守公平正义底线，提高司法审判能力，提升审判质效，讲求审判效果，让重大、热点案件成为全民共享的法治公开课，为党的十九大胜利召开营造良好的法治环境。

沈德咏指出，近年来，人民群众对法治和司法的关注度逐年提高，关注主体更加多元，关注焦点更加多样，保护自身安全的诉求已经逐步上升到维护人格尊严的高度。这是法治发展的必然结果，也是法治成果的一种体现。司法引发的一些舆情，成因十分复杂，司法机关必须反躬自省：有的是裁判释法说理不够透彻清晰，让人产生误解；有的是案件审判过程不够公开透明，导致外界质疑；有的是触及道德伦理，引发道德评判等等。各级法院要充分认识到人民群众法治理念的提升对司法公正提出的更高要求，在新媒体环境下，要更加积极主动听取社会公众意见，认真回应人民群众关切，以严谨的法理彰显司法的理性，以练达的情理展示司法的良知，以平和的姿态体现司法的温度，努力形成舆论与司法的良性互动，最大限度地凝聚共识，让人民群众从内心认可并支持司法机关依法作出的裁判。

沈德咏强调，要借助重大、热点案件宣传法治观念，普及法律知识，上好法治公开课，让人民群众树立证据裁判、人权保障、程序公正等法治观念、法治意识、法治规则，共同推进法治进程。要始终坚持依法独立公正审判，坚守司法公正的底线，通过公正高效的司法审判，让人民群众对司法裁判有更多信任感，对权利保障有更多获得感，对法治建设有更多参与感。

沈德咏强调，刑事审判牵涉社会生活方方面面，事关社会公平正义。刑事审判工作贯彻法治原则，坚持严格司法，依法裁判，是不能动摇的原则，是必须坚守的底线。同时，要高度关注社情民意，将个案的审判置于天理、国法、人情之中综合考量。我国有着数千年文化传统，天理、国法、人情是深深扎根人们心中的正义观念，蕴含法治与德治的千古话题。所谓天理，反映的是社会普遍正义，其实质就是民心。民心是最大的政治，民心所向关系到执政根基。法律在最大程度上体现了对社会正义的分配，一个案件的审判，首先要最大限度追求法律正义；同时，要兼顾社会普遍正义。这体现了德治的要求，也体现了对民意的尊重，是讲政治的表现。人情也是德治应有之义。讲人情，不是要照顾某个人的私人感情，而是要尊重人民群众的朴素情感和基本的道德诉求，司法审判不能违背人之常情。实现法理情的有机结合，既要靠完备的法律制度，更要靠法官的经验、智慧与良知。在刑事审判领域，无论是制定司法政策，还是办理司法案件，都要统筹兼顾法律正义和社会正义，坚守法律底线和道德底线，努力探求和实现法理情的有机结合。

沈德咏强调，要注意把握刑事案件边际事实的独特价值。办理刑事案件首先要准确把握案件的基本事实，包括定罪事实和量刑事实等案件核心事实，坚持以事实为根据，贯彻证据裁判原则，避免事实认定严重偏离客观真相，确保案件质量经得起法律和实践的检验。同时要认识到，任何刑事案件都并非孤立的事件，而是社会生活发生激烈冲突的结果。受诉法院不仅要关注案件本身的事实，还要注意分析案件发生的深层原因，深入了解和把握与案件有关的社会背景、前因后果、传统文化、民情风俗等边际事实。做好新形势下的刑事审判工作，既坚持以事实为根据、以法律为准绳的基本原则，又要注意体察案件背后的复杂社会因素，科学研判案件隐含的各种风险，提高工作主动性和预见性，采取有效措施防患于未然。

沈德咏要求，要准确把握依法独立公正行使审判权和尊重民意的关系。独立审判与尊重民意并不矛盾，要坚持辩证法、两点论，不能走极端、陷入主观主义和教条主义，坚决防止一强调独立审判就不考虑人民群众的期望和关切，一强调倾听群众呼声就放弃独立审判的原则和要求。一方面要坚持依法独立审判的司法原则，始终保持理性、客观、冷静的司法态度，对案件的处理做到实事求是，决不能做出违反事实和法律的裁判。另一方面要坚持司法的民主性，坚持司法的群众路线，通过畅通司法公开的渠道，认真倾听人民群众诉求，自觉接受人民群众监督，在人民群众的参与、见证和监督下以真诚善意的态度，审慎行使司法审判权，努力让人民群众真切感受司法机关的公正无偏。

沈德咏要求，要努力实现裁判法律效果和社会效果的有机统一。坚持司法裁判的合法性、正当性，确保司法公正，始终是司法审判必须坚守的底线。各级法院在追求"两个效果"相统一时，必须坚持法律效果优先，决不能为片面追求所谓的社会效果而牺牲法律效果。司法的社会效果是建立在依法裁判基础上自然形成的一种司法公信。新闻宣传有扩大、深化法律效果、争取良好社会效果的功能作用。但任何时候法律效

说过就过

果都是前提、是基础，没有良好的法律效果，良好的社会效果就无从谈起。各级法院要将更多的精力放到提高司法审判能力上来，放到严格司法、公正裁判上来，放到讲求司法公信和法律效果上来；同时要注意通过以案释法，入情入理的新闻宣传，培育和增强人民群众的法治意识和法律观念，促使人民群众信仰法律，尊重法律和司法的权威，确保司法裁判最大限度地取得良好的社会效果，充分发挥司法公正对社会公正的重要引领作用。

山东省高级人民法院院长白泉民出席座谈会并作了主旨发言。最高人民法院、山东省高级人民法院有关部门负责人参加座谈会。

来源：中国日报网

最高法发布《规定》进一步规范国家赔偿监督案件处理程序 赔偿办负责人答问

2017年4月20日,最高人民法院发布了《最高人民法院关于国家赔偿监督程序若干问题的规定》(下称《规定》),决定自2017年5月1日起施行。《规定》根据国家赔偿法及有关法律规定,结合近些年来人民法院审理国家赔偿案件工作实际,制定了操作性强的规定,切实保障了赔偿请求人和赔偿义务机关的申诉权,进一步规范了赔偿监督案件的处理程序。

《规定》共二十七条,主要内容包括:一、明确了赔偿监督程序的适用范围,即本规定仅适用于对刑事赔偿和非刑事司法赔偿案件的监督,行政赔偿案件的监督依照行政诉讼法的相关规定执行。赔偿监督有三种形式,包括赔偿请求人或者赔偿义务机关申诉、人民法院内部监督、人民检察院监督;二、规定了申诉受理和审查程序,明确了申诉的主体是赔偿请求人和赔偿义务机关或者其承继者,制定了申诉立案的条件及审查申诉案件的原则、方式、期限、处理意见;三、明确了人民法院决定重新审理的情形,强调人民法院对生效赔偿决定内部监督是国家赔偿监督的重要途径;四、确定了对人民检察院提出意见的处理方式,凸显人民检察院对生效赔偿决定的法律监督职能;五、规定了重新审理程序,细化了人民法院重新审理赔偿案件的原则、方式、期限、处理意见,确立了重新审理赔偿案件一般遵循赔偿委员会审理程序的规则;六、规定了几种程序性事项的处理,包括申诉审查、重新审理期间出现的应当中止、终结的情形、撤回申诉、撤回赔偿申请等情形。

据介绍,1994年《中华人民共和国国家赔偿法》没有对赔偿委员会作出的决定如何进行监督的规定。2010年国家赔偿法修订时,增加了对赔偿委员会决定进行监督的内容,即第三十条的规定。最高人民法院此次出台的《规定》,是在借鉴民事诉讼法、行政诉讼法、刑事诉讼法和相关司法解释的规定,充分总结国家赔偿审判实践经验的基础上,对《中华人民共和国国家赔偿法》第三十条规定的进一步细化和明确化。最高人民法院发布该司法解释,旨在进一步贯彻落实国家赔偿法的立法宗旨和修法精神,严格规范人民法院申诉审查、重新审理的程序和标准,充分保障赔偿请求人、赔偿义务机关申诉的合法权益。

最高人民法院关于国家赔偿监督程序若干问题的规定法释【2017】9号

(2017年2月27日最高人民法院审判委员会第1711次会议审议通过，自2017年5月1日起施行)

为了保障赔偿请求人和赔偿义务机关的申诉权，规范国家赔偿监督程序，根据《中华人民共和国国家赔偿法》及有关法律规定，结合国家赔偿工作实际，制定本规定。

第一条 依照国家赔偿法第三十条的规定，有下列情形之一的，适用本规定予以处理：

（一）赔偿请求人或者赔偿义务机关认为赔偿委员会生效决定确有错误，向上一级人民法院赔偿委员会提出申诉的；

（二）赔偿委员会生效决定违反国家赔偿法规定，经本院院长决定或者上级人民法院指令重新审理，以及上级人民法院决定直接审理的；

（三）最高人民检察院对各级人民法院赔偿委员会生效决定，上级人民检察院对下级人民法院赔偿委员会生效决定，发现违反国家赔偿法规定，向同级人民法院赔偿委员会提出重新审查意见的。

行政赔偿案件的审判监督依照行政诉讼法的相关规定执行。

第二条 赔偿请求人或者赔偿义务机关对赔偿委员会生效决定，认为确有错误的，可以向上一级人民法院赔偿委员会提出申诉。申诉审查期间，不停止生效决定的执行。

第三条 赔偿委员会决定生效后，赔偿请求人死亡或者其主体资格终止的，其权利义务承继者可以依法提出申诉。

赔偿请求人死亡，依法享有继承权的同一顺序继承人有数人时，其中一人或者部分人申诉的，申诉效力及于全体；但是申请撤回申诉或者放弃赔偿请求的，效力不及于未明确表示撤回申诉或者放弃赔偿请求的其他继承人。

赔偿义务机关被撤销或者职权变更的，继续行使其职权的机关可以依法提出申诉。

第四条 赔偿请求人、法定代理人可以委托一至二人作为代理人代为申诉。申诉代理人的范围包括：

（一）律师、基层法律服务工作者；

（二）赔偿请求人的近亲属或者工作人员；

（三）赔偿请求人所在社区、单位以及有关社会团体推荐的公民。

赔偿义务机关可以委托本机关工作人员、法律顾问、律师一至二人代为申诉。

第五条　赔偿请求人或者赔偿义务机关申诉，应当提交以下材料：

（一）申诉状。申诉状应当写明申诉人和被申诉人的基本信息，申诉的法定事由，以及具体的请求、事实和理由；书写申诉状确有困难的，可以口头申诉，由人民法院记入笔录。

（二）身份证明及授权文书。赔偿请求人申诉的，自然人应当提交身份证明，法人或者其他组织应当提交营业执照、组织机构代码证书、法定代表人或者主要负责人身份证明；赔偿义务机关申诉的，应当提交法定代表人或者主要负责人身份证明；委托他人申诉的，应当提交授权委托书和代理人身份证明。

（三）法律文书。即赔偿义务机关、复议机关及赔偿委员会作出的决定书等法律文书。

（四）其他相关材料。以有新的证据证明原决定认定的事实确有错误为由提出申诉的，应当同时提交相关证据材料。

申诉材料不符合前款规定的，人民法院应当一次性告知申诉人需要补正的全部内容及补正期限。补正期限一般为十五日，最长不超过一个月。申诉人对必要材料拒绝补正或者未能在规定期限内补正的，不予审查。收到申诉材料的时间自人民法院收到补正后的材料之日起计算。

第六条　申诉符合下列条件的，人民法院应当在收到申诉材料之日起七日内予以立案：

（一）申诉人具备本规定的主体资格；

（二）受理申诉的人民法院是作出生效决定的人民法院的上一级人民法院；

（三）提交的材料符合本规定第五条的要求。

申诉不符合上述规定的，人民法院不予受理并应当及时告知申诉人。

第七条　赔偿请求人或者赔偿义务机关申诉，有下列情形之一的，人民法院不予受理：

（一）赔偿委员会驳回申诉后，申诉人再次提出申诉的；

（二）赔偿请求人对作为赔偿义务机关的人民法院作出的决定不服，未在法定期限内向其上一级人民法院赔偿委员会申请作出赔偿决定，在赔偿义务机关的决定发生法律效力后直接向人民法院赔偿委员会提出申诉的；

（三）赔偿请求人、赔偿义务机关对最高人民法院赔偿委员会作出的决定不服提出申诉的；

（四）赔偿请求人对行使侦查、检察职权的机关以及看守所主管机关、监狱管理机关作出的决定，未在法定期限内向其上一级机关申请复议，或者申请复议后复议机关逾期未作出决定或者复议机关已作出复议决定，但赔偿请求人未在法定期限内向复议机关所在地的同级人民法院赔偿委员会申请作出赔偿决定，在赔偿义务机关、复议机关的相关决定生效后直接向人民法院赔偿委员会申诉的。

第八条　赔偿委员会对于立案受理的申诉案件，应当着重围绕申诉人的申诉事由进行审查。必要时，应当对原决定认定的事实、证据和适用法律进行全面审查。

第九条　赔偿委员会审查申诉案件采取书面审查的方式，根据需要可以听取申诉人和被申诉人的陈述和申辩。

第十条　赔偿委员会审查申诉案件，一般应当在三个月内作出处理，至迟不得超过六个月。有特殊情况需要延长的，由本院院长批准。

第十一条　有下列情形之一的，应当决定重新审理：

（一）有新的证据，足以推翻原决定的；

（二）原决定认定的基本事实缺乏证据证明的；

（三）原决定认定事实的主要证据是伪造的；

（四）原决定适用法律确有错误的；

（五）原决定遗漏赔偿请求，且确实违反国家赔偿法规定的；

（六）据以作出原决定的法律文书被撤销或者变更的；

（七）审判人员在审理该案时有贪污受贿、徇私舞弊、枉法裁判行为的；

（八）原审理程序违反法律规定，可能影响公正审理的。

第十二条　申诉人在申诉阶段提供新的证据，应当说明逾期提供的理由。

申诉人提供的新的证据，能够证明原决定认定的基本事实或者处理结果错误的，应当认定为本规定第十一条第一项规定的情形。

第十三条　赔偿委员会经审查，对申诉人的申诉按照下列情形分别处理：

（一）申诉人主张的重新审理事由成立，且符合国家赔偿法和本规定的申诉条件的，决定重新审理。重新审理包括上级人民法院赔偿委员会直接审理或者指令原审人民法院赔偿委员会重新审理。

（二）申诉人主张的重新审理事由不成立，或者不符合国家赔偿法和本规定的申诉条件的，书面驳回申诉。

（三）原决定不予受理或者驳回赔偿申请错误的，撤销原决定，指令原审人民法院赔偿委员会依法审理。

第十四条　人民法院院长发现本院赔偿委员会生效决定违反国家赔偿法规定，认为需要重新审理的，应当提交审判委员会讨论决定。

最高人民法院对各级人民法院赔偿委员会生效决定,上级人民法院对下级人民法院赔偿委员会生效决定,发现违反国家赔偿法规定的,有权决定直接审理或者指令下级人民法院赔偿委员会重新审理。

第十五条 最高人民检察院对各级人民法院赔偿委员会生效决定,上级人民检察院对下级人民法院赔偿委员会生效决定,向同级人民法院赔偿委员会提出重新审查意见的,同级人民法院赔偿委员会应当决定直接审理,并将决定书送达提出意见的人民检察院。

第十六条 赔偿委员会重新审理案件,适用国家赔偿法和相关司法解释关于赔偿委员会审理程序的规定;本规定依据国家赔偿法和相关法律对重新审理程序有特别规定的,适用本规定。

原审人民法院赔偿委员会重新审理案件,应当另行指定审判人员。

第十七条 决定重新审理的案件,可以根据案件情形中止原决定的执行。

第十八条 赔偿委员会重新审理案件,采取书面审理的方式,必要时可以向有关单位和人员调查情况、收集证据,听取申诉人、被申诉人或者赔偿请求人、赔偿义务机关的陈述和申辩。有本规定第十一条第一项、第三项情形,或者赔偿委员会认为确有必要的,可以组织申诉人、被申诉人或者赔偿请求人、赔偿义务机关公开质证。

对于人民检察院提出意见的案件,赔偿委员会组织质证时应当通知提出意见的人民检察院派员出席。

第十九条 赔偿委员会重新审理案件,应当对原决定认定的事实、证据和适用法律进行全面审理。

第二十条 赔偿委员会重新审理的案件,应当在两个月内依法作出决定。

第二十一条 案件经重新审理后,应当根据下列情形分别处理:

(一)原决定认定事实清楚、适用法律正确的,应当维持原决定;

(二)原决定认定事实、适用法律虽有瑕疵,但决定结果正确的,应当在决定中纠正瑕疵后予以维持;

(三)原决定认定事实、适用法律错误,导致决定结果错误的,应当撤销、变更、重新作出决定;

(四)原决定违反国家赔偿法规定,对不符合案件受理条件的赔偿申请进行实体处理的,应当撤销原决定,驳回赔偿申请;

(五)申诉人、被申诉人或者赔偿请求人、赔偿义务机关经协商达成协议的,赔偿委员会依法审查并确认后,应当撤销原决定,根据协议作出新决定。

第二十二条 赔偿委员会重新审理后作出的决定,应当及时送达申诉人、被申诉人或者赔偿请求人、赔偿义务机关和提出意见的人民检察院。

第二十三条 在申诉审查或者重新审理期间，有下列情形之一的，赔偿委员会应当决定中止审查或者审理：

（一）申诉人、被申诉人或者原赔偿请求人、原赔偿义务机关死亡或者终止，尚未确定权利义务承继者的；

（二）申诉人、被申诉人或者赔偿请求人丧失行为能力，尚未确定法定代理人的；

（三）宣告无罪的案件，人民法院决定再审或者人民检察院按照审判监督程序提出抗诉的；

（四）申诉人、被申诉人或者赔偿请求人、赔偿义务机关因不可抗拒的事由，在法定审限内不能参加案件处理的；

（五）其他应当中止的情形。

中止的原因消除后，赔偿委员会应当及时恢复审查或者审理，并通知申诉人、被申诉人或者赔偿请求人、赔偿义务机关和提出意见的人民检察院。

第二十四条 在申诉审查期间，有下列情形之一的，赔偿委员会应当决定终结审查：

（一）申诉人死亡或者终止，无权利义务承继者或者权利义务承继者声明放弃申诉的；

（二）据以申请赔偿的撤销案件决定、不起诉决定或者无罪判决被撤销的；

（三）其他应当终结的情形。

在重新审理期间，有上述情形或者人民检察院撤回意见的，赔偿委员会应当决定终结审理。

第二十五条 申诉人在申诉审查或者重新审理期间申请撤回申诉的，赔偿委员会应当依法审查并作出是否准许的决定。

赔偿委员会准许撤回申诉后，申诉人又重复申诉的，不予受理，但有本规定第十一条第一项、第三项、第六项、第七项规定情形，自知道或者应当知道该情形之日起六个月内提出的除外。

第二十六条 赔偿请求人在重新审理期间申请撤回赔偿申请的，赔偿委员会应当依法审查并作出是否准许的决定。准许撤回赔偿申请的，应当一并撤销原决定。

赔偿委员会准许撤回赔偿申请的决定送达后，赔偿请求人又重复申请国家赔偿的，不予受理。

第二十七条 本规定自2017年5月1日起施行。最高人民法院以前发布的司法解释和规范性文件，与本规定不一致的，以本规定为准。

最高人民法院赔偿办负责人对《最高人民法院关于国家赔偿监督程序若干问题的规定》答记者问

为了进一步贯彻落实国家赔偿法的立法宗旨和修法精神，切实保障赔偿请求人和赔偿义务机关的申诉权，依法规范赔偿监督程序，最高人民法院今天颁布了《最高人民法院关于国家赔偿监督程序若干问题的规定》（下称《规定》）。最高人民法院赔偿办负责人为此回答了记者的提问。

问：《规定》的制定背景是什么？

答： 1994年《国家赔偿法》没有对赔偿委员会作出的决定进行监督的程序规定。最高人民法院1996年制定的《最高人民法院关于人民法院赔偿委员会审理赔偿案件程序的暂行规定》第二十三条规定："赔偿委员会决定生效后，赔偿委员会如发现原认定的事实或者适用法律错误，必须改变原决定的，经本院院长决定或者上级人民法院指令，赔偿委员会应当重新审理，依法作出决定。"即规定了法院系统内部对赔偿决定的监督程序。虽然1994年《国家赔偿法》和司法解释均没有规定申诉问题，但司法实践中一直认可赔偿请求人的申诉权。

2010年《国家赔偿法》增加了对赔偿委员会决定进行监督的程序规定，即第三十条规定："赔偿请求人或者赔偿义务机关对赔偿委员会作出的决定，认为确有错误的，可以向上一级人民法院赔偿委员会提出申诉。赔偿委员会作出的赔偿决定生效后，如发现赔偿决定违反本法规定的，经本院院长决定或者上级人民法院指令，赔偿委员会应当在两个月内重新审查并依法作出决定，上一级人民法院赔偿委员会也可以直接审查并作出决定。最高人民检察院对各级人民法院赔偿委员会作出的决定，上级人民检察院对下级人民法院赔偿委员会作出的决定，发现违反本法规定的，应当向同级人民法院赔偿委员会提出意见，同级人民法院赔偿委员会应当在两个月内重新审查并依法作出决定。"按照第三十条的规定，对赔偿委员会决定有三种法定的监督渠道：一是赔偿请求人和赔偿义务机关申诉，二是法院内部监督，三是检察院监督。

《国家赔偿法》第三十条对于保障国家赔偿决定的正确性、保护赔偿请求人的合法权益具有重要意义，然而限于法律规定的原则性，很多具体问题未能细化和明确，司法实践中存在几个突出的问题：一是各地、各级法院之间对于申诉立案的条件、启动重新审理的标准、案件审查和处理的方式等认识和做法不一致；二是国家赔偿案件的申诉率高于其他诉讼案件，且赔偿决定作出后时隔多年申诉、反复申诉甚至缠访闹访现象非常严重，案件难以真正终结，既给申诉人造成诉累，又使司法资源不能高效利用；三是当前申诉人对于赔偿申诉案件的办理普遍提出了较高要求，规则缺失很容易给公众造成司法不公的误解。为了解决上述问题，我们制定了《规定》。

问：《规定》的主要内容是什么？

答：《规定》共二十七条，主要内容包括：一、明确了赔偿监督程序的适用范围，即本规定仅适用于对刑事赔偿和非刑事司法赔偿案件的监督，行政赔偿案件的监督依照行政诉讼法的相关规定执行。赔偿监督有三种形式，包括赔偿请求人或者赔偿义务机关申诉、人民法院内部监督、人民检察院监督；二、规定了申诉受理和审查程序，明确了申诉的主体是赔偿请求人和赔偿义务机关或者其承继者，制定了申诉立案的条件及审查申诉案件的原则、方式、期限、处理意见；三、明确了人民法院决定重新审理的情形，强调人民法院对生效赔偿决定内部监督是国家赔偿监督的重要途径；四、确定了对人民检察院提出意见的处理方式，凸显人民检察院对生效赔偿决定的法律监督职能；五、规定了重新审理程序，细化了人民法院重新审理赔偿案件的原则、方式、期限、处理意见，确立了重新审理赔偿案件一般遵循赔偿委员会审理程序的规则；六、规定了几种程序事项的处理，对申诉审查、重新审理期间出现的应当中止、终结的情形进行了列举，明确了撤回申诉、撤回赔偿申请的除特殊情形外不允许重复申诉、申请。

问：制定《规定》遵循的指导原则是什么？

答：在《规定》起草过程中，我们主要坚持以下几项指导原则：一是严格遵循立法精神，立足于司法解释的功能定位。《规定》严格按照《国家赔偿法》等法律法规的精神进行起草，确保司法解释的内容符合立法宗旨和目的。二是充分保障申诉权。国家赔偿法修改前，赔偿申诉一般理解为是一种宪法性的民主权利。这次制定司法解释，将申诉权利的行使落到实处，畅通申诉渠道，保障权利行使，促使申诉问题遵循法定渠道解决。三是规范赔偿监督程序，提高程序的正当性、可操作性。司法解释力求对监督程序各个节点的问题均明确加以规定，一方面对赔偿请求人和赔偿义务机关加以引导，一方面加强对司法行为的规范和约束。四是平衡依法纠错与维护赔偿决定既判力之间的关系。司法解释将原赔偿决定实体上和程序上的严重错误进行列举规定，符合条件的就应决定重新审理，使监督程序发挥依法纠错的功能。同时，为了维护生效赔偿决定的稳定性、权威性，司法解释对申诉的次数等进行了规定，将监督程序限定为一种特殊的救济程序。五是注意吸收各方面意见。注意听取国家赔偿审判一线法官的意见，注意吸收相关部门和专家学者的意见，在充分沟通、讨论的基础上，努力做到兼收并蓄。

问：《规定》在体例上有何特点？

答：《规定》在体例上既按照程序推进的先后顺序排列，又体现了既总又分的特点。首先总体规定了赔偿监督的提起主体、监督对象、提起方式，即提起主体是赔偿请求人、赔偿义务机关，或者是人民法院、人民检察院；监督对象是赔偿委员会的生效决定；提起方式是本院院长决定或者上级人民法院指令重新审理或者决定直接审理、人民检察院向同级人民法院赔偿委员会提出重新审查意见。该规定以列举方式明确了适用范围，对《规定》全篇起到了提纲挈领的作用。之后分三种途径规定了申诉审查程序、法院内部监督启动程序、检察院监督启动程序。当然，对于实践中案件数量最多的申诉案件规定的条款较多，涉及申诉的主体、申诉立案的条件及审查申诉的原则、方式、期限、处理意见等。最后是启动监督程序后的处理程序，即申诉审查后可能驳回申诉或者重新审理，法院、检察院启动监督程序进入重新审理，以及重新审理程序，这是赔偿监督程序赋予申诉人再次争取自身权利及法院、检察院纠错功能的体现。

在程序的具体规定里又采用了先一般后特殊的原则，先规定通常情形下应该的做法，再规定特殊情形下的做法，如申诉案件的受理一般情形下有三项条件，但同时规定了在四种特殊情形下申诉案件不予受理；又如一般情形下人民法院审理案件审限应该连续计算，但特殊情形下应当中止或者终结审查或者审理。

问：对于国家赔偿监督的定义与以往相关司法解释相比有何不同？

答：国家赔偿法是程序和实体合二为一的一部法律，在程序和实体上规定得并不十分具体和详细。最高人民法院在实践中不断归纳问题、总结经验，相继制定了一些司法解释，如《最高人民法院关于人民法院赔偿委员会审理国家赔偿案件程序的规定》《最高人民法院关于人民法院赔偿委员会适用质证程序审理国家赔偿案件的规定》《最高人民法院关于审理民事、行政诉讼中司法赔偿案件适用法律若干问题的解释》《最高人民法院 最高人民检察院关于办理刑事赔偿案件适用法律若干问题的解释》等。本司法解释属于审判工作中需要制定的规范，故采用"规定"的形式。《规定》之前并无国家赔偿监督的称谓，国家赔偿法第三十条也没有明确提出该称谓。国家赔偿案件的特点是一决生效，即人民法院赔偿委员会的赔偿决定一经作出送达后即生效。这与刑事、民事、行政三大诉讼法规定的两审终审不同，但是，申诉审查后决定是否重新审理及法院、检察院启动的重新审理程序与三大诉讼的审判监督程序相似。"国家赔偿监督程序"，就类似于刑事、民事、行政诉讼法规定的"审判监督程序"，是对赔偿委员会决定依法进行监督的程序。

问：《规定》如何保障赔偿请求人和赔偿义务机关的申诉权？

答：赔偿请求人和赔偿义务机关对生效决定不服提出申诉，是赔偿监督最重要的途径，实践中大部分案件都是通过此种形式进入赔偿监督程序的。《规定》用较多的篇幅来充分保障赔偿请求人、赔偿义务机关的申诉权利。例如，第三条规定了赔偿请求人和赔偿义务机关发生权利义务转移时申诉主体的问题。一般情况下，享有申诉权的主体是赔偿请求人和赔偿义务机关，《国家赔偿法》并未规定在决定书确定的权利义务发生转移的情形下，哪些主体有权申诉，本条对此予以了规定。第一款规定赔偿请求人死亡或者终止的申诉主体，第二款规定赔偿请求人死亡后有多名继承人时的申诉主体，以及部分人行使或者放弃权利对其他人的效力，第三款规定赔偿义务机关被撤销或者职权变更的申诉主体。本条规定实际吸收了继承法的相关规定，并从有利于赔偿请求人的方面规定效力所及的范围，最大限度保护了申诉权。又如第二十三条赔偿监督程序中止的情形，一般情况下，程序开始后便应当连续进行，但有时出现特殊情况导致程序不能或不宜进行，需要暂时停止。这些特殊情形包括主体资格出现问题，即申诉审查、申诉后重新审理阶段出现的申诉人、被申诉人或者是通过法院内部监督程序、检察院监督程序启动重新审理时出现的原赔偿请求人、原赔偿义务机关死亡或者终止，尚未确定权利义务承继者，这时需要等待这些主体的权利义务承继者表态是否参加赔偿监督案件的审理，保障他们的继承权、承继权利及参与权。这些特殊情形还包括出现主体丧失行为能力的，法院、检察院对宣告无罪的案件再审或者抗诉的，以及出现不可抗拒的事由致法定审限内不能参加案件处理的。该条规定中止审查或者审理就是为了等待确定法定代理人、无罪案件的再审结果及不可抗拒的事由消失，保障不因这些原因使申诉人等缺失参与赔偿监督程序的权利。此外，第四条申诉代理人的范围规定较广，第十四条法院启动赔偿监督程序、第十五条检察院启动赔偿监督程序是兼顾保障赔偿请求人与赔偿义务机关的权利与纠错功能的规定。并且本《规定》没有对申诉人的申诉期限进行限制，也非常有利于申诉人充分行使申诉权。

问：刚才介绍的都是保护申诉人权利或者延伸纠错功能的规定，那么《规定》是否存在对于权利行使的限制性规定？

答：任何权利的行使都是有限度的，都必须依法行使、正当行使。本《规定》同其他司法解释一样，对申诉权也有一些限制性规定。如第七条规定的特殊情形，包括申诉被驳回后再次申诉的，对赔偿义务机关的相关赔偿决定未按规定申请复议或者向赔偿委员会申请作出赔偿决定，在赔偿义务机关、复议机关的相关决定生效后直接向人民法院赔偿委员会申诉的，以及对最高人民法院赔偿委员会作出的决定不服提出申诉的，法院不予受理。其中部分规定是由于赔偿请求人放弃权利，使赔偿案件之前未进入人民法院赔偿委员会审理程序中，之后赔偿请求人又向上一级人民法院赔偿委员会申诉的，不应允许。这样规定主要是考虑，一方面增强赔偿请求人按照法律规定行使权利的意识，保证法律程序的严肃性，另一方面避免司法资源被过多占用。又如第二十四条、第二十五条，根据意思自治原则，申诉人可以在赔偿委员会申诉审查或者重新审理期间撤回申诉，赔偿请求人也可以在重新审理期间撤回赔偿申请，但是赔偿委员会应当依法审查并作出是否准许的决定。之后是限制性条款，即赔偿委员会准许撤回申诉后，申诉人又重复申诉或赔偿请求人又重复申请国家赔偿的，不予受理。这样规定也是考虑，一方面申诉权或者申请赔偿的权利是国家赔偿法赋予申诉人或者赔偿请求人的程序性权利，申诉人或者赔偿请求人有处分权，另一方面申诉权、赔偿请求权不应被滥用，如果允许申诉人撤回申诉后又申诉或者赔偿请求人再次申请赔偿，不仅会造成司法资源的浪费，也会给对方造成诉累。

问：怎样有效发挥国家赔偿监督的功能，实践中如何执行《规定》？

答：国家赔偿监督实质是指对赔偿委员会生效决定的监督，按照《国家赔偿法》第三十条的规定，对赔偿委员会决定有三种法定的监督途径：一是赔偿请求人和赔偿义务机关申诉，二是法院内部监督，三是检察院监督。这三种途径互为补充，都能起到维护权利、纠正错误的效果。一般说来，赔偿请求人和赔偿义务机关申诉是最通常使用的监督途径，各级法院赔偿委员会审理的大部分申诉案件也缘于此，所以规范此类案件的审理程序是有效发挥国家赔偿监督功能的重点。对于赔偿请求人、赔偿义务机关提出申诉应该递交的材料、何种条件符合立案受理，赔偿委员会在申诉审查阶段的审查范围、方式、期限、处理结果等，在《规定》都进行了详细规范，让申诉方和受案法院都清楚执行标准，便于申诉和审查，增加法律透明度。审理赔偿申诉案件的是上一级人民法院赔偿委员会，但申诉并不必然引起重新审理程序，需要审查后决定，如果决定重新审理，则适用赔偿委员会审理程序的规定。这些明确规定使赔偿委员会审理申诉案件有法可依。

法院内部监督和检察院监督这两种国家赔偿监督途径同样起到维护权利和纠正错误的作用。在人民法院依职权提起重新审理的规定中，启动重新审理程序的主体是人民法院，即作出生效决定的人民法院基于自我监督而对案件重新审理，或者基于最高人民法院对地方各级人民法院审判工作的监督职能，以及上级人民法院对下级人民法院审判工作的监督职能而引起案件重新审理，这是法院主动纠错引起的国家赔偿监督程序，更多体现的是法律的公开、公平、公正。对人民检察院提出意见的处理的规定是对外部监督的回应。人民检察院是国家的法律监督机关，其对赔偿委员会生效决定提出意见必然引起重新审理程序的发生。这种监督既可以通过检察机关主动对赔偿委员会生效决定发现错误提出，也可以通过申诉人向检察机关申诉实现。以上两种国家赔偿监督形式必然引起重新审理程序。

实践中，赔偿委员会在审理三种监督途径的赔偿案件时应该按照不同规定严格执行，区分申诉案件、法院内部监督案件、检察院提出意见案件的审查、受理、决定是否重新审理及启动重新审理的主体、条件、范围、处理意见等，正确掌握三类案件的特点、处理依据、审理结果，将程序和实体有机结合，才能充分发挥国家赔偿监督维护权利、纠正错误的国家赔偿法立法本意和修法精神。

学习计划

专题十四　最高法发布环境公益诉讼典型案例

环境公益诉讼是人民法院环境资源审判工作的重要组成部分，也是国家环境治理体系的重要环节，对于提升生态文明治理的法治化水平，保障和促进绿色发展发挥着不可或缺的作用。2015年1月1日新《环境保护法》施行以来，最高人民法院认真贯彻立法精神，先后制定发布《关于审理环境民事公益诉讼案件适用法律若干问题的解释》《关于审理环境侵权责任纠纷案件适用法律若干问题的解释》以及《人民法院审理人民检察院提起公益诉讼案件试点工作实施办法》等司法解释和规范性文件，与民政部、环境保护部联合发布《关于贯彻实施环境民事公益诉讼制度的通知》，不断加大顶层设计和政策指引力度。

在最高人民法院的监督指导下，各级人民法院的环境公益诉讼审判工作有序开展，稳步推进。2015年1月—2016年12月31日，全国法院共受理社会组织和试点地区检察机关提起的环境公益诉讼一审案件189件、审结73件，受理二审案件11件、全部审结。其中，环境民事公益诉讼一审案件137件，环境行政公益诉讼一审案件51件，行政附带民事公益诉讼一审案件1件。环境公益诉讼案件的依法审理，对于督促和加强环境行政执法，预防生态环境损害，追究环境污染者和生态破坏者的法律责任，引导公众有序参与生态环境保护发挥了积极的作用。

依法审理社会组织提起的环境民事公益诉讼案件。各级法院认真推进立案登记制改革，畅通诉讼渠道，构建有利于社会组织提起环境公益诉讼的程序和配套机制。2015年1月1日—2016年12月31日，全国法院共受理社会组织提起的环境公益诉讼一审案件112件，审结54件，案件数量与2015年之前年均8件相比有了大幅增长。案件类型也更为多样，涵摄大气、水、土壤、海洋、森林、濒危植物保护、人文遗迹、自然保护区、乡村等多个环境要素的保护，涉及地域也由原先集中在3、4个省份扩展至21个省、市、自治区。江苏泰州"天价"环境公益诉讼案、腾格里沙漠环境污染系列公益诉讼案、福建南平破坏林地环境公益诉讼案等一批重大环境公益诉讼案件的依法审理，充分发挥了环境公益诉讼对于加强生态环境保护的宣示效果和示范意义。

依法审理试点地区检察机关提起的环境公益诉讼案件。2015年7月，全国人大常委会授权检察机关在 13 个省份开展提起公益诉讼试点工作。最高人民法院依法支持检察机关提起公益诉讼的试点工作，制定《人民法院审理人民检察院提起公益诉讼案件试点工作实施办法》，加大对试点地方法院监督指导力度，保障检察机关提起公益诉讼案件的正确审理。试点地方法院遵循职权法定原则，依法及时受理检察机关试点提起的环境民事、行政公益诉讼案件；主动适应改革需要，以民事诉讼法和行政诉讼法作为基本依据，结合检察机关提起公益诉讼特点，依法平等保护各方当事人合法权益，在法律框架内创新、完善具体的审判工作方式方法。2015 年 7 月 1 日—2016 年 12 月 31 日，全国法院共受理检察机关提起的环境公益诉讼一审案件 77 件。其中环境民事公益诉讼案件 25 件，审结 5 件；环境行政公益诉讼案件 51 件，审结 14 件；环境行政附带民事公益诉讼案件 1 件，审结 1 件。通过依法审理检察机关试点提起的民事、行政公益诉讼案件，展示了这项改革对于督促行政机关履行法定职责、保护环境公共利益方面的积极作用。

这次发布的十个典型案例涉及社会组织提起环境公益诉讼主体资格，污染大气、水等具有一定自净能力的环境介质的责任承担，饮用水源保护，美丽宜居乡村建设，公用事业单位和生产者超标排放的法律责任，以及检察机关提起的环境民事、行政公益诉讼案件的审理等热点、难点法律问题。人民法院通过这些案件的审理，对环境公益诉讼审判中的相关问题进行了探索和回应，对于统一裁判标准，完善审理规则起到了较好的指导作用。其中，最高人民法院审理的江苏泰州水污染公益诉讼申请再审案和山东省德州市中级人民法院审理的中华环保联合会诉德州晶华集团振华有限公司大气污染公益诉讼案入选了 2016 年度人民法院十大民事行政案件。腾格里沙漠污染系列公益诉讼案经最高人民法院审判委员会审议决定，已作为指导性案例发布。

为了更加全面、客观地解读相关案件的裁判要旨，我们邀请了全国政协社会与法制委员会驻会副主任吕忠梅教授，武汉大学王树义教授，中国人民大学周珂教授、张新宝教授、肖建国教授，中国政法大学马怀德教授、王灿发教授，天津大学孙佑海教授，中国科学院生态环境研究中心研究员、国家 863 计划"化学品风险管理与控制"重大项目首席科学家王子健教授，南京师范大学李浩教授等知名专家学者对案件进行点评。我们期望通过发布典型案例，对人民法院依法审理环境公益诉讼案件提供一定的示范和指导，促进案件裁判尺度的统一，进一步提升环境资源司法水平。

 典型案例

一、江苏省泰州市环保联合会诉泰兴锦汇化工有限公司等水污染民事公益诉讼案

【基本案情】

2012年1月—2013年2月，被告锦汇公司等六家企业将生产过程中产生的危险废物废盐酸、废硫酸总计2.5万余吨，以每吨20~100元不等的价格，交给无危险废物处理资质的相关公司偷排进泰兴市如泰运河、泰州市高港区古马干河中，导致水体严重污染。泰州市环保联合会诉请法院判令六家被告企业赔偿环境修复费1.6亿余元、鉴定评估费用10万元。

【裁判结果】

泰州市中级人民法院一审认为，泰州市环保联合会作为依法成立的参与环境保护事业的非营利性社团组织，有权提起环境公益诉讼。六家被告企业将副产酸交给无处置资质和处置能力的公司，支付的款项远低于依法处理副产酸所需费用，导致大量副产酸未经处理倾倒入河，造成严重环境污染，应当赔偿损失并恢复生态环境。2万多吨副产酸倾倒入河必然造成严重环境污染，由于河水流动，即使倾倒地点的水质好转，并不意味着河流的生态环境已完全恢复，依然需要修复。在修复费用难以计算的情况下，应当以虚拟治理成本法计算生态环境修复费用。遂判决六家被告企业赔偿环境修复费用共计1.6亿余元，并承担鉴定评估费用10万元及诉讼费用。江苏省高级人民法院二审认为，泰州市环保联合会依法具备提起环境公益诉讼的原告资格，一审审判程序合法。六家被告企业处置副产酸的行为与造成古马干河、如泰运河环境污染损害结果之间存在因果关系。一审判决对赔偿数额的认定正确，修复费用计算方法适当，六家被告企业依法应当就其造成的环境污染损害承担侵权责任。二审判决维持一审法院关于六家被告企业赔偿环境修复费用共计1.6亿余元的判项，并对义务的履行方式进行了调整。如六家被告企业能够通过技术改造对副产酸进行循环利用，明显降低环境风险，且一年内没有因环境违法行为受到处罚的，其已支付的技术改造费用可经验收后在判令赔偿环境修复费用的40%额度内抵扣。六家被告企业中的三家在二审判决后积极履行了判决的全部内容。锦汇公司不服二审判决，向最高人民法院申请再审。最高人民法院认为，环境污染案件中，危险化学品和化工产品生产企业对其主营产品及副产品均需具有较高的注意义务，需要全面了解其主营产品和主营产品生产过程中产生的副产品是否具有高度危险性，是否会造成环境污染；需要使其主营产品的生产、出售、运输、储存和处置符合相关法律规定，亦需使其副产品的生产、出售、运输、储存和处置符合相关法律规定，避免对生态环境造成损害或者产生造成生态环境损害

的重大风险。虽然河水具有流动性和自净能力，但在环境容量有限的前提下，向水体大量倾倒副产酸，必然对河流的水质、水体动植物、河床、河岸以及河流下游的生态环境造成严重破坏。如不及时修复，污染的累积必然会超出环境承载能力，最终造成不可逆转的环境损害。因此，不能以部分水域的水质得到恢复为由免除污染者应当承担的环境修复责任。最高人民法院最终裁定驳回了锦汇公司的再审申请。

【典型意义】

泰州水污染公益诉讼案被媒体称为"天价"环境公益诉讼案。该案由社会组织作为原告、检察机关支持起诉，参与主体特殊、涉案被告多，判赔金额大、探索创新多、借鉴价值高。一审法院正确认定泰州市环保联合会的主体资格，确认锦汇公司等六家公司主观上具有非法处置危险废物的故意，客观上造成了环境严重污染的结果，应该承担对环境污染进行修复的赔偿责任。同时，结合鉴定结论和专家证人意见认定环境修复费用，判令六家被告企业共计赔偿1.6亿余元环境修复费用。二审法院衡平企业良性发展与环境保护目标，创新了修复费用支付方式，鼓励企业加大技术改造力度，处理好全局利益与局部利益、长远利益与短期利益的关系，承担起企业环境保护主体责任和社会责任。最高人民法院肯定了二审法院创新修复费用支付方式的做法，鼓励企业积极开展技术创新和改造，促进区域生态环境质量改善。同时明确了危险化学品和化工产品生产企业在生产经营过程中应具有较高的注意义务，应承担更多的社会责任。对于河水这种具有流动性和自净能力的环境介质，确立了水污染环境修复责任的处理原则，即污染行为一旦发生，不因水环境的自净改善而影响污染者承担修复义务。本案对水污染案件的处理具有一定的示范意义。

【点评专家】

吕忠梅，十二届全国人大代表、全国政协社会与法制委员会驻会副主任，最高人民法院特邀咨询员。

【点评意见】

泰州案因参与主体特殊、诉讼程序完整、因果关系判定、环境污染损害鉴定评估、赔付履行方式创新等，引人瞩目。再审裁定虽然主要是对一、二审判决的确认，但其作为国家最高司法机关的终审裁决，对今后的个案裁判乃至司法规则确立具有里程碑意义。该案的事实认定与因果关系推定法理十分清晰。区分该案被告有直接实施污染物倾倒行为和非倾倒行为直接实施人两类不同情况，采纳"违反注意义务说"及因果关系推定规则，清晰的展示"受害人证明基础事实达到低标准证明——法官推定因果关系的存在——被推定人提出反证证明"的逻辑，妥当实现原被告间在诉讼中的平衡。该案损害后果的认定鲜明体现环境侵权特征。针对当事人双方就是否存在损害后果的严重分歧，法官基于对环境侵权后果二元性的充分认识，清晰地论证了倾倒副产酸这一污染行为所造成的污染与生态损害两种后果，正确认定河域生态系统损害及其规律。该案对环境修复费用的确定、计算以及履行方式积极探索创新。法官将倾倒副产酸的损害后果确定为污染导致的生态破坏危险，引入虚拟治理成本计算法，采用支付环境修复费用的责任承担方式并探索具体履行路径，较好考虑了司法效果、社会效果与环境效果的统一。

二、中国生物多样性保护与绿色发展基金会诉宁夏瑞泰科技股份有限公司等腾格里沙漠污染系列民事公益诉讼案

【基本案情】

2015年8月，中国生物多样性保护与绿色发展基金会向中卫市中级人民法院提起诉讼称：瑞泰公司等八家企业在生产过程中违规将超标废水直接排入蒸发池，造成腾格里沙漠严重污染，截至起诉时仍然没有整改完毕。请求判令：1.停止非法污染环境行为；2.对造成环境污染的危险予以消除；3.恢复生态环境或者成立沙漠环境修复专项基金并委托具有资质的第三方进行修复；4.针对第二项和第三项诉讼请求，由法院组织原告、技术专家、法律专家、人大代表、政协委员共同验收；5.赔偿环境修复前生态功能损失；6.在全国性媒体上公开赔礼道歉等。绿发会向法院提交了基金会法人登记证书，显示绿发会是在国家民政部登记的基金会法人。绿发会提交的2010—2014年度检查证明材料，显示其在提起本案公益诉讼前五年年检合格。绿发会提交了五年内未因从事业务活动违反法律、法规的规定而受到行政、刑事处罚的无违法记录声明。此外，绿发会章程规定，其宗旨为"广泛动员全社会关心和支持生物多样性保护和绿色发展事业，保护国家战略资源，促进生态文明建设和人与自然和谐，构建人类美好家园"。绿发会还向法院提交了其自1985年成立至今，一直实际从事包括举办环境保护研讨会、组织生态考察、开展环境保护宣传教育、提起环境民事公益诉讼等活动的相关证据材料。

【裁判结果】

中卫市中级人民法院一审认为，绿发会不能认定为《环境保护法》第五十八条规定的"专门从事环境保护公益活动"的社会组织，对绿发会的起诉裁定不予受理。绿发会不服，提起上诉。宁夏回族自治区高级人民法院审查后裁定驳回上诉，维持原裁定。绿发会不服二审裁定，向最高人民法院申请再审。最高人民法院依法提审并审理认为，因环境公共利益具有普惠性和共享性，没有特定的法律上直接利害关系人，有必要鼓励、引导和规范社会组织依法提起环境公益诉讼，以充分发挥环境公益诉讼功能。依据《环境保护法》第五十八条和《最高人民法院关于审理环境民事公益诉讼案

件适用法律若干问题的解释》第四条的规定，对于本案绿发会是否可以作为"专门从事环境保护公益活动"的社会组织提起本案诉讼，应重点从其宗旨和业务范围是否包含维护环境公共利益，是否实际从事环境保护公益活动，以及所维护的环境公共利益是否与其宗旨和业务范围具有关联性等三个方面进行审查。对于社会组织宗旨和业务范围是否包含维护环境公共利益，应根据其内涵而非简单依据文字表述作出判断。社会组织章程即使未写明维护环境公共利益，但若其工作内容属于保护各种影响人类生存和发展的天然的和经过人工改造的自然因素的范畴，均应认定宗旨和业务范围包含维护环境公共利益。绿发会章程中规定的宗旨契合绿色发展理念，亦与环境保护密切相关，属于维护环境公共利益的范畴。环境保护公益活动，不仅包括植树造林、濒危物种保护、节能减排、环境修复等直接改善生态环境的行为，还包括与环境保护有关的宣传教育、研究培训、学术交流、法律援助、公益诉讼等有利于完善环境治理体系，提高环境治理能力，促进全社会形成环境保护广泛共识的活动。绿发会在本案一审、二审及再审期间提交的历史沿革、公益活动照片、环境公益诉讼立案受理通知书等相关证据材料，虽未经庭审质证，但在立案审查阶段，足以显示绿发会自1985年成立以来长期实际从事包括举办环境保护研讨会、组织生态考察、开展环境保护宣传教育、提起环境民事公益诉讼等环境保护活动，符合环境保护法和环境公益诉讼司法解释的规定。同时，上述证据亦证明绿发会从事环境保护公益活动的时间已满五年，符合《环境保护法》第五十八条关于社会组织从事环境保护公益活动应五年以上的规定。依据环境公益诉讼司法解释第四条的规定，社会组织提起的公益诉讼涉及的环境公共利益，应与社会组织的宗旨和业务范围具有一定关联。即使社会组织起诉事项与其宗旨和业务范围不具有对应关系，但若与其所保护的环境要素或者生态系统具有一定的联系，亦应基于关联性标准确认其主体资格。本案环境公益诉讼系针对腾格里沙漠污染提起。沙漠生物群落及其环境相互作用所形成的复杂而脆弱的沙漠生态系统，需要人类的珍惜利用和悉心呵护。绿发会起诉认为瑞泰公司将超标废水排入蒸发池，严重破坏了腾格里沙漠本已脆弱的生态系统，所涉及的环境公共利益维护属于绿发会宗旨和业务范围。此外，绿发会提交的基金会法人登记证书、年度检查证明材料、无违法记录声明等，证明其符合《环境保护法》第五十八条，环境公益诉讼司法解释第二条、第三条、第五条对提起环境公益诉讼社会组织的其他要求，具备提起环境民事公益诉讼的主体资格。最高人民法院再审裁定撤销一审、二审裁定，指令本案由中卫市中级人民法院立案受理。

【典型意义】

最高人民法院通过审理腾格里沙漠污染系列民事公益诉讼案，针对新《环境保护法》实施以来各地环境公益诉讼案件审理中出现的与原告主体资格有关的突出问题，就《环境保护法》第五十八条以及环境公益诉讼司法解释规定的环境公益诉讼原告主体资格相关法律适用问题，确立、细化了裁判规则。再审裁定明确对于社会组织是否具备提起环境民事公益诉讼的主体资格，应当重点从宗旨和业务范围是否包含维护环境公共利益，是否实际从事环境保护公益活动，以及所维护的环境公共利益是否与其宗旨和业务范围具有关联性等三个方面进行认定。再审裁定阐明了对于社会组织宗旨和业务范围是否包含维护环境公共利益，应根据其内涵而非简单依据文字表述作出判断；阐明了环境保护公益活动，不仅包括直接改善生态环境的行为，还包括有利于完善环境治理体系，提高环境治理能力，促进全社会形成环境保护广泛共识的活动；阐明了社会组织起诉事项与其宗旨和业务范围即便不具有对应关系，但若与其所保护的环境要素或者生态系统具有一定的联系，亦应基于关联性标准确认其主体资格。该系列案件是最高人民法院首次通过具体案例从司法层面就环境民事公益诉讼主体问题明确判断标准，推动了环境公益诉讼制度的发展，已作为最高人民法院指导性案例发布，对于环境民事公益诉讼案件的审理具有重要的指引和示范作用。

【点评专家】

王树义，武汉大学教授。

【点评意见】

环境民事公益诉讼的原告资格问题，是近几年来在环境民事公益诉讼司法实践中时常困扰法官们的一个实际问题。问题主要出在对《环境保护法》第五十八条中"专门从事环境保护公益活动"的理解。其实，《最高人民法院关于审理环境民事公益诉讼案件适用法律若干问题的解释》第四条已经解释得非常清楚，为何依然出现此类问题？主要还是涉及对"专门从事环境保护公益活动"的正确理解。如何认定一个社会组织是否属于专门从事环境保护公益活动的社会组织，主要考察两点：一是社会组织章程确定的宗旨；二是社会组织的主要业务活动范围。具体到本案，绿发会章程中明确规定，其宗旨是"广泛动员全社会关心和支持生物多样性保护与绿色发展事业，维护公众环境权益和社会公共利益"；第七条规定，其业务范围包括"（五）开展和资助维护公众环境权益和环境保护领域社会公共利益的理论研究和实践活动，推动我国环境法治"；"（九）开展和资助符合本基金会宗旨的其他项目和活动"。从绿发会的宗旨和主要业务范围看，绿发会显然应当被认定为"专门从事环境保护公益活动"的社会组织。因为，保护生物多样性、推动和支持绿色发展、开展维护公众环境权益和环境保护领域社会公共利益的实践活动，就是一种环境保护的公益活动，并且是一种重要的、应当广泛提倡和推动的环境保护公益活动。另外，绿发会起诉的事项与其宗旨及业务范围亦具有对应关系或关联性，其原告资格显而易见。最高人民法院对本案的再审裁定，对类似案件具有很好的指引和示范作用。

三、中华环保联合会诉山东德州晶华集团振华有限公司大气污染民事公益诉讼案

【基本案情】

振华公司是一家从事玻璃及玻璃深加工产品制造的企业，位于山东省德州市区内。振华公司虽投入资金建设脱硫除尘设施，但仍有两个烟囱长期超标排放污染物，造成大气污染，严重影响了周围居民生活，被环境保护部点名批评，并被山东省环境保护行政主管部门多次处罚，但其仍持续超标向大气排放污染物。中华环保联合会提起诉讼，请求判令振华公司立即停止超标向大气排放污染物，增设大气污染防治设施，经环境保护行政主管部门验收合格并投入使用后方可进行生产经营活动；赔偿因超标排放污染物造成的损失2040万元（诉讼期间变更为2746万元）及因拒不改正超标排放污染物行为造成的损失780万元，并将赔偿款项支付至地方政府财政专户，用于德州市大气污染的治理；在省级及以上媒体向社会公开赔礼道歉；承担本案诉讼、检验、鉴定、专家证人、律师及其他为诉讼支出的费用。德州市中级人民法院受理本案后，向振华公司送达民事起诉状等诉讼材料，向社会公告案件受理情况，并向德州市环境保护局告知本案受理情况。德州市人民政府、德州市环境保护局积极支持、配合本案审理，并与一审法院共同召开协调会。通过司法机关与环境保护行政主管部门的联动、协调，振华公司将全部生产线关停，在远离居民生活区的天衢工业园区选址建设新厂，防止了污染及损害的进一步扩大，使案件尚未审结即取得阶段性成效。

【裁判结果】

德州市中级人民法院一审认为，诉讼期间振华公司放水停产，停止使用原厂区，可以认定振华公司已经停止侵害。在停止排放前，振华公司未安装或者未运行脱硫和脱硝治理设施，未安装除尘设施或者除尘设施处理能力不够，多次超标向大气排放二氧化硫、氮氧化物、烟粉尘等污染物。其中，二氧化硫、氮氧化物是酸雨的前导物，过量排放形成酸雨会造成居民人身及财产损害，过量排放烟粉尘将影响大气能见度及清洁度。振华公司超标排放污染物的行为导致了大气环境的生态附加值功能受到损害，应当依法承担生态环境修复责任，赔偿生态环境受到损害至恢复原状期间服务功能损失。同时，振华公司超标向大气排放污染物的行为侵害了社会公众的精神性环境权益，应当承担赔礼道歉的民事责任。遂判决振华公司赔偿超标排放污染物造成损失2198.36万元，用于大气环境质量修复；振华公司在省级以上媒体向社会公开赔礼道歉等。宣判后，双方当事人均未提起上诉，一审判决已生效。

【典型意义】

德州大气污染公益诉讼案是新《环境保护法》施行后，人民法院受理的首例京津冀及其周边地区大气污染公益诉讼案件。大气具有流动性，其本身具有一定的自净功能，企业超标排放是否构成生态环境损害是本案审理的难点。本案裁判明确超标过量排放二氧化硫、氮氧化物和粉尘将影响大气的生态服务功能，应当承担法律责任，可根据企业超标排放数量以及二氧化硫、氮氧化物和粉尘的单位治理成本计算大气污染治理的虚拟成本，进而作为生态环境损害赔偿的依据，具有一定合理性。振华公司在本案审理期间主动承担社会责任，积极采取措施防止污染的持续和扩大，值得肯定。该案的审结及时回应了当前社会公众对京津冀及周边地区的大气污染治理的关切，对区域大气污染治理进行了有益的实践探索。

【点评专家】

周珂，中国人民大学教授。

【点评意见】

本案判决结果较充分地体现了环境司法这一新型司法领域独特的公平正义。第一，关于超标排污的正当性问题。法院判决被告超标排污的行为侵害了社会公共的环境权益，即认定了其行为的违法性和对环境公益的侵害性。这为通过环境公益诉讼的办法，使超标排污造成大气污染得到有效治理开辟了一条新的有效的途径。第二，大气污染的因果关系历来是个难点，判决不纠缠于复杂的逻辑争辩，在本案所在城市属于国内污染极为严重城市这一不需要鉴定的事实前提下，确认了鉴定报告可以作为认定事实的依据，采用了国外环境诉讼中的间接因果关系认定说，提高了审判的效率，也完全满足程序正义的要求。第三，大气污染环境公益诉讼的损害数额计算全世界也没有统一的标准，判决认定了鉴定报告采用的"按虚拟治理成本的4倍计算被告振华公司生态损害数额"的计算方法，采用了适中的倍数。这为今后环境公益诉讼正确和有效地处理这方面的问题提供了有益的经验。第四，修改前的环保法没有赔礼道歉的规定，而判决援引了2014年新环保法的有关规定，认定被告应当承担赔礼道歉的民事责任，其历史意义是重大而深远的。第五，本案法院立案受理后，及时与政府部门沟通，发挥司法与行政执法协调联动作用，促进污染企业向节能环保型企业转型发展，体现了我国绿色司法追求社会经济发展与生态环境保护双赢的目标和效果。

四、重庆市绿色志愿者联合会诉湖北恩施自治州建始磺厂坪矿业有限责任公司水库污染民事公益诉讼案

【基本案情】

千丈岩水库位于重庆市巫山县、奉节县和湖北省建始县交界地带，距离长江25公

里，被重庆市人民政府确认为集中式饮用水源保护区，供应周边5万居民的生活饮用和生产用水。该地区属喀斯特地貌。磺厂坪矿业公司距离千丈岩水库约2.6公里，2011年5月取得湖北省恩施土家族苗族自治州环境保护局环境影响评价批复，但该项目建设可行性报告明确指出尾矿库库区为自然成库的岩溶洼地，库区岩溶表现为岩溶裂隙和溶洞；尾矿库工程安全预评价报告建议对尾矿库运行后可能存在的排洪排水问题进行补充评价。磺厂坪矿业公司未按照报告要求修改可行性研究报告并申请补充环评。项目于2014年6月建成，8月10日开始违法生产，产生的废水、尾矿未经处理就排入临近有溶洞漏斗发育的自然洼地。2014年8月12日，巫山县红椿乡村民反映千丈岩水库饮用水源取水口水质出现异常，巫山县启动了重大突发环境事件应急预案。重庆绿联会提起诉讼，请求判令磺厂坪矿业公司停止侵害，不再生产或者避免再次造成污染，对今后可能出现的污染地下溶洞水体和污染水库的风险重新作出环境影响评价，并由法院根据环境影响评价结果，作出是否要求磺厂坪矿业公司搬迁的裁判；磺厂坪矿业公司进行生态环境修复，并承担相应费用991000元等。

【裁判结果】

重庆市万州区人民法院一审认为，磺厂坪矿业公司违法生产行为已导致千丈岩水库污染，破坏了千丈岩地区水体、地下水溶洞以及排放废水洼地等生态，造成周边居民的生活饮用水困难，损害了社会公共利益。同时，磺厂坪矿业公司的选址存在污染地下水风险，且至今未建设水污染防治设施，潜在的污染风险和现实的环境损害同时存在。据此，一审法院判决磺厂坪矿业公司立即停止侵害，履行重新申请环境影响评价的义务，未经环境保护行政主管部门批复、环境保护设施未经验收的，不得生产；在判决生效后180日内，制定磺厂坪矿业公司洼地土壤修复方案并进行修复，逾期不履行修复义务或者修复未达到保护生态环境社会公共利益标准的，承担修复费用991000元；在国家级媒体上赔礼道歉等。重庆市第二中级人民法院二审维持了一审判决。

【典型意义】

本案涉及三峡库区饮用水资源的保护。磺厂坪矿业公司位于喀斯特地貌山区，地下裂缝纵横，暗河较多，选址建厂应当充分考虑特殊地质条件，生产对周边生态环境的影响。磺厂坪矿业公司与千丈岩水库分处两个不同的省级行政区域，导致原环境影响评价并未全面考虑生产对相邻千丈岩水库的影响。磺厂坪矿业公司在水污染防治设施尚未建成的情况下，擅自投入生产，违法倾倒生产废水和尾矿，引发千丈岩水库重大突发环境事件。本案结合污染预防和治理的需要，创新民事责任承担方式，将停止侵害的具体履行方式进一步明确为重新申请环境影响评价，未经环境保护行政主管部门批复和环境保护设施未经验收的不得生产，较好地将行政权和司法权相衔接，使判决更具可执行性，有利于及时制止违法生产行为，全面保护社会公共利益。

【点评专家】

张新宝，中国人民大学教授。

【点评意见】

本案属于典型的环境民事公益诉讼案，审理法院对已有的公益诉讼审判规则的把握和适用较为准确，并体现了一定的创新性。具体分析如下：第一，关于诉讼管辖规则。本案被告磺厂坪矿业公司地处湖北省建始县，而因其违法行为遭受损害的千丈岩水库位于重庆市巫山县、奉节县和湖北省建始县交界地带（被重庆市确认为集中式饮用水源保护区），根据《最高人民法院关于审理环境民事公益诉讼案件适用法律若干问题的解释》第六条、第七条，以及《重庆市关于环境资源审判组织管辖环境资源案件范围的暂行规定》可知，万州区人民法院享有第一审环境民事公益诉讼管辖权。第二，关于原告诉讼请求。鉴于磺厂坪矿业公司造成的现实环境损害与潜在的污染风险并存，本案原告重庆绿联会主张之诉讼请求合法且合理。第三，关于民事责任承担方式。法院根据事实和法律判决支持原告停止侵害诉讼请求，要求被告重新申请环境影响评价，未经环境保护行政主管部门批复和环境保护设施未经验收的不得生产。这种将诉讼请求予以具体化的原告主张方式和法院判决思路，是值得后续相应案例予以思考和借鉴的，其能够较好地实现司法权与行政权的衔接、配合，使判决更加具有可执行性。同时，环境民事公益诉讼司法解释第二十条规定的生态修复可以理解为民事责任承担方式中恢复原状的一种，即法院可以依法判决被告将环境修复到损害发生之前的状态和功能，无法完全修复可准许采取替代性修复方式，并且法院可以确定被告不履行修复义务时应当承担的修复费用（也可以直接判决被告承担费用）。本案一审法院直接判处被告制定、实施生态修复方案，并在逾期不履行或修复不达标时承担修复费用，符合现行法律和司法解释规定。

五、中华环保联合会诉江苏江阴长泾梁平生猪专业合作社等养殖污染民事公益诉讼案

【基本案情】

梁平合作社等与周边村庄相距较近，其生猪养殖项目建设未经环境影响评价、配套污染防治设施未经验收，就擅自投入生产，造成邻近村庄严重污染。中华环保联合会提起诉讼，请求法院判令梁平合作社等立即停止违法养猪、排污行为，并通过当地媒体向公众赔礼道歉；对养殖产生的粪便、沼液等进行无害化处理，排除污染环境的危险，并承担采取合理预防、处置措施而发生的费用；对污染的水及土壤等环境要素进行修复，并承担相应的生态环境修复费用；承担生态环境受到损害至恢复原状期间服务功能损失费用等。诉讼期间，梁平合作社停止了生猪养殖及排污侵害行为，向法院提交《环境修复报告》。无锡市中级人民法院组织双方进行了质证，并邀请专家到庭发表意见。专家认为，《环境修复报告》所提供的修复方案不能达到消除污染的目的。原、被告双方对专家意见均无异议，该院予以确认。经双方当事人同意，法院委托鉴定部门重新作出修复方案和监理方案。

【裁判结果】

无锡市中级人民法院一审认为，经双方当事人同意，法院委托专家在现场调研和勘验的基础上，针对案涉环境地形地貌、污染状况，并结合国家、地方地表水环境质量标准、江河湖泊水功能区划水质要求，作出的技术性修复方案程序合法，依据充分，应予以确认。被告应按照该修复方案对受污染的水、土壤等环境要素进行修复，并自觉接受监理单位的监督。遂判决梁平合作社等必须严格按照修复方案明确的土地复耕方案对涉案土壤进行修复，复耕标准达到国土资源主管部门复耕要求和农林主管部门农业生产条件符合性评价指标与要求；必须严格按照修复方案对涉案污染的水环境进行修复，水环境污染物浓度应降低到《地表水环境质量标准》（GB3838-2002）V类标准，并自觉接受监理单位的监督；在判决生效后一个月内向该院报告环境修复落实情况，法院将委托当地环境保护主管部门验收；如自行修复后经环境保护主管部门验收仍不能达到环境修复预期目标的，法院将委托第三方进行修复，由此产生的一切费用由梁平合作社等负担。宣判后，双方当事人均未提起上诉，一审判决已生效。

【典型意义】

"十三五"规划纲要提出，要开展农村人居环境整治行动，建设美丽宜居乡村。国家标准委下发的《美丽乡村建设指南》明确了农村畜禽研制厂污染排放、废弃物综合利用和畜禽无害化处理等的具体标准。法院在审理本案过程中，针对被告提交的《环境修复报告》组织双方当事人质证、并邀请专家出庭发表意见，充分发挥庭审功能，确保实现修复生态环境的诉讼目的。在当事人提交的《环境修复报告》不能实现修复目的的情形下，法院发挥能动作用，征得双方当事人同意委托专家另行出具修复方案、监理方案，确保污染预防、治理方案科学合理、切实可行。该案裁判在具体判项中引入相关国家标准，使被告履行义务更加全面具体，确保污染防治能够达到国家标准的质量和水平。该案对于人民法院发挥审判职能作用，支持保障美丽宜居乡村建设，发挥了良好的示范作用。

【点评专家】

王灿发，中国政法大学教授。

【点评意见】

本案是一起针对畜禽养殖污染要求污染者停止污染、治理污染并修复生态环境的公益诉讼。在诉讼期间，排污者就停止了污染行为，部分诉讼目的已经实现。关键的问题是修复已经被污染破坏了的生态环境。在处理这个难题上，该案的审判具有三个方面的亮点：一是充分体现了"技术的归技术，法律的归法律"的环境案件审判特点。环境案件的审判，通常会涉及许多的技术问题，作为法官，不可能对这些技术问题都了解和掌握，也难以判断其中的科学性。在这种情况下，就需要依靠科学技术机构和专家对技术问题作出判断，而法官则要在专家技术判断的基础上来适用法律，这样才能保障案件审判的科学性、合理性和公正性；二是法院对案件的审判没有停留在判断是非和法益归属上，而是延伸到了执行的监督。该案的判决，不但判令被告负责修复环境，而且对修复过程中的监理、修复后的验收作出安排。因此可以说这是一份十分负责的判决，为今后此类环境公益诉讼案件的审判提供了范例。三是该案的审判回应了农村环境亟待司法保障的需求。随着我国经济的发展，在城市环境问题尚未得到根本解决的情况下，农村环境的污染和破坏也越来越严重。特别是由畜禽养殖造成的水污染、大气污染和土壤污染，已经达到相当严重的程度。由于农村地区环境法治观念淡薄和一些地方政府一味追求经济发展，使得农村地区的畜禽养殖大多缺乏治理措施。该公益诉讼案件的审理和判决，一方面给其他畜禽养殖污染者敲响了警钟，同时也对其他环保社会组织提起类似的公益诉讼作出了示范，必将有利于促进农村环境污染的预防和治理。

六、北京市朝阳区自然之友环境研究所诉山东金岭化工股份有限公司大气污染民事公益诉讼案

【基本案情】

金岭公司下属热电厂持续向大气超标排放污染物，并存在环保设施未经验收即投入生产、私自篡改监测数据等环境违法行为。2014年至2015年间，多个环境保护主管部门先后对金岭公司进行了多次行政处罚，山东省环境保护厅责成其停产整改、限期建成脱硫脱硝设施，环境保护部对该公司进行过通报、督查。自然之友诉请人民法院判令被告停止超标排污，消除所有不遵守环境保护法律法规行为对大气环境造成的危险；判令被告支付2014年1月1日起至被告停止侵害、消除危险期间，所产生的大气环境治理费用，具体数额以专家意见或者鉴定结论为准等。

【裁判结果】

在东营市中级人民法院审理本案期间，金岭公司纠正违法行为，全部实现达标排放，监测设备全部运行并通过了东营市环境保护局的验收。经法院主持调解，金岭公

司自愿承担支付生态环境治理费 300 万元。为了保障社会公众的知情权，法院在双方当事人达成调解协议之后，依法公示调解协议内容，并在公告期间届满后，对调解协议内容是否损害社会公共利益进行了审查，确保调解符合公益诉讼目的，生态环境损害能够得到及时有效救济。该案调解书经双方当事人签收已发生法律效力。

【典型意义】

本案涉及公用事业单位超标排放的环境污染责任。金岭公司系热电企业，在生产过程中多次违法超标排放，对大气造成严重污染。诉讼中，金岭公司积极整改，停止侵害，实现达标排放，监测设备正常运行，使本案具备了调解的基础。法院依法确认该企业存在向大气超标排放污染物等违法事实，并依照《最高人民法院关于审理环境民事公益诉讼案件适用法律若干问题的解释》第二十五条规定，对调解协议内容进行公示，公告期间届满又对调解协议内容进行审查后出具调解书。该案对于督促公用事业单位在提供公共服务过程中履行环境保护责任，依法保障社会公众在环境公益诉讼案件调解程序中的知情权、参与权，做了有益的探索，具有良好的示范意义。

【点评专家】

孙佑海，天津大学法学院院长、教授。

【点评意见】

关于环境民事公益诉讼案件能否适用调解的问题，在制定相关司法解释时有过争论。《最高人民法院关于审理环境民事公益诉讼案件适用法律若干问题的解释》第二十五条明确规定，在办理环境民事公益诉讼案件中可以采用调解方式。本案中，山东省东营市中级人民法院根据该司法解释，采用调解方式成功解决了一起在全国有重大影响的环境民事公益诉讼纠纷，取得了良好的社会效果。在环境民事公益诉讼案件中适用调解方式，需要认真把握以下几点：一是对社会公共利益的保护不能仅仅寄希望于通过单一途径或单一方式，多元矛盾纠纷解决机制不失为另一种有效选择；二是对环境民事公益诉讼案件进行调解，符合构建社会主义和谐社会的要求，且具有成本低、效率高、社会风险小、节约司法资源等优势；三是根据权利和义务相一致的原则，既然环境民事公益诉讼的原告负担着诉讼中的一切义务，那么，其也理当享有完整的诉讼权利，包括处分权在内，否则不公平；四是鉴于该类公益诉讼的性质，应当强化监督，人民法院不仅要对调解协议依法进行公告，听取社会公众的意见和建议，而且公告期满后还要进行认真审查，认为调解协议或者和解协议的内容不损害社会公共利益的，才可以出具调解书。东营市中级人民法院在案件的办理中，悉心关照环境民事公益诉讼的特点，根据"有限调解"等原则，对环境民事公益诉讼调解的特殊模式予以考量，凸显环境民事公益诉讼不同于一般民事诉讼的特征，取得了宝贵的经验，对今后办理类似案件,具有良好的示范性。

七、江苏省镇江市生态环境公益保护协会诉江苏优立光学眼镜公司固体废物污染民事公益诉讼案

【基本案情】

优立公司是江苏省丹阳市一家生产树脂眼镜镜片的企业。2006年,丹阳市环境保护科技咨询服务中心作出的环境影响报告表认定,当地眼镜生产加工企业因树脂镜片磨边、修边工段产生的树脂玻璃质粉末废物为危险废物HW13。2014年4月—7月期间,优立公司将约5.5吨该类废物交给3名货车司机,倾倒于某拆迁空地,造成环境污染。丹阳市环境保护局对污染场地进行初步清理,将该废物连同被污染的土壤挖掘并予以保管。镇江公益协会提起诉讼,请求判令优立公司采取措施消除污染,承担固体废物暂存、前期清理以及验收合格的费用,或者赔偿因其环境污染所需的相关修复费用234400元。

【裁判结果】

镇江市中级人民法院一审经委托鉴定查明,案涉树脂玻璃质粉末废物不在《国家危险废物名录》之列,原环评报告将其评定为危险废物不符合法律规定,遂向丹阳市环境保护局、当地眼镜商会发出司法建议,建议依法重新评定该类固体废物的属性,准确定性。后经组织评定,确认该类废物不具有危险特性,可交由第三方综合利用或者以无害化焚烧等方式进行处置。一审法院根据评定报告再次提出司法建议,建议为该类废物建立集中收集处置体系。丹阳市眼镜商会采纳了该建议,参照固体废物相关环保管理要求,采取转移"五联单"的办法管理,并将该类废物运交垃圾发电厂焚烧发电。丹阳市环境保护局对新的评定报告予以认可,同意丹阳市眼镜商会提出的该类废物集中处置方案,并表示愿意监督优立公司依法处置剩余废物。一审法院遂判令优立公司在丹阳市环境保护局的监督下按照一般废物依法处置涉案废物。宣判后,双方均未上诉,一审判决已生效。

【典型意义】

本案涉及固体废物污染责任的认定问题。法院在案件审理中积极采取委托鉴定、调查等方式,依照《固体废物污染环境防治法》的规定,依法确认案涉固体废物的属性,较好发挥了司法的能动作用。鉴于对该类废物属性的确定和管理,将影响当地眼镜产业数百家企业的生产模式,以及区域危险废物处置能力的调整,法院发出司法建议,推动和督促当地眼镜商会和环境保护主管部门依法纠正了长达十余年的行业误评,鼓励、支持地方政府和行业组织采取有利于保护环境的固体废物集中处置措施,破解了治理固体废物污染的难题,促进了清洁生产和循环经济发展,对于充分发挥环境公

益诉讼推动公共政策形成的功能,具有较好的示范意义。

【点评专家】

王子健,中国科学院生态环境研究中心研究员,国家 863 计划"化学品风险管理与控制"重大项目首席科学家。

【点评意见】

本案关于树脂眼镜镜片修边工艺段粉末是否具有"危险特性"的认定过程具有典型性。《国家危险废物名录》规定,可以从两个方面认定固体废物是否具有危险特性。首先看废弃物是否列入了"国家危险废物名录"。本案中,地方眼镜行业技术服务部门的环评报告将其认定为危废(HW13),但是眼镜镜片材料从属性上并不符合"非特定行业的废弃的离子交换树脂(900-015-13)"。本案中的树脂指的是镜片树脂,而不是离子交换树脂。离子交换树脂在工业上和废水处理中用来吸附重金属等阳离子或氰化物等阴离子,因此在废弃阶段可能含有毒性残留物。对固体废物是否具有"危险特性"不明确时,还可以采用《国家危险废物名录》规定的"危险废物鉴别标准和鉴别方法"予以认定,而本案的分析测试结果也表明该固体废物不具有危险性。危险废弃物危害性质的鉴别及其处理处置费用十分高昂,因此,准确鉴别固体废物的危险特性在环境损害认定和赔偿中至关重要。本案中有机镜片树脂可分为天然树脂和合成树脂两种。其中的天然树脂不具有危害属性;合成树脂主要是烯丙基二甘醇酸酯烯(CR 39)、聚碳酸酯(PC)和甲基丙烯酸甲酯(PMMA),也不具备物理、环境和健康危害特征。然而许多无毒原材料生产的物品为了达到使用功能性要求可能会加入一些有毒化学物质,对这些化学物质的危害性质界定是需要将来在法律法规中予以明确的。

八、江苏省徐州市人民检察院诉徐州市鸿顺造纸有限公司水污染民事公益诉讼案

【基本案情】

鸿顺公司多次被环境保护主管机关查获以私设暗管方式向连通京杭运河的苏北堤河排放生产废水,废水的化学需氧量、氨氮、总磷等污染物指标均超标。徐州市铜山区环境保护局曾两次对鸿顺公司予以行政处罚。徐州市人民检察院作为公益诉讼人,于 2015 年 12 月 28 日向徐州市中级人民法院提起环境民事公益诉讼,请求判令鸿顺公司将被污染损害的苏北堤河环境恢复原状,并赔偿生态环境受到损害至恢复原状期间的服务功能损失;如鸿顺公司无法恢复原状,请求判令其以 2600 吨废水的生态环境修复费用 26.91 万元为基准,以该基准的 3~5 倍承担赔偿责任。

【裁判结果】

徐州市中级人民法院一审认为,鸿顺公司排放废水污染环境,应当承担环境污染责任。根据已查明的环境污染事实、鸿顺公司的主观过错程度、防治污染设备的运行成本、生态环境恢复的难易程度、生态环境的服务功能等因素，可酌情确定该公司应当承担的生态环境修复费用及生态环境受到损害至恢复原状期间的服务功能损失，遂判决鸿顺公司赔偿生态环境修复费用及服务功能损失共计 105.82 万元。宣判后，鸿顺公司以一审公益诉讼人徐州市人民检察院为被上诉人提起上诉。江苏省高级人民法院二审认为，污染物排放点的环境质量已经达标不能作为鸿顺公司拒绝承担生态环境修复费用的理由，一审判决以 2.035 倍作为以虚拟治理成本法计算生态环境修复费用的系数并无不当，以查明的鸿顺公司排放废水量的四倍计算生态环境修复费用具有事实和法律依据。二审判决驳回上诉，维持原判。

【典型意义】

该案是全国人大常委会授权检察机关试点提起公益诉讼以来人民法院依法受理的首批民事公益诉讼案件，也是人民法院审理的第一起检察机关试点提起公益诉讼的二审案件。一审法院注重司法公开，体现公众参与，合议庭由审判员和人民陪审员共同组成，庭审向社会公开并进行视频、文字同步直播。庭审时邀请专家辅助人就环境保护专业技术问题提出专家意见，较好地解决了环境资源案件科学性和公正性的衔接问题。该案尝试根据被告违法排污的主观过错程度、排污行为的隐蔽性以及环境损害后果等因素，合理确定带有一定惩罚性质的生态环境修复费用，加大污染企业违法成本，有助于从源头上遏制企业违法排污。二审法院依据《民事诉讼法》《全国人民代表大会常务委员会关于授权最高人民检察院在部分地区开展公益诉讼试点工作的决定》审理检察机关提起公益诉讼的二审案件，对于完善该类案件二审程序规则起到了示范作用。

【点评专家】

李浩，南京师范大学中国法治现代化研究院研究员。

【点评意见】

本案是一起非常值得关注的具有典型意义的案件。这是检察机关作为公益诉讼人提起诉讼且进入第二审程序的首例民事公益诉讼案件。由于是第一案，它也提出了一些在程序上值得注意、值得重视、值得研究的问题。

首先，在被告提起上诉的情况下，如何确定检察机关在第二审程序中的称谓？在民事诉讼法中，只有上诉人和被上诉人，检察机关在二审中如何称谓？是继续称谓公益诉讼人还是称谓被上诉人？考虑到民事诉讼第二审程序的特点，二审判决将提起诉讼的徐州市人民检察院列为被上诉人（公益诉讼人）。应当说这是相当有智慧的做法，既充分关照了民事诉讼的特点，又保留了第一审中检察机关公益诉讼人这一特殊称谓。第二，在被上诉人未提交答辩状的情况下，程序如何进行？检察机关是否需要提交答辩状？这对于检察机关来说，恐怕是第一次遇到的问题。检察机关熟悉的情形是刑事诉讼中被告提起上诉进入第二审程序。对于此种情形，虽然根据刑事诉讼法的规定法院要把上诉状的副本交送同级人民检察院，但并未规定检察机关可以提交答辩状，事实上检察机关也不会提出答辩状。但是，依照民事诉讼法的规定，被上诉人是可以提交答辩状的。作为被上诉人的徐州市人民检察院会作出何种选择呢？在本案中，检察机关未提交答辩状。当然，不提交答辩状，在程序上也是合法的，因为按照民事诉讼法的规定，答辩是被上诉人的一项权利，既然是权利，就可以放弃。对于对方当事人不提出答辩状的情形，立法者在制定民事诉讼法时是有预估的，在第一百六十七条中规定不提出答辩状的不影响法院对案件的审理。所以二审法院适用民事诉讼法的这一规定化解了上诉案中的这一新问题。第三，二审是采取开庭审理还是径行裁判的方式。公益诉讼案件是社会影响大、民众关注度高的案件，所以该案在第一审中不仅由两名审判员和三名人民陪审员组成合议庭开庭审理，而且将庭审情况用图像、文字向社会进行了直播。进入第二审之后，要不要开庭审理？民事诉讼法第一百六十九条对二审案件规定了开庭审理和径行裁判两种审理方式，以开庭审理为原则，但经过阅卷、调查和询问当事人，对没有提出新的事实、证据或者理由，合议庭认为不需要开庭审理的，可以不开庭审理。本案虽然是公益诉讼案件，但由于上诉人在上诉时并未提出新的事实、证据或者理由，所以二审法院决定采用径行判决的方式。综上，二审法院通过适用民事诉讼法，妥善地解决了第一案中遇到的新的程序问题。

九、贵州省六盘水市六枝特区人民检察院诉贵州省镇宁布依族苗族自治县丁旗镇人民政府环境行政公益诉讼案

【基本案情】

丁旗镇政府将位于贵州省镇宁县与六枝特区交界处的原龙岩飞机制造厂用地后山地块约5亩场地作为丁旗镇生活垃圾临时堆放场，其辖区内的龙滩村村委会也组织将该村生活垃圾集中倾倒至垃圾堆放场附近。2015年11月，六盘水市六枝特区人民检察院向丁旗镇政府发出检察建议书，建议丁旗镇政府在一个月内将倾倒的垃圾清理完毕，并恢复地块原状，责令龙滩村村委会停止垃圾倾倒。因丁旗镇政府未按期进行回复，六枝特区人民检察院作为公益诉讼人提起行政公益诉讼，请求确认被告未依照法律规定选址垃圾堆放场的行政行为违法；判令被告履行法定职责，责令其辖区内的龙滩村村委会停止在该地块倾倒垃圾；判令被告采取补救措施，将该地块的垃圾清除，恢复该地块原状。2016年2月，丁旗镇政府向龙滩村村委会发出通知，禁止该村倾倒垃圾，并组织人员、车辆将临时堆放场的垃圾清运完毕。

【裁判结果】

贵州省清镇市人民法院一审认为，丁旗镇政府选址堆放该镇生活垃圾的行为，是

其实施社会管理和公共服务职能的行为，但其选址未经环境卫生行政主管部门指定，垃圾堆放场亦未采取防扬散、防渗漏、防流失、防雨等防治措施，造成较严重的环境污染。公益诉讼人在发现违法行为后，向丁旗镇政府发出检察建议，但丁旗镇政府并未积极进行整改，在本案审理过程中，丁旗镇政府才履行其管理职能将垃圾清运，但还未达到使生态环境明显改善的效果。由于本案受理后，丁旗镇政府已向其辖区内的龙滩村村委会下达通知，禁止该村在该地块倾倒垃圾并将原有垃圾清理覆土，一审法院遂判决确认丁旗镇政府选址垃圾堆放场的行政行为违法；限丁旗镇政府按照专家意见及建议继续采取补救措施，确保该区域生态环境明显改善；驳回公益诉讼人的其他诉讼请求。宣判后，双方当事人均未上诉，一审判决已生效。

【典型意义】

本案是《全国人民代表大会常务委员会关于授权最高人民检察院在部分地区开展公益诉讼试点工作的决定》施行后首例由人民法院跨行政区划管辖的检察机关提起公益诉讼试点案件。对环境公益诉讼案件实行跨行政区划管辖，有利于克服地方保护、督促行政机关依法履职，对于保护生态环境具有积极的作用。在本案审理过程中，被告积极履行其行政管理职能，公益诉讼人的诉讼目的部分得以实现，人民法院在公益诉讼人未明确申请撤回该部分诉讼请求的情况下，对该部分诉讼请求未予支持，符合行政诉讼法的规定。该案对于人民法院在行政诉讼法、民事诉讼法和全国人大授权决定的框架下依法稳妥有序审理检察机关提起的公益诉讼案件，具有示范意义。

【点评专家】

马怀德，中国政法大学副校长、最高人民法院特邀咨询员。

【点评意见】

行政公益诉讼是一种全新的事物。根据全国人大常委会关于检察机关在生态环境和资源保护等领域开展提起公益诉讼试点的授权，对相关行政行为进行监督，是检察机关行使监督权的一种新形式。

正确认识行政公益诉讼试点工作，需要把握好三个关键词，第一是"公益"，公益诉讼一定是代表公共利益，维护公共利益，而不是维护私人利益；第二是"诉讼"，公益诉讼人必须通过诉讼的方式来实现维护公益的目的，尽管其本身具有法律监督的职责，但是一旦进入了诉讼，就要符合诉讼的规律和要求。第三是"检察机关"，检察机关的法律监督职能和公共利益的诉讼代表人这两种职能发生某种意义上的重叠或者结合之后，确实有别于民事公益诉讼中社会组织提起的公益诉讼，在诉讼中坚持正当程序原则，不仅仅是对裁判者、审理者而言，也适用于任何一方诉讼参加人。

本案公益诉讼人起诉后，行政机关主动履职，检察机关提起公益诉讼所发挥的监督效果十分明显，较好地实现了立法机关授权目的。审理者关照公益诉讼的特点，根据生态环境是否得到明显改善等，对行政机关履行法定职责范围的判断标准进行了探索和创新，并注意在法律授权的框架内开展试点，坚持正当程序基本规则，在作出对一方当事人不利裁决前，充分听取其辩论意见，作出行政机关已履行其行政管理职能、公益诉讼目的部分实现的认定，对类案处理发挥了较好的示范效应。

十、吉林省白山市人民检察院诉白山市江源区卫生和计划生育局、白山市江源区中医院环境行政附带民事公益诉讼案

【基本案情】

白山中医院新建综合楼时，未建设符合环保要求的污水处理设施就投入使用。吉林省白山市人民检察院调查发现白山中医院通过渗井、渗坑排放医疗污水。经对白山中医院排放的医疗污水及渗井周边土壤取样检验，化学需氧量、五日生化需氧量等均超过国家标准。白山市卫生和计划生育局在白山中医院未提交环评合格报告的情况下，对其《医疗机构执业许可证》校验为合格。白山市人民检察院提起诉讼，请求判令白山市卫生和计划生育局于2015年5月18日为白山中医院校验《医疗机构执业许可证》的行为违法；白山市卫生和计划生育局履行法定监管职责，责令白山中医院限期对医疗污水净化处理设施进行整改；白山中医院立即停止违法排放医疗污水。

【裁判结果】

吉林省白山市中级人民法院一审认为，在白山中医院未提交环评合格报告的情况下，白山市卫生和计划生育局对其《医疗机构执业许可证》校验合格，违反相关法律法规规定，该校验行为违法。白山中医院违法排放医疗污水，导致周边地下水及土壤存在重大污染风险，白山市卫生和计划生育局未及时制止，其怠于履行监管职责的行为违法。白山中医院未安装符合环保要求的污水处理设备，通过渗井、渗坑实施了排放医疗污水的行为，产生了周边地下水及土壤存在重大环境污染风险的损害结果，应当承担侵权责任。遂判决确认白山市卫生和计划生育局于2015年5月18日对白山中医院《医疗机构执业许可证》校验合格的行政行为违法；责令其履行监管职责，监督白山中医院在三个月内完成医疗污水处理设施的整改；白山中医院立即停止违法排放医疗污水。一审宣判后，双方当事人均未上诉，一审判决已生效。

【典型意义】

本案涉及卫生行政许可及医疗污水污染地下水水体、土壤等环境要素的保护问题，系检察机关提起的全国首例行政附带民事公益诉讼，对检察机关提起公益诉讼的程序进行了有益探索和实践。人民检察院依法创新环境公共利益司法保护方式，积极提起行政附带民事公益诉讼，督促行政机关依法履行监管职责，监督行政管理相对人履行环境保护法定义务并承担停止侵害的民事责任,避免了重大环境污染事件的发生,取得了良好的法律效果和社会效果。人民法院采取了行政公益诉讼与民事公益诉讼分别立案,由同一审判组织一并审理、分别裁判的方式,在行政诉讼中将白山中医院作为行政诉讼第三人,充分保障了行政管理相对人发表意见的权利,同时通过民事诉讼程序依法确定白山中医院的民事责任,对于妥善协调同一污染行为引发的行政责任和民事责任具有示范意义。

【点评专家】

肖建国,中国人民大学教授,最高人民法院特邀咨询员。

【点评意见】

这是基于环境污染引发的全国首例行政附带民事公益诉讼案件,行政公益诉讼判决与民事公益诉讼判决由法院同一合议庭于同日分别作出,两案当事人都服判息诉,判决均已发生法律效力。而且诉讼提起后,被告行政机关积极采取补救措施,筹措资金,监督中医院污水处理设施的整改工作。可见,该案对于矫正行政机关在履行法定职责时的懈怠行为,强化依法行政理念,防止行政相对人因违法排放医疗污水而造成重大环境污染风险,具有重要的现实意义,法律效果和社会效果良好。

本案凸显了行政附带民事公益诉讼在审理程序上的巨大优势,即:在两种诉讼中存在着某些共同的事实和证据问题时,通过附带诉讼的方式,由同一审判组织在同一程序中查明这些事实、认定这些证据,既可以节省时间,又能够避免相互矛盾的判断。当然,对于两种诉讼中相异的事实及证据,合议庭可以行使诉讼指挥权,将两种程序分开处理,同时或先后分别作出两个判决。不过,该案附带民事公益诉讼的被告是一家公立医院,自身承担着救死扶伤的公益职能。法院判决被告"立即停止违法排放医疗污水",可能引发公众对医院是否会因此受到影响关门整顿,病人无法正常诊疗就医、生命健康权受到损害的质疑。因此,附带诉讼的判决说理中,只有阐明保护环境公益的必要性和紧迫性,裁判内容的可执行性和妥当性,裁判结果才具有正当性和说服力。

 读后感悟

专题十五　张明楷：虚假诉讼罪的基本问题

清华大学法学院　张明楷
来源：《法学》2017年第1期

中文摘要

从法条表述来看，司法秩序与他人的合法权益是虚假诉讼罪的选择性保护法益；针对司法秩序而言，虚假诉讼罪是行为犯；针对他人的合法权益而言，虚假诉讼罪是结果犯。"以捏造的事实提起民事诉讼"是虚假诉讼罪的实行行为；其中的民事诉讼，是指适用民事诉讼程序的一切诉讼，包括提起刑事附带民事诉讼与提起反诉；以捏造的事实申请仲裁的，不成立本罪；"以捏造的事实"提起民事诉讼，包括行为人自己捏造事实和利用他人捏造的事实向法院提起诉讼，但均要求"捏造的事实"足以影响公正裁决。作为行为犯的虚假诉讼罪，以行为人提起的虚假诉讼被法院受理作为既遂标准；作为结果犯的虚假诉讼罪以严重侵害了他人的合法权益作为既遂标准，其中的合法权益不限于财产权益。《刑法》第307条之一第4款的规定属于注意规定，因此，任何人都可能成立虚假诉讼罪的共犯；提起虚假民事诉讼的行为，可能成立民事枉法裁判罪的教唆犯。虚假诉讼行为同时触犯诈骗罪、贪污罪、职务侵占罪或者民事枉法裁判罪的，属于想象竞合，从一重罪处罚。

中文关键字

虚假诉讼罪；实行行为；既遂标准；共犯形态；罪数认定

根据《刑法》第307条之一第1款与第2款的规定，虚假诉讼罪，是指自然人或者单位故意以捏造的事实提起民事诉讼，妨害司法秩序或者严重侵害他人合法权益的行为。虽然在《刑法修正案（九）》颁布之前，人们经常使用虚假诉讼的概念，但对虚假诉讼罪的基本性质、实行行为以及犯罪形态等基本问题的认识，必须以《刑法修正案（九）》的规定为根据。本文就虚假诉讼罪的上述几个问题展开讨论。

一、虚假诉讼罪的基本性质

我国刑法理论一直将犯罪客体（保护法益）分为简单客体与复杂客体。"简单客体，又称单一客体，是指某一种犯罪只直接侵害一种具体社会关系……复杂客体，是指一种犯罪行为同时侵害的客体包括两种以上的具体社会关系……在复杂客体中，各客体有主有次，不能等量齐观。根据直接客体在犯罪中受危害程度、机遇以及受刑法保护的状况，可对复杂客体进行再分类，包括主要客体、次要客体和随机客体三种。主要客体，是指某一具体犯罪所侵害的复杂客体中程度较严重的，刑法予以重点保护的社会关系……次要客体，是指某一具体犯罪所侵害的复杂客体中程度较轻的，刑法予以一般保护的社会关系……随机客体，是指在某一具体犯罪侵害的复杂客体中可能由于某种机遇而出现的客体，也称随意客体、选择客体。一般情况下，随机客体往往是加重刑事处罚的原因和依据。例如非法拘禁罪，侵害的主要客体是他人的人身自由权利，如果非法致人重伤、死亡时，就危害到他人的健康权利、生命权利。"[1] 亦即，健康权利、生命权利是非法拘禁罪的随机客体，"而随机客体仅仅是选择要件，可能出现也可能不出现。一旦出现，它只影响量刑，不影响定罪"[2]。显然，我国传统刑法理论所称的随机客体或者选择客体，基本上是针对结果加重犯或者情节加重犯而言。例如，在抢劫罪中，财产是主要客体，人身权利是次要客体；而在行为人入户抢劫时，住宅安宁就成为抢劫罪的随机客体。但是，上述对犯罪客体的分类，难以适用于虚假诉讼罪。

例如，一种观点认为，"本罪的侵犯的客体是复杂客体，包括正常的司法秩序以及不限于财产性利益的他人的所有合法权益，其中正常的司法秩序是主要客体。"[3] 然而，这一观点遇到的难题是，行为人恶意串通提起虚假民事诉讼，虽然妨害了司法秩序，但没有侵害他人的合法权益时，因缺乏次要客体，就不能认定为本罪。这显然不合适。从《刑法》第307条之一第1款的表述来看，本罪的保护法益具有选择性，即只要行为妨害司法秩序"或者"侵害他人的合法权益，便具有违法性。换言之，虚假诉讼行为，只要妨害了司法秩序或者侵害了他人的合法权益，就可能成立犯罪，而不要求行为同时妨害司法秩序与侵害他人的合法权益。只有当虚假诉讼行为既不妨害司法秩序，也没有侵害他人的合法权益时，才不构成犯罪。在此意义上说，虚假诉讼罪的保护客体才是真正意义上的"选择客体"。

或许有人认为，法条中关于妨害司法秩序与侵害他人的合法权益的规定，并不是关于犯罪客体的规定，只是关于犯罪结果的规定；因此，只是犯罪结果具有选择性，而不是犯罪客体具有选择性。然而，构成要件结果，实际上是对保护法益的侵害事实。换言之，"由于对法益的侵害表现为结果，故可以通过对结果内容的规定确定法益内容。"[4]例如，《刑法》第343条第2款规定："违反矿产资源法的规定，采取破坏性的开采方法开采矿产资源，造成矿产资源严重破坏的，处5年以下有期徒刑或者拘役，并处罚金。""造成矿产资源严重破坏"虽然是对破坏性采矿罪的构成要件结果的规定，但这一规定清楚地表明，本罪的保护法益是矿产资源。所以，即使认为《刑法》第307条之一中的妨害司法秩序与侵害他人的合法权益是关于犯罪结果的规定，也应当同时承认它是关于犯罪客体（保护法益）的规定。

在真正的"选择客体"的场合，从法条的表述内容来看，两个保护客体完全处于同等地位，难以认为存在主次之分。那么，刑法为什么将虚假诉讼罪规定在《刑法》分则第六章的妨害司法罪一节呢？本文的回答如下：首先，不可能根据虚假诉讼行为对他人合法权益的侵害内容将本罪安排在其他章节中。因为虚假诉讼行为对他人合法权益的侵害，既可能表现为对他人财产权益的侵害，也可能表现为对其他合法权益的侵害，[5]所以，不可能将虚假诉讼罪规定在分则的其他某一章节中。其次，双方当事人恶意串通的虚假诉讼行为，也可能没有侵害其他人的合法权益，[6]所以，将虚假诉讼罪规定在其他章节中，会导致名不副实。最后，更为重要的是，如下所述，任何虚假诉讼行为，即使是双方当事人恶意串通实施，司法工作人员也知情乃至与当事人共谋，也必然妨害司法秩序。换言之，不可能存在某种虚假诉讼行为虽然没有妨害司法秩序，却严重侵害他人合法权益的情形。既然如此，就只能将虚假诉讼罪安排在妨害司法罪中。不难看出，虽然从法条表述上看，虚假诉讼罪的保护客体具有选择性，但从事实层面来说，任何虚假诉讼罪都必然妨害司法秩序，却不一定侵害他人的合法权益。换言之，即使虚假诉讼行为侵害了他人的合法权益，也必然妨害了司法秩序。在此意义上也可以认为，司法秩序是虚假诉讼罪的主要保护客体。[7]

如上所述，从法条表述来看，司法秩序与他人的合法权益是本罪的选择性保护法益，那么，本罪究竟是行为犯还是结果犯呢？一种观点认为，本罪属于行为犯。"行为人只要向法院提起恶意诉讼，就对司法秩序进行了破坏。如果法官受到虚假证据的影响作出了错误的判决，则该结果只能作为结果加重情节对行为人加重处罚。"[8]另一种观点认为，本罪属于结果犯。其中的结果是"妨害司法秩序或者严重侵害他人合法权益"；"'妨害司法秩序'与'严重侵害他人合法权益'之间也并不存在确定既遂标准层面上的矛盾，只不过现阶段判定该罪的既未遂尚需司法解释进一步明确'妨害司法秩序'的具体程度——法院错误的判决、错误的财产强制措施等，以及'侵害他人合法权益'的法定情况——造成财产、名誉等损失的额度。"[9]前一种观点显然不符合现行刑法关于"严重侵害他人合法权益"的规定；后一种观点则忽略了提起虚假诉讼的行为与"妨害司法秩序"这一结果之间的关系，或者说对"妨害司法秩序"提出了过于严格的要求。所以，两种观点都存在缺陷。

众所周知，行为犯是行为与结果同时发生的犯罪，不需要对结果与因果关系进行独立判断；结果犯是行为与结果之间存在距离的犯罪，需要对结果与因果关系进行独立判断。[10]换言之，行为犯与结果犯并不是前者不需要结果发生、后者需要结果发生，而是均要求结果发生，只不过行为犯中的行为与结果同时发生，或者说只要行为人实施了实行行为就同时发生构成要件结果，故只需要判断实行行为，而不需要独立判断结果；结果犯中的行为与结果相分离，有实行行为不等于有构成要件结果，故需要在实行行为之外独立判断结果是否发生，以及结果能否归属于行为。在本文看来，就虚假诉讼行为对司法秩序的妨害而言，本罪是行为犯；但就对他人合法权益的侵害而言，本罪则是结果犯。

民主国家的一项重要法律制度是司法的公正与客观。"公正意味着法官平等对待当事人，提供平等的机会阐明各自的观点，而且以看得见的方式进行。公正意味着法官对于结果并没有个人利害。没有偏见是司法过程必不可少的；因此正义的意象是被蒙上双眼的。伴随公正而来的是客观。客观意味着根据外在于法官的考量做出司法判决，这些考量甚至可能与他的个人观点冲突。法官必须寻找社会公认的价值……必须表达其所处社会认为道德与公正的内容。"[11]但是，"审判程序核心的部分是依据证据准确无误地认定事实的过程"；[12]《民事诉讼法》第63条第2款规定："证据必须查证属实，才能作为认定事实的根据。"不管是公正还是客观，其前提是所依据的证据（事实）的真实性。法官依据虚假事实作出的裁判结论，既不可能公正，也不可能客观。所以，必须保持司法过程的纯洁性，即整个司法过程中不得有任何虚假的事实与内容。司法过程的纯洁性，是司法秩序的最基本内容。换言之，只要侵害了司法过程的纯洁性，就妨害了司法秩序。因此，只要行为人以捏造的虚假事实提起诉讼，就侵害了司法过程的纯洁性，妨害了司法秩序。既然如此，就应当肯定虚假诉讼罪是行为犯。

但是，行为人以捏造的事实提起民事诉讼，并不直接意味着他人的合法权益受到侵害。例如，甲以伪造的借条向法院提起民事诉讼，要求乙偿还债务。法官可能识破真相，驳回甲的请求，乙的合法权益没有受到侵害。只有当法官受到蒙骗，所作出的裁判满足了甲的诉讼请求时，才侵害了乙的合法权益。所以，就侵害他人合法权益而言，虚假诉讼罪是结果犯。

本来，行为犯与结果犯是一种对立关系或者排斥关系，一个犯罪不可能既是行为犯又是结果犯。那么，认为虚假诉讼罪既是行为犯又是结果犯，是否存在矛盾呢？答案是否定的。

所谓"一个犯罪不可能既是行为犯又是结果犯"，是针对同一保护法益或同一构成要件结果而言。例如，就妨害司法秩序而言，虚假诉讼罪不可能既是行为犯又是结果犯；就侵害他人的合法权益来说，虚假诉讼罪也不可能既是行为犯又是结果犯。但如前所述，由于虚假诉讼罪的保护法益具有选择性，所以，导致虚假诉讼罪针对不同的保护法益分别成立行为犯与结果犯。

二、虚假诉讼罪的实行行为

按照《刑法》第307条之一第1款的规定，虚假诉讼罪的构成要件包括以下内容：行为的主体为自然人或者单位；实行行为是以捏造的事实提起民事诉讼；行为的结果是妨害司法秩序或者严重侵害他人合法权益。行为的主体、结果与本罪的共犯、未完成形态相关联，本小节仅就虚假诉讼罪的实行行为从三个方面展开讨论。

（一）"提起"民事诉讼

成立虚假诉讼罪，要求行为人"提起"民事诉讼。所谓"提起"，是指行为人将自己作为原告，基于某种事实，向法院提出具体的诉讼请求。其中的诉讼请求没有特别限制，既可以是请求法院确认某种法律关系或者法律事实，如请求法院确认某公民失踪或者死亡；也可以是请求对方当事人履行给付义务，如请求对方赔偿损失；还可以是请求变更或者消灭一定的民事法律关系，如请求离婚。

《民事诉讼法》第120条规定："起诉应当向人民法院递交起诉状，并按照被告人数提出副本。""书写起诉状确有困难的，可以口头起诉，由人民法院记入笔录，并告知对方当事人。"据此，本罪的"提起"既可以表现为以书面方式向法院递交起诉状，也可以表现为口头向法院提起诉讼。

《民事诉讼法》第51条规定："原告可以放弃或者变更诉讼请求。被告可以承认或者反驳诉讼请求，有权提起反诉。"我们可以根据本条后段规定得出以下两个结论：其一，行为人以捏造的事实提起反诉的，属于"提起"民事诉讼，仍能成立本罪。完全可能存在这样的情形：A以捏造的事实将B作为被告向法院提起民事诉讼，B除反驳诉讼请求外,又以捏造的事实向 A 提起反诉。在这种情况下,A、B 均属于以捏造的事实提起民事诉讼。其二,由于刑法明文将虚假诉讼行为限定为"提起"民事诉讼,所以,在民事诉讼中,单纯提供虚假证据反驳诉讼请求的,不成立本罪。例如,乙向甲借款 100 万元,到期后一直未能归还。甲以乙出具的真实欠条作为证据向法院提起民事诉讼,请求乙归还欠款。乙伪造甲的收款凭证应诉,使法院信以为真。乙的行为虽然可能构成诈骗等罪,但由于乙没有"提起"民事诉讼,故不可成立虚假诉讼罪。概言之,"以捏造的事实提起民事诉讼"与"在民事诉讼中捏造事实"不是等同的含义,后者不一定符合前者。

问题是,原告以虚假的事实变更诉讼请求的行为,能否成立虚假诉讼罪?换言之,原告变更诉讼请求的行为是否属于"提起"民事诉讼?本文持肯定回答。其一,"提起"民事诉讼,意味着民事诉讼活动由行为人引起。原告变更诉讼请求,意味着放弃原来的诉讼请求,提出新的诉讼请求,不仅在事实上属于重新提起民事诉讼,而且确实引起了民事诉讼活动。所以,可以将这种行为评价为"提起"民事诉讼。其二,倘若认为变更诉讼请求不属于"提起"民事诉讼,必然形成明显的处罚漏洞。即行为人起先以真实事实提起民事诉讼,随即以虚假的事实变更诉讼请求的,却不能以虚假诉讼罪论处,这显然不合适。

《民事诉讼法》第 56 条第 1 款规定:"对当事人双方的诉讼标的,第三人认为有独立请求权的,有权提起诉讼。"第三人以虚假的事实提起诉讼的,无疑也能成立虚假诉讼罪。

(二)提起"民事诉讼"

成立虚假诉讼,要求行为人提起的是"民事诉讼",即适用民事诉讼法的各种诉讼,不包括刑事诉讼与行政诉讼。但是,应当包括刑事附带民事诉讼。这是因为,行为人在提起刑事附带民事诉讼的过程中,包括了提起民事诉讼。至于行为人所提起的民事诉讼处于哪一种具体程序,以及何种案由,则不影响本罪的成立。

《民事诉讼法》规定了第一审普通程序、简易程序、第二审程序、特别程序以及审判监督程序等程序。行为人在任何一个程序中提起民事诉讼的,都可能构成虚假诉讼罪。例如,在一审判决后,原告或者被告一方在提起上诉时提交所谓"新的"虚假的证据材料的,能够成立虚假诉讼罪。有学者认为,虚假诉讼罪中的"民事诉讼程序仅指一审诉讼,虽然在二审诉讼中也可能涉及虚假证据的问题,但因该诉讼程序本身并非因虚假事由而提起,也就不适用虚假诉讼罪的规定。"[13]本文难以赞成这种观点。一方面,从字面含义来说,第二审程序也是民事诉讼程序。另一方面,从实质上说,行为人以虚假的证据材料提起上诉时,必然妨害司法秩序,没有理由不以犯罪论处。当然,倘若行为人提起上诉时没有提交虚假的证据材料,而是在法院已经受理上诉案件后提交虚假的证据材料的,由于不能评价为"提起"民事诉讼,故不能以虚假诉讼罪论处。[14]再如,《民事诉讼法》第177条前段规定:"人民法院审理选民资格案件、宣告失踪或者宣告死亡案件、认定公民无民事行为能力或者限制民事行为能力案件、认定财产无主案件、确认调解协议案件和实现担保物权案件,适用本章规定。"据此,行为人以捏造的事实提起本条规定的特殊程序的民事诉讼的,也可能成立虚假诉讼罪。这是因为,即使行为人提起的这类民事诉讼,不一定侵害他人的合法权益,但完全会妨害司法秩序。

在《刑法修正案(九)》颁布之前,一种观点主张虚假诉讼罪应当包括以捏造的事实提起行政诉讼。如有学者指出:"诉讼欺诈行为通常发生在民事诉讼过程中,但是也不排除发生在行政诉讼过程中的可能性。"[15]在《刑法修正案(九)》颁布之后,也有学者指出:"从应然的角度看,虚假诉讼罪在行政诉讼中是可以存在的。"[16]从事实层面来看,行政诉讼中当然也存在虚假诉讼。"例如,原告因违反行政法的规定而被行政机关处以吊销执照的处罚,原告可能会通过捏造事实、伪造证据,促使法院陷入错误认识而作出撤销行政处罚、恢复原告营业资质的判决。"[17]从立法论上来说,也完全可以将以捏造的事实提起行政诉讼的行为规定为虚假诉讼罪的一种类型。但是,从解释论上来说,由于刑法明文规定为提起"民事诉讼",而且无论如何不可能将行政诉讼解释为民事诉讼,所以,对于以捏造的事实提起行政诉讼的,不得认定为虚假诉讼罪。

值得讨论的是虚假诉讼罪中的民事诉讼是否包括仲裁的问题。一种观点认为,"虚假诉讼的情形在一定程度上还存在于仲裁程序中",理由如下:其一,根据《仲裁法》第9条第1款的规定:"仲裁实行一裁终局的制度。裁决作出后,当事人就同一纠纷再申请仲裁或者向人民法院起诉的,仲裁委员会或者人民法院不予受理。"这一规定实际上赋予仲裁机构事实上的司法权,或者说,仲裁是"准司法"的方法。其二,《仲裁法》第62条规定:"当事人应当履行裁决。一方当事人不履行的,另一方当事人可以依照民事诉讼法的有关规定向人民法院申请执行。受申请的人民法院应当执行。"这说明,仲裁裁决以国家强制力为后盾。其三,刑法在规定徇私枉法罪和民事、行政枉法裁判罪等司法型渎职犯罪条文之后,增设了枉法仲裁罪,说明仲裁属于广义的司法活动,对仲裁机构的严重侵犯应动用刑法进行规制。其四,仲裁在民商事纠纷的处理中发挥了重要作用,行为人捏造事实、伪造证据,促使仲裁机构作出错误的裁决而获取非法利益的,其性质与虚假诉讼相同。因此,虚假诉讼不应仅限于民事诉讼,而应包括仲裁程序。[18]本文难以赞成上述观点及其理由。

首先,《仲裁法》第9条关于仲裁实行一裁终局制度的规定,以及第62条关于当事人申请人民法院强制执行仲裁裁决的规定,并不意味着仲裁本身就是民事诉讼。诚然,《民事诉讼法》就仲裁作出了诸多规定,《仲裁法》也有大量涉及民事诉讼的规定。但是,《民事诉讼法》与《仲裁法》本身就明确区分了民事诉讼与仲裁两种处理经济纠纷的方式。例如,《民事诉讼法》第271条规定:"涉外经济贸易、运输和海事中发生的纠纷,当事人在合同中订有仲裁条款或者事后达成书面仲裁协议,提交中华人民共和国涉外仲裁机构或者其他仲裁机构仲裁的,当事人不得向人民法院起诉。""当事人在合同中没有订有仲裁条款或者事后没有达成书面仲裁协议的,可以向人民法院起诉。"显然,该条的表述明确区分了仲裁与民事诉讼,当事人只能在申请仲裁与提起民事诉讼这两种方式中选择其一。上述《仲裁法》第9条的规定,也说明了这一点。其次,刑法在规定徇私枉法罪和民事、行政枉法裁判罪之后,增设枉法仲裁罪,正好说明仲裁不属于司法活动。这是因为,倘若仲裁属于民事诉讼,就完全没有必要增设枉法仲裁罪。反过来说,由于仲裁不属于民事诉讼,不属于司法活动,所以,立法机关在民事枉法裁判罪之后增加了枉法仲裁罪。再次,刑法实行罪刑法定原则,认定行为是否成立犯罪,不能仅凭行为性质是否与刑法规定的犯罪性质相同,而必须判断行为是否符合刑法规定的构成要件。不管是从用语的普通含义来说,还是从用语的法律含义上说,"以捏造的事实申请仲裁"这一行为,都不符合"以捏造的事实提起民事诉讼"这一法定要件。最后,即使承认仲裁是一种"准司法"活动,也不能认为妨害仲裁秩序的行为妨害了司法秩序。以捏造的事实申请仲裁与以捏造的事实提起民事诉讼,在性质上原本就不同。况且,"准司法"的概念本身就意味着仲裁本身不是司法,只是类似于司法,或者说,人们可以将其"视为"司法。但是,在刑法上,将不是司法的活动"视为"司法,属于一种拟制。而拟制是以刑法的明文规定为前提的。在《刑法》第307条之一以及其他条文没有将仲裁"视为"司法的前提下,司法机关不能将虚假诉讼扩大至虚假仲裁,否则,就会违反罪刑法定原则。

需要讨论的是,如果行为人利用虚假的事实提起仲裁后,导致仲裁机构作出了错误的仲裁裁决书,然后行为人以该错误的仲裁裁决书为根据提出执行申请的,能否认定为虚假诉讼罪?由于民事诉讼程序包括执行程序,首先可以肯定的是,如果行为人在申请执行时,在所递交的执行申请书中陈述了虚假的事实,就应当认定行为人提起了虚假的民事诉讼。问题是,行为人在所递交的执行申请书中没有陈述虚假的事实时,能否将行为人向法院提交仲裁机构的错误仲裁裁决书的行为,直接认定为"以虚假的事实提起民事诉讼"?本文倾向于肯定回答。众所周知,在执行程序中,并不是只要申请人提出执行申请,法院就按仲裁裁决书的内容执行。相反,在申请人提出执行申请后，法院要进行必要的审查，甚至可以要求仲裁机构做出说明或者向相关仲裁机构调阅仲裁案卷。显然，这一审查不只是形式审查，而是包括了实质审查。根据《民事诉讼法》第237条第2款规定，如果"裁决所根据的证据是伪造的"，"经人民法院组成合议庭审查核实，裁定不予执行"。据此，如果行为人申请执行时，向法院说明其在申请仲裁时向仲裁机构提交了虚假的证据材料这一真相，法院就不会执行。反之，行为人在申请执行时，不说明上述真相的，事实上就属于通过隐瞒真相的方法（即"以捏造的事实"的方法）提起了民事诉讼（参见下述内容），因而可以认定为虚假诉讼罪。

（三）"以捏造的事实"提起民事诉讼

成立虚假诉讼罪，要求行为人"以捏造的事实"提起民事诉讼。众所周知，任何民事诉讼的提起，都需要有事实和理由，否则就不能满足诉讼请求。所谓事实，是指作为诉讼标的的法律关系发生、变更或者消灭的事实。如合同纠纷中，合同签订、履行的时间、地点，合同内容，一方当事人违反合同约定的情况等，就属于事实；侵权纠纷中，侵权行为发生的时间、地点，造成的损害后果等，也属于事实。理由，指提出诉讼的原因与法律依据，如要求对方赔偿，是因为对方侵害自己的人身，造成健康损害；要求承担违约责任，是因为对方迟延交付货物；如此等等。显然，理由只是一种价值判断，而不是事实本身。正因为如此，即使事实相同，人们提出的理由也可能完全不同。所以，《刑法》第307条之一第1款没有表述为"以捏造的事实理由提起民事诉讼"，只是要求"以捏造的事实提起民事诉讼"。只要行为人提出的事实是真实的，即使理由是虚假的，也不可能成立本罪。例如，行为人以感情破裂为由提起离婚诉讼的，只要没有捏造其他事实，就不可能成立虚假诉讼罪。因为夫妻感情是否破裂，是一个判断结论，也可谓提起离婚诉讼的理由，但不是事实本身。再如，行为人在一审败诉或者二审宣判后，以杜撰的理由提起上诉或者申诉的，无论理由多么荒唐，但只要没有捏造事实，就不成立虚假诉讼罪。基于同样的理由，行为人以暴力、威胁、贿买等方法迫使或者引诱他人提起民事诉讼的，行为人多次提起民事诉讼并以撤案结案，虽然也妨害了司法秩序，但只要没有捏造事实，就不成立虚假诉讼罪。

"以捏造的事实"提起民事诉讼，既可能表现为行为人自己捏造事实向法院提起诉讼，也可能表现为利用他人捏造的事实向法院提起诉讼。例如，明知是他人捏造的事实，却利用该捏造的事实提起民事诉讼的，依然成立虚假诉讼罪。从文理上说，"以捏造的事实"提起民事诉讼，并不限于"以自己捏造的事实"提起民事诉讼，而是当然包括以任何虚假的事实提起民事诉讼。从实质上说，不管是以自己捏造的事实提起民事诉讼，还是以他人捏造的事实提起民事诉讼，都妨害了司法秩序。利用他人捏造的事实提起民事诉讼时,不要求他人与行为人成立共犯关系。换言之,只要行为人利用他人捏造的事实材料提起民事诉讼,即使他人并不知情,行为人的行为也属于"以捏造的事实"提起民事诉讼。所以,虚假诉讼罪并不是所谓的复行为犯,亦即,虚假诉讼行为并不是由捏造行为+起诉行为所构成。

"捏造的事实"既包括捏造全部虚假事实(虚构民事法律关系),也包括在客观存在民事纠纷的情况下捏造部分虚假事实。一种观点指出:"'捏造的事实',是指凭空编造的不存在的事实。如根本不存在的债权债务关系,从未发生过的商标侵权行为等。如果民事纠纷客观存在,行为人对具体数额、期限等事实作夸大、隐瞒或虚假陈述的,不属于这里的'捏造'。"[19] 换言之,在双方确实存在民事纠纷时,一方当事人为了达到不法目的,故意篡改其中部分事实的行为,如夸大借条的借款金额、篡改侵权行为的发生时间等(即所谓"部分篡改的虚假诉讼"),不属于刑法规定的"捏造的事实"。但是,本文难以赞成这种观点。首先,"部分篡改的虚假诉讼",同样侵害了司法过程的纯洁性,因而妨害了司法秩序。事实上,在许多情况下,行为人基于完全捏造的事实提起虚假民事诉讼时,法官反而容易识别,因而对司法秩序的妨害可能并不严重;反之,在确实存在民事纠纷的情况下,对行为人所提起的"部分篡改的虚假诉讼",法官可能更难查明真相,因而更加浪费司法资源,对司法秩序的妨害更为严重。其次,行为人"部分篡改"重要或者关键事实,与凭空捏造不存在的事实,对裁判结论产生的影响可能完全相同。例如,原本对方没有实施侵权行为,但行为人凭空捏造侵权行为事实,提起虚假的民事诉讼,与侵权行为已经超过时效但行为人篡改侵权行为的发生时间,提起虚假的民事诉讼,对裁判结论会产生相同影响。就对他人的合法权益造成或者可能造成的侵害程度而言,根本不能断言"部分篡改的虚假诉讼"轻于凭空捏造的虚假诉讼。例如,乙并不欠甲10万元,但甲伪造乙撰写的欠条向法院提起民事诉讼,这一行为当然属于以捏造的事实提起民事诉讼,可能导致法官作出乙向甲归还10万元欠款的裁判结论,可能导致乙遭受10万元的财产损失。B曾向A借款10万元,但A却将欠款金额篡改为100万元,进而以篡改后的欠条向法院提起民事诉讼。A的行为可能导致法官作出B向A归还100万元欠款的裁判结论,可能导致B遭受90万元的财产损失。显然,与前者相比,后者虽然只是"部分篡改的虚假诉讼",却可能导致他人财产遭受更为严重的损失。最后,按照刑法理论的通说,妨害作证罪"既可能发生在刑事诉讼中,也可能发生在民事诉讼或行政诉讼中";帮助毁灭、伪造证据罪中的当事人,"不仅指刑事诉讼中的当事人,也包括民事诉讼和行政诉讼中的当事人"[20]。在通常情况下,行为人不可能指使他人就全部案情作伪证,只能是就部分案情作伪证;同样,行为人一般只是帮助当事人伪造部分证据,基本上不可能帮助当事人伪造全部证据。既然行为人在民事诉讼中指使他人就部分案情作伪证的行为成立妨害作证罪,既然帮助民事诉讼中的当事人伪造部分证据的成立帮助伪造证据罪,就没有理由将"部分篡改的虚假诉讼"排除在犯罪之外。因为前者只是在已经存在或将要存在的民事诉讼作伪证或者帮助当事人伪造证据,并没有"提起"民事诉讼,后者不仅伪造证据,而且主动"提起"民事诉讼,故后者明显重于前者。由此看来,不应当将"捏造的事实"限定为"故意编造事实、虚构民事法律关系"一种情形。换言之,不管是全部捏造的虚假诉讼,还是部分篡改的虚假诉讼,都可能成立虚假诉讼罪。

"捏造的事实"必须是足以对民事诉讼的程序(包括应否受理)与裁判结论产生影响的事实,换言之,"捏造的事实"必须足以影响公正裁决。如果行为人捏造的事实并不对公正裁决产生任何影响,就不应认定为虚假诉讼罪。联系刑法关于虚假诉讼罪的规定来看,所谓足以影响公正裁决,包括两个方面的内容:一是足以使法院作出侵害他人合法权益的不公正裁决;二是足以影响作出公正裁决的诉讼程序(如导致法院审理原本不应受理的案件)。所以,即使行为人仅捏造部分事实,但该部分事实足以影响公正裁决,就属于以捏造的事实提起民事诉讼。至于行为人捏造的事实是否足以对公正裁决产生影响,则需要根据行为人提起的民事诉讼的具体案由以及民事诉讼法与实体法的相关规定进行判断,不可一概而论。

例如,董某通过朱某口头担保向孟某借款30万元,后董某下落不明,朱某替董某归还了借款。朱某担心因口头保证而无法向董某追偿,遂与孟某商议借用孟某名义起诉董某。一种意见认为,由于案涉借款在起诉前即被朱某代为偿还,故孟某与董某之间的债权债务关系早已消灭,而孟某却以债务未得清偿为由提起诉讼,属于捏造事实,符合虚假诉讼的特征,应当撤销原审判决,并驳回其请求。另一种意见认为,朱某因代位清偿而取得债权人地位。对于董某而言,只是履行对象发生变更,债务实际并未消灭,因此以虚假诉讼论缺乏法理正当性,应当根据债之相对性,驳回孟某的诉讼请求。[21]在本文看来,虽然本案存在冒用他人名义提起民事诉讼的事实,在此意义上可谓虚假诉讼,但是,由于董某依然存在清偿义务,朱某事实上能以自己的名义提起民事诉讼;即使根据相关法律应当驳回孟某的诉讼请求,该行为也不足以影响作出公正裁判的诉讼程序,更不可能使法院作出侵害他人合法权益的裁决。所以,不能认为朱某与孟某的行为妨害了司法秩序和侵害了他人合法权益,因而不应当认定为虚假诉讼。

"以捏造的事实"提起民事诉讼,通常表现为通过伪造书证、物证等证据材料提起民事诉讼。可能存在的疑问是,隐瞒事实提起民事诉讼的,是否属于"以捏造的事实"提起民事诉讼?一般来说,单纯就隐瞒事实与捏造事实而言,前者是不作为,后者是作为,隐瞒事实似乎不等于捏造事实。但是,《刑法》第307条之一并没有将虚假诉讼罪的实行行为表述为"捏造事实并提起民事诉讼",而是表述为"以捏造的事实提起民事诉讼"。所以,问题的关键不在于如何区分隐瞒事实与捏造事实,而在于什么样的事实属于"捏造的事实"。例如,债权人 A 在债务人 B 已经清偿债务后,隐瞒 B 已经清偿债务的事实向法院提起民事诉讼,要求 B 清偿债务。这种情形实际上是以捏造的事实(B 没有清偿债务)向法院提起民事诉讼。

"以捏造的事实"提起民事诉讼,就是虚假诉讼罪的实行行为。至于行为人在提起民事诉讼时,是否与审理案件的法官共谋,是否与对方当事人恶意串通,则不影响本罪的成立。这是因为,不管行为人是否与法官通谋,是否与对方当事人串通,以捏造的事实提起民事诉讼的行为,都必然妨害司法秩序。例如,丈夫明知妻子还活着,但为了达到与妻子离婚的目的,通过伪造证据的手段,向法院提起诉讼,要求法院宣告妻子死亡。尽管丈夫没有与妻子恶意串通,也没有与法官共谋,但依然属于虚假诉讼。

2012 年修改后的《民事诉讼法》第 112 条规定:"当事人之间恶意串通,企图通过诉讼、调解等方式侵害他人合法权益的,人民法院应当驳回其请求,并根据情节轻重予以罚款、拘留;构成犯罪的,依法追究刑事责任。"第 113 条规定:"被执行人与他人恶意串通,通过诉讼、仲裁、调解等方式逃避履行法律文书确定的义务的,人民法院应当根据情节轻重予以罚款、拘留;构成犯罪的,依法追究刑事责任。"最高人民法院 2016 年 6 月 20 日《关于防范和制裁虚假诉讼的指导意见》第 1 条指出:"虚假诉讼一般包含以下要素:(1)以规避法律、法规或国家政策谋取非法利益为目的;(2)双方当事人存在恶意串通;(3)虚构事实;(4)借用合法的民事程序;(5)侵害国家利益、社会公共利益或者案外人的合法权益。"据此,《民事诉讼法》中的虚假诉讼以当事人之间的恶意串通为前提。

但是,刑法上的虚假诉讼罪,并不以当事人之间的恶意串通为前提。一方面,从刑法的规定来看,只要行为人以捏造的事实提起民事诉讼,就符合了虚假诉讼罪的行为要件。但这一要件的满足,显然不以当事人之间的恶意串通为前提。因为即使当事人之间没有恶意串通,一方当事人完全能够以捏造的事实提起民事诉讼。另一方面,在当事人之间没有恶意串通的情况下,一方当事人以捏造的事实提起民事诉讼的行为,不仅会妨害司法秩序,而且会侵害他人合法权益。换言之,不管是妨害司法秩序还是严重侵害他人合法权益,都不以当事人之间的恶意串通为前提。

或许有人认为,既然刑法规定了虚假诉讼罪,虚假诉讼又仅限于提起虚假的民事诉讼,而《民事诉讼法》规定的虚假诉讼以双方当事人的恶意串通为前提,那么,对刑法上的虚假诉讼罪就必须按照《民事诉讼法》的规定进行解释。但是,其一,《刑法》第 307 条之一的规定,并不是空白规范,故虚假诉讼罪的成立不应以违反《民事诉讼法》为前提。其二，将《民事诉讼法》第112条与第113条规定的情形称为虚假诉讼，只是司法解释以及法学界的归纳，而不是《民事诉讼法》本身的规定。事实上，《民事诉讼法》第111条的规定也包括了虚假诉讼的情形，根据该条规定，"伪造、毁灭重要证据，妨碍人民法院审理案件的"，"人民法院可以根据情节轻重予以罚款、拘留；构成犯罪的，依法追究刑事责任。"显然，以伪造的重要证据提起民事诉讼的，当然会对民事诉讼的程序与裁判结论产生影响，妨碍了人民法院审理案件，也属于虚假诉讼。由于《民事诉讼法》第111条已经规定了伪造证据的情形，故第112条与第113条规定的虚假诉讼并不以伪造证据为前提，而是以双方当事人恶意串通为前提。总之，《刑法》条文与《民事诉讼法》的条文均没有使用"虚假诉讼"一词，"虚假诉讼"只是司法解释与法学理论对相关规定的概括。事实上，在民事诉讼学界，一般将各方当事人恶意串通的虚假诉讼称为狭义虚假诉讼，广义的虚假诉讼则不应以恶意串通为前提，一方当事人实施的虚构法律关系、伪造证据等行为也可以构成虚假诉讼。[22] 所以，虚假诉讼原本就没有确定的外延。在2012年修改了《民事诉讼法》后，民事诉讼法学者一般根据《民事诉讼法》的相关规定界定虚假诉讼，但刑法学者只能根据刑法的规定界定虚假诉讼。所以，恶意串通不是虚假诉讼罪的实行行为的内容。

三、虚假诉讼罪的犯罪形态

这里的犯罪形态包括既遂形态（既遂标准）、共犯形态与罪数形态，下面分别讨论。

（一）既遂形态

如前所述，司法秩序与他人的合法权益是本罪的选择性保护法益；就虚假诉讼行为对司法秩序的妨害而言，本罪是行为犯，但就对他人合法权益的侵害而言，本罪则是结果犯。行为犯与结果犯的区别直接影响既未遂形态的认定。在此首先要讨论的是，作为行为犯的虚假诉讼罪，既遂的具体标志是什么？

按照我国刑法理论的通说，行为犯以行为完成作为既遂标志。"按照法律的要求，这种行为要有一个实行过程，要达到一定程度，才能视为行为的完成。因此，在着手实行犯罪的情况下，如果达到了法律要求的程度就是完成了犯罪行为，就应视为犯罪的完成即既遂的构成；如果因犯罪人意志以外的原因未能达到法律要求的程度，未能完成犯罪行为，就应认定为未完成犯罪而构成犯罪未遂。"[23] 据此，只要行为人以捏造的事实提起了民事诉讼，针对妨害司法秩序的虚假诉讼罪就已经既遂。本文认为，对行为犯而言，也需要联系法益侵害来区分既遂与未遂。刑法理论与司法实践可能难以归纳行为犯的侵害结果内容，但这并不是说可以丝毫不顾及行为对法益的侵害与威胁，而是意味着必须通过行为的进程认定其对法益的侵害程度。因此，"认为单纯行为犯，只是将行为作为构成要件要素，没有将结果的发生作为构成要件要素，因而只是处罚行为本身的观点，并不妥当。单纯行为犯只是没有将对于对象的侵害这种意义上的结果作为构成要件要素，因而应当认为，行为所造成的法益侵害或者危险这种意义上的结果（如非法侵入住宅罪中对住宅权的侵害、伪证罪中误导审判作用的危险）仍然是成立犯罪所必需的。"[24] 所以，本文认为，即使是行为犯，也应以是否发生了行为人所追求或放任的、实行行为性质所决定的侵害结果（作为构成要件要素的侵害结果）为标准，而不能以是否实施了行为为标准。[25] 只是由于结果与行为同时发生，人们习惯于说行为实施终了就是既遂。事实上，在行为犯的场合，部分情形是行为实施终了特定结果就同时发生（如伪证罪），部分情形是开始实施构成要件行为就同时发生特定结果（如危险驾驶罪）；即使应当区分既遂与未遂，也应以行为是否发生了特定结果为标准。如前所述，只要行为人以捏造的事实向法院提起了民事诉讼，就侵害了司法过程的纯洁性，妨害了司法秩序，造成了构成要件结果，因而应当认定为犯罪既遂。所以，就虚假诉讼罪而言，在认定犯罪既遂的具体结论上，本文与通说观点可能是相同的，只是理由不同。

在现实生活中，为了单纯地妨害司法秩序而以捏造的事实提起民事诉讼的现象几乎不可能发生。换言之，凡是以捏造的事实提起民事诉讼的行为人，都是为了使自己获取某种利益，进而侵害他人的合法权益。那么，就既是行为犯又是结果犯的虚假诉讼罪而言，如何认定犯罪既遂呢？换言之，当行为人以捏造的事实提起民事诉讼，虽然妨害了司法秩序，但没有发生侵害他人的合法权益的结果时，是认定为犯罪未遂还是犯罪既遂呢？显然应认定为犯罪既遂。这是因为，虽然行为人所追求的侵害他人合法权益的犯罪结果并没有发生，但行为人所希望或者放任的妨害司法秩序的结果已经发生；而这两种结果在虚假诉讼罪中的地位相同，不存在主次之分；而且，两种结果只是选择性的构成要件要素，而不是必须同时具备的要素。既然如此，只要发生了其中一种结果，就应当认定为犯罪既遂。概言之，只要虚假诉讼行为发生了妨害司法秩序的结果，就应当认定为犯罪既遂。

问题是，如何判断虚假诉讼行为是否产生了妨害司法秩序的结果？换言之，作为行为犯的虚假诉讼罪的既遂标准是什么？

妨害司法秩序这一法益侵害结果，是不可能具体测量的。在本文看来，由于妨害司法秩序的虚假诉讼罪属于行为犯，所以，只要行为人以捏造的事实提起了民事诉讼，就同时造成了妨害司法秩序的结果。问题是，如何具体判断作为既遂标准的"以捏造的事实提起民事诉讼"？例如，是只要行为人向法院递交了民事诉状就构成本罪的既遂？还是以法院受理作为既遂标准？抑或以法院进行了审前准备或者开庭审理乃至作出裁决作为既遂标准？

一种观点认为，"行为人捏造事实提起诉讼，还处在查清事实的阶段，实行行为并未着手，并不必然会欺骗到法院，因此也就不一定会妨害司法秩序和侵犯他人权益，其危害行为与危害结果之间仍存在一定的时空分离，还未具备侵害法益的紧迫。因此，虚假诉讼罪的既遂即以妨害司法秩序和严重侵犯他人合法权益为标志，否则即是未遂。"[26]在本文看来，这一观点存在三个疑问：其一，将妨害司法秩序与侵害他人合法权益等同看待。然而，妨害司法秩序是一种无形的结果，而侵害他人合法权益基本上是有形的结果，对二者的判断方法不可能相同。其二，导致着手过于推迟。根据这种观点，行为人以捏造的事实提起民事诉讼后，即使法院处于审查阶段，也还属于犯罪预备。这可能难以被人接受。其三，事实上也没有就妨害司法秩序的虚假诉讼罪提出既遂标准。诚然，根据《刑法》第307条之一的规定，行为人以捏造的事实提起民事诉讼，妨害司法秩序的，才成立犯罪既遂。问题是，如何判断行为是否妨害了司法秩序。上述观点没有给予任何回答，因而对司法实践缺乏指导意义。

还有学者主张，应根据妨害司法秩序的具体程度如"法院错误的判决、错误的财产强制措施等"作为既遂标准。[27]可是，一旦法院作出错误的判决、采取错误的财产强制措施，就必然"侵害他人合法权益"。所以，这种观点实际上也将妨害司法秩序等同于侵害他人合法权益，或者说将行为犯与结果犯相混同。本文难以赞成这种观点。

本文倾向于认为，妨害司法秩序类型的虚假诉讼罪，以法院受理作为既遂标准；行为人虽然以捏造的事实提起民事诉讼，但法院并未受理的，则是未遂。理由如下：

其一，由于法院根据行为人捏造的事实作出的错误判决，通常会侵害了他人的合法权益，所以，倘若将法院根据行为人捏造的事实作出错误的判决作为认定犯罪既遂的标准，就实际上否认了妨害司法秩序类型的虚假诉讼罪，因而不当。

其二，法院对案件的受理、受理后为审理所作的准备，以及开庭审理，都是民事诉讼的必要环节，其中任何一个环节的正常进行，都是司法秩序的内容。所以，即使法院还没有进行审理前的准备，没有开庭审理，虚假诉讼行为也妨害了立案登记至受理环节的司法秩序，应当以犯罪既遂论处。《刑法》第307条之一将以捏造的事实"提起"民事诉讼作为虚假诉讼罪的实行行为，所惩罚的正是不应当提起诉讼而提起诉讼的行为。既然如此，就应将法院受理行为人所提起的虚假民事诉讼作为既遂标准。倘若将审理前的准备、开庭审理、作出裁决等作为本罪的既遂标准，刑法就没有必要将虚假诉讼罪的实行行为限定为"提起"民事诉讼，而应当将民事诉讼中的任何虚假行为均作为本罪的实行行为,但事实上并非如此。

其三,事实上,法院只要受理了案件,通常就会进行审理前的准备乃至开庭审理,但是,何时进行审理前的准备以及何时开庭审理,常常具有一定的偶然性。而且,何时进行审理前的准备以及何时开庭审理,并非由行为人左右。所以,倘若将法院进行审理前的准备或者开庭审理作为虚假诉讼罪的既遂标准,就会导致偶然因素决定既遂时间,不一定合适。反之,将法院受理案件作为既遂标准,则不存在这一缺陷。

其四,如前所述,司法过程的纯洁性,是司法秩序的最基本内容。行为人以捏造的事实提起民事诉讼,法院受理了案件时,该行为就侵害了司法过程的纯洁性,当然应当认定为虚假诉讼罪的既遂。诚然,法院受理案件时,可能并不清楚行为人是否捏造了事实,因此,法院受理案件时还不能发现行为人实施了虚假诉讼行为。但是,这与虚假诉讼罪的既遂标准并不冲突。因为犯罪的既遂标准,并不是以犯罪行为被发现为标准,而是以法益是否受到侵害为标准。例如,证人在法庭作伪证时,法官也许并不知道证人作了伪证,但伪证罪并不是以法官事后发现证人作伪证时作为既遂标准。

总之,由于"妨害司法秩序"是一种无形的、难以判断的结果,所以,本文实际上主张通过对"以捏造的事实提起民事诉讼"进行实质的限制解释,使得妨害司法秩序类型的虚假诉讼罪成为行为犯,使得"以捏造的事实提起民事诉讼"的行为成为实质上妨害了司法秩序的行为,因而只需要通过行为的完成判断结果的实现,而不需要对结果进行独立的判断。或许有人认为,本文的上述观点会不当扩大虚假诉讼罪的处罚范围,导致民事诉讼法规定的制裁措施没有适用的余地,其实不然。一方面,如前所述,本文对"捏造的事实"进行了限制解释,不至于导致任何虚假诉讼行为均成立本罪。另一方面,本罪的基本法定刑较低,乃至可以单处罚金,所以,不应当严格限制本罪的结果要件。[28]例如,《民事诉讼法》第112条规定:"当事人之间恶意串通,企图通过诉讼、调解等方式侵害他人合法权益的,人民法院应当驳回其请求,并根据情节轻重予以罚款、拘留;构成犯罪的,依法追究刑事责任。"按照本文观点,对于在受理前发现当事人恶意串通的,就可以给予罚款、拘留;在受理后的审查过程中发现的,则以虚假诉讼罪论处。显然,罚款、拘留仍有适用的余地。有学者指出:"本罪不是危险犯,行为必须妨害司法秩序或者严重侵害他人合法权益的,才能构成本罪。妨害司法秩序,是指捏造证据无端挑起诉讼,导致司法机关多次进行审理,或者调查取证,耗费了大量司法资源,甚至导致人民法院作出错误裁判。"[29]在本文看来,这些结果应当属于虚假诉讼罪"情节严重"的情形,而不是基本犯的结果。而且,如后所述,如果虚假诉讼行为导致法官作出错误裁判,提起虚假诉讼的行为人还可能同时成立诈骗罪以及民事枉法裁判罪的教唆犯。

· 609 ·

根据本文的观点，在行为人甲以捏造的事实提起虚假的民事诉讼并被法院受理后，乙等人在民事诉讼中为甲作伪证或者实施其他行为的，不成立虚假诉讼罪的承继的共犯，只能根据其行为内容与性质认定为妨害司法的其他犯罪以及诈骗、贪污等罪的共犯。

接下来所要讨论的是，作为结果犯的虚假诉讼罪的既遂标准是什么？换言之，就侵害他人合法权益类型的虚假诉讼罪而言，如何理解和判断行为是否严重侵害了他人的合法权益？

如上所述，就侵害他人的合法权益而言，并不是只要行为人以捏造的事实向法院提起民事诉讼，就能造成构成要件结果。换言之，只有当行为对他人的财产权益或者其他权益造成侵害时，才能认定为犯罪既遂。

首先，"他人"不限于对方当事人，而是包括第三人、案外人的合法权益，以及国家利益、社会公共利益（参见《民事诉讼法》第112条、第190条）。

其次，"合法权益"包括一切合法权益，不应当有任何限定。换言之，其中的合法权益并不限于财产权益，而是包括自由、名誉以及其他合法权利与利益。例如，虚假诉讼行为导致丧失选民资格的，就属于侵害了他人的合法权益。同样，导致法院将有责任能力的人宣告为无责任能力的人的，也属于侵害了他人的合法权益。不仅如此，在本文看来，行为人的虚假诉讼行为，使原本不应成为民事诉讼被告的人成为民事诉讼被告而卷入诉讼过程的，也属于侵害了他人的合法权益。

最后，对他人合法权益的侵害必须达到严重程度。这里的"严重"是相对于《民事诉讼法》所规定的虚假诉讼而言，亦即，虚假诉讼行为对他人合法权益的侵害达到了值得科处刑罚的程度，仅予以罚款、拘留尚不足以实现对虚假诉讼的特殊预防与一般预防。特别应当注意的是，成立虚假诉讼罪所要求的对他人合法权益的"严重侵害"，并不以其本身构成刑法上的具体犯罪为前提。换言之，即使虚假诉讼行为对他人合法权益的侵害并不符合侵犯人身权利罪、侵犯财产罪的结果要件，也可能构成虚假诉讼罪。这是因为，虚假诉讼罪的保护法益虽然具有选择性，但可以肯定的是，本罪主要是妨害司法的犯罪。然而，由于虚假诉讼较为普遍，事实上也存在形形色色的不同情形，刑法将妨害司法秩序与严重侵害他人的合法权益作为限制本罪的成立条件。既然严重侵害他人的合法权益只是限制本罪成立的条件，就不可能要求严重侵害他人的合法权益本身达到犯罪程度。倘若要求严重侵害他人的合法权益本身达到犯罪程度，就可以直接以相关犯罪论处，而不需要以虚假诉讼罪论处。所以，虚假诉讼罪所要求的"严重侵害他人的合法权益"是相对于民事违法行为而言，亦即，较之《民事诉讼法》规定的普通虚假诉讼而言，刑法上的虚假诉讼更为严重地侵害了他人的合法权益。

特别需要说明的是，由于本文主张司法秩序与他人的合法权益是虚假诉讼罪的选择性法益，而且，任何严重侵害他人合法权益的虚假诉讼行为，必然妨害司法秩序，但妨害司法秩序的虚假诉讼行为不一定侵害他人的合法权益，所以，讨论作为结果犯（严重侵害他人合法权益类型）的虚假诉讼罪的既遂标准，其意义极为有限。

（二）共犯形态

根据《刑法》第307条之一的规定，本罪的行为主体既可以是自然人，也可以是单位。其中的自然人与单位，都只需要符合一般主体条件，而不需要具有特殊身份与性质。

《刑法》第307条之一第4款规定："司法工作人员利用职权，与他人共同实施前三款行为的，从重处罚。"本款内容显然属于注意规定。亦即，即使没有本款规定，对于与他人共同实施虚假诉讼的司法工作人员，也应以虚假诉讼罪的共犯论处。由于行为的内容是"以捏造的事实提起民事诉讼"，所以，直接提起虚假民事诉讼的人是正犯。鉴定机构、鉴定人以及其他帮助捏造事实的人，均可成为本罪的帮助犯。换言之，提起民事诉讼之外的自然人与单位，均可以成为本罪的共犯。律师、司法工作人员帮助行为人捏造证据的，成立虚假诉讼罪的帮助犯（也可能同时触犯其他罪名）。任何人胁迫或者引诱他人以捏造的事实提起民事诉讼的，成立虚假诉讼罪的教唆犯。例如，法官乙唆使甲以捏造的事实提起民事诉讼，进而受理案件的，对于乙与甲均以虚假诉讼罪论处。

法官以原告身份提起民事诉讼时，当然可以成为虚假诉讼罪的正犯。审理案件的法官本人虽然并不能成为虚假诉讼的直接正犯（因为法官不可能向自己提起民事诉讼），但可以成立共同正犯或者间接正犯。因为虚假诉讼罪既不是积极的身份犯，也不是消极的身份犯，所以，审理案件的法官当然可以成为共同正犯与间接正犯。在通常情况下，只要法官与提起民事诉讼的当事人通谋，就可以认定法官为共同正犯。法官或者其他人员利用捏造的事实诱使不知情的他人提起民事诉讼的，成立虚假诉讼罪的间接正犯。

在通常情况下，只要法官明知行为人以捏造的事实提起诉讼，并且在民事审判活动中故意违背事实作枉法裁判，会构成民事枉法裁判罪。于是产生了以下两个问题：第一，在没有通谋的情况下，法官乙明知行为人甲提供了捏造的证据却故意作枉法裁判的，在对乙以民事枉法裁判罪论处的情况下，对提起虚假民事诉讼的甲能否认定为民事枉法裁判罪的教唆犯？第二，在没有通谋的情况下，法官B对A捏造的事实信以为真在客观上作出了枉法裁判时，对B不可能以犯罪论处（因为缺乏有责性要素），对

A 能否认定为民事枉法裁判罪的教唆犯？

第一个问题的关键在于是否存在片面的教唆犯？是否承认片面教唆犯，关键在于如何认识共同犯罪的因果性。在共同犯罪中，正犯行为（实行行为）直接引起结果；教唆行为通过正犯行为而引起结果。共同犯罪的因果关系包括物理的因果关系与心理的因果关系，前者是指物理地或客观上促进了犯罪的实行与结果的发生；后者是指引起犯意、强化犯意、激励犯行等从精神上、心理上促进犯罪的实行与结果的发生。如果肯定共同犯罪的物理的因果性，那么，片面教唆也可以共同引起法益侵害，因而成立共同犯罪。[30] 在上述第一种情况下，法官乙实施了民事枉法裁判罪的不法行为，甲不仅引起了乙的不法行为，而且是明知乙可能实施民事枉法裁判行为，否则就不会以捏造的事实提起诉讼，当然成立民事枉法裁判罪的教唆犯。至于法官乙是否明确意识到自己的行为意思由甲的教唆行为引起，则并不重要。概言之，在上述场合，提起虚假民事诉讼的行为人，成立民事枉法裁判罪与虚假诉讼罪的想象竞合犯。

第二个问题的关键在于，成立教唆犯是否以被教唆者产生犯罪故意为前提？或者说，教唆犯是否从属于正犯的故意？本文的观点是，成立教唆犯，虽然以被教唆者实施符合构成要件的违法行为为前提（限制从属性说），但并不以被教唆者产生犯罪故意为前提。换言之，虽然要求教唆行为引起了被教唆者产生实施符合构成要件的违法行为的意思，但不意味着必须使被教唆者产生了犯罪的故意。例如，甲教唆乙说："丙是坏人，你将这个毒药递给他喝。"乙却听成了"丙是病人，你将这个土药递给他喝"，于是将毒药递给丙，丙喝下毒药后死亡，但乙并无杀人故意。如果要求教唆行为引起被教唆者的犯罪故意，那么，由于甲没有引起乙的杀人故意，甲不成立教唆犯。另一方面，尽管甲在不法层面是间接正犯，但对甲也不可能以间接正犯论处，因为甲不具有间接正犯的故意，仅具有教唆的故意。于是，甲不成立任何犯罪。[31] 这种结论显然不妥当。事实上，乙实施了符合构成要件的违法行为，其实施该行为的意思是由甲的教唆行为引起的，甲当然成立故意杀人罪的教唆犯。在上述第二种情况下，B 身为法官，客观上实施了符合民事枉法裁判罪的构成要件行为，而且具有违法性，但是，由于 B 不具有民事枉法裁判罪的故意，因而不成立本罪。然而，B 所实施的符合民事枉法裁判罪的构成要件的不法行为，是由 A 以捏造的事实提起民事诉讼的行为所引起，所以，A 的行为符合民事枉法裁判罪的教唆犯的成立条件。顺便指出的是，A 不成立民事枉法裁判罪的间接正犯。因为民事枉法裁判罪是真正身份犯，在真正身份犯的场合，只有具备身份的人才可能成为正犯。在上述第二种情况下，A 虽然有间接正犯的故意与利用行为，但因为缺乏间接正犯的身份，而不可能成立间接正犯。[32] 另一方面，由于 A 引起了 B 实施民事枉法裁判行为的意思，且 B 的行为是符合民事枉法裁判罪构成要件的违法行为,故 A 成立民事枉法裁判罪的教唆犯。[33] 基于上述分析,在上述场合,提起虚假民事诉讼的行为人,也成立民事枉法裁判罪与虚假诉讼罪的想象竞合犯。

或许有人认为,倘若只要法官客观上作出枉法裁判,提起虚假民事诉讼的人就构成民事枉法裁判罪的教唆犯,那么,虚假诉讼罪就没有存在的余地了,其实不然。如前所述,行为人以捏造的事实提起民事诉讼并被法院受理时,就构成虚假诉讼罪的既遂。所以,没有引起法官的枉法裁判行为的虚假诉讼是大量存在的。虚假诉讼行为进一步引起法官的枉法裁判的,则是虚假诉讼罪的正犯与民事枉法裁判罪的教唆犯的想象竞合。

(三) 罪数形态

《刑法》第 307 条之一第 3 款规定:"有第一款行为,非法占有他人财产或者逃避合法债务,又构成其他犯罪的,依照处罚较重的规定定罪从重处罚。"本款内容属于注意规定,而不是法律拟制。

首先,可以肯定的是,行为人通过伪造证据等方法提起民事诉讼欺骗法官,导致法官作出错误判决,使得他人交付财物或者处分财产,行为人非法占有他人财产或逃避合法债务的,成立诈骗罪。这种典型的(三角)诈骗罪(在这种场合,法官是受骗者但不是受害人;遭受财产损失的人虽然是受害人但不是受骗者)与虚假诉讼罪构成想象竞合关系,应从一重罪处罚。否认三角诈骗概念(认为"三角诈骗论是一个伪命题")[34],或者否认诉讼诈骗属于三角诈骗的观点[35],并不妥当,事实上也被《刑法》第 307 条之一所否认。[36] 换言之,《刑法修正案(九)》增设虚假诉讼罪,并不是因为诉讼诈骗行为不构成诈骗罪,而是因为没有骗取财物和骗免债务的行为不成立诈骗罪。[37] 德国、法国、日本、韩国等国刑法,均没有规定诉讼诈骗罪,[38] 但其刑法理论与审判实践均无一例外地认为诉讼诈骗是典型的三角诈骗,三角诈骗是诈骗罪的一种类型。否认诉讼诈骗构成诈骗的观点,实际上是以事实取代规范,或者以不构成诈骗罪的虚假诉讼行为取代诉讼诈骗,并不可取。[39] 顺便指出的是,由于《刑法》第 307 条之一第 3 款的规定属于注意规定,所以,即使行为人没有提起民事诉讼,而是作为民事被告提供虚假证据欺骗法官,导致法官作出错误判决,进而非法占有他人财产或者逃避合法债务的,同样成立诈骗罪。例如,甲于 2010 年向乙借款 50 万元,并于 2011 年 5 月 1 日归还。乙于同日将手写的"甲于 2011 年 5 月 1 日归还了 50 万元欠款"的收条交给甲。2013 年甲又向乙借款 50 万元,但一直不归还。乙于 2016 年 3 月向法院提起民事诉讼要求甲归还欠款时,甲将先前的收条篡改为"甲于 2014 年 5 月 1 日归还了 50 万元欠款"。两审法官均信以为真,驳回了乙的诉讼请求。乙随后向公安机关报案,公安机关查明了事实真相。甲虽然没有向法院提起虚假民事诉讼,但依然构成诈骗罪(也可谓诉讼诈骗)。[40]

其次,国家工作人员利用职务上的便利,通过虚假民事诉讼非法占有公共财物的,成立贪污罪。[41]此即国家工作人员利用职务上的便利骗取公共财物的情形。此时的贪污罪与虚假诉讼罪也属于想象竞合关系。此外,按照通说的观点,公司、企业等单位的工作人员(即非国家工作人员),利用职务上的便利,通过虚假民事诉讼非法占有本单位财物的,成立职务侵占罪。[42]此时的职务侵占罪与虚假诉讼罪同样属于想象竞合关系。但是,按照笔者的观点,除刑法分则有特别规定的以外,职务侵占罪仅限于将基于职务占有的单位财物据为己有的情形,而不包括利用职务上的便利骗取本单位财物的情形。[43]换言之,按照笔者的观点,公司、企业等单位的工作人员(即非国家工作人员),利用职务上的便利,通过虚假民事诉讼非法占有本单位财物的,仍成立诈骗罪。

最后,由于诈骗罪以及贪污罪中的骗取行为,都需要具有处分权限的人产生认识错误并且基于认识错误而处分财产,如果普通公民甲针对丙提起虚假民事诉讼,办案法官乙明知甲捏造事实(或者甲与法官乙相勾结),作出有利于甲的民事裁判,从而使甲非法占有丙的财产或者逃避合法债务的,由于具有处分权限的法官并没有受骗,故不可能认定为诈骗罪(不属于诉讼诈骗)。[44]诚然,法官乙的行为成立民事枉法裁判罪,在甲唆使乙作出枉法裁判的情形下,对甲也可以按民事枉法裁判罪的共犯论处。但是,仅评价为民事枉法裁判罪并不合适,仅评价为民事枉法裁判罪与虚假诉讼罪的想象竞合也不全面。一方面,甲与乙的行为侵害了丙的财产,对此必须做出评价;另一方面,倘若丙遭受数额特别巨大的财产损失,对甲与乙仅认定为民事枉法裁判罪与虚假诉讼罪,明显导致罪刑之间不协调。本文的看法是,当甲提起虚假民事诉讼,法官乙没有受骗却作出枉法裁判,导致丙遭受财产损失的,法官乙除触犯民事枉法裁判罪(可能同时触犯虚假诉讼罪)之外,还触犯了侵犯财产罪(其中的财产罪只能在盗窃罪与敲诈勒索罪两个罪之间选择,一般来说认定为盗窃罪较为合适[45]),由于只有一个行为,应当认定为想象竞合,从一重罪处罚。事实上,甲的行为可能同时触犯虚假诉讼罪(正犯)、侵犯财产罪(正犯或者共犯)与民事枉法裁判罪(教唆犯或者帮助犯)三个罪,一般来说也属于想象竞合,从一重罪处罚。

此外需要说明的是,虽然牵连犯与想象竞合犯的处罚原则相同,但在上述虚假诉讼罪同时触犯诈骗罪、贪污罪、职务侵占罪等场合,不能认定为牵连犯。因为牵连犯的成立需要两个行为(手段行为与目的行为或者原因行为与结果行为),但在上述情形中,行为人仅实施了一个提起虚假诉讼的行为,并且侵害了两个法益,故完全符合想象竞合的特征。

注释

[1] 高铭暄，马克昌.《刑法学》[M]. 北京大学出版社、高等教育出版社，2016(7)：第57~58页。

[2] 同上注，第58页。

[3] 王志亮.《虚假诉讼行为入罪初探》[J].《东方法学》2016（4）.

[4] 张明楷.《刑法分则的解释原理》[M]. 中国人民大学出版社，2011（2）：第351页。

[5] 如"造成对方当事人为了应诉而花费巨额诉讼费用，或者对方当事人因为错误判决而陷入生活困难，或者造成企业生产经营困难甚至破产等"。参见周光权：《刑法各论》[M]. 中国人民大学出版社，2016（3）：第386页。

[6] 例如，丈夫与妻子串通，由丈夫捏造事实向法院提起诉讼，要求法院宣告妻子死亡。

[7] 从立法论上来说，《刑法》第307条之一第1款没有必要将"严重侵害他人的合法权益"规定为构成要件结果。一方面，不管虚假诉讼行为是否严重侵害他人的合法权益，都必然妨害司法秩序，故不会形成处罚漏洞。另一方面，虚假诉讼行为严重侵害他人合法权益的，完全可能成立想象竞合，从一重罪处罚。

[8] 于海生.《论诉讼欺诈行为的刑法评价——以〈刑法修正案（九）草案〉第33条为研究对象》[J].《学术交流》2015（9）.

[9] 李翔.《虚假诉讼罪的法教义学分析》[J].《法学》2016（6）.

[10] Vgl. C. Roxin, Strafrecht Allgemeiner Teil, Band I, 4. Aufl., C. H. Beck, 2006, S. 330；[日] 山口厚.《刑法总论》[J]. 有斐阁2016（3）：第46页；张明楷.《刑法学》[M]. 法律出版社，2016（5）：第168~169页。

[11] [以] 巴拉克. 毕洪海译.《民主国家的法官》[M]. 法律出版社，2011：第97~98页。

[12] [日] 松尾浩也. 张凌译.《日本刑事诉讼法》下卷 [M]. 中国人民大学出版社，2005：第1页。

[13] 肖怡.《〈刑法修正案（九）〉虚假诉讼罪探析》[J].《法学杂志》2016（10）.

[14] 或许有人认为，行为人以虚假的证据材料提起上诉，与行为人在第二审程序中提交虚假的证据材料，对司法程序的妨害完全相同，不应区分处理。可是，前者可谓"提起"了虚假的民事诉讼，后者并没有"提起"虚假的民事诉讼。

[15] 李翔，黄京平．《论诉讼欺诈的可罚性及其立法完善》[J]．《云南大学学报（法学版）》，2004（6）．

[16] 王志祥、刘婷．《虚假诉讼罪：概念界定与学理分析》[J]．《南阳师范学院学报（社会科学版）》，2016（1）．

[17] 同上注。

[18] 同前注〔16〕，王志祥、刘婷文。

[19] 郎胜主编．《中华人民共和国刑法释义》[J]．法律出版社，2015（6）：第542页。

[20] 同前注〔1〕，高铭暄、马克昌主编书，第555页。另参见周道鸾、张军主编：《刑法罪名精释》下，人民法院出版社2013年第4版，第766~769页。

[21] 参见刘干、郝晓东．《此借名起诉是否构成虚假诉讼》[J]．《人民法院报》，2016-6-8（7）．

[22] 参见李浩．《虚假诉讼与对调解书的检察监督》[J]．《法学家》，2014（6）．

[23] 同前注〔1〕，高铭暄、马克昌主编书，第149页。

[24] ［日］大沼邦弘：《行为と结果》，载［日］阿部纯二等编：《刑法基本讲座》第2卷，法学书院1994年版，第76页。

[25] 同前注〔10〕，张明楷书，第349页。

[26] 行江、张亦然．《虚假诉讼罪的理解与适用》[J]．《河南警察学院学报》2016（2）．

[27] 同前注〔9〕，李翔文。

[28] 或许有人主张，应当将行为人提起民事诉讼的标的额较大作为认定本罪的标准（之一）。但本文不赞成这种做法。其一，当行为人提起民事诉讼时，不管诉讼标的额大小，都会进入民事诉讼程序。不可能认为，虚假诉讼的标的额大就会妨害司法秩序，而虚假诉讼的标的额小就不会妨碍司法秩序。其二，以标的额大小作为区分罪与非罪的标准，只会形成机械化的正义，而不能实现刑法所要求的活生生的正义。倘若认为，虚假诉讼标的额在100万元以上的以本罪论处，则意味着虚假诉讼标的99万元的不得以本罪论处。这显然过于形式与机械，并不合适。例如，甲以捏造的事实提起民事诉讼，诉讼标的额为1000万，但在立案登记时，法官一眼就看出虚假内容。这种行为充其量仅成立虚假诉讼罪的未遂犯，其对司法秩序的妨害并不严重。反之，乙以捏造的事实提起民事诉讼，诉讼标的额为80万，但捏造的事实难以被法官识别，导致法官多次开庭审理。应当认为，乙的行为对司法秩序的妨害明显重于甲的行为。

[29] 同前注〔5〕，周光权书，第386页。

[30] 同前注〔10〕,张明楷书,第 435~436 页。

[31] 日本刑法理论通过认识错误认定甲成立教唆犯。但是,这种做法意味着原本并不符合教唆犯成立条件的行为,经由认识错误理论便符合了教唆犯的成立条件,因而并不妥当。

[32] 德国刑法理论与判例几乎没有争议地认为,在身份犯中,间接正犯必须具有身份,否则只能成立教唆犯与帮助犯,而不可能成为间接正犯,因为间接正犯是正犯而不是共犯,刑法所规定的身份就是针对正犯而言的(Vgl. C. Roxin, Strafrecht Allgemeiner Teil, Band II, C. H. Beck , 2003, S. 109, S.138;[德] 冈特?施特拉腾韦特、洛塔尔?库伦:《刑法总论 I——犯罪论》,杨萌译,法律出版社 2006 年版,第 292 页、第 309 页)。如果认为间接正犯可以不需要特殊身份,就必然使构成要件丧失定型性,进而违反罪刑法定原则。例如,根据这种观点,普通公民使用暴力迫使国有公司的财会人员交付公款的,成立贪污罪的间接正犯。这显然不妥当。

[33] 参见张明楷.《共犯对正犯故意的从属性之否定》[J].《政法论坛》2010(5).

[34] 杨兴培、田然.《诉讼欺诈按诈骗罪论处是非探讨——兼论〈刑法修正案(九)〉之诉讼欺诈罪》[J].《法治研究》2015(6).

[35] 参见高铭暄、陈冉.《论"诉讼欺诈"行为的定性——与"诉讼欺诈"定性诈骗罪论者商榷》[J].《法学杂志》2013(4).

[36] 同前注〔20〕,郎胜主编书,第 543 页。

[37] 虚假诉讼与诉讼诈骗并不是等同概念,二者是交叉关系。因此,不能以虚假诉讼概念否认诉讼诈骗概念。

[38] 西班牙刑法第 248 条关于诈骗罪的基本犯的规定,没有涉及诉讼诈骗,其第 250 条第 1 款第 7 项将诉讼诈骗规定为诈骗罪的加重类型。这也清楚地表明,诉讼诈骗当然构成诈骗罪。

[39] 参见张明楷.《诈骗罪与金融诈骗罪研究》[J].清华大学出版社,2006:第 109 页;张明楷.《论三角诈骗》[J].《法学研究》,2004(2).

[40] 诉讼诈骗的既遂标准取决于如何理解诈骗对象与财产损失。例如,甲伪造乙署名的欠条后,向法院提起民事诉讼,要求乙归还 100 万元欠款。倘若法院支持了甲的请求,且判决发生法律效力,就意味着甲已经获得了财产性利益,其诈骗行为就已经既遂。但是,只有执行判决后,甲才可能获得相应的 100 万元现金。所以,相对于 100 万元现金而言,判决发生法律效力时,还没有既遂。显然,只要承认财产性利益是诈骗罪的对象,那么,在判决发生法律效力时,就应当认定为诈骗既遂。参见[日]

山口厚：《刑法各论》，有斐阁2010年第2版，第263页。

[41] 不过，向人民法院提起虚假诉讼的行为本身与职务没有关系。所以，以贪污罪论处的情形应当比较罕见。

[42] "刑法修正案（九）草案曾经规定，有虚假诉讼行为，侵占他人财产或者逃避合法债务的，依照刑法第二百六十六条的规定从重处罚，即认定为诈骗罪并从重处罚。在草案审议过程中，有的意见提出，这种情况通常会同时构成诈骗罪，但也有可能构成其他犯罪。如国家工作人员利用职务便利，与他人串通通过虚假诉讼侵占公共财产的，可能构成贪污罪；公司、企业或者其他单位的工作人员利用职务便利，与他人串通通过虚假诉讼侵占单位财产的，可能构成职务侵占罪。一律规定按诈骗罪处理的不尽合理。为此，草案二审稿对有关规定作了修改，形成了本款规定"。参见臧铁伟主编：《中华人民共和国刑法修正案（九）解读》，中国法制出版社2016年版，第243～244页。在德国、法国、日本、韩国等国，之所以认为诉讼诈骗行为仅成立诈骗罪，是因为其职务侵占等罪中并无利用职务上的便利骗取财物的行为类型。

[43] 同前注〔10〕，张明楷书，第1021～1022页。

[44] 当然，如果行为人事后以裁判文书为根据欺骗被害人，使被害人产生认识错误进而处分财产的，则后行为仍然成立诈骗罪，但这种情形可能难以发生。

[45] 这个问题比较复杂，需要另外撰文探讨。

专题十六　最高人民法院关于人民法院进一步深化多元化纠纷解决机制改革的意见

法发〔2016〕14 号

深入推进多元化纠纷解决机制改革，是人民法院深化司法改革、实现司法为民公正司法的重要举措，是实现国家治理体系和治理能力现代化的重要内容，是促进社会公平正义、维护社会和谐稳定的必然要求。为贯彻落实《中共中央关于推进全面依法治国若干重大问题的决定》以及中共中央办公厅、国务院办公厅《关于完善矛盾纠纷多元化解机制的意见》，现就人民法院进一步深化多元化纠纷解决机制改革、完善诉讼与非诉讼相衔接的纠纷解决机制提出如下意见。

一、指导思想、主要目标和基本原则

1. 指导思想

全面贯彻党的十八大和十八届三中、四中、五中全会精神，以邓小平理论、"三个代表"重要思想、科学发展观为指导，深入贯彻习近平总书记系列重要讲话精神，紧紧围绕协调推进"四个全面"战略布局和五大发展理念，主动适应经济发展新常态，以体制机制创新为动力，有效化解各类纠纷，不断满足人民群众多元司法需求，实现人民安居乐业、社会安定有序。

2. 主要目标

根据"国家制定发展战略、司法发挥引领作用、推动国家立法进程"的工作思路，建设功能完备、形式多样、运行规范的诉调对接平台，畅通纠纷解决渠道，引导当事人选择适当的纠纷解决方式；合理配置纠纷解决的社会资源，完善和解、调解、仲裁、公证、行政裁决、行政复议与诉讼有机衔接、相互协调的多元化纠纷解决机制；充分发挥司法在多元化纠纷解决机制建设中的引领、推动和保障作用，为促进经济社会持续健康发展、全面建成小康社会提供有力的司法保障。

3. 基本原则

——坚持党政主导、综治协调、多元共治，构建各方面力量共同参与纠纷解决的工作格局。

——坚持司法引导、诉调对接、社会协同，形成社会多层次多领域齐抓共管的解纷合力。

——坚持优化资源、完善制度、法治保障，提升社会组织解决纠纷的法律效果。

——坚持以人为本、自愿合法、便民利民，建立高效便捷的诉讼服务和纠纷解决机制。

——坚持立足国情、合理借鉴、改革创新，完善具有中国特色的多元化纠纷解决体系。

二、加强平台建设

4. 完善平台设置

各级人民法院要将诉调对接平台建设与诉讼服务中心建设结合起来，建立集诉讼服务、立案登记、诉调对接、涉诉信访等多项功能为一体的综合服务平台。人民法院应当配备专门人员从事诉调对接工作，建立诉调对接长效工作机制，根据辖区受理案件的类型，引入相关调解、仲裁、公证等机构或者组织在诉讼服务中心等部门设立调解工作室、服务窗口，也可以在纠纷多发领域以及基层乡镇（街道）、村（社区）等派驻人员指导诉调对接工作。

5. 明确平台职责

人民法院诉调对接平台负责以下工作：对诉至法院的纠纷进行适当分流，对适宜调解的纠纷引导当事人选择非诉讼方式解决；开展委派调解、委托调解；办理司法确认案件；负责特邀调解组织、特邀调解员名册管理；加强对调解工作的指导，推动诉讼与非诉讼纠纷解决方式在程序安排、效力确认、法律指导等方面的有机衔接，健全人民调解、行政调解、商事调解、行业调解、司法调解等的联动工作体系。

6. 完善与综治组织的对接

人民法院可以依托社会治安综合治理平台，建立矛盾纠纷排查化解对接机制；对群体性纠纷、重大案件及时进行通报反馈和应急处理，建立定期或不定期的联席会议制度，形成信息互通、优势互补、协作配合的纠纷解决互动机制。

7. 加强与行政机关的对接

人民法院要加强与行政机关的沟通协调，促进诉讼与行政调解、行政复议、行政裁决等机制的对接。支持行政机关根据当事人申请或者依职权进行调解、裁决，或者依法作出其他处理。在治安管理、社会保障、交通事故赔偿、医疗卫生、消费者权益保护、物业管理、环境污染、知识产权、证券期货等重点领域，支持行政机关或者行政调解组织依法开展行政和解、行政调解工作。

8. 加强与人民调解组织的对接

不断完善对人民调解工作的指导，推进人民调解组织的制度化、规范化建设，进一步扩大人民调解组织协助人民法院解决纠纷的范围和规模。支持在纠纷易发多发领域创新发展行业性、专业性人民调解组织，建立健全覆盖城乡的调解组织网络，发挥人民调解组织及时就地解决民间纠纷、化解基层矛盾、维护基层稳定的基础性作用。

9. 加强与商事调解组织、行业调解组织的对接

积极推动具备条件的商会、行业协会、调解协会、民办非企业单位、商事仲裁机构等设立商事调解组织、行业调解组织，在投资、金融、证券期货、保险、房地产、工程承包、技术转让、环境保护、电子商务、知识产权、国际贸易等领域提供商事调解服务或者行业调解服务。完善调解规则和对接程序，发挥商事调解组织、行业调解组织专业化、职业化优势。

10. 加强与仲裁机构的对接

积极支持仲裁制度改革，加强与商事仲裁机构、劳动人事争议仲裁机构、农村土地承包仲裁机构等的沟通联系。尊重商事仲裁规律和仲裁规则，及时办理仲裁机构的保全申请，依照法律规定处理撤销和不予执行仲裁裁决案件，规范涉外和外国商事仲裁裁决司法审查程序。支持完善劳动人事争议仲裁办案制度，加强劳动人事争议仲裁与诉讼的有效衔接，探索建立裁审标准统一的新规则、新制度。加强对农村土地承包经营纠纷调解仲裁的支持和保障，实现涉农纠纷仲裁与诉讼的合理衔接，及时审查和执行农村土地承包仲裁机构作出的裁决书或者调解书。

11. 加强与公证机构的对接

支持公证机构对法律行为、事实和文书依法进行核实和证明，支持公证机构对当事人达成的债权债务合同以及具有给付内容的和解协议、调解协议办理债权文书公证，支持公证机构在送达、取证、保全、执行等环节提供公证法律服务，在家事、商事等领域开展公证活动或者调解服务。依法执行公证债权文书。

12. 支持工会、妇联、共青团、法学会等组织参与纠纷解决

支持工会、妇联、共青团参与解决劳动争议、婚姻家庭以及妇女儿童权益等纠纷。支持法学会动员组织广大法学工作者、法律工作者参与矛盾纠纷化解，开展法律咨询服务和调解工作。支持其他社团组织参与解决与其职能相关的纠纷。

13. 发挥其他社会力量的作用

充分发挥人大代表、政协委员、专家学者、律师、专业技术人员、基层组织负责人、社区工作者、网格管理员、"五老人员"（老党员、老干部、老教师、老知识分子、老政法干警）等参与纠纷解决的作用。支持心理咨询师、婚姻家庭指导师、注册会计师、大学生志愿者等为群众提供心理疏导、评估、鉴定、调解等服务。支持完善公益慈善类、城乡社区服务类社会组织建设，鼓励其参与纠纷解决。

14. **加强"一站式"纠纷解决平台建设**

在道路交通、劳动争议、医疗卫生、物业管理、消费者权益保护、土地承包、环境保护以及其他纠纷多发领域，人民法院可以与行政机关、人民调解组织、行业调解组织等进行资源整合，推进建立"一站式"纠纷解决服务平台，切实减轻群众负担。

15. **创新在线纠纷解决方式**

根据"互联网+"战略要求，推广现代信息技术在多元化纠纷解决机制中的运用。推动建立在线调解、在线立案、在线司法确认、在线审判、电子督促程序、电子送达等为一体的信息平台，实现纠纷解决的案件预判、信息共享、资源整合、数据分析等功能，促进多元化纠纷解决机制的信息化发展。

16. **推动多元化纠纷解决机制的国际化发展**

充分尊重中外当事人法律文化的多元性，支持其自愿选择调解、仲裁等非诉讼方式解决纠纷。进一步加强我国与其他国家和地区司法机构、仲裁机构、调解组织的交流和合作，提升我国纠纷解决机制的国际竞争力和公信力。发挥各种纠纷解决方式的优势，不断满足中外当事人纠纷解决的多元需求，为国家"一带一路"等重大战略的实施提供司法服务与保障。

三、健全制度建设

17. **健全特邀调解制度**

人民法院可以吸纳人民调解、行政调解、商事调解、行业调解或者其他具有调解职能的组织作为特邀调解组织，吸纳人大代表、政协委员、人民陪审员、专家学者、律师、仲裁员、退休法律工作者等具备条件的个人担任特邀调解员。明确特邀调解组织或者特邀调解员的职责范围，制定特邀调解规定，完善特邀调解程序，健全名册管理制度，加强特邀调解队伍建设。

18. **建立法院专职调解员制度**

人民法院可以在诉讼服务中心等部门配备专职调解员，由擅长调解的法官或者司法辅助人员担任，从事调解指导工作和登记立案后的委托调解工作。法官主持达成调解协议的，依法出具调解书；司法辅助人员主持达成调解协议的，应当经法官审查后依法出具调解书。

19. 推动律师调解制度建设

人民法院加强与司法行政部门、律师协会、律师事务所以及法律援助中心的沟通联系，吸纳律师加入人民法院特邀调解员名册，探索建立律师调解工作室，鼓励律师参与纠纷解决。支持律师加入各类调解组织担任调解员，或者在律师事务所设置律师调解员，充分发挥律师专业化、职业化优势。建立律师担任调解员的回避制度，担任调解员的律师不得担任同一案件的代理人。推动建立律师接受委托代理时告知当事人选择非诉讼方式解决纠纷的机制。

20. 完善刑事诉讼中的和解、调解制度

对于符合刑事诉讼法规定可以和解或者调解的公诉案件、自诉案件、刑事附带民事案件，人民法院应当与公安机关、检察机关建立刑事和解、刑事诉讼中的调解对接工作机制，可以邀请基层组织、特邀调解组织、特邀调解员，以及当事人所在单位或者同事、亲友等参与调解，促成双方当事人达成和解或者调解协议。

21. 促进完善行政调解、行政和解、行政裁决等制度

支持行政机关对行政赔偿、补偿以及行政机关行使法律法规规定的自由裁量权的案件开展行政调解工作，支持行政机关通过提供事实调查结果、专业鉴定或者法律意见，引导促使当事人协商和解，支持行政机关依法裁决同行政管理活动密切相关的民事纠纷。

22. 探索民商事纠纷中立评估机制

有条件的人民法院在医疗卫生、不动产、建筑工程、知识产权、环境保护等领域探索建立中立评估机制，聘请相关专业领域的专家担任中立评估员。对当事人提起的民商事纠纷，人民法院可以建议当事人选择中立评估员，协助出具评估报告，对判决结果进行预测，供当事人参考。当事人可以根据评估意见自行和解，或者由特邀调解员进行调解。

23. 探索无争议事实记载机制

调解程序终结时，当事人未达成调解协议的，调解员在征得各方当事人同意后，可以用书面形式记载调解过程中双方没有争议的事实，并由当事人签字确认。在诉讼程序中，除涉及国家利益、社会公共利益和他人合法权益的外，当事人无需对调解过程中已确认的无争议事实举证。

24. 探索无异议调解方案认可机制

经调解未能达成调解协议，但是对争议事实没有重大分歧的，调解员在征得各方当事人同意后，可以提出调解方案并书面送达双方当事人。当事人在七日内未提出书面异议的，调解方案即视为双方自愿达成的调解协议；提出书面异议的，视为调解不

成立。当事人申请司法确认调解协议的，应当依照有关规定予以确认。

四、完善程序安排

25. 建立纠纷解决告知程序

人民法院应当在登记立案前对诉讼风险进行评估，告知并引导当事人选择适当的非诉讼方式解决纠纷，为当事人提供纠纷解决方法、心理咨询、诉讼常识等方面的释明和辅导。

26. 鼓励当事人先行协商和解

鼓励当事人就纠纷解决先行协商，达成和解协议。当事人双方均有律师代理的，鼓励律师引导当事人先行和解。特邀调解员、相关专家或者其他人员根据当事人的申请或委托参与协商，可以为纠纷解决提供辅助性的协调和帮助。

27. 探索建立调解前置程序

探索适用调解前置程序的纠纷范围和案件类型。有条件的基层人民法院对家事纠纷、相邻关系、小额债务、消费者权益保护、交通事故、医疗纠纷、物业管理等适宜调解的纠纷，在征求当事人意愿的基础上，引导当事人在登记立案前由特邀调解组织或者特邀调解员先行调解。

28. 健全委派、委托调解程序

对当事人起诉到人民法院的适宜调解的案件，登记立案前，人民法院可以委派特邀调解组织、特邀调解员进行调解。委派调解达成协议的，当事人可以依法申请司法确认。当事人明确拒绝调解的，人民法院应当依法登记立案。登记立案后或者在审理过程中，人民法院认为适宜调解的案件，经当事人同意，可以委托给特邀调解组织、特邀调解员或者由人民法院专职调解员进行调解。委托调解达成协议的，经法官审查后依法出具调解书。

29. 完善繁简分流机制

对调解不成的民商事案件实行繁简分流，通过简易程序、小额诉讼程序、督促程序以及速裁机制分流案件，实现简案快审、繁案精审。完善认罪认罚从宽制度，进一步探索刑事案件速裁程序改革，简化工作流程，构建普通程序、简易程序、速裁程序等相配套的多层次诉讼制度体系。按照行政诉讼法规定，完善行政案件繁简分流机制。

30. 推动调解与裁判适当分离

建立案件调解与裁判在人员和程序方面适当分离的机制。立案阶段从事调解的法官原则上不参与同一案件的裁判工作。在案件审理过程中，双方当事人仍有调解意愿的，从事裁判的法官可以进行调解。

31. 完善司法确认程序

经行政机关、人民调解组织、商事调解组织、行业调解组织或者其他具有调解职能的组织调解达成的具有民事合同性质的协议，当事人可以向调解组织所在地基层人民法院或者人民法庭依法申请确认其效力。登记立案前委派给特邀调解组织或者特邀调解员调解达成的协议，当事人申请司法确认的，由调解组织所在地或者委派调解的基层人民法院管辖。

32. 加强调解与督促程序的衔接

以金钱或者有价证券给付为内容的和解协议、调解协议，债权人依据民事诉讼法及其司法解释的规定，向有管辖权的基层人民法院申请支付令的，人民法院应当依法发出支付令。债务人未在法定期限内提出书面异议且逾期不履行支付令的，人民法院可以强制执行。

五、加强工作保障

33. 加强组织领导

各级人民法院要进一步加强对诉调对接工作的组织领导，建立整体协调、分工明确、各负其责的工作机制。要主动争取党委、人大、政府的支持，推动出台多元化纠纷解决机制建设的地方配套文件，促进构建科学、系统的多元化纠纷解决体系。

34. 加强指导监督

上级人民法院要切实加强对下级人民法院的指导监督，及时总结多元化纠纷解决机制改革可复制可推广的经验。高级人民法院要明确专门机构，制定落实方案，掌握工作情况，积极开展本辖区多元化纠纷解决机制改革示范法院的评选工作。中级人民法院要加强对辖区基层人民法院的指导监督，促进多元化纠纷解决机制改革不断取得实效。

35. 完善管理机制

建立诉调对接案件管理制度，将委派调解、委托调解、专职调解和司法确认等内容纳入案件管理系统和司法统计系统。完善特邀调解组织、特邀调解员、法院专职调解员的管理制度，建立奖惩机制。

36. 加强调解人员培训

完善特邀调解员、专职调解员的培训机制，配合有关部门推动建立专业化、职业化调解员资质认证制度，加强职业道德建设，共同完善调解员职业水平评价体系。

37. 加强经费保障

各级人民法院要主动争取党委和政府的支持，将纠纷解决经费纳入财政专项预算，积极探索以购买服务等方式将纠纷解决委托给社会力量承担。支持商事调解组织、行业调解组织、律师事务所等按照市场化运作,根据当事人的需求提供纠纷解决服务并适当收取费用。

38. 发挥诉讼费用杠杆作用

当事人自行和解而申请撤诉的,免交案件受理费。当事人接受法院委托调解的,人民法院可以适当减免诉讼费用。一方当事人无正当理由不参与调解或者不履行调解协议、故意拖延诉讼的,人民法院可以酌情增加其诉讼费用的负担部分。

39. 加强宣传工作和理论研究

各级人民法院要大力宣传多元化纠纷解决机制的优势,鼓励和引导当事人优先选择成本较低、对抗性较弱、利于修复关系的非诉讼方式解决纠纷。树立"国家主导、司法推动、社会参与、多元并举、法治保障"现代纠纷解决理念,营造诚信友善、理性平和、文明和谐、创新发展的社会氛围。加强与政法院校、科研机构等单位的交流与合作,积极推动研究成果的转化,充分发挥多元化纠纷解决理论对司法实践的指导作用。借鉴域外经验,深入研究人民法院在多元化纠纷解决机制中的职能作用。

40. 推动立法进程

人民法院及时总结各地多元化纠纷解决机制改革的成功经验,积极支持本辖区因地制宜出台相关地方性法规、地方政府规章,从而推动国家层面相关法律的立法进程,将改革实践成果制度化、法律化,促进多元化纠纷解决机制改革在法治轨道上健康发展。

最高人民法院

2016 年 6 月 28 日

说过就过

 读后感悟

学习计划